蒋介石的晚年岁月

李松林 著

团结出版社

©团结出版社，2013 年

图书在版编目（ＣＩＰ）数据

蒋介石的晚年岁月/ 李松林著.-- 北京：团结出版社，
2013.10（2025.11 重印）

ISBN 978-7-5126-2126-8

Ⅰ. ① 蒋… Ⅱ. ①李… Ⅲ. ①蒋介石（1887~1975）一生平事迹

Ⅳ. ①K827=7

中国版本图书馆 CIP 数据核字(2013)第 231233 号

责任编辑：张　阳

封面设计：阳洪燕

出　　版：团结出版社

　　　　　（北京市东城区东皇城根南街 84 号　邮编：100006）

电　　话：（010）65228880　65244790（出版社）

　　　　　（010）65238766　85113874　65133603（发行部）

　　　　　（010）65133603（邮购）

网　　址：http://www.tjpress.com

电子邮箱：zb65244790@vip.163.com

经　　销：全国新华书店

印　　装：三河市东方印刷有限公司

开　　本：170mm×240mm　　16 开

印　　张：31.5　　　　　　　字　　数：560 千字

版　　次：2014 年 1 月 第 1 版　　印　　次：2025 年 11 月 第 4 次印刷

书　　号：978-7-5126-2126-8

定　　价：98.00 元

目　录

第一章　兵败退台

伟大的中国资产阶级革命家孙中山先生，一生致力于推翻清朝的理论创造与革命实践，他在理论上的最大贡献，就是创造性地提出了三民主义与五权宪法。在他的革命理论中，将中国民主进程分为军政、训政、宪政三个阶段。中国国民党执政后，蒋介石认为北洋军阀已被打倒，军政时期已告结束，迅即从军政时期过渡到训政时期。虽然经过 20 年的所谓训政，但中国依然处在专制独裁的统治体制之下，濒临大败的国民党总裁蒋介石，竟置失败于不顾，居然在 1948 年打起了民主大旗，并将这一年称为"宪政年"。踌躇满志的蒋介石之所以在此时急于从训政体制向宪政体制过渡，其目的就是为了竞选"行宪"以来第一届中华民国总统。1948 年 5 月 20 日，蒋介石终于如愿以偿，以 2430 票当选为"行宪"以来的第一届中华民国总统。蒋介石在当天的就职演说中宣称：

"我自从许身国事以来，一向只知道效忠服务是自己的天职，今天膺此名位，实非本怀。""当前国家最大的需要，是统一、自由和进步，而称兵叛国、捣乱社会秩序的'共匪'，则是国家统一的障碍和自由进步的敌人，我们对于制造分裂、破坏建设的反民主的恶势力，必须集合全国力量，彻底予以根本的清除。"[①]

明明是国民党的专制独裁、腐败与倒行逆施，阻碍了中国的社会进步，但蒋介石却将代表民主与社会进步的中国共产党及其领导的人民军队称为"反民主的恶势力"要予以"清除"。无情的现实击破了身居六朝金粉之地的霸主蒋介石企图用 3—6 个月消灭中共的迷梦，中共及其领导的人民军队，不仅没有被消灭，反而在战略决战中占据了绝对优势，这成为导致蒋介石第三次下野的直接原因。

三次下台又上台

众所周知，在蒋介石一生中，有三次下台又上台，也可谓是"三落三起"。

---

① 秦孝仪主编：《"总统"蒋公思想言论总集》，卷 22，第 457—458 页，1984 年印。

蒋介石摄于 1927 年，身居北伐军司令的蒋介石于同年 8 月宣布第一次下野。

蒋介石第一次下野发生在 1927 年 8 月中旬。正当轰轰烈烈的北伐战争深入中国腹地——长江中下游之际，身居北伐军总司令高位、手握重兵的蒋介石突然于 1927 年 4 月 12 日在上海发动了震惊中外的反共"清党"政变。4 月 18 日，在中国共产党人与革命群众的血泊中建立了南京国民党政权。3 个月后，主政武汉的国民党另一巨头汪精卫也紧随蒋介石宣布反共"清党"。尽管蒋介石与汪精卫之间有许多的恩恩怨怨，但在反共问题上二人却实现了合流。对此，蒋介石甚感欣慰，在 7 月 28 日日记中写道："武汉崩溃，鲍罗廷驱逐。党国基础，转危为安。一年半来之苦斗，无时不在动心忍性中，今大憝祛除，此志已伸，可以对总理，可以言革命。可知上苍果不负苦心也。"[1] 蒋介石一方面对汪精卫的反共之举表示热烈欢迎，同时致电汪精卫要其赴宁"炳权"。谁都知晓，孙中山先生去世时，将国民党大权交给了汪精卫，手握军权的蒋介石对此是不服气的。由于当时蒋介石羽翼未丰，加之廖仲恺等人还在，他未敢擅自行动，直到 1926 年 3 月，蒋介石在国民党右翼反共势力的影响与怂恿下，认为党内夺权的时机已经成熟，遂制造了震惊中外的"中山舰事件"。过去对"中山舰事件"的认识，是蒋介石在帝国主义拉拢下，从左向右转发动反共的第一步。对于"中山舰事件"发生的真正原因，蒋介石当年宣称在他死后看他的日记好了。今天，蒋介石日记已经公之于世，加之学者深入研究，已经看到了事实真相：国民党右翼西山会议派出于反共与破坏国民革命的需要，千方百计挑拨蒋介石与共产党和汪精卫之间的关系，而具有反共倾向的蒋介石有意无意地迎合了西山会议派的意图，从而制造了破坏国共关系与国民革命的"中山舰事件"。这一事件的结果是一石二鸟：左打共产党，右打汪精卫。一方面造成国共两党分裂，另一方面逼迫汪精卫出国。

① 台湾"教育部"主编：《"中华民国"建国史》，第 3 编，"统一与建设"（2）第 609 页。

蒋介石则在这一事件中使自己的地位在党内得到迅速提升。南京政权建立后，蒋介石要汪精卫赴宁"炳权"，其目的就是企图不动干戈实现吞并武汉政府的目的。

汪精卫此时并没有忘记与蒋介石的恩恩怨怨，在与蒋介石共同反共的同时，还将南京政府视为眼中钉，企图通过宁汉合流，夺取国民党第一把交椅。汪精卫深知，蒋介石不倒他的目的无法达到，遂致信李宗仁，劝其"打倒蒋某人"。唐生智也配合汪精卫，于8月8日发表"倒蒋"通电。南京的国民党要员也致电武汉汪精卫，一方面称赞武汉反共，一方面表示赞同召开国民党中央执行委员会以谋党政的统一。8月10日，汪精卫复电南京，宣称武汉合法，意即南京不合法，并表示统一合作的前提是蒋介石必须下野。[①] 对于汪精卫的所作所为，蒋介石愤怒异常，他在8月8日的日记中写道："余以为对同志应退让，对敌人须坚持，而汪某乃异是，是诚非人类也。"[②] 南京政府内的桂系李宗仁、白崇禧与西山会议派以汪精卫提出的条件为借口，提出"请总司令自决出处"，逼蒋下野。

蒋介石在无力抵御党内派系争斗的压力下，意识到需要寻找新的靠山以增强实力，故于8月12日的日记中写道："时局纷扰，内部复杂，南北皆同，且有静镇谨守，持之以定，则待机而动，无不得最后胜利也。"[③] 同日，蒋介石命陈布雷起草《辞职下野宣言》，次日宣布下野。在《辞职下野宣言》中，蒋介石特别强调自己的"进退生死"，"一以党之利益为依归"。[④] 蒋下野后返抵故里溪口，不久携张群等人去了日本，寻求日本与美国对他的支持。在日期间，蒋介石在宋子文陪同下去见了宋老夫人倪桂珍，获得了宋老夫人对蒋介石与宋美龄婚事的允诺。当目的达到之后，蒋于11月10日由日返沪，一面筹办与宋美龄的婚事，一面联汪制桂策动复职。1927年11月中旬，国民党西北军将领冯玉祥分电熊斌和孔祥熙，敦促蒋介石出山；12月1日，冯玉祥亲电蒋介石："唯盼吾兄东山再起，主持一切。"12月11日，冯玉祥与阎锡山联名通电各省，请蒋介石复任总司令，统军北伐。与桂系联手推蒋介石下台的何应钦，此时又与贺耀祖等人联名通电拥护蒋介石出山，主持军事。就连李宗仁也主张蒋介石赴复任，而不主张"汪、蒋合作"。吴稚晖甚至认为蒋介石"非马上出来不可"。[⑤]

---

① 中国国民党中央委员会编：《革命文献》，第17辑，第146页，中国国民党中央委员会党史委员会，1978年版。

② 台湾"教育部"主编：《"中华民国"建国史》，第3编，统一与建设（2），第610页。

③ 台湾"教育部"主编：《"中华民国"建国史》，第3编，统一与建设（2），第610页。

④ 秦孝仪主编：《"总统"蒋公思想言论总集》，卷30，第52页。

⑤ 台湾"教育部"主编：《"中华民国"建国史》，第3编，统一与建设（2），第627页。

12月10日，国民党二届四中全会预备会召开第四次会议，汪精卫等11名粤籍委员突然提议请蒋介石续任国民革命军总司令职案，会议通过了此案。11日，冯玉祥再电蒋介石复职，并在次日的电文中宣称："此时军事非有统一枢纽，决难完成革命，非蒋出山，不能当此重任。"[1] 蒋介石在预备会后第三天于上海对记者称："自从我辞职以后，中外新闻记者，时时问我再就总司令职否？何时再起？我的答复极简单，就是在两个时候，可以出来指挥军事。一、共产党起来'扰乱'不止的时候；二、北伐继续实现的时候。"[2] 1928年1月1日，李烈钧、谭延闿和逼蒋介石下台的李宗仁专程由宁赴沪，请蒋介石回宁复职。次日，国民政府也致电蒋介石，请其复职。直到1月3日，蒋介石才通电国民党中央执监委员及各级党部，主张恢复最高党部，召开中央全体会议，结束党争；并表示"即日驰赴首都，负责筹划一切，务使会议开成，党基重奠"。[3] 4日，蒋介石偕谭延闿、杨树庄、何成濬、陈立夫等由沪抵宁，正式就任国民革命军总司令一职。

1928年2月2日，国民党二届四中全会在南京召开。会议改组了国民党中央党部与国民政府，谭延闿任国民政府主席，蒋介石被推举为国民党中常委、军委主席。同年10月蒋出任国民政府主席一职，后又任国民党中央政治会议主席等职。这就是蒋介石的第一次下台又上台。

蒋介石第二次下野发生在1931年12月。此次下野一方面是由于蒋介石的误国政策所致，另一方面也是国民党内派系争斗的结果。

早在1928年济南惨案发生时，蒋介石就萌生了对日寇入侵中国"不抵抗"的思想，他在5月10日日记中写道："决取不抵抗主义，宣告中外。"蒋介石之所以在遭到日寇攻击时还宣称取"不抵抗主义"，主要是基于完成二次北伐，并将完成北伐作为"唯一方针"，故决定"对日本，凡可忍辱，必须至最后亡国之时"。[4] 尽管蒋介石在每日日记中开头均写"国耻"二字，但也不能否定他当时执行的确是对日妥协政策。1931年7月23日，蒋介石在一次讲话中，首次提出了"攘外必先安内"方针。[5] 由于蒋介石将此一方针付诸实践，遂招致国内各阶级、

① 韩信夫、姜克夫主编：《"中华民国"大事记》第2辑，第720页，中国文史出版社，1997年版。

② 中国国民党中央委员会编：《革命文献》，第16辑，第111页，中国国民党中央委员会党史委员会，1978年版。

③ 韩信夫、姜克夫主编：《"中华民国"大事记》，第2辑，第734页。

④ 杨天石：《寻找真实的蒋介石——蒋介石日记解读2》，第54页，华文出版社，2010年版。

⑤ 张其昀主编：《先"总统"蒋公全集》第3册，第3124页，台湾中国文化大学出版部，1984年版。

各党派之间矛盾激化，致使中国军阀混战连绵不断，综合国力下降。同时在某种程度上蒋介石的内外政策也纵容了日本帝国主义对中国的侵略。正是在这一背景之下，蓄谋已久的日本帝国主义于 1931 年 9 月 18 日制造了入侵中国东北的事件。面对日寇对中国的步步入侵，蒋介石仍未放弃"攘外必先安内"的误国政策，其结果必然激起全中国人民的强烈反对。与此同时，这一局面又为蒋介石的反对派所利用，致使中国政坛局面进一步复杂化。

1928 年 1 月，下野不久的蒋介石回南京复职

众所周知，中原大战结束后，蒋介石得意忘形，为了实现其"武力统一"的野心，一方面对中共苏区实行"全面清剿"，一方面提出召开国民会议的主张，企图通过这个会议，制定一部设置"大总统"的约法，并把自己推上"大总统"的宝座。当时政界要人吴稚晖、陈立夫、刘健群等人对蒋的主张均表支持，并通过决定于 1931 年 5 月 5 日"召集国民会议，其召集方法交常会赶速制定，由国民政府公布施行"。[①] 然而国民党元老、立法院长胡汉民表示坚决反对。胡汉民反对的理由是：国民会议性质是训政时期政治协商的组织形式，不是权力机关。国民会议的任务是齐一全国国民的心志，以谋中国之统一与建设。它不是国民大会，因而不具有选举、罢免、创制、复决四权。胡还认为，孙中山的建国大纲及第一次全国代表大会宣言中之对内政纲，较任何约法都完备，无需再做钦定式之

———————

① 台湾"教育部"主编：《"中华民国"建国史》，第 3 编，统一与建设（2），第 939 页。

约法。①

由于胡汉民的主张成了蒋介石当选总统的绊脚石，迫使蒋千方百计地企图搬掉他。当合法手段达不到目的时，蒋介石以胡汉民"操纵党务""把持立法院""阻止外交""包庇反动""破坏约法"等罪名，于1931年2月28日夜以非法手段扣押了胡汉民。②

胡汉民被扣，引起社会轰动与反蒋派的激烈反弹。胡汉民派的中央委员纷纷到各地串联反蒋；孙科的再造派离宁去粤；古应芬、陈济棠等准备在广州举旗反蒋。有鉴于此，蒋介石也准备应战，灾难深重的中国一时战云密布。当然，蒋在事后也有所反省，1941年4月5日，他在日记中云："余每十年必发愤暴戾一次之恶习。""民十对季陶，民二十年对汉民而今民三十对溥泉之愤怒，其事实虽不同，而不自爱重之恶习则同也。"同年6月9日他在日记中云："（民国十九年）当时讨平阎、冯叛乱以后，乘战胜余威，应先积极统一各省军、民、财各政，而对中央内部谦让共济，对胡特予信任与尊重，以国府主席让之，则二十年胡案不致发生，内部自固亦。"③

正当战端即开之际，日本帝国主义发动了入侵中国东北的九一八事变。国人纷纷要求宁、穗双方息争对外。蒋介石被迫释放了胡汉民。10月27日，宁、穗双方代表在上海召开和平会议，反蒋派仍以蒋介石下野与改组南京政府为和解的条件。在全国人民抗日舆论与粤方的强大压力下，蒋介石于1931年12月15日通电下野，宣称："胡汉民同志等微日通电，且有必须中正下野，解除兵柄，始赴京出席等语，是必欲中正解职于先，和平统一方得实现。"中正"权衡轻重，不容稍缓须臾，再四思维唯有恳请中央准予辞去国民政府主席等本兼各职"。④蒋介石辞去国民政府主席、三军总司令兼行政院长之职，再施以退为进之计。

蒋介石下野后，国民政府改为合议制，林森出任国民政府主席，孙科任行政院长，张继任立法院长。蒋虽下野，但事先预作布置，对孙科内阁取拆台政策。孙科上台并非众望所归，而是各派矛盾和斗争的产物，加之蒋下野后设置重重障碍，使孙无力驾驭南京政府，上台后不到一个月就夭折了。孙科下台之前，与国民政府主席林森受国民党中政会委托，于1932年1月2日敦请蒋介石重返南京，

---

① 胡汉民对记者的谈话，《民生报》，1931年1月13日。
② 韩信夫、姜克夫主编：《"中华民国"大事记》，第3辑，第162页。
③ 杨天石：《找寻真实的蒋介石》（上），第195页，山西出版集团、山西人民出版社，2008年版。
④ 秦孝仪主编：《"总统"蒋公思想言论总集》，卷37，第35页。

共商大计。孙科既然受到蒋介石排挤，为什么又敦请蒋介石出山呢？主要是因为日寇连连进攻锦州和辽宁连山等地，国民政府一筹莫展。蒋介石看到时机成熟，决定重新上台。1 月 13 日，蒋介石由奉化老家抵杭州，次日对记者称"汪、胡如能推诚入京"，余"为党为国，也无不乐从其后"。其实，蒋介石采取的是拉汪排胡的策略，逼走胡汉民，但表面上还要胡汉民与他二人共同赴京"共支危局"。17 日，胡汉民致电汪精卫，宣称血压升高，需长期休养，不能到京。胡汉民的来电正中蒋介石下怀，但他又不能不有所表示，随即与汪精卫再电胡汉民入京，并称："此值国难严重时期，吾辈三人，与其天各一方，遇事不能即时商榷，诚不如同聚首都，随时献替，较于党国有裨。"① 21 日，蒋介石离杭赴京，临行对记者称"余此行完全以私人资格入京赞助政府当局，绝不担任何种职务"。此间，蒋介石与汪精卫同行政院长孙科在南京召开紧急会议，讨论对日方案。外交部长陈友仁取对日绝交政策，孙科对此莫衷一是，汪精卫与蒋介石则主张"先行安内，方可攘外"。蒋介石还对陈友仁的对日绝交主张抨击说"只凭一时之快意，不顾国家永久利害"，力持不可。② 陈友仁对蒋介石则反唇相讥："过去蒋介石对东三省事件，原一贯主张其消极不抵抗政策，以致锦州失陷"，"蒋氏此种消极政策，如更进一步，难保不接受日人之要求"，"蒋氏至今实力犹存，而其反对余之外交主张，又若是其坚决，此余所以不能不即日辞职以谢国人"。③ 对于陈友仁的批评，蒋介石明确宣布陈友仁的外交政策不可行，同时对陈友仁的辞职决议不予挽留。在蒋介石的拆台政策下，行政院长孙科被迫于陈友仁辞职的第二天向林森、蒋介石、汪精卫分电辞职。国民党中央临时常会决议慰留，但孙科辞意甚坚。

　　1 月 28 日，蒋介石主持国民党临时中政会，决议汪精卫出任行政院长取代孙科。3 月 6 日，军事委员会恢复，蒋被推举为委员长。从而形成了蒋介石主军、汪精卫主政的局面。此后，蒋、汪仍奉行对日妥协的"攘外必先安内"误国政策，致使日寇步步入侵。

　　由上可见，蒋介石以退为进之计再度得以实现。

　　通观蒋介石的两次下台又上台，可以看到他每次下台都是被迫的，但他耍尽权术，总是以自动引退的姿态出现，变被动为主动，达到一箭双雕的目的。

　　蒋的下台，每次都是权宜之计，下台的同时预为上台铺路，还拆别人的台。

---

① 韩信夫、姜克夫主编：《"中华民国"大事记》，第 3 辑，第 307 页。
② 韩信夫、姜克夫主编：《"中华民国"大事记》，第 3 辑，第 309 页。
③ 韩信夫、姜克夫主编：《"中华民国"大事记》，第 3 辑，第 310 页。

那么他的第三次下野又是怎样的呢?

说到蒋介石的第三次下野,还需从 1948 年年底至 1949 年年初的国内形势说起。

蒋介石下野之前,中国人民解放军在中国共产党和毛泽东的指挥下,正以摧枯拉朽之势冲击着蒋介石为继续坚持其内战独裁政策所设置的重重防线。人民解放军在取得辽沈、淮海两大战役的决定性胜利之后,平津战役将再告大捷。人民解放军的下一步,将是渡江作战,摧毁蒋家王朝,解放全中国。在人民解放军的沉重打击之下,蒋介石的"戡乱"政策与"分区防御"战略遭到了彻底的破产,并导致了国统区经济、政治与外交的全面危机。

国民党在大陆的全面崩溃,不仅加剧了其内部的派系争斗,也给美、蒋关系蒙上了一层阴影。更为严重的是:蒋介石的统治地位正在走向动摇。正如美国驻华大使司徒雷登给马歇尔报告中所指出的:

"除去蒋委员长的直属亲信人员和某些高级军官外,没有多少中国人继续心悦诚服地支持他了。这个政府,特别是蒋委员长愈来愈众叛亲离了。"①

蒋介石下野后,外交部长吴铁城曾经请求美国予以贷款,但司徒雷登宣称"在现形势下,国会不可能给予中国贷款"。吴铁城问为何?司徒雷登答:"(一)政府内部之不团结。(二)政府缺乏人民之拥护。"他还谈到对"引退之总统与代总统间之关系亦有相当惶惑,美国民众不能了解彼二人间之真正关系"。②

来自毛泽东的评论更为入木三分:"军事镇压和政治欺骗,是蒋介石维持自己反动统治的两个主要工具。""由于蒋介石的种种倒行逆施,遭到一切要求民主、和平、自由的人们的坚决反抗。蒋介石维持反动统治的工具正在迅速破产"。蒋介石本人"已经失了灵魂,只是一具僵尸,什么人也不相信他了"。③

就连国民党《"中央日报"》也哀叹蒋介石的统治处于"风雨飘摇之秋"。④

面对风雨飘摇的国民党统治与破败不堪的局面,蒋介石痛心疾首,但也无能为力,只好低三下四地乞求洋大人。11 月 9 日,蒋介石给蝉联美国总统的杜鲁门写了一封求救信,信中要求杜鲁门"迅速给予并增加军事援助,并发表关于美国

① 《中美关系资料汇编》,第 1 辑,第 327 页,世界知识出版社,1957 年版。
② 《"中华民国"史实纪要》(1949 年 1—6 月),第 345—346 页。
③ 《毛泽东选集》第 4 卷,第 1384 页,人民出版社,1991 年版。
④ 《"中央日报"》,1948 年 11 月 4 日。

政策之坚定的声明"，并要求美国直接指挥国民党军队作战。①

蒋介石致函转达至美国白宫后，遭到杜鲁门的婉拒。杜鲁门在复蒋介石函中虽宣称尽一切可能"以加速依援华计划采购在本国可以获得之武器与弹药，运往中国"，但同时又称"驻华美国联合军事顾问团团长巴大维少将洞悉目前局势，可常备咨询"。②

谁都知晓，司徒雷登曾与蒋介石协议令巴大维与何应钦密切合作，共同指挥作战，但事后蒋介石食言。此刻杜鲁门让蒋介石与巴大维商量，无异于自动关闭"美援"大门。美国何以对蒋采取这种态度呢？重要原因是美国白宫已认为蒋介石不可救药，准备在中国换马，让李宗仁取代蒋介石。此点可从司徒雷登给美国国务院的建议中得知："我们可以赞成蒋委员长退休，让位给某一位能够给国民党军队和非共产主义党派争取尽可能有利的条件而结束内战的政治领袖。"③

蒋介石虽对白宫此举愤怒异常，但国内局势如此糟透，除了求助"美援"之外，已不可能创造"奇迹"。因此，他仍决定再派夫人赴美求援。然而，美国国务卿马歇尔于11月24日通知宋美龄，她访美只能以"私人资格"前去，此举为宋美龄访美蒙上了阴影。同月28日，带着创造"奇迹"愿望的蒋夫人宋美龄踏上了赴美行程，"以吁请加强援助，俾迅速完成戡乱任务"。12月1日，宋美龄抵达美国首都华盛顿。蒋夫人此次美国之行，虽然先后得到马歇尔与杜鲁门的接见，但美国政府对她的"援华"计划却始终搁置一边。更使她难堪的是，没有看到罗斯福在世时对她的盛大欢迎场面。充满失望与恼怒的宋美龄愤愤地离开了华盛顿，隐居在纽约孔祥熙的乡间别墅中。宋美龄原定在美逗留一周到10天，但其结果却是在美国待了14个月。

当乞求"美援"失败之后，蒋介石又遭桂系逼宫。12月25日，蒋介石收到桂系大将白崇禧24日自汉口发给他的电报。来电大意是人心、士气、物力均已不能再战，请停战以言和。白崇禧开出了三个条件："一、相机将真正谋和诚意转知美国，请美、英、苏出面调停，共同斡旋和平。二、由民意机关向双方呼吁和平，恢复和平谈判。三、双方军队应在原地停止军事行动，听候和平谈判解决。"与此同时，白崇禧在汉口宣称"非蒋下台，不能谈和，蒋应让别人来

---

① 韩信夫、姜克夫主编：《"中华民国"大事记》，第5辑，第805页。
② 韩信夫、姜克夫主编：《"中华民国"大事记》，第5辑，第807页。
③ 《中美关系资料汇编》，第1辑，第327—328页。

谈"。①12 月 30 日，白崇禧再电蒋介石，重申前电主张。同日，河南省主席张轸也通电主和，并要求蒋介石下野。湖南、广西随后通电响应。

在内外交逼之下，尽管蒋介石不断默念"庄敬自强，处变不惊，慎谋能断"的古人嘉训，但仍不免心烦意乱。冷静之余，不得不考虑"和战"与自己的进退问题。当时蒋介石的想法可从蒋经国日记中看出一些端倪。蒋经国在 1949 年 1 月 1 日的日记中写道：

"父亲近曾缜密考虑引退问题，盖以在内外交迫的形势之下，必须放得下，提得起，抛弃腐朽，另起炉灶，排除万难，争取新生。"

对于引退后可能发生的情况，蒋经国作了如下的分析与判断：

（1）"匪军"南下，渡江进攻京沪。

（2）"共匪"陈兵江北，迫李宗仁等组织联合政府，受"匪"操纵，并派兵进驻南京。

（3）暂停军事攻势，而用政治方法瓦解南京，然后各个宰割，不战而占据全国。

（4）李当政后，撤换各地方军政要员，或由"共匪"加以收买，使彼等屈服投降。

（5）对父亲个人极端诬蔑、诋毁、诽谤、侮辱，使无立足余地，不复能为"反共"救国革命领导中心。

（6）李为"共匪"所逼，放弃南京，以迁都广州为名，割据两广，希图自保。

（7）美国对华政策，暂取静观态度，停止援助。

（8）"俄帝"积极援共，补充其军费，建立其空军，使我南方各省军政，在威胁之下，完全崩溃，无法抵抗。

蒋介石对其个人进退出处，作了如下判断：

"进之原因：甲、勉强支持危局，维系统一局势；乙、等待国际形势之转变；丙、静观'共匪'内部之变化。"

"退之原因：甲、党政军积重难返，非退无法彻底整顿与改造；乙、打破半死不活之环境；丙、另起炉灶，重定革命基础。"②

待蒋介石考虑成熟之后，于 1948 年 12 月 31 日晚，在总统府官邸召集国民

---

① 韩信夫、姜克夫主编：《"中华民国"大事记》，第 5 册，第 826 页。
② 《蒋"总统"经国先生言论著述汇编》，第 2 辑，第 543—545 页，黎明文化事业股份有限公司，1992 年 1 月版。

党中央执监委员 40 人聚餐。饭后，蒋对众人冷冷地说："现在局势严重，党内有人主张和谈。我对于这样一个重大问题不能不有所表示。现拟好一篇文告，准备在元旦发表。现在请岳军朗读一遍，征求大家意见。"文告宣称：愿与中共"商讨停止战事，恢复和平的具体办法"。但同时蒋介石又开出了对和平的五项先决条件，归结起来就是只有在保存国民党的"宪法"、"法统"和军队等条件下，才能同中共重新和谈。一句话，就是不要触动国民党现存的独裁统治体制。至于蒋介石今后的进退未予明确说明，只在文告最后有所暗示："只要和平可能实现，则个人的进退出处，绝不萦怀，而唯国民的公意是从。"①

张群念完文告之后，蒋介石征求聚餐者意见，当蒋问到李宗仁时，李答："我与总统并无不同的意见。"在座的谷正纲、张道藩、王世杰等人均不赞成发表这个文告。蒋介石则愤愤地说："我并不要离开，只是你们党员要我退职，我之愿下野，不是因为'共党'，而是因为本党中的某一派系（蒋所讲的'某一派系'显然指桂系）。"②

1949 年 1 月 1 日，蒋介石的"求和"文告发表。同日，新华社广播了毛泽东撰写的《将革命进行到底》的社论。1 月 5 日，新华社又播发了毛泽东撰写的《评战犯求和》的评论，揭露蒋介石"希望从白崇禧手里夺和平攻势的发明权，并在其新的商标下继续其旧的统治"。毛泽东的评论切中要害。1 月 14 日，毛泽东又为中共中央撰写了《关于时局的声明》，提出和平谈判的八项政治主张，其中首要条件就是惩办战争罪犯，以及废除伪宪法与伪法统等。这八项条件对蒋介石而言犹如五雷轰顶，视其为要他无条件投降的"哀的美敦书"，他感到再无恋栈总统职位之必要，便对李宗仁称："就当前局势来说，我当然不能再干下去了。但是在离开之前，必须有所布置。"

蒋介石在下野之前预作什么布置呢？

首先在经济方面，为了保留国民党日后的"一线生机"与拆李宗仁的台，蒋介石于 1 月 14 日召见俞鸿钧、席德懋二人，令其将国库 3.7 亿美元的黄金、白银和外汇移存台湾；同时将中央、中国银行存在美国的外汇，化整为零，存入私人户头，以免无法提取。

其后，蒋又于 1 月 18 日在人事部署上安插其亲信在要害部门。任命他最宠

① 张其昀主编：《先"总统"蒋公全集》，第 3 册，第 3304 页，台北中国文化学院出版部，1984 年版。

② 董显光著：《蒋"总统"传》，第 599 页，台湾中华大典编印会，1967 年 10 月版。

信的汤恩伯出任京沪杭警备司令部总司令，令朱绍良为福州"绥靖"公署主任，任命陈诚为台湾省主席兼警备司令，任命蒋经国为台湾省党部主任。

从蒋介石的上述部署看，他的确已感到大陆将不保，故将重点放在经营台湾，为其日后退路预作安排。

当一切布置就绪之后，蒋介石邀约五院院长就午餐，正式宣布引退。1月21日，国民党中央社播发了蒋介石第三次下野文告。文告称：

"中正毕生从事国民革命，服膺三民主义，自十五年广州北伐，以至完成统一，无时不以保全民族、实现民主、康济民生为职志，现战事仍然未止，和平之目的不能达到，决定身先引退，以冀弭战销兵，解人民倒悬于万一。爰特依据中华民国宪法第四十九条，总统因故不能视事时，由副总统代行其职权之规定，于本月21日起，由李副总统代行职权。务望全国军民暨各级政府，共矢精诚，同心同德，翊赞李副总统，一致协力，促成永久和平。"①

以上宣言不过是蒋介石的官样文章和故技重演而已。蒋深深知道，他的此次下野是美国联合桂系推倒了他。后来他在中国国民党七大作报告时，曾追述第三次下野说：

"我之下野的决定，固不能说全无国际环境之影响，但其重要因素，还是由于我们内在矛盾的关系为多。"②

蒋介石称，他的下野还出于对台湾问题的考虑。"如果我不下野，死守南京，那台湾就不能兼顾，亦就不能成为'反共抗俄'的坚强堡垒。"③

蒋这段话虽有些牵强，是为自己下野寻找托词，但也符合蒋介石的思维逻辑。因为早在1946年10月蒋巡视台湾时曾说过这样一段话：

"台湾尚未被'共党分子'所渗透，可视为一片净土，今后应积极加以建设，使之成为一模范省，则俄、共虽狡诈百出，必欲亡我国家而甘心者，其将无如我何乎。"④

当时蒋介石还没料到三年后他会被赶到台湾，但是他却看到了台湾的重要性及有利条件，初步形成了经营台湾以作为内战后盾的设想。后来他在国民党七大上作政治报告时称："就算是整个大陆被共产党拿去了，只要保着台湾，我就可

① 张其昀：《先"总统"蒋公全集》，第3册，第3305页。
② 《革命文献》，第77辑，第92页。
③ 《革命文献》，第77辑，第110页。
④ 古屋奎二：《蒋"总统"秘录》，第4卷，第461—462页。

以用来恢复大陆。因此，我就不顾一切，毅然决然的下野。"①

据笔者观之，蒋介石之所以在下野时选中台湾作为他的"反共复兴"基地，是出于以下几种考虑：

其一，从台湾地理位置上讲，便于避居困守。台湾是中国第一大岛屿，位于大陆东南一百多公里的海面上。东北隔着琉球群岛与日本遥遥相对；东面是浩瀚无际的太平洋；西面和西南面则隔台湾海峡与大陆福建省和广东省相望；南临巴士海峡，与菲律宾群岛相邻。台湾的地理位置具有极高的军事战略价值，被誉为太平洋上一艘"永不沉没"的航空母舰。这种有利的地理位置既易于仓皇败退至此的国民党军队喘息，也易于蒋介石在此设置"流亡政府"，空做"反攻大陆"的幻梦。

其二，台湾具有比较丰富的自然资源与先进的工业、交通基础。台湾省面积约3.6万平方公里，虽然不足全中国面积的4%，但在台湾大小八十余个岛屿中，却有驰名中外的被誉为"台湾三宝"的米、糖、茶三大物产；有四季不断、品种繁多的水果；有约相当于江苏、浙江、安徽三省森林面积总和的"森林宝库"；有200多种已探明的"地下矿藏"；还有丰富的水产资源。与丰富的自然资源相适应，台湾又是较早兴办洋务，修铁路、开矿山、办工厂的地区。日本占据台湾之后，在50年的时间内，为榨取台湾人民的血汗与掠夺台湾资源，进行了广泛的投资，使发电、钢铁、机械、化学、金属等工业逐渐增长，运输、交通、通讯、金融事业也很发达，农业也有所发展。连蒋介石都承认："我初到台湾，参观了日月潭的水利工程"，"参观了入山的铁路工程和林场的管理，觉得日本以蕞尔小国，竟能称雄世界，实非偶然"，认为日本在台湾的诸项工程是非中国大陆工程可比。②日本投降后，国民党政权全面接管了台湾的一切设施与行政权。丰富的自然资源与较先进的工业、交通基础就可为国民党败军提供赖以生存的基本条件。

其三，败退台湾还可争取到美国的支持与援助。众所周知，国民党蒋介石集团是靠美国支持起家的，尽管国民党兵败大陆引起美、蒋之间的争吵从而引发美国发表落井下石推卸罪责的中美关系《白皮书》，但从全球战略的角度考虑，他们从根本上是不会放弃支持国民党蒋介石集团的立场的，因为反共成为美蒋继续勾结的纽带。这一点蒋介石看得再明白不过了。当《白皮书》发表之际，蒋介石

① 《革命文献》，第77辑，第93页。
② 张其昀：《先"总统"蒋公全集》，第2册，第1944—1945页。

充满了愤愤之情，有人劝蒋介石对美国此举发一声明，表示抗议。但蒋介石当时已考虑到国民党已是四面楚歌，兵败退台还是要仰仗美国，故未敢发表个人抗议电，只是令外交部长叶公超代表政府发一抗议电。朝鲜战争爆发后，美国第七舰队侵入台湾海峡，炮制中美关系《白皮书》的美国总统杜鲁门声明要求蒋介石"合作"，时任"外交部长"的叶公超立即奉蒋令复函表示"接受"。

基于上述三点考虑，蒋介石在下野前，将其嫡系部队收缩至东南沿海一线，为其在台湾建立所谓"反共基地"进行精心安排。待其一切布置就绪之后，蒋介石才宣布下野。当国民党政权在大陆覆灭之后，蒋介石便将"国民政府"与中央党部迁至台湾岛。

对于蒋介石第三次下野，各界评论颇多。蒋介石自己称："在当时如果我不下野，当然我仍在南京，我认为只要有海空完整无缺，那南京是可以守的，万一守不住，我亦决心死在南京。"①

很显然，蒋介石将国民党在大陆失败的责任完全推给了李宗仁，这是有欠公道的。蒋经国称他父亲的下野是"中华民族数千年历史又遭逢了一次厄运，几乎断送国脉"②。台湾史学界官修"国史"有这样的说法：蒋的下野使"政府失去领导中心，'匪军'趁机加紧全面叛乱，大陆因落'匪'手"③。香港史学家鸿鸣先生对此评论称："这是一种推过于人、文过饰非的说法，借此保存蒋的一代完人的形象。"④到底应如何评价蒋介石的第三次下野，笔者相信读者自有公论。

大陆的最后岁月

蒋介石下野后，循前两次下野惯例，迅即离南京返抵故里浙江奉化溪口，以便"沉思与自省"。据董显光所著《蒋"总统"传》称：在蒋初返奉化时，完全地"置身政治圈外"，过着艰苦、宁静的生活，除破例接见张治中外，毫无其他动作。然据笔者所查，董显光所言与历史事实出入甚大。仅在蒋身居奉化三个月内，就曾多次接见党政军要员，不断插手政务，拆李宗仁的台，为他第三次上台做准备。关于此点，可从蒋经国的日记中窥知：

1月25日，蒋电令顾祝同指挥北平中央军，对中共作战。同时令国民党中央

---

① 《先"总统"蒋公思想言论总集》，第25卷，第134页。
② 《蒋"总统"经国先生言论著述汇编》，第2辑，第555页。
③ 鸿鸣：《蒋家王朝》，第279—280页，香港中原出版社，1986年版。
④ 鸿鸣：《蒋家王朝》，第279—280页。

军作空运南撤准备。

1月28日，适逢农历除夕，蒋介石全家在报本堂（丰镐房）团聚度岁。蒋经国称这是他父亲自1913年至今36年第一次在家度岁。同来溪口度岁者，有国民党要员张群、陈立夫、郑彦棻三人。

1月30日，蒋介石在老家召见行政院秘书长黄少谷，决定将国民党中央党部先行迁粤，其后加以整顿。

2月12日，蒋介石令蒋经国致电参谋总长顾祝同，令刘安祺死守青岛。

2月17日，蒋介石召见阎锡山，曾讨论国民党党政军今后改造问题及政务问题。

蒋介石第三次下野后，迅即离开南京返抵故里之浙江奉化溪口，以便"沉思与自省"

2月19日，蒋介石召见刘为章时，谈及和谈问题，蒋介石告刘："李宗仁以毛之八条件为和谈基础，直等于'投降'。"①

与此同时，蒋介石支持行政院长孙科与李宗仁闹矛盾，致使孙科将行政院迁至广州，使府院之争再度重演，李宗仁总统职权几乎被架空。当孙科气愤之下挂职而去后，行政院长一职竟无人问津。李宗仁请求何应钦组阁，但何称没有蒋先生的点头，不敢做任何事情。最后还是李宗仁派张治中、吴忠信到溪口见蒋，得到蒋的允许后，何应钦才于3月11日开始组阁。

上述事实一再说明：蒋介石引退之后，始终未放弃手中的权力，他坐镇溪口，仍以国民党总裁的身份控制党政军特各个部门。另据李宗仁后来回忆说：

> 为便于控制全国各地一切军政措施，蒋先生返溪口之后，便在其故里建立电台七座，随意指挥，参谋总长顾祝同，对一兵一卒的调动完全听命于蒋先生。2月16日，我在总统府宴请留京高级军政人员阎锡山、

① 《蒋"总统"经国先生言论著述汇编》，第2辑，第573页。

于右任、居正、顾祝同等。众人方入席，侍从人员便来报告说，溪口蒋先生有电话给顾参谋总长。顾祝同只得放下碗箸去接电话。蒋先生这电话原先打到国防部，部里人说，代总统今日请客，参谋总长现在在总统府吃饭。蒋先生便命令将电话接到总统府。是晚我们一席未终，顾祝同先后接了三次溪口的电话。由此可见蒋先生对各项军政大事控制得严密，实与退休之前无异。①

李宗仁的回忆进一步证明了董显光所言与事实不符，也说明蒋介石下野后绝非是一个"普通公民"。

当国共和谈破裂、人民解放军发起渡江战役后，蒋介石深感王朝灭亡在即，迅即结束了"隐居"溪口的生活，重返政治战场。其实他一刻也没离开过。4月22日，蒋飞抵杭州西子湖畔，召李宗仁、何应钦、白崇禧、张群、王世杰、陶希圣、吴忠信等紧急磋商，研讨应对之策。会议结果商定一文告，包括下列内容：

（1）政府今后唯有对中共坚决作战。

（2）在政治方面，联合全国民主自由人士共同奋斗。

（3）在军事方面，由何应钦兼国防部长，统一陆海空军指挥。

（4）采取紧急、有效步骤，以加强国民党内部团结和党政之间联系。为此，决定在党内设立"非常委员会"，蒋介石以国民党总裁身份主持党政联系。②

蒋介石下野后，李宗仁任"代总统"

会议期间，李宗仁对于他代总统期间政出多门现象大发牢骚，并提出退职。蒋介石因拿到了"非常委员会"的大权，便故作姿态说："不论你要怎样做，我总归支持你。"李得到蒋的再度许诺，不好再表示反对，遂于当日返抵南京。蒋介石又返溪口小住。

4月23日，人民解放军渡江部队占领南京，国民政府迁往广州办公。国民党政府发言人发表谈话称："共产党此次乘政府争取和平要求停战作最后呼吁之际，发动总攻，大举渡江南犯，致荻港、江阴、扬中等地相继弃守，首都陷入钳形攻势之中，我驻

① 《李宗仁回忆录》，第955—956页，广西人民出版社，1980年版。
② 《申报》，1949年4月23日。

守首都大军一时乃完全处于被动地位，无法发挥高度之战斗力量，我统帅部估计军事形势，当前尚非适宜之决战阶段，不能不自动从首都作战略之撤退。"同时宣称要与中共作战到底。[1]

许多政府要员纷纷自寻生路，连李宗仁为自己生计也于当日临时决定飞抵桂林。李宗仁之所以不去广州而飞桂林，主要考虑蒋介石成立国民党非常委员会的动机企图从幕后走向前台，他"万不能接受，乃决定不去广州而飞桂林，在桂林组织政府"。[2]此时的国民党政权，已呈四分五裂状态。

4月24日，蒋介石得知南京"失陷"确切消息后，"精神之抑郁与内心之沉痛，不可言状"。为了防止家人成为人民解放军的俘虏，遂决定将家人送往台湾，同时决定赴上海部署新的防御，企图固守淞沪。[3]翌日，蒋介石携蒋经国到蒋母墓前辞行。本想再到丰镐房探视一次，而心又有所不忍；又想向乡间父老辞行，"又徒增依依之恋耳"，终于不告而别。当时，蒋经国描述父子的心情是："虽未流泪，但悲痛之情，难以言宣。"当日，"天气阴沉，益增伤痛。大好河山，几至无立锥之地！且溪口为祖宗庐墓所在，今一旦抛别，其沉痛之心情，更非笔墨所能形容万一"。[4]

4月26日，蒋氏父子抵黄浦江之复兴岛。当日，召见徐次辰、顾祝同、周至柔、桂永清、汤恩伯、毛人凤、谷正纲等汇报情况，并作最后防御指示，以"保卫大上海"。

4月27日，蒋介石鉴于南京失守后党内外一片混乱局面，发表《和平绝望、奋斗到底》的谈话，宣称：

"当此国家民族存亡生死之交，中正愿以在野之身，追随我爱国军民同胞之后，拥护李代总统暨何院长领导作战，奋斗到底。"

他呼吁各界要认识"'共党'之需要非'和平'，而为战争，更要重振抗日时期之决心与勇气，为国家独立、民族自由、民主和平而奋，必能获得最后之胜利"[5]。

很显然，这篇谈话是在为其反共战争打气，也表明他还要作最后的挣扎。4月30日，蒋介石对军队将领发表训话时，一再要求部下坚守上海六个月，等待第三次世界大战的爆发，届时必将得到美国的全力保护，就会重新"光复"全国。

---

① 《外交部公报》，第115期。
② 程思远：《李宗仁先生晚年》，第81页，文史出版社，2004年版。
③ 《蒋"总统"经国先生言论著述汇编》，第2辑，第603页。
④ 《蒋"总统"经国先生言论著述汇编》，第2辑，第604页
⑤ 张其昀：《先"总统"蒋公全集》，第3册，第3307页。

翌日，蒋介石又宣称他要留在上海不走，"要和官兵共艰苦"，"要和上海共存亡"。然而当蒋介石言犹在耳之际，随着人民解放军占领杭州、进军上海，蒋介石在上海待不下去了，遂于5月7日离开上海。蒋在当日日记中表示：

"今日的仇敌，是坚强、恶毒、凶险的'共匪'，我们用什么方法来对付敌人呢？只有以新的精神、新的力量、新的生命，来迎接新的时代，奠定新的基础。我旧的创痕还未愈，新的创痕又深了。我眼看到中华民族的危亡，怎能不挥泪前进？今天黑暗重重——我一定要不屈不挠地奋斗下去。"①

蒋介石刚走五天，人民解放军便发起了解放中国第一大城市上海的战役。仅仅13天，被国民党大肆鼓吹的上海"马其诺防线"便被人民解放军突破。5月25日，上海已在人民解放军的控制之下。

上海失守，"江南半壁业已风声鹤唳，草木皆兵"。在海上漂泊了半月有余的蒋介石决定去台湾"重振革命大业"②。

与此同时，蒋介石又遭李宗仁的抨击。李宗仁与阎锡山谈话时称：请蒋介石"不再问国事"，并向蒋介石提出索取运存台湾之黄金等六项要求：

（1）"关于指挥权者：力求扭转军事颓势，国防部应有完整之指挥权，蒋先生不得在幕后指挥"；

（2）"关于人事权者：全国任免官吏，由总统暨行政院依据宪法执行之，蒋先生不得从幕后干预"；

（3）"关于财政金融者：中央金融、企业等机构，概由行政院主管部会监督，任何人不得从中操纵，中央银行运台存贮之银元、金钞，须一律交出，交付军政费用"；

（4）"关于行政范围者：各级政府须依据宪法规定，向总统及行政院长分层负责，不得听受任何个人指导，在穗之政府机关，应率先奉行"；

（5）"关于党政者：国民党只能依普通政党规定，协助指导从政党员，不得干涉政务，控制政府"；

（6）"关于蒋先生今后出处：希望蒋先生暂时出国赴欧美访问，免碍军政改革"。③

阎锡山将李宗仁谈话携至广州交予何应钦，何应钦将谈话电传给蒋介石。蒋

---

① 《蒋"总统"经国先生言论著述汇编》，第2辑，第612页。
② 《蒋"总统"经国先生言论著述汇编》，第2辑，第619页。
③ 《李宗仁回忆录》，第975页。

介石致书何应钦，转达李宗仁请其即到广州领导政府，并答复李宗仁六条要求：

（1）"总统职权既由李氏行使，则关于军政人事，代总统依据宪法有自由调整之权，任何人不能违反"。

（2）"前在职时，为使国家财富免于'共党'之'劫持'，曾下令将国库所存金银转移安全地点；引退之后，未尝再行与闻。一切出纳收支皆依常规进行，财政部及中央银行簿册俱在，尽可稽考。任何人亦不能无理干涉，妄支分文"。

（3）"美援军械之存储及分配，为国防部之责任。引退之后，无权过问，簿册罗列，亦可查核。至于枪械由台运回，此乃政府之权限，应由政府自行处理"。

（4）"国家军队由国防部指挥调遣，凡违反命令者应受国法之惩处，皆为当然之事"。

（5）"非常委员会之设立，为4月22日杭州会谈所决定。当时李代总统曾经参与，且共同商讨其大纲，迄未表示反对之意。今李既欲取消原议，彼自可请中常会复议。唯民主政治为政党政治，党员对党负有遵守决议之责任，党对党员之政治主张有约束之权利，此为政党政治之常轨，与训政时期以党御政者，自不可混为一谈。"①

对于李宗仁要蒋出国一事，蒋称：

"若谓中正复职即应出国，殊有重加商榷之必要。中正许身革命四十余年，始终一贯为中国之独立自由而奋斗。只要中国尚有一片自由之领土，保持独立之主权，不信中正竟无立足之地。"②

蒋介石还称：

"今日国难益急，而德邻兄对中隔膜至此，诚非始料之所及。而过去协助政府者，已被认为牵制政府。故中唯有遁世远引，对于政治一切不复闻问。"③

有了蒋介石的承诺，李宗仁才于5月8日抵达广州，并于当日发表书面谈话称：中共迷信武力，与国民党兵戎相见，导致和平破裂。宣称今后"泯除一切派系私见，力谋精神团结"，"领导政府排除障碍"，"作坚决之抵抗"。同时还发表文告，通令全国民众，"明辨是非，协助政府"，"挽救国运危亡"。④

5月13日，立法院通过《为中共破坏和平，支持政府对中共继续作战之决

---

① 《蒋"总统"经国先生言论著述汇编》，第2辑，第609—610页。
② 《蒋"总统"经国先生言论著述汇编》，第2辑，第610页。
③ 《蒋"总统"经国先生言论著述汇编》，第2辑，第611页。
④ 《外交部公报》，第117期。

议》，又通过了临时紧急动议，向孔祥熙、宋子文、张嘉璈征借 10 亿美元，"以拯救危机，'戡平''匪乱'"。①

5月16日，国民党中央政治会议议决："请本党中央执行委员会通令全体党员，请政府通令各级文武官吏及全体国民，如再有倡吁和平，或妄发求和言论者，应视同叛逆，予以党纪国法之处分。"②

5月20日，何应钦向李宗仁提出辞去行政院长一职，31日获准。国民党中央政治会议推居正出任行政院长，但立法院以一票之差，否决了居正，最后李宗仁支持阎锡山组成了"战斗内阁"。6月5日，阎锡山宣誓施政方针："一、新内阁各部会人选在配合李代总统作战内阁之方针，邀请各党各派及超党派人士组织之。俟人选决定之后，即行就职。二、在台时，因蒋总裁派员致祭其太夫人，阎氏曾往致谢，至于与蒋总裁所谈各事，未便奉告。三、政府并未考虑迁渝。四、新阁方针在争取军事胜利，稳定金融，改革币制，提高士兵及公务人员待遇，组训民众，加强地方职权等"。③

5月末，蒋介石飞抵台湾，先后就住于阳明山（原名草山，因蒋介石推崇明朝哲学家王阳明，他在此居住后便将草山改为阳明山）和高雄寿山。初到台湾期间，蒋介石父子的心情受大陆败局的影响，一直很颓丧。蒋经国在6月4日、9日日记中写道：

"淫雨初晴，精神为之一振，但很快地又感觉到愁苦。连夜多梦，睡眠不安。"

"昨晚月色澄朗，在住宅前静坐观赏。海天无际，白云苍狗，变幻无常，遥念故乡，深感流亡之苦。"④

烦闷之余，蒋介石开始拟订防台计划，以舟山、马祖、金门、潮汕一线为前哨，也为"反攻复国"之桥梁，并确定今后以台湾防务为第一。此期间，蒋介石两次接到李宗仁和新任行政院长阎锡山来电，要其到穗"主持大局"。蒋经国觉得"尚非其时，亦非其地"。但蒋介石则不然，他认为复出的时机要来临，迫不及待于6月18日复电李宗仁、阎锡山称：

"时局艰难，兄等持颠扶倾，辛劳备尝，感佩之余，时用系念，辱承约晤，

---

① 《中央日报》，1949 年 5 月 14 日。
② 《蒋"总统"经国先生言论著述汇编》，第 2 辑，第 618 页。
③ 《中央日报》，1949 年 6 月 6 日。
④ 《蒋"总统"经国先生言论著述汇编》，第 2 辑，第 624—625 页。

能不遵行？兹拟于短期内处理琐事完毕，决定行期。"①

6月23日，行政院新闻处发表战时施政方针，宣称："战时一切施政以军事为核心，一切都为军事，一切支援前线，集中意志，集中力量，以革命的精神和革命的手段，动员全国及海外侨胞的人力物力，抱定寸土必争的决心，以争取最后胜利，完成戡乱救国大业。"②

6月26日，蒋介石出席东南军事会议总理纪念周，并发表"本党革命的经过与成败的因果关系"的演讲，宣称"革命党向来不怕失败，但必须要在失败中求得教训，取得经验"，最后必能成功。③

7月4日，阎锡山在国民党中央党部作施政报告，宣称要同中共战斗到底。同日，蒋介石在台湾答记者问时宣称："余今后以革命领袖地位，号召全国力量与中共斗争到底。"④

7月14日，蒋介石自台北飞抵广州。连续几日，蒋介石以国民党总裁身份，频频召开会议，并于16日成立了国民党"非常委员会"。会议规定：这一超宪法机构为非常时期的最高权力机关，政府一切措施必须先经"非常委员会"决议通过方为有效。会议推举蒋介石为非常委员会主席，李宗仁为副主席，阎锡山、朱家骅、居正、吴铁城、吴忠信、何应钦、张群、孙科、陈立夫为非常委员会委员，洪兰友、程思远为正副秘书长。本来蒋介石想设两位副主席，借以钳制李宗仁。由于前行政院长孙科拒绝出任副主席，最后只能由李宗仁充任副主席。蒋介石以国民党总裁身份兼任"非常委员会"主席，再次集党政军大权于一身，并从幕后走到了台前，指挥国民党残余力量作最后的顽抗。⑤此刻蒋介石也表现出大度："自经本人引退以来，李代总统德邻同志支撑危局，备历辛苦艰难，本人至为感谢，但本人虽不负政治责任，然无时忘记了我的革命的责任，本人深感同志之间，休戚相关，荣辱一致，历史事业都是不可分离的一体，所以无论何时何地，总是尽我个人的本分，来协助大家成功。"⑥

会议还通过了阎锡山草拟的《扭转时局方案》，该方案宣称："在保卫华南及

① 《蒋"总统"经国先生言论著述汇编》，第2辑，第627—628页。
② 《"中央日报"》，1949年6月24日。
③ 秦孝仪主编：《"总统"蒋公思想言论总集》，卷23，第2页，中国国民党中央委员会党史委员会，1984年印行。
④ 《"中央日报"》，1949年7月7日。
⑤ 《"中央日报"》，1949年7月17日。
⑥ 《"中央日报"》，1949年7月18日。

保卫西南两大部门，欲达成此项任务，必须改变过去战略政略，使军政一元化，并提高地方职权，加强军队政治工作，合理调整官兵及公教待遇，争取广大民众，参加反共阵营。今后对匪作战必须以军事对军事，以政治对政治，以经济对经济，以组织对组织，使各部门均在争取胜利之目标下，密切联系。"①

蒋介石重新登台后，为了挽救国民党在军事上的失败，于7月21日乘舰离广州赴厦门。政府发言人鲍静安对外宣称：

一、蒋先生为国民党总裁，中央党部在穗，蒋总裁有随时来此可能。

二、非常委员会每两周开会一次，主席缺位时，由副主席主持，可决定一切决议案件。

三、非常委员会可能设立分会，唯名称、地点及人选，尚未决定。

四、为便利办公起见，蒋总裁将设立一以少数人员组成之办公室，但非如外传组织庞大之办公厅。办公室工作人员将随蒋总裁行动。"②

其后，国民党、蒋介石决定在台北设立总裁办公室。黄少谷受蒋介石指令解释设立总裁办公室原因称："总裁因不能常住中央党部所在地，事实上须有少数必须人员随同办事，故成立一小规模办事机构，称'总裁办公室'。内分数组，或从事党务、政治、经济及国防等问题之研究，或办理事务性工作。"其性质属于"总裁之私人秘书机构"。③机构于8月1日正式在台北办公。这是继"非常委员会"成立之后的又一太上机构，它的成立表明蒋介石的独裁统治又有所加强。

7月23日，蒋介石在厦门召开军事会议，决定建立以台湾为中心的东南长官公署，以陈诚为长官。该机构于8月15日正式成立。同时决定守住福州，巩固台湾，支持到明年春天。然而不到一月，国民党军队便于8月17日从福州败退，此项决定遂成泡影。福州失守后，蒋介石又将希望寄托于西南。8月24日，蒋介石由台飞抵重庆。25日，蒋在重庆接见四川省主席王陵基，后又约见宋希濂。29日，蒋在西南行政长官公署召开军事会议，决定以陇南与陕南为决战地带，阻止人民解放军入川，确保川、滇等地安全。

正当蒋介石准备将四川作为"复兴"根据地并企图创造"奇迹"之际，却遭到了来自两方面的沉重打击。

一方面来自新华社的讯息是：8月26日，解放军消灭了马步芳与马鸿逵的主

① 《"中央日报"》，1949年7月17日。
② 《"中央日报"》，1949年7月22日。
③ 《"中央日报"》，1949年7月29日。

力部队，占领了兰州。9 月 19 日，绥远省主席董其武等 39 人宣布脱离国民党，绥远和平解放。9 月 25 日至 26 日，新疆警备司令陶峙岳与省主席包尔汉通电脱离国民党，新疆和平解放。更使蒋介石震惊的是：他的最大敌手毛泽东于 10 月 1 日在天安门城楼向全世界庄严宣告：中华人民共和国成立了。

听到上述消息，蒋介石"至为痛心"。更使他产生的最大顾虑是：中国共产党政权建立之后，必定在苏联帮助下，建立海空军，到那时，国民党将"处境更艰""为势更劣"。因为此时的国民党政权已到了山穷水尽的地步，大崩溃、大分化、大逃亡已经成为这个政权运作的突出特征。尽管蒋介石整日穿梭于台北——广州——重庆和成都之间，仍阻挡不住如潮水般撤退的国民党军队及失败的大趋势。

10 月 14 日，人民解放军攻占广州，惊慌失措的"国民政府"仓皇撤退至抗战时期的陪都——山城重庆办公。当"政府"机构立足未稳之际，重庆郊外炮声隆隆，人民解放军已兵临山城之下。11 月 29 日，继广西桂林失守后，重庆又失，"国民政府"只得被迫迁往成都办公。"政府"办公人员始终处于惶惶不可终日之中。

另一方面，蒋介石的替罪羔羊、桂系首领、"中华民国"的名义总统李宗仁，突于 11 月 20 日以胃病复发为由，决定赴美就医，当日抵达香港。李宗仁表示："在治疗期间内之中枢军政事宜，已电阎锡山院长负责"；"'总统府'日常公务责令由邱昌渭秘书及刘士毅参军长分别代行处理"。① 12 月 3 日，阎锡山电李宗仁，促返成都主政。12 月 5 日李宗仁飞赴美国。6 日，李宗仁抵达美国旧金山，在接受记者采访时否认他此行的目的在寻求美国的援助，同时表示"在中国面临空前危机之时，他因病出国实系迫不得已"。宣称"余此行目的纯为就医"，"一俟身体康复，即返国重行领导与整个人类幸福前途攸关的斗争"。② 李宗仁的不辞而别使蒋介石非常恼火，因为李走时并未声明辞职或引退，使蒋介石处在了十分尴尬的地位。

重庆既失，成都已无险可守。败退至此的蒋氏父子住在国民党中央军校内，自 12 月 1 日起连续召见邓锡侯、刘文辉、熊克武、王方舟、胡宗南等人，研究西南作战计划。由于刘文辉、邓锡侯、卢汉正在酝酿脱离国民党阵营，加之国民党军队溃不成军，党政军完全解体，西南防御计划始终未能出台。12 月 4 日，蒋

---

① 《"中央日报"》，1949 年 11 月 21 日。

② 《"中央日报"》，1949 年 12 月 8 日。

介石接见美联社记者慕沙时宣称：绝不惜任何牺牲，"持久反共"战斗。[①] 12 月 7 日，蒋介石再召西康省主席刘文辉与西南长官公署副长官邓锡侯，二人竟避不应召。[②] 蒋介石感到成都已危在旦夕，遂同张群、阎锡山商讨对策。对于国民党中央及"政府"驻地问题，起初拟迁西昌，固守西南，候机反攻。后又感到国民党在大陆"大势已去，无法挽回"，决定将"中央机构"迁往台北，在西昌设大本营，成都设防卫总司令部，同时决定张群飞滇探明卢汉动向。[③]

　　12 月 8 日，"行政院"召开紧急会议，正式决议迁台办公。阎锡山携副院长朱家骅及"总统府"秘书长邱昌渭等 14 人，先行飞赴台湾，蒋介石仍留在成都。当天下午，阎锡山在台北召开记者招待会宣布：国民党"中央政府"今移台北办公。[④] 同日，张群由滇飞抵成都，告蒋介石卢汉有异动迹向。蒋介石让张群再次飞滇，仍企图说服卢汉，但其结果是张群未能如愿，10 日，张群被迫飞赴香港。[⑤]

蒋介石退台前夕

①　《"中央日报"》，1949 年 12 月 6 日。
②　《蒋"总统"经国先生言论著述汇编》，第 2 辑，第 694 页。
③　《蒋"总统"经国先生言论著述汇编》，第 2 辑，第 694—95 页。
④　张锦富：《战斗阁揆阎锡山先生》，转引自李云汉：《中国国民党史述》，第 3 编，第 770 页。
⑤　张群：《对云南局势演变情形之报告》，转引自李云汉：《中国国民党史述》，第 3 编，第 770 页。

12 月 10 日，云南卢汉宣布起义，并电告刘文辉，要其会同四川将领将蒋介石扣留，献给中共。此时，成都城内秩序已乱，蒋介石的侍卫人员发现蒋介石的住所周围有"可疑人物"出现，立即告蒋介石。据蒋经国 1975 年 7 月 27 日至 29 日在中国国民党党务工作会议上讲："当时，'总裁'住在楼上，经国住在楼下，那时候'毛共'勾结刘逆文辉在成都郊区叛变，我们得到这项情报，便做应变准备。当天早晨，经国起得很早，'总裁'找我上去，问'是不是今天准备走？'我报告'总裁'：'今天一定要走，现在预备了车辆在后门，不是在前门'。'总裁'说：'为什么？'我说：'后门离开飞机场近，而且比较安全，由于刘文辉叛变，我们从大门出去走远路有很多安全上的考虑。''总裁'坚定地说：'那不行！我从大门进来，一定要从大门出去。'"① 1982 年 4 月 4 日，蒋经国在《七年的思慕和信念》一文中再度回忆当时的情景时说："记得民国三十八年 12 月 10 日那一天，父亲离开成都军校前来台湾的时候，曾经命令我随侍一旁，父子两人，面对'国父'遗像、'国旗'，高唱'国歌'，当时的情景，真是沉痛、苍凉而悲壮，因为自那个时刻之后，大陆上就很难再看到青天白日的旗帜。"②

蒋介石父子感到成都已将要成为爆炸的火药库，再也无力回天，遂决定下午飞台北。下午 2 时整，蒋氏父子在成都凤凰山机场登机起飞，永远告别了中国大陆，向台湾飞去。"俯视眼底大陆河山，心中怆然"。几小时后，飞机降落在四海茫茫的台湾孤岛。与此同时，国民党中央执行委员会于 12 月 3 日在成都举行临时会议后，即随政府行动。秘书长郑彦棻等一行人于 12 月 8 日飞赴台北。当蒋介石飞台北后，国民党中央党部于 11 日宣布正式在台北办公。从此，开始了中国国民党偏安台湾的时期。

痛切的反省

在台湾中部南投县的丛山之中，有一个全省最大的天然湖。湖面海拔 740 米，面积 4.5 平方公里，最深 6 米。湖中有一座小岛，岛北为日潭，岛南为月潭，以轮廓近似日月而得名。这里群峰环绕，林木扶疏，湖光山色，相映成镜。夏季，这里是台湾中部的避暑胜地。到了秋天，明月朗朗，静影沉璧，"双潭秋月"，更成为吸引天下游客的绝胜风景。此时正值 20 世纪 40 年代最后一个年头的冬季，尽管台岛是海洋气候，也有点寒意料峭。冬日的海外洞天将会迎来什么客人呢？

---

① 《蒋"总统"经国先生言论著述汇编》，第 9 辑，第 142 页。
② 《蒋"总统"经国先生言论著述汇编》，第 14 辑，第 313 页。

圣诞节的前夜，兵败大陆来台的蒋介石率全家自台北抵日月潭，共度圣诞之夕。然而国民党军队在大陆崩溃的消息传至后，又给冬日的日月潭增添了几分寒意。连日来，蒋氏父子整日闷坐日月潭的涵碧楼中，在兴叹"英雄的末路悲怀"之余，偶尔也反省国民党在大陆失败的原因。其内容涉及政治、经济、军事、外交和党务诸方面。为了给读者一个整体轮廓，笔者将蒋介石的反省作一系统整理。

第一，蒋介石认为：国民党在大陆失败的原因很多，"而主要的原因是由于我们军事的崩溃"。[1] 军事崩溃的原因有以下七点：

（1）军队纪纲败坏是军事崩溃的首要因素。

蒋介石在1950年3月19日讲述《国民革命第三期任务之说明》中称："就过去一年失败的情形看来，以军队纪纲的败坏最为严重。""最显著的一点，就是一般军长、师长，不经过请假的手续，可以随便离开自己的职守，自由行动……即此一点，就足以知道我们军队的纪律扫地。"[2] 蒋介石还沉痛地说："过去北洋军阀被打败是他们本身腐朽。"但在北伐后，"所有北洋军阀的毛病，我们的军队都已习染，不论在精神上行动上都渐次趋于腐化堕落"，"几乎与北洋的军队如出一辙"。[3]

蒋介石告诫各级将领说：

"如果再不彻底觉悟，那这种军队非自取灭亡不可。"[4]

（2）对三民主义的动摇是军队崩溃的重要原因。

1949年10月20日，蒋介石在军官会议上讲授《军事改革之基本精神与要点》时称：

"今天我们军队的失败，就是没有奉行三民主义之故。换言之，就是我们军队已经失去战胜的基本条件……我们的军队已经成了没有灵魂的军队"，失败则是必然。[5]

蒋介石当面指责受训的高级军官说：

"你们平时口头讲信仰三民主义，但是你们在行动上究竟是不是实行了三民

---

① 秦孝仪主编：《"总统"蒋公思想言论总集》，卷23，第26页。
② 秦孝仪主编：《"总统"蒋公思想言论总集》，卷23，第141页。
③ 秦孝仪主编：《"总统"蒋公思想言论总集》，卷23，第144页。
④ 秦孝仪主编：《"总统"蒋公思想言论总集》，卷23，第141页。
⑤ 秦孝仪主编：《"总统"蒋公思想言论总集》，卷23，第36—37页。

主义呢？对于三民主义是不是只有形式的信仰，把三民主义当做了一个口头禅而已？"[1]

蒋介石特别强调：必须"加强我们主义的信仰，唤醒我们军队的灵魂"。[2]

（3）军事崩溃，是由于军事制度——诸如教育、人事、经理制度皆未能健全建立。

蒋介石非常沉痛地说："自从抗战末期到现在，我们国民革命军内部所表现的贪污腐败的内容和实情，真是光怪陆离，简直令人不能想象。"[3]

蒋介石在《敌我双方优劣之检讨及"战争艺术化"的意义》演说中，列举国民党高级将领的八大缺点：

其一，"本位主义"（"只知有己，不知有人。平时相处则互相摩擦，互相攻讦，在战场上则不能协同一致，互相合作"）。

其二，"包办主义"（"一切事情不论自己是否可以胜任，先就包揽下来，不许人家过问，其结果使得彼此争权夺利，而业务则废弛泄沓"）。

其三，"消极被动，推诿责任"（"凡事都要上级来推动，而不能认清职责，自主自动"）。

其四，"在办事的时候，不能分别轻重缓急，不经过研究考虑，大而无当，粗制滥造"。

其五，"含糊笼统，不求正确，尤其是对于时间、地点和数字，始终没有正确的观念"。

其六，"依循苟且，得过且过"。

其七，"迟疑犹豫，徘徊却顾"。

其八，"主观自大，故步自封"。[4]

蒋介石还指出：

"现在我们军队里面，功过不分，是非不明，主要的原因，就是因为我们军队里面没有监察制度。"[5]北伐时期，国民革命军实行党代表制与政治工作制度。后来"因为所有部队长官都受过党的训练，又因为军队职权宜求统一，故采取一

① 秦孝仪主编：《"总统"蒋公思想言论总集》，卷23，第37页。
② 秦孝仪主编：《"总统"蒋公思想言论总集》，卷23，第37页。
③ 秦孝仪主编：《"总统"蒋公思想言论总集》，卷23，第26页。
④ 秦孝仪主编：《"总统"蒋公思想言论总集》，卷23，第69页。
⑤ 张其昀主编：《先"总统"蒋公全集》，第2册，第1930页。

元制度，即以各部队长为建军的骨干"。"自从党代表制取消，政治部改成部队长的幕僚机关以后，军队的监察即无从实施，同时因为政工人事的不健全，故政训工作亦完全失败"。"整个部队即失其重心"，如此，"我们军队怎么能不失败，不崩溃呢？"[1]

对于造成上述状况的原因，蒋介石分析说：

我们一般军官和美国人相处，受了美国人的教育，对于美国军人的长处一点儿没学到，则专门模仿美国人的生活及缺点，诸如"滥肆吸烟、酗酒、打牌、嫖妓"，殊不知这只是美国军人生活的一面，"而对于工作业务之活泼认真，乃是他们军人尽忠职务、报效国家的精义之所在"。真所谓"画虎不成反类犬"。"这是我们军事最近四年来失败的最大原因"；"也是我们中国最近四年来，党务、政治、军事彻底崩溃的最大原因"[2]。

造成上述状况的另一原因是：

"根本没有现代的军事学识"。原因是："学得太少，又不注意补充"；我们的军官，"大多数皆出身于农村社会，及小资产阶级的子弟，偏于保守性的多"。尤其从前在军官学校的生活和环境，都是"养尊处优"，"根本没有养成学习的习惯"。[3] 蒋介石总结说："大家虽然生在现在科学时代，而大家的精神、学术、生活、行动，都不配做一个现代的军人。"[4]

如何克服上述缺点呢？蒋介石说：

"今天我们要彻底改革过来，振作军队的精神，转移部队的风气，根本着手之点，还是要着重于建立制度"，特别要"确立一种健全的监察制度"。"要确立军队的监察制度，必须彻底改革现在的政工制度"。因政工人员多为主官推荐，"今后军队的政工人员应由党部遴选，透过'政府'予以委任，绝不能听由部队主官擅自任用。并且对部队负起监督的责任来挽救今天一般军官腐败贪婪、无法无天、自由行动的流弊"。[5]

（4）官兵对立、军民脱节是军事崩溃的另一原因。

蒋介石指出："许多高级指挥官每到作战的时候，不是在陆上准备了车辆，

---

① 张其昀主编：《先"总统"蒋公全集》，第 2 册，第 1947 页。
② 秦孝仪主编：《"总统"蒋公思想言论总集》，卷 23，第 104—105 页。
③ 张其昀主编：《先"总统"蒋公全集》，第 2 册，第 1933 页。
④ 张其昀主编：《先"总统"蒋公全集》，第 2 册，第 1942 页。
⑤ 张其昀主编：《先"总统"蒋公全集》，第 2 册，第 1931 页。

就是在水上准备了船舶，一到紧急关头，就不管他的部下生死，而先自上车或者登船逃命。这样没有人格的官长，可以说是寡廉鲜耻，怎能再取得部下的信仰呢？而且一般高级将领，在生活上骄奢淫逸，尽情享受，而部下的官兵，则食不果腹，衣不蔽体，何尝还有一点同甘苦、共患难的意思？"在军民关系方面，"可以说恶劣到了极点"。"我们军队每进到一个村庄，这个村庄中较好的房屋，就一定被我们军队占领；而最好的房间，一定是最高的主官住着，借了人民的东西不归还，损坏了人民的器具不赔偿。这样，当然使人民对我们发生反感，而不愿帮助我们"。①

针对军队存在的上述弊端，蒋介石提出必须予以"纠正"。如何"纠正"呢？首先在官兵关系方面：提出要"官兵一体、生活一致"，各级首脑与士兵同甘共苦。

在军民关系方面：蒋介石提出"要改善军民关系，就必须实行'军民合一'这句口号，我们军队如能处处爱护民众，便利民众，真正做到军队为人民的军队，武力为人民的武力，使人民感到我们真是他们自己的武力，自己的保护者，那他们自然要与我们融合为一，自动地来帮助我们了"。②

（5）"军事失败的近因，乃是由于我们战略的错误。"

蒋介石将战略上失败的错误归咎于马歇尔的调处。他说：战争爆发之初，"我们政府误信马歇尔的调处，将最精良的国军开到东北，以致内地空虚，各战场都感到兵力单薄。战略上一经犯了错误，那在战术上是无法补救的。何况我们一般将领对于战术又毫无修养，对于'剿匪'战术又未能深切的研究，如此，当然失败得更快！"③

（6）失败是"历史的定律"。

在蒋介石头脑中有一个失败的定律，即："我们中国历史上同一系统的军队，只能达成一个特定的任务，当这个任务达成以后，就一定要腐化堕落，终至于失败消灭，这已成为一个历史的定律。"④

蒋介石还列举了太平天国时期予以说明：曾国藩的湘军只能剿灭太平军，但不能征讨捻军。

蒋介石认为："抗战胜利之后，我们军队腐败的现象更加显著"，"整个军队，

---

① 秦孝仪主编：《"总统"蒋公思想言论总集》，卷23，第42页。
② 张其昀主编：《先"总统"蒋公全集》，第2册，第1931页。
③ 秦孝仪主编：《"总统"蒋公思想言论总集》，卷23，第27页。
④ 张其昀主编：《先"总统"蒋公总集》，第2册，第1961页。

都表现一股虚骄之气；这种军队我早就知道非失败不可"。①

如何克服这一缺点呢？蒋介石认为必须在军队中建立各项制度，方能克服上述缺点。

（7）军事崩溃是"失败在外交上"。

蒋介石在1952年国民党七大政治报告中指出："从军事方面检讨，首先要知道打仗是求胜利的。而俄帝的诈术，乃使他的敌人不能不打仗，却又使他不能求得胜利。"

抗战胜利后，"我们对'匪'军事是无往不利的"。"但是当我国军处于这样优势，本可一鼓作气、勇往直前，彻底歼灭'共匪'的时候，而军事调处的三人小组，每在我国军进展之处，总是提出严重的抗议，妨碍阻止，无所不至。""真使我国军束手挨打，不能不使之功亏一篑"。而"使我们的敌人'共匪'每次受了致命打击之后，不仅还有喘息的机会，反而使之能从容整补，养成其坐大反噬，卒使我们'剿共'战争，遭到这样最后的崩溃"。"所以我们军事失败，可以说仍然是失败在外交上的"。②

第二，蒋介石认为"'戡乱'失败最后一步就是党的失败"。③蒋介石在《复职的使命与目的》的讲话中说：

"党内有若干不肖之徒，自认为本党已经失败，不惜充当'汉奸'和'走狗'，为'共匪'卖力工作，来卖党变节，甚至趁火打劫，浑水摸鱼，弄得廉耻道丧，丑态百出，以致民心涣散，士气堕丧，形成分崩离析的局势。"④

"我们今天失败到如此地步，最主要的致命伤"，就是因为党的"一般干部同志，普遍犯了虚伪的毛病，相习于虚浮夸大，而不能实事求是；这种风气流行的结果，使得部队、机关和学校，一切办事、命令和报告，互相欺骗、互相蒙蔽，而没有几件事是完全实在的，可以相信的"。⑤

何以会出现这种状况呢？蒋介石认为有以下几个原因：

（1）"党的失败主因，是在三民主义信仰的动摇。"⑥蒋介石认为：党的干部之所以发生动摇，不是误信"新民主主义"就是民主主义，或者是"革命的三民

---

① 张其昀主编：《先"总统"蒋公全集》，第2册，第1962页。
② 秦孝仪主编：《"总统"蒋公思想言论总集》，卷25，第128页。
③ 张其昀主编：《先"总统"蒋公全集》，第2册，第2247页。
④ 张其昀主编：《先"总统"蒋公全集》，第2册，第1957页。
⑤ 张其昀主编：《先"总统"蒋公全集》，第2册，第1926页。
⑥ 秦孝仪主编：《"总统"蒋公思想言论总集》，卷25，第131页

主义"。①

（2）"第六届全国代表大会以后，中央组织之庞大复杂，内容之分歧矛盾，是亦为党务失败原因之一。"②"当民国三十七年底与民国三十八年初，我们军事失败之时，内部顿呈分崩离析，一般党员甚至中枢最高干部都认为我不下野，共产党不会与政府和谈，我不下野，美国援助亦不会再来。"其结果，蒋说他的下野，导致中枢无人主持，一败而不可收拾。③

（3）"本党若干干部，本身已不甚健全，尤其是心理上犯了几种极大的错误"，即"失败主义的心理"。④

何以会产生这种心理呢？蒋介石分析说：

"自从去年徐蚌会战以来，许多的同志看到我们国家处处失败，'共匪'着着进展，于是就以为党在军事、政治上，已经陷于无可挽救的绝境"。"几乎成了束手无策、坐以待毙的囚犯。这种人就是彻底的失败主义者。"⑤

另一种错误心理是"投降主义的心理"。

再一种错误心理是"依赖主义的心理"。蒋介石在分析产生这种心理的原因时说：

"自从抗战后期以来，一般同志过分重视国际关系，循至以为我们国内问题的解决，也非有外国的援助和谅解不可；尤其是对于美国，格外存一种依赖的心理，以为如果没有美国的支持和援助，我们就不能'反共'，更不能反抗苏联帝国主义者。""大家都感到'反共'的胜利几乎已经绝望。"⑥

如何改正上述错误呢？蒋介石提出两个方案：其一是"改造""重建"国民党；其二是开展"实践"运动。他宣称："以自强不息的精神，来打破失败主义的心理，必须恢复民族自信心，来去除投降主义心理，必须以卓然自立的人格，来铲除依赖主义的心理。"⑦

第三，蒋介石认为："政治上的失败"，也是导致国民党在大陆总崩溃的原因。蒋对这方面反省不多。他在阳明山"革命实践研究院"开学演说时称：按照

---

① 秦孝仪主编：《"总统"蒋公思想言论总集》，卷25，第131页。
② 秦孝仪主编：《"总统"蒋公思想言论总集》，卷25，第131页。
③ 秦孝仪主编：《"总统"蒋公思想言论总集》，卷25，第133页。
④ 张其昀主编：《先"总统"蒋公全集》，第2册，第1925页。
⑤ 张其昀主编：《先"总统"蒋公全集》，第2册，第1925页。
⑥ 张其昀主编：《先"总统"蒋公全集》，第2册，第1926页。
⑦ 张其昀主编：《先"总统"蒋公全集》，第2册，第1926页。

总理建国大纲规定，"由训政到宪政，必须经过一定的程序；我们也明知训政的程序没有完成，明知人民的智识还没有达到实行民主政治的程度，但因为内外的环境关系，与时代的要求，不能不提早结束训政，实行宪政。这一来，使得训政时期一切旧的制度完全破坏，而宪政时期新的制度并没有建立。简单地说，就是新的制度还未曾建立，而旧的制度早已崩溃，所以在政治上形成这样混乱脱节的现象，这是我们政策的失败，以致整个政治濒于崩溃"。①

蒋介石在七大政治报告中认为："政治上的失败"，"不能归咎民主宪政"，但民主政治存有"弱点"。除了"民主政治的弱点"之外，主要是"政党政治的失败"。他举例说："在'国民大会'选举'副总统'的问题上"，有些人"竟走到不顾党的纪律，而要强求自由竞选；本党就在这样自由竞选斗争攘夺之中，而招致整个的崩溃。"②

如何避免政治上重蹈"大陆失败"的覆辙呢？蒋介石提出："要尊重民主宪政的体制，更要研求增强组织力量，发挥民主政治的效能的途径。"③

第四，蒋介石在多种场合讲话时称："制度没有建立"与"组织不健全"，是国民党在大陆失败的一个重要因素。他在1950年1月5日阳明山演讲"国军失败的原因及雪耻复国的急务"时说：

"军队腐败、政治贪污只是失败时候的各种现象，而不是促成失败的根本原因。""军队为什么会腐败，政治上为什么有人会贪污，据我研究的结果，我们所以失败，第一在于制度没有建立，第二在于组织之不健全。"④

蒋介石认为制度不健全的表现是："就制度言，我们所以失败，最重要的，还是因为军队监察制度没有建立的结果。自从党代表制取消，政治部改成部队长的幕僚机构以后，军队的监察即无从实施；同时因为政工人事的不健全，故政训工作亦完全失败。"蒋介石列举北伐时期军队中实行党代表制，"革命军摧坚陷阵，所向无敌"。党代表取消后，监察丧失，导致"贪污腐败的现象，发生出来"。士兵"意志薄弱，战斗精神完全丧失"，"军风纪荡然无存"。"这种没有灵魂的军队，自然非走上失败的道路不可"。⑤

---

① 张其昀主编：《先"总统"蒋公全集》，第2册，第1925页。
② 秦孝仪主编：《"总统"蒋公思想言论总集》，卷25，第125页。
③ 秦孝仪主编：《"总统"蒋公思想言论总集》，卷25，第126页。
④ 张其昀主编：《先"总统"蒋公全集》，第2册，第1947页。
⑤ 张其昀主编：《先"总统"蒋公全集》，第2册，第1947页。

关于"组织不健全"，蒋介石认为国民党在大陆失败的原因之一就是"完全由于我们的党务、政治、社会、军事各种组织都不健全"。"就组织一项来切实研究，我们不但发现党、政、社会各方面毫无组织，就是陆、海、空军各方面本身的组织，也极不够健全"。由于组织不健全，被共产党情报人员渗透进来，首先"破坏我们组织里的首脑部分，使之不能发生指挥联系的作用，于是其所属各部，自然就不攻自破了"。蒋介石还指出："自从我去年引退以来，因为中枢领导无人，于是地方党、政组织，在短期内便土崩瓦解。"[1]

如何改正这一错误呢？蒋介石提出："当前最重要的一着，就是重建革命军队；而建军的先决条件，第一，是建立军队监察制度，第二，是严密军队组织。"[2]

第五，"经济上的失败"导致了政治、军事与社会的瓦解。蒋介石认为：经历了八年抗战，中国"农村凋敝"，"而工业尚未恢复战前的繁荣"，"国民就业的机会不能增殖"；"特别是民国三十六年间行政院宋院长擅自动用了中央银行改革币制的基金，打破了政府改革币制的基本政策，于是经济就在通货恶性膨胀的情势之下，游资走向投机垄断，正当的企业不能生存，中产阶级流于没落，社会心理日趋浮动之中，经济崩溃的狂澜，就无法挽救。这是大陆经济崩溃最重要的环节，亦是今后经济事业最重要的教训，不可不特别警惕，这是经济失败内在的原因，至于外在的造成经济加速崩溃的原因就更多了"。[3]

国民党败退台湾之后，经济方面又重蹈大陆时期通货膨胀的覆辙。为克服这一危机，解决生存问题，并奠定"反攻复国"基础，蒋介石令台湾省主席陈诚加紧改革币制，抑制通货膨胀，改革土地制度等。此后，蒋介石还提出将台湾建成"三民主义模范省"，以应对危机。

第六，蒋介石认为："国际外交上的失败"是与苏俄对华的侵略政策和美国的妥协主义分不开的。蒋介石在国民党七大上用大量篇幅总结外交失败的教训时说：斯大林利用雅尔塔会议，以恢复"日本于1904年对俄背信攻击所取得的俄国前有权利"，作为他对日参战的条件。苏俄无权提出这一要求。蒋还认为美国人在雅尔塔会议上对苏的立场是错误的。美国的妥协立场助长了苏俄的侵略行

① 张其昀主编：《先"总统"蒋公全集》，第 2 册，第 1948 页。
② 张其昀主编：《先"总统"蒋公全集》，第 2 册，第 1948 页。
③ 秦孝仪主编：《"总统"蒋公思想言论总集》，卷 25，第 126 页。

动，同时导致国民政府在外蒙古问题上向苏俄妥协。[①]

国民政府之所以在外蒙古问题上对苏妥协，蒋介石认为是中国处于"内忧外患"交相煎迫。"而国内社会经济，在长期抗战之后，更是百孔千疮，随时可以发生危险的局势，在这种局势之下，自然希望要求一时的安定以从事复员建设"。[②]蒋介石说："当时我个人的决策，就是要求战后确保胜利战果，奠定国家独立、民族复兴的基础，必须求得20年休养生息，和平建设；只要能够争取这一个建设机会，那就是任何牺牲，亦是值得的。"

至于承认外蒙古独立的决策，"虽然是由中央正式通过，一致赞成的，但是我个人仍愿负其全责，当时我决心的根据有三点：第一，我对于民族平等自由的思想，向来认为是天经地义的事，只要其民族有独立自主的能力，我们应该予以独立自主的。第二，外蒙所谓'蒙古人民共和国'，自民国十年设立以来，事实上为俄帝所控制，我们政府对于外蒙领土，实已名存实亡了。第三，只要我们国家能够自立自强起来，外蒙这些民族终究必会归到其祖国怀抱里来的，与其此时为虚名而蹈实祸，不如忍痛割弃一时，而换得国家20年休养生息的机会，那是值得的。因为割弃外蒙寒冻不毛之地，不是我们建国的致命伤，如果我们因为保存这一个外蒙的虚名，而使内外更不相安，则国家更无和平建设之望了。我主张放弃外蒙的决心，实基于此，这在现在看起来，实在是一个幼稚的幻想，绝非谋国之道"。[③]

蒋介石"承认外蒙独立的决策，虽然是由中央正式通过，一致赞成的，但是我个人仍愿负其全责"。同时认为决策放弃外蒙古，"是我的罪愆"。[④]

蒋介石还认为：

在外交方针上过分信赖美国导致了"缺乏自力更生的决心，那就是我们铸成今日悲剧的一个大错"。然而当朝鲜战争爆发后，美国改变对台的"袖手"政策，蒋介石则又立即捐弃"前嫌"，仍倒向美国的怀抱。[⑤]

第七，蒋介石认为：国民党在大陆的最大失败，就是在"教育和文化"。并且认为："政治、军事、经济等项的失败，其影响无非一面和一时的，只有教育

---

① 秦孝仪主编：《"总统"蒋公思想言论总集》，卷25，第116—119页。
② 秦孝仪主编：《"总统"蒋公思想言论总集》，卷25，第120页。
③ 秦孝仪主编：《"总统"蒋公思想言论总集》，卷25，第120页。
④ 秦孝仪主编：《"总统"蒋公思想言论总集》，卷25，第120—121页。
⑤ 秦孝仪主编：《"总统"蒋公思想言论总集》，卷25，第121页。

的失败，则其影响将及于整个民族，而且绝非短时期所能补救的。"①

蒋介石认为：教育之所以失败，原因在于学校教育当局对学生的政治思想失控。他指责说：

"对于人生处世的意义和革命立国的道理，让教师们随意闲谈胡说"，"大专院校里充斥了共产主义的国际思想"或"自由主义的个人思想"，"国家观念和民族意识几乎消失净尽"，三民主义和民生哲学招致"讽刺讥笑"和"破坏反对"，学校做了"中共'城工'的大本营"，民主与科学的口号"成了仇视民族文化的口实"和"消灭我民众精神的手法"②。

蒋介石还说：

抗战胜利后，党团离开学校，中共趁机而入，"当时在学校的青年和教授们，几乎大半都做了'共匪'的外围，成为'共匪'的工具了"。

蒋介石还认为：

教育的失败还在于国民党"缺乏健全的教育方针和教育政策"，"忽视了国家观念、民族思想和道德教育"③。

为防止重蹈大陆失败覆辙，蒋介石特别强调整顿教育，强化对教育的控制。当时，蒋介石提出："教育是救亡图存的教育"，"最急需的就是如何'反共'、如何'复国'的精神教育和生产教育，也就是道德教育和职业教育"④。同时，蒋还提出"要建立以伦理、民主、科学的三民主义教育"⑤。宣称："要以三民主义的思想精神，完全浃治于每一位学生的精神、思想、生活和各种学术、课程之中"，使其"结合在本党三民主义旗帜之下，共同一致地'消灭'共产主义"，重建"三民主义新中国"。

第八，蒋介石认为他的下野亦是国民党在大陆迅速崩溃的原因之一。蒋在许多场合反省在大陆失败的原因时，虽然强调他个人"德薄能鲜，领导无方"，要对国民党在大陆失败负责任。但同时又认为是自己下野后中枢无人主持，导致国民党在大陆失败。如果他不下野，就可以守住南京云云。鉴于他下野的教训，蒋介石于1950年3月1日以"唯国民公意是从"为由，在台复"总统"职，以"恢

---

① 张其昀主编：《先"总统"蒋公全集》，第2册，第2163页。
② 《革命文献》，第77辑，第86—87页。
③ 《"中华民国"第四次教育年鉴》，第98页，台北，正中书局，1976年版。
④ 张其昀主编：《先"总统"蒋公全集》，第2册，第2176页。
⑤ 张其昀主编：《先"总统"蒋公全集》，第2册，第2232页。

复'中华民国',解救大陆同胞"。

以上八个方面是蒋介石退台前后对于国民党在大陆失败原因所作的"反省"。他的结论是：并不是中共有什么强大的力量，而是"自己打败了自己"。① 正是基于这一认识，蒋介石到台后提出五项努力目标，即："稳定经济""整顿军纪""安定社会""团结内部""建立民主制度"。②

站在历史唯物主义的立场来透视蒋介石的"反省"，一方面可以看到蒋介石道出了一些真情，接触到了一些实质问题，其目的意在接受在大陆失败的教训，"卧薪尝胆"，以利"反攻大陆"；另一方面又可以看到，蒋介石的相当一部分说法属于偏见与谬误，也有相当成分是为其历史罪责开脱。

以笔者之见，蒋介石将国民党在大陆的政治失败的原因归咎于新、旧制度脱序与"政党政治的失败"，是根本错误的。

其错之一，蒋介石的说法主要掩盖了国民党挑动内战的事实，抹杀了国民党的内战方针，从而招致全国各党派、各界民众的反对而引发政治失败。

其错之二，蒋介石的说法意在为其政治失败寻找理论根据，事实则是：国民党的失败绝非新、旧制度脱序，更不是"政党政治的失败"，而是其坚持一党独裁、反对民主政治所造成的恶果。

其错之三，蒋介石的说法意在为国民党的政治腐败开脱。然而，正是国民党政治的腐败造成政治失败。

从蒋介石对国民经济崩溃原因的"反省"看，他的分析有推卸历史责任的成分，为其错误的财经政策辩护，有些问题还采用了栽赃于人的手法。

据笔者观之，国民党在大陆经济崩溃的原因，一方面是蒋介石内战政策导致军费骤增，生产力遭到严重破坏而引发通货膨胀，最终导致了国民经济的总崩溃。另一方面是由于国民党的政治腐败阻碍了生产力的发展，官僚资本的巧取豪夺与垄断，其结果必然造成工农业再度遭到破坏与商业混乱，整个国民经济走向衰败。再一方面是国民党政权始终拒绝在农村开展土地改革，因而遭到中国 80% 农村人口的反对。因此，国民党的失败就成了一种必然。

就蒋介石对军事失败的"反省"而言，他所说的仅是表面现象，并未对军事失败作更深一层的分析。笔者以为：蒋介石始终尚未明了战争性质与人心向背对国民党军事失败的影响。而这正是国民党在大陆军事失败的根本原因，也是蒋介

---

① 张其昀主编：《先"总统"蒋公全集》，第 2 册，第 1976 页。
② 张其昀主编：《先"总统"蒋公全集》，第 2 册，第 2249 页。

石"反省"的悲剧所在。再者，蒋介石将军事崩溃归咎于马歇尔的瞎指挥，这种说法既欠公道又与事实不符，显系在为自己应负的责任开脱。至于蒋介石所说的中国军队在完成一特定任务之后就一定腐化堕落乃至失败的观点，纯系主观唯心主义的突出表现。

以上是笔者对蒋介石部分反省的一些粗浅看法。仁者见仁，智者见智，相信读者会对蒋介石的反省有更深刻的见解。

金门之战

众所周知，国民党败退台湾之后，企图偏安自保。但此举实属万难，因为人民解放军在进一步扫清国民党残敌之后，已集结于福建沿海一带，时刻准备渡海作战，解放台湾。

早在 1950 年 3 月 15 日，新华社就发表了《中国人民一定要解放台湾》的时评："中国人民包括台湾人民将绝对不能容忍美帝国主义对台湾或任何其他中国领土的非法侵犯，同样地亦绝对不能容忍国民党反动派把台湾作为最后挣扎的根据地。中国人民解放斗争的任务就是解放全中国，直到解放台湾、海南岛和属于中国的最后一寸土地为止。"[1]

《时评》提出了"一定要解放台湾"的口号。据笔者研究，时评的依据主要有三：

第一，美国正在酝酿"直接攫取台湾"的阴谋。众所周知，台湾自古以来就是中国的领土，无数的历史文献记载都充分证明了这一点。就连美国主导制定的《开罗宣言》也不能不承认：台湾是中国的领土，战后将台湾、澎湖列岛归还中国。然而，作为世界霸主的美国，却千方百计地企图占领台湾以遏制中国共产党势力的发展。

面对美国甚嚣尘上的"联合国"托管说与种种分离台湾的方案，《时评》明确表示："中国人民包括台湾人民将绝对不能容忍美帝国主义对台湾或任何其他中国领土的非法侵犯。"

第二，以蒋介石为首的国民党反动派，"也梦想托庇于美帝国主义的军事保护下，把台湾作为最后挣扎的根据地"。早在蒋介石下野前，就将其嫡系部队收缩至东南沿海一线，以台湾为中心，把经营的重点放在上海与福建沿海地区。蒋

---

①《新华月报》（第 1 卷），第 1 期，第 43 页。

将京沪警备部扩充为京沪杭警备总司令部，任命嫡系爱将汤恩伯为总司令，统一指挥苏、浙、皖及赣东地区的军事。任命朱绍良为福州"绥靖"公署主任、福建省主席，负责福建防务。蒋介石令汤恩伯死守上海，坚持半年以上，等待第三次世界大战爆发，以便国民党从海上"反攻大陆"。此一安排显示蒋介石已经意识到大陆将不保，欲退保台湾。

有鉴于此，《时评》郑重宣布：中国人民包括台湾人民"绝对不能容忍国民党反动派把台湾作为最后挣扎的根据地"。

第三，台湾汉奸美国奴才廖文毅之流正在制造"台湾独立"。接受过美国培训并被美国收买、利用的廖文毅返台后秉其美国主子之旨意，在台湾抛出"台湾法律地位未定""应把台湾交美国托管"等谬论。

对于廖文毅的"台独"行径，中国人民包括台湾人民"绝对不能容忍"。

正是基于以上三点考虑，《时评》才郑重提出："中国人民解放斗争的任务就是解放全中国，直到解放台湾、海南岛和属于中国的最后一寸土地为止。中国人民一定要解放台湾，一定要解放全中国"。

然而在人民解放军发动渡江战役之前，中共中央军委尚未将解决台湾问题纳入行动计划。新华社《时评》提出"一定要解放台湾"，最主要的动机是反对美国分离台湾的种种活动，是表示中国共产党藐视一切反动派的决心与将革命进行到底的信心。南京失守后，蒋介石将防御重点放在东南沿海、华南与西南，准备将这些地方作为国民党新的反抗中心，同人民解放军作战到底。有鉴于此，中共中央决定集中主力部队，采取先华东、华南沿海，后西南西北内地，进行大纵深迂回的进军战略，首先攻占上海、青岛、福州等沿海港口城市，封闭主要海口，力求在大陆消灭国民党军的有生力量，并争取尽早解放台湾。

谁都知晓，要完成渡海作战解放台湾的战略任务，必须建立一支近期可以使用的空军，拿到海上制空权，同时必须扫清屏护台湾的外围，占领攻台出发阵地。中共中央主席毛泽东对解放台湾所需的条件作了周密的考虑，提出了渡海和建立空军的设想。1949年7月10日，毛泽东致信中共中央副主席周恩来称：

"我们必须准备攻台湾的条件，除陆军外主要靠空军。二者有一，即可成功，二者俱全，把握更大。我空军要压倒敌人空军，短期内（如一年）是不可能的。但仍可以考虑派三四百人去学6—8个月，同时购买飞机100架左右，连同现有的飞机，组成一支攻击部队。"①

与此同时，在苏联访问的刘少奇同斯大林见面时，通报人民解放战争进展情况，告诉斯大林，根据作战计划明年占领台湾、海南岛、新疆和西藏。7月26日，刘少奇收到中共中央根据毛泽东指示给他的电报，要他向斯大林提出购买200架飞机以建立空军。刘少奇向斯大林提出此项要求后，斯大林表示完全同意。此后，中共中央军委组建空军计划进入实施阶段，具体由刘亚楼负责。由于空军建设周期比较长，没有来得及参加东南沿海地区的作战。

中共中央军委一方面积极组建空军，一方面也在开始筹建海军部队。同时，业已开始了扫清台湾外围屏障的战斗。当人民解放军占领上海、青岛之后，三野一部第十兵团奉令负责进军福建。第十兵团叶飞任司令员，韦国清任政治委员。当第十兵团于7月份进入福建时，正值国民党军处于混乱局面之际，蒋介石抵福州部署东南防御时指出：

"比方台湾是头颅，福建就是手足，没有福建就无以确保台湾。以福建而言守不住闽江以北，闽南也难以确保。今后大家要树立雄心壮志，和共产党军队顽强斗争下去。最迟到明年春，世界'反共联军'就会和我们一道驱逐'赤俄'势力，清除'赤色恐怖'。"②

根据蒋介石的指令，国民党军决定以福州为第一线，闽南为第二线，并在沿海建立从马祖、平潭、金门、厦门到东山岛的岛屿防御线。

但是，部署归部署，行动归行动。不堪一击的福州守军朱绍良部六万余人，在人民解放军的凌厉攻势下溃不成军。8月17日，人民解放军占领福州。福州战役的胜利为人民解放军乘胜南下夺取金门厦门等地准备了条件。十兵团由福州挥师南下的首要目标是夺取泉州与漳州，对厦门、金门形成包围之势。9月，十兵团先后夺取湄州岛、大练岛、平潭岛、南日岛、大小痒岛。同月25日解放漳州等地，完全控制了厦门外围大陆沿海的阵地。

9月26日，十兵团在泉州召开军师级干部参加的作战会议。会上提出"金厦同取""先厦后金""先金后厦"三种方案。③会议权衡三种方案的利弊：

"金厦并取"可以造成国民党指挥及兵力火力的分散，使其顾此失彼，可求全歼；但征集船只问题一时难以解决。

① 《军事资料》，第10期，第26页，解放军出版社，1985年版。
② 《文史资料选辑》，第32辑，第137—138页。
③ 《叶飞回忆录》，第587—588页，解放军出版社，1988年11月版。

"先金后厦"可以形成对厦门的完全包围，暴露厦门的侧背防御弱点，便于乘隙攻击；但攻金可能使厦敌逃跑，不能全歼。

"先厦后金"便于准备，攻击易于奏效，但厦门夺取后，金门的国民党军可能逃跑，不可能全歼敌军。[①]

会议权衡再三，鉴于敌人恐慌，有逃跑迹象，决定同时攻取厦门与金门；同时决定十兵团二十八军攻打金门，二十九军和三十一军攻打厦门。但在战役打响前的工作检查中，发现各军准备船只严重不足，十兵团遂即决定改变原定方案，先厦后金。经报三野总部后，总部令十兵团"依实情办理，自行决定之"。十兵团决心先攻取厦门，并定10月15日发起总攻。

厦门是一个海岛，是中国东南沿海的重要门户之一，面积128平方公里，东与金门隔海相望；西南北三面被大陆环绕，与大陆最近处相隔不足两公里。岛上国民党守军汤恩伯凭借坚固的工事与优良装备，宣称厦门防御"固若金汤"。10月15日，攻打厦门的战役打响，经过浴血奋战，翌日拂晓登陆成功。17日，厦门全岛与鼓浪屿等岛屿已在人民解放军的控制之下。该役共歼国民党军2.7万人，其中俘虏2.5万余人。厦门之战是人民解放军进军东南中一次成功的渡海登陆作战，它为攻打金门乃至台、澎积累了一定的经验。

夺取厦门后，十兵团一面接管厦门，一面展开对金门岛的包围之势。

金门岛位于厦门岛以东10公里，主岛大金门约124平方公里，小金门约15平方公里，周围还有大担、二担等几个小岛。控制金门既可封锁福建厦门的出海口，又可屏障台湾岛。由于金门岛具有极重要的战略地位，故蒋介石令守军指挥官汤恩伯固守。10月22日，汤恩伯接到蒋介石电令，内容是："金门不能再失，必须就地督战，负责尽职，不得请辞易将。"[②]汤恩伯不敢怠慢，急令守军赶修工事，同时调胡琏第十二兵团所属两个师增援金门，使守军总兵力达三万多人。此时，两军隔海剑拔弩张，一场血战迫在眉睫。

10月24日，负责攻击金门的二十八军进行了多方面的渡海准备工作后，在二十九军主力师的协同作战下，发起了对金门的进攻。当晚19时，第一梯队三个团开始登船起航，翌日凌晨三团登陆成功。登岛部队因缺乏师级指挥员统一指挥，都没有组织船只返航接运第二梯队，也没有巩固滩头阵地。据十兵团司令叶飞后来回忆说："登陆部队也没有按照我事先交代的行

---

①《叶飞回忆录》，第587—588页。

②《蒋"总统"经国先生言论著述汇编》，第2辑，第672页。

动，没有先巩固滩头阵地，只留一个营兵力控制古宁头滩头阵地，就分两路向敌纵深猛插，把纵深敌人李良荣兵团击溃，一直向料罗湾方向追击。"①敌胡琏十二兵团主力在金门岛料罗湾登陆后对人民解放军登陆部队反包围，后撤敌人发起反扑，在海陆空的立体进攻下，因潮水退落而在古宁头海滩搁浅的船只全被敌人炮火击毁，国民党攻占了古宁头滩头阵地，切断了解放军登岛部队的后路。由于船被炸毁，原定船只返回运送第二梯队的计划成为泡影。想到了缺船，想到了敌人增兵，但没想到退潮时船会搁浅，又被炸毁。这一讯息令金门战役总指挥、二十八年副军长肖锋懊悔不已，他后来回忆说："第二梯队各单位，因无船可渡，只能隔岸观火，急得跺脚流泪，我内心更是如同火焚。"

25 日夜，肖锋派出第二梯队，因船只有限，仅有四个连。增援顺利登岛，与坚守金门古宁头部队会合。26 日拂晓，国民党军对古宁头解放军登岛部队发起猛攻，激战终日后，解放军登岛部队于夜间突围，同国民党军周旋。当天下午 3 时左右，登岛部队向指挥部发出最后一次报告："敌三面进攻，情况严重！情况严重！"②从此，金门战役指挥部与金门登岛部队联络全部中断。至 28 日，解放军登岛部队苦战三昼夜，伤亡殆尽，无一人投降。惨烈的金门之战，使解放军两批登岛部队 9086 人（内有船工、民夫等 350 人）大部壮烈牺牲，一部被俘。此役也使国民党军伤亡 9000 余人。

金门之战是人民解放军的一次严重失利，一次战役导致全军覆没，这在人民解放军战史上是仅有的一例。金门之战之所以失利，有着多方面的原因：

第一，金门失利的最主要原因"为轻敌与急躁所致"。③金门之战失利震动了全军，在总结教训时，叶飞承认，当时将主要精力用于接管厦门工作，"而把解放金门的任务交给二十八军执行"。同时"轻视了金门，认为金门没有什么工事，金门守敌名义上是一个兵团，即李良荣兵团，实际只有两万多人，而且都是残兵败将，……认为攻取金门问题不大"。④作为攻打金门的二十八军，上上下下均不同程度地存有轻敌思想，特别是攻克厦门后，迟迟不打金门，肖锋怕说不过去，故在敌情不明与船只缺乏的情况下，仍按原计划攻打金门，以致酿成金门战役的

---

① 《叶飞回忆录》，第 603 页。
② 《金门大血战》，载《军事史林》，1995 年 4—5 期。
③ 《建国以来毛泽东文稿》，第 1 册，第 100 页。
④ 《叶飞回忆录》，第 598 页。

失利。叶飞也承认："指挥员尤其是我的轻敌，是金门失利的最根本原因"。[1] 毛泽东在得知金门失利的讯息后，以军委名义向各部队发出了《关于攻击金门岛失利的教训的通报》，认为"轻敌与急躁"是金门之战失利的主要原因。

第二，缺乏渡海登陆作战经验，缺乏周密部署。叶飞后来沉痛地回忆道：二十八军是山东部队，"没有海岛登陆作战经验"。叶飞承认："渡海作战和渡江作战毕竟不同，例如台风和潮汐的问题，我们当时没有这个经验，后来吃了大亏。"[2]

叶飞也承认，在战斗指挥上缺乏周密部署。按常规，渡海登陆作战，无论你兵力多大，首先要夺取和巩固登陆滩头阵地，然后才可以向纵深发展。这是渡海登陆作战的规律。"金门失利恰恰是违背了这个规律"。"二十八军登陆，首先夺取了金门古宁头滩头阵地，这是对的；但是，第一梯队登陆部队没有立即构筑工事，巩固滩头阵地，后续第二梯队尚未到达，只以一个营兵力控制古宁头，就向纵深发展，又犯了违背渡海登陆作战的规律，犯了兵家之大忌"。[3] 叶飞还说："第一梯队三个团的兵力登陆，竟然没有一名师指挥员随同登陆统一指挥，这也是我完全没有预料到的。"[4] 这是一个深刻的教训。

第三，缺乏船只，没有海空军支援。第一次准备攻打金门时因船只不够而推迟。正式攻打金门时船只也不够，一次只能运载三个团，由于第一梯队登陆后船只未能及时返回被搁浅，后又被炸毁，致使第二梯队无法增援。渡海登陆作战没有船只，就意味着丧失战斗力。叶飞认为：攻打金门时没有海军空军的支援，渡海登陆作战仅仅使用木帆船，遭到海空拦截，造成重大损失。特别是国民党空军轰炸搁浅船只时，肖锋在望远镜中看到这悲壮的一幕只有懊悔的分儿。

第四，判断敌情有误。攻击金门前叶飞与肖锋掌握金门岛有国民党军李良荣兵团二万余人，且残兵败将，防御工事也不如厦门坚固。战役发起前的当天中午，肖锋与叶飞均知胡琏兵团已撤出潮州、汕头等地，去向不明。此时，机要人员送来一份情报，是胡琏向台湾蒋介石请求撤回台湾。但蒋严令胡派兵增援金门的回电未被截获。叶飞判断："胡琏兵团的行动有两个可能：一是增援金门，二是撤回台湾。"叶决定"趁胡琏尚未到达金门之时，发起登陆，攻取金门，是最

---

① 《叶飞回忆录》，第606页。
② 《叶飞回忆录》，第599页。
③ 《叶飞回忆录》，第607页。
④ 《叶飞回忆录》，第607页。

后的一个战机，如再延误，金门情况就可能发生变化"。① 这种仅凭猜测、准备仓促、一味强调抓住战机实施攻击的错误，构成了金门之战的失利。

金门战役后，国民党当局全力鼓吹此次战役的胜利。10 月 26 日，蒋介石派其子蒋经国前往金门慰问。10 月 30 日，蒋介石在一次讲话中称："此次金门保卫战的结果"对来此之敌"予以彻底的歼灭，不使有一人脱逃漏网，这是我们'剿匪'以来，最彻底的一次胜利"。② 蒋介石还要求各级负责主官，对金门战事的经过，"必须实地调查、研究，提出一个具体的报告"。③ 蒋经国在抵金门后的当晚日记中写道：金门之战为年来"第一次大胜利"，是"反攻复国"的"转折点"。④ 直至 20 世纪 70 年代，台湾当局还拍了《古宁头大捷》的电影，聊以自慰。殊不知连大陆都丢了，在一个地图上都很难找到的小岛上打了一个胜仗，便大吹特吹，这与鲁迅先生笔下的阿 Q "精神胜利法"没什么两样。

金门之战失利，告诫中共中央军委，在进行渡海登陆作战时，必须对岛屿作战的特殊性进行认真思考与深入研究，必须克服麻痹轻敌思想。毛泽东在金门战役失利的第二天就将此事通报全军，要求各部队"必须以金门岛事件引为深戒"，"务必力戒轻敌急躁"；要"周密部署，须有绝对把握时，再行发起攻击"。⑤ 11 月 4 日，毛泽东为中央军委起草的《关于同意定海作战方案给粟裕等的电报》中，要求他们"采取慎重态度，集中优势兵力，事先作充分准备，力戒骄傲轻敌"。⑥ 10 天后，毛泽东再电粟裕，要他吸取金门岛失利的教训，"严重注视"对敌作战兵力与时机等，提出如准备不周，"宁可推迟时间"。⑦ 12 月 18 日，毛泽东致电林彪，就四野准备攻打海南岛提出下列意见："渡海作战，完全与过去我军所有作战的经验不同，即必须注意潮水与风向，必须集中能一次运载至少一个军（4 万—5 万人）的全部兵力，携带三天以上粮食，于敌前登陆，建立稳固滩头阵地，随即独力攻进而不要依靠后援"。毛要林彪吸取金门作战失利的教训，"以免重蹈金门覆辙"。⑧

---

① 《叶飞回忆录》，第 603 页。
② 张其昀主编：《先"总统"蒋公全集》，第 2 册，第 1938 页。
③ 张其昀主编：《先"总统"蒋公全集》，第 2 册，第 1938 页。
④ 《蒋"总统"经国先生言论著述汇编》，第 2 辑，第 673 页。
⑤ 《建国以来毛泽东文稿》，第 1 册，第 100 页。
⑥ 《建国以来毛泽东文稿》，第 1 册，第 118 页。
⑦ 《建国以来毛泽东文稿》，第 1 册，第 137 页。
⑧ 《建国以来毛泽东文稿》，第 1 册，第 191 页。

金门之战并未影响人民解放军渡海作战的士气，也未增加国民党残军的斗志。11月5日的新华社广播言辞凌厉，仍重申向全国进军与渡海作战的立场。按照毛泽东制定的时间表，人民解放军将于1950年夏夺取台湾。关于此点可从下列事实中得到印证。

其一，1949年7月，毛泽东致函周恩来，告诉他"准备明年夏解放台湾"。①此说与刘少奇同年7月赴苏同斯大林会晤时的说法相吻合。刘少奇向斯大林通报人民解放战争进展情况时称：根据作战计划明年占领台湾、海南岛、新疆和西藏。刘少奇的这一说法显然是经过中共中央集体讨论过的一致决议。9月4日，《人民日报》发表《打到台湾去，解放台湾同胞》的时评。《人民日报》时评虽然是针对美国刚发表不久的中美关系《白皮书》中的反动谬论而发的，但同时提出了人民解放军"不久一定跨海东征，打到台湾去，解放台湾同胞，解放全中国！"②同日，新华社为配合《人民日报》时评播发了台湾民主自治同盟主席谢雪红《对美国并吞台湾阴谋的声明》。声明在谴责美国企图"吞并台湾"阴谋的同时，提出"台湾的解放是不久了"。③

其二，从中华人民共和国成立后的一系列文献看，毛泽东准备于1950年解放台湾。1949年11月5日，新华社根据毛泽东的指示，重申"向全国进军与渡海作战的立场"。12月31日，中共中央发表《告前线将士和全国同胞书》，书中宣称："中国人民解放军和中国人民在1950年的光荣战斗任务，就是解放台湾、海南岛和西藏，歼灭蒋介石匪帮的最后残余，完成统一中国的事业。"④1950年1月1日，《人民日报》社论提出1950年的四大任务，其中首要任务就是"以一切力量完成人民解放战争，肃清中国境内的一切残余敌人，解放台湾"。同年2月4日，毛泽东致电三野副司令员、华东军区副司令员粟裕，要求部队加强起义的国民党伞兵第三团的训练，并同意粟调四个师演习海战，作为台湾登陆作战之用。⑤3月28日，毛泽东再电粟裕："确定先打定海、再打金门"的方针。⑥5月17日，三野前委根据中央军委部署发出《保证攻台作战胜利的几个意见》，决

① 中共中央文献研究室编：《周恩来年谱》（1898—1949），第833页，中央文献出版社，1989年版。

② 《新华日报》，第1卷，第1期，第44页。

③ 《新华日报》，第1卷，第1期，第45页。

④ 《新华日报》，第1卷，第3期，第573页。

⑤ 《建国以来毛泽东文稿》，第1册，第256页，中央文献出版社，1987年版。

⑥ 《建国以来毛泽东文稿》，第1册，第282页。

定以3个兵团、12个军，共50万人的兵力，投入对台作战准备，并成立了以粟裕为总指挥的前线指挥部。同年6月6日，毛泽东在中共七届三中全会上发表《不要四面出击》的讲话中，宣称："我们当前总的方针是……肃清国民党残余"，"解放台湾、西藏跟帝国主义斗争到底"。①

其三，从美国与台湾官员的预测看：中共将在1950年进攻台湾。美国国务院与中央情报局在研究了台湾现状与前途时曾断言：在美国不出兵的情况下，台湾将在1950年年底陷落。此一断言与时任台湾当局驻南朝鲜"大使"邵毓麟的预测相吻合。面对人民解放军的攻台声势，邵毓麟在向蒋介石进言时称："就台湾来说，外则强敌压境，兵临隔水，内则'匪谍'潜伏，人心惶惶；而国际上我们最好的友邦美国，竟在这个重要关头，抛弃了我们。""如果共党在大陆沦陷后先攻台湾，那我们就不堪设想"。②的确，就当时形势而言，邵毓麟所言极是，如果没有朝鲜战争爆发与美国介入，中共下一步行动就是夺取台湾。连《蒋"总统"传》的作者董显光也承认，中共攻台"也只是时间问题"。③

山雨欲来风满楼

蒋介石父子退台之初，整个台岛人心惶惶，到处充满了失败主义气氛。身为党政要员的张道藩描述从穗来台后的心情时说：

"我现在觉得一切事情都没有希望，既不能为党国力挽狂澜，也只有暂求苟全性命。希望能有一两个月的安定静养，使精神身体稍为恢复，或还能再鼓起勇气，为党国作最后的奋斗。如果老是这么拖下去，我真有自杀的可能。"④

不仅张道藩如此，就连国民党当局的最高领袖蒋介石，颓丧之情跃然纸上。他在圣诞节的日记中写道："过去一年间，党务、政治、经济、军事、外交、教育已彻底失败而绝望矣。"⑤

许多追随蒋介石多年的党国要员竞相逃往海外，"自己放逐自己"。如蒋介石的大舅子、中国富豪宋子文于1949年1月24日辞去广东省政府主席职务，偕夫人张乐怡转道香港去巴黎"治病"。同年6月10日，宋子文为"家庭事务"抵达

① 《毛泽东文集》，第6卷，第74页，人民出版社，1991年版。
② 邵毓麟：《使韩回忆录》，台湾《传记文学》，第193期。
③ 董显光：《蒋"总统"传》，第568页，中华大典编印，1967年10月版。
④ 张道藩：《酸甜苦辣的回味》，第92页，台湾传记文学出版社，1981年版。
⑤ 《蒋"总统"经国先生言论著述汇编》，第2辑，第702页。

美国，从此在美定居。蒋介石的连襟、中国头号敛财专家孔祥熙也于 1948 年与蒋不告而别，同夫人宋蔼龄在纽约里弗代尔的乡间自家别墅中过起了流亡生活。孙中山长子、前行政院长孙科辞去所任职务后，举家逃往香港，后来又曾到法国寄居，最后才定居于美国西海岸的一个小镇。做过东北方面大员的熊式辉和后任台湾当局驻美"大使"沈剑虹滞留香港。原台湾省主席魏道明被陈诚顶替后，举家寄居巴西。非嫡系的国民党要人张发奎、龙云滞留香港。更有许多要员逃得不知去向。

军事上，陆续败退到台湾、海南、金门、大陈、舟山诸海岛的国民党军队六十余万之众。对于这些虚张声势有余、战斗力不足的乌合之众，《陈诚传》的作者认为："由大陆撤来的部队，不但不能增加防御力量，甚至还有内部的危机。"

的确，这些未经整训、已成惊弓之鸟的乌合之众，根本无法抵抗人民解放军对台岛的攻势。加之许多军事机构，官多于兵，或有官无兵已成为普遍现象。更有甚者，官兵成分复杂，职业军人中，混杂着从大陆裹胁来的农民、渔民及流亡学生，在正规野战部队中，也有保安团等地方武装拼凑。

与陆军相比，台湾的海空军还比较有实力。蒋介石嫡系干将、黄埔一期生桂永清控制下的海军约有 3.5 万人，战舰 50 艘（实际能发挥攻击能力的仅不过半数而已）。空军为蒋介石的同乡、黄埔出身的周至柔所掌握，约有官兵 8.5 万人，各型飞机 400 架（真正能作战的也仅有半数），且汽油储量只有两月，还缺乏维修零件。

上述兵力分散在南起海南岛，北至舟山群岛的万里海疆之上。战线太长、兵力分散、供给困难、部队松弛是台湾军事上的致命弱点。然而，蒋介石却硬是大肆宣传建起了"海上长城"。其实，众人心里都明白，这不过是自欺欺人之言。

经济上更令蒋介石忧虑。前面说过，台湾是一个具有丰富自然资源的地区。如果将台湾自然资源与本身经济发展需要、人口状况相比，台湾本岛的自然资源又是有限的。战后台湾人口的迅速增加已使台湾背上了沉重的人口包袱。据统计：台湾是我国人口密度较大的省份之一。1947 年台湾省总人口为 624 万多人。到 1950 年增加到 790 万人。1952 年又增加到 846 万人。台湾人口在 1949 年后急剧增加，主要是随蒋介石撤退来台的近 200 万军政人员及家属。这些人的到来，对于遭到生产破坏、物资奇缺、人民生活苦不堪言的台湾经济来说，无疑是个沉重的包袱。

　　但凡战乱时期远走他乡的人，都将金银细软带在身边。因此，台湾人口的骤增，又导致了游资充斥，游资充斥又使地下钱庄应运而生，仅台北一地，就有几百家地下钱庄。当时台湾用的是旧台币，但不可避免与金圆券有往来汇兑的情形，大陆金圆券发生动摇，台湾的金融物价也受到严重影响。加之台湾军队骤增，军费只能靠超量印发钞票来应付，故此台湾又重蹈大陆通货膨胀的覆辙，经济濒临崩溃的边缘。连陈诚都承认：台湾"奸商囤积居寄，买卖黑市金钞，致使物价波动不已，人民生活朝不保夕"。①

　　"外交"方面，台湾已是四面楚歌，孤立无援。世界一般舆论都认为台湾当局在台苟延残喘的时日，已屈指可数。"撤退来台的外国使节，寥若晨星。举世没有一个同情台湾的人"②。在美国抛出"弃蒋"政策后，"自由世界"的核心国之一——英国率先承认中华人民共和国。其后瑞典、丹麦、瑞士、芬兰、印度、缅甸、印度尼西亚、巴基斯坦等国跟进，相继同新中国建交。以苏联为首的东欧社会主义国家保加利亚、罗马尼亚、匈牙利、捷克斯洛伐克、波兰、民主德国、阿尔巴尼亚，以及蒙古、越南、朝鲜民主主义人民共和国也于1949年10月3日起，相继同新中国建交。《蒋"总统"的一生》的作者吴一舟哀叹道："所有外国使馆人员及侨民均已离开台湾，认为台湾沦陷的命运，已无可挽救。"

　　后来出任"行政院长"的陈诚在一届"国民大会"二次会议上所做的施政报告中也承认国民党退台之初形势的严峻性："政治方面，不但政府的信用尚待建立，甚至还有少数野心分子与国外不肖之徒相勾结，从事出卖国家民族的活动，匪谍分子不断向台湾渗透，策动'三罢一惨'的阴谋，破坏秩序，扰乱治安。军事方面，当时台湾的兵力非常薄弱，实不足以抵抗敌人渡海来攻，而由大陆撤退来台的部队，大部分组织瓦解，疲惫不堪。财政经济方面，通货膨胀，金融动荡，真有不可终日的现象。社会方面，到处充满了消极悲观和动摇失败的心理，大家都有不知沦亡何日之忧。国际方面，显

蒋介石与陈诚

　　① 陈诚：《主台一年的回忆》，载台湾《中央日报》，1956年10月25日。
　　② 李元平：《平凡平淡平实的蒋经国先生》第14页，台湾中国出版公司，1978年版。

然认为'中华民国'的死亡被注定，台湾的陷落只是时间问题；因此，若干国家很快便承认匪伪政权，若干国家则徘徊观望，准备从我国撤退，当时笼罩我们四周的是失败的悲哀和沦亡的恐怖。"①

　　就全盘形势而言，1949年末至1950年初的台湾，的确用"山雨欲来风满楼"来形容最为恰当，随蒋氏父子撤退来台的江南先生，在《蒋经国传》一书中谈及此时台湾局势说："很多过来人，甚至30年后，回首前瞻，生不寒而栗的感觉。台湾前途，一片漆黑，除了向神祈祷，或许会出现扭转命运的奇迹。"②

　　此时台湾的出路在哪里？众叛亲离、身处四面楚歌的蒋氏父子将会抛出什么法宝呢？

---

① 台湾《"中央日报"》，1950年3月5日。
② 江南著：《蒋经国传》，第246页，中国友谊出版公司，1984年版。

第二章　重登大宝

　　蒋介石是一个权力欲极强的人。他在每次下野之后，都宣称远离政治核心，实则始终在暗中发挥自己的影响力，直至他重新登上权力巅峰。这次下野后，蒋介行又宣称他的"政治责任已经解除"，但他仍抓住国民党总裁的招牌不放，加之他在军队中的势力与多年的影响，虽名不在，实则仍是"无形总统"。与蒋介石有 20 年恩怨、两次逼他下野的李宗仁，对蒋的做法愤愤然，蒋、李矛盾始终未见冰释，反而更加激化，争斗愈演愈烈，最终导致二人的分道扬镳。

蒋、李斗法

　　蒋、李之间在蒋下野后的争斗大致经历了以下几个回合。

1950 年，退台的蒋介石自行宣布复任"总统"

　　第一回合：围绕江防之争。淮海战役之后，人民解放军以迅雷不及掩耳之势挥师南下，饮马于长江北岸。刚刚登上代"总统"宝座的李宗仁，于慌乱之中召集国民党军政要员，研究长江防御作战计划。会议由参谋总长顾祝同主持。会上，国防部作战厅长蔡文治根据李宗仁的意图提出江防计划。蔡认为：要阻止解放军过江，必须将国民党主力沿长江上下游延伸，江阴以下江面辽阔，不易强渡，可不必用重兵防守。因此，可将汤恩伯主力部队部署在南京附近。据李宗仁回忆，出席会议的何应钦与顾祝同均同意此项计划。但京沪杭警备司令部总司令汤恩伯却不以为然，声言这一方案有违总裁意旨。他根据蒋介石密令提出：将江防主力集中于江阴以下，以上海为据点，集中防守。至于南京上下游，只留少数部队应付。简言之，便是守上海而不守长江。

　　蔡文治毫不客气地说："就战略、战术来看，我想不论中外军事家都不会认为放弃长江而守上海是正确的。"因此他认为汤的计划实属"自杀政策"。汤则反唇相讥说："我不管别人，总裁吩咐怎么做便怎么做。"蔡又说："总裁已经下野了，你还拿大帽子压人，违抗参谋总长的作战计划，如果敌人过江，你能守得住上海吗？"汤至此暴怒，顿然把桌子一拍，对蔡大声吼道："你蔡文治是什么东西？什么守江不守江，我枪毙你再说。"说着，把文件一推便冲出会场，扬长而去。[①] 李宗仁拿汤恩伯也没办法，本想撤换他，但他是蒋的嫡系，手握重兵，何应钦、顾祝同都不敢惹他，李也只好眼睁睁地看他胡来。正是由于国民党江防部署存在着上述致命弱点，因而人民解放军迅速突破长江天堑，三天便占领总统府所在地南京。从江防之争的结果看，显然是蒋介石占了上风。

　　第二回合：围绕和谈之争。尽管蒋介石与李宗仁都曾主张和谈，但在和谈的态度与目的上，两人却有本质的差异。蒋介石在1949年元旦发表的求和文告，是被逼所致。在蒋氏字典中，从来没有"和平"二字，对中共从来没有和平诚意，他的真实目的，是利用和谈争取再战时间，最终与中共决一死战。在他引退之后，仍对和谈进行幕后操纵，拆李宗仁的台。他当时为和谈定下的基调是：

　　（1）"确保长江以南若干省份的完整，由国民党领导"；

　　（2）"使双方在未来政府中保持同等发言地位"；

　　（3）关于军队整编问题，确定双方比例，"自行整编"。

　　李宗仁与蒋介石不同，他能按照美国的意图办事，并不一定要同中共作战到底。李之所以主和，意图有二：其一，趁机向中共讨价还价，以达到"划江而治"，保住国民党半壁江山和国民党残部。其二，以和倒蒋。

---

① 《李宗仁回忆录》（下），第901—902页。

为了使上述意图得以实现，李宗仁上台之后，的确表现出对和谈的积极性。上台当日，他在就职代总统的文告中称："本和平建国之方针，为民主自由而努力"，表示愿与中共进行和平谈判。①

22 日，李宗仁视事发表文告称："政府今日将以高度之诚意与最大之努力，谋求和平之实现。"同时声明愿意就中共所提八项条件商谈和平。李宗仁还电邀李济深、章伯钧、张东荪等人共同策进和平运动。② 根据李宗仁的指令，行政院会议决定派邵力子、张治中、黄绍竑、彭昭贤、钟天心为和谈代表。

1 月 24 日，李宗仁令行政院长孙科实行七项和平措施，具体内容为：

（1）各地"剿匪"总部一律改为军政长官公署；

（2）取消全国戒严令；

（3）裁撤戡建大队；

（4）释放政治犯；

（5）启封一切被封之报馆杂志；

（6）撤销特种刑事法庭；

（7）通令停止特务活动。③

很显然，李宗仁并没有按照蒋介石所定和谈基调办事。

1 月 27 日，李宗仁致电毛泽东称：南京"政府方面已承认"，以贵方所提"八项条件"作为和谈基础，并希望中共尽快决定谈判地点。④

李宗仁此举并未提交国民党中央委员和政治委员联席会议讨论，他之所以绕过蒋介石任总裁的国民党中央委员会，是试图以自己的"法统"地位来对抗蒋介石的"党统"控制。可是李的这一贸然之举反倒给蒋介石幕后操纵以口实。就在李宗仁电文发出之前，孙科已于 1 月 25 日召开行政院会议，决议将行政院迁往广州，理由是南京已在解放军大炮射程之内、办公不安全。"府院之争"再度在20 世纪 40 年代末的中国政治舞台上演，至此国民党政府形成一国三公的分裂局面：幕后操纵的蒋介石、受蒋介石指挥的孙科、有名无权的代总统李宗仁。与此同时，蒋还攻击李宗仁"以毛之八条件为和谈基础，直等于投降"。⑤

---

① 《"总统府"公报》，第 210 号，第一版。
② 香港《华商报》，1949 年 1 月 23 日。
③ 香港《华商报》，1949 年 1 月 25 日。
④ 《李宗仁回忆录》，第 930 页，广西人民出版社，1980 年版。
⑤ 蒋"总统"经国先生言论汇编》，第 2 辑，第 572 页。

为了尽快达到停战目的，李宗仁毅然于 2 月 14 日甩开行政院，派出颜惠庆、章士钊等四人以"上海人民和平代表团"名义飞北平试探国共和谈的可能性。次日，李宗仁发表了"革新政治，谋求和平，解除人民痛苦"的广播演说，宣称"在最短期内，我们的政府必须完成两项为全国人民所迫切要求的重要任务：第一是谋求和平。第二是革新政治。"①

2 月 20 日，李宗仁抵广州，与行政院长孙科及各部会首脑会商和平问题，并力劝孙科回南京。次日，中国国民党中常会、中央政治会议举行联席会议，讨论和议问题。会上，李宗仁首先简单报告"上海人民和平代表团"北上会谈情况，其后由孙科报告国民党中常会对和议问题的意见：

"一、应在平等地位进行和谈，中共不能以战胜者自居；

二、依照国际原则，内战不存在战犯问题；

三、将来举行和谈时，关于政治体制的谈判，不外（一）联合政府。（二）邦联或联邦政府形式。（三）隔江分治形势。"②

与此同时，李宗仁先后电招各地军政首脑到南京研讨和谈方式。3 月 8 日，孙科挂冠而去后，李宗仁与行政院的矛盾有所减弱。

3 月 26 日，中共中央宣布 4 月 1 日开始与国民党政府举行和谈。4 月 1 日，李宗仁又正式派出以张治中为首席代表的谈判代表团，抵北平正式与中共谈判。张治中行前发表书面谈话称："我们此次奉政府之命到北平，和中共进行和平商谈，痛感责任重大，实有'如临深渊如履薄冰'的心情。""我们当谨慎地秉承政府意旨，以最大的诚意和中共方面进行商谈，希望能够获得协议，使真正永久的和平得以提早实现。"③

蒋介石对于和谈表示极端关注，特命蒋经国于午后指示国民党中央党部两条和谈原则："（一）和谈必须先定停战协定，（二）共产党军队何日渡江，则和谈何日终止；其破坏责任应由共方负之。"④

7 日，李宗仁再电毛泽东称："自宗仁主政以来，排除万难，决心谋和。""今届和谈伊始，政府代表既已遵邀莅平，协商问题，亦已采纳贵方所提八条为基础。""凡所谓历史错误足以妨碍和平，如所谓战犯也者，纵有汤镬之刑，宗仁一

---

① 香港《华商报》，1949 年 2 月 16 日。

② 程思远：《李宗仁先生晚年》，第 55—56 页。

③ 《"中央日报"》，1949 年 4 月 2 日。

④ 《蒋"总统"经国先生言论汇编》，第 2 辑，第 592 页。

身欣然受之而不辞。"李宗仁要求豁免蒋介石发动战争的责任，自己一力承担，以示谋和决心。①

和谈进行过程中，中共要朱蕴山带信给李宗仁，无论谈判协定达成与否，人民解放军都要过江。9日，李宗仁又接毛泽东电，要求和谈必须以1月14日声明之"八项条件为谈判基础"，"务求具体实现"。②李宗仁召集政府要员会商和谈与江防问题，会议认为蒋介石"幕后操纵政府，和战都无希望，如果蒋总裁不出国，李即应辞去代总统职务"。③

蒋介石不仅不出国，还令国民党中常会拟定了五项和谈原则：

（1）"为表示和谈诚意，取信国人，在和谈开始时，双方下令停战，部队各守原防。共军在和谈期间，如实行渡江，即表示无谋和诚意，政府应即召回代表，并宣告和谈破裂之责任属于共产党"。

（2）"为保持国家独立自主之精神，以践履联合国宪章所赋予之责任，对于向国际合作，维护世界和平为目的之外交政策，应予维持"。

（3）"为切实维护人民之自由生活方式，应停止所有施用暴力之政策，对于人民之自由权利及其生命财产，应依法予以保护"。

（4）"双方军队应在平等条约之下，各就防区，自行整编，其整编方案，必须有互相尊重，同时实行之保证"。

（5）"政府之组织形式及其构成分子，以确能保证上列第二、第三、第四各项原则之实施为条件"。④

蒋还要张群传话给李宗仁：只要"彼能站稳本党立场，认清国家民族利益，共同对共，则无论和、战，必全力予以支持"。⑤

4月15日，北平和谈举行第二次正式会议，中共代表团将最后修正案共8条24款提交国民党政府代表团，并宣布谈判以4月20日为限。⑥

李宗仁在此情形下进退维谷。当黄绍竑、屈武带回中共代表提出的《国内和平协定》（最后修正案）后，李宗仁一方面请求司徒雷登希望美国"由总统或国务卿出面之声明，声称如'共军'渡江，美国将认为此举为对美国安全之威胁。假

---

① 《外交部周报》，第113期，第1版。
② 《外交部周报》，第113期，第1版。
③ 《外交部周报》，第113期，第1版。
④ 《蒋"总统"经国先生言论汇编》，第2辑，第593—594页。
⑤ 《蒋"总统"经国先生言论汇编》，第2辑，第594页。
⑥ 《"总统府"公报》，第221号，第2版。

如'共军'决定采取此种军事行动,美国将考虑采取适当步骤云云"。请求美国发一声明的目的就是为了"延缓'共军'之渡江"。① 另一方面李宗仁对修正案不敢做主,命人立即送溪口请蒋介石过目,同时召集桂系将领开会商讨。白崇禧埋怨代表团没有坚持基本立场,他低估了人民解放军的渡江兵力,高估了国民党残部的力量,幻想江南蒋介石嫡系部队可能同广西部队合作,以保长江万无一失。所以他说:"只要中共坚持渡江,便不能接纳和议。接受和谈等于无条件投降。"黄绍竑则说:如果德公(指李宗仁)同意签署这一协定,则将来可选为联合政府的副主席,即广西部队亦因此得到安全的保障。这些条件对我们十分有利,也是非常宽大的。李宗仁听到这里插口说:"我对个人问题无所谓,而唯有为绝大多数人的利益着想,我是为和平而上台的,如果求和不成,那就应该去职,以谢国人。所以我们现在要谈的应以大局为重,以国家前途为重。"②

会议争论不休,终无结果。

蒋介石于4月17日阅毕黄绍竑携回的《国内和平协定》(最后修正案)后,在当日日记中写道:"共产党对政府代表所提修正条件24条款,真是无条件的投降处分之条件。"③

蒋介石一面骂黄邵竑接受转达"无耻之极",一面提出"速提对案交共党","拒绝其条件"。并要李宗仁按国民党中常会所定和谈五原则办事。

4月18日,国民党中执委会发表声明,重申"和平谈判,应以五项原则为依据"。同日,蒋介石拟定了应对之策:

"共产党条件之对策及方式:

(甲)提出具体相对条件复之。

(乙)不提出对案,仅以不能接受其所提条件而愿先订停战协定,以表示和谈之诚意。如其在和谈期间,进攻渡江,则其战争之责任,应由'共匪'负之。

(丙)用党部名义驳斥其条件之前文与消灭'行宪政府'而实行其共产'专制政府',比之捷克与波兰政府犹不如也之意,以昭告中外,宣示中共'毒辣之罪恶',乃为国际共产中之尤者。"④

在此关键时刻,李宗仁棋错一步,采纳了蒋介石与白崇禧的建议,拒绝在和

---

① 《中华民国史实纪要》,1949年1—6月,第488页。
② 《李宗仁先生晚年》,第76页。
③ 《蒋"总统"经国先生言论著述汇编》,第2辑,第599页。
④ 《蒋"总统"经国先生言论著述汇编》,第2辑,第600页。

平协定上签字，终于导致了国共和谈的最后破裂。对蒋介石而言，他有台湾作退路，可以不要和平。但对李宗仁而言，他如果不与中共和平相处，共同建国，就必然在蒋介石的种种掣肘中宣告失败，而且无立足之地。后来的事实说明了这一点。

由于国民党政府拒绝在和谈协议上签字，中共百万雄师于 4 月 20 日午夜 12 时后横渡长江，国民党宣称的立体防线立即土崩化解。当天，蒋介石要求与李宗仁晤面，商讨具体办法。蒋介石提出的原则是："（一）彻底坚持'剿共'政策，不能再有和谈。（二）应使政府不能再与'共匪'中途谋和，否则等于自杀。"[1] 蒋介石还指责和谈破裂，"责任应由'匪方'完全负之"。[2]

纵观蒋、李争斗的第二个回合，最终又以蒋介石胜利而告终。

第三回合：围绕蒋介石出国之争。从两次争斗的失利中，李宗仁明白了一个道理：只要蒋介石一日不去，他就不会有一丝一毫的作为。为了摆脱失利的困境，并从蒋手中夺回应有的权力，李决定要不惜一切逼蒋出国。李的这一想法正好与力主和谈的张治中的看法不谋而合。

张治中是桂系首领白崇禧的同学，两人关系很融洽，与李宗仁关系甚好，又是蒋介石的左膀右臂。他虽在和谈问题上得罪了蒋介石，但他毕竟是蒋介石的嫡系，与蒋介石有着很深的关系。李宗仁上台后，他深感李的地位很虚弱，和谈前途诸多险阻，对李的处境表示同情。当他 2 月份应李宗仁之邀入京时，曾因多次与美国驻华大使司徒雷登接触，谈及蒋、李关系时，二人均感蒋介石在溪口操纵一切，实为南京和谈的障碍。张治中建议司徒雷登对蒋施加影响，劝蒋出国。司徒雷登以不干涉中国内政为由，反劝张以其个人同蒋的关系，劝蒋出国。时逢国民党元老吴铁城抵京，他与上述两人看法一致，遂与李宗仁交换意见。李宗仁便派张治中、吴铁城前去溪口劝蒋出国。与此同时，李一面请求美国助他阻蒋"干政"，一面亲自写信给蒋介石声称如蒋不停止干预，他将"决心引退，以谢国人"。当时南京《救国日报》还刊出了"蒋不出国救国无望"的新闻，从而挑起了逼蒋出国的争端。[3]

蒋介石认为李宗仁此举用心险恶，因而决计不出国，并予以反击。当张治中于 3 月 3 日抵溪口后，蒋一见张的面就说：

①　《蒋"总统"经国先生言论著述汇编》，第 2 辑，第 601 页。
②　《蒋"总统"经国先生言论著述汇编》，第 2 辑，第 601 页。
③　《蒋"总统"经国先生言论著述汇编》，第 2 辑，第 583 页。

"你们是来劝我出国的，报纸已经登出来了。他们迫我下野是可以的，要迫我'亡命'就不可以。下野后，我是个普通国民，哪里都可以自由居住，何况这里是我的家乡！"①

此话一说，李宗仁也无奈蒋何。

南京失守之前，蒋、李杭州会议决定总统府迁穗办公。但当南京失守之际李宗仁临时决定飞桂林，其目的仍是向蒋施加压力，逼蒋交权。同时，李也有另组政府与中共谋和的意图。

蒋介石对李宗仁飞桂林一手没有料到。自己赴穗主政又名不正，言不顺，遂策动国民党元老居正、阎锡山、李文范三人随白崇禧飞桂林促驾，声称三人来前已得蒋五年内不干政的保证。其后，陈济棠、朱家骅亦衔蒋介石命令来桂相劝。陈、朱二人皆说，蒋已决心将军、政、财大权全部交出，他绝不在幕后操纵。李宗仁称：赴穗主持可以，但需蒋作确切的保证。

当李宗仁飞穗主政后，蒋介石自食其言，仍以国民党总裁名义在马公岛遥控广州政府。

7月14日，蒋介石抵穗。16日出任国民党非常委员会主席，李宗仁任副主席。随后，蒋以主席名义在厦门召开军事会议，对军队发号施令。刚从蒋介石口中得到五年不干政诺言的李宗仁，一气之下于7月26日飞离广州，蒋、李之间的矛盾再也无法调和。

第四回合：围绕守粤之争。国民政府南迁广州后，守卫广州遂成问题。国民党粤籍要员与两广地方实力派，都认为保卫广东远较据守沿海某些据点重要得多，期望蒋介石将嫡系部队调到大庾岭以北地区，与白崇禧所指挥的兵力紧密联系，并肩作战。但在6月20日国民党中常会讨论华南防卫问题时，国防部却称：汤恩伯部卫守福建，胡宗南、宋希濂转进四川，保卫广东只能靠白崇禧指挥的三个军。吴铁城对此大为不满，指责国防部根本没有保卫广东的决心。他说汤恩伯部队从上海撤出时，为什么不去广东而去福建？刘安祺部队从青岛撤出为什么远去海南岛而不调粤北？从这些部署看，国防部只准备守住沿海一些岛屿，从来没有制订保卫华南的整个军事计划。吴认为国防部的做法"本末倒置"。最后吴问国防部这样部署兵力，究竟是谁的主意。参谋总长顾祝同最后不得不承认："所有部队调动和兵力部署以及有关构筑防御工事问题都是由总裁亲自决定的。"会

---

① 程思远：《李宗仁先生晚年》，第58页。

议最终无结果。[①]

当蒋介石 7 月 14 日赴粤后，李宗仁就卫守广东问题与蒋当面摊牌。蒋答应考虑后再说。实则蒋的"考虑"不过是一种托词，他从未考虑过更改军事部署。7 月 28 日，李宗仁赴台北见蒋，再度要求集兵保粤，同时请蒋允许白崇禧出掌国防部。蒋对李的要求答称：胡宗南、宋希濂反对白崇禧任国防部长，胡、宋二人手握重兵，又负有西南保卫之责，故胡、宋二人意见不能不考虑，目前不能任命白出任国防部长。对集兵保粤一事，蒋说目前兵力有限，不能防守大庾岭以北地区。李宗仁台北之行无任何结果，只好悻悻而归。[②]

美国《白皮书》发表之后，李宗仁重提防守广州问题。但蒋仍不予理睬，尽管蒋于 8 月 23 日抵广州后，宣称广州保卫战是"决定最后成败的一战"，但他仍未将退至海南岛的国民党军北调，粤东的胡琏兵团又向闽南靠拢，致使粤北大门洞开。10 月 14 日，广州被人民解放军占领。环顾蒋、李争斗的第四个回合，又以蒋胜李败而告终。

第五回合：围绕蒋介石复职之争。"国民政府"自广州西迁重庆之际，蒋介石复"总统"职亦在积极进行之中。

首先，蒋介石令其部下制造复职舆论。

10 月 8 日，当广州已处于人民解放军重兵进攻之时，身处广州的蒋介石亲信洪兰友致电台北蒋介石称："广州危急，李宗仁有'知难而退'之意。"

同日，蒋介石又收到参谋总长顾祝同电称："粤省西北之湘黔军事，已趋劣势；请毅然复任'总统'，长驻西南。"

蒋介石认为时机未到，故对两电"尚无表示"[③]。

10 月 9 日，蒋介石的亲信吴忠信到台北草山见蒋告知：李宗仁希望总裁"复位"。并称一旦广州失守，情势更为混乱，总裁倘不复出，将使国家前途陷于不可收拾之境。

10 月 18 日，蒋介石与追随他多年的张其昀谈及个人出处问题，旋即召集中央设计委员会议，专门研讨"复行视事"利弊。蒋介石称：

"个人的出处事小，国家的存亡事大，此时应研究，应该不应该早起，不能

---

① 潘振球主编：《"中华民国"史实纪要》，1949 年 1—6 月，第 723 页，台北"国史馆"，1996 年版。

② 潘振球主编：《"中华民国"史实纪要》，1949 年 7—9 月，第 156 页。

③ 《蒋"总统"经国先生言论著述汇编》，第 2 辑，第 668 页。

问再起后之利害得失，只要对人民军队与国家有再起之必要，即不必研究外交或其他关系问题。一切只有自立、自强，始能获得外援，倘自己内部无可救药，即有外援，亦无能为力。"①

与会者多为蒋的亲信，所以多数主张蒋"复行视事"。当晚，蒋还频频约见丁惟汾、于右任、吴忠信等人，商讨此项问题。丁、于均认为："佥认为必须李宗仁出于至诚，自动退职，再行'复位'。"②

11月1日，在蒋介石的亲信张群策动之下，国民党《"中央日报"》头版头条发表了"川康渝人民竭诚效忠，电迎总裁莅渝领导"的新闻，刊载了10月31日川康渝的所谓民意代表200余人请蒋早日莅渝共谋国是电。

很显然，蒋介石为了逼李宗仁退位，已经抛出了"民意"要求蒋复"总统"职的杀手锏。此后，蒋介石的说客们经常出入李宗仁官邸。据李宗仁后来回忆：

"原先在广州时，黄埔系将领及蒋先生夹袋中的政客已有请蒋先生复职的企图。然那时尚无人敢公开说出。抵渝之后，情势便迥然不同。他们认为广州既失，我已堕入蒋的瓮中，可以任其摆布。C. C.系和政学系控制下的报纸此时已不再以'总裁'称呼蒋氏，而径呼'总统'。我深知蒋先生已呼之欲出，不久便要复职了。"

"果然，不久吴忠信、张群、朱家骅等便先后来找我，他们不敢明言要我劝蒋复职，只是含糊其辞地说，当前局势紧张，希望我拍一电报请蒋先生来渝坐镇。其实蒋先生飞来飞去，向来不需要我敦请，现在何以忽然要我拍电促驾呢？他们辞穷，便隐约说出希望我声明'隐退'，并参加他们'劝进'。"

"当吴忠信仍向我唠叨不休时，我勃然大怒说：'礼卿兄，当初蒋先生引退要我出来，我誓死不愿，你一再劝我勉为其难，后来蒋先生处处在幕后掣肘，把局面弄垮了，你们又要我来劝进。蒋先生如果要复辟，就自行复辟好了。我没有这个脸来劝进。'"③

李宗仁这样一讲，吴、张、朱再不好开口，但酝酿复职活动并未停止。

蒋介石企图通过制造舆论逼李劝他复职不成，随即策动桂系大将白崇禧劝李。蒋派吴忠信给白崇禧传话说，称白不仅长于军事，政治也很内行，如今局势这么严重，非健生出来不可。白崇禧这个人喜欢别人给他戴高帽子，吴忠信这样

---

① 《蒋"总统"经国先生言论著述汇编》，第2辑，第672页。
② 《蒋"总统"经国先生言论著述汇编》，第2辑，第672页。
③ 李宗仁：《从南京出走飞往美国》，载《广西文史资料选辑》，第8辑，第61页。

一讲，他便于 11 月 3 日拟订了一个蒋、李妥协的方案：

（1）蒋介石宣布复职。

（2）李宗仁回任"副总统"。但因李患胃溃疡，亟须赴美就医，并借以在美进行"外交"活动。

（3）白崇禧以"行政院长"兼任"国防部长"。①

白崇禧是逼蒋下野之人，现在何以置多年至交于不顾，反劝李退位，为蒋复职效犬马之劳呢？据笔者分析，主要是因为：

一是蒋介石对白崇禧的拉拢。在国共和谈破裂至 5 月初，蒋介石经由上海市长陈良之手共拨给白崇禧三万两黄金，作为华中部队的军费。蒋此举使白很感激，蒋、白之间的矛盾有一定缓解。9 月下旬，蒋介石抵广州后，一反必先去看李宗仁的常态，而是"单独召见白崇禧于黄埔，闭门密谈"。蒋对白称：

"民国十六年我们两人精诚团结，所以能完成北伐，统一全国。嗣后不幸为奸人挑拨离间，以致同室操戈。但后来卢沟桥事起，我两人又复衷心合作，终于把倭寇打败，收复国土，建立不世之功，今'共党'虽极猖狂，国势虽极危险，只要我两人能一德一心，彻底合作，事尚有可为。"②

蒋的一席话使白崇禧决心为蒋介石效劳。

二是对李宗仁的所作所为不满。4 月 29 日，李宗仁在桂期间，白崇禧对程思远说："过去三个月，德公不知误了多少事，事实证明他是一个扶不起来的人。"还说：李不听白的话，以致陷于今日无所作为的境地。③ 由于白对李已心存不满，故劝李退位。

三是白认为李上台十个多月来的经验，"给了我们一个宝贵的教训，那就是蒋既不肯放手，而我们也搞不通。如果长此僵持下去，断非善策"。同时，白认为"蒋、李妥协，对挽救西南危局比较有利"④。故有此妥协方案。

四是白有借机争权的想法。

蒋介石审此提案后，给白崇禧的答复是：蒋介石同意复职，李宗仁回任"副总统"；但李不能出国，因一出国就表明蒋、李之间不能合作。同时，蒋还让吴忠信传话于白，白崇禧出任"行政院长"一事，不能作为蒋、李合作的条件。这

① 程思远：《李宗仁先生晚年》，第 134 页。
② 李宗仁：《从南京出走到飞往美国》，载《广西文史资料选辑》，第 8 辑，第 51 页。
③ 程思远：《李宗仁先生晚年》，第 83 页。
④ 程思远：《李宗仁先生晚年》，第 133 页。

样一来，白崇禧的调停活动宣告失败。

蒋介石在否决白崇禧所提妥协方案后，于 11 月 14 日由台抵渝。一下飞机，蒋电白崇禧，要他促李返渝。李宗仁不愿入渝为蒋上"劝进表"，遂于 11 月 20 日抵香港，决定赴美"就医"。至此，蒋、李之间关系彻底决裂。

纵观蒋、李争斗的五个回合，蒋介石利用自己的特殊身份和他在党、政、军中的势力，纵横捭阖，使李在争斗中总处下风。当李与蒋争斗失败，感到回天乏力之时，便一走了之，使蒋处于十分尴尬的地位。

李宗仁负气出走

对李宗仁在国共两党争端的关键时刻赴美"就医"，海内外众说纷纭。笔者以为，李宗仁之所以出走美国，一是躲避蒋介石逼他劝进；二是赴美求援，仍作最后五分钟的努力；三是李深感"国事至此，我无力回天"；四是出于安全考虑。一方面李宗仁的确患有胃溃疡，需及时诊治；另一方面蒋介石曾派人追杀过李宗仁，此时李如不按蒋意志行事，随时有被暗杀的可能。综合以上四点，李宗仁只有以"代总统"身份出国，既可保全性命，又使蒋的企图不能得逞。

李宗仁赴港之前，白崇禧曾询问李在政治上有什么部署。李答："依照'宪法'规定，我缺席时可由'行政院长'代行职权，不需要作什么布置。"20 日临上飞机前，李宗仁发表书面谈话称：我"在治疗期间内之中枢军政事宜，已电阎锡山院长负责，照常进行；'总统府'日常公务，则令由邱昌渭秘书及刘士毅参军长分别代行处理"。[①]

随后，李宗仁于当日上午 10 时飞抵香港。蒋介石万没有料到李宗仁在此时决定出国。当他闻此讯息后，"不胜骇异"。蒋于当晚召集国民党中常会委员商讨对策，决定派居正、朱家骅、洪兰友、郑彦棻慰问李宗仁病状，并代表蒋劝李返渝。[②] 蒋在致李亲笔函中故伎重演，宣称将以"充分权力"交李掌握，劝李即行带药返渝。李宗仁拒绝了蒋的要求。李之所以不肯向蒋妥协，因为他深知蒋的话不可信，如果他真的回去，如不"劝进"，必做张学良第二。李不回去还有另一原因，他非常相信"自由民主大同盟"主席顾孟余的一句话："美国一贯重视法统观念，如果德公不是元首的话，则将丧失对外接触的有利条件。"

由于李宗仁断然拒绝返渝，蒋介石于 11 月 27 日召集国民党中常委会议，决

①　台北《"中央日报"》，1949 年 11 月 21 日。

②　《蒋"总统"经国先生言论著述汇编》，第 2 辑，第 684 页。

定对李宗仁正式摊牌。蒋介石在会中称："对外关系，尤其我国'政府'在联合国中之代表地位问题，极其重要。如果李宗仁长期滞港，不在'政府'主持，而余又不'复行视事'，则各国政府乃至友邦，可借此以为我国已无元首，成为'无政府状态'，则不得不考虑对于北平'匪伪政权'之承认。此外，对内尚有维系人心之作用。此时举国上下，人心动摇，如云南卢汉等，已明言，李既出国，而蒋'总统'又不肯'复位'，则国家无人领导，尚何希望之有。因此，不能不做'复行视事'之准备。唯对时期问题尚须加以研究。"①

全体国民党中常委"一致主张"蒋介石"复位"，指责李宗仁"擅离职守"，同时作一决议如下：

"以当前国家局势之严重，西南战况之艰辛，中枢不可一日无人主持。仍切望李代总统宗仁同志迅返中枢，力疾视事。万一为病势所不许，再请总裁复行'总统'职权。"②

翌日，蒋介石决定再派朱家骅、洪兰友携国民党中常会决议赴港见李宗仁。

李宗仁阅毕国民党中常会决议后告朱、洪二人，本人具有"法统"地位，不受中常会决议所挟持。朱、洪二人无计可施，只好返渝向蒋复命。

蒋介石得知李宗仁的态度后，与阎锡山、张群再度商讨"复职视事"问题。蒋认为："今日国家危急，已至千钧一发之时，何忍见危不救，避嫌卸责，只有光明正大，决心'复行视事'为不二之道，至于成败利钝，在所不计。"③

正当蒋介石紧锣密鼓准备"复行视事"之时，李宗仁于12月4日在香港发表谈话称："胃疾复发，赴美就医"，一俟"短期内病愈后，即返国续负应尽之责"。翌日，李宗仁临上飞机前又致电"行政院长"阎锡山称：

"仁以胃疾剧重，亟待割治，不得已赴美就医，以一个月为期，即当遄返。在仁出国之短暂时期，请兄对中枢军政仍照常进行，至于重大决策，尽可随时与仁电商。来电所云，似未明了仁之本意，特再电达，仍希就兄职权范围处理一切。"④

对于李宗仁赴美就"医"与上述电文，蒋介石闻后极为愤怒，他在日记中写道：

① 《蒋"总统"经国先生言论著述汇编》，第2辑，第686页。
② 董显光：《蒋"总统"传》，第551页。
③ 《蒋"总统"经国先生言论著述汇编》，第2辑，第692页。
④ 台北《中央日报》，1949年12月5日。

"德邻出国，既不辞职，亦不表示退意，仍以'代总统'而向美求援。如求援不遂，即留居国外不返，而置'党国'存亡于不顾。此纯为其个人利害，其所作所为，实卑劣无耻极矣。"①

尽管蒋介石掌握着国民党的生杀大权，但却不能使李宗仁为自己上"劝进表"，也不能阻止李的美国之行，只有骂两句"娘希匹"，以解心头之恨。

蒋介石逼李"劝进"不成，返转过来又要逼他下野的头号人物白崇禧"劝进"。

12月10日，当李宗仁正在美国接受治疗之时，蒋介石指使陆军副总司令罗奇与前上海市长陈良自台北抵海口白崇禧住处，要白去台北与蒋共商大局。罗还说蒋准备在复职后请白出任"行政院长"一职。对于罗奇、陈良来海口的目的，白崇禧自然清楚，他知道这是蒋要他到台北去"劝进"。因为老蒋的复职酝酿一直没有停止，现在李宗仁在美养病，他就更振振有词了。权衡利弊，白认为最有吸引力的莫过于"组阁"一事，他非常想过过当"行政院长"的瘾。但他对蒋介石是否真正要他"组阁"还抱怀疑态度，遂决定派李品仙去台北摸清底细。同时为使李宗仁思想上有所准备，12月15日白崇禧联名李品仙、夏威、黄旭初电李宗仁云："蒋曾劝禧往晤，意在劝进。仙不日赴台谒蒋，劝蒋稍待公治病结果对自身问题有所表示后再谈复位问题。"②

李宗仁于17日复电白崇禧等人云："请'总裁'考虑复职事不必提出，因复职无法律根据，理由是：子、'总裁'既已引退，即为平民，绝不能恢复已放弃之职位；丑、仁之代理，非代理'总裁'个人，乃代理'总统'之职位；寅、依照宪法，缺位为死亡，'总裁'非死亡，亦非因故不能行使职权，第四十九条全不适用，故用代理字样；卯、代'总统'引退，则由'行政院长'代理，三个月后另选，不能由前任'总统'任职。"③

白崇禧接此电后左右为难。由于他对蒋介石许诺他出任"行政院长"仍抱有幻想，特于12月24日令李品仙飞台见蒋。李品仙抵台后奉蒋令致电白崇禧，说蒋请白组阁出于至诚。白崇禧在李品仙、罗奇、陈良等人的包围之下，终于在12月30日乘专机飞台。白崇禧到台后仍对蒋抱有幻想，又于1月16日再电李宗仁，建议他：如需在美继续休养，深恐久旷"国务"，应请致电中央，自动解除"代总统"职务。对于白崇禧飞台及给李宗仁的建议，白崇禧的至交程思远先生作了

---

① 古屋奎二：《蒋"总统"秘录》，第4卷，第482页。
② 程思远：《李宗仁先生晚年》，第147页。
③ 程思远：《李宗仁先生晚年》，第147页。

如下的评论：

"他一进去就再不能出来了。以后他就变成了蒋介石的电钮，凡是李宗仁在美国发出对蒋介石不利的言论，蒋只需把这电钮一按，他就作出永不失误的反应。等到李宗仁于1965年7月从海外回到祖国怀抱，白就于次年12月2日无疾而终。因为蒋介石不再需要他了。"①

复职视事

蒋介石到台后，为了制造他的"复职"符合"民意"的假象，遂策动各界上"劝进表"。

12月25日，蒋介石指使到台的"国大代表"举行年会，会议认为："国危"至此，中枢不可一日无主，故请蒋复"总统"职。

1月13日，国民党中央非常委员会也向李宗仁发出通电，令其迅即返台。

1月20日，台湾"监察院"也电催李宗仁返台。

在台方的一再催促之下，李宗仁于1月29日电复"监察院"称：病体尚需休养，未能即返。2月3日，李宗仁再电"监察院"称：滞美不归是为接洽美援，因接洽事宜未妥，故暂不能到台。

由于李宗仁的答复不合蒋介石的意图，故受到蒋介石控制下的舆论机构的猛烈抨击。2月4日，《"中央日报"》《中华日报》《扫荡报》同时发表社论，对李宗仁29日复电一致予以指责。《"中央日报"》还呼吁蒋介石"绾领国事""统帅三军"。

2月5日，"国民大会代表联谊会"电责李宗仁不负责任，并请蒋复"总统"职。

2月12日，"监察院"院会中通过"监察委员"曹德宣九人提议以李宗仁复电"有意留居美国主持国事，揆诸事实法理，均有未合，决复电指陈其错误"。次日，"监察院"根据九人提议，通过复电李宗仁电文，宣称："先生如仍不体念当前局势之阽危，及前电之忠告，而不迅为明确之表示，则拖延贻误，无异自绝于国人。同人实不能不肩负人民之付托，以恪尽职责，雅不忍于此时再与先生作文电之往还也。"②

2月13日，国民党中央非常委员会委员居正、于右任、何应钦、阎锡山、吴

---

① 程思远：《政坛回忆》，广西人民出版社，1983年版。

② 台湾《"中央日报"》，1950年2月14日。

忠信、张群、吴铁城、朱家骅与陈立夫联名致电李宗仁，明确指出："同人等佥认为'总统'及统帅职权不可再事虚悬，'政府'更不容长此处于危疑莫定之境，如我公能于'立法院'集会以前命驾返台，主持'国政'，实为衷心所薪。倘公届时实在不能返国，则同人等怵于时局艰危，群情殷切，唯有吁请'总裁'依照中常会民国三十八年11月27日临时会议之建议，继施'总统'职权，以维大局。"①

李宗仁接此电后复电国民党中央非常委员会，以医嘱不能远行为由，仍拒绝到台。李宗仁何以这样固执己见呢？李宗仁认为：

台湾"是蒋先生清一色的天下，他掌握了生杀予夺的绝对权力"，"在这局面下，我如贸然回台，则无异自投罗网，任其摆布，蒋的第一招必然是迫我'劝进'，等他复正大位之后，我将来的命运如何，就很难逆料了。以蒋先生过去对我衔恨之深，我一旦失去自由，恐欲求为张汉卿第二也不可得了"②。

蒋介石对李宗仁拒绝返台甚为喜悦。尽管他发动舆论逼李尽快返台，但他深知李不会来。他这样做的目的是企图造成李宗仁失信于台湾各界，以便于他的再度"登基"符合"民意"。李宗仁不来台，既可以省去许多麻烦，又可以名正言顺地实行独裁统治了。他在复职前夕，曾激动不已地公开宣称：还是"我出来视事好"，"倘若去年初我不下野，无论如何想象不到大陆各省会一年之内断送干净。我下野的后果，竟意如此，殊为痛心"，"现在国家情势危急非常，如果我再不负起政治军事的责任，在三个月之内，台湾一定完结。我出来之后，台湾可望确保"。③

其后，蒋介石又指使国民党中央非常委员会于2月21日向李宗仁发出最后通牒，限李宗仁于三日内返台，否则便算做放弃其"总统"职权。由于李宗仁未能遵守蒋介石的时间表，23日尚未到台。当日，国民党中央常委会决议：请蒋总裁早日恢复行使"总统"职权。翌日，"立法院"也一致通过了请蒋介石恢复"总统"职权的决议。④

至此，蒋介石认为时机已成熟，没有推托之必要，旋于3月1日再度在台北

---

①《中国国民党第六届执行委员会常务委员会会议记录汇编》第888—889页，转引自李云汉著：《中国国民党史述》，第38—39页，中国国民党中央委员会党史委员会1984年版。

②《李宗仁回忆录》，第1026页。

③《"中央日报"》，1949年7月23日。

④ 秦孝仪主编：《中国国民党90年大事年表》，第441页。

"登基"。同日，蒋还发表了视事"复职"文告，宣称：

"中正许身革命四十余年，生死荣辱早已置之度外，进退出处，唯国民之公意是从。际此存亡危急之时期，已无推诿责任之可能"。受全体军民同胞责望之切，"爰于3月1日复行视事，继续行使'总统'职权"。望我同胞"同心一德，奋斗到底。务期扫除'共党'，'光复大陆'，重建我'中华民国'为三民主义民有、民治、民享之国家"。①

3月13日，蒋介石在总理纪念周上又发表了《复职的使命与目的》的讲话，声称："我一生中有三次下野三次复职。"第一次复职的使命"是完成北伐，统一全国"；第二次复职的使命是"抵抗日本侵略，争取最后胜利"。这一次"复职"的使命"就是要恢复'中华民国'，'救大陆同胞'，而最后的目的乃是在消灭共产国际，重奠世界和平"。②

台湾各界对于蒋介石重登大宝之举的评价褒贬不一。台湾"教育部"主编的《'中华民国'建国史》作如下评论："蒋'总统'的复职视事是'中华民国'政府转危为安的一个转折点。自蒋'总统'引退之后，大陆情势迅速恶化，由于李宗仁的措施不当和领导无能，使中共势力很快伸展到华南、西南地区，一年之间，'国运飘摇'，'险象环生'，有若'失舵之舟'，不知何所是从，尤其代'总统'李宗仁在危急之中，竟称病赴美，抛弃国家，擅离职守，以致中枢无主，'中华民国'面临危亡的关头，人心惶惶，蒋'总统'的复职，使离散的人心重新团结，确定反共的'国策'，加强'反攻复国'的一切准备，台、澎、金门、马祖，遂得以确保，奠定了中兴'复国'的宏基。"③

董显光在《蒋"总统"传》中对蒋介石复"总统"职作了如下的评论："蒋'总统'在考虑复任此不易讨好的任务时，深知只有使自由中国的人民重申信念始能免于灭亡，李氏代理时期之动摇犹豫，使政府人员的信心渐渐消失，南方与西南最后之崩溃实为失败主义与武人意志薄弱之结果。中国现已到达这样一个时日，唯有意志上的奇迹始能把它挽救，蒋'总统'自知，在国民党的阵营，只有他自己才能推动此一奇迹之望。"

"当然，蒋'总统'如'复职'，他所遭遇的困难自多，他如专为自己打算，自仍以引退为宜。复职后如不幸失败，不是有生命的危险，便是饱受指责，蒋

---

①　张其昀：《先"总统"蒋公全集》，第3册，第3326页。

②　张其昀：《先"总统"蒋公全集》，第2册，第1955—1956页。

③　《"中华民国"建国史》，第5册，第713页，台湾"国立"编译馆，1991年版。

'总统'所享受中国的尊容已达于最高峰，今后所遭遇者或不免有下坡之事，故以个人利便的原则而论，他最好是置身局外，而避免最后奋斗的艰巨责任。但蒋'总统'自非规避责任的人，早已以身许国。他不计个人的安危，也不顾现实的顺逆，他毅然接受了国人的最后要求。"①

对于董显光的评价，《蒋经国传》的作者江南评论说：董显光用栽赃的手法，将大陆失败的责任都推给了李宗仁，实为公正客观的史家所难接受。对于蒋介石"复职"，江南曾引用陶希圣的一句话，即"明知其不能也要为"。他说蒋的性格倔强，"不战至最后的一兵一卒，绝不轻言牺牲"。②

蒋介石"复职"后立即给李宗仁发了一个电报，电报全文如下："李副'总统'德邻吾兄勋鉴：自兄以胃疾出国就医，瞬以三月，各方佇候言旋，中正企望尤切。而兄以健康未复，归期难定，乃者史（斯大林）毛盟约宣布，国家危难日深，人民望救益急，中枢军政不能久失秉承，在此忧危震骇之中，群情更责望于中正于一身。兹望遵循民意，挽救危机，乃于3月1日复行视事，继续行使'总统'职权。一年以来，我兄代主'国政'，宵旰辛劳，公私交感，无时或已。今虽养病海外，固之爱国之殷，无间遐迩。极望早日康复，并请代表中正访问美国朝野后，从速命驾返台，共济艰危，藉匡不逮，敢布胸臆，无任神驰。蒋中正。"③

对于蒋介石的"复职"与电报，远在大洋彼岸的李宗仁予以坚决的回击。他在接此电报后非常气愤，立即复电蒋介石，骂他的做法"荒谬"。同时，李还引证《"中华民国"宪法》第四十九条规定：

"'总统'缺位时，由副'总统'继任，至'总统'任期届满为止。'总统'、副'总统'均缺位时，由'行政院'院长代行其职权，并依本宪法第三十条的规定，召集国民大会临时会，补选'总统'、副'总统'。其任期以补足原任总统未满之任期为止。"

李宗仁指责蒋介石的要害之处是，即使我"代总统"缺位，也该由"行政院长"阎锡山代行职权，然后由"国民大会"临时会补选"总统"，你蒋介石"复职"是根据哪家的"宪法"？

李宗仁还说：

"蒋先生的'复职'并未使我惊异，因为事实上他早已是台湾的独裁者了。不

---

①　董显光：《蒋"总统"传》，第565页。
②　江南：《蒋经国传》，第230页，中国友谊出版公司，1984年版。
③　台湾《"中央日报"》，1950年3月2日。

过站在国家法统的立场上，我不能不通电斥其荒谬。""我至少亦应作诛锄叛逆的表示，以为国家法统留一丝尊严。"①

李宗仁对蒋介石的指责，再度激怒了蒋介石，他决心对李宗仁进行报复。

蒋介石要报复李宗仁，不仅仅是因为李宗仁对他的指责，还在于李宗仁在蒋介石登基三天后的美国新闻记者招待会上宣称：本人仍为"中华民国总统"，即将"返国行使职权"。后又表示六个月内返"国"，领导"倒蒋"工作。再者，毛邦初案发生之后，李宗仁于 1950 年 11 月 17 日接受毛邦初呈文，于 11 月 19 日以"代总统"名义批示毛邦初一切均按李的指示办，对蒋介石的命令"一概置之不理"。同年 12 月 5 日，李宗仁还在纽约寓所招待外国记者时宣称："余已拟有恢复中国合作政府计划，不久即可宣布，此计划并非依赖武力。"李宗仁还称："彼自 1949 年 1 月 21 日起，继续为'中华民国'之代'总统'，应至下届大选后为止。"

李宗仁的所作所为，的确使再度登基的蒋介石感到芒刺在背，必欲去之而后快。首先，蒋介石指使"国大代表"胡钟吾等联名 711 人，要求罢免李宗仁的"副总统"职务。胡钟吾等人的理由是"'副总统'李宗仁于三十八年（1949）11 月间在西南军事紧急之际，称病出国，置国事于不顾，违宪误国，有负国人付托之重"。711 人签名盖章罢免李宗仁"副总统"的签署书，于 1950 年 5 月 5 日送交"国民大会"秘书处，请依"法"转请"政府"召集"国民大会"临时会议行使"国大"罢免权。②

与此同时，"国民大会代表全国联谊会"受蒋介石指使，也提出罢免李宗仁"副总统"案。但也有许多"国大代表"提议：认为时值非常，应以军事第一，"罢免"一节，应俟局势稳定再予提出。

按照"总统、副总统选举罢免法"第九条的规定，"国民大会"秘书长于收到上项罢免申请书后，应连同签署人姓名，即行公告之。自公告之日起，30 日内，如无人否认签署之事实，或虽有否认，而签署人仍足六分之一时，应将罢免申请书咨送"立法院"院长召集"国民大会"临时会。唯"国民大会"秘书处迟迟未予公告，对此，"国民大会"秘书长洪兰友作出四点解释："（1）一部分签署人未曾盖章，秘书处虽曾抄付未盖章代表名单函复胡代表钟吾等，请分别转达，补齐印章，唯尚有 34 人未盖章，法定手续似未完备。（2）一部分签署人代表资格未

---

① 程思远：《李宗仁先生晚年》，第 159 页。
② "教育部"主编：《"中华民国"建国史（第五篇——"戡乱与复国"）》，第 723 页。

经合法决定，签署人中有候补代表 110 人，此项名称，即非法所明定，其资格能否同于代表，是否并入签署人总额计算，一律公告，秘书处未便处理。（3）一部分签署人复申请将原案缓议，所持之理由略为：'同人盱衡现局，深感在此反共抗俄军事紧张之际，政府偏安海疆，允以军事为第一，自应集中力量，一面确保基地，一面迅速反攻，以慰水深火热中大陆同胞嗷嗷之望。关于举行临时会罢免副'总统'问题，不妨俟战局更臻稳定时，再行筹计。复以'大陆沦陷'，'国大'代表来台者仅及千人，陷身共区者实在三分之二以上，即使召集会议，亦不能达法定人数，事亦不得不于事前加以考虑。根据上述理由，同人等认为集会罢免'副总统'案，应从缓议。'（4）政府对于动员'戡乱'时期临时条款所定之'国民大会'临时会适于其时决定缓议召开。因此，对此项副'总统'罢免案，更不敢遽予公告。"[①]

由于众多"国大代表"的反对，蒋介石不得已，只好致电"国大"秘书处，令"国大"缓期召开，本案暂予搁置。但蒋介石不死心，仍策动一部分"国大代表"从事"罢免"运动。1952 年 1 月，"监察委员"金维系等 92 人提出"为副'总统'李宗仁违法失职提请弹劾"一案。该案经"监察院"大会审查成立。在"监察院"的《审查决定报告书》中称：

"奉交审查金委员维系等 92 人弹劾副'总统'李宗仁违法失职一案，当经本院全体委员过半数之共同审查，金认副'总统'李宗仁于代行'总统'职权，弃职出国，复于代'总统'名义解除后，在国外擅发命令，显系违法失职。至其公开声明，拟有恢复中国合作政府计划，不久即可公布；此计划并未完全依赖武力。显有'颠覆政府'，'危害国家'之意图，实触犯'刑法'第 100 条之罪行。本案应予成立，依'宪法'第 100 条的规定，向'国民大会'提出。其触犯'刑法'部分，依'监察法'第 15 条的规定，径送'司法机关'依法办理。"[②]

该案成立后，"监察院"将"弹劾李宗仁案"送交"国大"秘书处。"国大"秘书长奉蒋令行事，立即依"法"分别咨"立法院"院长并函"副总统"李宗仁返台接受弹劾。洪兰友致李宗仁的电文如下：

"李副'总统'勋鉴，准立法院院长移送监察院向国民大会提出弹劾副'总统'李宗仁案，兹以国民大会依法定于本年 2 月 19 日集会，用特电陈监察，先期命驾返国，以便将弹劾案副本正式送请察答辩。"

李宗仁接电后未予理睬，也未到台。"立法院长"接到"国民大会"秘书长

---

① "教育部"主编：《"中华民国"建国史（第五篇——"戡乱与复国"）》，第 723—724 页。

② "教育部"主编：《"中华民国"建国史（第五篇——"戡乱与复国"）》，第 724 页。

请通知召集"国大"临时函件后，原应依"法"迅即召集，但因当时"国大代表"不足"法定"集会人数，未能按期召开。直到 1953 年年底"立法院"奉蒋介石令采取非常措施之后，凑足"法定"代表人数，决定 1954 年 2 月 19 日召开"国民大会"一届二次会议。1954 年 1 月 13 日，"国大"秘书长洪兰友再电李宗仁，令其返台对"监察院"弹劾案提出答辩。李宗仁接洪兰友电后，认为弹劾案的提出和通过是非法的。2 月 5 日，李宗仁亲致蒋介石一函称：

"按照'宪法'第 90 条，全体'监察人员'的人数，确定为 223 人。又按'宪法'第 100 条，对'总统副总统'之弹劾案，须得全体监察委员过半数之决议，向国民大会提出之。过半数为 113 人。前年 1 月 11 日'监察院'出席委员只为 93 人，凑足法定人数尚少 20 人。吾兄竟唆使违法集会，对仁提出弹劾，所持理由，为若干委员减为 160 人。'宪法'明文规定之人数，可以任意减少，毁法弄权，莫此为甚。"①

对于李宗仁的猛烈抨击，蒋介石不予理会。在李宗仁未到台答辩的情况下，一届二次"国民大会"第六次会议终于通过了"国大代表"所签署的"副总统"李宗仁"违宪背誓"罢免案与"监察院"所提"副总统"李宗仁"违法失职"的弹劾案。但仍有 40 人不同意，还有 38 张废票。大会主席王云五即席宣布"兹经本日投票表决结果，对于'监察院'提出弹劾副'总统'李宗仁违法失职案，计同意罢免者 1403 人，以超过法定人数，副'总统'李宗仁依法应予罢免"。②至此，罢免李宗仁的闹剧落下帷幕。

蒋介石上台后，一面报复李宗仁，一面更换李任"代总统"期间的人事安排。首先更换的人物是时任"行政院"院长的阎锡山。

陈诚"组阁"

阎锡山是尽人皆知的山西土皇帝，与蒋介石之间有着几十年的恩恩怨怨。阎锡山丢失太原后，久居南京。何应钦去职后，由谁"组阁"成为蒋、李斗争的焦点。按李宗仁意图由居正"组阁"，但因蒋介石反对，居正以一票之差落选。李宗仁被迫接受蒋的举荐，推阎锡山掌管"行政院"。在阎"内阁"中，多是蒋介石夹袋中的人物。那么既然阎锡山是蒋介石认同的一个人物，为什么他一上台还要撤换阎锡山呢？据笔者分析：阎锡山并非是蒋介石心目中的"阁揆"最佳人选，

---

① 程思远：《李宗仁晚年》，第 159 页。
② "教育部"主编：《"中华民国"建国史（第五篇——"戡乱与复国"）》，第 725 页。

阎锡山是尽人皆知的山西土皇帝，与蒋介石之间有着几十年的恩恩怨怨

蒋介石属意陈诚。但在蒋、李争斗的情况下，陈诚绝不会被李宗仁接受，故蒋介石推阎锡山出面"组阁"。

阎上台后，对蒋介石而言犯了三个错误。第一个错误是：他企图利用蒋、李争斗独树一帜，主张"国防部长"职权要等于作战最高统帅，以便自己成为政治与军事的实际领导者。他还企图收揽被蒋介石所排斥的官僚政客，以作为自己的政治资本。阎锡山在自己实力丧失之后仍有此想法，正如蒋系人所骂"无能的白日梦者"。

阎锡山的第二个错误是他竟敢公开批评蒋介石的战略思想。阎锡山在 1949 年秋广州一次会议上，宣称国民党在军事方面沦于今日土崩瓦解的状况，"则蒋介石的战略思想不能不负其最大的责任"。阎锡山认为蒋介石的战略思想基本上是"守势作战"，以致被中共军队各个击破。阎锡山的这一指责不能说毫无道理，但蒋介石岂能听得进这一批评。

阎锡山的第三个错误是与李宗仁多有配合，蒋介石认为损害了他的利益。故他在上台后，立即罢黜阎锡山的"行政院长"职务。1950 年 3 月 1 日，阎锡山提出"行政院"总辞："窃锡山等猥以愚庸，忝膺重任，自受命以来，'匪'焰日炽，国土日蹙，政治方面亦少展施，只以代'总统'远在异国，无法请辞。兹者，欣逢钧座继续视事，'国政'主持，锡山等奉职无状，唯有恳请准予辞去本兼各职，另选贤能接替，国家幸甚。"①

反共决心并未使蒋介石改变撤换阎锡山的决心，尽管阎锡山提出辞呈，蒋介石表示挽留，最后还是同意阎锡山辞职。国民党中常会临时会议通过了蒋介石这一决定。同时还通过了蒋介石提名陈诚出任"阁揆"的决定。3 月 7 日，蒋介石正式咨文"立法院"，提名陈诚为"行政院院长"。"立法院"接蒋介石咨文后，投票同意陈诚为"行政院长"。

陈诚何以能代阎锡山成为蒋介石到台后首任"阁揆"的最佳人选呢？其实，

---

① 台湾《"中央日报"》，1950 年 3 月 2 日。

这是一个尽人皆知的秘密。蒋介石提拔人时有三条不成文的规定：一是重用黄埔系，因为蒋介石是靠黄埔系起家的，所以对黄埔系出身的军人总有点特殊的"感情"。二是重用同乡。陈诚、陈果夫、陈立夫兄弟和戴笠均为浙江人。这一点表现出蒋介石的地方意识非常强。三是重用对蒋介石个人绝对忠诚的人。在大陆时期，飞黄腾达的国民党要人，不是蒋介石的门生，就是他的同乡，至少是对蒋介石个人忠诚的人，否则，不是被逐出决策圈，就是永不叙用。陈诚深得蒋介石信任，不仅因为他属黄埔系，而且他还是蒋介石的同乡，对蒋介石又绝对忠诚。

蒋介石非常赏识陈诚，曾说："中正不可一日无辞修"

　　早在黄埔军校建立之初，陈诚任该校校长办公厅中尉官佐。一次访友归来，夜不能寐，遂挑灯夜读《三民主义》至拂晓，恰逢蒋介石巡视营房，发现陈诚如此用功，大加赞赏。后来在东征和北伐诸役中，陈作战勇敢，屡建战功，到1928年就被提拔为中将警卫司令。抗战胜利后，陈被提升为一级上将，在黄埔系中地位仅次于蒋介石。陈诚还有一个过人之处，就是他能代蒋介石受过，凡是蒋介石搞坏了的事情，陈总是揽到自己身上。这一点深得蒋介石赏识。为了表示对陈诚的信任，蒋介石一方面对人称："中正不可一日无辞修"；另一方面让宋美龄出面，将其干女儿谭祥（谭延闿的三女儿）介绍给陈诚。陈、谭结合，使陈、蒋之间不仅有同乡、黄埔关系，还多了一层翁婿关系。1947年，蒋介石派陈诚担任东北行营主任，以图夺取整个东北。但时不与我，陈诚在东北打了败仗，当时许多国民党将领提出"杀陈诚以谢天下"。是蒋介石力保陈诚过关，并委任他为台湾省主席兼东南军政长官。当然，陈诚对蒋介石也极力推崇。1950年3月2日，在蒋介石复职的第二天发文称："必须认识'总统'是国家的中心，是当代的指南针，是'革命'的'领导者'，有了'总统'的领导，我们必可克服任何困难，渡过任何危机，得到最后胜利。因此，当前我们奋斗努力的唯一途径，就是竭诚服从'总统'的革命领导，在任何情况之下，绝对不动摇，不疑惑。大家要知道信仰就是力量，所以我们对于'总统'的信仰越坚定，国家越有办法，胜利便越有办法。"① 此次蒋介石选拔"阁揆"，当然非陈莫属。

蒋介石选中陈诚还有另外的原因，那就是陈诚在台主政以来，兢兢业业，任劳任怨，按照蒋介石的指示，实施币制改革、实行三五七减租、破获中共地下组织、限制出入境等。蒋介石对陈诚主台一年的工作评价颇高，他在提名陈诚继任"行政院长"送"立法院"的咨文中称：

"陈君籍隶浙江青田，毕业保定军官学校，忠贞干练，公正勤廉，历任师军长、总指挥、总司令、司令长官、政治部长、军政部长、参谋总长、行辕主任、省政府主席等职，部署周详，绩效彰著。去岁受任东南军政长官兼台湾省政府主席，对于整军御敌，政治经济诸项设施，尤多建树，深为台省人民所爱戴。现值巩固台湾，策划'反攻大陆'之际，以陈君敭历中外，文武兼备，对于'剿匪戡乱'，夙具坚定信心，任为'行政院长'，必能胜任愉快。"②

3月8日，"立法院"举行临时会议，对蒋介石提名的"行政院长"进行投票，388名委员中陈诚获得306票，顺利当选"行宪"后第五任"行政院院长"。③

陈诚当选"行政院长"后，念念不忘蒋介石对他的知遇之恩与厚爱。他在官邸发表书面谈话称：

"诚此次蒙'总统'提名，'立法院'同意，受命出任'行政院'院长，当此国家艰危之际，不胜临深履薄之惧"。"今后一切措施，当恪遵'国父'遗教，以台湾为三民主义实验区。遵照'总统'训示，巩固台湾及其他反共基地，以确保全体民众生命财产之安全，并积极作'反攻大陆'之准备，同时根据民众需要，贯彻'人民至上，民生第一'之主张。并依据'宪法'规定，实行民主政治，团结一切反共力量，以消灭'卖国殃民'之'共匪'，抵抗对我侵略之苏俄。尤其国际间反共民主国家之联系工作，当本自助人助之精神，而力求加强。"④

"阁揆"钦定之后，蒋介石还不放心，亲自酌定"行政院政务委员"及各部

---

① 台北《"中央日报"》，1950年3月2日。
② 台北《"中央日报"》，1950年3月8日。
③ 台北《"中央日报"》，1950年3月9日。
④ 台北《"中央日报"》，1950年3月9日。

会首脑的人选，并于 3 月 12 日发表。新当选的各部部长是：

张厉生（"行政院副院长"）

余井塘（"内政部长"）

叶公超（"外交部长"）

俞大维（"国防部长"）

严家淦（"财政部长"）

程天放（"教育部长"）

林彬（"司法行政部部长"）

郑道儒（"经济部长"）

贺衷寒（"交通部长"）

吴国桢、王师曾、杨毓滋、田炯锦、蔡培火、黄季陆、董文崎等当选为新的"政务委员"。黄少谷为"行政院"秘书长，王世杰为"总统府"秘书长。①

各部会首脑择定之后，台湾省主席一职，蒋介石再度任命吴国桢继任。吴国桢推崇资产阶级法制，有"民主先生"之称，深得美国人喜欢。吴国桢来台之前曾任上海市长，国民党退台后，吴国桢于 1949 年 12 月 21 日接任陈诚出任台湾省主席。蒋介石任命吴国桢为台湾省主席一职，并非他政绩突出，重要因素是想通过任命吴向美国作出姿态，促使美国改变对台政策。

军队人事安排更是至关重要。几十年的戎马生涯使蒋介石深刻地认识到：有军则有权，军权必须牢牢掌握在自己手中。因兵败大陆，蒋介石下狠心让追随自己多年的败军之将何应钦、顾祝同靠边站，启用比较年轻的一代，经过多日深思熟虑，"陆军总司令"一职由孙立人接掌。孙立人既非黄埔系，又与蒋介石没有同乡关系，蒋介石为什么将陆军兵符交与他呢？其实这不难理解。任命孙与任命吴有相同之处，就是因为孙立人毕业于美国弗吉尼亚军事学校，他训练部队深得美国人赏识。重用孙立人，一可以起到争取"美援"的作用；二可以表明自己有决心打破传统，"大公无私""人才至上"。②

"海军总司令"一职仍由桂永清担任。桂永清系江西贵溪人，是黄埔一期生。早在黄埔军校期间，就紧随蒋介石其后，秉蒋介石旨意，组织'反共'的"孙文主义学会"团体。北伐时期，因对蒋介石绝对忠诚与作战勇敢，被蒋介石先后提拔为团长、旅长。1930 年留学德国步兵学校。镀金回国后，被蒋介石提拔到中

① 《"总统府"公报》，第 248 号，1950 年 3 月 31 日。

② 江南：《蒋经国传》，第 231 页。

央陆军军官学校教导总队任总队长，后调任安庆警备副司令。1937年参加上海"八一三"抗战，抗战胜利后，出任海军副总司令、代总司令。国民党军队自大陆撤退来台期间，海军出力最大，故"海军总司令"一职仍由桂永清继任。桂永清后来被提拔为"总统府参军长""参谋总长"等职，1954年8月12日因心脏病突发病逝于台北，终年54岁。

"空军总司令"一职仍由周至柔担任，并兼任"参谋总长"。周至柔是浙江临海人，毕业于保定军校八期，与陈诚、罗卓英是同学和盟兄弟。早年在黄埔军校任兵器教官，属黄埔系。十年内战时期积极追随蒋介石"剿共"，并由陈诚举荐为第十八军副军长。后出国考察空军教育，回国后任中央航空学校教育长，校长由蒋介石兼任。1936年任航空委员会主任委员。国民党六大时，当选为国民党中央执行委员。1946年出任中国空军总司令。本来空军总司令一职，蒋介石属意于其前妻毛福梅之侄儿毛邦初，但周至柔走蒋夫人宋美龄的路子，如愿以偿当上了空军总司令。此番撤退来台，空军出力仅次于海军，今后保住海岛仍须空军出大力，为鼓舞空军士气，安抚人心，"空军总司令"一职非周莫属。后来，周仍走蒋夫人的后门，一直官运亨通。1952年国民党七大时当选为中央常委。1954年任"国防会议"秘书长。1957年8月，又接掌台湾省主席一职，并兼任台湾"绥靖"公署主任。1962年任"总统府参军长"。1967年至1972年，先后出任"国家安全会议国家建设计划委员会"主任委员、"国家建设研究委员会"主任委员，1986年8月29日病逝于台北。

1950年8月，蒋经国被蒋介石任命为国民党中央改选委员，进入党务最高决策圈

人事安排大体已定，对于蒋经国任职，令蒋介石煞费苦心。蒋介石的既定方针是传位于子，但蒋经国羽翼未丰，此时尚不具备人事支配力量。为了儿子的顺利升迁，蒋介石在"复职"后，手令恢复军中政工建制。当然恢复该机构也有由于该机构的取消成为国民党在大陆失败的原因之一，故蒋介石下决心加强政治工作。而能胜任此项职务者，非从苏联返国的蒋经国不可。1950 年 4 月 1 日，蒋经国正式出任"国防部总政治部"主任委员，官阶二级上将。蒋介石还为儿子安排了另外两项重要职务：负责监督筹划情报业务和对大陆游击活动的指挥派遣。蒋经国具体负责"总统府机要室资料组"。该机构下设保安处，实际等于夺了毛人凤掌管的保密局的职权。此时的蒋经国，尽管官职不高，但其权力可与当年戴笠相比肩。对此，江南在《蒋经国传》中评论说："这是一个极重要的转折点，由此时开始，蒋经国真正掌握到威灵显赫的权力之柄。"

1950 年 8 月，蒋经国又被蒋介石任命为国民党中央改造委员，进入党务最高决策圈。蒋介石真可谓是尽心竭力，蒋经国也不负父望，苦心经营，终于为登上权力之巅打下了坚实的基础。

至此，蒋介石开始在台湾初步建立起以大陆亲信官僚为主体的、吸收台湾地方政治势力参政的新的国民党独裁专制体制。

虽然人事安排已定，体制初步建立，但未解决台岛的安危问题。为了国民党政权在台的偏安统治，也为了高扬"反攻大陆"的旗帜，蒋介石的下一步"高棋"又怎样走呢？

第三章 改造国民党

蒋介石重登大宝后，立即着手国民党的改造与重建工作。1950年7月26日，蒋介石在台北宾馆召集中国国民党中央委员举行茶会，到会委员150余人。蒋介石就国民党改造发表意见说："这次本党改造，关系本党及国家前途极为重大。"宣称："今日国家所处的地位，比之民国十三年还要危险，如果今天还不彻底改造只有等待灭亡，因此全党同志必须深切反省认识当前之危机，团结一致，彻底改造本党。"①

痛下决心

蒋介石何以急不可耐地改造、重建国民党呢？据笔者分析，蒋介石主要出于以下五点考虑：

其一，蒋介石认为国民党在大陆失败的主要因素是党的失败。他在国民党七大上作政治报告时，非常沉痛地说："这次大陆反共军事悲惨的失败，并不是'共匪'有什么强大的力量足够打败我们国民革命军，完全是领导国民革命的本党组织瓦解，纪纲废弛，精神衰落，藩篱尽撤之所致。"②"'戡乱'失败的最后一步，还是在党的失败。"③

蒋介石还认为：

"党的失败的主因，是在三民主义信仰的动摇"，是国民党内部"分歧矛盾"所致。④ 如何克服上述缺点呢？蒋介石认为必须对国民党动大手术，来一番彻底的改造与重建。

其二，蒋介石认为国民党退台后，不仅组织涣散，且派系犹存。国民党内派

---

① 台北《"中央日报"》，1950年7月27日。
② 张其昀：《先"总统"蒋公全集》，第2册，第2040页。
③ 张其昀：《先"总统"蒋公全集》，第2册，第2247页。
④ 张其昀：《先"总统"蒋公全集》，第2册，第2247页。

系纷争由来已久。1927 年第一次国共合作破裂后，国民党政治的最大特征，就是派系争斗。蒋介石惯用的伎俩就是扩大和制造部属之间的矛盾，并利用这种矛盾实行分而治之。在蒋介石统治大陆的 22 年中，派系争斗一天都没有停止过。在财政上曾有孔祥熙与宋子文之间的对立；在军事上曾有何应钦与陈诚之间的对立；在党务方面更是派系林立，不仅陈氏兄弟与朱家骅之间，C. C. 系与复兴社之间，而且军统与中统之间，均在不同时期存在着相互倾轧的对立与争斗。这些对立与争斗正如蒋介石所说："派系倾轧，组织崩溃，为党的致命伤。"①

国民党蒋介石败退台湾后，国民党组织仍然极其涣散，派系争斗犹存。当然，由于各派系权力基础的变迁，使各派系的势力发生了不同程度的增长，从而出现了大动荡、大分化、大改组的局面。蒋介石认为，如果让派系争斗的局面继续下去，"则党必归于毁灭，永无复兴的希望"。②蒋介石这句话从表面上看很有道理，他要清除内耗现象。但在讲这句话的时候，又是含有私心的。因为蒋介石要借国民党改造之机，清除异己，使台湾真正成为清一色的蒋家天下。

其三，蒋介石欲寻找替罪羔羊。国民党在大陆的惨败，使国民党统治集团内部纷纷起来追究失败的责任。美国民主党与共和党之间也在 20 世纪 50 年代初期展开了"谁丢失了中国"的争论。蒋介石说在大陆的失败首先是党的失败，自然党务失败的责任应由国民党总裁蒋介石来负。问题是无人敢指责蒋介石。蒋介石为了开脱失败的罪责，欲将党务失败的责任推到国民党中主管党务的陈果夫、陈立夫兄弟的头上。

其四，蒋介石要学孙中山改造国民党，使其获得新生。蒋介石在多次讲话中提到 1924 年孙中山改组国民党的成功。他在《为本党改造告全党同志书》中称：

"民国十三年，总理在广州一隅，北有吴孙的挟迫，东有陈逆的挟制，内受杨、刘所掣肘，总理仍不顾一切，毅然着手于党的改组。"今日一切条件都比那时好，"所望全党忠贞同志，抱定决心，集中意志，遵循总理的遗训，以实事求是的精神，研讨党的改造方案，郑重决定，切实进行，为'革命复兴'开辟光明坦荡的前途"。③

蒋介石在讲这段话时，忘了最重要的一件史实，那就是孙中山之所以改组国民党获得极大的成功，主要是由于共产国际与中国共产党对孙中山的支持与帮

---

① 张其昀：《先"总统"蒋公全集》，第 2 册，第 2104 页。
② 张其昀：《先"总统"蒋公全集》，第 2 册，第 2104 页。
③ 张其昀：《先"总统"蒋公全集》，第 3 册，第 3313 页。

助。如果当时没有他们的支持与帮助，孙中山改组国民党必定要打折扣。

蒋经国在回顾历史时，也称其父效仿孙中山："总裁一如总理当年，下定了'把革命事业从头做起'的决心，改造本党。"①

其五，蒋介石认为：没有失败，很难清除党内败类。蒋介石在《为本党改造告全党同志书》中称：

"没有失败，党的改造也不会成功。""要知道，失败是严厉的淘汰，失败是坚强的锻炼；失败之中才有觉悟，失败之中才有奋发。"只有在失败之后，"党才能清除无耻的败类，团结忠贞的干部。也只有在失败以后，党才能检讨过去的错误，采取正确的路线"。②

蒋介石的这一观点与国民党内惨败后滋生的"忧患意识"相结合，形成了以蒋介石为核心的"改造派"。正如蒋介石所言："现在'剿共'战争的形势益形险恶，'国民革命'的前途日趋严重。'赤焰嚣张'，'国族阽危'，本党的改造，已成为全党同志一致的要求和救亡图存唯一的途径。"③

蒋介石下决心改造国民党并非是到台湾后才定下的，早在国民党与三青团合并时，就有改造国民党的构想。当时他认为国民党派系林立，组织混乱，必须改革党务，以便集中力量对付共产党，他曾指定专人研究国民党"组织之改进，期能提出本党改造方案"。然那时蒋介石领导的反共战争处在正烈之时，无暇顾及国民党改造。蒋介石真正下决心改造国民党还是在他下野之后。蒋介石后来回忆说：

"当我在民国三十八年初离职退休、痛切反省之后，对建党立国的根本大计，反共抗俄的基本政策，从个人的忏悔，同志的规劝，革命环境的剖析，世界局势审查的结果，才确定了本党今后革命的方针。乃于 1950 年 7 月，向六届中央执监委员会提出本党改造方案，着手于党的改造。"④

为了使读者能对蒋介石下定决心改造国民党的过程有一个详细的了解，笔者在这里有必要多费些笔墨。

1949 年 1 月 21 日，蒋介石宣布下野，其后返故里浙江奉化溪口。作为败军之将与政治上的失意者，蒋介石在反省失败原因的同时，开始着手研拟改造国民党的方案。

<hr>

① 《蒋"总统"经国先生言论著述汇编》，第 12 辑，第 504 页。
② 张其昀：《先"总统"蒋公全集》，第 3 册，第 3314 页。
③ 张其昀：《先"总统"蒋公全集》，第 3 册，第 3310 页。
④ 张其昀：《党史概要》（补编），第 2065 页，台湾中央文物供应社，1979 年版。

1月22日，蒋介石沉痛地对蒋经国说："当政20年，对其社会改造与民众福利，毫未着手，而党政军事教育人员，只重做官，而未注意三民主义之实行。今后对于一切教育，皆应以民主为基础。亡羊补牢，为时未晚。"

"党应为政治之神经中枢与军队之灵魂，但过去对于军政干部无思想领导，驯至干部本身无思想，而在形式上，党政军三种干部互相冲突，党与军政分立，使党立于军政之外，乃至党的干部自相分化。干部无政治教育，不能使全党党员理解中央之政策"；"于是心存怨望，且诿卸责任。要改正上述缺点，应拟定具体纲要实施才行"。①

当时，蒋介石特别强调组织与纪律的作用。他对蒋经国说："一切以组织为主，纪律为辅。""组织应在纪律之先。组织的对象：第一为人，第二为事与物（包括经费在内）。至于干部训练与重建之方针：必须陶冶旧干部，训练新干部。其基本原则：（一）以思想为结合；（二）以工作为训练；（三）以成绩为黜陟。"②

1月29日，蒋介石在召见黄少谷时，指出：就现状加以整顿，再图根本改革。又说："本党非彻底再造，断不能从事'复兴革命'工作。"③

上述蒋介石的说法，表明蒋介石改造国民党的决心很大，开始研拟改造方案，注重组织与纪律。

2月17日，阎锡山到溪口见蒋时，俩人谈及今后党、政、军改造的意见，均认为当前迫切需要："整饬纪纲，实行检查。唯效用人，唯效绳人，以提高行政效率。"④

3月10日，蒋介石与亲信袁守谦聚餐叙谈。蒋提出对国民党改造分三阶段进行，即"整理""改造""新生"（整理现状、改造过渡、筹备新生）。同时，蒋还提出改造过渡的办法，即组织一个非常委员会。同月19日，蒋在召见"总统府战略顾问"万耀煌时提出："党的中心组织应分：总务、财务、监察、人事、情报、行动、宣传、通信、设计研究、训练各组。"⑤

同日，蒋介石在蒋经国草拟的《组织意见书》上批示，应注意下列各点：

（1）"应谨严而不狭小，应切实而不求速效。"

---

① 《蒋"总统"经国先生言论著述汇编》，第2辑，第557—558页。
② 《蒋"总统"经国先生言论著述汇编》，第2辑，第557—558页。
③ 《蒋"总统"经国先生言论著述汇编》，第2辑，第563页。
④ 《蒋"总统"经国先生言论著述汇编》，第2辑，第572页。
⑤ 《蒋"总统"经国先生言论著述汇编》，第2辑，第585页。

（2）"组织应以干部自动发起，不能由领袖命令行事。"

（3）"青年运动之起点，在组训流亡学生。"①

其后，蒋经国又草拟了《重整革命之初步组织的意见书》，蒋介石阅后认为可以采用。6月间，蒋介石又问蒋经国，组织如何策进，蒋经国在日记中写道，当时我答不出，"内心非常惶恐"。鉴于失败的教训，蒋介石当时最关注干部选拔与训练问题。他认为干部选拔应采取并力行唐代取士办法，即先以身、言、书、判为选拔标准，后以德、才、业三者为任用依据。体貌魁伟为身，言语清晰为言，笔法秀美为书，文理密察为判。蒋氏父子皆认为：以此取士，自可达到"天下为公"的境界。②其间，国民党元老、蒋介石的挚友吴稚晖访蒋介石，双方谈及国民党改造事，蒋介石决定设立"总裁办公室"。

同时，蒋介石一面研究整党方案，一面研究毛泽东的《中国革命战争的战略问题》以获取"统一战略思想"。

7月8日，蒋介石主持召开整理党务会议，讨论国民党改造方案。会上对国民党自身的性质发生争论。国民党元老吴稚晖就曾说"党之性质，宜随时调整，适于变动，以应非常"。③鉴于失败的教训，有人提出国民党应为民主政党。蒋介石对此说持相反意见，他认为，国民党不应成为纯粹的"民主"政党，而"应以革命民主政党为本党的属性"，"革命"应为先（著者注：蒋介石从来没有认为自己的行为是反革命行为，一直认为自己是在为"革命事业"奋斗），因为"我们现阶段的任务，乃是要从敌人手里，争回'民族生存的领域'，恢复'人民基本的自由'"。④会议争论的结果，采纳了蒋介石的意见。蒋介石在会上还提出必须以"重新做起为要旨"，"以制度与人事为根本要图"，着眼于小处。很显然，蒋介石此时开始吸取在大陆失败的教训，准备"卧薪尝胆"。同月16日，国民党中央非常委员会宣告成立。两天后，国民党中常会第204次会议讨论通过蒋介石下野后研拟的《中国国民党之改造方案》。蒋在此案说明中宣称："事务性之党部整理，形式上之党员登记，皆不足以振废起衰，必须对党的思想路线、社会基础、组织原则、领导方法以及党的作风，从根本上痛切反省，严厉检讨。"

此案通过后立即分发各级党部进行讨论。9月20日，蒋介石又在重庆发表

---

① 《蒋"总统"经国先生言论著述汇编》，第2辑，第585页。
② 《蒋"总统"经国先生言论著述汇编》，第2辑，第626页。
③ 台湾《中央日报》，1950年7月18日。
④ 张其昀：《先"总统"蒋公全集》，第3卷，第2762页

《为本党改造告全党同志书》。书中约称：

"我们这次著（着）手党的改造，在消极方面，要检讨过去的错误，反省自己的缺点。我们要把失败主义的毒素彻底肃清，要把派系倾轧的恶习痛切悔改，要把官僚主义的作风切实铲除。""在积极方面，我们首先要确定党的社会基础和政策路线，并以此为根据，以决定党的组织原则和工作方向。"①

上述改造案与蒋介石的《为本党改造告全党同志书》，表明蒋介石的初衷是：（1）为了挽救国民党在大陆的最后失败，做最后五分钟的努力；（2）振兴国民党，为"反攻复国"做准备；（3）清除妨碍其独裁统治的各个派系。由于人民解放军的凌厉攻势，使国民党在大陆全面溃退，迫使国民党中央于12月7日迁台办公。客观形势的急剧变化，不仅使国民党改造工作未能如期进行，而且连国民党中常会通过的改造方案，也须加以重新检讨。

蒋介石父子在避居幽静的涵碧楼期间，"独思党政军改革方针与着手之点"。蒋介石当时心情极为迫切与焦虑，认为："此时若不能将现在的党彻底改造，绝无法担负'革命工作'之效能也。"② 12月30日至31日，蒋介石接连在涵碧楼召集陈立夫、黄少谷、谷正纲、陶希圣、郑彦棻等人，讨论国民党改造问题。蒋介石在会上宣称：

国民党若不立即进行改造，"则现在中央委员400余人之多，不仅见解分歧，无法统一意志，集中力量，以对共产国际进行'革命'"，且"无异自葬火坑，徒劳无功"。

他还认为：

"改造要旨，在涤雪全党过去之错误，彻底改正作风与领导方式，以改造革命风气。凡不能在行动生活与思想精神方面与'共党'斗争者，皆应自动退党。"③

其后，蒋介石加快了改造国民党的步伐。1950年3月，蒋介石在一次总理纪念周上，面对近2000名高中级干部演讲时，对国民

吴稚晖

---

①　张其昀：《先"总统"蒋公全集》，第3卷，第3313页。
②　《蒋"总统"经国先生言论著述汇编》，第2辑，第702页。
③　《蒋"总统"经国先生言论著述汇编》，第2辑，第703页。

党在大陆失败作了一次充满感情色彩的检讨。他讲话的要点是：要不惜牺牲感情与情面，虚心接受在大陆失败的教训，进行彻底改造；他本人将为"反攻复国"大业鞠躬尽瘁，争取最后胜利。听过蒋介石这次检讨的许多国民党干部都落下了眼泪。关于此点比较容易理解。二十多年来，蒋介石一直是国民党的大独裁者，一贯以完人自居。如今能不顾脸面，当众认错，实属不易；何况大家都亡命海外，同病相怜，蒋介石说的一番令人动感情的真话，的确能起到笼络人心与鼓动作用。

在 1950 年 1 月至 3 月之间，改造方案的细节仍在研拟之中。从 1 月 8 日至 3 月 2 日，共举行党的改造研究小组（该机构于 1950 年 1 月由蒋介石发起在台北成立）会议 13 次，分组会议 15 次，最后还举行综合会议 4 次。上述会议制订了《本党改造纲要》与《本党改造之措施及程序》。会议讨论期间，有些人考虑更改国民党的名称，但蒋介石在 1962 年八届五中全会上发表《"复国建国"的方向和实践》演说中称他"绝对不能改变中国国民党的名称"。[①] 会议对中央改造委员会成立之后，人选如何择定，以及现有中央执、监委员如何安排等问题存有明显的争议。至此，国民党改造工作暂时被搁浅。

当上述情形发生之后，蒋介石的挚友吴稚晖联合在台国民党中央执行委员110 人、候补中央执行委员 25 人，中央监察委员 65 人、候补监察委员 14 人，共计 214 人，于 7 月 12 日联名上书蒋介石，请蒋介石根据一年来的研究结果，彻底实施国民党改造。有了吴稚晖等人的全力支持，加之朝鲜战争爆发，美国放弃"袖手"政策，出兵朝鲜，协防台湾，使蒋介石意外地从美国总统杜鲁门手中获得一张人身安全保险单。蒋介石于 7 月 22 日在国民党中常会临时会议上，重提 1949 年 7 月 18 日国民党中常会通过的《中国国民党之改造案》。经会议修正，蒋又对修正案作了说明，然后公布实施。

"二陈"成替罪羊

7 月 26 日，蒋介石莅临台北宾馆，主持中国国民党中央委员会茶会，征询各委员对国民党改造的意见。蒋介石即席发表讲话称："这次本党改造，关系本党及国家前途极为重大。""今日国家所处的地位，比之民国十三年还要危险，如果今天还不彻底改造，只有等待灭亡，因此全党同志必须深切反省，认识当前之危

---

① 张其昀：《先"总统"蒋公全集》，第 3 册，第 2763 页。

机，团结一致，彻底改造本党。"蒋介石致词后，国民党中委李文奇、余拯、张道藩、罗荣才等相继发言，均认为"今日党的改造，适为良好的时机，同时切合环境的需要"，"拥护'总裁'贯彻改造的主张"。① 蒋介石当众公布了中国国民党中央改造委员会委员名单（16 人）：陈诚、蒋经国、张其昀、张道藩、谷正纲、郑彦棻、陈雪屏、胡健中、袁守谦、崔书琴、谷凤翔、曾虚白、萧自诚、沈昌焕、郭澄、连震东。

同时聘任 25 人为国民党中央评议委员：吴稚晖、于右任、钮永建、丁惟汾、邹鲁、王宠惠、阎锡山、吴忠信、张群、李文范、吴铁城、何应钦、白崇禧、陈济棠、马超俊、陈果夫、朱家骅、张厉生、刘健群、王世杰、董显光、吴国桢、章嘉、张默君。②

从国民党中央改造委员会的名单观之，基本上反映了蒋介石权威的分配模式是以党政军为核心，任命自己嫡系出身的人。如陈诚、袁守谦是黄埔系统，代表军方及情治力量；张其昀、谷正纲等系党团出身，代表党务系统；胡健中、曾虚白、崔书琴是代表党的文宣系统；为了体现地方色彩，吸收了台籍的连震东。若是进一步观察，这些改造委员中不少人担任过蒋介石的秘书。换言之，基本上都是蒋介石的心腹。而大陆时期党政军界的显赫人物阎锡山、何应钦、孙科、翁文灏、朱家骅、白崇禧等一个也没有进入党务决策圈内，只是成了有名无实的"中央评议委员"。这些显赫一时的"党国中坚"、元老重臣、将军司令都被逼下马来，解除印绶、打入冷宫。此情真可谓新秀换旧人。

在这些人中，最突出的要数年仅 40 岁，只有 12 年党龄的蒋经国。此一安排反映了蒋介石的意图是传位于子。随着年龄的增长，蒋介石的这种愿望越发迫切。大陆时期，由于派系错综复杂，蒋介石想把蒋经国摆在国民党决策圈内，尚需排除许多异己阻力。如今亡命孤岛，又经过大动乱的淘汰清洗，因祸得福，再无须顾虑内部的倾轧与平衡，蒋介石说的话无人敢违。

再从上述名单观之，还可发现从事二十余年国民党党务的党魁、蒋介石最得力的助手、CC 系首领陈果夫、陈立夫兄弟竟未在名单中出现。谁都知晓，蒋介石是靠了陈氏兄弟的叔父陈其美在政治上发迹的。蒋介石特别推崇陈其美，为报知遇之恩，对陈氏兄弟格外照顾，陈氏兄弟对蒋介石从内心表示感激，百分之百地忠诚于他。

---

① 台北《"中央日报"》，1950 年 7 月 27 日。
② 台北《"中央日报"》，1950 年 7 月 27 日。

　　陈氏兄弟与蒋介石是同乡。哥哥陈果夫生于 1892 年 10 月，弟弟陈立夫生于 1900 年，小大哥果夫 8 岁。陈果夫加入过中国同盟会，参加过"二次革命"，也曾在上海与蒋介石、张静江等在证券交易所充当经纪人。黄埔军校建立时，陈受蒋介石之邀，负责在上海地区招收学员。 1926 年 1 月国民党二大召开时，陈当选为国民党第二届中央监察委员。同年 6 月，蒋任国民党中央组织部长时，调陈果夫任组织部秘书。1927 年 4 月，陈果夫参与了蒋介石的"四一二政变"计划。此间，陈果夫之弟陈立夫从美国学成归国，立即被蒋介石任命为黄埔军校校长办公室机要秘书，开始了追随蒋介石的生涯。1928 年，蒋介石委陈立夫以中央党部秘书长职。同年，陈氏兄弟组织中央俱乐部，简称 C.C.，后来发展成为国民党中最著名的 C.C. 派。中央俱乐部设有专门的特务机构，称"调查统计局"，因该组织隶属于国民党中央执行委员会，简称"中统"，它与国民党内另一特务派系"军统"并驾齐驱，渗透到政府的各个部门，形成一个自上而下无孔不入的特务网。

陈果夫

陈立夫

　　从 20 世纪 20 年代至 30 年代，陈氏兄弟凭借蒋介石的尚方宝剑，利用自己所控制的势力，成功地把国民党改建成"蒋家党"，并帮助蒋介石从改组派、再造派、复兴派和西山会议派手中夺回了对国民党的控制权。蒋介石为了酬谢陈氏兄弟，让陈果夫当了中央组织部长，后出任江苏省主席、蒋介石侍从室第三厅主任、中央财政委员会主席、银行行长等职；蒋介石让陈立夫由中央组织部调查科长一跃成为中央党部秘书长、中央执委会秘书长、中央组织部长、中央政治学校代教育长、教育部长等职。应当说，在巩固蒋介石独裁统治的过程中，陈氏兄弟对蒋介石忠心耿耿，并为之立下了汗马功劳。同时也应当承认，蒋氏对陈氏兄弟也的确给予了相当多的厚爱。这不光是因为陈氏兄弟符合蒋介石提拔"人才"三点不成文的规定，同时还有一层叔侄关系（陈氏兄弟是陈其美的侄子，而陈其美曾同蒋介石拜过把兄弟，是将他引荐给中山先生的恩兄）。

既然蒋介石与陈氏兄弟关系如此密切，蒋介石为什么到台后首先铲除的就是"二陈"呢？据笔者观之，蒋介石之所以急于铲除二陈是出于以下的考虑。

其一，如前所述，蒋介石要推卸国民党在大陆失败的责任，就必须寻找替罪羊，而陈氏兄弟主管党务，自然党务失败的责任就落到他们的头上。陈氏兄弟在山穷水尽之际，也表现得非常大度。他们摆出一副姿态，交出权杖，替蒋介石承担失败的责任。这一点可以从陈立夫后来的回忆中得到证实：

"'政府'迁台后，在生聚教训中，有一次在日月潭我向'总裁'建议说：'从本党历史看来，每次挫败后，急应把党改造一下，以期重振革命精神。'在建议时，我并坦言：'党未办好及一切缺失，最好把责任推给我两兄弟，将来改造后，我兄弟二人不必参加，庶几'总裁'可以重振旗鼓。"[1]

陈立夫抢过包袱替蒋介石背上，此举是他后来能够继续获得蒋家第二代人的好感的重要原因。

其二，出于对蒋家有背叛迹象的惩罚。抗日战争胜利前夕，陈氏兄弟眼看日本必败，亟欲把国民党组织大权从戴季陶所支持的朱家骅手中夺回来。1945年春，C.C.系曾组织各种座谈会，陈氏兄弟指使C.C.系的中央委员在国民党的会议上慷慨陈词，甚至指责蒋介石不民主，企图向蒋施加压力。蒋介石是明眼人，立刻感觉到了这股压力，遂于1944年5月让朱家骅交出国民党中央组织部长的大权。同年5月26日，蒋介石任命陈果夫为组织部长，陈称：事先未预知此事，甚感惶恐。当时C.C.系上下兴高采烈，争说"老帅又出马了"。但此刻蒋介石开始对陈氏兄弟的忠诚发生了怀疑。自从重庆还都后，蒋随时都有牺牲陈氏兄弟、扶蒋经国抓党权的打算。不过，由于当时军事形势急剧变化，国民党军队大溃败，致使蒋介石穷于应付，无暇顾及党务。

国民党退台后，蒋介石鉴于大陆失败和陈氏兄弟对他的指责，亟欲将其驱出国民党决策圈。陈氏兄弟十分清楚他们所面临的处境和不利因素。陈果夫当时管

---

[1]　陈立夫著：《成败之鉴》，第380页，台湾正中书局，1994年版。

不了那么多，因他已久病正在住院治疗，并于 1951 年 8 月 25 日病逝于台北，终年 60 岁。蒋介石亲自出席陈果夫丧礼，并颁"痛失元良"的挽额。① 陈立夫则借 1950 年 8 月出席"世界道德重整会议"之机，经瑞士流亡美国。

8 月 4 日，即国民党中央改造委员会成立的前一天，身为主持国民党组织二十余年的"立法院"副院长陈立夫，偕夫人孙禄卿、男女公子陈泽容与陈泽宠，从台北松山机场转赴瑞士。当记者问起国民党改造情况时，陈立夫说"每一位党员都不应该随便发表任何意见"。陈诚、蒋经国到机场送行，陈诚祝陈立夫"为国珍重，早日返国"。陈立夫称：在参加完会议之后，尚拟转赴欧洲考察，故返国日期"还没有一定"。② 据江南在《蒋经国传》中称：蒋介石曾送陈立夫五万美元作为程仪费。行前，陈曾向宋美龄辞行。陈一向与宋关系不错。宋送给陈一本《圣经》说："你在政治上负这么大的责任，现在一下子冷落下来，会感到很难适应，这里有本《圣经》，你带到美国去念念，你会在心灵上得到不少慰藉。"陈神情颇丧地指着墙上蒋介石的肖像说："夫人，那活着的上帝都不信任我，我还希望得到耶稣的信任吗？"③

其三，陈诚、蒋经国亟欲驱除陈氏兄弟。国民党退台之初，面对生存危机，蒋介石认为必须倚仗部分忠于他的军队与美国。先于陈氏兄弟来台的军中强人陈诚不仅在军方有号召力，而且与美国关系亦好。相形之下，在派系磁场中，对 C.C. 系自然不利。陈诚在出掌"行政院"之后，"立法院"仍被 C.C. 系所控制，陈诚视若芒刺，乃欲从陈氏兄弟手中夺回权力。一次，陈诚特发请帖约 C.C. 系大将余井塘、张道藩二人吃饭，余、张知道陈诚此举必有其他用意，遂在饭后问陈诚："院长有什么事，请指示吧！"陈诚对余、张说："我请你们传达我的一句话，陈立夫是个混蛋！"后再没有说别的话。蒋经国也趁机攻击陈立夫。陈立夫后来回忆说："'行政院长'陈诚又想把'立法院'的权抓来，本来'政府'撤退广东时，何应钦先生担任'行政院长'，中央为不让代'总统'李宗仁的权力太大，在'立法院'不易召开会议之情形下，乃刻意把'行政院长'权力加大，但此时在台湾不同了。因此，在由蒋公主持的一项会议中，我说明了上述此点，我说：'在广东时，'立法院'不易召开会议，为变更计，中央增加了'行政院长'职权，目的是使李代'总统'不要日益膨胀他的权力。现在不同了，'总统'已复职并负

---

① 台湾：《"外交部"周报》，第 22 期，1950 年 8 月 5 日。
② 台湾：《中央日报》，1950 年 8 月 4 日。
③ 江南：《蒋经国传》，第 250 页。

实际责任，故'行政院长'有其职权范围，不必将'立法院'的权抓过来'。陈氏听了，当然不高兴。日后陈氏仍不甘心，还是一味儿想抓权。他授意在'立法院'里的青年团同志提了一案，把'立法院'立法权削弱的很小，结果被'立院'会议否决了，陈诚同志正在'行政院'开会，得此消息，便发起脾气来。事实上反对该案的几位立委都是年纪很大的超然同志，和我没多大关系，陈先生也不问反对什么人，就一律称之为 C.C. 派。他愤怒地说：'他们一定是 C.C. 派！现在这个"行政院长"，除了陈立夫之外，没人能干得了。我不干了！'他指令'副院长'张厉生：'给我写个辞呈给'总统'，'行政院长'我不干了'。"陈立夫的上述回忆足以表明陈诚同陈立夫之间的矛盾有多深。

至于蒋经国与陈立夫之间，本来没什么矛盾，但在 1947 年国民党与三青团合并时，蒋介石派蒋经国出任中央政治学校教育长一职，陈立夫视该校为 C.C. 系的干部训练基地，岂容外人染指，遂唆使学生闹学潮，拒蒋经国到任。关于此事，蒋经国老部下、后久居香港的蔡省三、曹云霞合著的《蒋经国系史话》中有详细的记载。陈立夫此举为蒋经国播下了清扫"C.C. 系"的复仇种子。由于陈诚与蒋经国联手攻陈，加之蒋介石也想丢车保帅，故使一向说一不二的陈立夫，只有三十六计走为上，没有顾上卧病在床的哥哥与年迈的父亲，去了美国纽约长岛，老夫妻俩买了一所房子，以养克来亨鸡消遣度残年。

据陈立夫后来回忆说："我受'总统'熏陶 25 年，但我很惭愧没什么表现，很感罪戾！我出国了，今后一切政治问题，请勿再找我，我一向对此不感兴趣。"[1]陈在美居住期间，表面与政治生活绝缘，整日与夫人以养鸡为快，实则他始终不愿退出政治舞台，一有机会就往华盛顿跑，与一些议员交往甚密。1959 年之前，陈曾收到蒋介石指使人打来的要他回去的电报，一封是"总统府军务局长"俞济时以陈父病为由，要他回台一叙；一次是国民党中央党部秘书长张厉生打电报给陈，请他辅佐，陈均婉谢；再一封是蒋经国在金门、马祖炮战后致函陈，坚邀回台，"共谋国是"。据陈立夫称："在养鸡期间，'总统'曾有六次职务托经国同志来信找过我，（一）联合国'代表'；（二）日本'大使'；（三）'考试院'院长；（四）西班牙'大使'；（五）希腊'大使'；（六）巡回'大使'，只是我全没有接受罢了。"[2]

直至 1962 年 2 月，陈立夫父病危，陈匆忙返台。当陈立夫抵台北机场时，

---

① 陈立夫著：《成败之鉴》，第 383 页。
② 陈立夫著：《成败之鉴》，第 383 页。

逼陈立夫出台的陈诚居然到机场迎接他。陈立夫在寓所曾发表书面谈话，称此次返台纯为父病，待父病告痊，即行返美。在台期间，陈立夫曾蒙蒋介石三次召见，台湾新闻界盛传陈立夫将再度复出。但当陈立夫料理好其父丧事后，又悄然返美。直到 1966 年陈立夫才返台北定居，蒋介石让他担任"总统府资政"、国民党中央评议委员、"中华文化复兴运动推行委员会"副会长、孔孟学会理事长等职务。

晚年的陈立夫，全力从事复兴中华文化的工作。1988 年 7 月国民党十三届中央评议委员会第一次全体会议上，已是垂暮之年的陈立夫又成为台湾新闻的焦点。以陈立夫为首，包括蒋纬国在内的 34 位国民党十三届中央评委，向国民党中常会提出一项"以中国文化统一中国，建立共信"的提案。该案坚持"一个中国""反对分裂"的主张，坚持以"中国文化统一中国"。认为"谋求统一必先建立共信"，而"中华文化为建立共信的最佳条件"。陈还石破天惊地提出："共同成立'国家'实业计划推行委员会"，合作发展中国大陆经济，并将台湾 1988 年初累计的 767 亿美元的外汇存款中，拿出 50 亿—100 亿美元，向中国大陆提供长期低息贷款。这种经援中国大陆的主张一提出，使台湾"朝野"为之震动。台湾《新新闻》周刊发表了陈杰夫的《反共老人要做联共先锋》的专文。尽管陈立夫等人的提案未被台湾当局所接受，但它的震撼力却是空前的，它反映了台湾人民，包括国民党元老派在内盼望中国统一的心愿，表明祖国统一的潮流势不可当。陈立夫急切盼望统一，希望通过国共两党和平谈判实现自己多年的梦想。对于提案没有能够实施，陈立夫认为"殊为可惜"。[①] 这正如一位哲人所言：给人下定义是最难的。2001 年 2 月 8 日，陈立夫病逝于台北，终年 101 岁，在国民党元老中他是活得时间最长的一位。

正是出于上述三方面的考虑，蒋介石将操纵、控制国民党权力达 20 年之久的陈氏兄弟，在"清除派系观念"的口号下，踢出了国民党的权力中心。

对于国民党改造委员会委员的人选，《"中央日报"》发表社论，宣称"这一名单可以一新耳目。这一次有半数以上新人，他们虽是知名之士，却不曾迈进政治的圈子，而且 16 位委员中，年逾 50 者只占五分之一，平均年龄不过 40 岁，也特别显得年力正壮。由这些年力正壮的新人，来负改造本党的新使命，其必能胜任与否实毋庸置疑"。[②]

第二天，国民党中央改造委员会举行首次会谈，蒋介石亲自主持，蒋介石要

①　陈立夫著：《成败之鉴》，第 409 页。
②　台北《中央日报》，1950 年 7 月 27 日。

求各委员"应积极、团结、负责，以求集中领导，集中工作，从速完成党的改造，而达成党对反共抗俄之重大使命"。① 同日，身为国民党中央改造委员和党部秘书长的郑彦棻在接受记者专访时宣称："本党此次改造，实欲去腐生新，摆脱过去任何派系之倾轧，改革一切错误，以团结全党同志，从而结合全国爱国志士，务使党确实能担负反共抗俄斗争，'复兴'中华民族，完成'国民革命'的光荣的'历史使命'。"② "监察院长"于右任也发表了《论中国国民党的新生，正告本党同志与世界人士》的广播讲话。

从头做起

1950 年 8 月 5 日，中国国民党中央改造委员会正式成立。上午 10 时，在台北中央党部举行就职宣誓典礼。参加典礼的除了 16 名中央改造委员之外，还有中央评议委员、中央常务委员、政治委员及各部"部长"等百余人。其中，大陆时期的显赫人物居正、于右任、邹鲁、阎锡山、张群、何应钦、王宠惠等人也到场监督。宣誓典礼由蒋介石主持，16 名中央改造委员神情庄重，面对蒋介石，高举右手宣誓："余誓以至诚，奉行总理遗教，遵从总裁领导，大公无私，竭智尽忠，团结全党忠贞同志，发扬革命精神，完成改造任务，为实现三民主义而奋斗。如有违背誓言，愿受党纪严厉之制裁。谨誓。"③ 蒋介石致训词，要求中央改造委员：要下"共同一致同心一德"，来担负起"改造党政、改造国家的责任"，"从头做起"。④

宣誓人代表陈诚致答词："我们承本党总裁付以中央改造委员会委员的责任，今天敬谨宣誓就职，蒙总裁亲临监督致训，并承本党先进莅临指导，我们至深感奋。""我们决遵守誓词，在'总裁'领导之下，并追随本党先进之后，竭智尽忠，努力完成党的改造任务。"⑤

宣誓毕，由蒋介石主持召开中央改造委员会的第一次会议。会议通过了《中央改造委员会大纲》。大纲共九条，其中规定：国民党中央改造委员会由蒋介石遴选中央改造委员 15—20 人组织之；改造期间该委员会行使中央执委会与中央监委会职权（第六届中执委会与中监委会职权在《本党改造之措施及其程序》中

---

① 台北《"中央日报"》，1950 年 7 月 28 日。
② 台北《"中央日报"》，1950 年 7 月 28 日。
③ 台北《"中央日报"》，1950 年 8 月 6 日。
④ 台北《"中央日报"》，1950 年 8 月 6 日。
⑤ 台北《"中央日报"》，1950 年 8 月 6 日。

已明文规定："停止行使"）；在中央改造委员会之下设一处七组五会，即：

一处为秘书处，掌理中央改造委员会议事、总务、文书、会计、人事及党员抚恤抚助及其他事项。秘书处设秘书长一人，由国民党总裁提名任用，仰总裁旨意与本会议掌理事务，并对各组会尽督导之责。

七组为：第一组负责对大陆事项；第二组负责党外团体与民众运动指导事务；第三组负责海外各级国民党组织训练；第四组负责党的宣传工作；第五组负责民意机关与政府机关的党组织活动；第六组负责搜集各种情报与研究；第七组负责国民党经营企业事业管理。

五会为：干部训练委员会、纪律委员会、财务委员会、党史史料编纂委员会、设计委员会。

各处、组、会负责人，均由蒋介石指定。蒋介石派心腹大将张其昀、周宏涛为中央改造委员会正副秘书长；派陈雪屏、谷正纲、郑彦棻、曾虚白、袁守谦、唐纵、郭澄分任第一至第七组主任；派李文范、陶希圣、蒋经国、俞鸿钧等人分任各会主任委员。

为了进一步指导国民党改造，蒋介石还发表了《本党今后努力的方针》《本年度工作检讨与明年努力的方向》《高级干部同志应有的责任》《本年度党的重心工作》《改造地方党务须知》等二十多篇报告和讲话，主持制定了《中央改造委员会各处组组织章程》《本党当前急切工作要项》《中国国民党现阶段的政治主张》《党务违反党纪处分规程》《中国国民党从政党员管理办法》《中国国民党征选人才实施要点》等案。在蒋介石的讲话与各项章程中，提出了改造国民党的方针与纲领，具体为：

（1）"排除派系观念"，"打倒地域关系"，"整肃党的纪律"。

（2）"铲除官僚"，"改变党的作风"，"革新党的组织"。

（3）"坚持反共抗俄战争，恢复我'中华民国'领土主权的完整"，"建设新国家"。[①]

为了接受国民党在大陆失败的教训与借鉴中共成功的经验，蒋介石一方面要国民党明了国民党几乎已经到了灭亡的绝境，整个生命寄托在台湾省，而台湾前途的成败利钝，完全看这次改造的得失而定。告诫国民党员一定要认真进行改造。另一方面要国民党员学习《辩证法》《中共干部教育》《中共工作领导及党的

---

① 张其昀：《先"总统"蒋公全集》，第 2 册，第 2053—2054 页。

建设》《中共整风运动》四种书籍，企图借鉴中共延安整风的方法，使国民党起死回生。当一切工作准备就绪之后，声势浩大的国民党改造运动在全岛展开。

国民党改造运动大致分为三个阶段：

第一阶段：从 1949 年 1 月至 1950 年 7 月，是国民党改造运动的筹备阶段。

第二阶段：从 1950 年 8 月至 1952 年 4 月，是国民党改造运动的全面展开阶段。此一阶段的主要工作有三项。

（1）接管国民党中央执、监委员会职权，制定颁发改造的具体政策和规程。

（2）直接督导和控制各级党部改造委员会进行改造。

（3）发展组织，正式组建党部。

第三阶段：从 1952 年 5 月至 10 月，为国民党改造运动的完成阶段。此一阶段的重心工作是为国民党七大召开做准备。

在长达两年多的国民党改造运动中，蒋介石感到最得意的，就是重新整顿了国民党各级组织。

如前所言，蒋介石在总结失败原因时，认为国民党"中央组织之庞大复杂，内容之分歧矛盾"，导致了国民党在大陆的失败。

国民党败退台湾之后，"只见党部，不见党员"，组织系统完全涣散。为了整顿各级组织，蒋介石主持制定的《中国国民党省级暨所属党部改造之措施及其程序》及《中国国民党干部训练计划大纲》分别于 1950 年 9、10 月通过，并颁布实施。10 月还通过了《中央直辖职业党部改造委员会组织章程》《小组组织规程》《特种党务改造实施纲要》等案。

根据上述诸案要求，省级及县级改造委员会由上而下逐级成立。省级改造委员会由中央改造委员会遴选之；县级改造委员会由省级改造委员会遴选报请中央改造委员会核派。区党部不设改造委员会，由县级改造委员会督导。各级委员会成立后应接管各级党部及所属党部并接管所经营事业机构。当这些工作进行完之后，应扩大宣传、教育工作，主要内容是：讲授国民党改造案和"有关法规"；宣传改造的意义与措施；发动党内反省检讨运动，厉行新作风；宣传国民党现阶段政治主张并研讨具体实施办法；发动国民党员归队；重新调整划编区党分部小组；饬行党员整肃；吸收新党员；加强党员训练；完成省以下各级党部之正式组织。国民党中央改造委员会还规定：省、县（市）改造委员会及所属区党分部完成改造工作期限为：区党分部限五个月完成；县改造委员会限七个月完成；省改造委员会限九个月完成。待改造工作正式完成之后正式成立各级党部，改造委员会于各级党部正式成立行使职权后立即撤销。

从 1950 年 8 月至 1951 年 3 月，国民党各级党部改造委员会全部成立。与此同时，在全岛大张旗鼓地展开办理党员重新登记及编队工作。1950 年 12 月 23 日，国民党中央改造委员会发出党员归队的号召，规定从 1951 年 1 月 4 日至 23 日，以 20 天期限重新登记党员。在办理党员登记时，蒋介石特别强调要加强党员的纪律性，要有组织观念，要严格登记。国民党中央改造委员会根据蒋介石的要求特发出通报，明确规定：

（1）凡脱离组织之党员，未参加此次党员归队登记者，一律撤销其党籍。

（2）党员登记日期定为 20 天，不得展延。

（3）各主办单位于登记结束后，15 日内将报到党员纳入组织。

据台报载：1947 年 9 月国民党实施党团合并时，进行党团员总登记，全国参加总登记的国民党员共计 160 余万人。亡命孤岛之后，国民党自己宣称有252042 人，但在实施党员重新登记的两周内，登记者仅 20058 人。台报认为国民党中央监察机构的改造较好。国民党第六届中央监察委员共 589 人，经重新登记发现：死亡 6 人，留居大陆及情况不明者 84 人，在港澳及海外者 107 人，开除党籍者 62 人，未归队者 25 人。在台的 305 名中央监察委员仅有个别人未归队[①]。对于未归队的国民党中央委员，一律撤销其党籍。对于归队的党员，要求进行宣誓仪式，表示对蒋家"小朝廷"的忠心与无条件服从。所有的党员都必须纳入组织，通过小组的形式加以控制。

为了配合党员归队活动，"台湾省改造委员会"特邀国民党中央改造委员陈雪屏讲授《党员对于归队运动应有的认识》，强调国民党之所以举办党员归队，是因为国民党在大陆失败的主因"是组织不健全"，我们号称有几百万的党员，但并未全数纳入组织之中；加以组织松懈，就是已纳入组织的党员，也因种种原因，未能发挥应有的力量。[②]

在党员重新登记的基础上，国民党各级党部与组织系统相继建立。与此同时，开始从本地人口中吸收新党员。在接收新党员方面，蒋介石特规定四条标准：

（1）"愿为反共抗俄而坚决奋斗者"。

（2）"有刻苦耐劳之生活习惯者"。

---

① 中国国民党中央改造委员会秘书处编：《一年来工作报告》，1951 年 8 月版。

② 台北《"中央日报"》，1950 年 12 月 26 日。

（3）"能深入社会为民众服务者"。

（4）"工作努力能起模范作用者"。[1]

这四条标准表明蒋介石选拔新党员仍以坚持反共作为首要条件。同时也说明国民党正在开始接受大陆失败的教训，注意"以身作则"。蒋介石此时还比较注意国民党组织的社会基础，确定"以青年知识分子及农工生产者等广大劳动群众为社会基础，结合其爱国的革命知识分子为党的构成分子"。据国民党中央 1952年 8 月统计，国民党的成分构成是：农工分子占 49.31％，高中以上知识分子占29.77％，25 岁以下青年占 35.29％。[2]

在国民党党员重新登记的基础上，改造运动的中心点在于整饬"党纪党德"，淘汰"腐败分子"。根据蒋介石的旨意，《本党改造纲要》第八条对"旧有党员应予彻底整肃之条件"作了如下的规定：

（1）"有叛国通敌之行为者"；

（2）"有跨党变节之行为者"；

（3）"有毁纪反党之行为者"；

（4）"有贪污渎职之行为者"；

（5）"生活腐化，劣迹显著者"；

（6）"放弃职守，不负责任者"；

（7）"信仰动摇，工作弛废者"；

（8）"作不正当经营，以取暴利为目的者"。[3]

"党员与干部均应透过组织，由上而下整肃，但干部得由上而下先行整肃"。

据统计，国民党中央改造委员会成立一周年所制裁的党员违纪案共计 126 人，其中有 116 人被开除党籍。[4] 蒋介石为了表明自己的"铁面无私"，当时也当真打了几只"老虎"给老百姓看。

整肃毛邦初与刘航琛

当国民党改造运动进行整肃时，毛邦初案与刘航琛案成为台湾岛内新闻的焦点，并引起海内外的极大关注。此两案并不是一般的违纪整肃案，它与蒋介石同

---

① 中国国民党中央改造委员会秘书处编：《一年来工作报告》，1951 年 8 月版。
② 中国国民党中央党史委员会编：《革命文献》，第 77 辑，第 119 页。
③ 中国国民党中央改造委员会秘书处编：《一年来工作报告》，1951 年 8 月版。
④ 许福明：《中国国民党的改造》第 98 页，台湾正中书局，1986 年版。

李宗仁的争斗紧密相连，令人扑朔迷离。

　　毛邦初是蒋介石原配夫人毛福梅的侄子。尽管蒋与毛离婚，同宋美龄结合，但蒋介石对毛邦初、毛民初、毛瀛初三兄弟仍是一如从前，极力栽培。在毛氏三兄弟中，毛邦初最得蒋介石器重，北伐战争时期，曾被蒋送到苏联学习飞行。毛邦初返国后追随蒋介石的鞍前马后，官职步步升高。从1943年起任国民党"空军驻美购料处"主任，住在美国，从事采购工作。1946年晋级为空军副总司令。蒋介石发动内战后，曾多次汇巨款给毛，授权其在美国购置空军装备及补给品，毛则利用职权私挪公款。蒋介石下野后，一面令俞鸿钧将黄金、白银、美元运往台湾，一面汇款一千万美元给毛邦初，后又令"空军总司令"周至柔致电毛邦初，将一千万美元提出，以他私人名义分存华盛顿、纽约及瑞士银行，以免为李宗仁政府冻结。此事表明当时蒋介石对毛邦初还是十分信任的。1950年11月，毛邦

初趁国民党改造整肃之际，向蒋介石报告周至柔在对美采购中虚报价款，贪污公款，要求对他进行调查。其后，毛邦初还返台述职，再度向蒋介石提及周至柔的问题。蒋介石深知毛邦初与周至柔之间的积怨，他要毛化解与周至柔的矛盾。周至柔则批评毛邦初对部下管教不严，毛周之间矛盾不可调和。蒋介石在日记中写道："空军周、毛之争又起，周之愚钝自作聪明，殊为可叹也。而毛之行动等于叛乱，挟外自恃，更为可恶。幸而空军不交毛而交周，此亦先德后才用人之一教训也。"[1]

毛邦初

　　1950年11月17日，美国参议员诺兰夫妇抵台访问时，诺兰在向蒋介石说了许多"将在美国国会支持'中华民国'"的话后，希望将台湾空军购买器材的差使由他代办。诺兰还称：美国若干航空制造公司，在国会中均颇具影响力，如由他采办空军器材，他还可以让这些参议员加入支持台湾当局等。蒋介石认为诺兰的要求对台湾当局有益无损，便答应了。

　　1951年4月，蒋介石决定将台湾当局驻美各军种办事处改组为"国防部驻

① 《蒋介石日记》（手稿本），1951年3月31日，"上星期反省录"。

美采购委员会"，实际上逼毛邦初交权。毛邦初狂妄至极，提出要以审查周至柔案为先决条件，拒不交出他所控制的"空军办事处"。更让蒋介石难以容忍的是，毛邦初还将此事告知在美做寓公的前"代总统"李宗仁，说此款项系李宗仁"代总统"任内汇出，蒋介石无权支配这些外汇，请李宗仁采取适当措施。李宗仁听后说："此款既在代'总统'任内非法提取，本人应有审查大权。"李宗仁特嘱毛邦初："不得移交，并责其保全档案，借资审察。"毛邦初还指使其助手将周至柔腐败问题与国民党利用美援游说美国人的资料通报了美国人。毛邦初说他手中保存有蒋在美国进行"游说活动"的文电（"游说活动"是指蒋介石退台后，采纳"总统府"秘书长王世杰的建议，到美国游说，收买院外援蒋集团，对民主党政府施加压力，以修改对华政策。此项"游说活动"的文电均通过毛邦初主持的"驻美空军购料处"专用电台，故毛邦初掌握台湾当局在美进行"游说活动"的大量材料）。美国正值总统大选，此一讯息无疑是一记重磅炸弹。美国民主党人正为国民党在大陆失败推卸责任，参议院立即成立了以民主党人麦克马洪为首的调查委员会，专门调查国民党当局"是否利用援台专款进行'游说'活动"。该调查委员会很快将调查结果公之于众。参议院诺兰等人致函蒋介石，要求其对周至柔进行调查。

蒋介石闻之此事后，愤怒异常，于 1951 年 8 月 21 日宣布毛邦初停职查办。蒋介石的命令是："空军副总司令兼出席联合国安全理事会军事参谋团中国代表毛邦初，失职抗命，着先停止该委员本兼各职，并限即日起程回国，听候查办。"[1]

同日，台湾"总统府"发言人沈昌焕就此事予以说明。沈昌焕指出毛邦初失职抗命计有下列五端：购办空军军品，经手账款，多有不清；购办空军军品，延宕失职，影响空军战力；祖纵"政府"不忠实之属员；把持公款，抗不移交；散布流言，破坏政府信誉。[2] 9 月 14 日的《"中央日报"》还以《毛邦初案》为题发表了社论，要求当局"更进一采取坚决的步骤"。

毛邦初被撤职后，拒不返台，而且勒款不交，同时对蒋介石的态度越来越不恭。有鉴于此，蒋介石痛骂毛邦初"在美国出丑自侮，诋毁'政府'，为美国反华者所利用，以资推（摧）毁我国家，其罪甚于卖国亦"。[3]

---

① 潘振球主编：《"中华民国"史实纪要（初编）》，（1951 年 7—12 月），第 189—190 页。
② 《"外交部"周报》，台湾第 21 期，1951 年 8 月 28 日。
③ 《蒋介石日记》（手稿本），1951 年 9 月 8 日，"上星期反省录"。

蒋介石下决心惩治毛邦初，遂指令"司法行政院"政务次长查良鉴前往美国。行前蒋介石特嘱其"不要多所顾虑，犹豫不决，而应勇往直前，积极从事，使此案得到法律解决"。①查良鉴抵达美国后，立即组织了以台湾当局驻美国"大使"顾维钧为首的六人"毛邦初案小组"，聘请美籍律师柏德逊及李海为该案律师。1951年11月14日，台湾当局正式"向华盛顿哥伦比亚首都区地方法院提出诉状，请求法院采取必要步骤，勒令毛邦初及其助理向维萱将以动之公款账目报核，现为彼等所截留之未动之公款及政府档案，迅即呈交'我国政府'"。②

令蒋介石没有想到的是，毛邦初狗急跳墙，居然宣称蒋介石"总统"的合法性问题，美国法院竟采纳了毛邦初的观点。至此，蒋介石只好放下毛邦初，就"总统"合法性问题与美国进行交涉。美国国务院发言人被迫宣布：就美国国务院的立场而言，蒋介石是"中华民国的总统"。蒋介石在解决自己的合法性问题后，终于忍无可忍，与12月7日宣布："空军副总司令兼出席联合国安全理事会军事参谋团中国代表毛邦初，失职抗命，曾于本年8月21日予以停职处分，仍饬立即回国，听候查办，乃毛邦初不但迄为尊办，竟虚构事实，迭做荒谬主张，以图混淆视听，着即撤去本兼各职，仍饬立即返国，听候查办。"③

1952年2月，毛邦初携巨款潜逃墨西哥。蒋介石一面令"台湾当局"驻墨西哥"大使"冯执政向墨西哥当局提出引渡要求，一面又令查良鉴前往墨西哥打官司。墨西哥当局以毛邦初伪造入境证非法入境将其拘留，但以控告不实为由拒绝引渡。1952年3月5日，哥伦比亚地方法院对毛邦初缺席审判。虽然台湾当局赢了官司，但毛邦初问题却没有得到根本解决。蒋介石万没有想到在美国运用法律手段办事如此麻烦，故决定不再追究毛邦初。1955年5月，毛邦初被墨西哥当局释放。1958年，台湾当局与毛邦初达成协议：台湾当局宣布他无罪，同时给他留20万美元做生活费，其他公款必须交出。对于毛邦初事件，当时台湾报纸上连篇累牍地报道此事，蒋介石与国民党中央也声言一定要严办，但最后事情就这样不了了之。

再如刘航琛案也是如此。刘是四川人，出身于酒商之家，早年就读于北京大学经济系，后成为四川军阀刘湘的食客。为了取悦刘湘，掌管财务的刘航琛，按月拨款10万元存入刘湘账上，为其任意挥霍提供方便。刘湘非常赏识刘航琛的

---

① 《顾维钧回忆录》(8)，第506页，中华书局，1993年版。
② 台湾《"中央日报"》，1951年11月16日。
③ 台湾《"总统府"公报》，第324号。

聚敛有方，但又认为他有野心而存戒意。后刘又投靠宋子文，在宋的支持下，刘于 1935 年当上了四川省财政厅长。抗日战争胜利后，刘到上海，又拜在李宗仁的门下。当李宗仁竞选副"总统"时，刘四处奔走，为李宗仁拉票，耗费颇巨。蒋介石下台，李宗仁登场，使刘航琛也荣登经济部长的宝座。刘任职期间，发现经济部所属香港国外贸易事务所存有钨、锑、锡外销矿产品，总数约值美元五六千万元，遂见财起意。刘一面诱使外贸所所长郭子勋出国"考察"，一面组织商号，企图将全部矿产品收买过来，予以吞并。刘的企图被该所员工识破，成立了保护矿产品委员会进行抵制。刘航琛为此控告到香港法院，经香港法院判决，该矿产品暂时冻结，以后由香港当局将矿产品移交给新中国。

　　此间，刘航琛的老巢川康、川盐两银行由于投资多、亏空大，资金难以周转，刘曾挪用经济部资源委员会港币 200 万元，汇渝解救，但杯水车薪，无济于事。

　　国民党撤离南京前夕，刘航琛逃往广州，后又至重庆。新中国成立后携眷逃避香港，以后又跑到台湾。蒋在台重登大宝后，因刘是李宗仁的人，刘在李赴美"就医"时，还曾拨款给他。有鉴于此，蒋介石对刘非常不信任，遂在陈诚"组阁"时将其逐出政治核心圈。此刻又逢国民党全面整肃，蒋介石正好想找个大点的"老虎"开刀，遂指使国民党中央"监察委

刘航琛的青年时代

员"孙玉琳等五人，以刘航琛"逾权违法，浪费国币，废弛公务"等罪状提出弹劾，经台湾"监察院"审查成立通过。1950 年 7 月 3 日，台北地方法院以刘航琛"对于主管或监察事务，直接或间接图利，有触犯惩治贪污条例罪嫌"，依特种刑事诉讼条例及刑事诉讼法提起公诉。[①] 11 月 30 日，台北地方法院判处刘航琛有期徒刑一年，缓刑三年。刘航琛不服上述判决，上诉请求复判。后经何应钦、张群等元老说情，刘才被取保释放。

　　1975 年 9 月 28 日，也就是蒋介石去世四个多月后，刘航琛也到阴曹地府找蒋介石算旧账去了。

---

　　① 台北《"中央日报"》，1950 年 7 月 6 日。

上述两大要案说明，尽管蒋介石改造国民党的决心很大，但阻力也很多，整肃贪污形同虎头蛇尾。此两案也使许多对蒋介石改造国民党举动抱有极大幻想的人，开始丧失信心。国民党改造的成果也大打折扣。

国民党七大召开

为了总结国民党改造的成果，也为了进一步确立蒋氏父子的权力核心地位，中国国民党第七次代表大会于 1952 年 10 月 10 日至 20 日在台北阳明山召开。出席大会代表 175 人，连同列席人员近 500 人。蒋介石致开会辞称：

"这次本党是从大陆'剿匪'失败撤退到台湾，在风雨飘摇、颠沛流离重新改造之后才举行这次代表大会。大家定会感到我们当时撤退的情形，如何为'奸匪'所'侮辱'，如何为世人所鄙弃，本党所领受的教训和遭受的环境又是如何恶劣，如何耻辱。凡是稍有志节的革命党员绝没有不痛悔警觉，发奋自强，立志雪耻，以期补过、赎罪来安慰我们总理及革命先烈在天之灵。"[1]

蒋介石向大会宣布：国民党改造工作"已告一段落"，"本届大会的责任，就是要承本党改造之后，努力完成反共抗俄的国民革命第三任务"。[2]

10 月 13 日，蒋介石代表国民党中央改造委员会向大会作政治报告。蒋介石在报告中从政治、经济、军事、党务、外交、教育全方位检讨了国民党在大陆失败的原因及国民党改造的重要意义。关于前者，在蒋介石反省大陆失败中已有交代，这里不再述及。关于国民党改造，蒋介石说：

"我从下野到复职的这一期间，经过了深长的考虑，最后决定一定要改造本党，认为这是改革政治和改造风气的动力。在实施本党改造方案的时候，我乃不顾一切反对，排除万难，这是毅然决然的，替'国民革命'打开了一条生路。"国民党改造至今已两年，"究竟党的改造是否达到预期的成功，还要看这次大会的结果"。

"但是我可以说一句话，在本党大分化和总崩溃之余，如不剑及履及、眼到手到的结集忠贞同志，重整革命阵容，为准备反共抗俄，'复国建国'来努力"，就不会有七大的召开。[3]

蒋介石在报告中，还提出了五大方针、五种办法与三大要目的改革方案：

①　张其昀：《先"总统"蒋公思想论总集》，卷 25，第 109 页。
②　张其昀：《先"总统"蒋公思想论总集》，卷 25，第 109 页。
③　张其昀：《先"总统"蒋公全集》，第 2 册，第 2249 页

五大方针是：

（1）"稳定经济"；

（2）"整饬军纪"；

（3）"安定社会"；

（4）"团结内部"；

（5）"建立民主制度"。①

五种办法是：

（1）"保持币信，充实准备"；

（2）"贯彻命令，剔除浮滥"；

（3）"保密防奸，肃清'匪谍'"；

（4）"打破派系，集中意志"；

（5）"养成守法精神，实行地方自治"。②

三大要目是：

（1）"建立制度"。"建立制度的着眼点，就是不论是党务、政治、军事、经济、教育、社会，任何方面，都要有健全的制度"，即"一切制度化"，"对反共抗俄复国建国的事业有所贡献"。

（2）"注重组织"。"注重组织的着眼点，就是每一个人都纳入组织，使其各尽所能"。

（3）"改造风气"。"改造风气的着眼点，就是去除失败主义、投降主义和依赖主义的心理，打破无纪律、无国家、无政府的状态"。当前最切要的是"挽救奢侈浪费的颓风"。③

蒋介石在报告结尾提出："这次大会是本党新生命的开始，反共抗俄革命建国事业复兴的关键。"同时宣称今后国民党努力的方向是："澄清本党内部的思想"；"建立我们'复兴革命'的基础"。④

10月14日，国民党中央改造委员会秘书长张其昀继蒋介石的政治报告之后，作党务报告。报告总结了国民党六大以来的工作，着重总结了国民党改造工作。认为经过国民党改造，国民党已有"相当的成绩与进步"。具体为"基层组织的充

---

① 张其昀：《先"总统"蒋公全集》，第2册，第2249页

② 张其昀：《先"总统"蒋公全集》，第2册，第2249页

③ 张其昀：《先"总统"蒋公全集》，第2册，第2250页

④ 张其昀：《先"总统"蒋公全集》，第2册，第2253—2254页。

实"；"干部制度的建树"；"党政关系的确立"；"教育训练的实施"；"文化事业的鼓励"；"民众运动的展开"；"社会调查的举办"；"设计研究的进行"；"大陆工作的策划"；"海外党务的发展"；"纪律与考核执行"；"财务与党营事业的整顿"。①

10月17日，国民党七大通过了蒋介石所作的《中国国民党总章修正案》说明。蒋介石认为原总章已有许多地方不适应形势需要，故作修正。具体修改内容主要是：

（1）将中国国民党"总章"改为中国国民党"党章"。

（2）为加强"中央集权"，决定删除"各级代表大会或各级委员会为各级党的政策决定机关"。

（3）为控制党员，决定入党者须发给党证，每年举行一次党籍总检查。

（4）为抓住基层，改造过去以区分部为国民党基层组织的状况，决定小组为基层单位。

（5）蒋介石为强化个人统治，突出"总裁"权力，《修正案》规定："本党以继承总理，领导国民革命大业之蒋先生为'总裁'，行使第五章所规定总理之职权。"

（6）将国民党中央执、监委会合并为中央委员会，以强化权力职能；同时另设中央评议委员会。②

《中国国民党总章修正案》的通过，表明蒋介石独裁统治在经历了大陆失败的冲击之后，又得到了进一步加强。会议还通过了蒋介石提交的《反共抗俄基本论》议案。会议要求全党"悉心研讨，实践躬行"。

10月18日，大会根据主席团的提议，以起立通过的方式推荐蒋介石为国民党"总裁"。其后，出席代表与列席人员分别签名向蒋介石致敬，大会主席带头高呼"总裁万岁"的口号。会议根据蒋介石的提名，选举陈诚、蒋经国、张其昀等32人为中央委员，郑介民、毛人凤等16人为候补中央委员。蒋介石还提名政治上失势的"党国元老"于右任、阎锡山、何应钦、张群、邹鲁等48人为中央评议委员。会议还通过了《中国国民党政纲》和《中国国民党反共抗俄时期工作纲领》。

10月20日，大会通过了大会宣言，同时举行了闭幕式。次日，蒋介石在记者会上大讲国民党七大的意义。

① 《革命文献》，第77辑，第114—115页。
② 《革命文献》，第77辑，第194—216页。

23 日，中国国民党第七届中央委员会宣誓就职，并举行七届一中全会。会议通过蒋介石提名陈诚、蒋经国、张道藩、谷正纲、吴国桢、黄少谷、陈雪屏、袁守谦、陶希圣、倪文亚 10 人为国党中央常务委员。会议还通过蒋介石提名张其昀为国民党中央秘书长，周宏涛、谷凤翔为副秘书长。

至此，国民党中央改造委员会将代行两年零三个月的职权移交给国民党中央委员会，完成了国民党权力更迭。

对于国民党改造运动，有各种说法，其中一种观点认为：

"这次改造意义重大，不仅重点在重整'革命组织'，恢复'革命精神'，尤其是确定了本党'革命民主政党'的属性，发表本党现阶段的政治主张，贯彻三民主义政纲政策之实践，使台、澎、金门、马祖自由地区真正建设成为'中华民国'的复兴基地。因此，这次党的改造，就是党的新生；党的建设就是'反共复国'大业必胜必成的保证。"①

也有一种观点认为："'改造运动'只是蒋氏父子'篡党'的一种手段，'改造'下来，乃是使国民党改造成'蒋家党'。"②

笔者认为，这两种观点均有偏激之处。平心而论，由于国民党当时已病入膏肓，加之蒋介石怀有私心，国民党不可能得到"彻底改造"。但也应看到，此次改造，的确整顿了国民党各级组织，完成了国民党各级组织的重建与上层权力的再分配，对于国民党退台初期的混乱政局，起到了一定的稳定作用。从这个意义上讲，国民党改造便成了存亡绝续、起死回生的转折点。当然，蒋介石通过改造运动将反对派统统逐出决策圈，并将"党国元老"实权加以剥夺，在要害部门大量安置亲信，还将蒋经国纳入国民党中常会，终于建立起了以蒋氏父子为核心的权力结构，为蒋经国日后再度升迁和接班扫清了道路。

---

① 《中国国民党改造之历史意义与时代使命》（口述历史座谈会），台湾，《近代中国》第 43 期。
② 孙家麒：《我所认识的蒋经国》序。

第四章　"保卫大台湾"

　　1950 年，整个台岛播放着一首在蒋介石"战斗文艺"政策指导之下，由孙陵炮制的歌曲——《保卫大台湾》。这首歌曲没有什么艺术价值可言，完全是一些反共口号的堆砌，诸如"反攻大陆，光复祖国河山"，"杀尽'共匪'，打倒苏联"。台湾当局在播放这首歌曲时，用大鼓大喇叭配音，进行大吹大擂式的宣传，其目的在于鼓动"反共复国"，固守台湾。由于这首歌配合了当局"保卫大台湾"的行动，因此，被台湾当局称之为"反共第一声"。避居涵碧楼的蒋介石，听着《保卫大台湾》的歌曲，但内心却在盘算能否保住台湾。别人心里没底，他应最清楚。此刻，他面对百废待兴的台、澎、金门、马祖，最感头痛的是海防问题。海峡对岸，人民解放军虽遭古宁头登陆失利，但锐气未减，时刻准备渡海作战，解放台湾。而自己这一边，沿海防务废弛，"国军"守兵不足，装备训练欠佳，尽管三军主帅已定，但仓皇撤退来台，群情仍惶惑不安，战斗意志低落。况海防战线太长，怎能敌得过中共军队的凌厉攻势呢？美国人曾预测台湾将在 1950 年陷落，看来并非无稽之谈。

仿效克劳塞维茨

　　蒋介石一直认为自己是个"军事家""战略家"，胜败对他而言，乃是兵家常事。据蒋介石自己称：

　　"就我个人的军事思想来说，有两部书给我的影响最大：第一部是巴尔克战术。这部战术书，是德国一个普通的文人所著，而并不是出于有名的军事家之手，但是德国一般军人，对这部书都非常尊重，几乎奉为宝典。所以日本初译巴尔克战术书的时候，是保守秘密，禁止出售的。第二部便是克劳塞维茨的战争论。这部书由日本士官学校初译，以军事教育会的名义发行时，亦是非卖品，他们每一军人，都视为宝典，并且认为其重要性和我的孙子兵法相伯仲。当时我在日本，特别把这两部大著觅了来，先后读了数遍。尤其是巴尔克战术，总看过六遍以上。两书的意义，都非常深奥，文字晦涩，看第一二遍的时候，似觉诘屈难解，枯燥无味，直看到第三四遍的时候，全般意义，才能有所领会；以后愈读愈觉有味，终至不忍释手，就是在战场上，也要随时披阅，其引人入胜如此。可惜我爱读的这两部书，都是圈点过好几回的，不幸于民国八年，在福建永泰作战时，竟告遗失了。"[①]

蒋介石曾深入研究过德国军事家克劳塞维茨的《战争论》，对克氏非常推崇。克劳塞维茨是德国的军事理论家，生于 1780 年，后加入普鲁士军队。1806年，在对拿破仑战争中被俘，后获释返回普鲁士。1808 年至 1809 年任沙恩荷尔斯特将军所领导的"军事改组委员会"办公室长官，积极从事普鲁士的军事改革工作。1810 年至 1812 年在军校任教期间，编写了《军事训练概论》《信念三标志》等著作，提出发动人民战争、反抗拿破仑统治的思想。后升至普军军团参谋长。1818 年至 1830 年任柏林普通军校校长。在此期间，克氏研究了从 1566 年到 1815 年的 130 次战役和战争，并结合自己的实际战斗经验，写出了三卷本著名的军事理论著作《战争论》。该书在军事思想上反映了资产阶级早期的进步倾向，用辩证的方式对战争的本质、形式和方法等问题提出了一些正确的见解。恩格斯和列宁对此书都给予很高的评价。

蒋介石通过研究克劳塞维茨的《战争论》，得出一个结论是：

"在战争论和战争原理两书中，我们可以发现克氏兵学的一个最大特点，那就是他在战争一般理论中，注意于当战争失利，已经感觉完全绝望，别无良策的时候，指挥官所应采取的行动。这是为其他兵书所不及的一点。古今中外的兵书，都只说到怎样打胜战仗，以及怎样追击，怎样退却，怎样歼灭敌人等的问题，从来没有说到打败仗以至绝望的时候，应该怎样行动的话；这是克氏著述中的独到精神，我们要特别留意。"

他还认为："现在俄共政略和战略的运用方式，都是窃取克氏理论而来。俄共自从列宁到斯大林，他们不论是在军事上、政治上、外交上，甚至在各种社会斗争上，完全是引用克劳塞维茨理论的原则。就是列宁自己，也明白的承认，他是引用克氏原则，来作为革命指导准绳的。这一点，我们应特加注意。所以，我们现在要和'共匪'斗争，要反共抗俄，一定先要了解俄共斗争方法的来源，究明其斗争的法则，是从什么地方学来的？须知俄共在理论方面：第一是剽窃克劳

---

① 秦孝仪主编：《"总统"蒋公思想言论总集》，卷 35，第 229—230 页。

塞维茨的战争论；第二是黑格尔的辩证法。在行动方面：第一是师承法国大革命恐怖时代的作风；第二是取法中古时代基督教徒在地下工作秘密活动的方法。不过他们不断地加以研究，推陈出新，到今天更变本加厉，发挥其所谓'战争艺术'的妙用，达于极致而已。我们现在要对俄共作战，就非先从他们理论和行动两方面来研究其斗争方法的来源不可。必须这样，才能认清'共匪'的奥秘所在，也唯有如此，方能得到'以子之矛，攻子之盾'的法则，而把他彻底消灭。"

"百余年来，克氏思想，对人类投下了巨大的影响，近代欧美各国及日本都把克氏著作，和我国的孙子兵法相提并论，可见其价值已为举世所共认"。因此"我认为各将领在研究战争论全文之前，应该先读本书"。①

此刻，蒋不也正处在大失败的环境中吗？他认为：如何从失败中吸取教训，重新再来，从失败中反过来打败"敌人"，那才是最后的成功者。

集兵保台

如何从失败中反转过来打败"敌人"呢？蒋介石痛定思痛，认为：要完成"反攻大陆、光复国土"的重任，就必须首先把台湾建成一个巩固的"反攻"基地。而当前最主要的任务则是保障"反攻"基地建设案的实施，防止台湾陷落。如何防止台湾陷落呢？蒋介石在反省大陆失败的原因时，认为兵力分散是国民党失败的致命伤。于是，决定首先撤退海南岛和舟山群岛等岛屿的兵力，集中保台。

海南岛是中国第二大岛，它的面积仅次于台湾岛，约有 3.2 万平方公里。它和雷州半岛有 20—50 公里的琼州海峡相隔，而琼州海峡又是世界上流速最高的海峡之一，同时还具有远东潜水艇基地的最高潜水价值。因此，海南岛具有极高的战略价值，控制它，可在未来"反攻大陆"的军事战争中作为跳板。既然海南岛有如此重要的战略价值，蒋介石何必要撤退海南岛国民党守军呢？

4 月 28 日，蒋经国替父亲向外界解释说："海口对于海南岛，在军事上讲起来，是一个极重要的据点；而整个海南岛，在反共抗俄战争中，自然亦有它的价值。不论哪一种战争，能够多一个人，多一支枪，多一个乡村或城市，就是多一份力量；反过来说，能够多消灭'敌方'一个人，一支枪，多夺得一个乡村和城市，就是增强自己的力量，这是战争的定理，所以，我们能守住海南岛任何一个地点，都是有价值的。"

---

① 秦孝仪主编：《"总统"蒋公思想言论总集》，卷 35，第 231—232 页。

"但是战争是最现实的，而且一切应以争取最后胜利来打算。""由目前的形势看来，自从国军撤出西昌之后，海口已失去了'跳板'的作用，同时我们反共抗俄的最高策略，就是集中一切力量，巩固以台湾为主的据点，准备'反攻大陆'，所以军事力量的分散，就是战略的失败。在过去，政府已尽了最大的力量，在海南岛布置必要的防务，所以海口的放弃，就是基于全盘战略的要求而决定的措施。"①

对于蒋经国的解释，江南反唇相讥说：

"人人都懂国军无力防守南海"，"经国偏偏说'政府尽了最大的力量'。不是骗人吗？明明国军且战且退，党的《'中央日报'》却宣传'国军大捷'、'歼匪逾万'，岂不自我糟蹋'政府'的威信？"②

看来，董显光在撤退问题上比蒋经国"诚实"一些，他列举了五点撤退理由：

（1）海南岛离大陆太近（其实，在国民党控制的岛屿中，金门、马祖与舟山群岛都比海南岛距离大陆近）。

（2）供给困难。

（3）1950 年 4 月间，已有一支解放军部队在海口登陆，准备与该岛中共游击队合击"国民党军队"。

（4）抵抗驻军"已失信心"（在西昌兵败后，海南守将薛岳专程晤蒋，要求主动撤离，遭蒋拒绝。此刻，人民解放军一部已登岛，时刻有全军覆没的危险，故岛上守军已成惊弓之鸟）。

（5）此时中共有攻台迹象。③

由于上述原因，蒋介石决定：宁使海南丧失，也不能使台湾陷入险境。4 月 21 日，蒋介石急令薛岳所部撤守海南岛。当薛岳部撤离海南岛时，遭到人民解放军追歼。由于人民解放军没有海空军可以拦阻海运，致使七万余名国民党残兵败将在丢盔弃甲之后逃到榆林等港口并得以乘船撤往台湾。此次撤退，薛岳部六千余人被人民解放军击毙，2.6 万人当了俘虏。5 月初，薛岳残部抵达台岛。

两周之后，蒋介石又决定放弃舟山群岛与万山群岛和福建的东山岛。当守岛部队未撤之前，国民党许多高级将领深恐放弃诸岛会引起台湾社会更大的人心不稳，所以纷纷向蒋介石进言，请蒋慎重考虑。就连蒋经国最初也表示了反对意

---

① 台湾《"中央日报"》，1950 年 4 月 29 日。
② 江南：《蒋经国传》，第 237—238 页。
③ 董显光：《蒋"总统"传》，第 562 页。

见。对于撤退舟山群岛的具体原因，董显光解释说：

"'国军'凭借舟山群岛的海空军行动，使上海的经济生活濒于瘫痪者不止一年矣。此举延缓了'匪党'对于整个长江地区的稳定。'匪党'首领们遂定计消灭舟山的威胁，作为进攻台湾的初步。他们以杭州湾为屏障，结集了大批的帆船与种种船舶，准备对定海作两栖的进攻。"

"蒋'总统'前此对海南岛所作的决定，此际的舟山问题又呈现于眼前。他应否牺牲台湾所有的资源之半以保守舟山群岛呢？此举固可使'共匪'付出极大的代价，但蒋'总统'也知道如果他们愿付这样的代价，那是无法阻止他们的。于是最重要的决定便是在'敌人'得到撤退消息以前，赶速把这 15 万的精锐国民党军队撤离舟山群岛。"[1]

董显光讲的的确是实情。国民党兵败大陆后，舟山群岛的战略地位显得格外重要。尽管舟山群岛仅有 1200 平方公里，蒋介石竟部署了 6 个军 12 万人马，军队数量远远超过海南岛的防御兵力。因为舟山群岛是"反攻"的前哨阵地，自 1949 年年底起，国民党空军根据蒋介石提出的"攻势防御"要求，加紧对大陆城市特别是港口和船只的轰炸。由台湾起飞的战机到舟山的定海机场加油后，其航程可达华东乃至武汉一带的各要地。国民党空军利用定海机场作为基地，仅在 1950 年 1 月、2 月间，就对大陆最大的工业城市上海接连轰炸八次，2 月 6 日的一次大轰炸就炸死炸伤上海市民 1400 余人，并使上海电力丧失 90%，多数工厂停产。国民党海军还利用舟山基地封锁长江口。对此，人民解放军决定首先攻占舟山，拔去定海基地这根钉子。

4 月中旬，华东军区根据中共中央军委意见召开陆、海、空（海、空军刚刚组建，空军有 50 多架苏联的战斗机和轰炸机，海军约有 100 艘改装后可用于渡海的舰只）三军联席会议，确定了攻击舟山群岛的方案，以 20 万兵力于 6—7 月间拿下舟山群岛。

正当人民解放军加紧准备攻占舟山群岛之际，蒋介石害怕 12 万人马全军覆没，于 5 月初召守岛司令石觉到台面授机宜。石觉领命返舟山后，舟山撤退于 5 月中旬秘密进行。临撤退时，石觉命令将岛上两万多名青年男女强行押上船运往台湾，同时炸毁了花费 4000 万银圆修筑的定海机场和岛上的重要设施。

接二连三的大撤退加剧了台湾社会的动荡。为了对撤军行动有所交代，蒋介

---

① 董显光：《蒋"总统"传》，第 562 页。

石于 5 月 16 日发表了《为撤退海南、舟山国军告全国同胞书》。此文告道出了撤退海南、舟山的真相。蒋说：

"当时衡量客观现实的情势，估计我们'政府'所有的实力，若非集中一切兵力与'共匪'作战，我们就无最后胜利的把握，反将要被'共匪'各个消灭。"①

明明撤退海南、舟山是被迫与无奈，蒋介石却偏偏说这是他复职后第一个计划的"完全实现"。为了稳定人心，他说他在制定这一根本大计时，构想了四个步骤，即：

第一步，"集中一切兵力"；

第二步，"巩固台湾及其卫星岛屿"；

第三步，"反攻整个大陆，来'拯救'全国同胞"；

第四步，"复兴'中华民国'，建设'三民主义独立、自由的新中国'"。②

为了使上述步骤逐步得以实现，蒋介石还向台湾军民开出了一张永远无法兑现的政治支票，即："一年准备，二年'反攻'，三年扫荡，五年成功。"③

早在 4 月 16 日，蒋介石就发表了《军人魂》的演讲，重弹"不成功，便成仁"的老调。他还鼓励军民要与台湾共存亡，宣称："当徐蚌战役失败之后，我就决定与'共匪'在京沪线实行决战。我当时认为这一次战争是国家民族生死存亡最大的搏斗，如果决战获胜，使军事形势转危为安，当然是国家之福；如果不幸而失败，南京为首都所在地，我是国家元首，就决定以身殉职，死在南京，以尽我个人的责任。因此我在未下野以前就严令在京沪各地加强工事构筑，就是为了要和'共匪'背城借一，也可以说是求得我的死所。""我唯有死在南京才可以上报总理，下对国民。"我所以不在大陆牺牲，就因为我要保持台湾，如果"台湾一旦为'敌人'所陷，我个人决定以身殉国，决不愧为你们的上官，不愧为你们的'领袖'，绝不要你们做党员干部的同志因我而受耻辱。你们大家也必须立定不成功便成仁的决心，誓死达成任务。"④

蒋介石在大陆时期多次讲要与南京共存亡。如果蒋介石真愿为"党国"牺牲，恐怕已经牺牲好几次了。

为了替父亲消愁与稳定社会情绪，蒋经国于 5 月 17 日现身说法，他发表了

---

① 张其昀：《先"总统"蒋公全集》，第 3 卷，第 3330 页。
② 张其昀：《先"总统"蒋公全集》，第 3 卷，第 3330 页。
③ 张其昀：《先"总统"蒋公全集》，第 3 卷，第 3330 页。
④ 秦孝仪主编：《"总统"蒋公思想言论总集》，卷 23，第 189—191 页。

一封《由定海到台湾》的公开信称：

"这次全部国军从舟山撤退到台湾，放弃了最接近大陆的陆海空根据地，这当然是一件大事；也是一个惊人的举动。老实讲，我是一样的沉痛和难过。""人毕竟是有感情的动物，感情有时会支持行动的，但是在环境越是恶劣的时候，越需要高度的理智，并且要拿出理智来控制感情，用理智支配行动。""在过去，我们曾经主张固守舟山，而今天决定自舟山撤退，都是有它重大的意义和作用，军事上的战略和战术，本来并不是定下来之后而不能变更的。""今天台湾的军事部署已经完成，而同时据确实的情报，'共匪'决定采取各个击破，越岛侵犯的计划来进攻台湾，这是苏俄协助中共要想彻底消灭我们的'大阴谋'。因此最高统帅部在舟山国军完成了战略任务之后，主动地转移到台湾；因为有台湾才能'反攻'，能'反攻'才能复兴。所以'台湾第一'的最高决策是绝对正确的。""保卫台湾是'国民革命'失败的关键，这一仗一定要有百分之百的把握和准备，才能保证一定胜利。"[1]

"你还提到舟山的撤退，使得抱失败主义的人更加倾向于失败，动摇分子，更加动摇。""是的，这些都一定是事实。"然而，"事在人为，今天的日子虽穷，生活虽苦，环境虽然险恶，人心虽然浮动，但是只要有志气有骨气的人，大家肯咬紧牙关真正能够觉悟，并且体会到环境的危险和困难，一心一意来从事于反共抗俄的大业，我相信不远的将来，台湾会有新的胜利环境和乐观现象产生出来"。"我们所争的不是一时的成败利钝，我们所争的是国家千秋万世的大业。"[2]

蒋经国为了父亲的"神圣"事业，真可谓是费尽心机。蒋介石对蒋经国的做法深表赞同。18 日，宋美龄偕陈诚、周至柔、桂永清、孙立人、吴国桢等一行500 多人受蒋介石指派前往基隆"慰问"自海南、舟山撤退来台的军队。蒋经国也率领"政治部"青年服务队百余人前往服务。国民党中央工作同志联谊会发表决议："追随总裁，誓死确保台湾。"[3]台湾媒体接连不断发表《"中央日报"》记者刘毅夫的《舟山回师》、《"中央日报"》记者黎风的《石觉完成的光荣任务——舟山大军转进纪实》等文章。

了解台湾历史的读者一定会认为，如果没有朝鲜战争的爆发与美国对台政策的改变，蒋介石父子再有"志气"与"骨气"，恐怕也难确保台湾安全。然而，

---

[1]　台湾《"中央日报"》，1950 年 5 月 18 日。
[2]　台湾《"中央日报"》，1950 年 5 月 18 日。
[3]　台湾《"中央日报"》，1950 年 5 月 20 日。

对蒋氏父子这些令人难以相信的话，有些人却深信不疑，吴一舟在《蒋"总统"的一生》中宣称："这两个地方部队撤退时的秘密迅速与顺利圆满，更可与二次大战时敦刻尔克撤退、巴丹撤退相媲美，使中外人士均为之惊服不已"。"今日台湾有如此的安定，都是从蒋"总统"这个军事上英明的决断为起点"。

江南则与这种看法相反，他认为：

"失去海南舟山，相当于割断台澎的手足，毛泽东的下一步，将是渡海攻台，99英里的台湾海峡，假使荷兰人300年前抵抗不了郑成功的海师，国军凭什么能'确保'呢？"[①]

江南的看法的确精辟、深刻。

整军建制

蒋介石将海南、舟山两岛军队撤至台湾之后，决定"整饬军队"，加强对台湾的防守。由于蒋介石已经认识到"国军"完全习染了北洋军阀的毛病，决心首先清除军队的恶习。此项工作蒋介石交由陈诚去办理。

陈诚接手此项工作后，认为："在反共抗俄的斗争中，军事是最重要的一环。""三十八年及三十九年撤退来台的'国军'，因转战不息，损失惨重，我忠勇将士，可以说报国有心，作战乏力。在那种情形之下，我们要想达成保卫台湾和'反攻大陆'的要求，必须实行精兵政策，厉行军队整编，重建'革命'武力。"[②]

有鉴于此，陈诚当时严格规定，凡是来台的部队，必须先放下武器，然后按照指定地点登陆、行军、宿营。闽粤边区"剿匪"总司令刘汝明部从厦门撤退来台时，不肯缴械，陈诚立即下令，限期徒手登陆，否则将船击沉。由于每一支部队都经过重新登记，有了准确的人数，并按人口发给薪饷，便使长期以来缠绕国民党军队的"吃空额"现象有了很大的改进。台湾史学家吴相湘在《陈辞修先生生平大事纪要》中写道："陈氏盱横大局，深刻认识一切均须从头做起，尤须注意整理军队，第一步必须放下武器，然后从登陆行军、宿营以至分派各基地接受编训，均须接受严格约束，于是多年来企求之核实发饷制度乃确实树立，军中饱截缺之积习乃彻底消除。陈氏多年努力的目标，不图竟于杂乱中完成。"[③]

---

① 江南：《蒋经国传》，第241页。

② 1954年3月4日陈诚在一届"国民大会"二次会议上所做的施政报告，台湾《中央日报》，1954年3月5日。

③ 孙宅巍著：《陈诚晚年》，第221页，浙江大学出版社，2012年版。

正如吴相湘所云，国民党军中最大的恶习是"吃空额"。许多部队只在纸上留有番号，这种现象在大陆时期司空见惯。国民党兵败退台后，陈诚花了相当大的力气，对国民党残兵败将进行了三次整编。第一次整编，目的在于统一编制；后两次整编意在减少指挥机构，将权力集中。经此整顿，"老弱无能"的军官均被裁掉，同时撤销了各军事单位245个，其中包括高级军事指挥机构9个、陆军军师特种兵部队单位18个、海军机构79个、空军机构58个、联勤机构12个、教育机构6个。[①]陈诚认为：这一阶段的整军工作，不仅加强了保卫台湾的实力，更为建军树立了坚强的基础。"[②]陈诚还称："现在经过整编的军队，战斗力量增强，一个军可打'共匪'三军，这是有把握的。"明年要到南京去欢度"国庆"。[③]

与此同时，蒋介石在《军人魂》的演讲中强调整顿军队的几个原则："其一，被俘归来的将领永不叙用；其二，丧失守土，擅离职守，而未经准假的将领，亦不能再用。除此以外，还有一种已经犯罪有案，而尚未判决，或已判徒刑，而未满期的人犯，亦不得再用。至于'降敌'的将领即使他后来悔过自新，这种人格已经丧失的人，更是不能宽宥，当然谈不上再用了。"[④]

蒋介石在陈诚整编军队的基础上，进一步整顿军纪，严加训练。为了便于统一指挥、调动军队，蒋还效仿美式建制，重建军事体制和首脑机关。此举的最大特征是最高军权集于"总统"之手。"总统"之下分设"军政系统"与"军令系统""政工系统"，很显然，后一种制度是仿效苏联与中共做法。"军政系统"为"国防部"，设人事、人力、物力、军法、法规、战略计划研究、军事工程等四室五局五委员会，主管军事行政。"军令系统"为"参谋总部"，辖"陆军""海军""空军""联勤""警备总司令部"和"宪兵司令部"，还直辖澎湖、金门、马祖防卫司令部，主要执行"总统"的军令，指挥三军。"政工系统"为"总政治作战部"，设立人事、党务、保防等九处四室一委员会和五个总队，隶属于"国防部"。该部职能是：掌理"国军"政治作战政策、军事新闻、心理作战、组织训练、政治教育、文化宣传、康乐、监察、"保密防谍"、军眷管理、官兵福利及战地政务等业务。

---

① 孙宅巍著：《陈诚晚年》，第222页。
② 台湾《"中央日报"》，1950年3月5日。
③ 何定藩编：《陈诚先生传》资料辑录（台湾）。
④ 秦孝仪主编：《"总统"蒋公思想言论总集》，卷23，第188页。

军事机构恢复政治工作制度，"国防部"增设"总政治作战部"，此举是蒋介石退台后实施军事改革的重要步骤。他在总结国民党兵败大陆的教训时，认为"政治训练的缺乏"，使士兵"不知为何而战"。[1] 他认为必须加强政治工作。如何加强政治工作呢？蒋介石当时采取了以下三个步骤：

第一步：统一军人思想。蒋介石 20 世纪 50 年代初期发表若干篇讲演，其中尤以下列四篇最为重要：《革命魂》《军人魂》《民族正气》《汉奸必亡与侵略必败》。这四篇文章的核心就是要求士兵明确"为谁而战？""为何而战？"蒋介石宣称：

"我们是为从'共匪'狂暴下拯救父母与亲人而战，我们必须消灭'共匪'，否则便要消灭我们。"

第二步：组建政治部与设立政工制度。此举有两个目的：一是为了反共需要，二是为了让蒋经国掌管军队做准备，公私兼顾，当然重后者。

对于蒋介石的这项军事改革，董显光评论说："士兵与军官之训练，在政治的意义上，尤有必要。在过去，中国的将领只要其部下忠于个人，而不使他们知道对其敌人作战之任何理由。这就是军阀制度所由产生之故。蒋'总统'却有其大不相同的观念，要使官兵早日认识其所从事的政治目标。当然这些目标都是为着人民的福利。蒋'总统'认为士兵如果不知道为何而战，那他们就只是一种募兵，而募兵是不会成为优良士兵或斗士的。"

"中国军队中所建立之政治作战制度，其主要目的在激励军队的高度战斗精神。为达此目的，每一军官或士兵必须充分信仰三民主义，并具有为三民主义而不惜任何牺牲之坚决意志。"[2]

夏宗汉先生将蒋介石此举称为是唐代的"监军制"的延续，他认为"监军制"也有其缺点："由工商管理学的观点去看，政工监军制度的弊病在为了减少兵变风险，而分散指挥官事权，因此减低了效率。如果行之过甚，则军队虽然忠字当头，没有兵变的危险，却也使指挥系统的效率降低，有碍克敌制胜。指挥官作业之最终目的在求胜，目标是战场上的敌人；政工监军之目的在肃反，其目标为军中内部的不稳定分子。为了求胜，优秀的军事人才比较重要；为了肃反，政治热情分子比较受重视。"夏宗汉认为"两者往往难以兼顾。"[3]

---

① 张其昀：《先"总统"蒋公全集》，第 2 册，第 1947 页。
② 董显光：《蒋"总统"传》，第 622 页。
③ 香港《明报月刊》，1978 年 6 月。

"政工制度，虽由苏联红军的政委制衍变而来，却'性相近而习相远'，和中共比较，更差之远甚。"①

蒋介石要蒋经国出任"总政治部主任"一职，本来是吃力不讨好的事，但蒋经国有蒋介石的尚方宝剑，加之蒋经国有"吃苦耐劳"作风，"国军"政工可谓是有声有色。蒋经国到任之后，首先提出两个主张：一是消除吃空缺，二是军队不能滥用私人。为了使政工步入正轨，他要求从事政工的干部只"讲政治的责任，而不讲政治的欲望"。在部队全面倡导"人事公开、经费公开、意见公开、赏罚公开"。凡涉及人事、经费、意见和赏罚问题，必须经过公开讨论，有士兵代表参加，部队长不得徇私。当部队风气稍有好转之际，蒋经国又将工作重点放在以下四个方面：

（1）"肃清'匪谍'，转移风气，推行思想教育"；

（2）"严密军队组织，提高军中文化，推行克难运动"。

（3）"健全一切组织，推行实践制度，改善官兵生活"。

（4）"要求全体官兵把思想变成信仰，把信仰变成力量，要做到政治上永不屈服，在战场上永不投降。"②

对于蒋经国的做法，江南评论说：

"新制（政工）实施后，对军队的福利、纪律以及战斗力的改善，有显著贡献。"③

蒋经国的老部下孙家麒对蒋经国出掌"总政治部主任"以来的工作评论说：

"假使'太子'先生在他'总政治部主任'的第二个任期届满之时，能够依法飘然引退，不再暗地里玩弄魔术手法，我们真要再为这位当年的'打虎英雄'大声喝彩，称赞他是重建'国军'的第一功臣"。④

尽管江南、孙家麒对蒋介石让蒋经国掌管政工颇有异议，对蒋经国的其他做法也有不同意见，但对蒋经国初任"总政治部主任"的工作成效均表钦佩。这说明蒋经国的确不负父望。

第三步：创办政工干校。此项工作蒋介石交由儿子去办。蒋经国让赣南时期

---

① 江南：《蒋经国传》，第 254 页。

② 钟声：《蒋"总统"经国先生》第 124 页，台湾立坤出版社，1984 年版。

③ 江南：《蒋经国传》，第 253 页。

④ 孙家麒：《我所知道的蒋经国》，第 9 页。

就追随他的王升草拟建校计划。1951 年 2 月，成立了建校委员会，选定台北近郊北投的赛马场为政工干校的校址。干校的训导方针是：

"以培养笃信三民主义，服从最高'领袖'，忠党爱国，坚决反共抗俄之健全政治工作干部，使能参与陆海空军各级部队……共同完成'国民革命'第三任务使命为教育宗旨。"①

通过该校的创办，蒋经国大量网罗"人才"，使政工干校成为台湾的黄埔，门生遍布党、政、军各界，为日后蒋经国升迁护航保驾。

在军队整顿过程中，蒋介石还对军官队伍进行调整，制定制度。蒋介石的具体做法是：

（1）实行现职军官"假退役制度"。制度规定："依服役条例之所定，使所有现职军官，凡适于退役者均办理假退役。军官于办理假退役后，其身份及义务权利，与正式退役者同，但其待遇只与现役军官稍有差别"。国民党当时考虑实行此一制度的初衷有三：一是"促进人士新陈代谢，提高军队素质，增强战斗力量"；二是"所有过剩军官，因非台湾本籍，不能回家谋生，转业亦不容易，而此等军官又尽属忠贞之士，政府对其生活，不能漠不关心"；三是出于"将来'反攻'，亦须使用"。②这种制度主要针对年高失势的将领。通过这一制度，蒋介石让阎锡山、徐永昌、何键等 140 名少将以上的高级军官和一批校级军官通通退出现役。

（2）建立"军事主官任期制"。1952 年 3 月 10 日，"国防部"军事会议上通过建立军事主官任期制度一案，其中规定："参谋总长，陆、海、空、勤各总司令以至师长、舰长、空军大队长、学校校长之职务任期，除各校校长定为三年之外，其余皆为二年，满任应即调职，但经最高统帅核准，得连任一次"。③此一制度在于使国民党军队"将不知兵，兵不知将"，高级将领不能在军队里从容培植个人势力。借此规定，蒋氏父子先后将孙立人、桂永清、王叔铭逼下原位。此一制度成为蒋介石有效控制军队和维护在军中最高统帅地位的重要手段。孙家麒对此一制度的评论更为深刻："所谓'任期制度'也者"，乃是蒋氏父子所玩的一套"政治魔术"，对于他们"所不喜欢或不需要的人，不必找任何理由或借口，可于任期届满时，冠冕堂皇的炒其鱿鱼"；对于他们"所喜爱的人，可以使他继续连

---

① 台湾：《国军政工史》，第 1565 页。
② 台湾《"中央日报"》，1952 年 3 月 13 日。
③ 台湾《"中央日报"》，1952 年 3 月 13 日。

任，真正无法再连任时，又可以派往另一重要单位过渡两年，然后再卷土重来，依然有再来四年的机会"。①

（3）实施军校教育制度。制度规定：国民党军队的各级军官一律经过军校培养和轮训，以造就出"效忠党国""领袖"的各种指挥人员。

国民党蒋介石上述诸项军事"改革"措施的实施，一方面为国民党军队革除弊端、改善军队风气与"确保台湾"起了一定作用；另一方面为蒋介石的军事独裁提供了更为有力的保障。

实施戒严体制

从 1947 年"二二八事件"国民党当局颁布台湾戒严令，到 1987 年 7 月 15 日宣布解除戒严，国民党当局在台湾实施了长达 40 年的戒严体制，对台湾社会发展与两岸关系均产生了深刻的影响。

众所周知，在中华民国历史上，曾经公布过三个"戒严法"。中华民国元年 12 月 16 日，中华民国政府颁布了第一个"戒严法"；1926 年 7 月 29 日，国民政府于北伐时期颁布了"戒严条例"；1934 年 11 月 29 日国民政府于训政时期又颁布了"戒严法"。相比较而言，这一"戒严法"相对成熟，对台湾后来戒严影响甚大。"戒严法"第 1 条规定："遇有战争，对于全国或某一地域应实行戒严时，国民政府经立法院之议决，得依本法宣告戒严或使宣告之。"第 14 条规定："国内遇有非常事变，对于某一地域应实行戒严时，国民政府得不经立法院之议决宣告戒严。"② 1945 年 10 月 25 日，台湾正式回到中国。然而仅仅经过一年多的时间，台湾人民就同国民党当局发生了激烈的冲突。1947 年"二二八事件"发生的当天下午，台湾省警备司令部宣布戒严，但次日即 3 月 1 日随即解除。3 月 9 日，国民政府派部队抵台，台湾省警备司令部再度宣布戒严，并于 3 月 17 日扩大实施到全台湾，直到 5 月 16 日魏道明接任台湾省主席，戒严令才得以解除。

1948 年 12 月 10 日，蒋介石根据《动员戡乱时期临时条款》，经行政院会议之决议，下令全国戒严，"以长江为界，划华南为警戒地域，华北为接战地域"。③ 蒋介石下野后，李宗仁代行总统职权，立即于 1949 年 1 月 24 日下令解除戒严令，

---

① 孙家麒：《我所认识的蒋经国》，第 11 页。
② 《戒严法》，载薛月顺、曾品沧、许瑞浩主编：《战后台湾民主运动史料汇编——从戒严到解严》第 11 页、第 14—15 页，台湾，"国史馆"，2000 年版。
③ 《国民政府公报》，1948 年 12 月 11 日。

但《"总统府"公报》并未公布这项命令。国共和谈时期，李宗仁将解除戒严令作为和谈的诚意之一，但行政院表面接受李宗仁指示但不同意解除戒严。未经行政院会通过，总统难以宣告解严。

当国共和谈破裂，人民解放军渡江南下之际，台湾省警备司令部奉台湾省主席陈诚之命以"确保台湾之安全，俾能有助于戡乱工作的最后成功"，宣布自5月20日起，在台湾全省实行戒严。① 如前所言，在台湾实行戒严，没有立法院的通过与追认，此一戒严令是缺乏法律依据的。1950年1月6日，台湾省主席吴国桢电告台湾省各厅处、各县市，宣称："奉'行政院'1949年12月28日台38字第155号代电开：'据东南军政长官公署陈长官电请将台湾省划为接战地域，应准照办'。"② 1月8日，东南军政长官公署宣称"为加强戒备，策划反攻，适应战时需要"，划定本省为戒严"接战地域"。③

从此，台湾开始了长达38年之久的戒严时期，开创了中外历史上戒严时限的纪录。

根据《戒严令》规定：戒严时期禁止工人罢工、禁止集会游行、严格出入境手续、实行宵禁、禁止张贴标语、禁止散布非法言论、禁止藏匿武器弹药、人员外出必须携带身份证等。特别严厉的是：戒严时期禁止党外人士进行组党活动。如有违反规定者，将以军法惩处。

显而易见，上述规定已经完全剥夺了台湾广大人民的政治权乃至人身自由，以军事暴力强迫人民为其独裁统治服务。为了配合戒严体制，蒋介石国民党当局在整顿党政军的同时，还对社会秩序进行整顿。整顿社会秩序的中心内容是"保密防谍"。当此举推展至全岛时，到处充满了大逮捕大屠杀的恐怖气氛。

"保密防谍"

为了使"保密防谍"工作行之有效，国民党当局颁布了一系列"法令"，旨在配合"反共抗俄"大业及摧毁中共在台力量。

1950年1月27日，台湾"行政院"根据蒋介石旨意，颁布了《"反共"保民总体战纲要》。《纲要》第一条规定："为贯彻'反共保民国策'、动员全国人力物力，实施总体战。"

---

① 《台湾新生报》，1949年5月20日。
② 《台湾省政府公报》，1950年"春字"第5期。
③ 《"中央日报"》，1950年1月10日。

《纲要》第二条规定："'反共保民'总体战是综合军事战、政治战、经济战、民众战及'匪后'游击战，并推行兵农合一制度，以争取最后胜利。"

《纲要》第四条规定：参加"反共保民"全体成员必须宣誓："我自己绝不通'匪'，并不容人通'匪'，如违此誓，愿受民众大会之制裁。"①

4月26日，蒋介石公布了修订的《惩治叛乱条例》，该《条例》扩大了惩处范围，加重了惩处标准，同时扩大了军、警、宪、特的权力。②

6月5日，蒋介石在"保安司令部"官兵大会上发表讲话，宣称台湾已完成"反共抗俄""反攻大陆"的军事准备，"问题在于政治工作是不是能够密切配合，例如维持治安，组织民众，实施动员，肃清'匪谍'等工作，如能彻底执行，则必可使防卫的力量更为充实"。③ 13日，蒋又下令颁布《"戡乱"时期检肃"匪谍"条例》。该条例规定：

（1）"发现'匪谍'或有'匪谍'嫌疑者，无论何人均应向当地政府或治安机关告密检举。"

（2）"人民居住处所有无'匪谍'潜伏，该管保甲长或里邻长应随时严密清查。"

（3）"各机关、部队、学校、工厂或其他团体所有人员，应取具二人以上连保切结，如有发现'匪谍'潜伏，连保人与该管直属主管人员应受严厉处分。"

（4）"治安机关对于'匪谍'或有'匪谍'嫌疑者，应严密注意侦查，必要时得予逮捕。"④

上述"法令"的颁布实施，使人人自危，生怕被扣上一顶红帽子坐班房。

蒋介石还将"保密防谍"与加强特务统治联系在一起。众所周知，蒋介石数十年来，之所以能够打倒一切政敌，而有今日地位，完全靠的是军队、"特工"两件法宝。因此他深知特务工作的无形威力，并不弱于军队的有形力量。况且大陆兵败时真正与中共顽抗到底的则以特务人员居多，这更证明了对国民党忠诚的是这班人，因而使蒋介石对特务工作愈加重视。蒋氏父子退台后，便决定在台湾全面推展特务工作。

---

① 台湾《"中央日报"》，1950年1月28日。
② 《"总统府"公报》，第250号，1950年4月29日。
③ 《"总统府"公报》，第250号，1950年4月29日。
④ 林纪东等：《新编六法参照法令判解全书》，第619页，台湾五南图书出版公司，1986年版。

1949 年 7 月，蒋介石在高雄召开秘密会议，决定成立一个定名为"政治行动委员会"的核心组织，并指定蒋经国、唐纵、郑介民、毛人凤、叶秀峰、张镇、毛森、陶一珊、彭孟缉、魏大铭等人为委员，以唐纵为召集人。该机构的基本任务是："统一所有情报工作，并使之充实强化。"[1]

该委员会于同年 8 月 20 日正式在台北圆山成立。最初的首脑部，只有两个部门：一个是书记室，一个是石牌训练班。蒋介石在台复"总统"职后，指令成立"台湾情报工作委员会"（简称"台情会"），彭孟缉任主任委员。该机构负责协调指挥国民党党政军宪特务情报机构。此时，"政治行动委员会"改为"总统府资料室"，蒋经国兼任主任（在此之前，蒋经国就曾被其父指定为"政治行动委员会"负责人，因怕人议论，蒋介石派周至柔担任挂名主任，然而周除了一年一度在工作检讨会上出现一次之外，所有其他事情，概不过问），接管了"台情会"，掌握了统治各门派（当时还有由"中统"演变而来的"法务部调查局"和由"军统"演化而来的"国防部情报局""军事情报局"）情治机构的权力。为了便于指挥，蒋经国又将各情治单位的工作范围加以明确："法务部调查局"以岛内"社会调查""防止经济犯罪、贪污、漏税"为主；"国防部情报局"以对大陆的"情报搜集"和建立特务网为主；其他情治单位以防共、防岛内"暴乱"的"调查与防制"为主。与此同时，蒋介石要求中央党部及社会、海外、青年等各部门协同"情治单位"工作。

由此可见，蒋经国的"情治系统"，真可谓无所不包，法力无边，台湾舆论将它称为一个小型的"行政院"，但"行政院"绝不敢指挥国民党，相反的是"党权高于一切"。然而蒋经国主管的特务机构却能指挥国民党，正如他人所言："亲权高于党权。"蒋经国主宰"情治系统"后，"并没感到可喜"。因为"领袖"长子当特务头子，难免背后有人指指点点。故此，蒋经国迅速拟报成立"国家安全局"以统辖之，使自己退居二线。蒋介石批准蒋经国建议，于 1954 年恢复"国防会议"组织后，又于当年 10 月成立了"国家安全局"。1967 年"国防会议"改为"国家安全会议"，该局隶属于"国家安全会议"，并按美国中央情报局建制，调整该局内部组织与任务，成为"监导和协调"台湾各"情治机构"及治安机关业务的最高督导机构。

在戒严体制之下，特务机构凭着蒋介石的"保密防谍"尚方宝剑，到处抓人

---

① 孙家麒：《我所知道的蒋经国》，第 20 页。

杀人。据董显光《蒋介石传》公布的资料，仅在1950年上半年内，"台湾治安当局处理了'匪党'地下活动案300件，牵涉的嫌疑犯在千人以上"。其中重要的有：

"中共台湾省工委事件"。1949年10月，蔡孝乾（化名老郑）领导的"中共台湾省工委"在成功中学、台湾大学法学院、基隆中学等处的分部，相继被台湾警特机构破获，多名负责人被捕。同月31日，台湾省工委、高雄市工委又被破获，书记陈泽民等人被捕。11月5—7日，高雄市工委所属工、农、学运各支部人员谢添火等37人先后被捕。1950年1月，蔡孝乾本人也遭逮捕。此案多人遭枪杀。

吴石案。1950年3月1日，出任"国防部"中将参谋次长的吴石，因涉嫌"中共台湾省工委"事件遭特务机关秘密逮捕，其罪名是"为中共从事间谍活动"。受该案牵连的有吴石妻、王壁奎、朱谌之与陈宝全等多人。6月8日，吴石与陈宝全等人被台湾特别军事法庭以"通共罪"判处死刑，其他人也分别被判刑。

陈 仪

陈仪案。陈仪被捕前是浙江省主席，政学系的重要人物。他对国民党一直忠心耿耿。抗日战争胜利后，陈仪出任台湾省行政长官，参与了"二二八"镇压事件，被轰下台。此事件对陈仪教育很大，他在后来主持浙江政务时，主张"在政治上效法东欧民主国家作风"。当蒋介石发动内战进攻解放区遭失败之后，陈仪公开著文抨击蒋介石的内战政策。北平和平解放后，陈仪曾向李济深派来的联系人表示，愿作"傅作义第二"。当陈仪联络多次得他接济栽培的汤恩伯时，被汤出卖，遭国民党特务逮捕。杭州解放前夕，蒋介石令特务将抨击、"背叛"他的陈仪押到台湾关押。1950年6月18日，蒋介石为表明"肃清匪谍"的决心，令"国防部高级军法合议庭"以"勾结共匪"罪判处陈仪死刑，其罪名是"煽惑军人叛逃"。同日，陈仪被执行死刑。另据台湾报载，陈仪被枪杀后的棺椁是汤恩伯赠送的，他的财产被充公。①

当时还有洪国式邹曙案、麻至事件、桃园事件等案。翻开1950年上半年的《"中央日报"》，以"匪谍"案为题的报道，一周出现好几次。位于台北植物园附近的马场町，取代了过去南京雨花台的地位。对此，江南评论说：

_____

① 台湾《"中央日报"》，1950年6月19日。

"当局如是血腥遍野、肆无忌惮的原因，报复主义为其一，大陆丢了，他们又想腐蚀台湾，把这些人作为发泄情绪的对象。肃清主义为其二，只要行动可疑，经人检举，一概列入危险分子，格杀勿论。报销主义为其三，彭孟缉领导的保安司令部保安处游查组，以抓人破案为升官发财的阶梯，持着经国的尚方宝剑，为达目的不择手段。因而宁可错杀三千，绝不留情一个。彭孟缉后来坐直升机，爬到'参谋总长'的位置，即种因于此。"[①]

"革命实践运动"

在部署军事"保卫大台湾"的同时，蒋介石还发起了"革命实践运动"。蒋介石何以到台湾后特别强调"实践"呢？蒋介石本人对此解释称："我们今天失败到如此地步，最主要的致命伤，就是因为一般干部普遍犯了虚伪的毛病，相习于虚浮夸大，而不能实事求是。这种风气流行的结果，使得部队、机关和学校，一切办事、命令和报告，都是互相欺骗，互相蒙蔽，而没有几件事是完全实在的，可以相信的。这一恶习颓风如果不彻底革除，真是使得我们亡国灭种！怎样才能革除这个恶习，转移这种颓风，唯一致力的方向，就是提倡实践。要以总理知难行易的革命哲学，就是力行实践的精神，来纠正我们过去虚伪浮夸的恶习，要以笃行贯彻的事实，来洗刷我们过去徒有宣言、口号，而没有实践行动的耻辱。"[②]蒋介石还说：目前"一切的一切，都在于实践，如果说是说，听是听，不能见诸行动，那无论什么确切的指示，什么新颖的理论，都要落空，不能发生一点效果，既不能救国家，也不能救自己，所以当前最重要的一件事，就是要开展实践运动"。

1955 年 8 月 29 日，蒋介石对"革命实践研究院联战班"第五期军事组研究员演讲时，回顾了推展"革命实践研究运动"的初衷："大陆失败，政府迁来台湾之初，人心动荡，士气消沉，一般人士都陷于朝不保夕束手待宰的迷惘和颓废中。我认为这是民族虚伪衰弱的总病根，由来已久，绝非当时一朝一夕所产生的。故为了要力起沉疴，'复兴民族'，那'国民革命事业'必须从头做起，绝非头痛医头的药剂所能奏效。乃针对病根，立下决心，大声疾呼，倡导'革命实践运动'，手订'革命实践运动纲要'，作为民族起死回生，同胞'雪耻复国'的共同准绳。"[③]

---

① 江南：《蒋经国传》，第 235 页。
② 张其昀：《先"总统"蒋公全集》，第 2 册，第 1926 页。
③ 秦孝仪主编：《"总统"蒋公思想言论总集》，卷 26，第 343 页。

从蒋介石的上述解释看，蒋介石对国民党在大陆失败的反省还比较"深刻"，虽没有真正认识到失败的根本原因，但对其在大陆所犯的错误总算看到了它的表面现象。从蒋的宣示中，也可看到，蒋的决心很大，要真正"洗心革面"，"从头做起"。蒋介石之所以在此时此地特别强调"实践"，根本原因在于国民党一天比一天腐败，正如他自己所言，从20年前的"沉滞不进"深陷到"虚浮不实"的地步①。因此，他要使国民党"起死回生"，完成"反共复国""光复大陆"的重任，就必须实事求是。从蒋介石的解释看，他的"实践"不过是十年内战时期"力行哲学"的翻版而已。蒋介石当年提倡"力行哲学"，并未能克服国民党及军队"沉滞不前"等缺点，也未能完成"剿灭"中共的"神圣任务"，反而被赶到孤岛上去了。今天蒋介石又提倡"实践"，就能克服"虚浮不实"的错误，完成"反攻大陆"的使命吗？只有蒋介石信仰的耶稣知道。

如何进行"实践"呢？台湾最高当局根据蒋介石意图颁发了《革命实践运动纲要》。《纲要》对"实践"的共同信条、方法、基本要求及步骤，都作了详尽的规定：

一、"革命实践"之共同信条：

（一）"实践贯彻命令"；

（二）"实践达成任务"；

（三）"实践防谍保密"；

（四）"实践四大公开"；

（五）"实践授权负责"；

（六）"实践自力更生"；

（七）"实践新生活"；

（八）"实践连坐法"；

（九）"实践为兵民服务"；

（十）"实践为'革命'尽职"。

二、"实践"的方法

"以思想为结合"；"以政策为号召"；"以工作为训练"；"以人才归于组织以组织归于全党"，具体为：

（1）"以'革命'的实践精神，恢复群众信仰"；

---

① 张其昀：《先"总统"蒋公全集》，第2册，第2370页。

（2）"以民生的哲学基础，启发群众思想"；

（3）"以'民主'的反共政策，唤起群众同情"；

（4）"以民族的独立意识，锻炼群众意志"。

三、"实践"的基本要求

（1）"为民族生命而牺牲个人生命"；

（2）"为人民自由而贡献个人的自由"；

（3）"为群众生活而节制个人生活"。

四、"实践"的步骤："第一步先从军队着手"；"第二步推而及于党政"；"第三步在扩充社会"。①

为了将"革命实践运动"搞得既"轰轰烈烈"，又"扎扎实实"，蒋介石还于 1949 年 10 月 16 日在台北草山创立了"革命实践研究院"，自兼院长（同年10 月 31 日让陈诚代理"革命实践研究院长"职）。同时还举办了"革命实践研究院军官训练团"。成立该机构的根本目的是"为国家造就人才，以应'反共复国'之需要，完成国民革命未竟之大业"。② 蒋介石还为"革命实践研究院"学员规定了所学课目及教育方针："大抵为制度、战略、政策各种原则之研究，理论基础，哲学思想，行动纲领之建立。蒋要求学员经此次训练，"务求达到生动活泼，使学者能发挥其蓬勃之朝气，坚忍不拔之决心，再接再厉之奋斗精神"。③ 训练的宗旨是："以恢复其革命精神，唤醒其民族灵魂，提高其政治警觉，加强其战斗意志，特别提振其创造生动之活力，养成其公正光明之风度；务使受教育之学员，人人能有自立自强，毋忘毋欺之人格，雪耻'复国'，杀身成仁之决心。故必须鼓舞其蓬蓬勃勃之朝气，激励其沉痛悲哀之情绪，认识其'剿匪'救民之责任，坚定其革命建国之信心，厚其自动自治，实践笃行，贯彻到底之志节，不愧为三民主义'国民革命'之干部。"④

蒋介石还要求各部队、机关制订计划及进度，然后检讨过去失败的原因，这是开展各项活动时必不可少的一项内容，以便从失败中吸取教训，并就当前困难提出解决问题的方法。当每一步骤终了时，要举行会议进行检查，要作自我批评，同时提出下一步的方案。对违反公约经批评不改者，要予以严厉处分。

---

① 秦孝仪主编：《"总统"蒋公思想言论总集》，卷 23，第 413—418 页。

② 《蒋"总统"经国先生言论著述汇编》，第 2 辑，第 674 页。

③ 《蒋"总统"经国先生言论著述汇编》，第 2 辑，第 649 页。

④ 张其昀：《先"总统"蒋公全集》，第 2 册，第 1927 页。

在"革命实践研究院"的开学典礼上,蒋介石发表讲话称:

"我个人……德薄能鲜,领导无方,当然要对国家负其重大的责任",但个人也要负一定的责任。"本人这次成立'革命实践研究院',召集大家到本院来学习研究,唯一的意义,就是要从院长本人起,到每一个学员为止,大家都要检讨过去的错误,反省过去的罪过,了解我们过去失败的原因,然后研究如何战胜我们的'敌人'。"①

此话一出,国民党《"中央日报"》大肆宣传,"革命实践运动"在台岛全面展开。

1950年5月27日,《"中央日报"》发表社论称:"台湾是进入战时了。"这一紧张气氛更使台岛军民有"同舟共济"之感。《"中央日报"》还以《发扬同舟共济的真精神》为题,重申:"我们国家实在已到空前未有的危险时期,每个处在这个孤岛上的人也已没有什么可以撤退和逃避的地方。每个人的利益和整个国家的利益,再也没有一个时候能比现在更加一致。今日国家所追求的目标,就是每个人所追求的目标。"因此大声呼吁:"在这个目标下,我们首先要求每人把所有的私的利益完全克服下去。"②

舆论带头,提倡战时生活。1950年5月5日,国民党台湾省党部率先发起战时生活运动。台湾省党部发起战时生活运动的原因是:"鉴于当此'中共'猖狂,国家民族'危急存亡之秋',前方军民正艰苦奋斗浴血牺牲,然后方竟有少数人穷奢极欲,放辟邪侈,以致风气败坏,实非战时应有之现象。爰特发起战时生活运动,借以严肃生活纪律、振奋民心,鼓舞士气,并使前方后方生活均等,实践卧薪尝胆,以期报仇雪耻。"③

台湾省党部还通过了《战时生活运动纲要草案》,规定:"战时生活运动就是提倡'牺牲奋斗,勤劳俭朴,严肃向上,平等合理'的战时规律生活","彻底改革过去散漫腐败的习性,造成紧张严肃的风气,做到人人生活都合乎战时的要求"。

战时生活运动的宗旨是:

"一、彻底觉醒,改造骄奢淫逸的风气,摒绝浮华,减少浪费,积极进取,力争上游,以个人数十年有限的生命,贡献于国家亿万世之基业。

二、参加战斗,'革命'铲除苟且偷安的习性,牺牲个人享受、个人欲望,甚至个人生命财产,为反共抗俄的胜利与国家民族的生存而奋斗。

---

① 《先"总统"蒋公思想言论总集》,第23卷,第24页。
② 台湾《"中央日报"》,1950年5月27日。
③ 台湾《"中央日报"》,1950年5月6日。

三、改造生活，纠正苦乐不均的现象，以前方将士生活为榜样，以后方平民生活为基准。我们的贡献不如流血流汗者，我们的享受不可高于流血流汗者。

四、增加生产，养成刻苦耐劳的精神，努力服务，加紧生产，减少无谓消耗，增加社会财富，节衣缩食，支援战争。"[1]

6月3日，"战时生活运动促进会"在台北宣告正式成立，各界参会人数达三千余人。大会主席黄朝琴宣称："所谓战时生活，就是要增加生产，节约浪费，争取最少限度的生活必需品。不但战时要实行战时生活，战后尚应节约消费，以求国家早日恢复元气"。[2]会议通过了《战时生活运动推行及纠察办法》。该会宣称：要"向奢侈者挑战，向腐化者开刀"，要求"人人生产，戒除浪费，个个动员，参加战斗"。[3]

从表象看，"保卫大台湾"的"革命实践运动"开展得"轰轰烈烈"，实则宣传归宣传，行动归行动。五年之后，蒋介石对"革命实践运动"进行总结时，作了如下的评论：

"五年以来，大家尽管随时在讲'实践'，然而各位如能一加反省，大家对于平日所学所知和所订的工作计划，究竟实践了多少呢？究竟做到了何种程度呢？我虽不敢说，大家根本没有去躬行践履，可是真正切己体察、困知勉行的同志，那实在是不很多见。"[4]

在另外一个场合，蒋介石指出："我虽不能说，大家对于这个运动的远大目标和崇高意义，根本未加重视，没有产生任何成效，但是距离我所期望和要求于大家的目的，实在是太远了。推其根本原因，乃是由于大多数干部的观念、脑筋和习惯，还没有完全转移过来；也就是一般同志未能理解和笃行总理'革命必先革心'的伟大遗训，自然难望其对'革命事业'能'无所畏而乐于行'。"[5]

由此观察，如果没有美国协防台湾，使台湾问题国际化，蒋介石无论如何也是守不住台湾的。当年他不是宣称要死守南京上海吗，但结果呢？此番国民党的再度"实践"，也未能纠正"虚浮不实"的积弊，又怎么能完成"光复大陆"的"神圣使命"呢？

---

① 台湾《"中央日报"》，1950年5月6日。
② 台湾《"中央日报"》，1950年6月4日。
③ 台湾《"中央日报"》，1950年6月4日。
④ 秦孝仪主编：《"总统"蒋公思想言论总集》，卷26，第169页。
⑤ 秦孝仪主编：《"总统"蒋公思想言论总集》，卷26，第344页。

第五章 依美求存

蒋介石是靠黄埔军校起家的，也是靠美国对他的支持得以维持国民党在大陆与台湾的统治的。在 20 世纪 40 年代中国共产党领导的人民解放区的报刊上，经常出现美蒋双簧的字眼。直至 50—60 年代，人们仍习惯于将"美蒋"作为一个概念提出。此说一方面指斥国民党蒋介石集团为了维持其在大陆与台湾的统治，不惜投靠美国，以获取大量的军事、经济援助，替美国人在中国打内战，另一方面也指斥美国出于侵略本性与保护在华利益，置中国人民强烈反对于不顾，千方百计地支持国民党蒋介石集团，致使中国内战不断升级，大陆与台湾海峡处于隔绝状态。研究蒋介石晚年，必须探究美国同蒋介石的关系，追溯美蒋关系，又须将目光投向 20 世纪 20 年代。

美蒋双簧

1927 年初，正当广东革命政府吹响北伐大进军号角，北洋军阀政府濒临崩溃之际，作为北伐军总司令的蒋介石，一方面与共产党人联手，身先士卒，拼杀于北伐第一线，将革命从珠江流域推进到长江流域；另一方面又继中山舰事件与党务整理案之后，不断密谋"反共清党"活动。

蒋介石发动反苏反共事变绝非偶然，早在 1923 年孙中山正筹划联俄联共之时，蒋介石奉孙中山之命组成孙逸仙博士代表团率领沈定一、王登云和张太雷等，赴俄考察俄国革命后的"军事政治和党务"。[1] 据蒋介石自己称："当 1917 年俄国革命之初，我个人极力赞成共产党的革命的，我认为俄国革命在近代革命历史上辟了一个新纪元。"蒋介石经过俄国三个月考察，所得的印象是："我一到苏俄考察的结果，使我的理想和信心完全消失。我断定了本党联俄容共的政策，虽可对抗西方殖民主义于一时，绝不能达到国家独立自由的目的；更感觉苏俄所谓

---

① 蒋介石：《苏俄在中国》，第 19 页，台湾中央文物供应社，1956 年版。

'世界革命'的策略与目的，比西方殖民地主义，对于东方民族独立运动，更是危险。"[1] 基于对中国传统文化的认识，蒋介石认定俄国共产党以马克思主义为指导，同以传统文化和三民主义为指导的国民党，奉行的是两种对立的思想体系。然而由于中山先生力主联俄联共，蒋介石在国民革命时期表现出复杂矛盾的心理，一面支持中山先生的合作大业，充当左派；一面防范苏俄与共产党。中山先生去世后，他利用廖仲恺被刺案赶走了国民党实力派胡汉民与许崇智；国民党二大跻身于国民党领导核心，成为与汪精卫地位相当的精英人物，为其后来发动反苏与"反共清党"准备了条件。

中山舰事件和党务整理案是蒋介石向右转的一个重要标志。此后蒋介石在国民党新老右派的包围之下，亦步亦趋，迈向了反共深渊。蒋介石深知，要发动"反共清党"，不仅招致中国共产党与全体革命群众的强烈反对，也会遭到国民党左派的不满与反弹，因此决心寻求外力的支持。在他的南昌大本营中，不仅有一向亲日的密友戴季陶、张群，也有美英在上海的大买办虞洽卿，还有与各帝国主义国家均有联系的官僚政客王正廷、黄郛等人。他们争相游说蒋介石，要他放弃"打倒帝国主义"的口号，承认帝国主义国家在华特权，只要如此，帝国主义国家就同意增加关税——二五附加税，从财政上支持蒋介石。

此时，帝国主义国家也纷纷向未来的中国强人蒋介石伸出援手，极力分化革命阵营。

1927 年 1 月 18 日，日本外相币原在对华政策演说中宣称："尊重保全中国之主权及领土，对于中国之内乱，严格绝对不干涉主义。"[2] 在此前后，日本外相、海相、陆相的代表和政友会代表竞相前往中国，宣称："今后日本不应仅视北京政府为中心，当以平等之友谊对待南北两方面。"对于日本政府的示好，蒋介石接见日本代表时宣称：他"没有受苏俄利用和指导"，"苏俄制度不可能在中国再现"，他"打算用三民主义统一中国"，不打算废除不平等条约，而且将尽可能尊重他们；他也不打算用武力收回租界等。蒋介石还特别表示"欣赏币原外相 1 月18 日的演说"，"愿意同日本握手"，甚至明确地说"我一到南京就表明态度"。[3]蒋介石向日本人表明态度后，一面派黄郛赴汉口联络日本总领事高尾，一面派密友戴季陶化装成日本人赴日本寻求支持，日本外相币原准确判断蒋介石的意向，

---

[1]　蒋介石：《苏俄在中国》，第 25 页。

[2]　〔英〕怀德著：《中国外交关系略史》，第 149—151 页，商务印书馆，1928 年版。

[3]　沈予：《四一二反革命政变的酝酿和发动》，《档案与历史》，1987 年第 2 期。

遂向日本内阁建议：日本应拉住反共的蒋介石，让他去压制共产党。日本军部和内阁意见完全一致，确定了"怂蒋反共"的方针。①

其后，蒋公开表示要求美、英对他予以支持。1月26日，事先征得蒋介石同意的王正廷与美国驻沪总领事高思举行秘密会谈，双方表示愿意今后保持联系。王正廷告诉美方：国民政府的控制权并未完全落入极左派手中，国民党军不是布尔什维克，"温和派"殷切希望汉口事件不在上海重演，国民党军可以不进上海，以免同外国军队发生冲突。王正廷把革命营垒内部当时的矛盾状况和蒋介石集团的反共计划向美国亮了底牌。②

2月25日、3月23日，与广东省财政厅长孔祥熙过从甚密的美国人科亨两次面见，向他透风说，蒋介石与鲍罗廷之间已经有了"多少是永久性的分歧"，如果其他大国取代苏联提供这种援助，蒋介石立即就会与鲍罗廷决裂。蒋介石通过各种官方、私人，直接或间接的渠道，与美国外交人员保持接触。③

美国方面在1月27日就有了反应，国务卿洛格发表声明称："美国一向希望中国团结独立和繁荣。他希望在我们对华条约中所规定的关税控制和治外法权尽早放弃。"④

英国首相张伯伦于1月29日也发表演说称："英国愿变更条约中的'领事裁判权'、'中国对外货不能自定税额'和'外国租界的准独立地位'。"⑤

3月24日英美炮舰炮轰南京后，美国人长江巡逻队司令霍夫接到蒋介石托人转达的口信："他希望明天到达南京，负责控制形势，将保证一切外国人生命财产安全。"

南京事件不仅没有激起蒋介石对美英帝国主义的强烈愤慨，反而加速了他同西方列强的进一步勾结。正如中共中央1月28日发表的《对外时局宣言》所言："帝国主义者向中国国民运动的势力进攻，不但用直接的和间接的武装势力硬的方法，而且还用软的方法，从国民运动营垒中诱惑所谓稳健分子所谓'温和派'，和他们妥协，以打击所谓急进派，根本削弱革命势力，破坏国民运动的联合阵线。"⑥

---

① 张瑛著：《蒋介石清党内幕》，第108页，国防大学出版社，1995年版。
② 张瑛著：《蒋介石清党内幕》，第109页。
③ 陶文钊著：《中美关系史》（上），第108页，上海人民出版社，2004年版。
④ 《中美关系资料汇编》，第1辑，第472—473页。
⑤ 张瑛著：《蒋介石清党内幕》，第105页。
⑥ 《中共中央文件选集》，第3册，第9页，中共中央党史出版社，1989年版。

　　3月26日，蒋介石抵达中国第一大城市——上海后，立即密令将"打倒帝国主义"口号改为"和平奋斗救国"。同时向帝国主义国家表示："国民革命军是列强各国的好朋友，绝不用武力来改变租界的现状"。由于蒋的举动获得各帝国主义国家的好感，它们专程派汽车将蒋护送到法租界的交涉署下榻，并允许蒋介石带10名武装卫士通过法租界。公共租界工部局西塔探罗斯去给蒋介石送通行证时，蒋介石表示："保证与租借当局及外国捕房取得密切合作，以建立上海的法律与秩序。"① 同日，上海联合会主席虞洽卿致函英法租界当局声明："已于军事当局及总工会商妥，维持治安，保证无轨外行动，请合作。"②

　　蒋介石一面同列强进行勾结，一面召集各军事将领何应钦、程潜、李济深、李宗仁、贺耀祖等，密议清党。28日，国民党中央监察委员吴稚晖、蔡元培、张静江、李石曾、古应芬等在上海举行国民党监察委员会议，吴稚晖率先提出"已入国民党之共产党员谋叛国民党，及不利于中华民国之种种行为，应行纠察"，当即决定开展"护党救国运动"。③ 4月2日，再度集会，监察委员除前列各人员外，新增李宗仁、黄绍竑、陈果夫等，仍由吴稚晖提出查办共产党人案。吴稚晖指出：

　　"现在汉口中央执行委员会为共产党及符合共产党之各员奉俄国共产党煽动员鲍罗廷而盘踞。最近诸多怪谬之改变，趁北伐军攻坚肉搏之时，而肆其咎兵抑将之议，无非有意扰乱后方。盖中国共产党首领陈独秀本有反对北伐之文，俄国共产党鲍罗廷在广州亦建缓取江浙之议，即因他们老实客气，势力未充，部欲国民党羽毛骤丰，使共产党难下摧毁之手段。似此逆盼昭著，举凡中央执行委员会内叛逆有据之共产党员及附共委员，应予查办，未便尚听其行使职权，咨为颠倒。应在召集中央执行委员会全体会议，或产生全国代表处分。但变故非常，一时不及等待，故本委员会不能不集会摘发。"④

　　正是在帝国主义分化与支持下，蒋介石集团悍然发动了"四一二"反共"清党"政变，随后在南京建立了国民党独裁统治。

　　当南京国民党统治建立之初，由于内部派系纷争与蒋介石军事指挥的失误，

---

　　① 韩信夫、姜克夫主编：《"中华民国"大事记》，第2册，第589页。

　　② 韩信夫、姜克夫主编：《"中华民国"大事记》，第2册，第589页。

　　③ 国民党中央监察委员会会议记录，引自台湾"教育部"主编：《"中华民国"建国史》，第3编，统一与建设（2），第554—555页。

　　④ "1927年4月2日吴稚晖致国民党中监会函"，《革命文献》，第9辑，总第1306页。

导致桂系逼宫。蒋此刻深知自己羽毛尚未完全丰满，遂取以退为进策略，宣布下野。蒋下野后，于9月末由张群等人陪同前往日本寻求帝国主义的支持。蒋在日期间，曾与日本首相田中义一相见，企图以承认日本在中国东北和蒙古的特殊权益来换取日本的支持。然而，日本为巩固和发展在华权益，仍采取支持奉系军阀的既定方针。蒋的日本之行虽未达到预期目的，但却得到了美国的支持。美国驻日代表团同蒋达成密约：美国支持蒋介石重新上台和统一中国，蒋则充当美国在华的新代理人。与此同时，蒋介石还和亲美派的宋氏家族攀上了亲。据古屋奎二的《蒋"总统"秘录》记载：蒋介石到神户后，立即同宋子文到在日本神户温泉疗养的宋美龄母亲那里"请其允诺亲事"。

蒋介石和宋美龄。美国作家海论·福斯特·斯诺说："这门婚姻是在蒋介石、洋化华人和洋人之间的沟通联络的一条渠道。"

蒋介石1922年结识宋美龄，有人称之为"一见钟情"。此说未免牵强，因为蒋介石1921年刚刚与陈洁如结合，一是两人也是"一见钟情"，二是婚后感情不错。从上述两点分析，蒋宋结识绝不是"一见钟情"。蒋介石之所以拼命追求宋美龄，最主要的原因还是出于政治和自身发展的考量。蒋介石就是企图通过与宋氏家庭联姻加强同美国的关系。美国作家海伦·福斯特·斯诺曾对此事评论说："这门婚姻是在蒋介石、洋化华人和洋人之间的沟通联络的一条渠道。"蒋介石对此也直言不讳，他在与宋美龄结婚当日发表的《我们的今日》文章中宣称："我今天和最敬爱的宋女士结婚，是有生以来最光荣、最愉快的事。""余确信自今日与宋女士结婚以后，余之革命工作必有进步。余能安心尽革命之责任，即自今日始也。"[①]难怪蒋派报纸刊出：蒋、宋联姻标志着"中美合作"（此话具有双重含义：既是中正与美龄结合，又有中国与美国合作之意）与"国民党政治上的胜利"。更有人宣称：与其说是宋美龄嫁给了蒋介石，倒不如

---

①　蒋永敬著：《国民革命与中国统一运动》，第144页，台湾正中书局，1976年版。

说是蒋介石嫁给了美国。可见，蒋、宋联姻并非是爱情的产物，而是政治结合。当然，蒋介石晚年与宋美龄的关系还是不错的。从此，蒋介石主要投靠美国，同时也充当日本和其他帝国主义国家在华代理人。

当蒋介石率领四派军阀再度北伐攻下北平后，国民党政权的主要支持者美国履行诺言，配合蒋介石的和平解决东北问题方针，派代表游说张学良劝其与蒋合作，归顺南京政府。张学良归顺蒋介石，使美、蒋关系日趋亲密，此后在打败异己与反共战争中，蒋介石都得到了美国的鼎力支持。

尽管南京政府成立后放弃了"打倒帝国主义"的口号，但不能不继续以修改不平等条约作为外交方针的基点。所以在南京政府成立后不久，就发起了改订新约运动，其目的希冀通过与列强各国的和平谈判，达到废除旧约、订立新约的目的。8月13日，南京政府外交部长伍朝枢发表对外宣言称："凡经前北京政府与各国所订各种不平等条约，现今再无存在之理由，当由国民政府以正当手续，概予废除；至此等条约中规定修改期限而现已期满者，更应即予终止，由国民政府与关系各国分别订立新约。嗣后任何条约协定，非经国民政府缔结，概不发生效力。"[①] 然而南京政府的宣言并未得到各国的响应。有鉴于此，1928年2月21日，南京国民政府外交部长黄郛发表对外宣言，宣称国民政府"切盼于最短期内，得与各友邦开始商定新约"。[②] 7月7日，国民政府发表《关于重订条约的宣言》，宣称：

（1）中国与各国条约已届满者，当然废除，另订新约；

（2）尚未届满者，国民政府应即以相当手续解除而重订之；

（3）其旧约也已届满，而新约尚未订定者，应由国民政府另订适当办法处理。[③]

中国与美国的条约尚未满期，但美国率先与中国就订立新约进行谈判。7月25日，中美两国签署了《整理中美两国关税关系之条约》，《条约》规定中国以前进出口货物税率撤销作废，1929年1月1日起中国实行关税自主。中美关税新约的签订标志着南京国民政府同美国有了正式的条约关系，美国正式承认了国民政府。有了中美之间签订的新约作为样板，国民政府于1928年8月至12月同若干国家先后签订了新的关税条约。关税新约的签订使中国国际地位有所提升。由于

---

① 石源华著：《"中华民国"外交史》，第344页，上海人民出版社，1994年版。

② 洪钧培著：《国民政府外交史》，第1集，第241—242页，上海华通书局，1930年版。

③ 《"外交部"公报》，第1卷，第3号，第132页。

美国率先与中国签约，就使得南京国民政府同美国的关系更加紧密。在十四年抗战中，尽管美国在太平洋战争爆发前夕曾谋求牺牲中国与日本妥协，但在表面上始终支持蒋介石抗战。特别是在太平洋战争爆发后，美国从其全球战略出发，给了蒋介石不少贷款和作战物资，对中国正面战场发挥了支援作用。其后又将蒋介石推上了中国战区总司令的宝座。抗战后期，美国为取代日本在华地位，变中国为其殖民地，遂采取扶蒋反共政策。此一政策的实施使国共两党重新交恶，内战再度重演，但美蒋关系却进入"蜜月"时期。

美蒋"蜜月"关系并未维持长久，随着蒋介石在自己发动的内战中败北，精明的美国人已看到蒋无可救药，遂由"扶蒋"政策改为"弃蒋"政策，一方面上演"换马"闹剧，一方面抛出落井下石的《美中关系白皮书》。

蒋介石率领国民党残兵败将退守台湾后，美国对蒋暂取"观望"政策。直到朝鲜战争爆发，蒋介石才又从美国总统杜鲁门手中得到一张意外的人寿保险单。随着台美《共同防御条约》的签订与大量军、经援助抵台，美蒋关系再度进入"蜜月"时期。然而二度"蜜月"也好景不长，随着美苏争霸日趋激烈与新中国日益强大，一贯以实用主义哲学为指导的美国人，于20世纪70年代初期再度抛弃了蒋介石。至此，美蒋双簧的闹剧只得宣布停演。

冷战思维与遏制中国

在美国人的语言中，福摩萨就是美丽的台湾岛。尽管蒋介石是靠美国支持才得以维持国民党在中国统治的，但在探究美蒋关系时，绝不能忽视他们之间也存在着深刻的矛盾。特别是在台湾的主权问题上，分裂与反分裂的斗争，表现尤为突出。

台湾自古以来就是中国神圣的领土，无数的历史文献记载均充分证明了这一点。在中国由先进转向落后的过程中，它同其母体一样，先后遭到多个列强的入侵。具有光荣革命斗争传统的台湾人民，手持落后的武器，凭着坚忍不拔的意志，不仅击败了入侵的荷兰人与英、法殖民主义者，同时也将入侵的美国殖民者赶出海岛，在中国近代屈辱的历史上，写下了光辉的一页。尽管美国殖民主义者的入侵行动遭到可耻的失败，但他们对中国台湾省的战略地位一直垂涎欲滴。尽管美英中三国发表的《开罗宣言》规定："在使日本所窃取中国之领土，如满洲、台湾、澎湖群岛等，归还中华民国"，[①] 但在日本投降前，美国海军军部拟订的攻

---

① 《反法西斯战争文献》，第163页，世界知识出版社，1955年版。

占台湾的计划中，就曾提出由"美国单独军政管理台湾"，而排除中国代表的介入。后因美军尚未进占台湾与日本已无条件投降，中国人民才从日本人手中收回了台湾。当台湾"二二八"事件发生后，因个别"台独"分子趁机活动，美国官方态度虽然表示不介入台湾事务，但在美国官员中已经开始出现了将台湾与中国分离的主张。

1947年3月，美国驻台北总领事馆向华盛顿建议：以目前台湾在法律上还是日本的一部分为由，用联合国名义进行对台湾干涉，待有一个"负责的中国政府"后再归还中国。[①] 很显然，美国此举是它日后鼓吹"台湾地位未定论"与"联合国托管"说的前奏曲。同年8月，美国总统特使魏德曼访问中国时曾对台湾进行过考察，魏德曼在其考察报告中宣称：因"二二八"事件造成民众对台湾当局的敌对情绪，已"有迹象表明，台湾人会接受美国监护或联合国托管"。[②] 正是魏德曼的错误判断为美国后来制造分离台湾寻找到了理论根据。

当国民党在大陆败局已定的情况下，美国为从中国"脱身"，其决策集团于1948年年底至1949年年初开始考虑将台湾与中国大陆分开处理的问题。1948年11月，美国国务院要求参谋长联席会议对中国未来发展作出估计，参谋长联席会议在征求了美国驻日占领军统帅麦克阿瑟意见后认为：一是中共占领大陆后，台、澎对美国更显重要；二是如果为"不友好"力量（指苏联）控制，一旦发生战争，"敌人"就可利用它控制东南亚地区；三是台湾沦入"共党"之手，日本就会成为美国的负担。怎样防止台湾不被共产党占领呢？最有效的方式当然是直接出兵。然而由于美国在全球的战线过长，参谋长联席会议并没有建议直接出兵，而是主张："通过外交和经济手段，不让共产党统治台湾，从而保证其留在对美国友好的政府手中，是符合美国的战略利益的。"[③] 1949年1月19日，美国国家安全委员会提出了《美国对福摩萨的立场报告》。报告宣称："美国基本目标是不让福摩萨和佩斯卡多尔群岛（即台湾和澎湖列岛）落入共产党手中。为此目标，目前最实际可行的办法是把这些岛屿与中国大陆隔离开来。"当时美国策划了四种方案：

（1）按照日本投降的条件占领台湾，或通过与国民党政府谈判，或在该政府

---

① 转引自资中筠：《中美关系中的台湾问题之由来》，载《美台关系40年》，第20页，人民出版社，1991年版。

② 转引自冈栋俊、陈友著《美国对华政策50年》，第7页，广东人民出版社，2001年版。

③ 资中筠：《中美关系中的台湾问题之由来》，载《美台关系40年》，第23页。

垮台之后采取直接行动；

（2）同国民党政府谈判达成协议，使美国获得在台湾的治外法权和设立基地权；

（3）在台湾支持国民党政府或一部分余党，作为美国所承认的中国政府；

（4）支持台湾当地所得以维持下来的非共产党的中国人的控制。[①]

基于以上认识，美国先后又抛出了种种分离台湾的方案：

方案一：在蒋介石抵台前，设法阻止蒋介石的流亡政府迁台。美国阻止蒋来台的举措之一，是拉拢时任台湾省主席的魏道明。魏道明宣称将在取得美国1000万美元贷款作为"心理上"支持的条件下宣布台湾"自治"，并说服蒋介石不要来台。魏道明的行为完全在国民党情报机关的掌控之下，所以计划尚未实施，蒋介石就撤换了魏道明，让自己的嫡系陈诚接任台湾省主席一职。美国这一分裂中国的方案宣告破产。

方案二：在台湾培植亲美代蒋势力。1949年年初，新任国务卿艾奇逊派美国驻华使馆参赞利文斯顿·墨钱特前往台湾执行游说使命，第一个游说对象就是现任台湾省主席陈诚。当墨钱特与陈诚进行私下接触，探寻能否与美国"合作"，阻止蒋介石及其亲信来台时。墨钱特发现陈诚绝对忠诚于蒋介石，在后来给美国政府的建议中宣称：陈诚属于典型的国民党"最反动的"和"昏庸的"领导，不符合美国利益，乃向国务卿推荐孙立人。[②] 1949年3月上旬墨钱特致电国务院称："我们所需要的是一个能力强，做事脚踏实地的人，不必听命蒋介石，亦无须服从李宗仁的联合政府，而去为台湾谋福利。孙立人的经验也许不足，但其他条件却甚适合。"美国人真正属意的应属孙立人，因为孙立人曾留学美国，又在滇缅作战中荣立战功颇受美国器重。此时，李宗仁也打算用孙立人取代陈诚。当陈诚得知此一讯息时，立即致信司徒雷登，表示可以让位给孙立人，但须由美国征求蒋介石的意见。[③] 后美国政府曾直接同孙立人接触，孙立人除了发发牢骚之外并未有实际行动。因美与孙立人接触为国民党情报机构所掌握，蒋介石一方面接见孙立人，加以笼络；另一方面当国民党在台生根后立即将孙立人监禁。

方案三：制造"台湾地位未定论"与"联合国托管说"。（"托管"在国际政治意义上是指对非自治领土，特别是旧殖民地，将其交付国际指定的国家代为管

---

① 苏格：《美国对华政策与台湾问题》，第93—94页，世界知识出版社，1998年版。

② 苏格：《美国对华政策与台湾问题》，第99页。

③ 苏格：《美国对华政策与台湾问题》，第99页。

理，并协助其自治或独立。《现代汉语词典》将"托管"解释为由联合国委托一个或几个会员国在联合国监督下管理还没有获得自治权的地区。）1949 年 4 月 15 日，美国国务院新闻发布官麦克德莫特发表谈话，宣称："台湾地位在战时与库页岛完全一样，其最后地位将由一项和约决定。"[①] 尽管在战时美国军方就曾主张台湾应由联合国共管，但美国政府并未持这一立场。此间抛出这一观点很快于同年 5 月被美国国务卿艾奇逊致美国驻广州代办克拉克的电文所证实。电文称麦克德莫特的发言确实代表美国政府的观点。麦克阿瑟已公然叫嚣"在对日和约签订之前台湾仍属于盟军总部"，此一叫嚣为制造"联合国托管"埋下了伏笔。

上述观点是美国政府制造"台湾地位未定论"的最初公开表述。同年 6 月，美国国务院又提出一份政策意见书，其主旨是立即向联合国提出台湾问题，要求召开特别联大由美国发表声明，说明《开罗宣言》发表时所预见的与台湾有关的战后形势没有成为现实，中国政府在台湾"治理不当"，正使其丧失在台湾行使主权的权力，因此台湾人民有权举行公民投票以决定自己的命运。[②]

朝鲜战争爆发后，美国总统杜鲁门在 6 月 27 日的声明中，无理地宣称："台湾未来地位的决定必须等太平洋安全的恢复，对日和约的签订或经由联合国的考虑。"[③] 在杜鲁门的声明中，《开罗宣言》关于台湾归属的法律效力不复存在，中国收回台湾主权的事实也被剥夺了，而且有权决定台湾未来地位的，只能是美国或联合国。

麦克阿瑟

对于改变台湾地位的性质，美国学者与西方领导人作如下辩解：一是开罗宣言和波茨坦公告不具有约束力；二是"情势变迁"；三是中国接收台湾并非取得主权；四是对日和约决定台湾地位；五是联合国考虑台湾归属。[④] 这些说法明目张胆地破坏了国际准则。当然这些说法不被中国所接受，其中包括了

---

① 资中筠：《追根溯源——战后美国对华政策缘起与发展》，第 267 页。
② 资中筠：《追根溯源——战后美国对华政策的缘起与发展》，第 270 页。
③ 《中美关系资料汇编》，第 2 辑（上），第 10 页，世界知识出版社，1960 年版。
④ 贾庆国：《"台湾地位未定论"的法律透视》，载资中筠主编：《美台关系 40 年》，第 82 页。

退守台湾的国民党蒋介石集团。

面对美国甚嚣尘上的"联合国托管"说与种种将台湾分离出去的方案，蒋介石当时均予以坚决抵制。据蒋经国日记记载，蒋介石当时的主张与立场是：

"英、美恐我不能固守台湾，为共产党军队夺取而入于俄国势力范围，使其南太平洋海岛防线发生缺口，亟谋由我交还美国管理，而英则在幕后积极怂恿，以间接加强其香港声势。对此一问题最足顾虑，故对美应有坚决表示，余必死守台湾，确保领土，尽我国民天职，绝不能交归盟国。如彼愿助我力量共同防守，则不拒绝。"①

1949年6月20日，蒋介石再度向美国及麦克阿瑟表明其对"联合国托管"说与各种分离台湾方案的态度与立场：

（1）"台湾移归盟国或联合国暂管之拟议，实际上为中国政府无法接受之办法；因为此种办法，违反中国国民心理，尤以中正本人自开罗会议，争回台、澎一贯努力与立场，根本相反。"

（2）"台湾很可能在短期内成为中国反共力量之新的政治希望，因为台湾迄无共党力量之渗入，而且其地理的位置，使今后'政治防疫'工作较易彻底成功。"

（3）"……至于中国政府，无论在大陆与海岛，皆有其广大根据地，与中共持久作战到底，绝不会成为类似伦敦波兰政府之流亡政府，余敢断言。"

（4）"基于以上考虑，余及中国政府深盼麦帅本其在东亚盟国统帅之立场，以及其对于赤祸与东亚前途之关系，极力主张两事：

甲、美国政府绝不可考虑承认中共政权，并应本其领导国际之地位与力量，防阻他国承认。

乙、美国政府应采取积极态度，协助中国反共力量，并应协助我政府确保台湾，使成为一种新的政治希望。"②

在蒋介石表明上述态度与立场前后，蒋介石让至死忠诚于他的嫡系爱将陈诚出任台湾省主席。同时冲破美国设置的重重阻力，将大量的黄金、美元、物资及文物运抵台湾，以显示其将台湾作为未来反共基地的意图和决心。蒋介石本人也于1949年5月抵台，并在草山设立"总裁办公室"，以示在台长期办公。蒋介石的坚定立场与行动，使美国分离台湾的政策无法得以实施。

---

① 《蒋"总统"经国先生言论著述汇编》，第2辑，第628页。
② 《蒋"总统"经国先生言论著述汇编》，第2辑，第629—630页。

正当美国对华政策出现争吵、分歧之际，人民解放军已将大部国民党军逼下了大海。无情的现实迫使美国作出抉择：要么同人民解放军直接作战，以巨大的损失占领台湾；要么放弃台湾。经过数度集会、争吵，美国终于采取了弃蒋弃台政策。

弃蒋政策突出表现在美国国务院于 1949 年 8 月 5 日发表了《美国同中国，特别是 1944—1949 年期间的关系》白皮书（简称《白皮书》）。《白皮书》共分八章：一、自 1844 年到 1943 年一世纪中的美国对华政策；二、1941 年到 1944 年国共关系的检讨；三、1944 年到 1945 年赫尔利大使任内情形；四、雅尔塔协定和 1945 年的中苏条约；五、1945 年到 1947 年，马歇尔使命之行；六、1947 年到 1949 年司徒雷登使华情形；七、1945 年到 1949 年军事全局检讨；八、1945 年到 1949 年美国的经济计划。该书全文计 1071 页，包括 1945 年到 1949 年五年间中美国对华重要政策公开与秘密文件的完整记录。其中附有美国国务卿艾奇逊致总统杜鲁门的白皮书。

《白皮书》用了相当的篇幅严厉指责国民党堕落、腐败与无能，宣称美国即使采取新的对华政策或额外的援助也无法挽回蒋介石行动所造成的损失。关于此点可从下面文字中得到说明："这一白皮书，是奉杜鲁门总统的命令编制，以替美国政府对中国的静观政策辩护。这一巨幅白皮书，包括 186 项文件，追述美国对华关系史，并包括魏德迈中将 1947 年的长篇秘密报告，以及马歇尔和司徒雷登的报告等。魏德迈的报告，提出一项美援五年计划，其条件是国民党采取有效步骤，清除其政府内部，接受美国的军事和经济顾问，并将东北交给'联合国托管'。"艾奇逊认为"中国实际上已经受苏联控制，并且坦直地说：美国除了扼守中国边境上的界限，并且希望中国人民终将起而反抗，像过去整个历史上一样的摆脱外国束缚之外，已没有其他办法"。艾奇逊毫不客气地说："中国内部所以产生这种不幸的结果，中国政府的腐化、自私和军事错误应负其责。"[1] 艾奇逊在发表上述文件时还宣称："从日本投降到 1948 年年底，美国共向中国提供了 10 亿美元军事援助和相同数目的经济援助。""不幸的但无法逃避的事实，是中国内战不幸结果，为美国政府控制所不及。美国在它能力的合理限度以内，所曾经做的或能够做到的种种措施，都不能改变这种结果。"[2]

《白皮书》中有许多文字充满了颠倒是非、隐瞒和捏造事实之处，也有一些

---

[1]　台北《"中央日报"》，1949 年 8 月 6 日。

[2]　《艾奇逊回忆录》，第 181 页。

对中国共产党与中国人民的攻击之词。很显然，美国此举意在推卸责任，为自己的对华政策辩护，同时表明敌视中共的立场。因此，此书一出版立即遭到全中国人民的愤怒谴责，毛泽东接连为新华社撰写了五篇抨击《白皮书》与美国对华政策的文章。认为《白皮书》的发表，"反映了中国人民的胜利和帝国主义的失败，反映了整个帝国主义世界制度的衰落"①；是"美国侵略政策彻底失败的象征"②。

美国这种对蒋介石及国民党落井下石的做法，使蒋介石如遭五雷轰顶。蒋介石在 1949 年 8 月 10 日日记中写道：

"马歇尔、艾奇逊因欲掩饰其对华政策之错误与失败，不惜彻底毁灭中美两国传统友谊，以随其心，而亦不知其国家之信义与外交上应守之规范，其领导世界之美国总统杜鲁门竟准其发表此失信于世之《中美关系白皮书》，为美国历史上，留下莫大污点。此不仅为美国悲，而更为世界前途悲矣。"③

蒋经国在美国《白皮书》发表的第二天，也在日记中对美行径有所谴责：

"对美国《白皮书》可痛可叹，对美国务院此种措置，不仅为其痛惜，不能不认为其主持者缺乏远虑，自断其臂而已。""甚叹我国处境，一面受俄国之侵略，一面美国对我又如此轻率，若不求自强，何以为人？何以立国？而今实为中国最大之国耻，亦深信其为最后之国耻，既可由我受之，亦可由我湔雪也。"④

对于蒋介石父子的愤愤之情可以理解。当时有人曾劝蒋介石对美国此举发一抗议声明，蒋介石考虑到国民党兵败大陆退台后还要仰仗美国，故未敢发表个人抗议电。8 月 7 日，中国驻美国大使顾维钧就美国《白皮书》发表声明，认为此时此刻发表这一文件"至为遗憾"。⑤前上海市长吴国桢对美国国际新闻社记者韩德曼称"美国国务院发表之白皮书，暴露了不聪明及不切实际之政策"。⑥ 8 月 16 日，外交部代部长叶公超奉蒋介石令发表声明，宣称："中国政府必须郑重声明，吾人对于白皮书内容所涉及之其他许多重要问题，在意见方面或论据方面，实有不能不持严重异议之处。""中国政府为其本身之立场与责任，对于此繁复错杂之长篇白皮书，不能不于适当时期，将所持观点及有关事实，对中美两国人民

---

① 《毛泽东选集》，第 4 卷，第 1483 页，人民出版社，1991 年版。
② 《毛泽东选集》，第 4 卷，第 1491 页。
③ 古屋奎二：《蒋"总统"秘录》，第 4 卷，第 481 页。
④ 《蒋"总统"经国先生言论著述汇编》，第 2 辑，第 647 页。
⑤ 台北《"中央日报"》，1949 年 8 月 8 日。
⑥ 台北《"中央日报"》，1949 年 8 月 8 日。

作详切之声明。"①

弃台政策表现在发表弃蒋《中美关系白皮书》之后，美国杜鲁门总统于 1950 年 1 月 5 日发表了关于台湾问题的声明。

如前所言，第二次世界大战结束后，美国对华对台政策一直处在激烈的争论中，到 1948 年秋冬至 1949 年年底，最终形成了美国在远东的总战略："一旦发生对苏战争，在西方进行战略进攻，在东方进行战略防御"，而"美国最近的目标就是要在一切可能的地方遏制和降低苏联在亚洲的力量和影响，使之不致威胁美国的安全"。在远东进行战略防御的第一道防线，应当包括日本、冲绳、菲律宾。在中国则是继续承认"国民党政府"，而拒不承认中共政权，同时要向友邦国家说

杜鲁门

明匆忙承认中共政权的危险性；一旦将来必须予以承认，也要采取适当步骤，使承认不至于被解释为是"对中共政权的认可"；"美国还要通过恰当的政治、心理和经济的渠道，利用中共与苏联之间、中共的斯大林分子和其他分子之间的一切嫌隙"。在台湾问题上，杜鲁门政府肯定了美国中央情报局 1949 年 10 月 19 日的判断：如果没有美国的军事占领和控制，台湾将在 1950 年年底落入中共手中。同时重申"由于我们的军事实力与全球义务不相适应，台湾的战略重要性还不足以使我们公开使用武力，因此美国要尽一切努力增强其在菲律宾、冲绳和日本的整个地位"。②

有鉴于此，杜鲁门于 1950 年 1 月 5 日就台湾问题发表了正式声明。"声明"宣称遵守《开罗宣言》和《波茨坦公告》关于台湾归还中国的规定，并称美国和其他盟国尊重中国对台湾行使主权已有四年了。"声明"还指出："美国对福摩萨和其他任何中国领土没有掠夺性意向。美国目前无意在福摩萨获取特别权利和特权，或建立军事基地。美国亦无意使用武力干预现在局势。美国政府将不遵循足以使之卷入中国内政的方针。""同样，美国政府将不向福摩萨的中国军队提供军事援助或建议。在美国政府看来，福摩萨的资源足以使他们得到他们认为保卫该

---

① 台北《"中央日报"》，1949 年 8 月 17 日。

② 陶文钊主编：《中美关系史》（中卷），第 12 页。

岛所必需的物资。"① 当然，杜鲁门为日后美国干涉台湾事务还留下了一个伏笔，即"此时"不想在台湾获取特别权力或建立军事基地。

这是 1948 年秋冬以来美国政府重新审查对华政策最明确的表示，即从中国脱身，对台湾采取不干涉政策。杜鲁门政府此举的重要意图是为了向中国伸出橄榄枝，以便离间中苏关系，使新中国的"一边倒"政策破产。非常遗憾的是，这一声明并未付诸实践，而且在朝鲜战争爆发之前又朝着重新干涉中国内政的方向发展。关于此点可从以下几方面得到说明：

第一，美国国会内的亲蒋议员与国会外的援华集团里应外合，一方面继续攻击民主党的对华政策，另一方面对于同中国共产党交往甚密的谢伟思和戴维斯等人进行解职后的"忠诚调查"，同时攻击国务卿艾奇逊和马歇尔。

第二，美国军方宣称虽然美国不需要台湾作为军事基地，但绝不允许中共占领台湾，让苏联在台湾建立军事基地。

第三，麦克阿瑟比美国军方更为狂热地鼓吹："台湾在共产党手中如同一艘不沉的航空母舰和潜艇供给船"，"果真台湾落入共产党之手，美国就要退到夏威夷和它的西海岸"。②

也正是基于上述立场，才有朝鲜战争爆发后对台政策的立即转变。此后，尽管美国多次插手台湾事务，制造"一中一台""两个中国"和"台湾中立化"，但都遭到了偏安台湾国民党当局的坚决抵制与反对。直至蒋介石死前，他始终没有放弃"一个中国"的立场。当然，蒋介石口中的"一个中国"不是指中华人民共和国，而是指在大陆崩溃后流亡台湾岛的所谓"中华民国"。

朝鲜战争改变美国对华政策

正当美国公开抛弃蒋介石与台湾的宣言传至世界每一个角落，蒋介石大肆喧嚣"保卫大台湾"之际，"战争的台风"并未吹临危殆中的台湾，却于 6 月 25 日在朝鲜半岛登陆。朝鲜半岛便成为美、苏、中与台湾四方角力的焦点。

朝鲜位于亚洲大陆东部，东临日本海，西隔黄海，与中国大陆的辽东半岛和山东半岛相望，南隔朝鲜海峡与日本群岛相对，北以鸭绿江、图们江为界与中国毗连，边界长约 1300 公里，东北端有十多公里与苏联接壤，地处中、苏、日三国之间，扼日本海与黄海、东海的海上交通要冲。朝鲜领土由朝鲜半岛和 3300

---

① 陶文钊主编：《美国对华政策文件集》，第 2 卷，第 26—27 页。
② 陶文钊主编：《中美关系史》（中卷），第 16 页。

多个大小岛屿组成，总面积 22 万多平方公里，其中半岛面积为 21.47 万平方公里，约占总面积的 97%。

朝鲜是一个具有悠久文化历史的古国。1901 年 8 月，朝鲜被日本帝国主义侵吞，沦为日本殖民地。第二次世界大战即将结束之际，苏联根据《雅尔塔协定》于 1945 年 8 月 8 日公开对日宣战。百万苏联红军在向中国东北日本驻军发起进攻的同时，其中一部也于 8 月 13 日在朝鲜东部清津地区登陆。14 日，日本天皇宣布接受《波茨坦公告》，无条件投降。美国人为了防止更多的胜利果实落入苏联人手中，遂决定与苏联进行协商，划分占领区受降范围。经过双方协商，朝鲜以北纬 38 度线（简称三八线）为界，以北为苏军受降区，以南为美军受降区。到 8 月下旬止，苏军已经占领了三八线以北地区。9 月 8 日、9 日，美军分别在仁川、釜山登陆，控制了三八线以南地区。

根据开罗会议精神，1945 年 12 月 27 日，苏、美、英三国外长莫斯科会议达成协议，由驻朝鲜的苏军司令部和美军司令部组成联合委员会，协助南、北朝鲜迅速建立一个统一的临时政府。由于美、苏双方在一些重大问题上意见分歧，使三国外长会议精神未能得到贯彻。相反，美国为达到永远控制朝鲜半岛并使之"合法化"的目的，遂于 1947 年 10 月，将朝鲜问题提交联合国大会讨论。11 月，美国又操纵联大非法成立"联合国朝鲜临时委员会"，用以"监督"朝鲜的普选。继之，美国又于 1948 年 2 月 26 日炮制了"大韩民国"，扶植其傀儡李承晚上了台。在此背景下，朝鲜北部在朝鲜劳动党总书记金日成将军领导下，也于同年 9 月 9 日，宣布成立朝鲜民主主义人民共和国。从此，朝鲜出现了南北分裂、对峙的局面。

1948 年 9 月，朝鲜民主主义人民共和国政府要求苏、美战斗部队立即撤出朝鲜。苏军于同年 12 月 25 日全部撤退完毕。美国出于全球战略考虑，一再违反三国外长会议精神，大量增加军援，加速扩充、培植李承晚军队，以巩固其统治。截止到 1949 年 6 月 29 日，美军迫于国内外舆论压力撤离朝鲜时，共武装李承晚军队 11.4 万余人，并留约 500 人的军事顾问团。与此同时，李承晚大肆制造战争舆论，散布"北部侵犯南部的危险"，叫嚷要"北进统一"。正是在此形势下，朝鲜战争于 1950 年 6 月爆发。

对于朝鲜战争爆发的原因，现在的说法与过去教科书相比，的确有了明显的变化。众所周知，斯大林在毛泽东 1949 年 12 月访问苏联时，已经答应中国政府率先帮助中国夺取台湾岛。当杜鲁门 1950 年 1 月 5 日公开声明朝鲜和台湾不在美国的防御圈内时，斯大林的第一个反应就是先解决朝鲜问题。因为朝鲜统一可以大大巩固和加强苏联远东的边防，而且使苏联的心腹之患——日本直接处于苏联的威慑之下。在对帮助中国夺取台湾和帮助金日成实现朝鲜统一进行利益比较之后，斯大林的天平倾斜到金日成一边。3月30日，金日成秘密访问莫斯科，斯大林肯定了金日成的统一计划，并提醒他必须把计划通报毛泽东。5月13日，金日成在中南海怀仁堂向毛泽东通报了他的统一计划，并称得到了斯大林的批准。毛泽东无论如何没有想到朝鲜统一会排在他解放台湾行动之前，更没有想到与斯大林商量好的事情他会变卦。尽管毛泽东很沮丧，但他还是表示支持金日成的统一计划。①

在得到苏联与中国的支持后，金日成于1950年6月25日发动了反击南朝鲜军挑衅、实现祖国统一的战争。6月28日，朝鲜人民军在金日成指挥下攻占了汉城。到8月初，人民军已经控制了朝鲜南部90%以上的土地，迫使李承晚部队退守洛东江以东的大丘、釜山一隅。如果没有麦克阿瑟所部美军于仁川登陆，朝鲜早就解放了。

朝鲜战争的突发，使美国在一夜之间改变了对台的"观望"与"袖手"政策。

在朝鲜战争爆发之初，美国五角大楼获悉此讯息的最初几小时内，表现出相当的平静。参谋长联席会议值日官切斯特·克利夫顿中校以个人名义为新闻界准备了一份简短声明，宣布美国得知朝鲜战争爆发以及美军没有卷入。

当国务卿艾奇逊获悉朝鲜战争爆发消息后，立即打电话给正在密苏里老家度假的总统杜鲁门。杜鲁门的第一个反应是立即动身回华盛顿。据玛格丽特·杜鲁门回忆："从获得消息时起，我的父亲明确表示，他担心这是第三次世界大战的序幕。"

由于艾奇逊让他再等一等更为确切的消息，以免夜间飞行危险和引起外界恐慌，他才没有于即日内飞返华盛顿。当晚他批准将朝鲜问题交联合国安理会处理。

杜鲁门对朝鲜战争的判断与在东京的约翰·福斯特·杜勒斯的估计有相似之处。杜勒斯在东京发给艾奇逊的电报中称：

"南朝鲜人有可能运用自己的力量阻止并击退进攻，如果这样，是再好不过了。但是，如果他们无力做到，那么我们相信应该动用美国部队……坐视南朝鲜

①　青石：《1950年解放台湾计划搁浅的幕后》，《百年潮》，1997年第1期。

无端遭受武装进攻的蹂躏，将会产生一连串的灾难，很可能最终导致第三次世界大战。"①

杜勒斯是第一个以文字形式提出美国使用军事力量干预朝鲜战争的人。他作为在野党外交政策的主要发言人，受到了艾奇逊与杜鲁门的重视。在战争爆发的第二天中午，杜鲁门匆忙结束休假飞返华盛顿。此间，由艾奇逊主持的参谋长联席会议非正式会议已经结束。会间，参谋军官们认为朝鲜对美国无"战略利益可言"。面对战争应急计划如下：一旦发生入侵，美国将尽快撤出所有军事人员、外交官和平民，必要时动用空军掩护。美国无论如何不能卷入朝鲜战争。会议刚结束，艾奇逊就收到杜鲁门从飞机上打给他的电报，要求艾奇逊以及高级军官和外交顾问于当晚在布莱尔大厦举行战略会议。

在飞返华盛顿途中杜鲁门断定朝鲜战争是俄国人酝酿的。他说："我敢肯定……必须以牙还牙。我得出的结论是，唯独实力才是俄国独裁者唯一懂得的语言。我们必须以实力为基础给予迎头痛击并击败他们。"②

当晚，杜鲁门与13位负责全国军事和外交的高级官员在布莱尔大厦进行紧急磋商。会议一开始就偏离了正题，参谋长联席会议主席布莱德雷首先宣读了麦克阿瑟急切呼吁杜鲁门改变1月份所宣布的美国无意保卫台湾的政策。麦克阿瑟将台湾岛比做"永不沉没的航空母舰和潜艇供应船"，认为把它让给一个不友好的政权"对美国将是一场巨大的灾难"。他还表示愿意甚至迫切希望访问台湾作一番调查，以确保这个岛屿免遭侵略对"军援的需求和限度"。与会者早已闻悉麦氏这一论点，表示不屑一顾。艾奇逊将话题拉入正题，他回顾了战争发生以来的情况，宣称北朝鲜入侵"造成巨大的混乱，形势令人担忧"。随后，他根据当天与国务院和国防部官员的讨论归纳出三项建议：

（1）授权麦克阿瑟向朝鲜人运送军援计划以外的武器和其他装备；

（2）动用空军掩护美国妇女和儿童撤退，对企图阻挠撤退的一切北朝鲜飞机和坦克进行还击；

（3）命令第七舰队从菲律宾向北移动，以阻止中共进攻台湾，同时劝阻国民党当局不要采取任何针对大陆的行动，不允许麦克阿瑟对台湾作调查性访问。艾奇逊还称：美国不应该和蒋介石搞得太热乎。他认为台湾前途将由联合国决定。

---

① 〔美〕约瑟夫·格登：《朝鲜战争》，第44页，解放军出版社，1900年版。

② 约瑟夫·格登：《朝鲜战争》，第52页。

杜鲁门则插话称："或者由对日和约来决定。"①

6月26日，杜鲁门继续召开国家安全会议，讨论对策。会议决定：

（一）美国海空军向南朝鲜军队提供全面援助，目前将活动限于三八线以南；

（二）命令第七舰队开进台湾海峡，以阻止从中国大陆对台湾和从台湾对中国大陆的一切海空行动，将台湾海峡"中立化"；

（三）加强在菲律宾的美军；

（四）加强对在印度支那的法国军队的援助，并派去军事使团。②

27日，杜鲁门发表了武装干涉朝鲜与台湾事务的声明，即"六二七"声明，杜鲁门宣称：

"对韩国的攻击显然表示共产主义已不复沿用颠覆手段，以征服独立国家，而进一步使用武装侵略及战争来达到目的。此等行动违背安全理事会为维护国际和平的安全而发布之命令。""鉴于共产党军队之占领台湾，将直接威胁到太平洋区域的安全，并威胁到该区域履行合法而必要之活动的美国部队，因之，本人已命令美国第七舰队防止对台湾的任何攻击，并且本人已请求台湾的'中国政府'停止对大陆的一切海空活动。""第七舰队将负责观察此一要求是否已付诸实践。"③

从杜鲁门的声明看，美国已经断然改变了对台湾的"袖手"政策，从弃蒋走向再度扶蒋。杜鲁门之所以在入侵朝鲜的同时改变对台政策，主要是美国的决策者们认为：各国共产党都听从苏联的指挥，此次朝鲜战争爆发，不仅是南北朝鲜之间的冲突，而且也是苏联用突然袭击的方式公然向美国势力范围挑战的行动，是苏联发动第三次世界大战的第一步。杜鲁门从这种错误的判断出发，进而认为苏联下一个攻击目标是欧洲或中东，因此，必须进入战备状态，立即在朝鲜迎击挑战并加强全球防务。同时，他还认为，苏联已从朝鲜向美国开刀，如果中国大陆趁机攻占台湾，日本就很难保住。其结果，美国在西太平洋的防御圈就有崩溃的危险。虽然美国战略重心在欧洲，但失去亚洲后便会破坏美国全球战略的平衡。因此，必须尽快控制台湾，稳住亚洲阵脚。正是基于上述考虑，杜鲁门政府才决定出兵台湾，干涉中国事务。

美国在出兵救蒋的同时为什么还要阻止蒋介石向中国大陆进兵呢？关于此

---

① 〔美〕约瑟夫·格登：《朝鲜战争》，第59页，解放军出版社，1990年版。

② 《艾奇逊回忆录》，上册，第269—270页，上海译文出版社，1978年版。

③ 美国《国务院公报》，1950年7月3日。

点，美国的考虑是：如不阻止蒋介石进兵中国大陆，就会引起中美全面冲突，使美国深陷远东而不能自拔；同时还会破坏美国在亚洲的"形象"，并引起盟国的不满。尽管国民党当局一再表示派兵援美，均遭杜鲁门婉拒。美国人是最大的实用主义者，他们认为：国民党军队赴朝作战协美，很可能会招致中共出兵朝鲜或进攻台湾，使战争扩大化。而且在美国人的潜意识中，国民党军队以腐败、战斗力差、士气低落为其特征，即使赴朝助美，但在事实上起不了多大作用。[①] 同时美国盟友也反对起用国民党军队。

与此同时，美国利用联合国于 6 月 25 日、27 日通过两项决议，要求朝鲜立即将军队撤至三八线，并要求联合国成员国向南朝鲜提供援助。6 月 29 日，麦克阿瑟建议杜鲁门除了海空军外，动用地面部队。杜鲁门和参谋长联席会议接受了这一建议。7 月 7 日，联合国安理会通过了关于建立以美军为主的"联合国军"司令部的决议。8 日，麦克阿瑟被正式任命为"联合国军"总司令。

杜鲁门总统的上述政策首先遭到了他的部下、"联合国军"总司令麦克阿瑟的反对。早在 1950 年 1 月杜鲁门发表不干涉台湾声明时，麦氏就主张"保卫"台湾。朝鲜战争爆发后，他又积极主张国民党军队借朝鲜战场"反攻大陆"，还希望美国政府改变对台政策[②]。7 月 31 日，麦克阿瑟擅自率领四十多人的军事代表团抵台访问，随行人员有第七舰队司令史枢波中将、远东空军司令斯特拉特梅耶中将等。在台湾期间，麦氏同蒋介石、陈诚、周至柔、桂永清、孙立人等国民党高级军政官员进行会谈。双方经过商谈后达成如下协定：

（1）双方陆、海、空军归麦克阿瑟指挥，共同防守台湾；

（2）增派美国空军第十三航空队常驻台湾，在台湾设立军事联络办事处。[③]

8 月 1 日，麦克阿瑟离台前与蒋介石分别发表声明。麦氏称：台湾本岛包括澎湖在内，在目前情况下，不得遭受军事进攻之政策业经宣布，是项政策之执行，即为余之责任与坚决目的。余在台与各级人员所举行会议极为恳切而和谐。余统率下的美军与"中国政府"军队间有效联系已经完成。他还宣称：大陆中共倘若发动对台湾的进攻，"则吾人当更能做有效之应付"。麦氏还称蒋介石的决心与美国人的利益是完全相符的。[④]

① 《杜鲁门回忆录》，第 2 卷，第 407 页。
② 《杜鲁门回忆录》，第 2 卷，第 407 页。
③ 台湾《中央日报》，1950 年 8 月 2 日。
④ 台湾《中央日报》，1950 年 8 月 2 日。

蒋介石也发表声明称：

"吾人与麦帅举行之历次会议中，对于有关各项问题，已获得一致之意见，其间关于共同保卫台湾，与中美军事合作之基础，已告奠定。"①

在日记中，蒋介石写道："联合国统帅麦克阿瑟来台协商共同防卫台澎之军事合作计划，彼之热情直爽，令人感动，而其在韩国危急之际，仍能如期拨冗来访，是诚仗义为也，不失为持颠扶危有道之麦帅亦。"②

麦克阿瑟返日后，立即建议美国政府派一军事代表团到台湾，以四个月时间完成对国民党军队的装备与训练。

对于麦氏擅自访问台湾，杜鲁门很不满意。杜氏立即派艾夫里尔·哈里曼赴东京详解美国对台政策说："绝不应允许蒋介石成为发动对大陆上中国共产党战争的导火线，这样做的结果可能使我们卷入一次世界大战。"③杜鲁门还通过军方指示麦克阿瑟说，美国对台湾的防卫应限于不需要派美军去就可以完成的那些行动。④杜鲁门对麦克阿瑟的声明尤为恼火，因为"麦克阿瑟每到一处便出现的耀眼宣传，给人一种印象"，似乎美国"正与蒋谈判一项共同防御条约"。⑤杜鲁门当时就想撤掉麦克阿瑟，但鉴于麦氏的声望，他暂时没有这样做，而是训令麦氏收回声明。以后在美军进攻失败时，麦氏再三要求动用国民党军队助战，均遭杜鲁门拒绝。

纵观美国在朝鲜战争爆发后的对台政策，杜鲁门自己称是"无偏袒的中立化的行动"。如果从表面上看，杜鲁门的"中立化政策"公正合理，不偏不倚，既抵制大陆进攻台湾，又阻止蒋介石"反攻"大陆。然而从实际上看，杜鲁门的"中立化政策"是虚伪的。刚刚撤退到台的国民党军队惊魂未定，惶惶不可终日，连自身性命都难保，还奢谈什么"反攻"大陆。美国人的目的很简单，就是企图阻止人民解放军渡海作战，解放台湾。正因为美国对台政策的骤变，给台湾当局带来一线生机。

外电称朝鲜战争救了国民党，当时身为台湾当局驻韩国"大使"邵毓麟在向蒋介石进言时也不得不承认："如果共产党在大陆沦陷后先攻台湾，那我们就

①　张其昀主编：《先"总统"蒋公全集》，第 3 册，第 3331 页。
②　《蒋介石日记》（手稿本），1950 年 8 月 5 日，"上星期反省录"。
③　《杜鲁门回忆录》，第 2 卷，第 421 页。
④　《杜鲁门回忆录》，第 2 卷，第 422 页。
⑤　玛格丽特·杜鲁门：《哈里·杜鲁门》，第 220 页，生活·读书·新知三联书店 1976 年 12 月版。

不堪设想。""如果共产党先攻南韩……麦帅总部又近在咫尺，焉有坐视不救之理？""我们台湾在各国制止'共党'侵略南韩声中，就可能有一线希望，转危为安。"

"韩战对于台湾，更是只有百利而无一弊。我们面临的中共军事威胁，以及友邦美国遗弃我国，与承认'匪伪'的外交危机，已因韩战爆发而局势大变，露出一线转机。""如果韩战演成美俄世界大战，不仅南北韩必然统一，我们还可能会由鸭绿江而东北而重返中国大陆。"①

自美国政府宣布"中立"台湾海峡之后，立即派太平洋第七舰队的八艘船舰（含二艘驱逐舰、二艘巡洋舰）进入台湾海面，并开始巡弋。

7月28日，美国政府宣布派蓝钦为驻台湾当局"公使"兼"临时代办"，对于司徒雷登，美国国务院发言人解释称："现仍卧病"，目前没有令他返任的计划。美国政府同时派贾纳德海军少将为驻台武官。美国国务院发言人还让印度政府转告"中国政府"："注意杜鲁门总统的最近声明，即美国对台湾'绝无领土野心'。"②

8月4日，美国空军第十三航空司令滕达抵台访问，并成立了台湾前进指挥所，其后，第一批美国制造的F20型飞机进驻台湾。8月8日，美国经合总署驻台首席代表穆懿尔向记者宣称：7—9月，美国经济援助台湾达上千万美元。③

1951年1月30日，美国驻台"公使"蓝钦代表美国政府照会台湾当局宣称，美国政府准备以某些军事物资供给台湾以供防卫台湾安全。但蓝钦宣称，这些物资美国政府要求须照下列保证予以使用和处置：

（1）台湾当局"须将物资用于保持其内部安全或正当自卫"；

（2）台湾当局"须采取中美两国政府就案商定之各项安全措施，俾美国政府所供应之秘密军品、人员协助及情报等不致泄露或蒙受其他损害"；

（3）台湾当局要"接受美国政府人员"在台湾管辖区域内"依照本协定履行美国政府之责任，并给予适当便利"，"证实所供应之物资确是用于原定意图"；

（4）台湾当局对美国"军援"物资的处理，必须征得美国政府的明确表示，如果不按美国规定的要求去使用这些物资，美国政府随时考虑停止对台湾当局援助。④

---

① 邵毓麟：《使韩回忆录》，载台北《传记文学》，第193期。
② 台湾《"中央日报"》，1950年7月30日。
③ 台湾《"中央日报"》，1950年8月9日。
④ 台湾《"中央日报"》，1951年2月2日。

同年 5 月 18 日，美国主管远东事务的助理国务卿腊斯克宣布包括 11 点要项的远东政策，明确指出："我们对于台湾，除继续予以经济援助外，并将给予选择性军事援助，以加强台湾的防卫实力。"①

同月，美国驻台军事顾问团宣布成立。此后，大量的美国"军援""经援"不断运抵台湾。至此，美国政府因朝鲜战争而抛弃了弃蒋政策，再度扶蒋，使蒋、美关系第二次进入了"蜜月"期。正因为有了美国撑腰，国民党蒋介石的胆子又壮起来了。

出兵朝鲜计划受阻

根据董显光的说法，自朝鲜战争爆发后，蒋介石个人的历史"参入韩战的复杂史实之内。从彼时起，台湾所遭遇的任何事都与韩战有不可避免的关系"。②

但在朝鲜战争爆发之初，按照台湾当局驻南朝鲜"大使"邵毓麟的说法，蒋介石"遭遇了震惊、失败和几乎已经绝望"。就在朝鲜战争爆发的当日，蒋介石便获得零星的消息，直至深夜 10 时，他才接到邵毓麟自南朝鲜发来的首次报告，对战争情况有了一个大致的了解。同日，蒋介石还收到了南朝鲜驻台湾当局"大使"面交的告警求援急电。蒋介石震惊之余，大感恐慌。因为他同美国对朝鲜战争的看法是一致的，也认为是苏联人挑动的。如果苏联帮助金日成打败李承晚后，下一步就将协助中共打台湾。因此，蒋介石的第一个反应是，立即驰电声援李承晚：

"总统阁下，据报所谓北韩人民政府，已大举进攻贵方，此举自系赤俄阴谋之另一表现。贵我两国之反共产反侵略之立场相同，闻讯深表关切。贵国军民当深明此义，在阁下贤明领导下，必能获致最后胜利。除已电令本国驻联合国代表促成安全理事会紧急会议之召开，俾其受理此案，并与其他国家洽商具体适当措置外，谨先电讯。"③

在 26 日、27 日的蒋介石日记中都记述了商讨朝鲜战争情况。与此同时，台湾三军进入了紧急戒备状态。正当蒋介石惶惶不可终日之际，杜鲁门的"六二七"声明，使台湾当局意外地得到一张美国人签署的人寿保险单。

对于杜鲁门的"六二七"声明，蒋介石一则表现出是喜，一则又面带忧郁之

---

① 台湾《"中央日报"》，1951 年 5 月 20 日。
② 董显光：《蒋"总统"传》，第 586 页。
③ 台湾《"中央日报"》，1950 年 6 月 26 日。

色。蒋喜的是美国对台对蒋政策终于再度发生转折，由弃蒋变为再度扶蒋，使台湾国民党当局起死回生。因此，当 6 月 27 日晚美国驻台"代办"斯特朗奉杜鲁门之命拜会蒋介石要求"合作"时，台湾当局"外交部长"叶公超奉蒋氏之命向斯特朗面交复示，表示"原则上接受"。① 6 月 28 日，蒋介石召见军政首脑研商美国建议，陈诚、王宠惠、于右任、何应钦、张群、吴铁城、周至柔、叶公超、郭寄峤、桂永清等均出席会议。当日中午，台湾当局下令海空军暂行停止攻击大陆行动。同时，叶公超发表声明称：

"在对日和约未订立前，美国政府对于台湾之保卫，自可与中国政府共同负担其责任。"②

"行政院长"陈诚对美国太平洋第七舰队"协助防卫台湾"一事予以解释称：

"一、我们对于友邦果断的紧急措施，绝不可存怀疑态度，作种种无根据之推测。

二、我全国军民同胞，切不可因友邦对于维护太平洋区域之安全，采取了军事措施，便发生苟安心理。

三、我们要贯彻反共抗俄的'国策'，恢复国家的'领土主权'，争取人民的自由，希望全国同胞，再接再厉，奋斗到底，无论在任何环境之下，绝不放弃此种'神圣之责任'。"③

蒋介石当时还有忧虑的一面。他当时忧的并非是美国人不让他"反攻"大陆，因为蒋介石深知自己刚刚开出的"一年准备，二年反攻，三年扫荡，五年成功"的政治支票在目前是无法兑现的。现在美国人不让他"反攻"大陆，正是他免受外界舆论责难的避难所。蒋介石真正忧虑的是杜鲁门六二七声明中还有这样一段话："台湾未来地位之决定应候太平洋安全恢复、对日和约成立或经联合国考虑以后。"

很显然，美国政府置中国主权于不顾。几个月前，杜鲁门在"一五"声明中还宣称执行《开罗宣言》将台湾归还中国，艾奇逊还补充说台湾在中国统治下已有四年，并将其改为一省，无人提法律上的异议。现美国又将台湾地位说成未定状态，前后自相矛盾，这也是同《开罗宣言》和《波茨坦公告》完全背道而驰的。

---

① 台湾《"中央日报"》，1950 年 6 月 29 日。
② 台湾《"中央日报"》，1950 年 6 月 29 日。
③ 台湾《"中央日报"》，1950 年 6 月 29 日。

对于杜鲁门的这一声明，不仅遭到中国政府总理周恩来的猛烈抨击与抗议，就连蒋介石也予以坚决反对。6 月 28 日，蒋令"外交部长"叶公超发表声明称：

"台湾系中国领土之一部分，乃为各国所公认。美国政府在其备忘录中，向中国所为之上项提议，当不影响开罗会议关于台湾未来地位之决定，亦不影响中国对台湾之主权。"

"中国政府之接受此项提议，自不影响中国反抗国际共产主义侵略，维护中国政府领土完整之立场。"①

叶公超的声明表明台湾国民党当局原则接受了美国太平洋第七舰队入侵的事实，又对美国干涉中国主权表示强烈不满。

9 月 26 日，"革命实践研究院"举行"台湾问题和我们的立场"座谈会，国民党要员张其昀在谈到台湾地位时指出："台湾的地位是没有问题的。无论在种族上、历史上，尤其在法律上，台湾都是我们'中华民国'领土的一部分。台湾与中国是不可分的。"现在单就法律上说：

"第一，台湾、澎湖本是中国的领土。甲午战争后，清廷订立了马关条约，把台湾、澎湖割让给日本。日本占领台湾、澎湖将近 50 年，我们政府于民国三十年对日宣战的时候，发表宣言，声明过去与日本所订的一切条约一概无效。当然，过去割让台湾、澎湖的马关条约从此失去效力，而恢复订约前的现状，因此台湾、澎湖也就重为我有。

第二，在抗战期间，我们政府同美国和英国签订了开罗会议宣言和波茨坦对日宣言，确定台湾、澎湖归还中国。所以台湾、澎湖是我们'中华民国'领土的一部分，是全世界所公认的。

第三，在日本投降的时候，依据开罗会议宣言和波茨坦宣言，台湾、澎湖由中国战场最高统帅部接受日军投降"，"台湾、澎湖也就由'国民政府'统治"。

"基于上述三点，台湾、澎湖是我们'中华民国'的领土"。②

美国对叶公超声明与蒋介石讲话的反应是，国务院顾问杜勒斯对台湾当局驻美"大使"作了一个"推心置腹"的交底："假使美国业已将台湾视为完全是中国领土，不仅中国的代表权（指联合国席位）问题须立谋解决。而且美国也失去

---

① 台湾《"中央日报"》，1950 年 6 月 29 日。

② 台湾《"中央日报"》，1950 年 6 月 27 日。

了部署第七舰队协防台湾的依据。"①

杜氏还嘱咐这种安排是一项"极机密"的锦囊妙计，希国民党当局"保守秘密"。蒋介石为了维持国民党偏安台岛的局面，遂对美国主张采取了"默认"态度。

蒋介石对杜鲁门在台湾海峡的"中立"政策也深表不满，他认为此一命令使许多问题"混沌不明"。例如金门岛是台湾的前哨阵地，但它却不在第七舰队防护之列。再如，对经小金门进入厦门船只不得射击，蒋认为此点有利大陆中共。但美国人的命令又不能违抗，因此，蒋介石令海军对所有悬挂"自由中国"与中共旗帜的船舶开往大陆时，均不得射击，但皆须"搜查与拘捕"。

朝鲜战争爆发后，蒋介石下定决心派兵赴南朝鲜援助李承晚政权。6月28日，台湾当局遂指使驻美国"大使"顾维钧和胡适到白宫会见杜鲁门，面交了蒋介石于6月26日向杜鲁门建议派五十二军驰援南朝鲜的电报副本，以示台湾方面的诚意。翌日，蒋介石又致电邵毓麟称："韩国遭受侵略，中韩宜属手足，自应挽救危局。'中国政府'兹特决定先以陆军三个师，运输机二十架，援助韩国。"②

杜鲁门最初企图接受蒋的建议，以减少美国在朝鲜战场的伤亡人数。杜氏对国务卿艾奇逊说："我在听到这消息的时候，第一个反应是应当接受这番好意，因为，正如我今天对国家安全委员会所说的，我希望看到尽可能多的联合国的成员国参加朝鲜的行动。"③

但艾奇逊和国防部长约翰逊等人害怕国民党军队出兵朝鲜，就会导致中共军队卷入，加之认为国民党军队与李承晚部队的战斗力相差无几，故反对国民党军队介入朝鲜战争。杜鲁门最后采纳了艾奇逊等人的意见，婉言谢绝了蒋介石的"援助"。

7月1日，美国政府致函台湾当局："鉴于北平中共政权发言人近日来一再发出大陆共军将入侵台湾的威胁，美利坚合众国认为，在就出兵朝鲜、削弱台湾防卫兵力是否明智一事作出最后决定前，宜由麦克阿瑟总部派出代表会同台湾中国军事当局，就台岛抵抗入侵之防务计划举行会谈。"④

其后蒋介石又两次向杜鲁门建议派国民党军入朝助美作战。同时蒋还一如既

---

① 参见台湾《"中央日报"》社编：《美同对华政策三十年》。
② 邵毓麟：《使韩回忆录》，载台北《传记文学》第193期。
③ 《杜鲁门回忆录》，第2卷，第406页。
④ 《顾维钧回忆录》(8)，第46页。

往关注朝鲜战场局势的变化。

7月3日，蒋介石在国民党中央总理纪念周以《联合国对韩国战事应有之警觉与措置》为题发表演讲，宣称：

"联合国和西方民主国家要早日结束韩国战争，维护世界和平，就必须采取下列严正的主张：（一）堂堂正正的指出苏俄帝国主义者是侵略韩国的主犯，应负发动侵略战争的责任，并责成其停止北韩傀儡向韩国的进攻。（二）联合国和西方民主国家要收拾亚洲的人心，团结亚洲的力量，使之共同从事于反共战争，则必须认定世界和平不可分割，从而采取欧亚并重的政策。"①

同日，台湾当局驻联合国代表蒋廷黻奉台湾"外交部"指令致函联合国秘书长赖依，宣布台湾当局准备派军三万三千人前往南朝鲜"供联合国于南韩逐退北韩入侵者的攻击"。②

9月28日，当麦克阿瑟仁川登陆成功后致电麦氏称："'联合国部队'在阁下卓超的计划指挥下，收复汉城，捷报传来，'中国政府'及余本人莫不深感欣慰。兹特驰电表示余衷心的贺忱。同时余深信阁下必将获得全面的胜利。"③

当中国人民志愿军入朝作战后，蒋介石立即致电李承晚，宣称："中共'匪徒'公然参战，'联合国军队'遭受挫折，闻讯之余，愤慨与系念同深。联合国民主自由阵线，现仍有以过去姑息政策为未足，继续主张对敌妥协屈服者，我国必坚决反对之，并将不惮牺牲，为吾人共同目的而奋斗，以争取最后胜利也。"④

10月29日，"外交部长"叶公超与蒋介石致电相呼应，呼吁西方国家对亚洲共产党"不应再作政治让步"。⑤

11月13日，蒋介石对大陆发表广播演讲，在歪曲朝鲜战争性质的基础上，蒋介石"希望大陆同胞拒绝为中共献粮参军"，号召参了军的"到了朝鲜前线，就应该拒绝作战，立即反正，在'联合国旗帜'下，与'联合国盟军'并肩作战"。⑥

12月8日，蒋介石应美国广播公司之邀发表谈话称："中国军队为抗拒共

① 台北《"中央日报"》，1950年7月4日。
② 台北《"中央日报"》，1950年7月4日。
③ 台北《"中央日报"》，1950年9月29日。
④ 邵毓麟：《使韩回忆录》，第236页。
⑤ 台北《"中央日报"》，1950年10月30日。
⑥ 台北《"中央日报"》，1950年11月14日。

党'侵略'起见，自准备应联合国或联军统帅的要求前往韩国作战。""我相信在联合国的海空军配合行动之下，台湾陆军的'反攻大陆'，可得到大陆上 150 万游击队的响应。"这样，"北平政府的基础便将动摇，然后韩国的局势便将根本改观"。①

12 月 11 日，蒋介石在答《美国新闻与世界报道》记者问时宣称："我以为美国今日的远东政策，最迫切的莫过于如何扑灭这个中共在亚洲已经燃起燎原之火，这是阻止苏俄控制世界野心的第一个重要步骤。美国应该在目前确定一个积极而坚强的基本方针，至于暂时的军事挫折与胜利，都不可援为姑息政策的理由。"② 国民党《"中央日报"》还以"美国应有的亚洲政策"为题发表社论。

1951 年 5 月 16 日，蒋介石在接见美联社记者时宣称："渠率领之下中国国军，能够制止中共对韩国之侵略，其方法即为国军向大陆进攻。""一旦台湾国军开始反攻，中共对韩之侵略即将终止。"③

1952 年 11 月 12 日，"外交部长"叶公超访晤美国总统杜鲁门，传达蒋介石对美国军经援助的感谢之意，同时对记者强调："两年前'中国政府'所提派兵赴韩的建议'仍然存在'，不过联合国现在正在谋取停战，他相信现在不是讨论出兵建议的适当时候。"④

1952 年底，艾森豪威尔当选为美国总统，宣称要改变杜鲁门时期的对台政策，蒋介石立即令叶公超求见艾森豪威尔，再次提出台湾军队赴朝鲜作战问题，结果也被拒绝。

蒋介石为何一而再、再而三地非要派兵入朝作战呢？据笔者分析，蒋的意图就是要通过入朝作战，使朝鲜战争演变为中美大战，他就可以借美国人之力从北朝鲜"反攻"大陆，达成"反共复国"的目的。关于此点，可从美国国务卿艾奇逊的讲话中得到说明。艾奇逊说："蒋'总统'知道，单凭自己实力，绝不可能打回大陆，而我国政府一旦答应其请求，朝鲜战争就有可能演变成美中战争，到那时，美国除了死心塌地帮蒋介石打垮共产党中国外，别无选择。可这场战争，一切成果归'国民党政府'，但一切负担只能由我国负担。这种吃力不讨好的事，

---

① 台北《"中央日报"》，1950 年 12 月 9 日。
② 台北《"中央日报"》，1950 年 12 月 13 日。
③ 张其昀：《先"总统"蒋公全集》，第 3 册，第 3867 页。
④ 台北《"中央日报"》，1952 年 11 月 14 日。

对我国利益会带来极大的损害。"①

如前所言，不管蒋介石怎样花言巧语，杜鲁门与艾森豪威尔对蒋的建议就是不批准。蒋对杜氏始终耿耿于怀。据玛格丽特·杜鲁门所著《哈里·杜鲁门》所载："这位委员长在攻击美国的政策时是挺起劲的"，"他在一公开讲话中强调说：'要是美国的对外关系由道格拉斯·麦克阿瑟来掌握，那就什么事情都好办了。'"朝鲜战争最后以美国人被迫坐到谈判桌上来解决问题而告终。蒋介石对此愤愤地说："韩战最后没有结果的一个最大原因"，就是杜鲁门拒绝国民党军入朝作战。

反对和谈与劫掠战俘

蒋介石一方面向美国建议国民党军赴朝参战，另一方面阻挠和反对和谈，希冀延长战争，使台湾从中获利。关于阻挠和反对和谈可从下列事实中得到说明：

当1951年上半年朝鲜战场出现僵局和美军遭受重创的态势下，美国民众纷纷指责杜鲁门政府出兵朝鲜是一个得不偿失的错误决定，西方国家特别是英国反对战争继续下去。有鉴于此，美国政府开始放弃穷兵黩武政策，转而谋求停战和谈。

蒋介石得悉后发表多次讲话，宣称如果停战，必招致"共产国家"发动新的侵略战争。10月3日，蒋介石单独接见合众社副总经理兼太平洋区主任巴索洛缪，宣称"自由世界人民应知对于'共匪'之和平论调及甜言蜜语，不可轻信"。"就一军人之观点而言，余认为联军如能在北韩彻底而决定性的击败'共匪'军队，则对于亚洲及整个世界之和平，将为最大之贡献。"蒋介石明确宣称不同意和谈，认为"战争致胜之道，为击败敌人，而不许其以任何政治手段逃出其窘境，以为他日卷土重来之地步"。②

10月14日，蒋介石答复美国纽约《前锋论坛报》记者时警告美国等西方国家，切勿错误判断形势，"中共虽然在韩战中受到打击而遭损伤，但中共军事机构在过去一年中仍然稳固它的实力"。"中共企图利用韩战妥协而产生的任何持续沉寂以对越南发动攻击"。他认为制止侵略的唯一手段，就是美国联合一切反共产国家，"建立起协同的战略"，打击中共与苏俄。蒋介石还希冀通过反共产寻到一杯羹。③

---

① 转引自陈红民等：《蒋介石的后半生》，第95页，浙江大学出版社，2010年版。
② 台湾《联合报》，1951年10月4日。
③ 台湾《"中央日报"》，1951年10月18日。

1953 年 3 月 5 日，苏联部长会议主席马林科夫在斯大林葬礼上发表谈话时宣称，要通过和平手段解决朝鲜问题。蒋介石于 4 月 16 日亲自致函美国总统艾森豪威尔，认为苏联之所以提出和平解决朝鲜问题，其目的是："一、赢得时间以便在国内巩固新的苏维埃统治集团的权力，在国外加强对卫星国家的控制；二、给联合国内部带来更大的不和，特别是在英美两国之间的不和，从而使苏联自己处于有利地位，以其在联合国获得政治利益，来为中国和朝鲜共产党收取侵略的果实；三、为贵国政府与国会之间在联邦预算提交审议时制造困难；四、让美国战俘返回家园，制造民意，要求美军撤出朝鲜，为在联合国再度提出同样要求铺平道路。"

他还说："阁下已经看到，旷日持久的板门店谈判如何使联合国内部产生不和；在谈判过程中，如何因纵容而使共产党的渗透活动在亚洲和南美洲得以发展；你们自己在朝鲜前线的士兵如何被搞的士气低落，群情激奋；共产党人如何利用僵持局面在前线掘壕固守，尤有甚者，由于长期迁延不决而造成对停战的殷切期望，如何使广大群众把朝鲜停战当做唯一目标，而看不出朝鲜问题的症结所在。总之，板门店的僵局起了对共产党有利的作用，使他们从西方国家获得了主动权。"蒋介石向艾森豪威尔建议："和平攻势固应按表面价值予以接受，但必须规定时限，何时达到战场上的停火，何时按照联合国的既定目标和在合理满足自由朝鲜人民意愿的情况下，政治解决朝鲜问题。"[①]

对于蒋介石的建议，艾森豪威尔解释称：美国"并未忽视朝鲜所包含的根本问题"，共产国家的和平攻势"并不意味着共产党世界有了主动权"。同时，艾氏说明对苏联的和平建议不能拒绝："不是和平倡议不受欢迎"，而是"必须给他们以表明诚意的机会"，"这是继续谈判的条件"。[②]

6 月 3 日和 6 月 23 日，蒋介石两次致电艾森豪威尔，重申过去的观点。蒋介石的行为令美国很恼火，国务卿杜勒斯通过其驻台"代表"向蒋介石传话，如果再坚持此一观点，美国将缩减"对台湾的军事援助"。美国的态度迫使蒋介石在 6 月 27 日、7 月 8 日、7 月 23 日三次宣称不反对和谈与韩境停战。蒋介石深知与美国相对抗的结果只能是自讨苦吃。

朝鲜战争结束后，蒋介石出于反共需要，又在志愿军战俘问题上大做文章。在整个朝鲜战争中，战争双方各有人员因种种原因被俘。据资料显示：战后美国

---

① 《顾维钧回忆录》（10），第 553—554 页。

② 转引自陈红民等：《蒋介石的后半生》，第 104 页。

和南朝鲜方面向朝、中方面遣返战俘共 75799 人；朝中方面向美国、南朝鲜方面遣返战俘 12760 人。朝中方面对对方战俘一直给以人道主义的良好待遇，全部遣返。但美国与南朝鲜方面虽宣称"尊重战俘个人意愿"，在实际上却与台湾特务相配合，对朝鲜人民军与志愿军战俘用各种惨无人道的手段进行迫害。

据资料所载：在朝鲜巨济岛战俘营，台湾特务与美国战俘管理人员在志愿军战俘额头上刺一个国民党党徽，在胳膊和胸上刺上"反共抗俄"、"杀朱拔毛"等反动口号。对稍有不从者，轻则一顿毒打，重则剖心挖肝，活活折磨至死。

为了使志愿军战俘尽快来台，以打击中国共产党和新生的中华人民共和国，蒋介石于同年 9 月 26 日指使台湾各界代表 3000 余人成立"中华民国各界援助反共义士委员会"，推谷正纲为总主席，要求联合国军统帅部坚持"志愿"遣返原则。

所谓"志愿"遣返，台湾当局分四个步骤进行：

（1）举行反对中共"暴行"大会；

（2）发起支援"反共义士"百万人签名运动；

（3）各界"援助反共义士委员会"举行大会，决定 1954 年 1 月 23 日为"反共义士自由日"；

（4）推黄国书、方治、钱思亮三人为代表，赴朝迎接"反共义士"归"国"。

1954 年 1 月 23 日，共有 14207 名志愿军战俘被押送至台湾。台湾当局还在台北市中山堂前广场举行所谓"自由日"庆祝大会。谷正纲致开会词，宣称"反共义士"能够来台，一是"'反共义士'的坚决奋斗精神"；二是"中韩两国的民族力量，和世界正义的力量的支持"；三是"联合国和美国政府的坚定立场"。谷正纲宣称"要把援助'反共义士'自由日运动扩大为'反共自由运动'"。黄朝琴、徐傅霖等均到会致辞。"行政院长"陈诚到会致词，宣称："'反共义士'选择自由的行动，不仅粉碎了'共匪'的欺骗宣传，同时也说明了'共匪'内部的脆弱。"中共政权已经"面临崩溃的末日"，号召在蒋介石领导下，击败中共政权。①

蒋介石也就志愿军战俘被胁迫抵台发表声明，宣称："自由中国全体人民，在自由日普遍表现之热烈情绪，足以昭示我国对反对'共匪'并接受民主生活之留韩义士欢迎之热诚及欣慰。""我沦陷大陆上之同胞，如能获得同样之选择机

---

① 台湾《"中央日报"》，1954 年 1 月 24 日。

会，其绝大多数，亦必一如我留韩反共义士，为其自由立即起而奋斗，实已不容置疑。"①

被胁迫至台的志愿军战俘，果真受到台湾当局与民众的热烈欢迎与尊敬吗？从台湾至大陆定居的四名志愿军战俘讲述了他们被胁迫至台及在台湾几十年的苦难经历：

"志愿军战俘被分批押上登陆舰，从南朝鲜运往台湾岛。他们凭着船舷，眺望大海那边的祖国大陆。海天茫茫，看见的只是他们心中的家乡。他们没有眼泪也不许流泪，谁有一点想家的表示，就会受到叛徒、败类们最残酷的刑罚。一些人纵身跳进了大海，一些人被绑住手脚扔进了大海。特务们说：'遂了你的心愿，回家去吧'。"

"军舰在台湾岛基隆港靠岸。他们被编入工兵部队。穿破衣，住工棚，修马路，建机场，筑海港，许多人整整干了30年的苦力。50岁退役时，不少人已经残废，不少人还孑然一身，无家可归；有的人到码头去打包，到工厂去推车，为的是糊口活命。为的是攒下几个血汗钱，'叶落归根'。"②

这就是蒋介石口中的"欢迎""尊敬"和"自由""民主"。很显然，蒋介石的上述作为完全是出于反共需要。

台美签约

朝鲜战争使美国改变了对台政策，艾森豪威尔取代杜鲁门入主白宫后，台美关系进入了二度"蜜月期"。

艾森豪威尔一上台就向中国打"台湾牌"。首先他任命坚决反共的约翰·福斯特·杜勒斯为美国国务卿。其后又于1953年2月2日在给国会的咨文中，从遏制共产主义发展的战略出发，宣布撤销1950年6月27日杜鲁门声明中关于台湾"中立化"的规定，下令不再使用太平洋第七舰队来"屏障共产党中国"。与此同时，艾氏还正式任命蓝钦为美国驻台湾当局"大使"。2月5日艾氏命令第七舰队放弃在台湾海峡从事"中立巡逻"。

对于美国撤除"中立化"举动，有舆论称是"放蒋出笼"，其目的就是要利用台湾问题，对中国大陆施压，使正处于微妙阶段的朝鲜停战谈判产生若干"心理上"的影响。当然，这也是一种对台湾当局的"安抚"政策。艾森豪威尔的

---

① 张其昀：《先"总统"蒋公全集》，第3册，第3381页。
② 大鹰：《志愿军战俘纪事》，第290页，昆仑出版社，1988年版。

艾森豪威尔

"放蒋出笼"政策，首先使蒋介石甚感满意，在艾氏发表声明的翌日，蒋介石便发表声明称：

"余认为艾森豪威尔总统解除台湾武装部队限制之决定，无论其在政治与军事上以及在国际道义上言，实为美国最合理而光明之举措。余相信我国政府及全国四亿五千万人民，无不一致兴奋，而为之竭诚欢迎。至于我国今后反共复国之行动，自为自由世界反抗共产侵略之一环；但中国绝不要求友邦的地面部队来协助我作战，而且中国自来亦从未作此要求，或存此幻想，此乃余敢为我友邦郑重声明与保证者。余认为美国政府此一决定，凡世界爱好和平拥护正义之自由国家，皆应一致支持。"[1]

蒋介石对艾森豪威尔讲话也曾提出质疑，如对第七舰队防御范围将金门、马祖等沿海岛屿包括在内。蓝钦对蒋解释称：艾森豪威尔的命令不意味着可让台湾采取军事行动"反攻"大陆，采取任何军事行动前，均须征询美国在台"顾问团团长"蔡斯将军的意见。对于蓝钦的解释，蒋不很满意。

艾氏的"放令"，不仅深得蒋介石赞同，而且使蒋产生了趁机与美国结盟的动机。按照蒋介石的设想，美蒋结盟不仅可以使偏安孤岛的国民党永远得到美国的保护，而且还可借美国力量"反攻"大陆。蒋介石之所以在朝鲜战争结束前产生这一想法，是与亚太局势的发展变化分不开的。打了三年的朝鲜战争，强大的美国军队没能击败中国人民志愿军，国内反战舆论与"联合国军"的解体，使美国不得不考虑用谈判方式来结束在朝鲜的争端。然而实行这种方式，不仅使新中国在国际上的地位大大提高，台湾当局借助朝鲜战争重返大陆的幻想破灭，而且还会使大陆从朝鲜脱身，加强对台湾的军事威慑，给国民党在台统治造成威胁。在这种情况下，蒋介石自然意识到必须采取新的对策，这个新的对策就是千方百计争取美国对蒋介石的支持。可以说，蒋介石当时把维持与发展同美国的关系作为国民党继续生存下去的唯一出路。

---

[1]　秦孝仪主编：《先"总统"蒋公思想言论总集》，卷33，第44—45页。

在蒋介石上述构想之下，身为台湾当局"外交部长"的叶公超首先提出了与美国缔结双边条约草案问题。美国驻台"大使"蓝钦当时认为：虽然美国援助台湾，但在法律上所处地位是单方面的，援助和支持随时可以停止。只有签订正式共同防御条约，"才能指望我们的中国朋友保士气"，"方能指望我们对'中华民国'大规模的援助产生最好的结果"。蓝钦向叶公超建议，可令驻美"大使"向美国国务院提出缔约建议书，然后听其处理。

叶公超将上述意见转达蒋介石，蒋令驻美"大使"顾维钧于 1953 年 3 月 19 日正式向国务卿杜勒斯提出关于一项共同防御条约的建议。

1953 年 11 月，美国副总统尼克松访问台湾，蒋介石与宋美龄亲到机场迎接。台湾国民党当局《"中央日报"》发表社论欢迎尼克松访台。叶公超向尼克松正式提出缔结共同防御条约的建议。翌年 5 月，美国国防部长查尔斯·威尔逊访台时，蒋介石再度提出缔结共同防御条约问题。

尽管蒋介石对缔结美台共同防御条约有着十二分的热情，但美国方面的反应特别冷淡。当顾维钧的建议一提出，立即遭到杜勒斯的拒绝。

1953 年，美国副总统尼克松访问台湾，蒋介石夫妇与尼克松夫妇的合影

美国人当时为什么反对与蒋介石缔结"共同防御条约"呢？据笔者分析：美国人一直认为蒋介石是一个不太理想的合作伙伴，他们害怕蒋介石的"反攻"大陆将美国拖进中美大战的深渊，他们更不愿承担替蒋介石防守沿海岛屿的义务，

害怕这些岛屿丢失使美国丧失威信；加之盟国不支持美国的扶蒋政策，使得美国对蒋介石的建议一拖再拖，迟迟不予答复。那么美国后来为什么又接受了蒋介石的建议，同意缔结共同防御条约呢？究其原因主要有三：

其一，美国远东事务助理国务卿饶柏森的一再建议说动了国务院。饶氏一开始就主张同台湾缔结共同防御条约，他在 1954 年 2 月 2 日写给杜勒斯的一份备忘录中表明了他对签约的态度。他称台美共同防御条约的缔结，将导致：

（1）大大提高蒋军的士气；

（2）使蒋政权获得与美国亚太军事联盟体系成员国同样的地位；

（3）抵消蒋对美参加即将在日内瓦召开的包括中国在内的关于印支和朝鲜问题会议的疑虑；

（4）向美国的盟国表明美支持蒋的立场。[①]

然而饶的建议并未获得杜勒斯的批准，其后他多次向杜勒斯建议缔约，加之台湾海峡出现新的紧张局势，最后终于在 1954 年 10 月说动了杜勒斯与国务院，使缔约方案得以通过。

其二，台湾海峡局势突变使美国改变了对蒋介石建议的冷淡态度。朝鲜战争中，中国人民解放军集兵于台湾海峡，准备渡海解放台湾，彻底消灭国民党残余势力。与此同时，展开了大规模的解放台湾的宣传战，台湾海峡随即出现了空前的紧张局势。为了根除这一紧张局势，美国企图通过与台湾当局缔结防御条约的方式加以解决，甚至不惜与中共一战。

其三，蒋介石与台湾当局的妥协使美国也作了让步。1954 年 6 月 28 日，叶公超告知蓝钦：如果台美双方能够缔结共同防御条约，蒋先生同意在采取任何重大军事行动之前，先征求美方同意。蒋介石的意图很明显，就是企图消除美国人的疑虑，尽早订立条约。通过蓝钦的疏通，美方同意进一步磋商。在磋商中，双方在条约的"适用范围"上存在着分歧。蒋介石主张应包括金门、马祖诸岛，但美方反对，主张仅限于台、澎地区。在"反攻"大陆问题上，美方坚持未经同意，台湾当局不能采取重大军事行动。美国利用这一条进一步控制台湾，并凭借台湾海峡割裂大陆与台湾的关系，搞"两个中国"。

经过讨价还价，台湾当局只得向美国的要求让步，但为了挽回"面子"，又要求美国同意不将美国有权否决国民党军对大陆采取军事行动的内容写入条约

---

① 资中筠：《美台关系 40 年》，第 113 页。

"正文"。美国同意了台方的这一请求，并决定由换文方式来表达。

1954 年 12 月 2 日，叶公超与杜勒斯在华盛顿签署了美台"共同防御条约"并发表了共同声明：

"'中华民国'与美利坚合众国兹已完成其缔结共同安全条约之谈判，此项条约将仿照美利坚合众国在西太平洋所缔结其他各项安全条约之一般形式。此项条约将承认缔约国对于台湾与澎湖以及美国所辖西太平洋岛屿之安全，具有共同之利害关系：规定经双方之协议，将包括缔约国所辖领土；并以应付威胁此项条约区域安全之武装攻击为对象，对于任何此项威胁或攻击，规定经常会商。此项条约将于美国与其他太平洋区域国家业已缔结之各集体防御条约所建立之集体安全系统，更铸极为重要之一环。凡此诸项办法，构成保卫西太平洋人民抵抗共产侵略之主要躯干。"①

"条约"共 10 条，主要内容为以下几点：

（1）"缔约国将个别以自助及互助之方式，维持并发展其个别及集体之能力，以抵抗武装攻击，及由国外指挥之危害其领土完整与政治安定之共党颠覆活动"。

（2）"每一缔约国承认，对在西太平洋区域内任一缔约国之领土上之武装攻击即将危及其本身之和平与安全，兹并宣告将依其'宪法'程序采取行动"。

（3）缔约国所有"领土"等就"中华民国"而言，应指台湾与澎湖；就美利坚合众国而言，就指西太平洋区域在其管辖下之各岛屿领土。

（4）台湾当局同意美国在"台澎及其附近为其防卫所需要而部署美国陆海空军之权利"。

（5）本条约不影响台美在"联合国宪章下之权利义务"，"或联合国维持国际和平与安全所负之责任"。②

在签字仪式前，美国国务卿杜勒斯在答记者问时称："此项条约的第一点重要性，在于明白表示台湾在国际外交中的地位，并将明白表示台湾和澎湖决没有被置于任何国际解决讨价还价的柜台上。""第二点重要性，在于驱散'匪帮'可能对美国协防台湾，是否具有真正的解决和热忱，尚多忖测。""第三点重要性是：此一条约将使中美两'政府'间军事安排的共同防御得到调整"，"条约将使共同的军援安排置于正式的条约基础上"。杜勒斯还指出：根据条约规定，如果中共"进犯台湾，则可能引起美国进攻中国大陆的结果"。杜氏还宣称这一条约属于

---

① 台湾《"中央日报"》，1954 年 12 月 3 日。

② 台北"中央社"1954 年 12 月 3 日电。

"防御性质"，符合"联合国宪章的目标和原则"。①

杜勒斯在条约签订后致词称："我完全同意蒋'总统'在昨天给我的电报中所说，现已铸成了远东防御必需的一环那句话。我希望此约的签订，将使外传美国无论如何将同意把台湾和澎湖放弃给'共党'管制的所有谣言，从此永远平息。"②

叶公超在签约后曾拜会艾森豪威尔，表示蒋介石"对条约感到满意"。同时转达蒋介石的话说，如果美国宣布给予台湾沿海诸岛防务上以后勤支援，将是一种很好的宣传战。由于艾森豪威尔顾虑甚多，加之不满蒋介石的贪心太大，当时没有答应蒋的要求。后来经蒋介石的一再要求，艾森豪威尔才于 1955 年 3 月 3 日宣布："为了不损害自由中国的士气，及断绝他们的希望，美国决心协防金门、马祖，以巩固台、澎的地位。"叶公超致词称："政府希望此约将可作为一个促进共同目标与自由的基础，特别是在国际情势的现阶段。"③

台湾"行政院长"俞鸿钧也对"条约"签订发表声明，宣称这是台美合作展开的"新页"。台湾"立法院"奉蒋介石令很快通过了此"条约"。

1955 年 2 月 9 日，美国参议院以 64 票对 6 票的优势批准了此"条约"。1955 年 3 月在台北中山堂互换条约批准书，同日正式生效。

台美"共同防御条约"的签订，不仅使台湾国民党当局获得了美国的保护伞，而且使美国在台湾的驻军长期"合法"化了，从而给中美关系发展设置了重重障碍。

来自海峡对岸的讯息是，周恩来代表中华人民共和国发表声明：

"美国政府企图利用这个条约来使它武装侵占中国领土台湾的行为合法化，并以台湾为基础，扩大对中国的侵略和准备新战争，这是对于中华人民共和国和中国人民的一个严重的战争挑衅。"国民党蒋介石集团"没有任何权利同任何国家签订任何条约"。"美蒋'共同防御条约'根本是非法的、无效的"。④

声明再次宣称："中国人民一定要解放台湾。"为了反击美蒋的"共同防御条约"，解放全中国的领土，中国人民解放军陆海空三军于 1955 年 1 月 18 日协同作战，一举解放了大陈岛的外围据点——一江山岛。由此，海峡两岸展开了一场长达二十多年的炮战、宣传战。

---

① 台湾《"中央日报"》，1954 年 12 月 3 日。
② 美国新闻处华盛顿，1954 年 1 月 1 日电。
③ 台湾《"中央日报"》，1954 年 12 月 3 日。
④ 《人民日报》，1954 年 12 月 9 日。

第六章　偏安自保

在海峡两岸的相互交往中，李登辉执政时期经常宣称用"台湾经验"推展中国大陆。台湾官方舆论也认为"台湾经验"是改变中国大陆状况的"灵丹妙药"。那么，"台湾经验"包括哪些内容呢？

（1）"教育普及，使国家建设不缺少管理人才，使社会建设不落后"；

（2）"政府与民间都重视知识分子，知识分子能在各行各业发挥他的能力"；

（3）"由于土地改革成功，农业生产力提高，农民收入增加，奠定经济发展基础"；

（4）"政府制定正确的策略，以农业为基础，促进工商业成长，工商业发达之后回报农业，使农村生活富裕安定"；

（5）"经济发展与民主政治并重，人人能够生活得既富足，又有尊严"。[①]

1992年1月，李登辉邀新选党籍"国代"座谈"宪政"时宣称："充实'台湾经验'，使它更具说服力，更能为全体中国人所接受，而作为未来整个中国建设发展的模式。"[②]

1992年5月20日，李登辉又在就任"总统"二周年之际发表谈话称："我们将把这个'台湾经验'带返中国大陆，进而达成建立自由、民主、均富国家的最终目标。"[③]

李登辉的一再宣示表明：将"台湾经验"推展中国大陆，不仅是反制邓小平倡导的"一国两制"的一张王牌，而且具有明显的"政治反攻"色彩。这是李登辉"以攻为守"策略的重要组成部分，此举的根本目的就是要以"台湾经验"模式，彻底改变中国大陆的政治经济与社会制度。

深入透视李登辉的"台湾经验"及做法，与蒋介石当年宣称的建设台湾为"三

---

① 李登辉1991年12月接见"美国之音"记者时谈话，载《香港时报》，1991年12月29日。

② 台湾《"中央日报"》，1992年1月12日。

③ 台湾《"中央日报"》，1992年5月21日。

民主义模范省"有很多相似之处，都是为了维持国民党在台湾的长期统治，都企图用"台湾模式"改变中国大陆社会制度。当然，这只是李登辉鼓吹"两国论"之前的想法，随着李登辉逐渐迈向"台独"路线，他彻底放弃了统一的主张，自然也就谈不到将"台湾经验"带回中国大陆的问题。

建设"三民主义模范省"

朝鲜战争爆发之前，国民党当局四面楚歌，无以自保。朝鲜战争爆发后，美国改变对台政策，使生命垂危的国民党政权又有了强大的美国作"后台老板"，因而开始重新抖擞精神，率领国民党残兵败将投入了反共抗俄的"圣战"。

按照蒋氏字典解释："反共抗俄战争，就是为着坚持三民主义而战，为着实现三民主义而战。"[1] 而三民主义的实施"随国民革命时期之需要，而有先后不同之别"。"满清革命时期，我们乃是以民族主义为其重心；对军阀革命时期，则是以民权主义为其重心；在今日对'共匪''戡乱复兴'的'国民革命'时期，乃是以'民生主义'为重心的'革命'。"[2] 而"民生主义"的起点，便是建设台湾。1950 年 8 月，蒋介石在讲述《本党今后努力的方针》时指出："今后建设台湾的工作，只要我们继续不懈地努力，我相信台湾必能建设为'三民主义'的'模范省'，为'收复大陆'以后建国事业奠定坚实的基础。"[3]

从蒋介石的宣示看，建设台湾为"三民主义模范省"的目的有二：一是使台湾成为"光复大陆"后建设的蓝图；二是使台湾成为"反攻复国"基地，以保证"反攻复国"的成功。

为了全面推展建设"三民主义模范省"的活动，蒋介石又于 1952 年元旦向台湾全体军民提出奋斗的总目标是"用全力推行反共抗俄总动员运动"。

何谓"反共抗俄总动员运动"呢？蒋介石自己宣称此一运动包括经济、社会、文化和政治四项改造运动。按照蒋氏字典解释：

所谓"经济改造运动"，"我们的口号是'互相合作，增产竞赛'"，具体说来，"我们要以有限的力量来支持长期的战争，唯有厉行战时生活，提高增产竞赛，处处刻苦，时时努力"。

所谓"社会改造运动"，"我们的口号是'敦亲睦族，勤劳服务'"。具体说来，

---

① 张其昀：《先"总统"蒋公全集》，第 2 册，第 2162 页。

② 张其昀：《先"总统"蒋公全集》，第 3 册，第 3665 页。

③ 张其昀：《先"总统"蒋公全集》，第 2 册，第 2049 页。

"反共抗俄的战争是'民族的战争'，而热烈的同胞爱，与坚强的责任感，为国勤劳，奉公服务，就是制胜克敌的动力"。

所谓"文化改造运动"，"我们的口号是'明礼尚义，雪耻复国'"。具体说来，"更要发扬革命精神，提高科学技术，以振起全民对反共抗俄战争的敌忾气，养成青年担负反共抗俄战争的新活力"。

所谓"政治改造运动"，"我们的口号是'克难实践，自力更生'"。具体说来，"每一个困难，都要自己克服，每一件工作，都要实事求是"。①

蒋介石还反复宣称：

推行四项"改造运动"的目的，是"使台湾确实成为三民主义政治设施的模范，和雪耻图强、反攻复国的基地"。②

推展"反共抗俄总动员运动"，"建立三民主义模范省"的口号提出之后，蒋介石到处发表讲话、指示，反复强调开展这一工作的极端重要性与意义。他在"革命实践研究院"对国民党高级军政人员训话说：

"'反共'抗俄是一个艰苦的运动、持久的运动。这不独关系于建设模范省和建设反攻基地，尤其是关系于我们'复国建国'，全面的、久远的民族正气的发扬和国家命脉的新生。"

"我在1949年初到台湾的时候，就认定如要以台湾为复兴的基地，那就必须先要大力的来改革社会风气和提高革命精神，只是因为当时军事、政治尚未稳定，社会基础，亦没有健全，所以才迟迟至今。现在应该是我们大力进行改造运动的时候了。"③

1953年元旦时，因"建设三民主义模范省"工作进展太慢，无法满足蒋介石尽快"反攻大陆"的愿望，遂提出"建设三民主义模范省"应贯彻"新""速""实""简"的四字方针。蒋介石解释称：

"所谓新，就是对于旧有暮气、惰性的积习要求扫除，对于科学和工业的水准要求提高。"

"所谓速，就是要不拖延，不推诿，对于问题要立求解决，对于工作要如限完成；一面要争取时间，一面要把握重点。"

"所谓实，就是不虚伪，不欺妄，对于设计要细密，对于业务要精确，对于

---

① 张其昀：《先"总统"蒋公全集》，第3册，第3354页。
② 张其昀：《先"总统"蒋公全集》，第3册，第3353页。
③ 张其昀：《先"总统"蒋公全集》，第2册，第2191页。

考核要严正。"

"所谓简，就是简单明了，不琐碎，不繁复，更不可含混笼统，拖泥带水。"①

蒋介石还要求全体军民"痛下决心"，按照这"新、速、实、简"四个字的精神，"从头做起"。他还宣称："唯有能先做到'新、速、实、简'四个字，方可发挥我们'革命复国'的精神力量，实践'精神动员'，而后反共抗俄之人力、物力的动员，才能获得充分的效果。"②

在蒋介石的大力督促下，台湾当局通过了《"反共抗俄"总动员运动实施纲要》，通过舆论媒介，"建设三民主义模范省"，完成反共抗俄的"圣战"的口号响彻整个台岛。

透视国民党退台初期蒋介石推展的建设"三民主义模范省"活动，它是国民党蒋介石"反共第一"的突出表现，是在其遭到大陆失败后所必然采取的行动。这一活动一方面对于稳定国民党内部起到了不可忽视的作用，另一方面也给国民党当局在台生存带来一线生机，为日后台湾经济起飞奠定了基础。当然亦应看到，蒋介石的"反共复国"方案是主观臆想的，拥有几百万军队时尚被中共军队打败，退居孤岛，现在仅有几十万军队，还想"反攻"成功，这不过是痴人说梦。

土地改革"三部曲"

建设"三民主义模范省"是从农村开始的，农村工作的第一步就是开展土地改革。

中国以农立国，百分之八十的人口是农民，农民的中心问题是土地问题。要解决农民问题，就必须首先解决农民的土地问题，谁解决了农民的土地问题，谁就赢得了中国绝大多数人口的拥护。在中国近现代历史上，有许多解决农民土地问题的方案，其中有三个方案最具代表性：一是太平天国时期的《天朝田亩制度》；二是孙中山先生的"平均地权""耕者有其田"；三是中国共产党的土地纲领。三个纲领恰好代表了三个阶级在土地问题上的政治主张。

就《天朝田亩制度》而论，它是中国历史上第一个完整的农民土地革命纲领，是以废除封建土地制度、实行农民平分土地为核心，包括政治、经济、军事、文化教育等方面内容，力图实现"有田同耕，有饭同食，有衣同穿，有钱同使，无

---

① 张其昀：《先"总统"蒋公全集》，第3册，第3368页。
② 张其昀：《先"总统"蒋公全集》，第3册，第3369页。

处不均匀，无人不饱暖"的政治理想。很显然，在农民阶级与封建地主阶级两大阶级对抗的情况下，这一贯穿平等平均思想的蓝图，集中表达了当时贫苦农民的土地要求与美好愿望，对鼓舞农民斗争具有积极作用。但是，采用绝对平均主义分配土地，企图在小农经营的水平上平分一切社会财富，废除私有制，达到"处处平均，人人饱暖"，仅为农民小私有者的幻想，不可能实现，也不利于生产力的发展。

就孙中山先生的"平均地权"而论，它是资产阶级革命派主张"土地国有化"的一项重要措施，其目的是发展资本主义。与《天朝田亩制度》不同之处在于，改变封建土地制度不是采取土地农有政策，而是采取"土地国有"政策。其具体办法是：在革命政权建立之后，由地主自报地价，国家向其抽百分之一的地价税，并保有照价收买的权利，以防止地主故意少报地价；以后土地增价部分则全部归国家所有。例如，地主有地价值1000元，可定价为1000元，或多至2000元，这1000元或2000元归地主所有；以后因交通发达、生产发展，地价日涨，涨至1万元，地主应得的仍是这1000元或2000元，这对地主来说，并无损失。涨价部分，则归国家所有，这对国计民生都有好处。"土地涨价归公"就是孙中山先生所讲的"土地国有"。因此，孙中山所说的"平均地权"并不是把土地"从实分配"；所说的"土地国有"也不是把土地"尽归国有"；同时还应看到：中国当时迫切需要解决的问题，不应是首先解决城市的地价税，而是首先铲除农村的封建剥削，满足农民的土地要求。然而由于中国资产阶级与中国封建势力有着千丝万缕的联系，他们根本不敢发动农民去解决土地问题。孙中山曾经宣称：在"土地资本收归国有之时"，不必进行"激烈恐吓，迫之退让"，民生主义决非以暴力手段"夺富人之田为己有"或"推倒富豪，如世俗所传劫富济贫之说"。也就是说，"平均地权"的实施必须采取"温和的社会改良"，而不是激烈的"农人革命"。其结果正如毛泽东所说："国民革命需要一个大的农村变动。辛亥革命没有这个变动，所以失败了。"[①]当然亦应看到：在20世纪初年，作为中国资产阶级杰出代表的孙中山先生，能够将中国的土地问题同发展资本主义问题联系起来，也是难能可贵的，这是比《天朝田亩制度》的高明之处。同时这一纲领也在一定程度上反映了农民摆脱封建剥削的要求。特别是在孙中山先生晚年，在中国共产党帮助和十月革命的影响下，又提出了"耕者有其田"的主张，要"把土地从封建

---

① 《毛泽东选集》，第1卷，第16页。

剥削者手里转移到农民手里，把封建地主的私有财产变为农民的私有财产，使农民从封建的土地关系中获得解放，从而造成将农业国转变为工业国的可能性"。[①]但非常遗憾的是他还没来得及实行就与世长辞了。国民党执政后，蒋介石集团忙于"剿共"和内战，根本不去考虑农民的土地问题，致使国民党执政 22 年农民土地问题始终没能解决，这就为国民党最终失败埋下了伏笔。

就中国共产党的土地纲领而言，它是以马克思主义为指导，并从中国实际情况出发，真正解决了中国广大农民土地问题的正确纲领。中共土地纲领的总目标是："废除封建性及半封建性剥削的土地制度，实行'耕者有其田'的土地制度。"其具体做法是：乡村中一切地主的土地及公地，由乡村农会接收，连同乡村中其他一切土地，按乡村全部人口，不分男女老幼，统一平均分配，在土地数量上抽多补少，在质量上抽肥补瘦，使全乡村人民均获得同等的土地，并归个人所有。由于中共的土地纲领满足了中国广大农民的土地要求，因而赢得了他们的拥护与支持，不仅促进了农村生产力的发展，而且为中国共产党打败蒋介石集团提供了源源不断的人力与物力。

国民党退守台湾之后所进行的土地改革，按照蒋介石、陈诚的说法，是在贯彻孙中山先生的"民生主义"。遍查蒋介石关于土地问题的主张，基本上是在口头上重复孙中山先生平均地权的论调，基本上没有把它付诸实践。虽然在 1930年 6 月时，南京政府根据蒋介石的旨意通过一部《土地法》。抗战时期制定了《战时土地政策纲领》，战后又颁布了《绥靖区土地处理办法》与《土地改革方案》，并成立了中国土地改革协会，但由于蒋介石集团同中国封建势力有着密不可分的联系，在大陆统治的 22 年中，除在江浙与湖北等地搞过短期的减租外，对于孙中山先生的土地主张根本没有认真实行过。这也正是蒋介石集团在大陆惨遭失败的重要原因所在。

国民党败退台湾之初，台湾仍是一个农业社会。当时台湾总人口约 740万，农业人口约 380 万，农民 75% 是佃农，约有 280 万人，超过当时总人口的1/3。当时台湾农村的核心问题，就是如何解决封建统治下的租佃剥削制度问题。据记载台湾的租佃剥削制度是相当残酷的。"以地租而言，一般租率都在收获总量 50% 以上，其土地较好、肥沃地区，租率有高达 70% 者。此外，又有所谓'铁租'，即不顾天灾人祸、年成歉收，照约定租额缴收"，"使佃农忍受无法忍受之

---

① 《毛泽东选集》，第 3 卷，第 1074 页。

痛苦"。

由于租佃剥削过甚，不断引起租佃纠纷。国民党接管台湾后，此种纠纷有增无减。为了缓和农村的阶级矛盾，也为了解决国民党退台后的生存问题，蒋介石决定首先从农业入手，提高农民耕种土地的积极性，以促进台湾经济的恢复与发展。受命主持此项工作的是蒋介石的爱将陈诚。陈诚在回忆台湾土地改革的历史时曾经谈到："让佃户和农业工人遭受地主剥削，这不仅是一个土地的经济问题，更是一个社会和政治的问题。如果不适时解决这个问题，那就严重地影响到整个国家的稳定乃至生存。"① "三十八年（1949）予奉命主持台湾省政，时大陆局势日益恶化，台湾人心浮动，经济混乱，社会不安，随时有发生变乱之虞，故欲确保台湾，以为'复国'之基地，必须先求安定，而安定之道，莫先于解决民生问题。"②

陈诚根据蒋介石的"土地问题之解决，为实现民生主义之急务"训示，大张旗鼓地在台湾展开了土地改革运动。

台湾的土地改革分为三个阶段进行。

第一阶段：三七五减租。所谓"三七五减租"，就是规定地租额不能高于主要农作物全年收获量的37.5%，所以这种减租的办法又叫做"三七五减租"③。

"三七五减租"，主要内容有两点；其一，限定租额。即规定耕地租额，不得超过主要作物正产品全年收获总量的37.5%；原约规定租额超过37.5%者，减为37.5%；不及者，不得增加。其二，保障佃权。业主与佃户双方一律订立租约，以确保双方利益。

"三七五减租"的目的是改善租佃条件，减轻地主对农民的剥削，激发农民的生产积极性。

陈诚出任台湾省主席一个月后，根据他对农村的调查，首先责成主管机关拟就《台湾省私有耕地租用办法》草案，并于1949年4月公布施行。

1950年冬天，陈诚指令"行政院"官员草拟《三七五减租条例》。

1951年5月25日，"立法院"通过了这一条例，并于6月7日由蒋介石明令公布施行。《三七五减租条例》被台湾方面称为"划时代的、革命性的一种法

---

① 陈诚：《台湾土地改革纪要》，台湾中华书局，1961年版，第26页。
② 陈诚：《台湾土地改革纪要》，第65页。
③ 朱汇森主编：《"中华民国"（台湾）农业史料》（之一），《土地改革史料》，第3页，台北，"国史馆"印行，1988年版。

律"。[①] 其内容要点为：

第一，减轻租额负担。佃农缴租一律以不超过主要作物正产品全年收获总量375‰为准，原约定地租超过375‰者，减为375‰；不及者，依其约定，不得增加，非主要作物正产品及一切副产品均不计租。同时，对于索取品及押租金等额外负担，一概取消。原收取押金应分期退还承租人，或由承租人在应缴纳地租内分期扣除。耕地因受灾歉收时，照受灾成数予以减免。

第二，保障佃权。耕地租约规定一律用文字记载，租期不得少于六年，在租约续存期间，地主非因法律事故不得中止租约。

第三，承租人对于所租耕地可以自由进行特别改良，特别改良指投入资本和劳力，使耕地地力增加，或使其工作条件改善，在租约期满，如因不续约而交还耕地时，出租人应对这种特别改良费用，酌给补偿。

第四，兼顾地主利益，地主可参加当地组织的耕地租佃委员会，出席发言，但其人数与自耕农人数之和，不能超过参加该会的佃农人数。佃农应照租约缴纳地租，积欠地租达两年的总额时，地主可以中止租约。[②]

"三七五减租"的实施，使原有不合理的租佃制度得到合理改革，土地租率降低，农民的佃权也有了保障，农业生产大幅增加，佃农生活得到不断改善，农村社会也因此奠定了安定和繁荣的基础。

自从推行"三七五减租"之后，佃农收入增加，在一定程度上减轻了佃农的地租负担，缓和了租佃关系中的矛盾。当然此举也保护了地主的利益。"三七五减租"本身必然触及地主的利益，陈诚为了使这一办法得到地主的支持，首先将担任省参议会议长、议员的地主请来吃饭，说服他们接受减租的措施。他在一次会议上讲：

"'三七五减租'表面上看起来是为佃农解除痛苦，减轻负担，实际上也保护了地主。今日世界各国，在经济方面所走的路线，一是资本主义的竞争，二是共产主义的阶级斗争，阶级斗争最大的错误在于制造残酷的屠杀……实行'三七五减租'，可避免共产民生主义的目的。"[③]

经过陈诚一系列的说服工作，使"三七五减租"的推行，基本上得到了地主的配合与支持。陈诚在1954年3月4日向一届二次"国民大会"所做的施政报

① 朱汇森主编：《"中华民国"（台湾）农业史料》（之一），《土地改革史料》，第13页。

② 殷章甫：《中国之土地改革》，第71—78页，台北，中央文物供应社，1984年版。

③ 参见秦孝仪：《"中华民国"经济发展史》，第3册，台湾近代中国出版社，1983年。

告中高度评价了"三七五减租":

1. 粮食生产显著增加——实行三七五减租以后，农民由于佃权获得保障，地租负担减轻，生产兴趣与生产能力提高，所以单位面积生产量，均有显著增加。据 1949 年调查，减租后较之减租前，各县市稻作单位面积生产量，平均约增加百分之三十以上。

2. 佃农生活获得改善——由于租额减低与粮食增产，佃农收益普遍增加。据 1949 年调查，减租后较之减租前，佃农收益平均增加百分之四十五左右。佃农之增加收益，用以改善生活费用者包括食、衣、住、行、乐、病、卫生各项，占收益总额百分之二十二，用于增加生产费用者，占收益总额百分之七十八。

3. 地价低落，佃农购买耕地增多——实行三七五减租后，地价普遍低落，若以 1948 年地价为基数，则 1949 年地价曾低落百分之四十二点三，最近几年地价跌落更多。由于地价低落，故佃农购买耕地者增多。自 1949 年至 1953 年，佃农购买耕地之总户数占佃农总户数的百分之二十六，佃农购买耕地之总面积占佃农耕地总面积百分之十三。

4. 农村教育卫生之改善——据 1950 年调查，实行三七五减租后，农民受益增多，生活改善，农村儿童就学比列平均约增加百分之三十以上，农村人口死亡率平均约降低千分之五左右。

5. 佃农政治意识与社会地位提高——经济生活对于政治意识与社会地位，均有密切影响……有些地区已有佃农当选乡镇长者，在各级租佃委员会中，政府并规定佃农代表名额，以保障他们的合法权益与社会地位。[①]

在"三七五减租"取得初步成效的基础上，为使无地少地的农民能拥有自己的土地，逐步实现"耕者有其田"的目标，台湾的土地改革进入第二阶段，实行"公地放领"。蒋介石见"三七五减租"颇见成效，遂于 1951 年 1 月 31 日手令陈诚，从速办理"土地改革"。手令全文如下：

"陈院长：台湾农村土地以实施三七五减租，甚见成效。本年应筹备都是土地改革，速照总理平均地权原则，可酌当地实际情形，拟定具体办法，多限于本年下半年度筹备完成，一面宣传晓谕，一面实施为要。何如中正。"[②]

2 月 8 日，蒋介石再度致手令于陈诚："两年来，台省实施三七五减租成绩，以及其中缺点，应均切实研究检讨与充实改正。今年应以改革土地税，依照平均

---

① 台湾《"中央日报"》，1950 年 3 月 5 日。

② 秦孝仪主编：《"总统"蒋公思想言论总集》，卷 37，第 390 页。

地权之原则，参酌当地实际情形，拟定法规，限期实施，并以此为省政中心工作之一。"①

陈诚不敢怠慢，立即根据蒋介石指令，进一步策划"公地放领"与"耕者有其田"政策的实施。

第二阶段：公地放领。所谓"公地放领"，就是把从日本人手里没收的"公地"出售给农民，用"公地"扶助农民取得自有耕地，这个工作是台湾实施"耕者有其田"的前奏。1951年6月，台湾当局正式颁布《台湾省放领公有耕地扶植自耕农实施办法》。该办法共16条，其主要内容有：

第一，规定公地放领范围。原则上以耕地为限，包括大部分水田旱地及少数鱼地、牧地。当时，全台湾出租公有耕地总计为106959甲（合103750公顷），其中除有关水土保持及公营事业机关生产上必须保留的部分土地外，都列入放领范围。

第二，规定公地放领对象。放领对象为承租耕地的现耕农、雇农、耕地不足的佃农、耕地不足的半自耕农。

第三，对公地放领面积进行了规定。要求依据耕地种类、等则高低、农户耕作能力以及维持一家六口生活需要等条件，作为核定放领的标准。一般为：水田：上等0.5甲，中等1甲，下等2甲。旱地：上等1甲，中等2甲，下等4甲。

第四，统一公地放领地价。地价额为放领土地全年正产物收获总量的两倍半，由各市县扶持自耕农委员会依照耕地主要作物产品全年收获总量议定。全部地价分十年平均摊还，不计利息，可提前还清，每年摊还地价，可于收获季节分两次还清。地价用实物偿还，免受物价上涨等因素的影响。

第五，规定公地放领机关为各县市政府。②

据统计，从1951年至1976年先后分九批出售13.9万公顷公地给28.6万农户。受领公地的农民由于获得了土地，生产积极性大为提高，农产品的产量也随之增加。

第三阶段，耕者有其田。台湾土地改革的主要目的，在于使"耕者有其田"，消灭"有田者不耕田，耕田者没有田"的不合理现象，以促进生产力的发展。为了适应当时的政治形势，在"三七五减租"和"公地放领"取得初步成效的基础上，1953年，"耕者有其田"计划开始推行，主要做法是进行私有耕地征收与

①　秦孝仪主编：《"总统"蒋公思想言论总集》，卷37，第391页。
②　陈太先：《台湾土地问题研究》，第25—27页，广州，广东省地图出版社，1995年版。

放领。

1952 年 7 月间，蒋介石主持国民党中央改造委员会会议，决定在台湾地区实施耕者有其田。早在 5 月 7 日，蒋介石在接受美国《纽约时报》记者采访时，就阐明了台湾当局的基本做法："在'耕者有其田'的原则下，台湾当局政府对于中国大陆上所有已分配了的土地，可予维持。"蒋介石说："中国政府的政治哲学基本，仍然还是孙中山先生的'三民主义'所代表着的。孙先生的口号是：'民族、民权和民生'。"蒋介石强调基本的注意力应集中在"民生"上，他说："这是我们的第一步。我们已经实施了三七五减租。耕田的人将保有其耕地；但是对于地主也应该有所补偿。"①

1953 年 1 月，"立法院"通过了《耕者有其田法》。同年 4 月，台湾省政府颁布了《实施耕者有其田法条例》。条例共分 5 章 32 条，其主要内容有：

（1）规定对地主保留额以外的耕地，一律征收，放领于现耕农和雇农；对地主保留额以内的耕地，由政府贷款给农民，向地主协议购买。

（2）划分土地等则，限定地主保留耕地面积。将全省土地分为 26 个等则，第一则为最肥沃的土地，依次类推，第 26 则为最贫瘠的土地；规定一户地主被允许保留耕地以 3 甲水田或 6 甲旱田为限，水田及旱田的等则，也限于第 7 则至第 12 则，其他等则的水田及旱田，照规定标准，折算成 7 至 12 则的水田。②

（3）规定耕地的征收和放领，都由政府办理，具体由租佃委员会协助推行。《条例》规定：先由政府向地主征购土地，地价以土地债券七成，公营事业股票三成，搭配补偿；政府征收的耕地，一律放领于现耕佃农和雇农；放领地价与征收地价相同，加算年息的 4%，由受领农民在 10 年内 20 次以分期付款方式还清，还清后即为土地的主人；承领人每年的平均负担以不超过同级耕地"三七五减租"后佃农现有的负担为准；承领人缴纳第一期地价后发给土地所有权凭证；凡符合妨害征收放领之五种情形之一者，由法院处以三年以下有期徒刑。

由于耕者有其田政策的实施，使大量无地少地的农民成为自耕农，进一步刺激了农民的生产积极性，也有助于台湾当局乱中求稳。

对于蒋介石、陈诚在退台初期所搞的土地改革颇多议论。蒋介石自己称"完成了最合理、最完善，而不流血的土地改革"。③ 陈诚在 1954 年 3 月 4 日一届"国

---

① 秦孝仪主编：《"总统"蒋公思想言论总集》，卷 38，第 288 页。
② 殷章甫：《中国之土地改革》，第 97 页，台北，中央文物供应社，1984 年版。
③ 张其昀：《先"总统"蒋公全集》，第 3 册，第 2774 页。

民大会"二次会议上报告施政时强调："耕者有其田并不否定土地私有制度；乃在建立一种合乎正义公道的土地耕者所有的制度。这种土地为耕者所有的制度，不仅可以调和大多数人的经济利益，造成社会的安定与和谐，更可提高人的尊严与人的价值，培养自由民主的精神，发挥人民的创造能力与成就事业的志愿，有助于民主政治与自由经济的发展。"[1]1956年，陈诚在接受《"中央日报"》社长胡建中采访时称：土地改革"得到空前未有的成功"。古屋奎二在其《蒋"总统"秘录》中称台湾的土地改革："是以树立公平的土地制度为目的'三民主义''平均地权'政策之实践。"此一改革"造成在亚洲屈指可数的繁荣的农村，和建立起能够自给自足的国家"。[2]

也有一种观点认为："因为地主全部都是台湾人，所以国民党可以大慷他人之慨，以大刀阔斧的手法，毫无顾忌地认真推行。假如当时百甲以上的大地主，有三五个是属于皇亲国戚之流，我想台湾的土改工作，能否顺利推行成功，恐怕连陈诚先生也不敢作肯定答复的。"[3]

笔者以为上述两种看法，均有偏激之处。就台湾土地改革的实际情况观之，此举成功之处，在于基本消灭了封建势力，使台湾农业迅速恢复到战前最高水平，并促进了台湾工业经济的恢复。同时，在农村建立了新的经济、政治结构，为台湾后来经济发展奠定了良好的基础。但是，台湾当局标榜的耕者有其田政策与当年孙中山先生倡导的耕者有其田有明显的差异，对地主利益照顾太多，仅在一定程度上分散了地权，远没有做到平均地权。

改革币制

1948年8月19日，三大战役前夕，蒋介石为了挽救濒临崩溃的财政经济，依据《动员戡乱时期临时条款》之规定，经行政院会议之决议，颁布《财政经济紧急处分令》，其主要内容是：

（1）自即日起，以金圆为本位币，十足准备发行金圆券，限期收兑已发行之法币及东北流通券；

（2）限期收兑人民所有黄金白银银币及外国币券，逾期任何个人不得持有；

（3）限期登记本国人民存放之外汇资产，违者予以制裁；

---

[1] 台湾《"中央日报"》，1954年3月5日。
[2] 古屋奎二：《蒋介石秘录》第488页，湖南人民出版社，1988年版。
[3] 孙家麒：《我所认识的蒋经国》，第16页。

（4）整理财产并加强管制经济，以稳定物价，平衡国家总预算及国际收支。[①]

国民党当局出台的币制改革与国民党在军事上的遭遇一样，最终以全面崩溃和大失败而告终。

国民党退台初期的台湾，目光所至之处都是第二次世界大战所遗留的破败景象，所有重要的工矿、道路、电力因炸毁或无法维护保养而陷于停顿，仅有极少数的企业勉强开工。农业也令人忧虑，粮食奇缺，吃饭问题迫在眉睫。对外贸易方面，因大陆政权易手，国际地位日落，美、台关系交恶，对日贸易尚未恢复，与外界联系处于隔绝状态。另一方面，因物资奇缺造成物价飞涨，加之蒋介石宣称"军事第一""反共第一"，庞大的军费支出更使通货膨胀加剧。据台湾资料统计：到1949年时，物价上涨率由1947年的77%增至1189%。

就当时情形而论，台湾真可谓是一个等待爆炸的火药库。陈诚后来回忆说："当时台湾的情形，系因旧台币与金圆券发生联系，故金圆券发生动摇以后，台湾金融、物价亦受严重影响。1949年本人担任台省主席之初，每日均需研议调整旧台币与金圆券之比率，而金融物价遂因此动荡不安，投机囤积与金钞黑市买卖因此渐趋猖獗。我们深感，欲稳定金融货币，必须实行币制改革，割断金圆券与台币之联系。"[②]

如何将混乱的危局稳定下来，如何制止通货膨胀，挽救台湾经济，就成为立足未稳的国民党当局的当务之急。早在国民党大军撤台之前，蒋介石就令新走马上任台湾省主席的陈诚整顿金融。陈诚在获蒋介石允许后，将中央银行存台湾的80万两黄金作为改革币制的基金，美钞1000万元作为台湾对外贸易的基金。与此同时，陈诚还利用行政手段封闭地下钱庄400余家，禁止金融投机买卖。在一切准备工作就绪之后，台湾省政府于1949年6月15日颁布了《台湾省币制改革方案》《新台币发行办法》《新台币发行准备监理委员会组织规程》。由此，币制改革全面展开。

上述方案与办法规定，台湾币制改革的要点有三：以台湾银行钞票为主币；以美金为计算单位；以台湾省区为限。方案还规定：新旧台币兑换率为1：40000，发行总额为25亿元，并限于1949年12月31日前兑换完毕。

发行新台币，实行币制改革，大致分为四个阶段：

第一阶段：从1949年6月至1950年7月6日止，依据《新台币发行办法》，

---

① 《"中华民国"建国史》第五篇"戡乱与复国"（三），第1181页。

② 台湾《"中央日报"》，1954年3月5日。

发行量硬性规定以 2 亿元为限，采十足准备制，以黄金白银外汇及可换取外汇之物资为准备。

第二阶段：从 1950 年 7 月 7 日至 1954 年年底，台湾颁布《临时发行台币办法》，以各银行贷款收购之物资及外汇为准备，发行量以 5000 万台币为限，用以增加生产资源，调剂季节性需要。

第三阶段：从 1954 年底至 1961 年 7 月 1 日，台湾解除限外发行额度之限制，使新台币发行，得视外汇及可换取外汇之物资之情形，机动发行。

第四阶段：从 1961 年 7 月 7 日台湾"中央银行"在台湾复业后，依据《中央银行在台湾地区委托台湾银行发行新台币办法》，新台币发行权由"中央银行"收回。[①]

20 世纪 40 年代末 50 年代初的币制改革虽未能完全消除通货膨胀，但通货膨胀在一定程度上得到缓解，币值基本稳定，一般物价没有大的波动，囤积居奇、高利盘剥现象大为减少。

与此同时，为进一步降低通货膨胀率，稳定物价，陈诚又奉蒋介石之命，在台实行银行存款高利率政策与黄金储蓄政策。此一政策的实施，大大减轻了通货膨胀对市场的压力，对平抑物价亦有明显作用。同时，巨额优惠利率存款通过银行放款业务，扶持了当时处境艰难的经济部门，有助于台湾经济的恢复与发展。

为了消灭财政赤字，陈诚一方面改革税制，简化税目；另一方面压缩各种行政开支，简化行政机构。此举不仅使税收增加，而且节省了部分支出。

通过以上各项措施，使台湾的通货膨胀率逐渐减缓，物价上涨率渐趋稳定。到 1961 年，物价上涨率由 1949 年物价上涨 30 倍降至 2%。台湾当局用了 12 年时间，终于使物价稳定下来。

实施"四年经建计划"

继币制改革与土地改革之后，蒋介石认为，要解决台湾一千多万军民的吃、穿、用的基本需要，扩大就业，节省外汇，就必须在资金不足等困难条件下，充分利用劳力资源丰富的有利条件，依靠"美援"，在发展农业的基础上，相应发展轻工业，逐步以自产品代替进口工业品。至于具体如何做，他让陈诚去主持。

出任"阁揆"的陈诚，为使台湾经济步入正轨，首先成立了台湾省生产事业管

---

① 《"中华民国"建国史》，第五篇"戡乱与复国"（三），第 1187 页。

理会（简称"生管会"）。该机构名义上管理台湾公私企业的生产事务，实际上除生产以外，还管理物资分配、资金调度、对外贸易及日本赔偿物资处理、技术合作等重要工作。它是一个以全面经济活动为对象的决策、计划、执行的机构。陈诚自兼生管会主任，但因忙于台湾全面事务，故副主任人选至关重要。陈诚慧眼独识，选中非国民党人士尹仲容做他"生管会"的副手。

尹仲容

尹仲容是湖南人，早在大陆时期就才华展露。他在电业界任职期间兴举颇多，如制定电政制度，开辟全国长途电话网，邮电机构合设等均出自尹仲容的妙想。其中最重要的是筹建九省长途电话网，开始因财力不足计划搁浅，后尹氏力争，使时任交通部长的朱家骅为之动容，认为尹仲容是一个不可多得人才，他的计划宏大可行，随即批准。1936年朱家骅鼎力协助尹氏出任中国建设银行协理，尹后追随宋子文。有人评论称：尹氏学的是电机，成名在财经，不是本行出身干得比本行还好，这的确是一个奇迹。尹仲容不仅有良好的行政阅历，而且廉洁公正、博闻好学。正因为尹有过人之处，所以陈诚选中他。台湾四年经建计划就是在陈诚和尹仲容主导下制订的。

众所周知，台湾是从1953年开始实施四年经建计划的，与中国大陆实行第一个五年计划并行。第二次世界大战结束以来，全世界几乎迈入经济计划的时代。世界银行专家曾经对一百多个国家的经济计划进行过研究，认为经济计划的定义应该是：政府有诚心，并且不断努力于经济和社会进步，积极消除达到这个目的之制度上的障碍，这样的政府就可以说有计划。[①]苏联1929年第一个开始实施五年经济建设计划。战后，在马歇尔计划之下，美国要求各受援国和地区提出经济计划，出于美国要求和恢复与发展台湾经济的需要，台湾也开始制订第一期四年经济建设计划。

"行政院"为了有效推展第一期四年经济建设计划，于1953年7月，将原

---

① 《"中华民国"建国史》，第五篇"戡乱与复国"（三），第1249页。

有的台湾省生产事业管理会、台湾省"美援联合委员会"与"行政院"财政经济小组委员会等机构合并，改组成立"行政院经济安定委员会"（简称"经安会"），负责经济计划设计、审议及推动之责。该会将原来制订的《台湾经济四年自给自足方案》修正后，正式命名为《第一期台湾经济建设四年计划》。

第一期四年经济建设计划包括农工两部门，虽力求工业生产的扩大，以提高其在整个经济中的比重，但鉴于农业在整个经济中占有极重要地位及其与工业发展间的相互关系，故采取农工并重政策。时任"行政院长"的陈诚将这一计划特点称为"以农业培植工业，以工业发展农业"。[1] 尹仲容对此一原则作了进一步说明："提到经济建设，便会有人提出农业与工业在建设计划中孰轻孰重，或孰先孰后的问题。我们当前的方针，是农工并重，农工配合，以农业培养工业，以工业发展农业，使农业与工业互相辅导，互相促进。"[2]

由上可见，四年经济建设计划的制订，其目的在求以最有效的方式，动员一切经济资源，从事有计划的经济建设，提高生产能力，增加生产数量，对内解除物价与财政所受的压力，对外则渐次使国际收支达到平衡。陈诚将一期"四年经建计划"内容概括为"一个目标，四项原则"：

"一个目标是什么？就是力求提高自给自足的程度，使主要的必需物资能够自给，使国际收支可以平衡。四项原则是什么？一是整个性。经济是一个整体，各项生产建设必须相互配合，均衡发展，根据此一原则，所以本计划注重'以农业培植工业，以工业发展农业'的原则。二是重要性，经济的范围很广，我们应做的事也很多，但在有限的财力、人力、物力条件下，我们必须把握重点，择其具有重要性的事来做。因此，本计划的农业部门则以增加米谷生产为主，工业部门则以肥料与电力为主。三是经济价值，我们不仅要注重整个性和重要性的原则，更要注意经济价值的原则，这也就是说，要能以较少的投资，获得较大的成果。同时，要在短期内有产生经济价值的可能。四是保守的估计。本计划对于增产的数量、建设的进度以及节省或增加外汇数额的估计，均采取保守的态度，力求低估，不敢高估。因为成果超过我们的估计，那是很好的；假如成果达不到我们的估计，反要增加很多困难。"[3]

第一期台湾经济建设四年计划于 1956 年完成，"行政院长"陈诚在中国国

---

① 李云汉：《中国国民党史述》，第 4 编，第 235 页。
② 李云汉：《中国国民党史述》，第 4 编，第 235 页。
③ 台湾《"中央日报"》，1953 年 1 月 6 日。

民党第八次代表大会所作政治报告中对第一期经济建设四年计划的成果给予高度肯定：

"五年以来，党结合了政府与人民，进行了第一个四年经济建设计划，并已开始实施第二个四年经济建设计划。五年来，由于从政同志与全体人民的精勤努力，以及国际资本与技术的合作，台湾的工业生产，以1952年为基数，1953年增加为130，1954年增加为136，1955年增加为149，1956年增加为153。台湾的农业生产，也同样的增加。例如米，由1952年的157万公吨，到1956年增加为179万公吨。甘蔗由1952年的480万公吨，到1956年增加为637万公吨。"①

中国国民党八大规定经济建设的基本纲领是："厉行民生主义之经济政策，贯彻耕者有其田的实施，并加强工业建设，以谋国计民生之均足，凡非国防秘密或具有独占性之企业并予保障。"②

1957年至1960年，台湾当局实施第二期四年经济建设计划，其目的是：继续开发资源，增加农业生产，加速发展工矿事业，扩展出口贸易，以增加人民就业，提高国民所得，平衡国际收支。③第二期"四年经建计划"执行过程中，遭遇了1959年8月台湾中南部大水灾。同年年底，陈诚制定了增加投资的宏大计划。要投资，就必须改善投资环境。陈诚认为要改善投资环境，需要三个方面协调配合：

"一是'政府'方面。要节省开支，集中力量于建设事业，简化行政手续，便利私人投资；调整赋税，鼓励储蓄和投资；将部分公营事业适当转变为民营事业；修改有关经济法令、规章制度。

二是'政府'和民间两方面。要共同努力开拓国外市场，在国际间建立商业信用；吸收最新技术与管理知识，培植技术、管理、推销人才；争取国外资金与技术合作，加强对投资人的服务及供给必需的资料。

三是民间方面。要回复固有的刻苦、节俭习惯，增加储蓄，减少消费；振奋企业精神，创办新的事业；遵守商业道德，从事公平竞争；健全本身事业，改进品质，减低成本；健全同业组织，互相合并；遵守'政府法令'，与'政府'相配合。"④

---

① 《革命文献》，第77辑，第177页。
② 《革命文献》，第70辑，第412页。
③ 《"中华民国"建国史》，第五篇"戡乱与复国"（三），第1263页。
④ 台湾《"中央日报"》，1959年12月13日。

1961 年至 1964 年，台湾当局实施第三期四年经济建设计划，其主要目的是：改善投资环境，促进投资，提高生产能力，扩展对外贸易，使经济获得更迅速的发展，俾能改善国民生活，达成经济自力成长目标。①

第二期"四年经建计划"实施的结果，不仅投资大幅增加，经济成长率也有了很大提升。

1965 年至 1968 年，台湾当局实施第四期四年经济建设计划，其主要目的是：继续改善投资环境，以促进投资，提高生产能力；尤着重高级工业的发展，扩大工业基础，以求经济结构的改变。②

1969 年至 1972 年，台湾当局实施第五期四年经济建设计划，其主要目的是：依据前期计划期内所提出的长期发展基本目的，集中全台湾力量，奋发努力，以期早日建立现代化，达成高度而稳定的经济成长。③

1973 年至 1976 年，台湾当局实施第六期四年经济建设计划。

通过六期四年经济建设计划，台湾经济有了突飞猛进的发展。台湾学者孙震指出：从 1952 年至 1980 年，国民生产毛额增加了 10 倍以上；平均经济成长率9%。1980 年，台湾地区以其不到 1780 万人口，成为世界第二十名进口地区，第十三名出口地区，在亚洲仅次于日本。④

进口替代

所谓进口替代，即利用岛内初级产品生产及出口，赚取外汇，用于进口发展工业所需要的机器设备及农工原料，以支持进口替代工业的发展，并配合实施系列的保护措施，为其提供较为有利的发展环境。

此项工作与"四年经济建设计划"相配合，具体由陈诚和尹仲容负责。尹仲容上任后，协助陈诚采取了以下措施：

第一，在"以农业培养工业，以工业促进农业"的方针下，大力发展农业，为实现工业化创造条件。在发展农业方面，台湾当局政策的是：增加粮食产量，以减少进口，节约外汇，稳定粮价；增产木材，出口高级木材，进口普通木材；修建渔船，发展远洋及近海渔业；推广优良种畜，提高生产效率；兴建排灌水利

---

① 《"中华民国"建国史》，第五篇"戡乱与复国"（三），第 1265 页。
② 《"中华民国"建国史》，第五篇"戡乱与复国"（三），第 1267 页。
③ 《"中华民国"建国史》，第五篇"戡乱与复国"（三），第 1269 页。
④ 李云汉：《中国国民党史述》，第 4 编，第 367 页。

工程，满足农业需要。台湾农业的迅速发展，不仅为工业提供了大量原料，而且农产品出口，为代替进口工业发展提供了资金，同时农民收入增加，也为代替进口工业准备了市场。总之，农业迅速发展为实现工业化奠定了较好的基础。

第二，发展以非耐用消费品生产为中心的代替进口工业。这类工业主要是纺织品、食品、合成纤维、塑料产品、金属制品等。在这些工业的创建与发展方面，尹仲容真可谓是劳苦功高，并被誉为台湾的"工业化之父"。

尹仲容在担任"中央信托局长"与生管会副主任期间，认为岛内制造平板玻璃的原料十分丰富，公私建筑所需平板玻璃很多，长期仰仗进口，实为当局外汇支出一大漏洞。"中信局"在尹仲容的指令下，首先聘请实业专家温步颐拟定设厂计划，随即劝导民间企业界人士经营。当时日本的平板玻璃在台湾销量最大，无人愿意投资，不得已由"中信局"筹资办理，待筹办工作快完成时，民间企业界人士陈尚文等愿出资接办，并协助申请"美援"贷款。因尹仲容的全力支持，该厂生产的平板玻璃十分走俏，很快打开了岛内外市场，成为台湾玻璃业一大企业。

在尹仲容扶植的诸多工业中，以纺织业最为重要。自尹仲容任"生管会"副主任以来，他对扶植纺织业的发展是不遗余力的。在纺织工业建立的初期，他主管"生管会纺织小组"一切事务，对纱布进口实施管制，鼓励民间投资办厂，使纺织工业逐渐扩大。例如，台北纺织工业公司开办时，仅有50万元资金，虽然"生管会"通过贷款300万元，但是时任台湾省主席的吴国桢表示反对，不准贷借。那时某单位正拟向日本进口一批布，尹仲容就向某单位负责人商量，由"中信局"负责供应布，然后将棉花交由台北纺织工业公司代纺。从那时起，台北纺织工业公司才能开工。对于纺织业遇到的困难，尹仲容尽力解决，台湾纺织业有今日，应该说是尹仲容一手创造的。著名经济学家王作荣提及此事时说：

1951年前后，尹仲容先生为解决台湾民众的衣着问题，"断然管制价廉物美的日本布进口，用代纺代织办法发展自己的纺织工业，织出来的布品质既差，价格又高"，一时"民怨沸腾""舆论哗然"，"所有自由贸易，比较利益，通货膨胀理论全部出笼，外加官商勾结，剥削消费大众，为少数资本家图利罪名，情势不可谓不严重。但是请看20年后之今日，我们的纺织工业除供应台湾消费者价廉物美的衣着外，去年仅出口所得外汇便是4.27亿美元，占出口第一位"，"假如当年尹先生一经压力便告屈服"，试想今日是何景象。

1952 年秋，台湾纺织专家吕凤章赴美考察时，尹仲容面嘱吕凤章到美后多看看人造纤维工业。1953 年春，吕凤章考察结束返台后，尹仲容立即令"经安会"工业委员会拟定设立人造纤维工厂计划，并由"中信局"出面与美国著名的万可宏公司签订技术合作设计合约。当时纺织工业正处于黄金时代，台湾各纺织厂老板对这一项没有把握可与纺织业一样赚钱的事业，多不愿投资。尹仲容为了加速建立此项工业，原计划照创办平板玻璃工业的做法，先由政府出资创办，然后才交由民营企业人士接办。因遭财政当局负责人拒绝，计划延至 1954 年。最后由石凤翔、李占春等共同出资接办，接办期间还经历不少惊涛骇浪，但都因获尹仲容的全力支持而获得成功。

20 世纪 50 年代中期，尹仲容鉴于台湾工业需要，力主创办纯碱与 PVC 塑料业。纯碱是工业中的重要原料。台湾没有纯碱工业，只有烧碱工业，因烧碱用电力制造不经济，所以建立纯碱业势在必行。1957 年旅日华侨张子良决定投资纯碱工业，定名为东南碱业公司。但因资金不足，无法支付机器运费，尹仲容断然决定先准予结汇，以解决东南碱业公司的困难。后因该厂生产的纯碱价格偏高，用户以品质不过关为由拒绝订货。其后他多次召集用户与厂家会议，数次调停，后动用行政手段硬性规定采用东南碱业所产纯碱，同时规定东南碱业公司不得擅自提高价格。由于尹仲容的推动，东南碱业公司发展很快。后来东南碱业公司负责人说：假定东南碱业公司没有尹仲容的支持，那就无法顺利成功了。

纯碱工业创办之后，多余出来的副产品氯气无法利用，需要花钱用石灰水吸收后再运往海中遗弃。尹仲容请化工专家、台湾碱业公司总经理黄人杰研究用废料制造 PVC 塑料。经专家研讨，认为尹仲容所提方案可行，后由王永庆投资兴办福懋塑料公司（后更名为台湾塑料股份有限公司）。因资金不足，王永庆申请"美援"，美国反对在台湾创办塑料企业，致使该项计划一度搁浅，后又经尹仲容多方奔走，终于促使美方照案拨款。

1963 年 1 月，蒋介石与宋美龄在尹仲容的葬礼上

尹仲容为何一上台立即改变传统做法去大力扶植民营工业呢？因为在尹仲容看来，自清末李鸿章、张之洞标举实业以来，渐形成官营、公营的传统，导致各地区之间发展极端不平衡，经济发展一直未能在民众心中扎根。他还认为：国民党在大陆失败的重要原因之一，就是集中的官僚资本的经营方式，这种经营方式还在阻碍台湾经济的发展。因此，为了挽救台湾经济，他认为必须"开拓自力成长的新局面"。政府参与经济活动的根本重要性，并非在于直接生产单位，而在于扶植、引导民营生产事业，使大众的自觉努力集中于生产事业。这样既可以充分地发挥人才资源中的生产潜力，也可以抑制官僚经济的弊端，且可将国家承担的经济风险化整为零，实为一举多得。他认为"政府"应勇于为民营开路，同时切忌抢占民营企业的成果。

尹仲容不仅对发展民营工业极力扶植，同时大力整顿公营事业，努力改变公营企业冗员多、效率低、浪费大等弊端。总之，对于台湾工业的创立与发展，尹仲容真可谓是费尽心机。

经过 10 年的代替进口工业的发展，台湾的消费品工业进展迅速，省内需要基本得以满足，有些产品开始进入国际市场。

第三，实行系列管制与保护措施。为了促进面向省内代替进口工业的发展，台湾当局采取了一系列旨在进口、保护省内工业发展的内向型贸易、金融政策和外汇措施。具体为：严格进口管制；实行外汇管理；保护关税；实行设厂限制；合理利用"美援"与侨资。以上管制和保护措施的实施，使外汇得到有效的运用，同时促进省内新兴工业走向成熟，且效果显著。

由于发展代替进口工业政策的实施，在台湾工业化初期起了不可忽视的作用，它使台湾经济有了较快的发展，工业品的自给能力大大提高，为劳动密集型轻工业的发展打下了一定的基础。当然也应看到，由于岛内市场狭小，也出现了生产过剩、对外贸易发展缓慢等严重问题。

20 世纪 60 年代初期，蒋介石在军事"反攻"无望的情形下，开始提出"建设台湾，反共复国"的口号，同时将施政重点集中于建设台湾、经营台湾，以长期维持国民党在台统治。上述政策的变化突出表现在阳明山会谈与国民党八届五中全会蒋介石的讲话中。

"阳明山会谈"是根据国民党八届三中全会决定而举行的。1960 年 10 月 2 日，国民党八届三中全会通过了"促进海内外反共爱国人士团结合作协议"。通过本案的背景是：1960 年 3 月国民党中央临时全会"确立了促成全国大团结的基本方针，就是在宪政体制之下，开拓新的途径，使海内外反共爱国人士对于'反共复国'大业都有贡献其智慧与能力的机会"。"本党认为团结全民族的反共力量，共策反共复国工作之进行，为当务之急"。①

"促进海内外反共爱国人士团结合作协议"主要内容是：

"一、以'光复'大陆为目标，在海外各地，特别是接近'匪区'的各地，结合'反共志士'加强联系，更对铁幕出来的反共人士积极协助，共同奋斗。

二、对侨居海外之学术文化及政治经济各方面人士，供给其所必要的资料，使其了解国内实况，并采取其研究工作的成果，使其对政府各项政策措施，有所贡献。

三、建议政府分别邀约海外学人、工商领袖、边疆民族、宗教团体、反共'爱国党派'以及国内工农商学各界人士，举行各项会谈，对反共'建国'工作交换意见，并对政府提供建议。

四、政府为适应全国团结的要求，当邀集海内外反共爱国人士，共同商讨'光复大陆'之方案，并建议政府应兴应革事项，在宪政体制之下，循法定程序，付诸实施。"②

1961 年 7 月，陈诚奉蒋介石之命，根据国民党八届三中全会决议精神，在阳明山主持召开了"以研讨经济的发展，配合反攻军事，增强反攻力量为主旨"的会议。被邀请参加第一次会谈的有工矿、农林、渔牧、水利、商业等各界从业人士和专家共 104 人，其中台湾 60 人，海外华侨 44 人，实际到会 83 人。此次会谈主题如陈诚所说："内容虽甚广泛，但其要旨亦可归纳为下列四点：

（一）商讨反共'复国'大计，积极'解救'大陆同胞；

（二）加速'复兴基地'的经济发展，增进人民生活，充实反共力量；

（三）加强海内外的团结，一致为'复国建国'而努力；

（四）交换对政府应兴革的意见，造成更多的成绩和更大的进步。"③

会议分经济发展、财政金融和外汇贸易问题三组进行讨论。会议在强调发展台湾经济的基础上，还提出了反共"复国"的建议，加强中国大陆工作。

第二次会谈于 1961 年 8 月 25 日至 31 日举行，这次会谈集中在"大陆光复后教育文化重建问题""当前教育措施问题""文化建设与新闻事业问题""交换

---

① 《中国国民党七至九届历次中全会重要决议案汇编》（上），第 348 页。
② 《中国国民党七至九届历次中全会重要决议案汇编》（上），第 348 页。
③ 《阳明山会谈实录》，第 66—67 页，转引自李守孔著：《国民革命史》，第 744 页。

有关国际情势及‘反共复国’之意见”等四个问题上。

阳明山会谈是在国民党退台后从混乱走向稳定的情形下召开的，它表明国民党准备长期经营台湾，坚持反共"复国"到底。对于"阳明山会谈"，蒋介石在1961年11月召开的国民党八届四中全会上发表讲话称："今年阳明山会谈，就已经举行过两次了。第三次乃至第四、第五次更多次的会谈，是随时都可以举行的。至于结合海内海外反共党派与反共人士，组织反共联盟，党亦可以预为研究，妥拟进行方案。"①

继"阳明山会谈"之后，国民党又于1962年11月12日召开八届五中全会。全会的中心是研讨新时期的对策。蒋介石在会上作了《"复国建国"的方向和实践》的讲话，宣称此次全会的主要任务是"为反攻复国开路"，集中人才，完成"复国建国"。同时认为"建国"工作比"复国"工作更为艰巨，要完成"复国建国"工作，就必须首先建设台湾。如何建设台湾呢？蒋介石提出：

"必须先经由现代化政治、现代化经济、现代化教育、现代化社会和现代化生活的建设，才能确实植基。"②

对于现代化经济，蒋介石提出："现代经济的目的，与我们现代经济的前提，乃在于均富与安和。""而实业计划与国民经济建设运动，又为实现此一功能和属性的正确途径。""经济建设的起点和前途：由初期的以农业为重点的建设，安定农村经济，支持并助进工业的发展，乃进而至于以工业为重点的建设，促进农、工、商事业，并以促进国民经济建设，使人人能生活，人人享幸福……仍力求民生与国防之配合，以策进国家之富强。""在生产方面，必须发展交通……谋求国际合作，提高生产技术。""在分配方面，要使粮食利润的分配很平均，劳资工商的关系很合理。"③

国民党九大召开时，蒋介石在开幕词中宣称：国民党今后在台湾的施政，"除开军事奋斗之外，最重要者是社会建设、文化建设与心理建设"。根据蒋介石的旨意，国民党九大通过的政纲宣称：为贯彻反共抗俄"国策"，要动员一切力量，团结海内外同胞，加速摧毁并"消灭中共政权"，完成"复国建国"大业。政纲强调，要完成反共"复国建国"大业，就必须加强台湾建设。总目标是"确立三民主义政治、经济、社会、教育各项制度，以为大陆重建之示范"。在政治上

---

① 张其昀：《先"总统"蒋公全集》，第2册，第2708页。
② 张其昀：《先"总统"蒋公全集》，第2册，第2775页。
③ 张其昀：《先"总统"蒋公全集》，第2册，第2776页。

厉行法治，建立政务官责任制度，力求政治革新与进步，加强地方自治；在经济上策进台湾工业化，改善投资环境，厉行直接税制，贯彻都市平均地权政策、耕者有其田政策；在军事上充实三军战力，发挥"总体力量"，适时实施"军事反攻"。①

　　以上表明蒋介石已从20世纪50年代初期的"军事第一""反共第一"过渡到反共"复国"与"建设台湾"并重，更注重"建设台湾"，以便偏安台岛。根据蒋介石的旨意与变化了的经济形势，台湾"行政院"在20世纪50年代发展经济的基础上，采取了比较正确的发展策略，即从发展内向型经济为主转向发展外向型经济为主，大力发展劳力密集型的出口加工工业，拓展对外贸易，以带动整个经济的发展。为发展外向型经济，台湾当局采取了下列措施：

　　其一，实行财经改革，搞局部自由化，逐步向市场经济转变。从1959年至1961年，台湾当局实行一系列经济改革。首先出台的是经蒋介石核定的《19点财经改革措施》和《奖励投资条例》。财经改革的具体内容是：

　　（1）检讨过去的进出口管制办法，以实现进出口自由化；

　　（2）从税收、外汇以及金融方面给予私营企业以优待；

　　（3）改革税制与征收办法，促进资本积累；

　　（4）通过外汇和贸易制度的改革，实行单一汇率和贸易自由化；

　　（5）增加鼓励出口的有关措施，改善出口商的外汇取得条件，扩大与外国投资商的投资合同等等。

　　上述措施的实施，对台湾制造业从事出口生产十分有利，促使更多制造业厂家转向发展出口加工业。

　　其二，改善投资环境，开办加工出口区，开始大量引进外资。设立加工出口区是台湾当局配合奖励投资的重要措施之一。1965年1月，台湾"立法院"通过《加工出口区设置管制条例》。根据《条例》规定，划出一定地区，供外贸企业投资设厂，并提供各种方便和优惠政策，以便更好地引进外资，扩张出口，把经济导向国际市场。1965年3月，台湾当局首先在高雄设置加工出口区，翌年12月建成营运。其后又在南梓和台中设立加工出口区。由于在加工出口区为外贸提供稳定的受资体制与法律保证，及比较完备和廉价的基础设施、服务设施、各种优惠，使外资申请者络绎不绝，设置加工出口区的目标基本得以实现。

---

① 《革命文献》，第10辑，第416—417页。

设置加工出口区，在亚洲地区可以说是首创。该区主要企业是日、美等国趋向衰落的部门，台湾当局在经济落后的情况下，将区内产品达到规格化与标准化，达到具有国际竞争力，显然这种做法是成功的。它对鼓励外人及华侨在台投资，发展外销工业，增加出口产品与劳务输出，都起到了积极的作用。

其三，实行外资与内资一并鼓励，区内（指加工出口区）与区外（指工业区）齐头并进，引进与自筹双管齐下的多形式筹集资金和发展生产的政策。

其四，实施第三、第四、第五期四年计划。

上述诸项措施的实施，使台湾经济发生了根本性的变化。

首先，在经济结构上完成了从农业经济向工业经济的转变。1952年时台湾农业总产值占工农业总产值的35.9%，随着工业经济的发展，到1973年时，农业总产值占比下降至11%。[1]

其次，内向型经济转变为外向型经济。这一时期，台湾对外贸易总额的比重由1952年的23.2%上升为1972年的71.68%。[2]

最后，重工业得到发展，纺织业、电子电器工业发展尤为突出。

总之，60年代初至70年代初，是台湾经济的飞速发展时期，也有人称为台湾经济的"起飞"时期。据台湾资料显示：此一时期台湾经济的综合年增产率为10.37%。其中农业年增长率为4.99%，工业年增长率高达19.6%。[3] 10年中有5年工业增长率超过20%。台湾经济年增长率以两位数字高速增长，持续时间之长不仅在亚洲地区少有，在世界范围内也不多见。就国民所得而言，1952年国民生产总额是新台币172.4亿元，到1978年增加到8191亿元，增加了几乎50倍；平均个人所得从1952年的110美元增加到1978年的1904美元。另据世界银行公布的1977年125个国家与地区的经济资料显示，台湾国民所得居第38位，而韩国居第50位。截止到1991年，台湾人均生产毛值已经突破9000美元大关。[4]

台湾经济何以在60年代能够得到迅猛的发展呢？外界众说纷纭。笔者以为：

其一，由于日据时期台湾经济具有一定的基础，为台湾经济的进一步发展准备了客观条件。

---

① 何保山：《台湾的经济发展》，第146页，上海译文出版社，1981年版。

② 周伩等：《台湾经济》，第224页。

③ 何保山：《台湾的经济发展》，第138页。

④ 贺允宜等：《"中华民国"建国史纲》，第415页，台湾黎明文化事业出版公司，1984年版。

其二，国民党从大陆撤退时，带走了大量黄金、工业设备和技术及管理人员。这些财富、资产与人才在台湾经济"起飞"中发挥了相当重要的作用。

其三，美国的经济"援助"是台湾经济"起飞"的一个重要筹码。据统计，从1951年到1968年间，台湾接受美国"经援"共计14.82亿美元。20世纪60年代中期"美援"停止后，又以贷款方式贷给台湾几十亿美元。对于"美援"在台湾经济中的作用，尹仲容称：

"美援的适时抵达，正如对垂危病人注射强心剂。""假如没有这笔美援，仅凭我们自己的经济力量，还不能达到目前的水准。换句话说，我们的成长率不是全凭我们经济内部的成长力量所产生的。"①

何保山在《台湾的经济发展》一书中说：

"要是1950年美援尚未来到，就很难想象台湾如何能够摆脱严重的失去控制的通货膨胀和随之而来的社会和政治动乱。"

其四，有利的国际环境亦是台湾经济"起飞"的一个不可忽视的因素。第二次世界大战之后，世界资本主义经济进入了一个稳定的发展时期，发达国家在新技术日新月异的环境之下，将发展重点移向与高科技有关的新兴产业部门。与此同时，发达国家高工资与落后国家低工资的差别通过产品成本影响到商品的国际竞争能力，从而导致发达国家向落后地区转移落后产业，以利用落后地区廉价劳动力创造廉价商品。台湾当局正是抓住了这种世界性的经济结构大变动机遇，注意吸引发达国家淘汰下来的落后产业，以使其经济纳入到国际经济体系中去，寻找更广大的市场。

其五，蒋介石与国民党当局吸取了在大陆失败的教训与采取了正确的经济发展策略，是台湾经济"起飞"的主观原因。陈诚宣称"确保台湾基地安全，最根本的原因，是由于'总统'指示的正确"。②国民党退台初期为制止通货膨胀，曾经制定了改革币制、改革土地制度及"以稳定经济为先"，"农工均衡发展"，实施"进口替代"的经济发展战略。经过10年努力，终于使台湾经济得到初步发展，为20世纪60年代经济"起飞"奠定了基础。进入60年代之后，台湾当局在军事失利、"反攻"无望的情形下开始全力经营台湾的经济建设，制定了外向型经济为主的"出口导向"经济战略，使台湾经济得到了迅猛发展，并成为东南业地区经济发展的一条小龙。

---

① 尹仲容：《台湾经济10年的发展之检讨与展望》，第287页。
② 台湾《"中央日报"》，1954年3月5日。

其六，台湾教育的普及也为经济"起飞"起到了巨大的杠杆作用。早在日据时代，台湾教育已有初步发展。但在殖民主义统治下的民族教育事业是不可能得到真正发展的。当时的台湾社会还是以农业为主的自然经济结构，这种状况也不可能促使教育事业有较快的发展。国民党退守台湾之后，因政治上要求偏安台岛与经济发展的需要，以及人民的迫切要求，使台湾在进行经济建设的同时，开始将主要注意力投向了教育事业。特别是在经济"起飞"阶段，台湾当局又在普及小学国民教育的基础上，将"国民教育"延长为九年，并采取了限制高中、发展高级职业教育、大办专科学校的政策。随着台湾中等教育的普及，使劳动力素质大大提高，而劳动力素质的提高，对经济增长具有明显作用，一方面使经济增长率大大高于就业增长率，另一方面使劳动生产力的增长率高于就业人数的增长率。总之，这一时期台湾教育与经济发展是逐步相适应的。

以上六点是台湾经济迅速发展的主要原因。同时也应看到，台湾经济虽有迅速发展，但其以加工出口为主体的岛型经济，其致命的弱点在于对外依赖性强，发展主控权操于外人之手，如遇世界性经济危机，台湾经济不可避免地会受到极大的打击。

由于蒋介石和国民党当局制定了符合台湾实际的经济发展政策，使得台湾经济得以快速发展，人民生活水平有了很大提高，为经济进一步起飞奠定了坚实的基础。承认台湾经济的快速发展，就不能不承认蒋介石在台湾经济发展中的作用，不能因为蒋介石极端反共，发展经济也是为了奠定"反攻大陆"的基础，就否定蒋介石对促进台湾经济起飞的作用。我们是辩证唯物主义者，评价历史人物必须客观与公正，才能信服于人。

修补反共思想体系

蒋介石败退台湾之初，在反省国民党全面崩溃的原因时认为：国民党对中共斗争不力，重要方面是宣传不够主动而理论不够充实，不但不能胜过共产党，反而被共产党占了上风。他在一次答外国记者问时称：

"建立三民主义模范省"，完成"反共'复国'大业，绝不是单靠有形的军事力量来完成的，许多外国友人常从此角度来看我们这个基本问题，自然觉得这是一件万分艰巨，甚至是短期不易达成的任务；但是，要知道，革命战争主要是靠社会民众和主义思想的力量来支持和成功的"。

出于此种认识，蒋介石提出当前的当务之急在于加强反共"心理建设"。为

1957年蒋介石的《苏俄在中国》一书发行英译本，蒋介石夫妇为庆祝英译本的出版，在士林官邸拍照

了加强"心战"，蒋介石又拿出看家的本领，不断著书立说，修补反共思想体系。在这些著述中，最突出的有《反共抗俄基本论》《解决共产主义思想与方法的根本问题》和《苏俄在中国》。这三部书被台湾舆论称为反共的"三大论著"与"经典"。

《反共抗俄基本论》是蒋介石1952年10月为配合"反共抗俄总动员"运动撰写的。蒋介石站在极端的反苏反共的立场认为，国民党被打败是因苏俄的"侵略"所致。书中极尽攻击之能事，大肆宣扬苏俄必败，反共必胜。

在《解决共产主义思想与方法的根本问题》一书中，蒋介石错误地认为：马克思的唯物辩证法是对黑格尔辩证法的"一种曲解"，宣称在中国300年前就产生了辩证法思想，而且比马克思的唯物辩证法还高明。中共引进辩证法原理，普遍应用于斗争策略和战术思想，阐述其一切"阴谋"策略。蒋还认为：唯物辩证法的根本弱点是双脚朝天的"倒立系统"，是"反精神、反生命、反人性"的。蒋认为消灭共产主义思想的基本武器是中国的传统哲学思想——"天人合一"的思想，而三民主义则是同共产主义斗争的最后"成功之道"。

吴一舟在《蒋"总统"的一生》中称这部书为："与《反共抗俄基本论》性质相同，而颇能补充它的未尽之意的，是一篇极有深度的发挥革命理论的演讲。"

笔者以为这两部书的共同特点是：都打着孙中山三民主义与中国传统文化的旗号，系统地攻击共产主义与中国共产党。书中再次要求国民党军政人员"研究""实践"蒋介石在20世纪30年代就曾鼓吹过的"力行"哲学。同时蒋还鼓吹培植以反共"新武德"为核心的所谓"革命人生观"，要国民党官兵建立"主义""领袖""国家""责任""荣誉"五大信念，和中共作战叫"不成功，便成仁"。

1956年12月底，蒋介石在前两部反共专著的基础上，又请陶希圣等人为他代写了《苏俄在中国——中国与俄共 30 年经历纪要》一书。该书分为三编二十章，共 24 万余字。

第一编："中俄和平共存的开始与发展及其结果"。文中叙述了 1924 年以来的中苏关系。蒋介石认为苏维埃"乃是专制与恐怖的组织"，列强压迫下的中国，已经成为苏联传播共产主义种子的大好园地，中共行动皆出于斯大林指导。抗战后期，中共想夺取政权与破坏国家统一，苏俄从中破坏，企图达到独占中国的目的。

第二编："反共斗争成败得失的检讨"。为了掩盖蒋介石本人发动内战的事实，并为其在大陆失败寻找理论根据，蒋在书中除了宣传中共"狡猾"之外，将国民党在大陆失败的原因归咎于政治上"政党政治的失败"与新旧制度脱序；经济上中共与苏联的破坏和宋子文经济政策失误、美援停止；军事上马歇尔的错误指挥等。当然，书中也道出一些真情，如认为国民党党务的失败是由于各级首脑对三民主义发生了动摇，军队习染了北洋军阀所有的毛病，各级官长贪污腐化、贪生怕死等。

第三编："俄共和平共存第一目标及其最后构想"。蒋介石认为斯大林企图以中共武力推翻国民党政府，采取西守东进的策略。赫鲁晓夫当政后，提出"和平共存"政策，企图破坏"反侵略阵线而实施其战略的攻击"，这是"第一目标"。蒋介石还认为：苏为达到控制全球的目的，设置欧洲、中东、远东三个战场，在欧洲使西欧各国脱离美国；在中东将西方势力逐出；在远东则要控制中国等亚洲国家。该书在全面深入分析苏共与中共政治及军事思想、战略战术原则基础上，提出了"民主阵营"或"自由世界"反共抗俄的政治、军事对策，最主要的原则是在美国领导下进行总体反共战争。

蒋介石还在书中宣称：写作此书的目的，是为了总结 30 年与俄共"和平共存"斗争的"血泪经历"；告诫"自由世界"警惕俄共与中共的"阴谋"。他称他是"衷心充满着悲痛无比的情绪"和"怀抱着坚定不移的信心"，发表这一纪要的。[1]

蒋经国称《苏俄在中国》一书是他父亲"遭受'患难、耻辱、艰危、诬陷、渗透、颠覆'的一部痛苦经验的结晶"，是一部"反共十字军的经典"。[2]

为了进一步加强反共"复国"宣传，蒋介石又于 20 世纪 60 年代中期发起了

---

[1]　张其昀：《先"总统"蒋公全集》，第 1 册，第 282 页。

[2]　《蒋"总统"经国先生言论著述汇编》，第 12 辑，第 519 页。

一场遍及全岛的"中华文化复兴运动"。

"中华文化复兴运动"

"中华文化复兴运动"是台湾国民党当局以"复兴文化"为名推展的一场思想文化领域的政治运动。

众所周知，早在"中华文化复兴运动"之前，为了强化反共与"反攻"意识，台湾当局就在文化领域开展了"文化改造运动""文化清洁运动"与"战斗文艺运动"。

首先是"文化改造运动"，这是国民党蒋介石在"建设三民主义模范省"过程中的重要活动之一。在台湾当局通过的《反共抗俄总动员纲领》中规定"文化改造"的方向是：

一、揭露中共政权对思想的集权统治，使自由中国对共产党获得正确认识。

二、厉行明礼尚义、雪耻复国之精神教育。

三、倡导文艺改革，使文学、美术、音乐、戏剧、电影之内容符合革命建国的要求。

四、普及科学知识，促成学术界总结合，发行学术性期刊并编纂中国文化丛书。

五、增强国际文化合作。[①]

探究"文化改造"运动的内容，涉及民族精神教育、学术研究、奖励科学、文武合一教育与生产教育，其中最重要之点在于民族精神教育。台湾当局教育部门制定的《"戡乱建国"教育实施纲要》中，明确规定民族精神教育的主要内容为"三民主义教育"。此点符合蒋介石总结国民党在大陆失败原因的分析。1952年5月19日，台湾"教育部门"公布了《台湾省各级学校加强民族精神教育实施纲要》，要求"中等以上学校应指导青年认识我国社会、政治、道德、文化之特质与时代精神，确立三民主义之革命的人生观"；"深切体认四维八德为反共抗俄之精神武器"。[②]《纲要》完全呈现出国民党蒋介石的反共抗俄的基本"国策"。在课程安排与教材使用和师资配备上，台湾"教育部门"均强化三民主义教育和中共政权是民族罪人的教育，激起年轻人"同仇敌忾"之心。与此

---

① 转引自林果显：《"中华文化复兴运动推行委员会"之研究》，第51—52页，台湾，稻乡出版社，2005年版。

② 台湾《"中央日报"》，1952年5月20日。

同时，台湾当局还宣称以四维八德作为精神武器，来打击毁坏传统文化的中共政权，拥戴"领袖"。

对于台湾当局开展的"文化改造"运动，台湾学者评论说："文化改造运动并未达到预定的目标。"①

"文化清洁运动"是 1954 年由台湾部门推展的一场思想文化领域反共政治运动。这一运动既是秉承"文化改造运动"的理念，又与蒋介石发表的《民生主义育乐两篇补述》紧密相关。《补述》认为大陆中共未能顾及群众的休闲，而让中共政权有机会利用文艺迎合群众、组织群众，借文艺作品将阶级斗争的思想灌输到心里，致使一般人不是"受黄色的害，便是中赤色的毒"。②蒋介石反对市场上充斥商业化色彩的作品，主张强力干涉主导文艺作品的走向，期望"表现民族文化使其深植人心的新文艺作品"多多益善。③

作为国民党在文化领域的指导机关的台湾"文化协会"，在蒋介石的《补述》发表后立即组织有关人员研读、撰写心得，并召开多次座谈会，表示响应"铲除赤色的毒与黄色的害"的号召。台湾"文化协会"重要成员陈纪滢于 7 月 26 日以匿名方式向各大报倡导"文化清洁运动"铲除"三害"，即"赤色的毒""黄色的害""黑色的罪"，以保持优良淳美的文化创作环境。所谓"黑色的罪"是指某些"不肖"新闻工作者专门揭别人疮疤，或捕风捉影捏造事实，严重打击军民与海外侨胞对反共基地观感的刊物；所谓"赤色的毒"是指蕴含共产思想的读物，当时虽已近绝迹，仍需提高警觉；所谓"黄色的害"是指内容伤风败俗的刊物。④8 月 9 日，台湾"文化协会"发表了《自由中国各界推行文化清洁运动厉行扑灭三害宣言》，文章宣称"三害""直接地摧破我们发扬战力的精神堡垒，间接地帮助了'共匪'铺筑仇恨、乱伦、毁灭民族文化传统的道路，其罪恶与'共匪'俄寇的帮凶何异"。⑤

8 月 20 日，台湾"文化协会"主导各社团联合成立了"文化清洁运动促进会筹备会"。8 月 27 日，台湾"内政部"致函台湾省政府，处分 10 家杂志，分别令其停刊。11 月 5 日，台湾"内政部"公布了《战时出版品禁止或限制登载事项》，

---

① 林果显：《"中华文化复兴运动推行委员会"之研究》，第 59 页。
② 蒋介石：《民生主义育乐两篇补述》，第 71 页，台北，"中央"文物供应社，1954 年版。
③ 蒋介石：《民生主义育乐两篇补述》，第 71 页。
④ 台湾《"中央日报"》，1954 年 7 月 26 日。
⑤ 台湾《"中央日报"》，1954 年 8 月 12 日。

规定：

一、涉及政治、军事、外交之机密而有损国家利益者。

二、夸大描述盗匪流氓等非法行为而有诲盗行为者。

三、描述自杀行为而有助长自杀风气之虞者。

四、描述少年犯罪行为而有助长少年犯罪之虞者。

五、描述赌博或吸食烟毒之情景足以诱人堕落者。

六、描述猥亵行为而有诲盗作用足以影响社会治安者。

七、传播荒谬怪诞邪说混乱生活视听者。

八、记载不实之消息意图毁谤或侮辱元首或政府机关名誉，足以淆乱社会视听者。

九、对于法院刑事诉讼进行中案件之批评，足以淆乱社会视听者。[①]

"内政部长"王德溥宣称该限制的目的乃基于反共抗俄战争的需要，是使战时文化走入正当的发展途径。[②]

台湾"文化协会"与"内政部"的一唱一和，曾经引起文艺界有识之士的强力反弹，纷纷撰文反对，台湾"行政院"对此只好让"内政部"重议，最后被迫将已经公布的九条举措"暂缓实施"。[③]"文化清洁运动"也就不了了之。

由于"文化清洁运动"一开始就遭到各方责难，国民党当局于1954年10月底又拟定了《现阶段展开文艺战斗工作要点》。《要点》宣称主要目的为"加强对于'共匪'的斗志，以促进文化动员工作的实施"，发扬民族意识，以激发人心，争取反共战争的胜利；同时组织各独立分散的文艺人，以集体领导、分工合作的方式，描写富有"民族意识、战争精神、英勇事迹"的题材。[④]

1954年12月20日，蒋介石在"革命实践研究院"主持总理纪念周时发表的《推行革命实践运动的回顾并提示今后施政方针》中提出1955年七项中心工作，其中最后一项是"关于展开反共文艺战斗工作"。蒋介石提出"由各县市文艺机关策动当地文化团体，联合组织各县市文艺战斗工作委员会，负起文艺战斗工作的使命，并分别组织工作队，利用报纸刊物，尽量刊载战斗性之文艺作品"。[⑤]

---

① 台湾《"中央日报"》，1954年11月6日。

② 台湾《"中央日报"》，1954年11月6日。

③ 台湾《"中央日报"》，1954年11月10日。

④ 林果显：《"中华文化复兴运动推行委员会"之研究》，第71页。

⑤ 《"总统"蒋公思想言论总集》，卷26，第202页。

国民党《幼师文艺》刊物于 1955 年 1 月号发表社评《战斗文艺对谁战斗? 怎样战斗? 》，明确指出"战斗文艺是专指为反共抗俄的，或服务于反共抗俄的文艺"。文章提出"战斗文艺"有三个战斗目标："一是中共政权和苏俄；二是足以抵消战斗力量的一切腐恶势力，诸如妨碍治安的匪盗，扰乱物价的奸商，贬损政府威信的贪官污吏等，所有抵消反共力量皆视为'共匪'的帮凶；三是失败主义与堕落的心灵。总之危害'中华民国'政府动员精神与反共抗俄的障碍皆应予以铲除。"①

1956 年 5 月 8 日，国民党七届七中全会通过的《对于"五院"从政主管同志工作报告之决议案》强调"战斗文艺应积极进行"；1957 年 3 月 6 日，国民党七届八中全会通过的《对于党务工作报告之决议案》提出"全面推进战斗文艺"；1964 年，国民党召开新闻工作会议，通过了《加强新闻与文艺工作合作，以扩大文艺战斗功能，促进"反攻"大业案》；1965 年，第一届"国军"文艺大会通过的议案中以"倡导革命文艺思潮，以求高度发挥战斗文艺的功能"为宗旨，推行"国军"新文艺运动；1966 年，国民党九届三中全会通过了《加强战斗文艺之领导，以为三民主义思想作战之前锋案》。②

由上可见，无论是"文化改造运动"，还是"文化清洁运动"，再到"战斗文艺运动"，都是国民党当局利用民间文化团体，以三民主义教育、拥戴领袖与"反共复国"为诉求，进行精神动员的思想文化领域的政治运动。这些运动对于维持国民党在台统治，进行反共与"反攻"宣传起到了一定的作用，并为"中华文化复兴运动"的发起准备了条件。

1966 年 11 月 12 日，台湾国民党当局为纪念孙中山先生 100 周年诞辰而修建的中山楼中华文化堂举行落成典礼。蒋介石主持落成典礼，并发表《中山楼中华文化堂落成纪念文》。宣称："我中华民族文化，至二千五百有余岁，至孔子始集大成，故曰：天不生仲尼，万古如长夜！而此尧、舜、禹、汤、文、武、周公、孔子圣圣相传之道统，屡为邪说诬民者所毁伤，降至今日，赤祸滔天，民族不幸，竟遭此空前绝后之浩劫！而我五千年来传统优秀之文化，几乎濒于熄灭而中绝，幸我'国父'之诞生，乃有三民主义之发明，而道统文化又一次集其'充实而有光辉之谓大，大而化之谓圣'之大成。此不唯使我中华民族，于长夜漫漫中，'启明复旦'！亦使人类'履道坦坦'，共济于'三民主义之新时代'也！"

---

① 林果显：《"中华文化复兴运动推行委员会"之研究》，第 74 页。

② 林果显：《"中华文化复兴运动推行委员会"之研究》，第 78 页。

蒋介石在文中还大谈三民主义与中国文化的关系，强调"伦理、民主、科学，乃三民主义思想之本质，亦即为中华民族传统文化之基石"，宣称"三民主义思想，不愧为中华民族文化之汇集，而三民主义之'国民革命'，乃益为中华民族文化之保卫者"。①

蒋介石文章发表后，台湾史学家萧一山、沈刚伯、方豪等人召开座谈会，向大陆学者喊话，要求大陆学者"为维护中国传统历史文化，为维护真理，争取学术思想自由，进行不屈不挠的斗争"②。接着，孙科、王云五、张知本等1500人联名给"行政院"写信，建议发起"中华文化复兴运动"，要求定每年11月12日孙中山诞辰日为"中华文化复兴节"。台湾"行政院"接受了上述建议。③

同年12月25日，台湾"国大宪政研究会"召开会议，蒋介石主持会议并发表讲话称："今年'国父'诞辰，我们乃有中华文化复兴运动的发起，这实在也就是三民主义思想向大陆更积极、更全面的进军。因为中华文化复兴运动，实际上亦就是三民主义的'实践运动'。即要在'人本精神'的基础上，致力于伦理、民主和科学的'现代化国家建设'。""中华文化复兴运动，就是要凭借我们传统的人本精神和伦理观念来唤醒这一代人的理性与良知，以建立起反共斗争真正坚强和必需的心理基础与精神动力，随后才能彻底的消除'共产邪说'，摧毁'匪伪'政权。"④同年12月26日，国民党中央召开九届三中全会，会议根据蒋介石的讲话精神通过了《中华文化复兴运动推行纲要》。该案强调三民主义、"讨毛反共"为"文艺复兴运动"的基础。在"基本精神"部分作如下说明：

一、三民主义为中华文化优良传统之结晶，加强实践与贯彻三民主义，即为复兴中华文化之康庄大道。

二、依据"总统"昭示：伦理、民主、科学为三民主义之本质，复兴中华文化应遵循此项指示，加强政治、社会与民生建设。

三、三民主义文化之复兴与发展，其特性为创造建设，达成战斗任务。

四、复兴中华文化，应陶冶民族人格，蔚为时代精神，以利"反攻复国"大业之进行。

---

① 台湾《"中央日报"》，1966年11月13日。
② 台湾《"中央日报"》，1966年11月14日。
③ 《"中华民国"年鉴》，第565—566页，台湾"中华民国"年鉴出版，1967年。
④ 台湾《"中央日报"》，1966年11月26日。

五、"讨毛反共"，即为保卫中华文化，复兴中华文化之努力方向。[①]

《纲要》还规定积极推行新生活运动，使国民在四维八德的熏陶下，走向现代化与合理化。同时将国民体育、家庭教育、整理中国古籍、倡导战斗文艺、策动大众媒体等列为运动要项。[②]

由此开始，"中华文化复兴运动"实际上已经在台湾全岛轰轰烈烈地开展起来。

1967 年 7 月 28 日，"中华文化复兴运动推行委员会"召开成立大会，参加成立大会的各界人士 1100 多人。大会推举孙科、王云五、钱穆、于斌、左舜生、陈启天、王世宪、林语堂、钱思亮、曾宝孙、谢东闵 11 人为主席团成员，并推举孙科主持大会。孙科在成立大会上发表演讲，宣称"复兴中华文化，有三个步骤或三种方法：第一是研究保存，第二是推陈出新，第三是发扬光大"。孙科还指出今天召开大会的目的"是要成立全国推行文化复兴运动的机构，领导今后中国的文化复兴，这对我国民族前途和历史命运而言，是一件很大的事！"孙科提出该会今后工作主要有十项。[③]

会议一致推举蒋介石担任会长，通过了《中华文化复兴运动推行纲要》和《中华文化复兴运动推行委员会组织章程》。在《组织章程》中，对"中华文化复兴运动推行委员会"的主要工作内容作了如下规定：

"一、匡助'政府'研究，创造并推行以伦理、民主科学为本质之各项文化建设。

二、鼓励公私立文化学术研究机构，从思想上、学术上，弘扬中华传统优良文化。

三、协助推行民族精神教育，增进民族智能，发扬民族道德，蔚为正气磅礴之民族人格。

四、推行国民生活规范，加强国民生活教育，并研订文物典章礼俗制度。

五、广播大陆及海外'讨毛'救国联合阵线，根绝共产党'摧残'中华固有文化之罪恶。"[④]

7 月 30 日，国民党中央委员会颁布了《推行中华文化复兴运动办法》，强调运动的重点："（1）加强学术研究"；"（2）推动社会生活"；"（3）举办文艺活

---

① 林果显：《"中华文化复兴运动推行委员会"之研究》，第 132 页。
② 林果显：《"中华文化复兴运动推行委员会"之研究》，第 99 页。
③ 台湾《中央日报》，1966 年 12 月 26 日。
④ 台湾《中央日报》，1966 年 12 月 26 日。

动";"（4）教育配合";"（5）倡导大众传播";"（6）加强妇女工作";"（7）揭发大陆'暴政'"。完成上述任务的四项举措是："（1）加强三民主义教育";"（2）坚定战斗意志";"（3）弘扬传统文化";"（4）加强对中共认识"。①

8月23日，蒋介石聘请孙科、王云五、陈立夫为"中华文化复兴运动推行委员会"（简称"文复会"）副会长，钱穆、谢东闵等18人为常务委员，古凤翔为秘书长。10月12日，"文复会"成立国民生活辅导委员会、学术研究出版促进委员会、教育改革研究委员会及基金委员会，并分别定于推行《国民生活须知》《国民利益范例》，小学注重《生活与伦理》、中学注重《公民与道德》等，展开伦理、民主、科学新文艺运动。同时，"文复会"还出版了大量文化典籍：《尚书今注今译》《周易今注今译》《说苑今注今译》《诗经今注今译》《老子今注今译》《荀子今注今译》《礼记今注今译》《庄子今注今译》《周礼今注今译》《春秋左传今注今译》《墨子今注今译》《论语今注今译》《孝经今注今译》《史记今注今译》《孟子今注今译》《春秋公羊传今注今译》《孙子今注今译》《大学今注今译》《中庸今注今译》《中华文化研究论文目录》《白话史记》《白话三国志》《白话资治通鉴》等。

1971年12月12日，"文复会"修正通过了《文化复兴运动再推进计划纲要》，规定了今后努力的方向：

（一）"文化复兴与生活结合"：

（1）"以四维八德为基础，继续加强推行《国民生活须知》与《国民礼仪范例》。"

（2）"继续加强推行文化运动。"

（3）"推展文艺运动，净化文艺作品，改进大众传播内容。"

（二）"文化复兴与教育结合"：

（1）"改进教育制度，充实学校课程。"

（2）"加强本国史地教学，培养反共爱国思想。"

（3）"加强学生生活教育，增进德智体群四育均衡发展。"

（4）"鼓励学人回国讲学任教。"

（5）"提倡职业教育，辅导中学学生就业。"

（6）"积极推行全民教育运动。"

---

① 张山克：《台湾问题大事记》，第290页，华文出版社，1988年版。

（三）"文化复兴与学术结合"：

（1）"汇合政府与民间力量，共同推行科学研究与创作发明。"

（2）"扩大中外图书交换，选择最新科学著述。"

（3）"加强国内外各学术文化基金或奖学金的联系运用，奖励文化投资与文化基金捐献运动。"

（4）"继续从事古籍今注今译工作，或择要予以新式标点。"

（四）"文化复兴与外交结合"：

（1）"以文化为前驱，争取国际人士了解与同情，以转变国际间姑息妥协的言论与行动。"

（2）"建立海外中华文化活动中心，传播中华文化。"

（3）"大量制作具有民族文化风格影片唱片等，免费或低价供给侨校、侨社、留学生、旅外华人、外国社团及大众传播机构播映。"

（五）"文化复兴与国防结合"：

（1）"唤醒同胞对'共匪'的倒行逆施及彻底毁灭我中华文化的狠毒行为，予以直接间接的打击。"

（2）"揭发'共匪'在国际间的文化宣传伎俩。"

（3）"加强空投、海漂、隔海喊话及大陆广播等心战措施，掀起大陆同胞的革命浪潮，以达到内外夹攻的目的。"

（4）"整肃文化战线，扫除毒素宣传，以坚强'革命阵营'。"①

20世纪70年代，"中华文化复兴运动"达到高潮，80年代基本上就销声匿迹了。

"中华文化复兴运动"之所以能在20世纪60年代中、后期展开，是有着深刻的历史原因与现实原因的。据笔者分析：

第一，是台湾国民党当局为其偏安台湾寻找精神支柱的结果。蒋介石一再鼓吹的"反攻"军事"圣战"遭到失败之后，整个台岛已对"反攻大陆"丧失信心。蒋介石为了继续鼓吹"反攻"神话，便宣称国共战争是"持久战"，国民党的方针是以时间换取空间，是"七分政治，三分军事"，而政治作战已取得显著效果。今后要取得反共战争的胜利，就必须在三民主义的旗帜下，从文化、政治上的结

---

① 台湾《联合报》，1971年2月12日。

合，从军事行动上会师，吊民伐罪一举成功。①1967年1月1日，蒋介石在元旦文告中宣称"今日中华文化的复兴，在实质上就是'中华民国'三民主义思想主流的延续"，是"保证我们'国民革命''讨毛救国''反攻复国''圣战'的最后成功"的关键。②

第二，是蒋介石为了进一步推进"反共复国"的需要。中国大陆"文化大革命"发生后，台湾报刊接连予以报道，并施以攻击。同年10月9日，蒋介石发表《告中共党人书》，号召"反共志士""联合起来，把握时机，采取行动"。③大家的共同责任，就是要维护忠孝仁爱信义和平的八德，使人们明礼仪、知廉耻，"担负解除大陆七亿同胞痛苦的责任，肩乘发扬五千年历史文化的使命，来共同建立伦理、民主、科学三民主义的新中国"。④蒋介石在1968年7月11日对"中华文化复兴运动推行委员会"马祖分会成立颁词时宣称："复兴中华文化"，就是对准大陆"毁灭传统文化的阴谋活动"，"奋力作战，用以维护中华文化于不坠"，"以争取最后的胜利"。⑤

第三，是国民党当局针对岛内"全盘西化论"的全面否定的结果。在台湾最早鼓吹"全盘西化"的是中国自由主义思潮大师胡适，他的基本观点就是完全排斥和否定中国传统文化，主张"全盘西化"。尽管胡适在政治上支持国民党，但也时常批评国民党的专制与独裁，典型的事例就是20世纪50年代中后期以胡适为后台的雷震《自由中国》事件。20世纪60年代的李敖对胡适的"全盘西化"论推崇备至，在《文星》杂志上发表一系列研究胡适思想的文章。但李敖认为胡适不在推行"全盘西化"上下工夫，而花相当的时间去研究中国文化，是美中不足。因此他要超越胡适，不断发文批评中国传统文化，而以中华文化与道统自居的国民党当局自然也在其批评之列。特别是在1965年10月，李敖在《文星》杂志上发表了《我们对国法党限的严正表示》，公开批评国民党当局。李敖此举不仅动摇了国民党"法统"的基础，而且使岛内许多知识分子加入到批评队伍中来。对此，国民党当局感到非常恐惧，从维护"道统"与威权统治的角度出发，于1965年12月查封了《文星》杂志。李敖也作出强烈反应，继续写文章以更猛烈的炮

---

① 张其昀：《先"总统"蒋公全集》，第3册，第3648—3649页。
② 《"总统"蒋公思想言论总集》，卷34，第149页。
③ 《"总统"蒋公思想言论总集》，卷34，第132页。
④ 《"总统"蒋公思想言论总集》，卷28，第561页。
⑤ 《"总统"蒋公思想言论总集》，卷40，第236页。

火抨击国民党政权的维护者胡秋原，最终导致当局对李敖以"妨害公务"罪名提起公诉。1971年3月19日，李敖被捕入狱，次年2月当局以"叛乱"罪判处李敖有期徒刑10年。正是从反对"全盘西化"以维持国民党道统的角度出发，国民党蒋介石发起了"中华文化复兴运动"。

除了上述原因之外，蒋介石发起"中华文化复兴运动"，也有针对台湾社会风气普遍下降的因素在内。

透视蒋介石发起的这场"中华文化复兴运动"，可以看到其中心之点在于其为偏安台岛寻找精神支柱和继续进行反共活动张目。尽管蒋介石的反共意图没有达到，但在客观上这场运动也具有某些积极的作用。具体说来有以下几点：

第一，对于继承和发扬中国优秀传统文化起到了一定的作用，厘清了传统文化与现代化的关系。台湾两位学者对此作了透彻的分析：

陈大齐认为："复兴并不是复古，复兴文化并不是把古代社会所流行的都予以恢复，而是根据固有的良好精神，再加上新的意义，使它发扬光大。"

王寿南认为："中华文化复兴运动"最大成就就在"平息了清末以来的中西文化论战。中体西用说、全盘西化论、国粹复古说等主张，经过半个多世纪的争论不休，到'中华文化复兴运动'时，各种主张似乎休兵，中国知识分子似乎对中国文化的发展方向取得了一个共识，那便是要发扬中国文化中的优良部分，同时汲取外来文化的精华。'中华文化复兴运动'所提倡的，既非全盘西化，也非国粹复古，亦无体用之分，而是在传统的基础上，吸收新知，创造合乎现代的文化"。①

蒋介石在1973年12月7日给"中华文化复兴运动"推行委员会第六次全体委员会议颁发训词时指出："回顾过去六年，本会工作，成就殊多，如对古籍之整理，西方名著之译介，国民生活之端正，礼乐教化之激扬，科技发明之提倡，均已显示出文化教育之功。"②

第二，"中华文化复兴运动"有利于增强台湾民众对中华文化的认同。整个运动对于整理祖国文化遗产作出了相当的努力，在岛内民众与部分海外华人中唤起了注重中国传统文化、回归民族传统的思想，这种思想有利于破除分裂主义和"台独"主张。与李登辉和陈水扁执政时期推行的文化"台独"相比，蒋介石与国民党所推行的"中华文化复兴运动"的积极意义也是明显的。当然也应看到，蒋介石标榜自己是中国传统文化与孙中山三民主义的"优秀继承者"，也使一部

---

① 李云汉：《中国国民党史述》，第四编，第387—388页。
② 《"总统"蒋公思想言论总集》，卷40，第424页。

分海外华人接受了中华文化、三民主义、"中华国民"三位一体论，误把蒋介石统治之下的台湾当做"中华文化"的象征，从而拉大了海外华人同中国大陆的心理距离。就此点而论，又不利于祖国统一。

第三，"中华文化复兴运动"对于提升国民素质与道德水平和稳定台湾社会起到了一定的积极作用。时至今日，台湾社会国民的整体素质较高，男女老少都能讲普通话，都是与当年国民党所推展的"中华文化复兴运动"有着十分紧密联系的。

如今，"中华文化复兴运动"早已成为历史，但海峡两岸已经结束了军事政治的严重对立，进入了和平发展的轨道。要开创两岸关系和平发展的新局面，就必须进一步加强两岸文化交流，而中华文化就是两岸文化交流的唯一纽带。

"革新"党务

正当台湾经济起飞之际，蒋介石自国民党九大前后至 20 世纪 60 年代末，大张旗鼓地在台湾展开党务再改造运动，史称"党务革新"。蒋介石何以在此时展开党务"革新"呢？据他自己称，是国民党的党务工作还存在着种种弊端，还不能适应"建设台湾"与"反共复国"的需要。

蒋介石在国民党八届五中全会上称：

"党是'国民革命'的灵魂，实在也就是军事和政治的重心和依托，所以党一定要走在时代的前面，走在军、政的前面，走在民众的前面，发生主导的、核心的作用。""但就党、政、军总的成绩来考察，我以为乃是军事第一，政治第二，而党务则居于第三。""现在，党并没有能走在前面，反而在军事、政治的后面很远，这是令人失望。"[①]

国民党党务在哪些方面落后于军事、政治呢？换句话说，国民党党务存在哪些弊端呢？总结蒋介石的多次反省，大概有以下几个方面：

其一，苟安心理与自私观念日重。蒋介石称：

"今日本党干部一般心理状态，可以说与 15 年前我们迁台改造之初来比较，是大不如前了。党员组织的意识，奋斗的精神，亦一天一天在颓靡消磨；党的工作，也一天一天在疲玩萎缩"。究其病根，"是由于苟安心理和自私观念在作祟

---

① 张其昀：《先"总统"蒋公全集》，第 3 册，第 2760 页。

之故"。①

蒋介石指的"苟安心理"，就是指一部分国民党员，以为现在中国台湾比其他亚洲国家或地区安全，既能安居乐业，即得过且过，"对于反攻复国的意志，亦就逐渐消失了"。结果形成了"有了今天就不顾明天，有了小我就不顾大我"的心理病根。②

蒋介石指的"自私观念"，就是指一部分国民党员只想到自己的利害、地位，不顾"党国"，甚至不惜"违纪、乱法、毁党、亡国"。③

其二，党务部门"衙门化、官僚化、命令主义、形式主义、文书主义"日见抬头。经过20世纪50年代初的国民党改造运动，国民党内在大陆时期存在的种种弊端有所克服，经过十几年的偏安生活与经济大潮的冲击，上述腐败作风又有所抬头。蒋介石在国民党十大上讲：

"目前我们就还有许多不正常的、官僚的、腐败的、政客的、落伍的现象存在。"④

具体来说："议论多而实践少；而且只论原则，而不讲方法，有提议而缺乏研究；务广而荒，支离无实，没有彻底解决问题的精神。"还有"党在群众中的影响仍然淡漠"；"党务干部责任感的缺乏"；"党的组织对其工作对象观念模糊"；"党的工作……只为文书报表"；"领导阶层在政策作为上，常常脱节，而且党政高级负责干部，并不自知其责任之所在，而亦唯知转相慨叹"。

其三，组织机构不健全。蒋介石在国民党第九次党务工作会议讲话中说：

"党的工作乃如无根的浮萍，平时浮浮泛泛，不着边际，一遇到风险冲击，就污泥腥臊，露出了底；党的组织多数游离在群众之外；而党的干部，亦有不少漂浮在群众之上。""这也就是干部官僚化，党部衙门化，所必然产生的后果。"⑤

笔者以为，蒋介石当时开展党务"革新"，除了上述三点原因之外，主要是因为当时岛内外形势逼迫所致。

就岛内形势而言，随着台湾经济的迅速发展，社会经济结构发生变化，民众政治参与意识大为提高。相形之下，国民党执政者仍是第一代领导人，他们均已

---

① 张其昀：《先"总统"蒋公全集》，第3册，第2853页。
② 张其昀：《先"总统"蒋公全集》，第3册，第2853页。
③ 张其昀：《先"总统"蒋公全集》，第3册，第2854页。
④ 张其昀：《先"总统"蒋公全集》，第3册，第3037页。
⑤ 张其昀：《先"总统"蒋公全集》，第3册，第3037页。

进入暮年，僵化的政治体制与腐败作风，成为青年革新派攻击的主要目标，蒋家小朝廷统治受到退台以来首次社会舆论的挑战。

就岛外形势而言，新中国日见强盛，给蒋家"小朝廷"在台统治以极大的威胁与压力，美国总统尼克松的关岛声明又使美对台政策走向低谷，使蒋家小朝廷有失去后台老板的可能。

在上述内外情势的逼迫之下，蒋介石被迫实施党务革新政策。党务革新的主要内容是：

其一，实行党员总登记。

蒋介石称：党的"革新"、动员、战斗，要以党员总登记，来作为其重点和起点。"党员总登记的意义，一方面是党给予党员自我考察其对党的革命任务，有没有艰苦奋斗、雪耻复国的决心，并得以自由的做一对革命的取舍，及其对本党去留的抉择；另一方面则是党对党员的毅力、志节和信心、决心，所做的一次全盘的检查"。① 与此同时，国民党中央宣布自1962年12月20日始开始党员总登记，截止日期为1963年2月15日。绝大部分国民党员进行了登记。

其二，健全国民党的各级组织机构。

健全各级组织机构首先从中央党部开始。蒋介石称："革新党务的起点，就是要重振中央党部与常会的革命精神。"② 国民党十大通过的《现阶段党的建设案》规定："中央常委会应积极负起处理党政重大决策责任"；"中央各工作部门，应作更明确之分工"；"中央评议委员会议之职权应予增强，以发挥评议与监察之功能"。③

到十届三中全会时订定的《中央委员会组织条例》，又对中央党部作了很大的调整。新的中央党部不再按照任务而是按照不同业务分类编组，分设秘书处，以及组织、大陆、海外、文化、社会、青年、妇女七个工作会和财务、党史、考纪、政策四个委员会。中央党部的改建一方面使中常会部分权力下放，一方面更适应工作开展。

在调整中央党部的基础之上，国民党也加强了省县级党部的功能，以建立"联合作战体制"，达成特定任务。更重要的是，国民党特别注意基层组织的健全。《现阶段党的建设案》规定："健全区党部组织"，"发挥独立战斗功能，掌握

---

① 张其昀：《先"总统"蒋公全集》，第3册，第2783页。
② 张其昀：《先"总统"蒋公全集》，第3册，第2968页。
③ 《革命文献》，第77辑，第281页。

计会动态，以行动领导"；"加强小组工作观念，策定小组工作重点，充实小组工作内容……使其深入社会，团结群众"，"调查民情，检举弊害"。① 蒋介石也称："党的各级组织与基层小组，更依其性向，与职业、生活和需要，拟定各种不同的守则纲要，因人、因素、因地之不同，而分别进行训练。"

其三，加强心理、精神革新。

蒋介石提出革新的前提："首先在思想上、观念上、生活上、行动上、作风上，以科学的精神和方法，切实革新。"② 蒋还希望国民党员彼此间"都能够检讨省察，劝善规过，使大家同样的得到更多的愤悱启发，勇猛精进"。同时，"每一个人都能由于心理的健全，发为真实的行动"。要坚持"守时""守分""守法""守售""守密"。因为这五点是"精神革新与生活革新的基本条件"。③

其四，革新党的政治领导。

《现阶段党的建设案》规定："党对各级政府，应本着'以党领政'之原则，切实发挥党对政治建设与领导的功能，加强政治责任制度，各级党部应根据民众意愿及党员建议，拟具意见，提供同级从政同志作为施政计划之依据。"同时强调要改进国民党同地方与群众的关系、工作方法等。④

蒋介石在 20 世纪 60 年代推展的党务革新，是在岛内外形势逼迫下为求在台长治久安而展开的。经过整顿，国民党内存在的诸种弊端有所克服，这对于配合当时的经济发展与改善自身形象，起到了一定的积极作用。但是，此一整顿只限于调整与修补，并未对旧的体制做大的手术，随着台湾经济的"起飞"与社会结构的变化，新的中产阶层的出现，使得原有的旧体制很难适应新的发展形势，蒋家小朝廷在台统治又面临新的更大的挑战。

---

① 《革命文献》，第 77 辑，第 282 页。
② 张其昀：《先"总统"蒋公全集》，第 3 册，第 3044 页。
③ 张其昀：《先"总统"蒋公全集》，第 3 册，第 2786 页。
④ 《革命文献》，第 77 辑，第 282 页。

第七章　清除异己

　　早在大陆时期，蒋介石为了建立自己的独裁统治，将政敌汪精卫赶出国，尽管汪后来与蒋再度合作，但蒋始终不能见谅于汪，对他多方排挤。对于与他在宪政问题上意见不一致的国民党三驾马车之一的胡汉民，他竟将其软禁于南京汤山。对于他的金兰义兄冯玉祥与张学良也不能相容，当他与冯、张二人利益一致时便称兄道弟，一旦二人与他意见相左，立即翻脸无情，不仅解除他们的兵权，而且力图予以追杀或监禁。对于逼他下台的桂系"首领"李宗仁，他更是恨之入骨，千方百计拆他的台。

　　国民党退居台湾之后，蒋介石为维持国民党在台偏安统治，在台发起国民党改造运动，借改造之机，将反对派统统挤出决策圈，并将显赫一时的"党国中坚"与元老重臣解除印绶，打入冷宫。稍后更是变本加厉，对稍有不满者，轻则撤职，重则或逐其出岛，或将其终身囚禁。

　　历史是无情的，当蒋氏父子相继去世之后，首先从台湾"立法院"刮出一股"考古风"，张学良、吴国桢、孙立人、雷震等人涉及的案件一再被讨论，翻案已成风气。不论从张学良案，还是从吴国桢与孙立人事件，都能看到蒋介石当年所应负的历史责任。为了对蒋介石晚年生涯有一个全方位的了解，笔者不惜费些笔墨，将他去台后清除异己的手法——曝光，以供国人评说。

追杀吴国桢

　　在当年台湾翻案风中，吴国桢与孙立人事件最为引人注目。1988 年 4 月 17 日，美国纽约《中报》刊载了美籍华人叶一舟的一篇文章，题为《弹丸江山父传子，可叹孤臣生非时——吴国桢、孙立人在蒋家王朝中的悲剧命运》。文章认为：国民党退台之初，最具国际声望的文武官员吴国桢、孙立人，在"侯门深似海"的中国官场上，首先充当了蒋氏父子权力重新组合的牺牲品。

　　而今，身处异国他乡的吴国桢早已作古；被释兵权，幽居台中 33 年的孙立人也已去世。然而，吴、孙案的历史真相到底如何？至今仍是个谜。不过，根据当时显露出来的蛛丝马迹及大量的历史资料，也可理出一条清晰的线索来。

　　吴国桢是湖北人，生于1903年。他早年考入清华大学，毕业后越洋留学美国，接受西方资产阶级学说，后获普林斯顿大学博士学位。返国后，吴氏历任国民党中宣部副部长、汉口市长、重庆市长和上海市长等要职，是国民党政府官场中红得发紫的人物。直到吴国桢被逐出台岛后，他还一直认为大陆时期没有比蒋先生待他更好的人了。

　　蒋介石之所以器重吴国桢，固然是由于吴毕业于美国，与美国政界有相当的联系，同时也由于吴从不结党营私，对蒋介石绝对忠诚。吴国桢做外交部次长时的部下何凤山回忆说：

吴国桢

　　"吴国桢到'外交部'上任（1942）时，仅随身带了一位秘书，用了几个星期之后，打发他走了，并且说：'我来做次长，已经是半路出家，破坏了'外交部'的系统与组织，我不能再从外边擅带人进来，加深我的歉疚'。所以几年下来，他没有用一个私人，极端尊重外部良好传统，年轻的新进大多为高考出身，由外部举行特种考试派员监督。考取人员所取得资格与高考资格相等。"[1]

　　吴国桢不仅不结党营私，而且非常崇尚资产阶级作风，办事特别讲求效率，令出必行。由于他强调法治，在上海市长任内就有"民主先生"之称。他个人能力极强，能为蒋独当一面，自然也有高傲的一面。在吴案发生之后，曾任上海市参议会议长的潘公展回忆说：

　　"平心而论，吴国桢并不是一个庸才，他确有一套看家本领。他的漂亮的仪态，流利的演说，讲得一口很好的英语，十足一股洋派神气，以及按时到办公室（上海人叫'上写字间'），见了什么人都飨以笑容，甚至和当时气焰很盛的闹学潮的学生，也表示着一种即使挨打也满不在乎的气度，的确使当时但观皮

---

　　① 《何凤山博士回忆录》，美国《国际周报》1983年11月5日。

相的一般洋商和上海市民，仿佛都在想大上海何幸而得到如此一位现代化的民主市长。"①

国民党退守台湾之初，最为突出的要务是争取美援。1949 年 12 月 15 日，尚未复"总统"职的蒋介石便以台岛最高行政长官的身份任命吴国桢为台湾省主席。对此，吴氏大惑不解。因为陈诚掌管台湾省的大印不足一年，没有功劳亦有苦劳，且在吴上任省主席位不久前，陈诚曾约谈吴氏，邀吴屈就台湾省政府秘书长一职，遭吴婉谢。吴对蒋说："陈诚将军不是做得很好吗？最好由俞大维担任。"蒋则毫不隐讳地回答："你很恰当，我要你今后全力争取美援。"②

同月 13 日，国民党中央机关报《"中央日报"》刊出《台湾与美援》的社论，指出："我们的励精图治，彻底改革，就是我们争取援助之最有效、最有力的方法。"由于一切改革的目标都是以争取美援为中心，故而有"民主先生"之称的吴国桢，当然成为台湾省主席的"最佳"人选。

吴国桢任台湾省主席职的第三个月，蒋介石宣布复"总统"职，同时任命陈诚为"行政院长"。吴国桢认为："为了他把省主席的位置让给我，他一直耿耿于怀，老是卡着我，所以我向蒋先生报告，请求辞职。"蒋对吴的辞职不予批准，并对吴说："辞修和你斗，你就和他斗，我支持你。"③

听了蒋介石的表态后，吴飘飘然了，他认为："钧座惨受大陆失败之教训，已锐意改革，故敢冒死犯险，竭智尽忠，以图报效。"

吴国桢既然如此受宠，为何又遭蒋介石的排斥呢？据吴国桢自己称："是蒋先生为了经国的缘故。"这的确是吴氏被逐的原因之一。

其实，只要稍微了解国民党高层政争的人，都知道吴国桢与蒋经国之间的矛盾，并非源于台湾，而是始于上海。当然，吴氏与蒋经国之间完全不同的生活背景、思想与训练，也是使双方裂痕扩大的原因。

早在 1948 年 8 月，蒋经国奉父命以督导员身份赴上海"打老虎"。当时蒋经国持尚方宝剑，雄心勃勃，想在上海一显身手。他当时手法严峻而急切，但效果不佳，由于国民党已经病入膏肓，最终结果演变成"只拍苍蝇"不打"老虎"的局面。时任上海市长的吴国桢除了不同意蒋经国的做法之外，市长权力被架空，亦使吴颇为不悦。蒋经国与吴的矛盾由此而发端。

---

① 潘公展：《我所见的国桢》，香港《新闻天地》，1954 年 3 月 27 日。
② 吴国桢：《八十忆往》，1984 年 6 月，中国香港《文汇报》连载。
③ 吴国桢：《八十忆往》，1984 年 6 月，中国香港《文汇报》连载。

蒋氏父子退守台湾后，一切问题的核心，就是再也不能丢失台湾，否则死无葬身之地。故此，蒋经国又奉父命独揽了整个台湾岛的安全、情报与特务系统大权。蒋经国就任"国防部总政治部主任"一职，虽然职位不很高，但这只是蒋在台面上的官衔而已，他可以在"总统府资料组"中发号施令。只要戴上红帽子，想抓谁就抓谁，想杀谁就杀谁。躲在幕后行使"法律"以外的特权，指挥喽啰狠狠打击异己和政敌，一直是蒋家第二、第三代在"蛰伏"阶段的特色。

吴国桢任职台湾省主席期间，最不能容忍的就是蒋经国所豢养的特务打手横行、猖狂。当时吴对蒋介石说：非改革不可，任何机构不通过保安司令部禁止随意抓人，逮捕后 14 天，一定要释放，或起诉。[1] 由于吴国桢的主张与蒋经国的做法形同水火，故蒋经国与吴的矛盾进一步激化。

吴与蒋经国之间的矛盾还有经费问题。国民党退守台岛，"中央"及地方的一切开支均由省府开销。而"省府"的经济来源，无非靠征收田赋，应付这样大的开销，难免捉襟见肘。吴国桢身为"省府"主席，自然要压缩开支。他当时曾和蒋介石约法三章：

（1）"省府"负担"中央"的军费，但要点名发饷，杜绝吃空额的流弊；

（2）严惩走私；

（3）防止商人逃税。[2]

吴国桢还向蒋介石进言说："国民党党费应不用国家经费而向党员筹募，且应鼓励反对党之成立，俾能奠定两党制度。"对于蒋经国领导的许多不在编机关、特务组织预算外的经费要求与请托，吴往往不客气地予以婉拒。吴后来告诉蒋介石的另一反对派雷震说："我只是采用消极行动，不发给经费，所以蒋经国恨死我了。"[3]

江南对吴国桢此举评论说：

"假使换一个主席，如俞鸿钧、严家淦之流，持遇事请示，凡事'推事'为座右铭，经国越权乐得装聋作哑，不闻不问，好官我自为之。那么，何止冲突不会升级，连上海时代的误会，都可以消弭于无形。""公正地说，吴意气用事的成分很大。""否则不至于发展到形同水火的阶段。"[4]

---

①　吴国桢：《八十忆往》。

②　吴国桢：《八十忆往》。

③　江南：《蒋经国传》，第 268—269 页。

④　吴国桢：《上"总统"书》，1954 年 6 月，转引自江南：《蒋经国传》，第 268—269 页。

　　吴国桢遭蒋排斥也有他恃宠而骄、过高估计了蒋介石对他信任的成分在内。他后来竟天真地向蒋介石进言："如钧座厚爱经国兄，则不应使其主持特务，盖无论其是否仗势越权，必将成为人民仇恨的焦点。"①

　　准备传位于子的蒋介石自然听不进这逆耳忠言。吴国桢说："此后钧座对于经国兄更加信任，不独任其控制特务及军队，且使之操纵党部并主持青年党。"直到此刻，吴国桢才认识到蒋老先生"爱权之心，胜于爱国；爱子之心，胜于爱民"。②

　　吴国桢的上述进言使蒋介石产生了除掉吴的念头。据吴本人称：在蒋介石65寿诞之际，蒋对他实施杀手。事情原委是这样的：1953年10月30日，蒋介石为过65寿诞，与宋美龄去台北郊外草山避寿，特邀吴国桢夫妇上山吃晚饭，并留他们过夜。第二天吴氏夫妇返归台北时，发现开汽车的司机不见了，派人找也未能找到，只得由蒋氏另派一名司机开车下山。那天该吴氏夫妇走运，正巧吴的妻子腹泻，开车不久就停车到路旁一老百姓家方便。等吴氏夫妇到汽车旁，发现司机脸都吓白了。原来三个车轮的螺丝钉都早已被人拧掉了，如果不是吴夫人闹腹泻，汽车飞速驶到某转弯处，车轮必飞脱车身，吴氏夫妇也将粉身碎骨。③

　　吴氏夫妇从死里逃生后，大彻大悟：现美台关系已好转，他已完成了使命，蒋不必再通过他来向美国拉关系。有鉴于此，吴国桢认为台湾是不能再待下去了。回到家后，又发现家中电话有人窃听。惊慌失措的吴国桢忽然想到美国好友美联社记者阿瑟戈尔，他找到阿瑟戈尔，对他神秘地说：

　　"阿瑟，把手放在《圣经》上，我要告诉你一件事，你要发誓，帮我保密。""有几封信，请你带回去交给《纽约时报》《芝加哥论坛报》和《时代》《生活》的亨利鲁斯，假使我不幸去世，全文公布，没有事，请代为保存。"④

　　吴国桢与阿瑟戈尔会面之事，当局了然于怀。当阿氏离台返美时，宋美龄亲自为阿氏送行，并邀他为其私人秘书。但阿氏不肯背叛朋友，婉拒宋美龄邀请。

　　1953年4月，吴国桢迫于各方面压力，向蒋介石请辞台湾省主席一职。5月，吴国桢夫妇得到美国邀请，准备赴美。蒋氏父子欲扣吴，经宋美龄从中周旋，最终放行。但他年近八旬的老父及次子吴修潢却不准同行，被留作人质。

①　吴国桢：《上"总统"书》，1954年6月，转引自江南：《蒋经国传》，第273页。
②　江南：《蒋经国传》，第268页。
③　吴国桢：《八十忆往》。
④　吴国桢：《八十忆往》。

吴氏夫妇临别前，"司法院长"王亮畴为他送行，王问："不回来了吗？"吴答："是时候了。"吴的好友、政学系领袖张群赶来送行，并送他曾国藩手书对联一副："水宽山远烟霞回，天澹云闲今古同。"当吴氏夫妇登机时，"行政院长"、吴的政敌陈诚与蒋经国等 500 余人均到机场欢送这位被打败了的前省主席。

吴国桢初到美国后，顾及老父和次子的安全，谨言慎行，没有半句对蒋氏父子的不满之词。

1954 年 1 月，台湾传出"吴国桢携资外逃"的风声。有的报刊发表《劝吴国桢从速回台湾》的社论。吴国桢立即写就一辟谣启事，并将此一启事寄往台岛时任国民党中央秘书长的张其昀。张氏是蒋介石的心腹重臣，他收到吴的启事后将其交给吴的父亲，其结果是，吴老先生跑遍各报，无人敢登。

吴国桢在向台湾当局要求"辟谣"得不到答复的情况下，毅然于同年 2 月 7 日向台湾当局发难。他在接受电台访问时，发表谈话称：他"离开台湾是为了'健康'和'政治'两个原因"，"因为他主张台湾民主化，而别人则认为反共须用共产党的手段"。[①] 2 月 16 日，吴国桢在芝加哥会见记者时宣称："在目前环境之下，我不愿回台湾，因为我认为现在中国政治情形与我当初和政府发生争论时并无改变。我现在仍为'行政院'政务委员，但曾五次提出辞呈，未获照准。""深信目前的政府过于专权。"[②] 吴国桢还发表了三点政见：

"（1）除非吾人能在现行政治区内实行民主，则无法争取台湾人民及海外侨胞的全力支持，更无法争取自由国家，尤其是美国的同情与支持。

（2）目前的政府过于专权，国民党的经费，非来自党员，而靠国库支出，目的在永恒一党统治。

（3）政治部完全拷贝苏联，若干人士竟认为——'与共产主义作战，必须采取共产主义的方法'。"[③]

吴的主张在美国舆论界引起了巨大的反响。《世界电讯报》《太阳报》均就吴国桢谈话发表评论，抨击台湾当局的做法。

2 月 26 日，时任"立法院长"并早已投靠蒋介石的原 C.C. 系大将、也是吴国桢南开中学同学的张道藩，首先上阵向吴氏开炮，宣称"吴国桢他离开台湾原因之一是为'健康'关系，其实他那样又肥又胖的样子，美国观众在电视传真里

---

① 张道藩在 1954 年 2 月 26 日"立法院"质询，台湾《"中央日报"》，1954 年 2 月 27 日。
② 台湾《"中央日报"》，1954 年 2 月 27 日。
③ 江南：《蒋经国传》，第 280 页。

看见了，自然证明他为了健康而出国的原因是在说瞎话"。"吴国桢身为政务委员，借口'健康'关系，到外国去胡说八道，其危害民族国家至深且大"，而且是"临阵脱逃"。①

第二天，吴国桢针对张道藩的质询再度对合众社记者称："我对他的不说真话，表示遗憾"，但对台湾"行政院副院长"张厉生接受他辞去"政务委员"一职表示"欣慰"。3月1日，吴国桢在芝加哥再度发表谈话，宣称"如果'立法院'要我说出有关台湾政府真正性质的事实，我准备随时以事实支持我的声明，当我发表我最近一篇声明时，那是完全出于盼望台湾方面的我国'政府'，设法从事若干'民主的革新'，那些都是在国家危机及现在所必需的"。②

3月4日，张道藩以"立法院委员"身份招待记者，反击吴国桢，说"我前次说的话，完全是真话"。并列举了吴国桢自上海市长至台湾省主席期间的十大罪状：

（1）上海市长任内"临阵逃脱""放弃职守"；

（2）将上海市政府汽车数辆运至台湾后，以个人名义出售，"得款自肥"；

（3）吴氏由沪迁台时，运来大小行李970余件，由台迁美时，携走行李10箱，有装黄金美元传说；

（4）上海市长任内派其岳丈黄金畴为上海银行总经理；

（5）台湾省主席任内"私自滥发钞票"；

（6）暗中操纵外汇及贸易；

（7）将五万吨存粮抛售一空，造成经济恐慌；

（8）抛售黄金，借此图利；

（9）在林产方面，上下其手，获利甚多；

（10）包庇贪污、营私舞弊、勾结奸商、牟取暴利。③

3月9日，《"中央日报"》发表《吴案应究办到底》的社论。社论指出："吴国桢的阴谋诡计，是要用他所谓'政见不同'来掩蔽他的违法失职与舞弊营私。换句话说，吴国桢的手段是转变法律问题为政治问题，逃避法律，提出对吴国桢'究办到底'。"

3月11日，出席一届二次"国民大会"的代表每人收到一封吴国桢8日寄来

---

① 台湾《"中央日报"》，1954年2月27日。

② 台湾《"中央日报"》，1954年3月2日。

③ 台湾《"中央日报"》，1954年3月5日。

的信，信的内容大致是：

"国民代表大会"钧鉴：

桢远在国外，忽闻电讯报道，对桢有攻击之辞。……兹谨将我"政府"所采取之现行政策，与此原则违背之点，举其大者，缕述如下：

（1）"一党专政——桢本国民党党员，自问一行一为，从未有违背孙中山先生遗教之处，然就目前国民党主政方式而言，则完全未照孙中山先生遗教而行，不独一党专政。"

（2）"军队之内，有党组织及'政治部'，国家军队必须'国家化'；俾其不致只忠于一党或忠于一人，造成封建及内乱之势力。"

（3）"特务横行：桢承乏台政，三年有余，几无日不在与特务奋斗之中。干涉选举，擅捕人民，威胁敲诈，苦刑拷打，所在皆是。"

（4）"人权之无保障：由于特务之横行，台湾实已成为警察'国家'，人民权利几已剥削净尽。"

（5）"言论之不自由：此不必由桢详叙诸公想亦知之而不敢言，报纸停刊、记者逮捕，事实俱在。"

（6）"思想控制：所谓'反共救国青年团'之成立，实系模仿希特勒及共产党的青年团，此机构究系由国民党或政府主持，桢至今愚不能明。"

以上是吴国桢所举台湾当局之弊政，为克服上述弊政，吴氏还提出了应采取以下诸项措施：

（1）"组织委员会彻底查明国民党经费来源，公布真相。"

（2）"议决撤销军中之党及'政治部'。"

（3）"颁订原则交由'立法院'拟定《国家安全制度》之法律，明白规定特务机关之权力。"

（4）"组织委员会，公开接受无辜被捕及非法受扰者亲友之控诉。"

（5）"组织委员会，彻底查明过去言论之何以不能自由。"

（6）"议决撤销'青年团'，并不得再有变相之组织。"①

大会主席团在接到吴国桢信后，立即召开紧急会议，讨论结果认为：吴从美国伊利诺文歇敦寄来的信函，系属向大会的个人陈诉，依据"宪法"规定不属于"国民大会"的议事范围，应不予受理，并决议三点：

---

① 台湾《"中央日报"》，1954年3月12日。

（1）"吴国桢以现在'行政院'政务委员，在国境外扬言政见不同，肆意诋毁'政府'，并欲借大会开会期间，增加其恶意宣传之力量，主席团认为此种直接间接有利于'匪敌'言论行为，实堪深恶痛绝。"

（2）"主席团一致认定，凡个人向大会陈诉之事件，依宪法之规定不属本会议事范围，吴国桢来函，应不予受理。"

（3）"上项决议送请大会决议。"①

3月12日，张道藩又在"立法院"第13期第8次会议上提出质询，要求"行政院长"陈诚予以查处。与此同时，岛内许多忠于蒋家的要员们纷纷指责吴国桢"反动""狂妄"。

3月17日，"国大"一届二次会议第10次会议通过了临时动议"请政府撤职查办吴国桢案"。该案系第一审查委员会根据三个提案形成。该案提出审查意见三点：

（1）"查吴国桢系借口政见不同，在国外散播流言，掩饰其在台湾省政府主席任内之种种不法行为，送请'政府'明令撤免其政务委员职务。"

（2）"请政府彻查吴国桢在台湾省政府主席任内之各种不法行为，依法究办。"

（3）"请政府饬令吴国桢迅速回国听候查办。"②

在一片谩骂声中，吴国桢拿出最后的杀手锏，在美刊出《上"总统"书》，批评蒋介石"自私之心较爱国之心为重，且又故步自封，不予任何人以批评建议之机会"。同时，吴氏将攻击的主要矛头直指蒋经国，说他是台湾政治进步的一大障碍，主张送入"美国大学研究院读书……在大陆未恢复以前，不必重返台湾"。至此，吴国桢与蒋氏父子正式决裂。③

实事求是地讲，吴国桢这一观点显系意气之词。至今蒋经国已经去世二十多年，在台湾，还没有哪一个人能够超过蒋经国的声望。

对于吴国桢的《上"总统"书》，台湾方面"义愤填膺"。

17日，蒋介石以遵从"民意"发出严办吴国桢的"总统令"，宣称："本院政务委员吴国桢于去年5月借病请假赴美，托故不归，自本年2月以来，竟连续散播荒诞谣诼，多方诋毁'政府'，企图淆乱国际视听，破坏'反共复国'大计，

---

① 台湾《"中央日报"》，1954年3月12日。

② 台湾《"中央日报"》，1954年3月18日。

③ 江南：《蒋经国传》，第286页。

拟请予以撤职处分。另据各方报告，该员前在台湾省主席任内多有违法与渎职之处，自应一并依法查明究办。请鉴核明令示遵等情。""查该吴国桢历任政府高级官吏，负重要职责者二十余年，乃出国甫及数月即背叛国家，污蔑政府，妄图分化国军，离间人民与'政府'及侨胞与祖国之关系，居心叵测，罪迹显著，应即将所在'行政院''政务委员'一职，予以撤免，以振纲纪。至所报该吴国桢前在台湾省政府主席任内，违法与渎职情事，并应依法彻查究办。"①

蒋介石发布"总统令"的当天，国民党《"中央日报"》以《民主力量与法治精神——再论吴国桢案》为题发表社论，再度抨击吴国桢。

同一天，国民党中央委员会也配合蒋介石的"总统令"，通过中央纪律委员会提议"吴国桢开除党籍"。会议决议指出：

"吴国桢现任中央委员会常务委员及'行政院''政务委员'，乃于交卸台湾省府主席职务后，先则托词疗疾赴美，近则先后发表谬论，肆意诋毁本党及政府，揆其用心，显是冀图破坏领导之地位，其言行足以危害民族国家之利益，显已触犯党章第71条第一、第五两款，应依党章第73条第三款之规定，作如上的决定。按中国国民党党章第71条第一款规定：党员须'遵守党章，服从党的命令及决议'；第五款规定，党员'不得于党外攻击党员或党部'；第73条第三款之规定，即为对违反纪律的党员予以'开除党籍'的惩戒处分。"②

蒋介石的"总统令"和国民党中央的决议表明：蒋介石与国民党并未真正接受在大陆失败的教训，洗心革面，做到一视同仁，秉公而断。此后，蒋介石一直不肯放过吴国桢，企图将他捉拿回台。但蒋介石的所作所为引起美国一些当权人士的不满。当吴国桢被免去"政务委员"职务后，美国远东事务助理国务卿罗伯逊向吴保证在任何情形下吴皆可在美居住。对于蒋介石发起的"声讨"运动，美国也通过其驻台"大使""劝告"蒋不要对吴再施以攻击，否则对台湾当局不利。蒋权衡利弊，此时正企图与美国签订"共同防御条约"，故下令禁止继续刊登攻击吴国桢的文字。

对于蒋氏父子在吴国桢案中扮演的角色，远在大洋彼岸的李宗仁评论说："蒋先生统治大陆20年，未能实行三民主义，到台以后，对内厉行专制，对外宣传反攻大陆"，容不得一点儿批评意见，这是"搬起石头砸自己的脚"。③

---

① 江南：《蒋经国传》第284页。
② 台湾《"中央日报"》，1954年3月18日。
③ 程思远：《李宗仁先生晚年》，第162页。

台湾自由民主人士胡适在离台返美前对此案评论说："前台湾省主席吴国桢批评政府或许对于国家还有点好处，假使吴所讲的话有一部分是真实不假，那么我们就不应该因其是出自吴国桢之口便拒绝加以考虑。"①

显而易见，由于蒋介石的心胸狭窄，不能见谅于吴国桢，使吴国桢成了蒋介石权力重新组合下的牺牲品。1984年吴国桢病逝于美国，葬于佐治亚州滨海小城。

囚禁孙立人

正当吴国桢案在台岛余波未尽之际，又突发了所谓孙立人"兵变"案。

所谓孙立人"兵变"案的真实内幕，至今虽然此案主犯与主要当事者郭廷亮、孙立人都相继过世，但谜底仍未揭穿。依据孙立人被蒋介石软禁后的台湾当局官方调查报告，孙立人"兵变"的主要经过大致如下：

孙立人

主犯郭廷亮是孙立人的老部下，孙任税警团团长时，郭是中尉排长。在大陆时期郭曾"为中共工作"。国民党退台后，郭先后出任孙部少校营长、"陆总"搜索组大队长、步校教官、"陆总"第五署督训组长。初到台湾时，郭氏无显著或积极"匪谍"活动。1954年9月，郭氏利用与孙多年交情，在部队联络少尉级军官一百多人，预备于适当时机发动"兵谏"。

孙立人从"陆军总司令"调为"总统府参军长"时，曾令"陆总"督训组副组长于新民造册，把各军师团单位的联络人送孙。1954年8月和10月，孙立人两度召见郭廷亮，了解联络进展情况。郭则利用孙对他的信任，准备于1955年5月底随蒋介石前往部队校阅之机，"上下勾串"，造成事变，引起混乱局势，以遂其"制造大变乱"，实行"颠覆政府之阴谋"。

然而事情突然发生变化，主犯郭廷亮行动被情治部门侦知，并于5月25日将郭逮捕。其后由孙立人的随从参谋陈良埙将蒋介石5月30日乘飞机到台南校阅部队事通知各路人马。6月6日，南部地区七万之众军队接受蒋介石校阅，此

---

①　江南：《蒋经国传》，第286页。

时来宾有专程自南朝鲜抵台的美军第八军军长泰勒中将与美军顾问团团长蔡斯。当蒋氏及来宾检阅前,情治部门曾两度用扫雷器反复检查校阅台。此次阅兵后,许多郭廷亮的同谋被逮捕。6月中旬以后,孙立人也从公开场合和报纸上消失了。①

上述内容便是台湾当局当年公布的所谓孙立人"兵变"案。

孙立人遭捕后,台湾当局只字未发。外电率先报道了此一讯息。外国舆论的压力与"总统府参军长"两个月不在报上露面,已引起各方猜测。蒋介石在无可奈何中于8月3日抛出了孙立人的辞职书。书中称:

"近者陆军部队发生不肖事件,奉副'总统'谕示郭廷亮案情,日前黄、傅两局长奉命交阅江云锦等供词资料,职涉有重大之罪嫌,钧座未即付之法司,仰见格外爱护之恩德,天高地厚,感激涕零!职随从垂30年,尽忠效死,唯恐不及,乃竟发生郭廷亮及江云锦等案情,不但五内如焚,急悚万状,且愧对钧座,直欲剖腹以明心曲,连日深切反省,职实有过错,应向钧座坦率自陈,请予惩处者:

(1)郭廷亮为职多年部下,来台以后,又迭予任使,乃竟是'匪谍',利用职之关系肆行阴谋,陷职入罪,职竟未警觉,实为异常疏忽,大亏职责。

(2)两年前鉴于部队下级干部与士兵中,因反攻有待,表示抑郁者,为要好心切,曾指示督训组江云锦等于工作之便,从侧面联络疏导,运用彼等多属同学友好关系,互相策勉,加强团结,以期领导'为国效忠',原属积极之动机,不意诲导无方,竟致变质,该江云锦等不但有形成小组织之嫌,且甚至企图演成不法之举动,推源究根,实由职愚昧糊涂,处事不慎,知人不明,几至贻祸国家,百身莫赎。

上述二事,均应接受钧座严厉制裁,伏念弱冠之年,即追随钧座,今已两鬓俱斑。无日不在培植之中,感激知遇,应有以上报,乃今日竟发生此种不肖事件,抚忠自省,实深咎愧!拟请赐予免职,听候查处,倘蒙高厚,始终保全,俾闭门思过,痛悔自新,则不胜感激待命之至。"②

孙立人的辞职书两次提到陆军部队发生"不肖事件",那么是什么因素导致"不肖事件"发生呢?"不肖事件"的具体内容又是什么?台湾官方讳莫如深,致使众说纷纭。8月20日,也就是在孙立人辞职书发表17天后,蒋介石发布"总统令"。为使读者对孙案有一个全面了解,笔者抄录蒋的"总统令"如下:

---

① "孙立人将军因匪谍郭廷亮事件自请查处调查委员会"调查报告,载台湾《"总统府"公报》,第646号,1955年10月21日。

② 李达:《台湾风云名人录》,第3集,第88—90页,香港广角镜出版社有限公司,1987年版。

（1）"'总统府'参军陆军二级上将孙立人，因'匪谍'郭廷亮案引咎辞职，并请查处，应予照准，着即免职。关于本案详情，另组调查委员会秉公调查，报候核办。"

（2）"派陈诚、王宠惠、许世英、张群、何应钦、吴忠信、王云五、黄少谷、俞大维组织调查委员会，以陈诚为主任委员，就'匪谍'郭廷亮案有关详情，彻查具报。"①

从上述九人委员会人选看，何为军人，吴、许年事已高，王、俞非国民党员，王宠惠则是"司法权威"，可以看出，蒋介石企图制造出一个客观、公正的现象来对待孙立人案。

当蒋介石命令发布后，九人委员会（实则八人，何应钦在日本尚未出席会议）不敢怠慢，连日召集会议，展开调查，经50天苦战，终于炮制了一份长达1.6万余言的调查报告。10月21日，经蒋介石阅后的调查报告正式对外公布。根据九人委员会的调查报告，蒋介石又发布"总统令"称：

"前据'总统府'参军长陆军二级上将孙立人因'匪谍'郭廷亮案引咎辞职并请查处，经予照准免职，并派陈诚、王宠惠、许世英、张群、何应钦、吴忠信、王云五、黄少谷、俞大维组织调查委员会，以陈诚为主任委员，秉公彻查，报候核办各在案。兹据调查委员会主任委员陈诚、委员王宠惠等彻查结果，一致认定该上将不知郭廷亮为'匪谍'，尚属事实；但对本案有其应负之重大咎责，姑念该上将久历戎行，抗战有功；且于该案发觉之后，即能一再肫切陈述，自认咎责，深切痛悔。特准予自新，毋庸另行议处，由'国防部'随时察考，以观后效。"②

从蒋介石发布的"总统令"中可以看到孙立人案与张学良案的处理结果有异曲同工之妙。其结果，孙立人同张学良一样被长期监禁。在国民党中，除了张学良之外，孙立人被软禁的时间是最长的。当然，孙立人被软禁与张学良被软禁的性质是完全不同的。张学良是为了国家和民族的兴亡，而孙立人则是国民党内派系斗争的牺牲品。

在九人调查委员会进行调查的同时，"监察委员"曹启文在"监察院"联名提出议案，要求调查孙立人案。后经蒋介石点头于10月21日组成了陶百川、曹启文、萧一山、王振华和余俊贤五人调查小组。五人小组展开全方位调查，先后

① 台湾《"总统府"公报》，第629号，1955年8月23日。
② 台湾《"总统府"公报》，第646号，1955年10月21日。

访问"行政院长"陈诚、"总统府秘书长"张群、"国防部长"俞大维、"国防部副部长"马纪壮，并以三天时间调阅"总统府"内有关孙立人案件的所有卷宗。孙立人也曾应五人小组之邀，亲赴"监察院"接受询问、谈话，全部调查工作于1955年11月中旬完毕。当调查报告定稿之后，当局竟不将该报告公布于众，后尘封于"监察院"，列为"极机密"的文件。事隔多年之后，五人小组成员之一陶百川要求借阅，也遭拒绝。陶百川曾坦言：五人小组调查结果"与其他机关提出的报告颇有出入"。[①]

五人小组另一成员曹启文曾私下对海外访客称："这一切都是陈诚有计划的阴谋，连他们黄埔系的人看了都觉得心寒。"

孙立人本来奢望五人小组调查，能对他发生平反作用，甚至在他接受五人小组调查时，也明确宣称："不独他个人无辜，连郭廷亮等也是冤枉的，请求救救他们。"[②] 33年之后，当《自立晚报》记者访问孙立人时，孙仍坚持上述观点。

另据台报载：除上述两份关于孙立人案的调查报告外，还有四份调查报告。一份是由时任"参谋总长"、蒋介石的心腹彭孟缉主持的调查报告；一份是由"国防部"副部长马纪壮主持调查的；一份是"军法局"审讯300多名军官的笔录，由时任"军法局长"、后任"司法院"副院长的汪道渊汇集而成；再一份是"国安局长"郑介民召集各情治首脑成立"立人专案小组"的会议记录。其余有关孙立人的资料，当年在孙立人被撤职后，彭孟缉奉蒋介石指令，悉数焚烧了。

对于孙立人事件发生的原因，海内外舆论众说纷纭。有人说，从上述六份调查报告可知，"孙立人事件"并非是寻常的"政治"案件。其幕后所隐藏的是非恩怨，于事隔三十多年后，令人无法理解其间的头绪。或许，孙立人本人对于"兵变事件"，都不知为什么会发生？

有人认为，孙立人事件是"老'总统'或陈诚的阴谋"。香港《祖国》杂志认为，孙立人事件"实为蒋经国氏与孙立人氏冲突斗争的结果"。

当时孙立人部将领则认为，究竟有没有"兵变"之事，只有时任第十军政治部主任阮成章最清楚，因为举发兵变的人就是阮成章。这也是孙立人事隔三十多年之后，仍对阮成章"耿耿于怀"的关键所在。

以上说法表明，孙立人的所谓"兵变"的确是个谜。但是这个谜的谜底又是

---

① 江南：《蒋经国传》，第324页。

② 陶百川：《困勉强狷八十年》，第282页，台湾东大图书股份有限公司，1984年版。

什么呢？

蒋经国病逝后，台港一些报刊认为：孙立人因"假匪谍""假兵变"被治罪，实属冤枉。那么，孙立人为何又遭到张学良同样下场呢？

香港台湾问题评论家李达先生认为：孙立人忽略了国民党军方主流派在政治上的实力，尤其是在他得势之时，与黄埔系疏远和争斗是他一大致命伤。

李达先生的评论的确入木三分。蒋介石提拔人时尤以黄埔系为主。时至今日，台岛黄埔系仍是一股不可忽视的力量。就孙立人的出身看，他并非是黄埔系，而是毕业于美国印第安纳州的普渡大学。谁都知晓，在国民党军队将领中，有留日派、保定军校和黄埔系，唯留学英、美者，形单影只。正因为如此，这位美国五星上将马歇尔的同学，尽管军事才能卓越，由美返国后，却被分配当了一名下士。后入党务学校任军训队长。不久经亲美的宋子文介绍，调到陆海空军总司令部侍卫总队任副总队长，旋又调任中央政治学校训练班主任。1932年，宋子文在美国支持下，为培植其个人势力，利用"财政部长"兼代"行政院长"职权，在"财政部"下设税警团，名为查缉走私漏税。因税警团官员大部为留美学生，孙也被宋提拔为第四团上校团长。在宋子文全力支持下，孙在训练部队方面一展其军事才华。

抗日战争爆发后，孙立人率部参加淞沪抗战，孙作战勇敢，曾负伤13处，后经医治仍有一块弹片尚未取出。在武汉保卫战中，孙立人又立两次战功。国民政府西迁重庆后，孙立人因战功卓著升任为缉私总队（由税警总团改称）少将总队长，并受到蒋介石的亲自召见。后孙立人亲手训练的税警总团（1938年后又由缉私总队改称税警总团）成为国民党最精锐的部队之一，特务头子戴笠通过蒋介石将孙部大部划归自己势力范围，从而引发孙、戴矛盾。1941年年底，税警总团改编为新三十八师，孙立人升任师长。翌年2月，孙立人率部入缅作战，并创下仁安羌大捷的纪录。此役孙以不满1000的兵力，击退数倍于己的敌军，救出近10倍于己的友军，曾轰动全球，受到中外人士的赞许和敬佩。美国人称孙创造了"罕有的成就"，英国人则授予孙勋章。在反攻缅北的战役中，孙再立战功，被誉为"东方的隆美尔"，再获美国勋章，同时使孙颇具国际声望。

第二次世界大战结束之后，欧洲盟军统帅艾森豪威尔曾邀孙立人访问欧洲，孙遂成为艾森豪威尔、戴高乐、巴顿将军的座上宾。艾森豪威尔出任美国总统后，孙立人与美国的关系更为密切。上述孙立人的殊荣，都是黄埔系将领所没有的，因而遭忌在所难免。

蒋介石进行"戡乱"时期，孙立人部被派往东北，孙出任东北"绥靖"副司令，参加反共内战。因与杜聿明发生冲突和作战连连失利，孙被蒋调离东北，所部归黄埔出身的潘裕昆掌握。对此，孙立人认为蒋介石对他不公平，耿耿于怀。后来通过美国人周旋，孙被调到台湾负责新兵训练。孙曾对吴国桢讲，在东北时期，蒋先生对我不起。

孙立人与麦克阿瑟将军

蒋介石是个最大的实用主义者，他在退守台湾后，为了争取美国援助，极力拉拢非黄埔系将领，特别是美国出身的孙立人，更是委以重任。孙先是被任命为"东南军政长官公署"副长官兼台湾"防卫司令"，后又升为"陆军总司令"兼"保安总司令"，1951年又晋升为二级上将。此时，真可谓孙立人权力的巅峰时期。

其实，蒋一方面委孙以重任，另一方面对他也不十分放心，因而任命黄埔系的周至柔出任"参谋总长"，以牵制孙立人。港报对此评论称："孙立人仍旧是一个'木偶司令'，不经蒋介石同意不能任免一个营长，没有蒋介石的命令也不得调动任何部队。蒋纬国的装甲部队更不容孙过问。孙的陆军总司令部的决议，每次均被周至柔控制的国防部加以删改，双方常打公文官司。陈诚的亲信原任国民党第六军军长戴朴等陈系军官，竟拒不出席孙召集的台湾防卫会议。此外，当时孙虽名义上仍兼陆军训练司令，可是，校官以上的训练全由阳明山革命实践研究院陈诚系的将领万耀煌、彭孟缉负责，高级政工干部的训练又由蒋经国的政工干部训练班主持，孙的凤山军官训练班，只能训练尉官以下的人员。"①

一方面因孙受宠，另一方面因孙的高傲，使孙立人遭到黄埔系出身的"海军总司令"桂永清、"空军总司令"王叔铭的忌妒，他们联合"参谋总长"周至柔，以三票对一票否决孙立人的意见。孙立人对此恼羞成怒，愤愤地对蒋介石说：

"'总统'，海军、空军总说自己如何好，如何行，那么请'总统'将陆海空三军测试一下，比一比，看究竟哪一军好。先从我们三军总司令考起，比文也

---

① 香港《自然日报》，1951年5月。

好，比武也好，比立正稍息也好，比 X+Y 也好，由你们海空军决定好了。"①

由此可见，孙立人与黄埔系的矛盾之深。孙立人与黄埔系作对，犯了蒋介石的大忌，故必欲铲除之。

孙立人不仅与黄埔系作对，而且他还犯了一个致命的错误，即轻视政战系统的工作，以蒋经国为敌，并假外人之手制约蒋经国。

孙立人一向主张"军队国家化"，与国民党军队政工组织有矛盾。早在他留美学习军事期间，他对政治就无兴趣。抗战期间，他在一次会上说："我不管什么党不党，一个军人能为国家为民族尽一份力量就行了。"当他升任"陆军总司令"一职后，他就用其职务抵制蒋经国政治工作的开展。恰逢此时美军顾问团团长蔡斯对国民党军队政工制度也表示不满，主张撤销。蔡斯的主张立遭蒋氏父子愤慨，认为他干涉太多。但蔡氏有"美援"支票签字权，蒋氏父子也无奈他何，因而就迁怒到孙的头上，认为他假外人自重。

关于此点，还可从蒋介石的日记中得到说明。1953 年 1 月 17 日，蒋介石在日记中写道："陆军总部对我党政军联合作战训练组训练向蔡斯告密，此为其主官最不忠实之所为，不胜痛愤。"② 同年，蒋介石还认为："吴国桢、孙立人之飞扬跋扈，挟外凌上。"③ 事发前一年，蒋介石对孙立人同美国顾问团的关系已经深恶痛绝，他在日记中写道："立人勾结麦唐纳，挟外自重，图谋地位，对军中党务与防共组织泄露之于麦，以此为挟制政府之资料，殊为痛心。蔡斯竟来函责难，其势汹涌。"④

由于上述因素，就产生了另一种说法："1955 年及稍前，美国人曾欲指使李宗仁、孙立人推翻国民党政权，以谋台湾'独立'。持这种说法的李达在《孙立人兵变与台湾》中认为：20 世纪 50 年代初，美国就在政治上支持台湾省主席吴国桢，在军事上支持孙立人，企图形成另一个权力核心。"美国的企图已构成对偏安台岛的国民党当局的威胁，故吴国桢、孙立人先后遭整肃。

此种说法在"监察院"五人小组询问孙立人后得到印证，据陶百川记载：

"关于上引美国邀请孙立人参加'美国占领的新政权'问题，孙对我们说，民国三十八年上海快失守时，孙所部新军已调来台湾整训。盟国占领日本的统帅麦

① 引自江南：《蒋经国传》，第 314 页。
② 《蒋介石日记》（手稿本），1953 年 1 月 17 日，"上星期反省录"。
③ 《蒋介石日记》（手稿本），1953 年，"本年度总反省录"。
④ 《蒋介石日记》（手稿本），1954 年 1 月 31 日，"上星期反省录"。

克阿瑟将军突然邀请孙将军赴日本晤谈要务。孙不敢擅专，乃请那时正在台北养病的陈诚先生代他请示退隐溪口故乡的蒋'总统'，答复孙可接受邀请。麦帅随派专机接孙赴日，寓于麦帅公馆。

孙将军对我们详述两人会谈经过，说麦帅告诉他，大陆快要失陷，国民政府势必垮台，美国对它已不存在多大希望，但美国不能让台湾这艘不沉的航空母舰为中共夺去，所以有意要请孙将军负起保台的责任，而由美国全力支持，要钱给钱，要枪给枪。

孙立人将军的答复是，他忠于'蒋总统'，不应临难背弃，他将请示他，在他指导之下挑起保台重担。孙说，他回台后就将详情告诉陈诚先生由他转告'蒋总统'。孙将军对我们诉说，如果他真像诬控他那样不忠于领袖和国家，他那时就接受美国的邀请而自由行动了。"①

陶百川的旁证一方面说明美国为了分离台湾与中国大陆的关系，确有弃蒋扶孙意图。关于此点前文所述美国对华政策演变与孙立人所述相吻合。另一方面也说明孙立人并未响应美国人的号召。但孙与美国人的这种亲密关系，已经令多疑的蒋介石产生了极大的反感，特别害怕孙与美再度携手取他而代之。加之美蒋关系随着朝鲜战争爆发与台美"共同防御条约"的签订，已经度过了令人可怕的被抛弃阶段，起用孙立人的背景也已不复存在。为了蒋氏国民党在台长治长安，也为了警告一下美国人，蒋介石借机铲除了孙立人。

关于此点也可从蒋介石日记中得到说明："本晨（1955 年 5 月 28 日）得报，孙立人前四军训练系统人员策动此次南部校阅时控制炮兵，先对阅兵台瞄准，然后向我以请愿名义要挟我任用立人以代之。此一阴谋，又为西安事变之重演，其危险性对国际方面尤为重大。最近美国务院忽令其情报人员密查孙在军队中势力如何，能否掌握陆军，及吴国桢除台湾人以外之中国人有否拥护者之确息。今以此案之发生，究竟有否关系，并无证据，但国际环境之险恶，以至相当程度，能不戒乎？

朝课后记事。经儿来谈，9 时半入府会客，召见北区各军师主任顾问，详询各部队情形后军事会谈。"

由此可见，蒋介石非常担心孙立人与美国人的关系。在处理此事时，蒋介石也非常顾虑美国人的感受："孙立人谍叛案已经大白，故决心予以处置，唯其手

---

① 陶百川：《困勉强狷八十年》，第 282 页。

续与方法应加慎重研究，勿使美国及其反蒋派引以为独裁口事耳。"①

孙立人案从发生到 1990 年 11 月 19 日孙立人病逝于台北，期间整整度过 33 年漫长的幽禁生活。1988 年，蒋经国病逝后，台湾掀起"为孙立人辩诬雪冤"的浪潮。台湾当局迫于舆论压力公布了 1955 年"监察院"五人小组调查报告，但孙立人当时未完全获得自由。据当时《自立晚报》记者 2 月下旬采访孙立人后作如下报道："我们避开了门口右侧负责'把关'的杨副官，还有参谋和前后门的安全人员，孙夫人等全家十分小心翼翼。"难怪 75 岁高龄的孙夫人抱怨说："孙立人都 89 岁了，他能怎么样？为何还得不到充分的自由？"

在孙立人的一本日记上写着："谁能还我清白，又有谁能还我公正？"

记者问孙："您的案子很多人认为疑点太多，好像不少人想为您平反。"孙答："从未'反'过，何'平'之有？我只希望在我的有生之年，'政府'能还我清白，如此，亦将含笑九泉。"

看来，孙立人坐了 33 年牢，依旧那么天真。1988 年 3 月 6 日，台湾《新新闻》周刊登载了张友骅的一篇文章，题为《谁来还他清白？》，文章说：当年案发后，艾森豪威尔、麦克阿瑟曾电蒋介石，希慎重处理此事。其后，美国国务卿杜勒斯也致电孙立人的学长、时任"外交部长"的叶公超等人，请他们说明此事看法。叶公超间接保证孙立人的"安全"，表示该案由蒋介石处理，蒋亦有"维护"之心。蒋的所谓"维护"就是不杀、不审、不问、不判、不抓、不关、不放的"七不"立场。蒋介石既已表明此等立场，美方已不便坚持己见。正是在蒋的"七不"立场与原则之下，孙立人遭长期监禁。此间，孙的生活发生困难。据黄杰在《行参戎重》一书中记载："1958 年 4 月 2 日，'总统府'第二局长傅亚夫，转呈参谋总长王叔铭签'前总统府参军长孙立人，自 1955 年 10 月交国防部察看，虽已无职，并未夺职，孙员生活情形颇为困难，拟请自 1955 年 10 月起，发补助费 3000 元以助孙员'。"

该文呈请黄杰签署意见时，黄生怕蒋不同意，只好将此事告知宋美龄。宋氏家族对孙立人一直是十分关心的，宋子文生前到台时曾向蒋提出约见孙立人，但遭婉拒。通过黄杰运动宋美龄，蒋介石对此件的批示于 4 月 5 日转给黄、王：（1）"不必补发，自本年（1958）4 月开始发给可也"；（2）"以国防部名义发给之"。

---

① 《蒋介石日记》（手稿本），1955 年 7 月 31 日，"上星期反省录"。

由此可见，蒋对孙仍不能见谅。随着时光的流逝，蒋介石父子相继去世。如果两位蒋"总统"生前都没有给孙立人澄清冤屈，那么未来又有谁会重视此案呢？尽管1988年3月20日"国防部长"郑为元拜访孙立人时宣称：从现在起，孙有行动和言论的自由，可以前往任何想去的地方，并可以同任何人交谈。

两天后，郭廷亮1981年和1983年向有关单位提出的"陈情书"被媒体曝光。郭廷亮宣称他过去的自首书和口供，都是当时台湾"情报局长"毛人凤奉上级指示编造的。郭廷亮自扮"匪谍"，是为了"达成政治上的任务"，方便"政府"处置孙立人，以免"外界发生不利于'政府'之舆论，而影响到'中美合作'之感情，伤害国家利益"。

2001年1月9日，台湾"监察院"孙案调查报告被媒体披露。在该报告中，认定孙立人"并未谋叛，其部属郭廷亮亦非'匪谍'，也未着手实行叛乱"。

至此，孙立人案真相终于大白于天下。如前所言，孙立人案的发生，即是国民党内部派系斗争的结果，也是台美之间特别是美国当局同蒋介石之间进行较量的牺牲品。孙立人案被平反，也表明蒋介石专制体制的解体与台湾民主政治的进步。

罢黜阎锡山

如前所言，蒋介石的政敌、统治山西几十年的土皇帝阎锡山，就在蒋介石重登大宝后的第五天，便被罢黜了"行政院长"职务，"国防部长"一职也被败军之将徐永昌夺去（暂由郭寄峤代理）。就在阎锡山下台的前两天，阎锡山还在"立法院"作其接任"行政院长"以来第一次施政报告，也是他作的最后一场施政报告。在报告中，阎锡山总结了国民党在大陆失败的原因，认为："我们戡乱失败的根因在政策、政略、战略、战术对不过敌人。"对于"准备收复大陆的工作"，阎锡山宣称："行政院曾推定政务委员及有关部

阎锡山

长组成七人小组，进行研究，已拟定准备'收复大陆'方案纲要，提经'行政院'

会议通过。此纲要分'收复大陆'的准备工作，'反攻大陆'时之紧急措施，'收复大陆'后之根本方策。"最后，阎锡山与蒋介石一样对"反攻"与反共充满了乐观主义精神："我们现在尚保有台湾、海南岛、舟山、金门以及西昌地区，较'共匪'当日盘踞之延安一隅尚大多多，故今日局势非不可为，只要大家认识一致，行动一致，意志集中，力量集中，保卫收复皆可制胜。"①

但时不与我，蒋介石已经下定了决心，阎锡山讲什么也改变不了自己下台的命运。

此时的阎锡山，虽还有"总统府资政"、国民党中央评议委员、"行政院设计委员会"主任委员、"革命实践研究院"院务委员等职，但这四职中没有一个是具有真正实权的。至此，阎锡山才深深感到失掉权力的可怕。思之再三，阎锡山下决心举家由台北丽水街迁至地处偏僻的阳明山菁山草庐。初搬来时，阎的下榻之处既没有电灯、电话，又没有自来水，这对于过惯了现代化生活的阎锡山来说，非常不便。但阎出于防止被蒋介石整肃的考虑，还是忍了。当时阎为避免炎热与台风侵袭，还令部下立即用石块垒成窑洞居住，并把它称为"种能洞"。在这种洞中栖身，真可谓是"屈尊"。在此间阎一住就是10年，直到他逝世。对于阎在此间的"隐居"情形，有人作了如下的描述：

"阎氏隐居菁山后，即专事著述，闭户不出，非国家大事，或总统有召外，不轻易入市。每晨7时起床，晚10时入睡，午餐后，休息2小时，其余时间即为会客、讲话、会议、思考与写作。晚饭后，独出野外，散步数十分钟，就寝前，展阅床头木板易经以自怡。"②

仅从以上描述看，似乎阎锡山的确是交出权柄之后不再过问政治了，然而他一天也没有离开过政治战场。关于此点可从下面两则事例中得到说明：

一是1955年春节来临之际，阎锡山在其住所自撰一副春联：

造福世界，替今人正德，替古人宣德，替后人立德，是仁者责任；
澄清宇宙，为现世除冤，为往世鸣冤，为来世防冤，乃圣贤心怀。

在这里，阎锡山自比"仁者""圣贤"，还想重返权力中心，大干一场。

二是1959年香港《真报》记者采访阎锡山，谈及"反攻大陆"时，阎雄心

---

① 台湾《"中央日报"》，1950年3月4日。
② 吴文蔚：《民国史上一个伟人——阎锡山先生》，台湾《文艺志》，第177期。

勃勃地说：“一旦如能配合国际局势，王师跨海北进，直捣黄龙，毫无问题。诸位别看我阎锡山已老态了，真个一旦反攻号响，看吧，我还要请求率领健儿们再打几个胜仗给国人看看，我有信心。生从太原来，我这把老骨头仍将活着回太原去。”

如果说蒋介石的“反攻大陆”是政治神话，那么阎锡山的上述表白，除了不甘心远离权力中心、隐居深山之外，只是聊以自慰而已。

为了继续参与政治，阎锡山还多次出席蒋介石主持召开的各种重要会议，“贡献”反共意见。例如在1951年4月5日“国防部总政治部”会议上，阎氏作了《怎样胜过敌人》的报告。同年7月31日，阎把他用多年心血著成的反共理论著作《大同之路》呈送蒋介石“御览”。1956年7月17日，阎又向蒋面陈《展开政治进攻奠定军事收复基础之意见》。

与此同时，阎锡山不辞“辛劳”，有求必应，经常到各机关学校及团体发表最令蒋介石满意的反共演讲，诸如《共产党的错误》《共产党为何必败》《反共抗俄的前途及“收复大陆”后重建“国家”问题》《怎样“收复大陆”》《“收复大陆”的根本条件》《“反共复国”前途》之类。还为中外报刊撰写大量反共文章：《对俄共集团想要提出和平共存十大条件的评论》《反共的哲学基础》等。

阎作这些反共报告与撰写大量反共文章，一方面力图表明他这个败下阵来的“老兵”还不服输，还要再起东山；一方面也想取悦他的盟兄弟蒋介石，谋求重新委他以重任。应当承认，“隐居”深山10年的阎锡山，“建树”最多的还不是上述的反共建议、报告与文章，而是反共理论著作。10年之中，阎氏写作并出版的主要有：《世界和平与世界大同》《共产主义的哲学、共产主义共产党的错误》《人应当怎样》《反共的什么，凭什么反共》《大同之路》《收复大陆与土地问题》《怎样胜过敌人》《如何造成足够反共的力量》《反共复国的前途》《共产党为何以中国文化为敌》《反共的哲学基础》《台中讲演集》，还有《日本应当怎样》《联合国的责任》《大同国际宣言草案》《对道德重整会世界大会提案》《300年的中国》《世界大同》等书。

短短几年，撰写这么多的反共书籍，对于蒋介石的“反共大业”来说，真可谓是“呕心沥血”“鞠躬尽瘁”。

阎锡山的亲信贾景德在其所著的《阎故资政锡山事略》中，也称阎退台后“无时不以保卫台琼为怀，恢复大陆为念”。

当然，阎锡山也有烦躁之时，在他最初被免职时，他想到日本或美国“从事

1960 年阎锡山病逝，蒋介石为阎锡山举行大殓公祭

著述"。阎之所以想到美国、日本居住，一是因为他不想看到其盟弟的专权，二是他在撤离大陆时，已将大量财产转移至台湾、香港、日本与美国等地。据台湾报刊披露：

"其山西贸易公司迁台后更名为玉华公司，专营对日贸易，登记资金为 40 万美元，在日本设有联号——东亚株式会社，公司董事由其四子阎志敏、五子阎志慧（在日本）及其私人驻日本代表徐士琪（字宏玉，为阎锡山妻侄）三人担任，东亚株式会社社长为阎志慧。其另一专营国外贸易的公司为同纪公司，最初和德国人合作经营，资金甚大，获利亦多，将资金迁台后，传已大部转到美国，由在美的阎志敏全权负责。其山西实业公司运台的一部分工作母机已先后分批卖出。此外，在陈纳德的民航公司中尚有一部分股份。在台所设兴中百货行和台兴印刷等小企业，因经营不善亏蚀。"①

阎锡山通过蒋介石的亲信将自己想出去走走的意图告知蒋，但蒋始终不予理睬。蒋之所以不放阎走，主要是怕阎做冯玉祥、李宗仁第二，让他困居台北可以完全控制他。没有他这位盟弟的批条，他休想成行。此刻的阎锡山只好悻悻地收回申请，潜心研究他的反共理论去了。

正当阎锡山不遗余力地著述反共著作之际，病魔开始不断侵袭他。他到台湾后，先后患有糖尿病、冠状动脉硬化、心脏病等多种病症，曾于 1952 年、1955 年、1957 年三次住院治疗。1960 年 5 月 21 日，阎患重感冒，卧床不起。至 22 日，突发生气喘现象，后经医生诊断，感冒已转成肺炎，需急送医院治疗，经抢救无效，于 5 月 23 日下午 1 时 30 分病逝于台北，终年 78 岁。阎病逝时服侍在侧的只有夫人徐友梅与多年追随他的贾景德。阎在病逝前还为他不能打回太原深感遗憾。当他深感不久于世的时候，嘱其家属做到以下几点：

（1）"一切宜简，不宜奢"；

---

① 台湾《中国新闻》周刊，1957 年 6 月 10 日。

（2）"收挽联不收挽幛"；

（3）"灵前供无花之花木"；

（4）"出殡宜早为好"；

（5）"不要放声而哭"；

（6）"墓碑刻他的思想日记第 100 段、第 128 段"；

（7）"7 日之内，每日早晚各读他选作之《补心录》一遍"。①

阎锡山病逝后，成立了以何应钦为主任的治丧委员会。5 月 29 日，蒋介石为阎锡山举行大殓公祭，并亲往致祭，手书"伯川先生千古怆怀耆勋"的挽联，以示哀悼。按照阎锡山的遗愿，他的遗体葬于菁山。长眠于地下的阎锡山还能著书反共吗？

冷冻何应钦

国民党退守台湾之初，"陆军"一级上将、前"行政院长"兼"国防部长"何应钦息影台北，自称"闭门思过"。1950 年 1 月 6 日，《新闻观察》记者但斯瑞先生谒见何应钦，并询问对目前军事、政治有何意见？何应钦情绪低落地答道：

"中国有句老话，不在其位，不谋其政。关于军政的权衡，瞬息万变，完全要以综合时序发展中的各要素，给予适当机宜的处断，本人久荒膺命，斯项事务已非余所应问。"

当记者问何今后希望时，何则称：

"我是国民一分子，在国民应尽义务方面，当然不能后人，所以就我内心的衷愿说，从政时冀不负国家公仆，现在只希望无忝为一个自由中国的公民。"②

此刻的何应钦，心境可谓坏到了极点。反省在大陆的失败，他认为：

"只要我们能够接受过去的教训，效法总理的两大决策，一方面改造我们的党，强化'革命阵营'；一方面实行军事革新，恢复冒险犯难的大无畏精神"，"我们的前途是光明的，我们的'革命事业'，最后一定成功"。③

他在一次军校演讲会上还向学员提出几点要求："坚定必胜信念"，"实行战时生活"，"以内心的真诚和不惜牺牲的力行，信守誓言，服从'领袖'"，"发挥'革命团体'力量，完成反共抗俄使命"。

---

① 台湾《"中央日报"》，1960 年 5 月 24 日。

② 《何应钦将军九五纪事长编》，第 1040 页，台湾黎明文化事业股份有限公司印行。

③ 《何应钦将军九五纪事长编》，第 1041 页。

何应钦

正当何应钦"闭门思过"、无所事事之际，蒋介石在台宣告复职。在蒋介石的"内阁"名单中，何应钦被委以"总统府战略顾问委员会"主任一职。听起来，这个职务相当重要，需负战略策划与设计之责，但在实际上它只是个"咨询"机关，大权还在蒋介石手中，加之朝鲜战争爆发后，台湾当局的一举一动都要听命于美国，"战略顾问委员会"主任一职便成了闲职，何应钦也就成了天字第一号的闲人。何应钦与陈诚都是军界的元老、准黄埔系，在蒋介石眼中是个大红大紫式的人物。特别是何应钦，自黄埔时期追随蒋介石起，为其消灭异己、进攻中共立下了汗马功劳。蒋介石也盛赞何应钦"历年内长军权，外总师干，忠勤精一，卓著懋勋。其在军政部任内，对于建军大计，襄赞擘划，不遗余力。抗战军兴，兼任参谋总长，献替帷幄，制取疆场，长算远略，深资倚仗，施以参谋总长兼任中国陆军总司令，训军简士，策划'反攻'；洎乎敌寇崩溃，受降收土，安辑流亡，尤极辛勤"。当何应钦60岁、70岁寿诞之时，蒋介石还送上手书的"安危同仗，甘苦共尝""同舟共济"祝寿。有人形容蒋、何关系为"云从龙，风从虎"，也有人称为"管仲相齐桓，太公佐周武"。既然蒋、何关系如此之亲密，那为什么蒋介石到台后重用陈诚而弃何应钦呢？许多人对蒋的用人路线不解。依笔者愚见，陈、何虽同属黄埔系，但何应钦并非浙江人。当然这不是最主要的因素，最重要的是蒋介石在大陆时期，陈诚始终是忠蒋的，而何应钦则与蒋介石有些小小的过节。

过节之一，何应钦曾与桂系联手逼蒋介石下野。此处所指逼蒋下野，是指1927年8月蒋的第一次下野。当然逼蒋下野的主谋不是何应钦，而是汪精卫、李宗仁、白崇禧，但何应钦作为蒋介石的准嫡系，在当时的确起了推波助澜的作用。就在蒋介石犹豫不决之际，何应钦在8月12日国民党中央执、监委员会议上发表讲话称："蒋是自己要走的。他走了很好，从此我们也可以爱一爱这个国家。"可见何应钦对蒋介石的独断专行也深表不满。对于何的这番话，蒋当然不会忘记。

过节之二，何应钦再度联手桂系共渡危局。此番联手已是1949年3月的事情，此时正值蒋介石已告老还乡、桂系李宗仁登场之际。从何与桂系的联手过程中，可以看到蒋、何之间的过节所在。

1949年3月9日，南京各大报纸均以头版重要位置刊登了孙科内阁总辞职的新闻。这犹如一枚重磅炸弹在南京及整个国统区炸响。自1948年"行宪国大"召开以来，先是翁文灏组阁，仅半年时间，就在军事、经济危机的冲击之下宣告总辞职。翁文灏辞职之后，党政要员们已经看到蒋家王朝最后覆灭迫在眉睫，竟一反过去争夺这一宝座的情况，无人问津翁文灏留下的空缺。蒋介石煞费苦心地忙碌了一个月，才说动了孙中山的哲嗣孙科。孙科出掌行政院的结果还不如翁氏，不到三个月便挂冠而去。此时蒋已宣告引退，总统一职由副总统李宗仁代行。在新的阁揆人选上，李宗仁多次与智囊团和白崇禧密商，但意见分歧很大。李宗仁当时属意国民党元老居正，白崇禧则荐何应钦，立法院童冠贤等又群推顾孟余。经过三方审慎研究，最后酌定以顾孟余为第一人选，何应钦为第二人选，居正为第三人选。因顾孟余断然拒绝出任行政院长一职，经李、白进一步磋商之后，决定无论如何还是请何应钦出山为妙。

何应钦在抗战胜利后，曾代表盟国中国战区最高统帅蒋介石接受日本"中国派遣军"的投降。此后军委会撤销，成立国防部，由白崇禧任部长，陈诚任参谋总长，何应钦被解除了参谋总长及陆军总司令的职务。何除了对陈诚愤愤不平之外，对蒋也难免产生一些想法。蒋介石为了安慰何应钦，派他为联合国军事参谋团中国代表团首席代表及中国驻美国军事代表团团长。1946年8月何赴美就职。"行宪国大"召开时，何奉蒋令回国出席国大会议。会后何出任翁文灏内阁的政务委员兼国防部长职。何上任不久翁内阁便宣布总辞职，何也成了战乱中的闲人。李宗仁上台后，孙科为报竞选时的一箭之仇，竟将行政院南迁广州，架空李宗仁，李在气愤之余，就想请何取代孙科。当时李的想法是：尽管何也是蒋的人，但何过去同他合作过，总不至于像孙科那样拆他的台，时刻与他作对。但李宗仁的试探遭到何应钦的婉拒。当孙科内阁总辞职后，何应钦为减少麻烦匆忙携眷属以避寿（3月12日是何60大寿）为名躲往杭州。李宗仁深知何意，突然亲自登门拜访何，非常诚恳地邀请何组阁。对于李的请求，何仍以断然拒绝态度对之。李宗仁怕把事情搞僵，又谈起了1927年蒋介石第一次下野后与何应钦在南京合作的历史。李宗仁充满深情地说："敬之老弟，历史正在重演，蒋先生又辞职了，南京再度垂危，当你以前的同事孤独的时候，你能无动于衷吗？"

何听了这番话也颇受感动地说："德邻兄，不是老弟不帮你的忙，你是了解蒋先生的脾气，没有他的允许，这件事我万万不能做，希望你能理解我的苦衷。"

李宗仁看到何应钦实在感到为难，也不好再说什么，于是令总统府秘书立即给蒋介石打电话，征求何出任新职的意见。蒋在电话中硬邦邦地说："让德邻弟安排一切，我是退休的人能说什么呢？"何应钦听到蒋的这番回答，更不敢答应李的请求了。李仍不死心，又令在溪口与蒋商讨和谈问题的总统府秘书长吴忠信与张治中，劝蒋同意何应钦为行政院长人选。蒋当时态度很固执，仍表示说："为什么一定要提和我有关系的人来做院长？""院长应该让别人来做，何任副院长兼国防部长好了。"张治中对蒋的说法提出不同意见说："你要不同意由敬之来组阁，内阁组不成，李又要来抱怨你，把责任推给你了。而且你希望何任副院长兼国防部长，何是一定不会干的"。蒋介石则仍坚持自己的主张。后李宗仁又接连打电话给吴、张，催促劝蒋。蒋经过吴、张给何一封亲笔信，信中写道：

"敬之吾兄勋鉴：礼卿、文白二兄来奉，关于大局与个人之出处，均已详讨甚切。中以为只要于革命前途有益，使旧属官兵有所依托，而不致散乱，以保全革命硕果之基础，则兄应毅然应命，更不必论职位之尊卑与个人之得失。此为中对革命责任之基本观念，亦望吾兄能以中之意志为意志，承担此艰危之局势也。余托礼卿、文白二兄面详一切，恕不赘述，顺颂时祉。"①

吴忠信、张治中返京后的第一件事，便是奉李宗仁之命与顾祝同、白崇禧带了蒋的信到杭州劝何应钦。何看到了蒋的来信，经再三考虑之后，终于答应出面组阁。

1949年3月12日，李宗仁以代总统身份，提名何应钦为行政院长，并咨请立法院同意。李在咨文中对何评价颇高，说何："才识恢弘，洞明治理，历缩军符，尤助勋勤，曾任黄埔军校教育长、国民革命军军长、总指挥、军政部长、参谋总长、行营主任、中国陆军总司令、国防部长等职，自革命北伐以至抗日战役，无不淬励精诚，匡扶终始，为赞统一之大业，弼成胜利之全功，并曾承命办理接受日军投降事宜，主持联合国安全理事会军事参谋团中国军事代表团义务，洽宜因应，著誉国际，以之继任行政院长，必能适应时势之需求，为和平建国而努力，爰为依法提请同意，即希咨复任命，以慰全国人民之喁望，是幸。"②

立法院接到李宗仁咨文后，旋即于同日下午3时举行会议审议，出席委员共

① 何应钦：《组阁护宪回忆》，载台湾《中外杂志》。
② 《"外交部"周报》，第109期。

240 人，投票结果，209 票同意，30 票反对，1 票弃权获得通过。[①] 何应钦见大局已定，于 3 月 15 日抵达南京。李宗仁亲往与何商讨组阁问题。何对李说："德邻兄，你要我组阁等于逼我跳火坑"，"现新阁各部会首脑尚未完全决定，组阁相当困难，还希你全力相助"。李接口说："对于老弟此时此刻的一臂之力，我永生难忘。组阁如遇困难，我定当全力相助。"

3 月 22 日，何应钦内阁七拼八凑，终告组成。何应钦内阁组成之后面临的紧急任务：一是指定一个正式代表团与中共进行谈判；二是必须取得内部团结。在和谈代表人选问题上，尽管何应钦与李宗仁之间有分歧，但未发生冲突。在商讨和谈方案时，蒋介石给何应钦打电话说：不能放弃原则。畏蒋如虎的何应钦立即对蒋表示说："总裁请放心，谈判如不能合乎原则，绝不惜谈判破裂，以粉碎中共'阴谋'及投降主义者的幻想。"

当两党和谈代表团在北平签署了《国内和平协定草案》，待南京政府答复时，李宗仁有些犹豫。李宗仁于 4 月 16 日举行会议，对 8 条 24 款逐条讨论，其中对整军问题进行了详细研讨，并提出了三项办法："一、军队回守原防。二、分期整编。三、国共双方同时进行整编。"[②] 此间，何应钦提议将此案交给蒋介石过目。蒋看过之后，气急败坏地大骂"文白无能，丧权辱国"，当即否定和平协定。4 月 18 日，国民党中执委会发表声明，宣称"和平谈判应以 3 月 30 日议决之五项原则为基础"。[③]

4 月 20 日，和谈指导委员会举行会议，决定不接受和平协定。同日，何应钦在立法院召开的会议上，为拒绝接受和平协定进行辩解称："这个协定根本不是一个和平协定，而是一个'军管'方案。如果说是降书，比我们当年向日本提出的受降条件苛刻得多。就是与傅作义与共党所签订的所谓北平协定比较，已有过之无不及。"中共将全部战争责任"都加到我们头上，我们如何负担得起呢？因此，我们万万不能上共产党的当，此协定绝不能签字"。[④]

当日下午，何应钦又与李宗仁联名发出致国民党北平和谈代表团转达中共的电文，拒绝和谈方案，并对和平协定极尽攻击之能事。同日，国民党中常会对中共和平协定发表声明，不接受中共所指内战责任，提出"愿依五项原则修正和平

---

① 《"总统府"公报》，第 217 号。
② 《"外交部"周报》，第 114 期。
③ 秦孝仪：《蒋"总统"大事长编》，第 5 卷，第 360 页。
④ 《何应钦将军九五纪事长编》，第 1010 页。

条款，盼中共颁布停战令"。①

23 日，何应钦令在北平的和谈代表迅速返京。但当日国民党政府军政机关，实施紧急撤离首都。政府发言人宣称，由于中共大军"渡江南犯"，使国民党军队处于被动地位，"我统帅部估计军事形势，当前尚非适宜之决战阶段，不能不自动从首都作战略撤退"。②

何应钦在国共和谈破裂、南京失守、上海危在旦夕之际，于 5 月 21 日向李宗仁提出辞呈：

"受命以来，除立法院问题钦获得全体立法委员支持"外，"其余各项问题，莫不与愿相违"。"事实演变，未符理想，而财政问题，又复困难万端，无法解决"。"钦虽努力以赴，终感补苴无术，中心隐痛，莫可名言，唯有恳请辞行政院长职务，以免贻误将来。"③

李宗仁对何予以挽留，立委、监委闻讯也群起呼吁请何打消辞意。然何则竟以最沉痛的语调说："德公，如果我继续干下去，我只有两条路好走：一就是逃亡，二就是自杀。"李宗仁见何辞意甚坚，只得于 5 月 30 日同意何辞去行政院长职。何没有自杀而是随蒋介石去了台湾。

由于何应钦在蒋下野之后出任阁揆，尽管他不敢违背蒋的旨意，但他与桂系再度联手，共渡危局，也使蒋不能见谅于他，故到台湾后将何应钦打入冷宫。当然，何与阎锡山都是下了台的"行政院长"，与阎锡山比较，何比阎的命运要好得多，何时不时地还要参与"朝政"。然而这不过是蒋介石笼络人心的一种小把戏而已。

何应钦到台湾后的主要活动分为五类：

一是参与"世界道德重整运动"活动。所谓"世界道德重整运动"，是在第二次世界大战后，西方国家为遏制共产主义势力在全世界的发展所采取的一项措施。他们认为：第二次世界大战后反共已成为"世界问题"，以道德来武装人类，使之不受"共产主义思想污染"是当务之急，故发起该项运动。何应钦以为此一运动与中国传统道德的精神相吻合，故大力提倡。

1956 年 5 月 2 日，"世界道德重整运动"的创始人卜克曼博士抵台访问，何应钦给予热情接待。同年 7 月下旬，何应钦率领"台湾当局"出席"世界道德重

---

① 《外交部周报》，第 114 期。
② 《"外交部"周报》，第 115 期。
③ 《何应钦将军九五纪事长编》，第 1034 页。

整运动"大会代表团赴瑞士柯峰。8 月 6 日，何应钦在大会上发表演讲，宣称："第二次世界大战后的世界，无论战胜或战败的国家，也无论在铁幕内或铁幕以外的人民，大家都感到终日惶惶不安，在恐惧战争的再度来临，但事实上他们却每天都在走上战争的道路。这原因，主要的是由于国际共产主义的积极扩张，威胁了整个世界人类的和平。因此我们要消弭未来的战争，唯一的办法就是要击溃国际共产主义，要击溃国际共产主义，就必先在我们民主自由的国家，有一个比共产主义更高超的共同理想。""今日自由中国人民在艰苦的反攻战争中，深感我们必须发挥优越的精神力量，又必须从改造我们自己的精神生活做起这和世界道德重整运动的方法，也正是不谋而合。"①

会后，何应钦遍游欧洲大陆。返台后选派 50 名青年前往欧洲接受"道德重整"的训练。其后，何应钦又别出心裁组织编写了《龙》剧，赴世界各国演出，以配合蒋介石的"反攻复国"战略。按照何应钦设计，该剧意在攻击中共，解救世界。剧情大意是：中共秘密设置地下训练班，罗致优秀青年，灌输阶级斗争思想，渗透各机关、团体、学校，颠覆国民党"政府"。待中共掌权后，没收私人财产，破坏家庭，妻离子散。被麻醉的青年真正觉醒，并受道德影响，参加"世界道德重整运动"，为解救人类而奋斗。

该剧得到蒋介石的首肯后，何应钦立即率团赴瑞士出席大会，并演出《龙》剧。随后在欧、美等地多次演出。台湾当局出于反共需要，大肆为《龙》剧在海外演出制造舆论，然而该剧演出时并未产生什么影响。中国绝大多数人都不知道有此剧目。尽管何应钦特别热衷于"世界道德重整运动"，但由于这一运动受"反攻无望论"的影响，20 世纪 60 年代中期之后便销声匿迹了。

二是主导对日"外交"。何应钦是留日生，对日本有着一种特殊的感情，在他离开权力中枢之后，用相当多的精力从事对日"外交"。

1950 年 1 月 4 日，何应钦偕夫人王文湘女士赴日求医，并以私人资格访问日本朝野。在日本，何应钦首先受到日本战友会的欢迎，前日本侵华军总司令、战友会副会长冈村宁次致欢迎词称：

"何将军在我国被称为对日本了解最深的友人，多年的亲日态度，早为日本国民所周知。""蒋介石总统阁下，在战争结束的那一天，发表'对于日本人，应以德报怨'的著名声明，使日本全国国民感激，而事实上担任接收及遣返 200 万

---

① 《何应钦将军九五纪事长编》，第 1129—1130 页。

日本军民的处置者，实在是当时任总司令的何应钦将军。"①

对于何应钦对日本军民遣返时的照顾，冈村宁次念念不忘，一再致谢。何应钦也发表了《中日合作与远东之集体安全保障》的演说，提议达成一项《远东公约》，中日从事军事、经济、文化的合作，在美国领导下组成一个共同的战斗体，以击败共产集团。何在答日本政治评论家山浦贯一问时，竟称对冈村宁次非常"尊敬"，说"冈村先生在中国作战，我完全知道不是出自他的真心"。

在日期间，何应钦多次参加各团体招待会，并致词。同时，何应钦在《东京新闻》《朝日新闻》发表《寄语日本有识之士》《韩国战局与远东形势》两文。7月初，何返抵台湾。

1952年1月1日，日本各大报纸刊载了何应钦撰写的《告日本国民书》，寄望日本与"台湾当局"建立新的合作关系。很显然，何的《告日本国民书》是奉蒋介石命而发，是为了配合台湾与日本签订"和约"这一战略的。同年7月29日，台日"文化经济协会"举行成立大会，何应钦当选为常务理事，1954年10月27日当选为该会理事长。1957年7月，何应钦又被聘为台日"合作策进会"顾问。两会成立的目的就是加强台、日的全面合作，阻止中国大陆与日本邦交正常化。因此说，何从事的这项工作是与全体中国人民的根本利益不一致的。

三是参与"国民大会"的领导工作。何应钦在世时，"国民大会"在台湾共召开六次大会，一次临时会议。何应钦每次均应蒋介石之召出席会议并出任'主席团主席'，为维护蒋介石利益效犬马之劳。

1954年2月19日"国民大会"一届二次会议在台北召开时，除了投票罢免李宗仁之外，还联署提议支持通过《动员"戡乱"时期条款在未经废止前继续有效》案。1960年2月，"国大"一届三次会议召开时，何应钦会同莫德惠等966人，提案修订《动员"戡乱"时期临时条款》，规定"在动员'戡乱'时期，'总统副总统'得连选连任，不受'宪法'第47条连任一次之限制"。经此修订，蒋介石再度连任"总统"一职。1966年2月"国大"一届四次会议召开之际，何应钦与张知本领衔联署提案修订《动员"戡乱"时期临时条款》，主要是无限制扩大"总统"权力，以适应反共情势。在此次大会上，何应钦异想天开，企图竞选"副总统"一职。台湾舆论界也认为张群、何应钦、孙科是"副总统"的最佳人选。然而蒋介石在会议期间则暗示"副总统"人选年龄应在60—70岁之间，而张、

---

① 《何应钦将军九五纪事长编》，第1047—1048页。

何、孙都是古稀老人，"副总统"一职自然与他们无缘。1972 年 2 月，"国民大会"一届五次会议在台北召开，何应钦又与谷正纲等人领衔，提案修订《动员"戡乱"时期临时条款》，以"充实中央民意代表机关"。

对于何应钦参与"国民大会"领导工作，"国大"秘书长、"中国文化大学"教授何宜武曾评论称："先生以耆勋硕望，历次会议中，均获得大多数'国大代表'之拥戴，支持当选为'主席团主席'，并多次被公推主持大会，在纷纭错杂议论中，片言析事，众议翕然，故得使大会议事顺利进行，获致结论，和协同异之功，极为显著。"①

四是主持"三民主义统一中国大同盟"工作。1979 年元旦，全国人大常委会发表《告台湾同胞书》，提出和平解决台湾问题的新方针。此一方针提出后，立即受到海内外有识之士的赞同。但台湾当局从其自身利益与立场出发，攻击中共在玩弄"统战阴谋"，是 30 年前和谈的"故伎重演"，同时抛出了"三民主义统一中国"的口号。1981 年召开的国民党十二大还通过了《贯彻三民主义统一中国案》。会后，何应钦为紧跟蒋经国，积极贯彻国民党十二大精神，于同年 11 月 21日主持"三民主义统一中国"研讨会。同时决定设立专案小组，会同有关单位，策进建立"三民主义统一中国大同盟"。翌年 8 月 28 日，何应钦等人发起"三民主义统一中国大同盟"筹备会议，并向当局办理申请登记手续。10 月 22 日，"三民主义统一中国大同盟"在台正式成立。何应钦致开幕词：

"本大同盟的奋斗目标，是要发挥民族主义伦理的力量，争取 10 亿同胞生活方式的自由；发挥民权主义民主的力量，争取 10 亿同胞政治上的民主；发挥民主主义科学的力量，争取 10 亿同胞经济上的平等；以真正的自由、民主、平等与繁荣，来统一我们的国家，使共产主义的'祸患'，永远根绝于中国的土地，全中国同胞及后世子孙，永享三民主义的福祉。"②

会议还通过了《"三民主义统一中国"大同盟纲领》及《"三民主义统一中国"大同盟盟章》，推选何应钦为"三民主义统一中国大同盟"主任委员。1983 年 2月，何应钦向大陆发表广播讲话，号召响应"三民主义统一中国"运动。同年 3月，何应钦又亲为该会作盟歌，歌词是：

"三民主义，平等自由，耕者有其田，政治民主，民生均富，制度最进步。"

"三民主义，统一中国，中华民族，团结奋斗。"

---

① 何宜武：《护宪卫国炳耀千秋》，载《中外杂志》。

② 《何应钦将军九五纪事长编》，第 1594 页。

"三民主义，统一中国，中华民族，永享自由。"①

五是按照蒋介石的指示发表演讲或专论文章。何应钦每年利用国民党军的节假日，如黄埔军校校庆日（6月16日）、棉湖战役纪念日（3月13日）、七七抗战纪念日、九九受降纪念日，发表演讲或专论，以鼓舞蒋军士气。1977年12月，他发表了《河北事件中绝无所谓'何梅协定'，请史学家及出版界重视历史的真实性》。1978年又印行《中国抗日战争究竟是谁打的》一书。蒋介石病逝后，又多了一个"节日"，每逢蒋介石诞辰，何应钦都发表纪念蒋介石的文章，对蒋介石可谓"忠诚"。如果蒋介石地下闻知，当必重用何应钦。

由于何应钦退居二线，永离权力决策中心，无所事事之余，迷上了打桥牌与打球，后又迷上了栽花种草，并由外行变成内行。在婚丧嫁娶的礼仪上，也常看到何应钦的身影。时间一长，习惯成自然。而且他养生有道，一度在健康长寿会上以《永恒的长寿》为题发表演讲，勉励与会者：个人的生命纵能到100岁，毕竟难逃老、病、死的阶段。因此人应该在有生之年中，运用他卓越的智慧能力，为人群作最佳的服务，以促进国家、社会乃至全人类的进步、幸福。何应钦能活到98岁，与他养生有道确有一定的关系。

1986年4月底，何应钦在与友人打桥牌时，突感不适，入院治疗，经医生诊断，为轻度的脑中风。住院期间，遇有重要典礼，仍抱病出席，自言："余生平行事，不矜不伐，无愧无怍，但知服膺'领袖'，忠党爱国，以尽我革命军人之天职，其他非余所计也。"②

1987年10月21日上午7时30分，何应钦病逝于台北"荣民总医院"，终年98岁。同日，蒋经国发布"总统令"，对何予以褒扬：

"'总统府'顾问陆军一级上将何应钦，少慕戎轩，长娴兵略。鼎革枢传，及锋小试；讨袁护法，执殳前驱，遂以英特之材，上膺干城之选。自此股肱元首，羽翼中枢。出掌戎机，入参庙议。乃至长缨击敌，奏凯受降，实极殊荣，都无遗算。而于赤祸日深之际，出任'行政院长'，渊漠默运，靖献尤多。方期寿迈期颐，亲观复旦，以主义统一中国，以道德重振人心。忽闻殂谢，轸悼良深。特派李登辉、薛岳、谷正纲、俞国华、沈昌焕、李焕敬谨治丧。饰终之典，务从隆厚，以示崇褒。"③

---

① 《何应钦将军九五纪事长编》，第1610页。
② 关国煊：《何应钦上将文韬武略的一生》，载台湾《传记文学》，第51卷，第5期。
③ 关国煊：《何应钦上将文韬武略的一生》。

软禁白崇禧

白崇禧在国民党高级将领中，可谓是能征善战，机敏过人，有"小诸葛"的美誉。然而在决定他晚年命运的关键时刻，却棋错一着，落了个可悲的结局。周恩来在1965年7月19日接见从海外归来的前民国代总统李宗仁先生说：白崇禧颇自负，其实政治上并无远见，他竟相信蒋介石的话，被骗到台湾去了，我很为他的安全担心。周恩来这番话的确入木三分。

国民党陆军一级上将白崇禧

白崇禧入台，一来受蒋介石欺骗，二来不听老朋友的劝阻，三来对蒋介石抱有幻想。这一幻想直到陈诚"组阁"才破灭。此后他一直处于闲居与被监控之中，从未离台湾半步，其政治生活仅较张学良、孙立人略胜一筹。

据白崇禧自己称：初来台湾时住在圆山，后来台湾省"政府"腾出一些房子给从大陆来台的公务人员住，他便从圆山搬到这里来居住，后来又买下了这所住室。1950年3月，他的家眷也陆续从香港来到台北定居，全家二十多口，有他的大哥、六弟、二姐等人。他又在台南市购置二栋房屋供其他人居住。因白是军人，又多年身居高位，此刻一闲下来还真有点难耐。一日他与何应钦一起去打猎，谈起政局白颇为烦躁地说："我们信仰宗教的人，对世界的局势、人类的前途，真主会有一个安排，我们还是打猎吧。"白当时认为："希望渺茫得很，只有归之于天。"当时他除了打猎之外，不是种树，就是浇水除草，以打发漫长的时光。

蒋介石复职后，白崇禧被任命为"战略顾问委员会"副主任，是个有职无权的差事。同时还挂着国民党中央执行委员、常务委员、"国大代表"和"中国回教协会理事长"职务。同年8月，国民党中央改造委员会成立，白崇禧又从决策圈中被划掉其名。国民党改造结束之后，召开第七次代表大会，在新产生的中央委员会中，第六届中央常务委员除了当选第七届中央委员或中央常务委员者之外，其余全部被推举为中央评议委员，唯独白崇禧例外。国民党元老们对此颇感不公，遂推"德高望重"的于右任、居正二人前去见蒋介石，请其设法补救。蒋在听取了于、居的意见之后，沉吟了一下，即以决然的态度说："健生，这个，这个，他的问题我知道。"此后便无下文了。

白崇禧为什么一到台湾便遭到如此冷遇并受到除名的处分呢？笔者以为首先是蒋介石的气量太窄，始终不能见谅于白，因为三次逼蒋下野均有白崇禧的份。特别是蒋第三次下野，蒋氏父子均认为白是逼他下野的主谋。大陆时期蒋无法制裁他，此刻亡命弹丸孤岛，白已经失了同蒋对抗的资本，因此遭此厄运。其次，蒋在反省大陆失败的原因时，一直认为如果他不被逼下野，大陆就不会失败。所以将失败的责任归咎于马歇尔、李宗仁、白崇禧。此刻蒋是一岛之主，正是他寻找替罪羔羊与出恶气的时候。

白的厄运不仅仅于此。就在他被除名的当年，他的家又被"国安局"查抄，甚至连地板都被挖开检查。白当时异常气愤，立即打电话给负责情治部门的蒋经国，蒋经国则称他不知此事，请白去问"总统"。白又打电话给蒋介石，蒋介石则称："我知道这件事，不仅对你们俩（指白和薛岳）如此，人人都应该这样来一次。"事实上，对别人家并未搜查。此后白的处境日渐艰难。

1954年"国大"一届二次会议在台北召开，白是"国大代表"，在会上他的第一个行动便是回击对他的弹劾。此案原委是："国大"一届二次会议召开之前的一次"光复大陆设计研究委员会"开会时，委员但衡今曾提案弹劾白，此次大会上但氏再度提出，有40多人附署，白本人分析是蒋的亲信何成浚策动的。案由是"为追究责任，以明是非，振纪纲而兴复"，并指责白有三点罪状：

（1）军事方面，中央银行黄金七万多两被白吞没了。

（2）汉口中央银行库存370多万两白银被白吞没了。

（3）说白拥兵不救援徐州，不遵统帅调兵命令，拥兵自卫。①

但衡今提出此案后，陈诚劝白别介意，但白说："他已公开提案了，我要公开答复，我要保留到下午发表答复。"等到下午开会时，白崇禧给每位代表发了一份他的答复书，并气愤地说：

"但委员所提的恐怕有许多军事上的机密，或许但委员未全知，不清楚，我有书面说明，我不是辩，用不着辩，不过为了十几万人调到徐州去，五个军一个整编师，大部分牺牲了；将士为国家牺牲的不白之冤，我要为死者雪冤。"②

对经费问题，白崇禧的答复是：

---

① 《白崇禧先生访问记录》（下册），第866页，台湾"中央研究院近代史研究所"1984年版。

② 《白崇禧先生访问记录》（下册），第866页。

（1）"汉口中央银行库存黄金——1948年夏，汉口中央银行库存黄金约七万余两，地方上为维持币信，多主留存汉口，适逢'国防部'何前部长电话转达蒋'总统'面谕，以'中央'改革币制使用金圆券，需要黄金以为准备，崇禧力排众议，当经遵令转运'中央'，有案可查……并非华中扣留黄金"。

（2）"汉口中央银行库存银元——本署驻防武汉，适值金圆券急遽贬值，中央已汇到汉口之军政各费，汉口中央银行因券料运济不及，库存告罄，不能兑取，华中长官公署为维持辖区秩序，经呈报'行政院'，并电请汉口中央银行转报该行总行，将库存银元查照应付款项分别缓急酌予搭发。本署经费系按照'中委'核定预算向联勤总部驻汉收支处具领，并未向该行提支分文……"[1]

至于拥兵自卫、不遵统帅令问题，白的答复是：华中主力五个军一个整编师均驰援徐州，大部牺牲，而另一部分部队需对付刘伯承与孔从周，无法抽调，后来奉命撤退，"并非坐观成败"。

后来但衡今提案与白崇禧的书面答复均在香港《工商时报》刊载。此案最后不了了之。

就在这次大会上，蒋介石不仅指使人弹劾他，而且还要他在罢免李宗仁问题上表态。尽管李宗仁与自己分道扬镳，但几十年的交情的确使白不愿落井下石，但如果不表态又难过老蒋这一关，因而言不由衷地说：

"我们由大陆搬迁到台，要团结海内外，互助合作，反共抗俄。这才是正当的途径，不应再有第三势力，再有什么组织。一个组织要有明白的政纲政策，要有基地有地盘，要有力量（财力、人力），第三势力如果只是一些人在海外空洞的叫喊，即使有组织也只有把反共力量分散，对'中央'有不良的影响。"

白崇禧这里所说的"第三势力"，是指民、青两党的张君劢、李璜、左舜生等和国民党的顾孟余、张发奎等结合在一起，在海外酝酿组织第三势力，推李宗仁为头。最后，白崇禧被迫在罢免李宗仁的联署书上签了名，这使白一直耿耿于怀，故而在会下拆蒋的台。大会上陈诚被蒋介石提名当选"副总统"，蒋还要他兼任"行政院长"职。陈到白的下榻处征求意见，初时白不好表示意见，反问陈的态度如何，陈称："我的意思是不愿意兼，身体不能过度操劳。"白见有机可乘，便说："我赞成你四个字'养体养望'，'副总统'是辅助'总统'的，备而不用，不负实际责任，大地方与'总统'研究讨论，与各部会首长研究，顺便养体。我

---

[1] 《白崇禧先生访问记录》（下册），第867—868页。

们将来目的，不是老死台湾，机会来了，要'反攻大陆'，副座责任加重，现在把身体弄坏了将来吃不消。其次要养望，副元首希望威望一天天增高，不要损害他。譬如在'宪法'中'行政院长'是'总统'提名经'立法院'同意，如兼'行政院长'便要对'立法院'负责。'行政院'部属很多，你对自己有信心，但谁敢保证底下个个好，出了事，'立法院'要质询，'监察院'要弹劾，惩戒委员会要惩戒，这都牵涉到本身，难免有'用人不当，监督不严'之责，有损威望……你既自承身体不好，我赞成你不兼。"后来陈诚还是兼了"行政院长"。一来蒋介石仍认为陈是最佳人选，二来陈诚也的确不愿丢弃实权，又再度"组阁"。白的目的虽没有达到，但白说的话确有其理，后来的事实正如白所料，一是陈诚再度抓权引起了与蒋经国的摩擦，二是积劳成疾，生命过早结束。

当一届三次"国大"在台北召开时，白崇禧听说蒋仍对"总统"宝座恋栈，也对蒋的行为颇不满，遂决定不再为蒋抬轿子，不投他的票。一届"国民大会"与一届二次"国民大会"召开时，白都被选为主席团成员之一，此次会议上，白让两个年轻代表潘宗武、黄新硎出来竞选主席团，自己放弃竞选。当时有人对白讲：别人资望浅不能当主席，劝白再度竞选，白表示要让贤。后来大法官苏希洵受了某些人指使来找白说："听说你不竞选主席团？"白说："不错，二次会议没人竞选，这次有两个人出来竞选，广西只有这些票，这本是尽义务的，我也竞选，票分散不好。"但苏说："'总统'就职当选证书上主席团各主席要签名，签名后送'总统'，你第一届第二届都签署了，第三届你不竞选你就不能签署，怕人家说你不捧场，人家要怀疑你的立场，你的意思本来是让贤，但人家要怀疑你有不好的意思，何况他二人资望浅，选得出选不出还是问题。"白听了苏的话后，无形中感到有一股巨大的压力朝他袭来，最后仍没有挣脱蒋的罗网，在蒋介石的"总统"当选证书上签字画押。

蒋介石始终对白有戒心，为了报复白，他又罢免了白崇禧的"回教协会理事长"一职。尽管白不做理事长了，但他仍难改其信仰，在幕后支持该项工作，许多回教徒非常感激他，这使落难中的白崇禧深感庆幸。

蒋介石为了折磨白崇禧，凡是回击李宗仁时，都需白为其出力。继罢免李宗仁闹剧之后，李宗仁为了回敬蒋介石，遂响应周恩来在日内瓦会议上所提和平解决台湾问题的建议，认为解决台湾之道不过甲、乙两案，甲案："恢复国共和谈，中国人解决中国事，可能得一和平折中方案。"乙案："美国承认台湾为中国的一部分，但目前暂划为自治区，双方宣布不设防，美国撤退第七舰队，便成为纯粹的中国内政问题，如此则战争危机可免。时日推移，中国大陆和台湾内部彼此敌视态度减轻，则真正解决便可实现了。我想蒋先生已逾 70 高年，一生饱经忧患，至愿以苍生为念，毋使内战重起于中国，想蒋先生亦不致河汉斯言。"我"以过去亲身的经验，观察今日的变局，自信颇为冷静而客观，个人恩怨，早已置之度外，唯愿中国日臻富强，世界永葆和平，也就别无所求了"。①

李宗仁的建议如同一枚重磅炸弹在台岛炸响，蒋介石的"忠贞之士"立即予以指责，白崇禧也在蒋的压力下对李施以攻击。当法国与新中国建交后，李宗仁于 1964 年 2 月 12 日在纽约《先锋论坛报》发表一封公开信，劝告美国政府改变对华政策，仿效法国调整中美关系。李宗仁这封信无疑是对蒋的沉重打击，蒋遂令白崇禧于同年 3 月 18 日发表致李宗仁电：

"'总统'蒋公率全国军民，尝胆卧薪，生聚教训，正在待机执戈西指，完成'反攻复国'大业。而我公旅居海外，迭发谬论，危及邦交，为亲痛仇快。最近闻报，法国与中共建交之后，我公竟于 2 月 12 日投函纽约先锋论坛报，劝说美国学步法国，与中共调整关系。我公对国难既不能共赴，反为中共张目，危害国家，是诚何心，是真自毁其立场矣！自毁其历史矣！自绝于国人矣！伏望我公激发良知，远离'肖小'，幡然悔悟，以全晚节。"②

白崇禧的老朋友程思远先生对于白的上电发表评论称："'反攻复国'的滥调，不值识者一哂，白崇禧发此违衷之言，当为明眼人所共谅。"

前国民党政府地政部长吴尚鹰针对此电发表评论说：李宗仁与白崇禧自统一两广而至北伐抗战，甘苦与共，患难相扶持，数十年如一日。今李德邻身居海外，当能畅所欲言，而白健生困居台北，则无说话的自由，他实逼处此，不得不尔，言念及此，实可慨叹。

白崇禧除了上述悲剧之外，最令他伤心的事情莫过于晚年丧妻。白崇禧夫人马佩璋是当年桂林有名的美人。她出身于诗礼之家，曾读过师范，以品学才貌兼优著名。马的父亲择婿条件甚严，加之非教门不通婚的回教规例限制，真正能够入选者寥寥可数。恰逢白崇禧祖居在马家邻村，又是同教中人，白又英俊有为，遂成为马家乘龙快婿。白、马两人共患难 37 年，感情甚笃。白妻相夫教子，可谓贤妻良母，不幸于 1962 年 12 月 4 日因高血压与心脏病复发不治身亡。于右任曾为其撰"墓碑文"说：

---

① 《李宗仁回忆录》（下），第 1046 页。
② 程思远：《白崇禧传》，第 329 页，香港南粤出版社 1989 年版。

"……结缡之后相敬如宾，历时三十七年，国步艰难，不遑宁处。健生将军初则戡定广西内部，肃清军阀余孽，继而参加北伐，直捣幽燕；旌旗所指，迭奏膺功。尤以八年抗战，争取胜利。每遇战局艰危，夫人必多方鼓励，善为安慰。民国三十八年大陆'沦陷'，退处台湾……当时国际形势，于我不利。夫人毅然偕同儿女，由港来台。平生修齐，类多淑德懿行。最注重儿女学业，不容旷废；如有过失，唯谆谆告诫。健生将军既无内顾之忧，而儿女成行，亦复砥切磋，比肩竞爽，要皆夫人积德累行，有以致之。"

白崇禧在其自述中称：

"与夫人结缡三十七年，子女十人，提携抚抱，以教以育，备极劬劳。今则进德修业，均有所成……夫人对子女教育，至为重视，无论家中任何喜庆，概不许请假，免致荒废学业。如有过失，则谆谆告诫，予以启迪……"

从上述文字所见，冯佩璋女士的确是相夫教子的贤妻良母。正因为白氏夫妇感情甚笃，故马氏病逝后，白氏特别伤感。按照回教规矩，亡者40天内，家属须每日清晨到墓前诵经祈祷。白氏以69岁高龄，每率儿女前往念经，风雨无阻，从未间断。然而时隔不久，白崇禧也于1966年12月2日追夫人而去。

白崇禧全家福

第八章 "反攻"梦破灭

从 1949 年 12 月蒋介石兵败大陆退台，至 1975 年梦断台湾孤岛，期间整整 26 年，他始终念念不忘的就是"反攻大陆"。蒋氏每年都要发四次文告（新年、"青年节"、"双十节"、台湾光复节），总是重申今年是"反攻大陆"的"决定年""关键年"，明年是"反攻大陆""胜利年"的陈词。

"反攻"时间表

在美国协防台湾之前，蒋介石深知自己是泥菩萨过河，自身难保，"反攻大陆"不过是政治宣传。时任台湾省主席的吴国桢后来回忆说：蒋介石自始至终就是没有真正"反攻大陆"的打算。今天看来，吴国桢对蒋介石的确不了解，如果说 20 世纪 60 年代中期以后蒋介石对"反攻大陆"失去了信心，但在 50 年代蒋介石提出"反攻"是真实的，至于能不能成功那是另当别论。为了维持国民党偏安孤岛的局面，蒋介石必须将"反攻大陆"的曲调一路唱下去。

蒋介石在台湾整整 26 年，始终念念不忘的就是"反攻大陆"

蒋介石最早提出"反攻大陆"的时间应为 1949 年 6 月 26 日。此时国民党在大陆已遭到彻底失败，但其军队及权力中枢尚未全部退台。下野"总统"蒋介石不甘心自己的失败，遂于台北召开东南区军事会议，并发表《本党革命的经过与失败的因果关系》的讲话，提出经过整顿党、政、军各部门，不出三年，就可以消灭中共。蒋还在讲话中提出下述口号，作为国民党当时"努力的目标和进度"：

（1）"湔雪耻辱，报复国仇！誓灭'共匪'，完成'革命'！"

（2）"精兵简政，缩小单位！自动降级，充实战力！"

（3）"半年整训，革新精神！一年'反攻'，三年成功！"①

蒋介石还宣称这是国民党"最艰苦的阶段"，但也是"成功立业""千载一时的机会"。希望全体国民党员记取历史教训，"坚定必胜的信心，精诚团结，通力合作，充实我们'反攻'准备，完成'国民革命'，实现三民主义的使命"。②

在这里，蒋介石界定他的"反攻"准备为半年，一年后开始"反攻"，三年内完成。然而时隔不到一年，蒋氏不仅未完成"反攻"准备工作，反而被赶到四海茫茫的孤岛之上。惊魂未定的蒋介石在复任"总统"职后的《复职的目的与使命》中，再度界定"反攻"时间表，改半年整训、一年"反攻"、三年完成为"一年整训，二年'反攻'，扫荡'共匪'，三年成功"。"就是说，从现在起，少则三年，多至五年"，完成"反攻复国"使命。③

是什么原因使蒋介石更动了"反攻"时间表呢？据蒋介石自己解释：

"我去年来到台湾以后，7月间在台北介寿馆召开东南区军事会议，检讨过去'剿匪'失败的原因，并拟定我们今后反攻的计划和期限。在会议闭幕的时候，我提'半年整训，巩固基地，一年反攻，三年成功'的结论。那时候广东、广西、四川、云南、贵州、绥远、甘肃、宁夏、青海、新疆各省，以及陕南，都还在我们的'国军'手中，所以我认为东南区一年之内开始'反攻'，绝对没有问题。但是后来战局变化太快，整个的西北和西南，不到四个月时间，就全部陷落在敌人的铁蹄之下，这是我始料所不及的。所以现在的情况，已经和当时大不相同了，我们要重新来拟订计划，徐图恢复，绝不能好高骛远，只求速效。我们知道越王勾践在会稽失败以后，经过'十年生聚，十年教训'，而后灭吴。今天我们要恢复整个大陆1200万平方公里的土地，彻底消灭毒辣阴险的国际'共匪'，当然是需要长时期的艰苦奋斗，才能有效。"④

在这里，蒋介石只用了一句"战局变化太快"和"始料所不及"就推翻了他

---

① 张其昀：《先"总统"蒋公全集》，第2册，第1920页。
② 张其昀：《先"总统"蒋公全集》，第2册，第1920页。
③ 张其昀：《先"总统"蒋公全集》，第2册，第1959页。
④ 张其昀：《先"总统"蒋公全集》，第2册，第1959页。

原订的时间表。然而时隔不久，蒋介石在答记者问时，又提出"三月反攻论"。

当时有记者问蒋介石：究竟什么时候开始"反攻大陆"？

蒋氏立即回答说："今后三个月内，'共匪'如果来侵犯台湾，那就是我们'国军'迎头痛击，乘胜反攻大陆的时机；这样，三个月以后，我们就可正式开始'反攻'了。"

又有记者问蒋："如果中共始终不敢来台湾，我们何时反攻呢？"

蒋介石答：如果'共匪'始终不敢来侵犯台湾，那我们亦要在一年之内，完成我们'反攻大陆'的准备，至迟一年以后，亦必能实行'反攻大陆'。"[1]

对于蒋介石的"三月反攻论"，台湾著名评论家李敖先生评论说："蒋介石这种你打我，我就立刻'反攻'，立刻在三个月后'反攻'；你不打我，我就不立刻'反攻'，要一年后再反攻的说法，是根本不通的。因为力能'反攻'，就该'反攻'，和敌人来不来侵，又有什么牵连关系？从三个月展期到一年，用这种'待敌之不来'的立论，决定反不'反攻'，是与古今中外任何兵法都不合的。"[2]

很显然，蒋介石的"三月反攻论"是建立在中国人民解放军对台湾进攻的基础上的，它的底牌实际上还是"一年以后"。然而就在蒋介石全力准备"反攻"之际，人民解放军以迅雷不及掩耳的闪电攻势，接近了台湾岛的外围防线——海南、舟山群岛，慌不择路的国民党军队急匆匆奉令"转进"台湾。蒋介石为了安抚台岛民心，并给部下打气，在《为撤退海南、舟山国军告全国同胞书》中，又一次为台湾军民提出了"反攻"时间表："现在我再将政府'反攻大陆'的计划，总括四句话对同胞们重说一遍，就是'一年准备，二年反攻，三年扫荡，五年成功'。"[3]

在这里，蒋介石的"反攻"时间又由三个月变为二年，"反攻"完成时间由三年变为五年。这种翻来覆去的变化，实在令人眼花缭乱。如果按照蒋介石最后确定的时间表，"反攻"开始时间应从 1951 年 5 月展开。但短短的一年很快就过去了，五年也过去了，国民党军队的"反攻"仍毫无动静。在相当一段时间里，蒋介石再也不敢明定时间表。眼看就要到"十年生聚，十年教训"的期限，相当多的人已对蒋介石的"反攻"神话抱有怀疑态度，如果不重新明定"反

---

① 张其昀：《先"总统"蒋公全集》，第 3 册，第 3330 页。
② 李敖：《蒋介石研究》第 1 集，第 244 页，华文出版社，1988 年版。
③ 《"总统"蒋公思想言论总集》，卷 32，第 266 页。

攻"时间表，蒋的"反攻"计划就将最后成为泡影。在此情形下，蒋介石于1959年5月19日在中国国民党八届二中全会上作了《掌握中兴复国的机运》的讲话，提出：

"客观的'中兴复国'的机运，自然要有主观的'中兴复国'的新精神和新气象来掌握的。可是说起来很惭愧，这十年以来，大家虽然一心一意都在'反攻复国'上致力，但要说'中兴复国'的新气象，除开社会生活，日趋于奢侈繁华以外，就很少可以指陈和覆按得来的。因此外电往往指责我们说，现在政府中已经很少有人再谈'反攻复国'的问题；又说，他们近来最乐于称述的，只是台湾的经济数字的增高，他们也很少再自称为'中华民国'，而多是说台湾如何如何了。又说从大陆来台的人，他们也都在漫长的岁月中，淡忘了中国大陆上的家园，因为他们在台湾大多数都有了一个重新建立起来的家庭了。当然这只是外国记者的一种皮相的和不正确的说法，但是这却足以说明我们日常的生活行动，并没有一些可以开创'中兴复国'的新气象和新精神，则是无可争辩的事实。而且实在说，由于大家从大陆撤退来台，已经十年，当时国破家亡的悲哀沉痛和侮辱血债，也多少为岁月所侵蚀！又由于社会的安定和经建的发展，也有一部分人确实在特别忙于照顾自己的生活，并且企图提高其个人待遇为主要的目的，因而或多或少忘记了自己'反共雪耻'的责任，模糊了自己'报仇复国'的目标。当然还有很多的知耻奋发的同志，在埋头苦干，尤其是一般基层工作的同志，不求人知，而唯期'效忠报国'，在我见到这种情形的时候，更引起我对'复国建国'的前途无限的乐观"。如果不彻底根除"那种心理上、生活上、精神上的病态"，"还谈什么'反攻复国'"。"再过十年，超过'十年生聚，十年教训'的期限，还不能'反攻复国'的话，那就任何希望都要破灭了"。[①]

在这里，蒋介石又开了一张新的"反攻"时间表，即"再过十年"。从1959年5月十起的话，那就是1969年。然而1969年也过去了，蒋介石的"反攻"虽然有了一个小小的表示，但始终未能成气候。随着大陆原子弹爆炸成功，蒋介石长叹一声说："完了！我们'反攻大陆'已没希望了！"尽管此后他仍然念念不忘"反攻大陆"，仍令"光复大陆设计研究委员会"不断设计新的方案，也不过是蒋介石本人聊以自慰而已，没有人再相信他的"反攻"时间表了。

---

① 《"总统"蒋公思想言论总集》，卷27，第316—317页。

蒋介石晚年喜静坐在湖边

"反攻"方案的厘定

蒋介石在提出"反攻时间表"后，不断指示有关部门设计"反攻"方案，以利"反攻"行动的提早展开。

1954年1月，"总统府"根据蒋介石的指令，决定在"总统府"之下设立"光复大陆设计研究委员会"，由陈诚任主任委员。与此同时，一届"国大"二次会议集会时，"为使国大代表于大会集会之后，对于'反共'抗俄的复国大业，仍获有参与筹划报效国家的机会，建议政府，于'总统府'设置本会，政府为使'国大'代表与各方面的才智人士，均能对于'反共'战争充分贡献其聪明才智，并使意志集中，力量集中，以加速'复国建国'的行程"，台湾当局采纳了上述建议。[1]

同年11月25日，"光复大陆设计研究委员会"正式成立，会议由台湾"副总统"陈诚主持，蒋介石亲自到会致词，提出了成立"光复大陆设计研究委员会"的目的、研拟方案的原则、工作重心等问题。

蒋介石指出成立该会目的是：

"本会的成立，就是明白地告诉大陆上的同胞们，我们正在同心一德，研究如何打倒'共匪'的各种暴行，解除大陆人民的'痛苦'，并为他们'复仇雪恨'，争取'真正的自由'。"[2]

---

[1] 陈诚在"光复大陆设计研究委员会"成立大会上的讲话，载台湾《中央日报》，1954年11月26日。

[2] 张其昀：《先"总统"蒋公全集》，第2册，第2409页。

蒋介石规定该会研拟"反攻"方案的原则是：

"根据我们固有的文化，和三民主义，五权'宪法'，以及全部国父遗教，一致而彻底的重新研拟合理的方案。"①

工作重心是：

"将来我们'光复大陆'以后，面对着国家、民族、文化传统的存续问题，就是我们'光复大陆设计研究委员会'最大的工作和最重要的任务。"②

蒋还提出要"以台湾的经验，作为重建大陆的蓝本"。蒋介石致词后旋即离开会场，陈诚继之致词。陈诚除了说明他对该会工作的期望与看法之外，指出他对中共的基本态度是："首恶必除""错误宽恕""裹胁不问""立功受赏"。③

蒋介石在世时，"光复大陆设计研究委员会"研究设计出一千多种"反攻"方案，然而无一方案能够得以实施，许多设计研究人员对"反攻"方案的研究设计失去了兴趣，只是每年出席一次大会，领取干薪。蒋介石不断打气说：

"'光复大陆设计研究委员会'成立迄今，不断拟议有关'反攻复国'方案，备见贤劳。""诸君赞襄政府，筹策中兴"，"必能益励前修，深入研究'匪情'，以造破敌之势，修订原有方案，以策无缺之谋"。④

直到蒋介石病逝前，他还对该会人员宣称：

"各位同仁精研熟悉，竭智抒忠，献替良多，殊堪佩慰。""诸君研究之成果，实乃心血结晶，已融会于'国家百年大计'之内，表现于当前政治设施之中，并为'光复大陆'后各种措施之重要参考。"⑤

经过蒋介石的反复打气，研究设计人员根据蒋介石多次讲话的主旨，对"反攻大陆"的方式作了如下的设计：

第一，"迫不及待，不问美国同意与否，我们自动的、单独的来'反攻大陆'"；

第二，"等到俄共全面侵略战争发动时，与美国并肩作战"；

第三，"在获得美国的同情与支援下，对大陆发动'反攻'"。⑥

此一方案是在台美"共同防御条约"签订不久的中国国民党七届五中全会上

---

① 张其昀：《先"总统"蒋公全集》，第2册，第2409页。
② 张其昀：《先"总统"蒋公全集》，第2册，第2409页。
③ 陈诚在"光复大陆设计研究委员会"成立大会上的讲话，载台湾《"中央日报"》，1954年11月26日。
④ 张其昀：《先"总统"蒋公全集》，第3册，第3735页。
⑤ 张其昀：《先"总统"蒋公全集》，第3册，第3839页。
⑥ 张其昀：《先"总统"蒋公全集》，第2册，第2476页。

提出的。它将"反攻"的重心放在"美国的同情与支援"上，与美联合作战，完成"反攻"。然而美国人与台湾签订"共同防御条约"最初是不情愿的，其后虽同意协防台湾，但绝不是想帮助蒋介石"反攻大陆"，而是维护其在亚太地区的根本利益。这一点，蒋介石是看得很清楚的，所以此一方案公布半年之后，蒋就在1955年10月国民党七届六中全会上作了修订，宣称"今后军事'反攻'行动的三个方法"是：

第一，"国军首先单独的'反攻'，而后大陆同胞群起响应"；

第二，"大陆同胞发动的起义发难，而后'国军''反攻'登陆接应"；

第三，"我们台湾'国军''反攻'，与大陆'抗暴运动'的发展，彼此呼应，内外夹攻"。[①]

蒋介石还称：

"默察今天内外的形势，使我们益信'反攻复国'的神圣事业，必定可以在这三个方式之下，来提早发动，加速完成。"[②]

如果将蒋介石的后一"反攻"方案同前一方案作一比较，后一方案已由寄希望于美国的"同情与支援"，转变为寄希望于大陆同胞的"起义""发难""揭竿而起"。蒋介石之所以有此转变，除了美国不配合他的"反攻"之外，重要原因在于蒋对大陆形势的错误分析。

蒋还宣称"每一分钟和每一秒钟，都有'反共抗暴事件'"在中国大陆发生。[③]

大陆的情形果真如蒋介石所说吗？下面只要看看原国民党《"中央日报"》记者曹聚仁先生对中国大陆形势的分析就能得到说明。曹聚仁说："在中国大陆的人民，从心底期望中共政权能够巩固下去，他们体会到他们的幸福是和中共共存的，他们不愿意再看到一次内战或对外的战争。没有人再提起蒋介石，也没有人想到他，会想到蒋介石的人，事实上已经不存在了。"[④]

曹先生的话，一方面说明蒋介石将"反攻"胜利寄希望于大陆同胞的"起义""揭竿而起"是无稽之谈；另一方面也说明蒋的"反攻"之说在大陆没有任何号召力。

---

① 张其昀：《先"总统"蒋公全集》，第2册，第2477页。
② 张其昀：《先"总统"蒋公全集》，第3册（上册，）第3403页。
③ 张其昀：《先"总统"蒋公全集》，第3册（上册），第3403页。
④ 曹聚仁：《采访新记》，第254页，香港创垦出版社1956年版。

建立在"一相情愿"基础上的"反攻"新方案能够得以实现吗？看来只有"主"知道。

反共组织的加强

蒋介石在强调"军事反攻"的同时，还特别强调组织配合。他在国民党七届二中全会上提出："反攻复国"最基本的方法，就是"集中力量"，"统一意志"。因而他要求国民党中每一个人的力量都集中起来，每一份物力、财力都集结起来。一切为"反共"，一切为"战"，实现"以一当十""以十当百"的心法，这样"反攻复国"才能成功。为此，蒋介石提出必须加强国民党员的"党性"，培养"党德"，使每一个国民党员都能"为实现三民主义而牺牲"。对"党性"不强、"党德不修"的党员，坚决摒除于"反共抗俄"阵营之外。①

蒋介石一再强调："采取军事的方式来组党，使用军事科学和方法来革命。"②

基于此一认识，蒋介石还全力动员台湾妇女与青年投入"反攻复国"的行列之中，在蒋介石与宋美龄的"关怀"下，"中华反共抗俄妇女联合会"与"中国青年反共救国团"相继成立。

"中华妇女反共抗俄联合会"成立于1950年4月17日。从其组织名称看，它的中心工作就是反共反苏，为"反攻复国"服务。关于此点还可以从蒋介石的到会致词中得到说明。蒋介石号召台湾妇女说：

"我们一定要大家联合起来，领导全台湾的妇女同胞，在家庭、在社会，劝导自己的丈夫兄弟，使每个人都能动员起来，参加反共抗俄工作，并劝他们'努力救国'，争取国家的'独立自由'，确保台湾，达成反共抗俄的重要使命。"

"希望全国妇女同胞，贡献力量'救国'，而最要紧的就是节约"，"以节约的人力物力来推进反共抗俄的工作"。③

"妇联会"由蒋介石夫人宋美龄亲临主持，可谓是患难时刻夫妻同舟。宋美龄致辞时宣称："值此遭逢'国家危难'之际，希望妇女同胞联合一致，团结一心，在组训民众、三军慰劳方面，多多努力以为'国家'服务。"④

① 张其昀：《先"总统"蒋公全集》，第2册，第2298页。
② 《革命文献》，第77辑，第166—167页。
③ 《先"总统"蒋公思想言论总集》，第23卷，第202—203页。
④ 台湾《"中央日报"》，1950年4月18日。

宋美龄还让蒋经国夫人蒋方良、蒋纬国夫人石静宜参加"妇联会"的工作。该会 1965 年更名为"中华妇女反共联合会"。它在台湾及海外共设有 54 个分会，368 个支会，自称拥有会员二十余万人。该会经常举办各种训练班，组织慰劳国民党军活动。正如江南在《蒋经国传》中称：

"妇联会"成立后，"缝征衣，慰征属等故事，台北各报，纷纷特写专栏方式出笼。蒋氏一家，实行总动员，力挽狂澜"。

"妇联会"一直为宋美龄把持，直到 1988 年 7 月国民党十三大召开时，她的亲信钱剑秋因"形象不佳"被赶出"妇联会"，她才最后交出权柄。

继成立"妇联会"之后，蒋介石与长子蒋经国酝酿成立"青年反共组织"。蒋介石认为：根据"国家兴亡，匹夫有责"的观点检查大陆失败的原因，"可以说人人有责，青年也自不例外"。抗战胜利后，党团离开学校，中共趁机而入，"当时在学校的青年和教授们，几乎大半都做了'共匪'的外围，成了'共匪'的工具了"。①

蒋介石认为要把青年组织起来，做"反攻复国"的先锋。1952 年 3 月 29 日，蒋介石在《告全国青年书》中，号召组织"中国青年反共救国团"。②

蒋经国与其父一样，也认为应该把青年组织起来，以适应"反攻复国"的需要。他认为：今天"反攻复国"的行动，如果没有青年起来，就不能成功，可是青年起来以后，如果没有组织去团结青年的力量，不能持久，最终还是全归失败。

"中国今天不是没有反共的支柱，更不是没有爱国的青年，但过去青年为什么对于国家没有贡献呢？我想这个问题就在于过去没有把爱国的青年组织起来，使他们团结成一个坚强无比的力量。"③

既然父子俩的看法一致，组建青年反共组织势在必行。1952 年 10 月 31 日，台湾"中国青年反共救国团"正式成立，成立仪式由"行政院长"陈诚主持，蒋介石亲自到会致词，蒋介石说：

"青年反共救国团"的成立，"在反共抗俄救国救民的大道上，由此更迈进了一步"。规定"青年反共救国团"是一个"教育性的组织""群众性的组织""战斗性的组织"。

---

① 《蒋"总统"集》（下册），第 1795 页，"国防研究院" 1968 年印行。
② 台湾《中央日报》，1952 年 3 月 29 日。
③ 钟声：《蒋"总统"经国先生》，第 146—147 页。

蒋介石还号召台湾青年：

"必须在三民主义的最高指导原则及'政府'决策之下，加强'革命'信念，增进'革命'知识，学习工作方法，锻炼坚强体魄，使自己陶铸文武合一、德才兼备的人才，以担当反共抗俄'救国救民'的责任。""必须提高战斗情绪"，"服从团体命令"，"严守'革命'纪律"，"学习战斗技能，厉行劳动生活，加强服务热忱，使全国青年在反共抗俄总动员运动的号召之下，推行经济的、社会的、文化的、政治的全面改造之中"。①

在这里，蒋介石句句不离"反共抗俄"，时刻企图"反攻"。他成立该会的中心目的，就是使青年成为他"反攻复国"的突击队。当然，蒋介石还有第二个目的，就是让蒋经国趁机网罗人才，培养班底，为其接班护航保驾。因此他任命蒋经国出任"青年反共救国团"主任一职。

蒋经国接受任命后，既有"唯我独尊"的意识，又有诚惶诚恐的感觉。他在成立大会上说：

"今天'青年反共救国团'成立了，并且由本人负责，我自己感觉非常惶恐，过去任何责任交给我，都没有像这次的感受。因为这个责任确是极重大而极紧要的；过去办不好，还可以再来，这次办不好，便没机会了，只许成功不许失败。青年失去了希望，国家就失去了青年，也失去了中心力量，责任是如此重大，我们仍要去完成它，因为我们无可推卸。""要青年救国团成功，就要动员青年，非由青年领导青年不可，过去领导青年的失败，是因为不是青年领导青年。"②

蒋经国还在新闻记者会上展示"救国团"的团旗。团旗的底是绿色，中为青天白日，横贯了三条红线。蒋经国解释称：青天白日代表"民族灵魂"，代表三民主义，代表"中华民国"；三条红线是表示不怕苦、不怕难和不怕牺牲的决心，红色是表示青年的热血与热情；绿色象征青年永远年轻，永不衰老，永远胜利。蒋经国说：今天大家团结在"救国团"的旗帜下，要擎着这面大旗，向大陆进军。

成立会还通过了《青年反共救国团宣言》，《宣言》宣称："我们的道路只有一条，'反共救国'；我们的目标只有一个，最后胜利。""为了救国，我们需要紧密的团结；为了胜利，我们需要统一的组织。'反共救国团'正是我们的大家庭、大学校、大本营。"③

---

① 台湾《"中央日报"》，1952 年 11 月 1 日。
② 钟声：《蒋"总统"经国先生》，第 147—148 页。
③ 台湾《"中央日报"》，1952 年 11 月 1 日。

"青年反共救国团"在其组织章程中，确定以下八款为该机构遵奉的信条：

（1）"信仰三民主义"；

（2）"拥护'领袖'"；

（3）"服从命令"；

（4）"严守纪律"；

（5）"自立自强"；

（6）"实践力行"；

（7）"互助合作"；

（8）"服务牺牲"。①

20世纪60年代末期蒋介石夫妇的合影。美国《国家地理》杂志说，蒋介石仍然渴望"打回大陆"

　　如果读者仔细研究，就可以发现这八条纯粹是蒋介石讲话的翻版而已。它的基本宗旨就是使台湾青年接受"反攻复国"的思想教育，成为国民党军队的预备队。该团成立后，还在台湾地区各县市的党政机关、社会团体、大中小学分别成立了"团委会""总支部""支部""分支部"及"辅导站"等组织系列。在宣传舆论方面，建有"幼狮通讯社""幼狮出版社""幼狮广播电台"等，定期出版《自由青年》《幼狮文艺》《幼狮少年》《张老师》等月刊，同时不定期地出版各种反共读物。每年利用寒暑假，对在校的大专、中专学生组织所谓"自强集训"活动，进行系统的反共思想教育。蒋介石每年还到此巡视，鼓动反共情绪。

　　对于"青年反共救国团"，社会舆论褒贬不一。国民党元老、被蒋介石开除党籍的雷震先生与他的《自由中国》杂志，均认为此一团体是"经国的黑市机构"，

---

① 钟声：《蒋"总统"经国先生》，第148页。

"是第二个三民主义青年团","是国民党的预备队",主张撤销。

蒋介石会撤销"救国团"吗？回答是肯定的：当然不会。因为蒋经国认为这是他通向"胜利之路"的桥梁。蒋经国主持"救国团"工作计21年，任内可谓"建树"颇多，多次受到父亲的表扬。1972年蒋经国出任"行政院长"后，主任一职先后由李焕、李元簇、宋时选、潘振球等担任。蒋经国出任"总统"后，又将其改为"内政部"督导下的"社会运动团体"。

当反共机构逐步健全与"反攻"战略确定之后，蒋介石便加紧了对大陆的骚扰活动。

斥责"停火"说

朝鲜战争爆发之前，中国共产党对退至台湾岛的国民党当局的政策是：肃清国民党残余，武力解放台湾，尽早实现祖国统一。朝鲜战争爆发后，美国舰队进入台湾海峡，以武力阻止人民解放军解放台湾。中国共产党为了保家卫国和履行国际主义义务，不得不改变原定向台湾进军的计划，集中全力抗美援朝。因此，武力解放台湾的任务被推迟。朝鲜战争结束后，中国共产党再次将武力解放台湾问题提到议事日程。

朝鲜停战不久，作为华东军区司令员兼政委的陈毅，首先提出用五个军兵力攻击金门，并提出修建福建几个机场以及鹰厦、福州铁路和厦门海堤。中央军委、毛泽东审慎考虑陈毅的提议后，当即予以批准。[1] 同时责令华东军区参谋长张爱萍组织福建前线指挥所。然而毛泽东在极短时间内改变了上述决定，要求暂缓攻打金门，提出应首先解放浙江沿海岛屿。毛泽东之所以很快改变决定，主要考虑到朝鲜停战后国际形势已不适于组织大规模渡海登陆作战。[2] 1953年12月，华东军区根据中央军委命令组建了浙江海防作战联合司令部。与此同时，中央军委确定了从小到大、逐岛进攻、由北向南打的解放沿海岛屿的方针。根据这一方针，浙江沿海大陈岛被选定为解放沿海岛屿的第一个目标。1954年1月，在张爱萍主持下，华东军区详细研拟了陆、海、空三军攻打大陈岛的计划，报经中央军委批准后，进入了战役准备阶段。

1954年日内瓦会议结束不久，毛泽东就向周恩来提出：我们在朝鲜停战后，没有及时提出"解放台湾"的任务是不妥的。现在若还不进行此项工作，我们将

---

① 《叶飞回忆录》，第628页。

② 《三军挥戈战东海》，第38页，解放军出版社，1986年版。

犯严重的政治错误。① 周恩来根据毛泽东指示，在一次会议讲话中指出："我们应不应该提出解放台湾的问题？我们早就提出过这个问题，现在提更是时候。"如果"我们不提出解放台湾，保持不了祖国的完整版图，我们就会犯错误，也对不住自己的祖先"。重提解放台湾，"我们主要对付蒋介石集团，也指责美国的侵略"。②

1954年7月23日，《人民日报》根据毛泽东的指示精神，发表了题为《一定要解放台湾》的社论。7月24日，《人民日报》又发表了题为《人民解放军的光荣任务》的社论，强调人民解放军今后的主要任务是："努力建设成为一支优良的现代化的革命军队，以保卫我国社会主义建设，防御帝国主义的侵略，解放台湾，消灭蒋介石残余匪帮的反革命势力。"8月1日，朱德总司令在纪念中国人民解放军建军27周年大会的讲话中称："不彻底消灭蒋介石匪帮，不把台湾解放，我们解放全中国的任务就还没有完成。台湾一天不解放，我们全国人民，首先是人民解放军指战员，就一天没有洗清自己身上的耻辱。"朱德要求陆、海、空三军指战员加强政治、军事训练，"为解放台湾，保卫祖国而奋斗"。③ 8月3日，《人民日报》又报道了东北、华东、西南、中南四大军区部队纪念八一建军节之际宣誓"为解放台湾而奋斗"。8月11日，周恩来在中央人民政府第33次会议上所作外交报告中，指出："解放台湾是我国人民光荣的历史任务。只有把台湾从蒋介石卖国贼的统治下解放出来，只有完成这个光荣任务，才能实现我们伟大祖国的完全统一。"④ 同日，中央人民政府作出决议，批准周恩来的报告，同时号召全国人民和中国人民解放军，"从各方面加强工作，为解放台湾，消灭蒋介石卖国集团，以最后完成我中国人民的神圣解放事业而奋斗"。⑤ 8月22日，中国各民主党派各人民团体发表了《为解放台湾的联合宣言》。宣言称："台湾是中国领土不可分割的一部分"，"解放台湾……是中国的内政，绝不允许任何外国干涉"。⑥ 为了进一步突出台湾问题，人民解放军继1953年年初小规模炮击金门后，于1954年9月3日、22日，两次重炮轰击金门，引发世界瞩目。

据新华社9月3日讯："3日下午2时到4时左右，福建前线我海防炮兵向大、

---

① 王炳南：《中美会谈九年回顾》，第41—42页，世界知识出版社，1985年版。

② 《周恩来外交文选》，第84页，中央文献出版社，1990年版。

③ 《人民日报》，1954年8月1日。

④ 《人民日报》，1954年8月14日。

⑤ 《人民日报》，1954年8月14日。

⑥ 《人民日报》，1954年8月23日。

小金门岛的蒋贼军阵地和停泊在金门港内的蒋贼海军舰艇进行猛烈轰击。大批炮弹飞越海峡径直落在蒋贼军阵地和舰艇上，大小金门岛上一片烟火。我军炮兵共计击沉蒋贼海军炮艇一艘，击伤驱潜舰、拖轮各一艘，击毁大金门水头活动码头一个，并给予大金门古宁头蒋贼军阵地严重破坏。小金门蒋贼军炮在我军大炮猛烈轰击下，毫无还击。"① 另据美国通讯社消息：人民解放军炮兵"非常精确地打中金门岛和国民党在这个地区控制的其他岛屿的每一个角落"，蒋军伤亡"很重"。② 22 日下午 5 时 15 分到 6 时 35 分，人民解放军福建沿海炮兵部队二度炮击大、小金门岛。据新华社福建前线 9 月 23 日电，当炮击开始后，蒋军炮兵企图还击，但立即遭到我军威力巨大的大炮的压制，金门炮兵阵地被打成哑巴，小金门岛上的炮兵阵地更为狼狈，在我军炮击的一个多小时中，一弹也未敢还击。我军炮弹 95% 都命中了目标，严重摧毁蒋军阵地。③ 炮击金门不仅使台湾当局恐慌万状，而且还击毙了两名美军中校，引起了美国朝野一片喧嚣。

炮击金门的作战规模虽不大，但在国际上却引起了巨大的震动，被西方舆论称为"台海危机"。那么，这场所谓"台海危机"是怎样发生的呢？有舆论认为是人民解放军 9 月 3 日炮击金门引起的。笔者以为，如从表面上看，的确是 9 月 3 日炮击金门引发了"台海危机"，但从深层分析，"台海危机"实质上是中美两国关系与国共两党斗争发展的必然结果。

第一，炮击金门是为了进一步制裁国民党军对大陆的军事骚扰与"反攻"。众所周知，由于美国第七舰队侵入台湾海峡，使国民党绝处逢生；由于中国人民志愿军入朝作战，使浙海前线的国民党军顿感压力减轻；又由于美国"军援"不断抵台，蒋介石的腰杆子又逐渐硬起来，出于对新中国的极端仇视与夺回失去的"天堂"的考虑，蒋介石在整顿党务、军事、政治的同时，加紧了对大陆沿海的骚扰活动。

1950 年 2 月 6 日至 13 日，蒋介石在复"总统"职前夕为表明自己的军事实力，曾多次派飞机轰炸大陆沿海城市。此间，上海曾连续遭到 13 次空袭，发电厂被炸毁，死伤居民千余人。同年 2 月 19 日，蒋介石又派三架轰炸机袭击了南京市，又有 14 人死亡，40 余人受伤。2—3 月间，蒋介石再派飞机轰炸广州市、福州市、

① 《人民日报》，1954 年 9 月 5 日。

② 《人民日报》，1954 年 9 月 7 日。

③ 《人民日报》，1954 年 9 月 23 日。

闽江两岸、南昌市、青岛及蚌埠市等。同年 5 月 9 日，美制蒋机三架再次飞临福州轰炸，投弹 16 枚，炸死炸伤市民 200 多人。

与此同时，蒋介石还令前线国民党军依托金门、马祖为基地，向福建和广东进行小股登陆渗透；同时依托浙东的大陈岛为基地，向江浙乃至山东沿海进行偷袭、骚扰。在进行渗透、骚扰之前，蒋介石令对偷袭大陆"游击队"展开训练工作。1950 年 6 月，蒋介石首先在大陈岛成立了"大陈游击指挥所"。"海军"巡防处长温台充任首任指挥官，所属游击队五花八门，番号众多。1951 年 9 月，大陆败军上将、西北王胡宗南化名"秦东昌"被派往大陈，戴罪立功。他被委为"浙江省政府主席"和"江浙人民反共游击总指挥"，具体任务是"秘密策划向大陆东南沿海发展敌后武力，准备配合国际间局势的演变，由大陈岛发起反攻大陆军事作战"。

胡宗南接蒋介石令后，先在台北筹划准备事项与工作计划方案。9 月 11 日乘第 209 号军舰抵达大陈岛。胡到大陈后立即召开会议，策定在上下大陈建立军政基地，并分三阶段进行。

第一阶段：自 1951 年 9 月至 12 月，是"纷乱时期"，"以建立军政秩序为急务"；

第二阶段：是"巩固基地时期"，"以建立大陈地区防务、部队训练、部队装备、地方保甲等为主要事务"；

第三阶段：是"发展时期"，"以充实'反共救国军'兵力，加强大陆情报网，扩大大陆边沿突击与海上游击，组训岛民充实后备力量，发展闽浙边区游击基地等"，"并制订江浙反共救国军总指挥工作总计划方案，浙江省政府施政方案"。①

胡宗南的计划虽然"宏大"，但"英雄末路"，时不予我，况又和美军顾问发生防务歧见，遂于 1953 年 8 月悄然返台，读他的高级军事研究班去了。

在蒋介石展开训练大陆队工作之时，美国军事顾问团从中大力协助，提供适合别动队和特务活动的装备器材。当时经蒋、美训练和装备的"游击武装"达一万多人，其成员多是在大陆的土改中受过共产党打击的逃台人员和收编的海匪。其后，蒋介石不断派出小股武装偷袭大陆沿海，展开同人民解放军的"游击战"。据记载：

---

① 钟松：《在大陈》，载《胡宗南先生纪念集》，"胡故上将宗南先生纪念集编委会" 1963 年印。

1951年6月至9月，蒋军800人分六股分别向广东、福建两省沿海隐蔽登陆，企图偷袭，但结果上岸后被人民解放军全歼。

同年9月4日，"福建反共救国军"的"泉州纵队""永安纵队"共370人在福建晋江地区登陆，化装成人民解放军企图内审。其结果三天内被人民解放军全歼。

1952年后，蒋介石扩大了偷袭大陆的规模，采取"以大吃小，速进速退"的新战术。

1952年3月28日，大陈岛千余名蒋军突袭浙东临海县白沙山岛，未果。

6月10日，胡宗南亲率蒋军1200余人袭击浙江温岭县的黄焦岛，在损失310人之后溃逃。

10月11日，金门岛国民党军9000余众，在"海军"舰艇和飞机的掩护之下偷袭福建省南日岛。因守军不明敌情，使得此次偷袭成功，当人民解放军大部队准备反击时，偷袭的国民党军已经全部撤离。

1953年7月15日，国民党金门守军一万多人在海、空军的配合下，由金门防卫司令胡琏亲自指挥，发动了对福建东山岛的大规模武装进犯。因国民党军有海、空军支援，战斗相当激烈，解放军守岛部队在打退数十次国民党军的进攻之后，坚守住了核心阵地。此次战斗国民党军空投了480名伞兵，企图切断东山岛与中国大陆的联系。但伞兵未着陆，就遭到守军的猛烈射击，空降兵死伤惨重。待人民解放军增援部队赶到后，胡琏匆忙率兵撤退，因人民解放军没有海、空力量，无法对撤退金门的国民党守军实施拦截，致使大部国民党军退至金门。此次战斗共歼灭进犯东山岛的国民党军3379人，取得了反击偷袭作战中的重大胜利。

总之，从1950年年初至1954年8月，据不完全统计：蒋介石指使国民党军对大陆沿海地区与沿海岛屿偷袭42次，动用兵力近13万人。1950年至1953年，仅浙江、福建两省，遭国民党军上千人乃至上万人规模的偷袭就达五次之多。从朝鲜战争爆发到1955年9月，台湾空军共出动飞机3500多批、6200多架次，袭击和骚扰大陆地区。台湾海军在台湾海峡共劫夺各种船只470艘。

从1951年至1954年，台湾军事情报机关向大陆空投特工人员230多人，电台96部，各类枪支近千支，弹药近18万发。

针对台湾当局不断派兵对中国大陆沿海进行骚扰，毛泽东与中央军委命令华东军区在做好剿匪工作的同时，"一切工作要以美国和蒋介石登陆进犯为假想的基础去作布置"。①

1951 年 1 月 13 日，毛泽东针对美国与"台湾当局"密谋对厦门、汕头大规模进犯以配合朝鲜作战的阴谋，电令陈毅"迅速研究对策"，同时增加厦门防守兵力，"务达击退进犯匪军，确保厦门之目的"。②华东和中南军区根据中央军委指示，按照"确保要点，诱敌深入，聚而歼之"的作战原则，立即调整了野战军的部署。同月 16 日，毛泽东再电陈毅："同意你的第一步和第二步计划"，要其"确保厦门和加强沿海防务"。③同月 29 日，毛泽东三电陈毅，提出"大陆兵力，位于纵深地区，敌来应让其登陆然后相机歼灭之，不要到处防守，不要阻其登陆"。④蒋介石看到人民解放军防范严密，只好放弃窜犯大陆的企图。其后，国民党军小股部队将主要目标以沿海地区转向内陆山区。他们从广东海南岛的琼东县，浙江的象山、乐清县和福建的惠安县，分成六股登陆内窜。人民解放军对内窜的国民党军采取迅速追击、就地歼灭的方针，派精干部队堵击、围剿、追歼，使六股国民党军除极少数从海上逃窜外，全部被歼。

第二，炮击金门是为了警告美国不要插手台湾事务，干涉中国内政。朝鲜战争爆发后，美国政府改变对台政策并侵入台湾海峡。为了确保美国在亚太地区利益与遏制共产主义在远东的发展，美国政府对新中国实行禁运与封锁，同时扶植曾被其遗弃的蒋介石集团，妄图利用台湾国民党"作为进攻中华人民共和国的工具"。⑤可以毫不夸张地说，蒋介石集团对大陆的军事骚扰、政治反攻、拦截商船，没有美国的支持与庇护是很难奏效的。朝鲜停战后，新中国国际地位有了明显的提高，世界各国要求改善同中国间的关系的呼声日益高涨，美国不仅没有反省孤立中国的错误与入侵台湾的罪行，反而害怕新中国国际地位的提高，变本加厉地扩大对新中国的侵略。

为了进一步制裁国民党对大陆沿海地区与沿海岛屿的进犯，也为了警告美国插手台湾事务（美国除了向台湾输出"军援"、派出顾问团、派第七舰队游弋于台澎之间、协助国民党"海空军"封锁台湾海峡外，正在与台湾当局签订"共同防御条约"），人民解放军在朝鲜战争结束后，迅速移兵于浙、闽海峡，对国民

---

① 《建国以来毛泽东文稿》，第 1 册，第 670 页。

② 《建国以来毛泽东文稿》，第 2 册，第 24 页。

③ 《建国以来毛泽东文稿》，第 2 册，第 34 页。

④ 《建国以来毛泽东文稿》，第 2 册，第 87 页。

⑤ 《人民日报》，1954 年 7 月 23 日。

党军采取先发制人的军事行动。炮击金门就是在上述背景下进行的。此举不仅使蒋介石非常恐慌，而且也使美国政府受到极大震动，艾森豪威尔开始认真考虑与台湾蒋介石签订"共同防御条约"问题。当时，艾森豪威尔同意与蒋签约，绝不是想帮助蒋守住这些岛屿，而是企图分裂中国，实施"遏制中国"的战略。蒋介石则企图通过与美签约将其拖入中国内战，以便火中取栗。美国人也不是没有考虑过同中国政府直接作战的问题，但因追随美国参加朝鲜战争的盟国英、法、加、澳、新等此时都坚决反对因金门等沿海岛屿再与中国军队作战，加之美国国内的反战情绪，迫使美国不得不改变同中国军队再度直接作战的企图。在这种情形下，美国政府在人民解放军攻占一江山岛后，抛出了在台湾海峡"停火"的建议。

1955 年 1 月 19 日，艾森豪威尔在对记者的谈话中宣称要通过联合国"斡旋""来停止中国沿海的战斗"。美国关于"停火"的建议，目的有二：一是阻止人民解放军进攻金门；二是迫使蒋介石减少金门、马祖驻军，甚至撤出金门、马祖。美国此举的实质是：分离台湾，制造"两个中国"。美国的主要盟友英国紧跟其后，通过外交途径向中国政府"要求避免可能引起全面敌对行动的任何事件"，并称"如果局势紧张得到和缓"，金门、马祖等沿海岛屿"就可以得到和平和圆满的解决"。① 在美、英的策动下，新西兰向联合国安理会提出一个提案，要求由安理会审议中国政府与台湾当局"在中国大陆沿岸某些岛屿地区的敌对行动"的建议。因此一提案将本属于中国内政的问题国际化，是在制造"两个中国"，所以理所当然遭到了中国政府的反对与拒绝。

美国与新西兰关于台湾海峡"停火"的建议，也遭到了蒋介石的强烈反对。当美国远东事务助理国务卿罗伯逊带着美国"沿海岛屿停火"计划抵达台北，在将计划转交给蒋介石时，蒋警告说：如果他本人同意新西兰的"停火"建议，将无法在岛内对自己的行为作出解释；允许安理会议论这个建议，还会导致联合国讨论中国的代表权问题。后来蒋介石作了妥协，提出尽快缔结台美"共同防御条约"，而且缔约时间应在新西兰提出议案之前，才能减轻其所造成的伤害。

其后，前美国总统候选人史蒂文生和《纽约时报》采访主任小沙兹伯格等人都发表了要求蒋介石放弃金门、马祖，以确保远东和平的舆论。小沙兹伯格还就此事专门访问了蒋介石，据蒋介石回忆称：

---

① 《中美关系资料汇编》，第 2 辑（下册），第 169 页，世界知识出版社，1962 年版。

当小沙兹伯格来见我时，曾谈及台湾海峡的局势。当他提到金门、马祖撤退问题时，我立刻义正词严地告诉他说："金门、马祖乃是'中华民国'的生命线，放弃金门、马祖，即等于放弃我们反共抗俄整个事业。""不论美国协防与否，我们自己将不顾一切牺牲予以确保。"中共如进攻，"我们决以全力应战"。①

对于美、英及新西兰的"停火"建议，蒋介石耿耿于怀地对外国记者称：

把金门、马祖等岛屿的问题提交联合国，"这不仅有意安抚英国，而且也是美国意欲逃避对这些岛屿承担直接责任"。②

2月8日，蒋介石"在国父纪念月"上发表长篇讲话，激烈抨击"停火"建议称：要造成"被侵略者接受侵略者所造成的既成事实"。提出"台湾地位未定"的人是别有阴谋地歪曲历史，而"两个中国"更是"荒谬绝伦"。"'中华民国'领土，绝对不允许割裂"。

3月18日，蒋介石对英国《泰晤士报》记者哈果夫称：

"联合国做停火之安排，就是要牺牲其被侵略的会员国，而对侵略者低头"。"联合国如果更进一步，建议要'中华民国'撤退金门、马祖，以为觅取台湾海峡停火之条件，那就是企图在牺牲'中华民国'整个大陆之外，更牺牲我们的外岛"。因而此一建议是"荒谬的""不可想象"的，等于宣告"联合国宪章之死亡"。

蒋介石宣称誓死守卫金门、马祖，决心战至最后一人。③

在1955年10月召开的国民党七届六中全会上，蒋介石信誓旦旦，宣称：

（1）"坚持立场，固守金门、马祖，确保我'反攻'基地"；

（2）"整顿内部，加强实力，准备独立应战"；

（3）"对盟国决履行条约义务，但对条约以外的事项，如与我国家主权及利益有损害者，绝不加以考虑"。④

金刚计划

面对中共的严正立场与蒋介石的固执态度，美国在极端反共分子杜勒斯的煽动下，掀起一股要求对中国政府采取强硬措施的叫嚣。美国国会于1955年2月通过了《授权总统使用武装部队协防台湾有关地区案》。"台海危机"已达顶

---

① 张其昀：《先"总统"蒋公全集》，第2册，第2473页。
② 蓝钦：《出使中国》，第210页，上海人民出版社，1975年版。
③ 张其昀：《先"总统"蒋公全集》，第3册，第3883页。
④ 张其昀：《先"总统"蒋公全集》，第2册，第2474页。

点。但美国政府又不愿被蒋介石拖进中国内战的泥沼之中，遂在答应蒋介石协防金门、马祖的条件下，提出撤退大陈岛守军的建议。尽管蒋介石信誓旦旦确保金门、马祖，但一江山岛被人民解放军占领之后，解放军只用 105 榴弹炮即可控制大陈全岛，"国军"就连飞机也要在下大陈海湾降落，才能免遭击落。在此局面下，蒋介石胸无良策，只好接受美国军方的建议，同意撤兵大陈。

蒋介石首先令"国防部"等部门拟定撤退大陈军民的"金刚计划"。其后又令二级上将、"国防部总政治部"主任蒋经国具体负责执行此一计划。

1955 年 2 月 2 日，蒋经国飞抵大陈岛，开始执行撤退大陈的"金刚计划"。经过蒋经国的反复动员与沈之岳"专员"发布的大陈岛将有"最激烈的战斗"的布告，岛上 1.4 万多民众被迫告别家园与军队相继撤离。蒋经国当时的心情与其老爸一样，十分沉痛，他对随行人员说："我们'反共复国'，是一件大事，为了百年大计，一时的忍痛是不能避免的。"

2 月 12 日，蒋经国在临走之前，在大陈岛最后一次升起青天白日旗。当时参加升旗的有"海军"副总司令黎玉玺，美军顾问杨帝泽，沈之岳和《"中央日报"》记者刘毅夫等人。蒋经国升旗后告诉在场的每一个人："不要难过，不要失望，我们一定会打回来的！"[1]

蒋介石曾多次发誓带领子弟兵打回来，但他死了，他的"宏伟计划"成了一场春梦。蒋经国也多次发誓，他能继承其父遗愿打回来吗？可惜蒋经国也于 1988 年 1 月逝去，他的上述誓言也就成了历史的笑柄。

大陈撤退，为蒋介石叫嚣"反攻大陆"蒙上了一层阴影。尽管蒋介石偕夫人宋美龄赴金门视察，安慰由大陈岛"转进"的子弟兵，还宣称誓死保卫金门、马祖，但仍不能改变台岛民众"反攻无望"的悲观心理。蒋介石随即发表《为大陈撤退告海内外军民书》，宣称：大陈岛"孤悬于台湾基地 250 海里之外，以今日军事形势而言，其对我'反攻基地'之台湾防卫上，实已失去了战略价值"。决定将大陈岛与驻军调防金门、马祖等地，此为集中兵力，增强整个"反攻复国"军事部署之重要措施，是"适应新的战略"的需要。"要保证我'反攻复国'战争的胜利，首先必须巩固台湾、澎湖，及屏障台、澎之金门、马祖等外围岛屿为第一要务，自不能以一岛一屿之得失，只争一时之短长，而置根本大计于不顾"。[2]

蒋介石强调撤退大陈是因这里已失去屏障台湾的战略价值。试问，如果没有

---

① 钟声：《蒋"总统"经国先生》，第 140 页。
② 张其昀：《先"总统"蒋公全集》，第 3 册，第 3397 页。

人民解放军夺下一江山岛，没有美国出于自身利益考虑要求台湾撤兵大陈，蒋介石会这样说吗？把部队撤至金门、马祖，硬说是"反攻"军事部署的"重要措施"，是"适应新战略"的需要，显然是在欺骗民众，鼓吹他的"反攻"战略。撤退海南、舟山国民党军是因没有美国人撑腰，台湾的老百姓也许还相信蒋介石的谎言。然而刚刚同美国签订了"共同防御条约"，有美国人作后台仍不能阻止与避免撤退，恐怕不要说"反攻"，可能连自身的安全都难以保证，那还有谁能相信蒋介石的上述鬼话呢？

造成"台海危机"升级的不仅仅是台湾国民党当局，更重要的是美国政府对华的错误政策与举措。

九三炮击金门虽然引起美国情报部门与政府当局的高度重视，但其反弹不像台湾当局那样强烈。炮击金门的第二天，美国中央情报局与其他情报机构会商后提交了一份特别情况报告，评估中国对外岛作战能力与意图，分析了美国采取行动的影响和中国攻占沿海岛屿的后果。情报部门估计：中国集结在上海到广东一线的兵力足以在几天内攻克沿海岛屿。但攻克金门需要15万兵力和付出巨大的代价。至今未采取行动的原因在于美国介入台湾海峡使形势变得复杂。情报部门判断中国可能会较早地发动对沿海岛屿的进攻，因为中国希望在美国可能正式对外岛承担责任之前采取行动；中国想利用外岛的进攻来引起美国与其盟国之间的分歧和矛盾；中国把夺取外岛作为夺取台湾的准备。报告推测，中国可能增加试探性行动，观察美国的反应和意图，一步步夺取外岛。如果中国夺取外岛，将提高威望，美国则遭受一些损失。报告还认为，美国承担对外岛义务，会引起英国、印度的反对，引起日本的担心，只有韩国、泰国和菲律宾会高兴。①

9月8日和12日，美国决策部门认真分析了台湾海峡的局势，并提出了应对的方针。在讨论应对方针时，会议出现了明显的分歧：驻台"外交官"蓝金等人认为应采取秘密行动协助国民党保卫金门、马祖等岛屿。②雷德福在海、空军参谋长的支持下，建议动用海军力量帮助国民党守住金门、马祖等岛屿，同时出动空军对中国大陆进行空袭。③这是雷德福在不到六个月的时间里，第三次建议对中国采取侵略行动，包括投掷原子弹。李奇微则反对动用军事力量介入这场冲突。艾森豪威尔反对了雷德福的建议，他认为："如果我们进攻中国，我们将无

① 资中筠：《美台关系40年》，第124—125页。
② 《蓝金回忆录》，第206页，上海人民出版社，1975年版。
③ 斯蒂芬·安布罗斯：《艾森豪威尔传》（下卷），第216页，中国社会科学出版社，1989年版。

法限制我们的军事行动，就像在朝鲜一样"。"如果我们打一场全面战争，合乎逻辑的敌人将是苏联，而不是中国，我们将必须在那儿打击"。[1] 10月，雷德福不顾艾森豪威尔在9月间的训斥，仍认为如果中国进犯，美国将狠狠地打击中国大陆。艾森豪威尔告诉他不要这样想，"美国与蒋介石没有签订过条约；未经国会批准，总统不能把美国投入对中国（和或许对俄国）的战争，特别是为了像金门和马祖那样微不足道的小岛的命运"。艾氏告诉雷德福："如果中国进攻福摩萨（指台湾），第七舰队应采取守势，同时他将立即召开国会。'在国会考虑这一问题期间'将不援引大规模报复理论，不对中国大陆进行报复。"[2] 11月份，以雷德福为首的参谋长联席会议第五次建议干涉亚洲，甚至建议对中国使用原子弹[3]（第一次是在4月奠边府局势危急的时候；第二次是在5月奠边府陷落的前夕；第三次是在6月下旬，当法国说中国空军即将参加印度支那冲突时；第四次是在9月中国开始炮击金门、马祖时）。此一建议再度被艾森豪威尔搁置一边。

艾森豪威尔何以五次拒绝打击中国大陆的行动呢？众所周知的事实是：艾森豪威尔虽然在支持台湾当局反共、阻挠中国统一方面比杜鲁门走得更远，但他不愿朝鲜停战后再度大动干戈。他一方面坚持"不让台湾落入共产党手中"，另一方面又担心蒋介石利用同美国签约将美拖入一场新的内战。当然，艾森豪威尔同杜鲁门一样，都企图制造"两个中国"。由此可见，美国对华政策充满了矛盾色彩。同时也能解释美、台当局对九三炮击金门的不同态度。美国人一直在鼓吹台、澎"国际地位未定论"，分裂中国。然而建立"独立的台湾"必须要求台湾当局放弃他们所控制的沿海岛屿，因为在美国眼中，金门、马祖等沿海岛屿与台、澎的"国际地位"是不同的，中国沿海岛屿从来没有割让给日本。如果美国卷入一场因争夺沿海岛屿而发生的冲突，就会招致世界舆论谴责为干涉中国内政。当然，艾森豪威尔还认为中国大陆沿海岛屿对台湾自身防卫可有可无，如果放弃这些小岛，反会给"两个中国"的计划扫清障碍。故而拒绝对中国大陆实施军事打击的计划。

当人民解放军夺取一江山岛后，艾森豪威尔改变了上述态度，采取两个步骤作为对策：一是在台湾海峡采取战争边缘政策；二是在联合国鼓吹"停

---

① 斯蒂芬·安布罗斯：《艾森豪威尔传》，第216页。
② 斯蒂芬·安布罗斯：《艾森豪威尔传》，第216页。
③ 斯蒂芬·安布罗斯：《艾森豪威尔传》，第233页。

火"说。

美国人是最大的实用主义者，他们在台湾海峡的方针是：保卫台湾，避免战争。这是一种战争边缘政策。所谓战争边缘，用杜勒斯的话讲，是指为和平而冒风险走入战争边缘，但又不卷入战争的行为。按照军事学的观点，战争边缘行为要求明确划出战争边缘线。按照艾森豪威尔的本意，边缘线应划在大陆沿海岛屿与台、澎之间，但由于金门、马祖对蒋介石集团的极端重要性，迫使美国不得不把线划在大陆与金门、马祖之间。其结果，一方面增加了美国与中国交战的危险性，另一方面会招致国际社会的反对。因此，艾森豪威尔一方面在台湾海峡采取战争边缘行为，另一方面又在联合国积极谋求在台湾海峡实现停火，以摆脱上述的两难境地。

1月19日，艾森豪威尔同杜勒斯与雷德福进行磋商，确定三条方针：（1）"鼓励国民党放弃大陈和除金门以外的其他沿海岛屿"；（2）"美国提供海空掩护以利于有秩序的撤退"；（3）"鉴于中国共产党人的'侵略'行为和他们宣称的夺取台湾的意图，当前美国应表明协助国民党保卫金门岛。在目前情况下，金门被视为对于保卫福摩萨和佩斯卡多尔是重要的，在联合国为中止中国共产党人在福摩萨海峡的'侵略'活动而采取行动之前美国将坚持这一决定"。[1] 同日，艾森豪威尔在答记者问时宣称：他愿意看到"联合国进行斡旋，以谋求一项协议，来停止中国沿海的战斗"。同时他又宣称大陈等沿海岛屿不是保卫台湾"所必需的"，而只是有"观察哨的价值"。[2]

1月24日，艾森豪威尔向国会提出所谓"关于正在台湾海峡发展局势"的特别咨文，公然宣称中共采取了一系列的"政治和军事挑衅行动"，具有"侵略目的"；宣称"台海危机"是"由于中国共产党的选择而造成的"，因此必须对中共采取"适当的军事行动"。他提请国会授权总统"在必要时使用美国的武装部队来保证台湾和澎湖列岛的安全"。[3]

1955年3月，杜勒斯赴台湾与蒋介石会谈后，认为中共正准备用武力解放台湾。杜氏返美后与总统艾森豪威尔研究协防金门、马祖问题，确定为防止中共进攻台湾，美国将使用核武器在内的一切打击手段。艾森豪威尔还将此一考虑暗示给世界新闻媒体，致使世界局势顿呈紧张状态。

---

① 引自资中筠：《美台关系40年》，第130页。
② 《中美关系资料汇编》（下册），第2148页。
③ 《中美关系资料汇编》（下册），第2152页。

关闭和谈大门

美国在台湾问题上的错误立场，以及核讹诈和战争叫嚣，使远东局势特别是台湾局势处于极端紧张状态。中国共产党出于缓和远东紧张局势的考虑，于50年代中期，将武力解放台湾政策调整为政治与军事并重、以政治为主解决的政策，即和平解放台湾。

早在1950年年初，毛泽东就有用和平方式解决台湾的想法。当年3月11日，毛泽东致电张治中，称张正在从事的争取和平解放台湾的工作"极为重要，尚希刻意经营，借收成效"。①毛泽东原力主武力解放台湾，为什么又赞同用和平方式解决台湾问题呢？据笔者研究，这在当时是出于策略考虑，他的主观意图仍是用武力解放台湾，和平方式只是对用武力解决政策的一种配合，如同解放战争时期对国民党军以武力消灭为主，同时配以和平方式，以减轻或避免损失。解放台湾政策的真正转变则是在1955年万隆会议之后。

"台海危机"发生后，为打破美国的战争叫嚣与分裂中国的图谋，周恩来于1954年12月5日，会见缅甸总理吴努时指出："我们是不受战争威胁的。"②同时提出争取"和平解放台湾"，但"和平解放台湾的前提条件一定要肯定台湾是中国的"。③同月10日，周恩来致信毛泽东，指出台、美"共同防御条约"的签订进一步加强了美国对中国领土台湾的侵占和中国内政的干涉，加大了战争危险性。"如果美国政府愿意缓和紧张局势，从台湾、澎湖和台湾海峡撤走它的一切武装力量，停止干涉中国内政，那么，台湾就有和平解放的可能"。④1955年2月3日，周恩来在一次报告中宣称"不解放台湾，绝不罢休"的同时，特别强调"只要美军撤退，台湾可以和平解放"。"我们要提出这样的响亮口号。这个口号什么时候公开提出，要看形势的发展。就是谈判和平解放，也要有力量才能实现"。⑤3月10日，周恩来致信毛泽东，商谈前国民党要员从香港返回大陆及发表卫立煌《告台湾袍泽朋友书》事。周称"以在卫入境后即在广州发表较妥"，"因为等卫到北京并要在修改后再发表，那就需要一段时间，作用不如现在大"。⑥

---

① 《建国以来毛泽东文稿》，第1册，第271页。
② 《周恩来年谱》（1949—1976），上卷，第429页。
③ 《周恩来年谱》（1949—1976），上卷，第428页。
④ 《周恩来年谱》（1949—1976），上卷，第430页。
⑤ 《周恩来年谱》（1949—1976），上卷，第446页。
⑥ 《周恩来年谱》（1949—1976），上卷，第457页。

13 日，毛泽东批示：《告台湾袍泽朋友书》"一字不改，照原文待卫到广州时即行发表为好。在广州发表时，即送香港登报"。"同时由新华社发来北京，插发北京及全国登报并发口语广播，译成外文发表"。① 3 月 15 日，卫立煌抵达广州，17 日，《人民日报》与香港《文汇报》全文刊载了《告台湾袍泽朋友书》。卫立煌在书中抨击美国侵占台湾与蒋介石"反攻"必败，解放台湾必成，呼吁袍泽、朋友"效忠革命"，"为人民尽力"，"以赎前愆"。

上述事实说明，中国共产党对台政策正在逐渐发生变化，由武力解放转变为和平解放，在强调和平解放的同时，始终未承诺放弃使用武力，而是以武力解放为和平解放的后盾。当美国在 3 月份再度鼓噪对中国实施核打击时，中国共产党决定借万隆会议之机，公开宣布同美国改善关系，同时宣布和平解放台湾的方案。关于此点可从童小鹏回忆录《风雨 40 年》中得到说明："1955 年 4 月，周恩来率中国政府代表团赴印度尼西亚参加万隆会议，行前，毛泽东和中共中央确定：'可相机提出在美国撤退台湾和台湾海峡的武装力量的前提下和平解放台湾的可能。'"

4 月 15 日，周恩来出席万隆会议途中抵缅甸，在同缅甸总理吴努会谈中称："中国同蒋介石集团之间的战争是内战的继续，过去没有现在也不允许外来干涉。如果美军撤退，我们是可能用和平的方式解放台湾。"② 23 日，周恩来在缅甸等八国代表团团长会议上，阐释中国政府在台湾问题上的立场和意见。当有人问到台湾和平解放后是否可以委任蒋介石为将军时回答说："完全可以。"随后，周恩来发表声明称："中国人民不要同美国打仗。中国政府愿意同美国政府坐下来谈判，讨论和缓远东紧张局势的问题，特别是和缓台湾地区的紧张局势问题。"③ 4 月 25 日，周恩来接见美国《民族》周刊记者时称：台湾地区的紧张局势是"美国的干涉造成的"。"为了和缓台湾地区的紧张局势，中国提议，中国和美国应该坐下来谈，解决这个问题"。④ 美国在 4 月 23 日当天就注意到了周恩来的声明，并就此声明发表公报称："美国一向欢迎替世界带来和平的任何努力"，但要中国政府拿出实施和平步骤的善意表现。⑤ 4 月 26 日，杜勒斯对记者发表谈话，愿

---

① 《建国以来毛泽东文稿》，第 5 册，第 49 页。
② 《周恩来年谱》（1949—1976），上卷，第 463 页。
③ 《中美关系资料汇编》，第 2 辑（下册），第 2251 页。
④ 《中美关系资料汇编》，第 2 辑（下册），第 2253 页。
⑤ 《中美关系资料汇编》，第 2 辑（下册），第 2251 页。

意同中国政府对话，但他再度大谈"停火"问题。[1] 周恩来于5月9日接见英国驻中国代办维廉时称："我们注意杜勒斯最近关于中美谈判的声明中所说'可以没有蒋介石参加'这一点，但杜勒斯说中美坐下来谈的题目是停火问题，这是文不对题。""中美谈判的题目是缓和台湾地区的紧张局势。"[2] 尽管中美关于谈判内容有着明显的分歧，但双方均同意坐下来通过谈判方式解决"台海危机"问题，从而使剑拔弩张的军事对峙局面有所缓和，为下一步化解"台海危机"打下了基础。

当美中关系有所缓和之际，中共中央认为公开提出和平解放台湾的时机成熟了。1955年5月13日，周恩来在全国人大常委会第十五次会议的讲话中指出："中国人民解放台湾有两种可能的方式，即战争的方式和和平的方式，中国人民愿意在可能的条件下，争取用和平的方式解放台湾。"[3] 同年7月30日，周恩来在人大一届二次会议的讲话中代表中国政府宣布："中国政府愿意和台湾地方的负责当局协商和平解放台湾的具体步骤。"[4] 与此同时，从1955年夏季起，人民解放军停止了对国民党军的主动攻击，只是在遭到袭扰时才予以还击。周恩来的两次公开讲话标志着中国共产党对台政策发生了重大转变，即由武力解放为主过渡到和平解放为主。

中国共产党之所以在20世纪50年代中期对台政策作了重大调整，主要是出于以下考虑：

第一，基于缓和台湾海峡紧张局势，避免与美国军队直接作战。鉴于朝鲜战争已使中国经济建设遭受了巨大的损失，如果由于"台海危机"再度导致中美之战，将会在更大范围内干扰中国经济的发展，因此，毛泽东审时度势，决定停攻金门、马祖，避免同美国直接冲突，力图通过同美对话以缓和远东紧张局势，特别是台海紧张局势。关于此点可从"台海危机"发生后，特别是人民解放军夺取一江山岛后周恩来和毛泽东的多次讲话中得到说明。1955年2月5日，周恩来在接见瑞典驻华大使魏斯特朗时称："国际上一切为和缓并消除远东紧张局势，包括台湾地区的紧张局势的真正努力，中国总是给予支持的。"[5] 翌日，周恩来接见

---

① 《中美关系资料汇编》，第2辑（下册），第2254—2256页。
② 《周恩来年谱》（1949—1976），上卷，第477页。
③ 《中美关系资料汇编》，第2辑（下册），第2266页。
④ 《周恩来年谱》（1949—1976），上卷，第493页。
⑤ 《周恩来年谱》（1949—1976），上卷，第447页。

印度驻中国大使赖嘉文时称：缓和远东紧张局势的"关键在美国"，"要打，我们不怕；要和缓，那就得坐下来谈"。[①] 4月5日，周恩来在中共中央政治局会议上提出："我们主张通过国际协商和缓国际紧张局势，包括台湾地区的紧张局势在内。"[②] 同年7月30日，周恩来在全国人大一届二次会议的报告中称："本着和缓国际紧张局势和协商解决国际争端的原则，中国政府曾经采取一系列的步骤来和缓中国同美国之间的紧张局势。"[③] 同年11月5日，周恩来接见印度新任驻华大使拉·库·尼赫鲁时称：我们的方针就是"争取局势和缓下来，和美国和平共处"。[④] 毛泽东也强调："国际紧张局势的和缓，持久和平可能性的出现，则符合一切不愿意战争的人民和国家的利益。"[⑤] 1959年10月5日，毛泽东在谈到解决台湾问题的方式时，强调不一定非得用武力方式，指出我们准备同蒋介石谈判。1960年5月22日，毛泽东主持中共中央政治局常委会议，研究对台问题。毛泽东认为：台湾宁可放在蒋氏父子手中，不可落到美国人手中；对蒋介石我们可以等待，解放台湾的任务不一定要我们这一代完成，可以留给下一代人去办；现在要蒋过来也有困难，逐步地创造些条件，一旦时机成熟就好办了。[⑥]

同美国政府谈判，中心问题是台湾问题。在1955年8月1日于日内瓦举行的中美大使级会谈中，美国提出"除防御外将不在台湾地区使用武力"。[⑦] 对于美方的建议，中国政府的原则立场是："和平解决中美之间的争端而不使用武力；中美间在国际关系中不使用武力问题，绝不能同中国用和平的或武力的方式解放台湾的内政问题混为一谈；中国政府虽一再声明愿在可能条件下和平解放台湾，但台湾问题是中国的内政问题，决不能成为中美会谈的议题。"[⑧]

会议因美国缺乏诚意没有取得积极成果，但它使中美之间有了一条通过谈判解决问题的外交接触渠道，使得因美国的战争威胁而造成的中美间的极度紧张关系得到一定程度的缓解。

第二，基于国内主要矛盾的变化。随着生产资料私有制的社会主义改造的基

---

① 《周恩来年谱》（1949—1976），上卷，第448页。
② 《周恩来年谱》（1949—1976），上卷，第461页。
③ 《周恩来年谱》（1949—1976），上卷，第592页。
④ 《周恩来年谱》（1949—1976），上卷，第515页。
⑤ 《建国以来毛泽东文稿》，第6册，第140页。
⑥ 中共中央党校、中共中央台办：《台湾问题读本》，第48页，中共中央文献出版社，2001年版。
⑦ 《中美关系资料汇编》，第2辑（下册），第2310页。
⑧ 《人民日报》，1956年1月29日。

本完成，国内主要矛盾发生了根本性的变化，即由工人阶级同资产阶级的矛盾转化为人民对经济文化迅速发展的需要同当前经济文化不能满足人民需要的状况之间的矛盾。这一变化决定了尽管国共两党仍然处于严重对抗状态，但是如何肃清台湾国民党残余要服从国内主要矛盾的需要。

第三，基于国民党现状的考虑。尽管国共两党当时还处于敌对状态，但在坚持"一个中国"反对"两个中国"的基本原则上，始终具有共识。美国制造"两个中国"的阴谋，遭到海峡两岸国共两党的共同反对，因此在维护祖国统一这个双方可以共同接受的前提下，求同存异，以和平方式解决台湾问题，就逐渐具备了可能性。正如周恩来所说："现在，和平解放台湾的可能性正在增长，除了国际形势趋向缓和与新中国强大之外，就是在那些从大陆上跑到台湾去的国民党军政人员当中，也有越来越多的人看到，只有实现祖国的和平统一，才是他们的唯一出路。"[1]

毛泽东、周恩来等中共领导人关于用和平方式解放台湾的口号一经提出，立即受到海内外舆论的好评。民革中央主席李济深呼吁台湾军政人员应"走和平解放台湾的道路，为实现伟大祖国的完全统一而立功"。[2] 1956 年 2 月 29 日，民革三大还发表了《告台湾军政人员书》，欢迎他们早日归来。

中共倡议和平解放台湾与中美会谈，使台湾海峡的紧张局势迅速得到了缓解。

上述事实说明：中国共产党将武力解放台湾政策调整为用和平方式解放台湾，不仅顺应了世界局势的发展，也符合海峡两岸的现状，因而得到世界舆论的肯定。既然中国共产党主张用和平方式解决台湾问题，那为什么没有放弃"武力解放"这一口号呢？据笔者研究，原因主要有三条：

第一，考虑到美国政府虽在同中国进行政治谈判，但从其自身在亚太地区的利益考虑，它还将不断插手台湾事务，制造"两个中国"的阴谋，对此中国人民"是绝对不容许其实现的"。因此，对于美国的政治企图与战争讹诈政策。必须以武力作后盾，必要时不惜与美国一战。

第二，考虑到蒋介石还没有放弃武力"反攻大陆"的政策。毛泽东指出："在台湾国民党没有同我们举行和平谈判并且获得合理解决以前，内战依然存在。"[3]

---

① 《周恩来选集》，下卷，第 200 页，人民出版社，1984 年版。

② 《光明日报》，1956 年 3 月 6 日。

③ 《建国以来毛泽东文稿》，第 7 册，第 454 页。

既然蒋介石不愿放弃"反攻大陆"的口号，当然只好"谈谈打打，打打谈谈"。①

第三，毛泽东根据多年的政治斗争经验，认为：政治斗争是以军事实力作为坚强后盾的，如果没有军事实力做后盾，和平谈判是很难成功的。解放战争时期国共两党举行的重庆谈判与北平谈判，进一步说明军事实力在谈判中的极端重要性。

基于上述三点考虑，毛泽东虽然主张用和平方式解决台湾问题，但始终不作"放弃使用武力"的承诺。正是由于这一正确的抉择，才使美国企图将台湾从中国分离出去的阴谋始终不能得逞。

中国共产党提出"和平解放台湾"后，中共中央领导人在多次阐明和平解放台湾政策的同时，进一步强调国共第三次合作，并采取一些措施，以推进国共和谈进程。

1955年12月23日，周恩来在会见香港大学英籍教授谈及台湾问题时称："我们可以同蒋介石谈判和平解放台湾问题。我和蒋介石是老朋友，合作过两次。20年前我还放了他一次，不是我一个人放的。""既然合作过两次，当然还可以合作第三次啰！"②

1956年1月25日，毛泽东在第六次最高国务会议上提出："台湾那里还有一堆人，他们如果是站在爱国主义立场，如果愿意来，不管个别的也好，部分的也好，集体的也好，我们都要欢迎他们，为我们的共同目标奋斗。"毛泽东还宣布："国共已经合作了两次，我们还准备进行第三次合作。"③根据毛泽东的指示精神，周恩来于1月30日在政协二届二次会议上正式宣布了对台湾的方针、政策："凡是愿意回到大陆省亲会友的，都可以回到大陆上来。凡是愿意到大陆参观学习的，也都可以到大陆上来。凡是愿意走和平解放台湾道路的，不管任何人，也不管他们过去犯过多大罪过，中国人民都将宽大对待，不咎既往。"同时号召："台湾同胞和一切从大陆跑到台湾的人民，站到爱国主义旗帜下来，同祖国人民一起，为争取和平解放台湾，为实现祖国的完全统一而奋斗。"④ 2月4日，《人民日报》发表题为《为和平解放而奋斗》的社论，重申周恩来在政协二届二次会议上发出的为争取和平解放台湾而奋斗的号召。7日，全国政协二届二次会议通

---

① 《建国以来毛泽东文稿》，第7册，第459页。
② 《周恩来年谱》（1949—1976），上卷，第530页。
③ 童小鹏：《风雨40年》，第273页。
④ 《周恩来年谱》（1949—1976），上卷，第543页。

过决议，阐明中国人民积极争取用和平方式解放台湾的原则立场，号召一切从大陆跑到台湾的国民党人员同祖国人民一起为和平解放台湾而努力。

4月，毛泽东针对国民党军政人员对大陆政策存在的疑虑表示："和为贵"，"爱国一家，爱国不分先后，以诚相见，来去自由"。[①] 6月28日，周恩来在全国人大一届三次会议上代表政府正式表示："我们愿意同台湾当局协商和平解放台湾的具体步骤和条件，并且希望台湾当局在他们认为适当的时机，派遣代表到北京或其他适当的地点，同我们开始这种商谈。""我们对于一切爱国的人们，不论他们参加爱国行列的先后，也不论他们过去犯了多大罪过，都本着'爱国一家'的原则，采取既往不咎的态度，欢迎他们为和平解放台湾建立功勋，并且还将按照他们立功大小，给予应得的奖励和适当的安置。"[②] 毛泽东在审阅周恩来的这个发言时批道："此件很好。"[③]

中国共产党在公开场合宣布新的对台政策的同时，还通过多种渠道向台湾国民党当局传递和平解放台湾的信息与邀请。

首先是与国共两党高层均有私谊的无党派人士章士钊，在周恩来提出和平解放台湾后主动提出去香港找关系，做蒋介石的工作，以促成第三次国共合作。毛泽东、周恩来批准了章士钊的请求，并给蒋介石写了一封信，请章转交。信中对国共第三次合作提出了一些原则性的做法：

第一，除了外交统一中央外，其他台湾人事安排，军政大权，由蒋介石管理；

第二，如台湾经济建设资金不足，中央政府可以拨款予以补助；

第三，台湾社会改革从缓，待条件成熟，亦尊重蒋介石意见和台湾各界人民代表协商；

第四，国共双方要保证不做破坏对方之事，以利两党重新合作。[④]

信中还说："奉化之墓庐依然，溪口之花草无恙"，欢迎蒋介石在祖国统一后回故乡看看。章士钊在周恩来安排下于1956年春赴港，找到台湾当局派驻香港负责国民党文宣工作、主持《香港时报》的许孝炎，同他谈了第三次国共合作之事，并将中共中央致蒋介石的亲笔信委托许转交。后许至台北，将信交蒋，蒋不置可否。

① 陈崇龙、谢俊：《海峡两岸关系大事记》，中共党史出版社，1993年版。
② 《周恩来年谱》（1949—1976），上卷，第589页。
③ 《周恩来年谱》（1949—1976），上卷，第589页。
④ 程思远：《中国国民党百年风云录》（中），第1899页，延边大学出版社，1994年版。

1956 年 3 月 16 日，周恩来接见李济深前卫士长、英人马坤说："如果你这次或者以后到了台湾，请你向蒋介石或你的其他朋友转达几句话。""蒋介石是我们的老朋友，他认识毛主席，也认识我。我们同他合作过两次。"周提出可以同蒋再度和谈，还说："蒋介石还在台湾，枪也在他手里，他可以保住。主要的是使台湾归还祖国，成为祖国的一个组成部分。这是一件好事，如果他做了这件事，他就可以取得中国人民的谅解和尊重。"①

5 月 13 日，周恩来接见并宴请曾任李宗仁秘书、国民党中央副秘书长程思远和宋子文秘书郭增恺。在谈话中，周说："只要大家以民族和祖国的利益为重，国共两党仍然可以重新携手团结起来，争取第三次合作，实现祖国的完全统一。"他还说："我们希望台湾全部过来。台湾当局如要了解大陆情况，尽可以派人来考察，我们将提供一切帮助。""国民党军政负责人来大陆探亲、访友、观光，我们将给予各种方便和协助，并保证来去自由，允许保留自己意见。"② 7 月 13 日、16 日、19 日，周恩来三次接见原国民党中央通讯社记者曹聚仁。曹是浙江人，蒋经国的老部下，与蒋交谊甚厚。1956 年 7 月 1 日曹氏携妻、子以新加坡工商考察团身份抵京访问。北京之行的目的如曹氏回忆所说："我这回访问北京，乃是站在人民的立场，以记者的客观地位，一本正经的工作。我们的背后，有着千百万海外华侨，急待知道大陆中国的社会动态，急欲明了大陆中国的政治进展，我们自请为他们做真实的报道。"③曹氏赴京之际，正是北京公开首倡和平解放台湾之时，因此港澳报纸猜测他此行与国共和谈有关。应当说，曹氏回大陆时不一定带有特殊使命，但在周恩来接见他后，他则肩负起了为两党和谈穿针引线的神圣工作。周对曹说：国共两党合作"有过两次，第一次合作有国民革命军北伐的成功，第二次合作有抗日的胜利，这都是事实，为什么不可以第三次合作呢？"提出国共两党要"彼此商谈"。④曹聚仁问周在全国人大会议发言中谈到"和平解放台湾"的票面有多少实际价值。周答："和平解放台湾的实际价值和票面价值完全相符。"⑤陪同会见的邵力子对曹提出要求，请他为祖国统一多做些工作。曹欣然接受，并向周恩来提出想到台湾去说服蒋经国"易帜"。⑥同年 8 月 14 日，

① 《周恩来年谱》(1949—1976)，上卷，第 559 页。

② 《周恩来年谱》(1949—1976)，上卷，第 577 页。

③ 李伟：《曹聚仁传》第 345 页，南京大学出版社，1993 年版。

④ 《周恩来年谱》(1949—1976)，上卷，第 598 页。

⑤ 《周恩来年谱》(1949—1976)，上卷，第 598 页。

⑥ 毛磊：《国共两党谈判通史》，第 651 页，兰州大学出版社，1996 年版。

《南洋商报》刊载了曹聚仁文《颐和园一夕谈——周恩来会见记》。9月8日，印度尼西亚华侨主办的《生活周刊》又发表了曹文《周总理约曹聚仁在颐和园一夕谈》。曹的两文向世界特别是向台湾当局进一步传达了中共中央关于国共和谈的主张与构想。同年10月，曹聚仁再度赴京，受到毛泽东的接见，据曹的《北行小语》披露："毛泽东从蔑视蒋介石的角度转而走向容忍的态度。"曹氏认为："在党的仇恨情绪尚未完全消逝的今日，毛氏已经冷静下来，准备和自己的政敌握手，这是中国历史又一重大转变。"

其实，在国民党退台之初，台湾当局也曾进行过和谈试探。早在1950年6月人民解放军准备攻台、台湾社会一片混乱之际，蒋介石一面叫嚣"反攻大陆"，一面秘密派出李次白前往大陆，试探国共和谈的可能性。①

李次白毕业于黄埔军校第6期，因其哥嫂均是中共党员，其妹嫁给陈毅胞兄陈孟熙，被怀疑是中共党员，遂脱离军、政界，在台北开了家"凯歌归"饭店。1950年年初，李的两位老同学与蒋经国部下胡伟克光临"凯歌归"，告他："目前党国的处境非常困难，……如在火山之巅。""令妹是陈毅的大嫂子，这就是请你和共产党对话的资本。你如能出山，到大陆走一趟，就等于救了我们的性命。不，应该说是整个党国的命运。"② 李次白受命后又受到蒋经国接待，蒋对李称："现在国共合作，我看希望不大。""你和陈毅是至亲，我看可以深谈。最低限度，希望不进攻台湾。"③

5月下旬，李次白由台赴港，月底至大陆。李经陈孟熙引见同陈毅会面，对陈说："台湾要给你谈国共合作的事，共走美国两党制民主的道路，最低限度要求不进攻台湾。"陈则答："国共合作的话题，现在先不提。现在提为时尚早，以后会有机会的。"陈毅之所以作此答复，是因为人民解放军攻打台湾在即，蒋介石难逃失败命运，故认为此时谈国共合作不是时机。李次白返台不久，朝鲜战争爆发，美军侵入台湾海峡，使蒋介石集团从杜鲁门手中意外地获得了一张人寿保险单，故而试探和谈自动终止。

1955年至1956年中国共产党重开和谈的建议，也曾引起蒋介石的极大关注。他经过与部下的反复研究，于1957年年初召见许孝炎。蒋对许称："基于'知己知彼，百战不殆'的原则，针对中共发动的和平统一攻势，决心派人到

---

① 《萧劲光回忆录》，第26页，解放军出版社，1988年版。
② 程思远：《中国国民党百年风云录》（中），第1846页，延边大学出版社，1994年版。
③ 程思远：《中国国民党百年风云录》，第1847页。

北平一行，实际了解中共的真实意图，至于人选，不拟自台湾派出，而自海外选择。"①

许深解蒋意，提出原"立法院长"童冠贤、"立法院秘书长"陈克文和"立法委员"宋宜山可作为北上试探和谈的人选。经蒋抉择派宋宜山前往北京。蒋之所以选中宋，据海外资料分析：宋既是蒋介石的学生，又是原国民党中央候补委员，现任台湾"立法委员"，对蒋介石与国民党都比较忠诚。加之他是国民党战犯宋希濂的哥哥，宋希濂当时正被关在北京功德林战犯管理所，他可以探亲名义赴京，不致引起外人的注意。蒋选中宋还有一个原因是，宋是湖南人，时任中共中央统战部长的李维汉也是湖南人，对话比较方便。

宋宜山于1957年4月抵京后，曾同周恩来与李维汉进行了会谈。李维汉代表中共中央向宋转达了下列几点：

（1）国共两党通过对等谈判，实现和平统一；

（2）统一后，台湾作为中国政府统辖下的自治区，实行高度自治；

（3）台湾的政务仍归蒋介石领导，中共不派人前往干预；

（4）国民党可派人到北京参加全国政务的领导，但外国军事力量一定要撤离台湾海峡。②

上述方案与中共中央领导人关于和平解放台湾的讲话，表明采用"一国两制"解决台湾问题的思想已初具雏形。

宋宜山在京期间，还参观了石景山钢铁厂、四季青农业生产合作社等地。宋于1957年5月返抵香港，曾写就1.5万字的报告经许孝严转呈蒋介石。因宋对北京各种见闻颇有好感，在报告中有所流露，故蒋阅后不悦。蒋对许讲：请转告宋宜山不必再回台湾了，他"立法委员"的薪金可以按月汇寄。至此，蒋介石最终关闭了国共和谈的大门。

实事求是地讲，蒋介石派宋宜山赴大陆"实地考察"，只是"了解一下中共的真实意图"，根本没有和谈的诚意。关于此点，可从下列情况中得到说明：

第一，蒋介石不能接受中共所提出的条件。"按照蒋介石的逻辑，汉贼不能两立"，如果承认中共统治，"决为中国历史所不许的"，是"空前的罪恶"。因此他宣称"绝不放弃收复大陆"。③与此同时，台湾国民党当局从6月1日至18日，

① 香港《百姓》半月刊，1987年12月1日。
② 童小鹏：《风雨40年》，第274页。
③ 张其昀：《先"总统"蒋公全集》，第3册，第3887页。

不断派飞机袭扰大陆沿海地区，先后共计131批319架次。6月30日，台湾当局宣布继续对大陆沿海港口实施禁运封锁。8月4日，台湾当局"外交部长"叶公超宣称："反攻大陆"是一贯的政策，绝不妥协。10月3日，蒋介石在国民党七届六中全会开幕式上致词称：要坚定"反共信念"，完成"反攻准备"。[①] 11月12日，蒋介石在台湾纪念孙中山诞辰90周年会上颁词称："要解除亚洲和世界的祸根，必须要由我们先来反攻大陆"，消灭"朱毛"着手。[②] 1956年1月19日，金门国民党驻军炮击厦门地区村镇，再度引起隔海炮战。同月28日，蒋介石接见美国记者密勒与白斯时称：如果他不受外力阻挠，"现在能以反攻恢复大陆，消灭'共党'政权"。[③] 3月15日，蒋介石对美国记者宾克雷称：国民党军"必将重返大陆"。[④]

第二，蒋介石错误地认为中共急于谈判的根本目的是要使台、美"共同防御条约""失作用"，要挟美国"迫我退出金门、马祖等外围岛屿"，并"唾手而得台、澎"。[⑤]因此，蒋介石提出："坚持立场，固守金门、马祖，确保我反攻基地。"[⑥]翌年1月28日，蒋介石再度向美国记者重申："金门、马祖将予誓死坚守。"[⑦]

第三，蒋介石认为中共倡言和谈，是"30年来一贯的伎俩"，企图用和谈的方式"来达成他武力所不能达到的目的"。因此，蒋介石在1955年6月4日答美国记者称：对中共我"绝不做任何方式的谈判，亦绝无任何影响可以促使我对中共的谈判"。[⑧] 1956年12月31日，蒋介石接见伊朗参议员马苏弟时称：吾人曾多次同中共谈判，已有太多的经验，"绝不致再受'共党'最近和平攻势之'欺骗'。我政府绝不考虑任何'共党'和平倡议"。[⑨]

在蒋介石主持的国民党八大上，更错误地认为中共发动"和平攻势"是什么"统战阴谋"，"改换了一个新花样"。其目的"就是要混乱国际间对我国'反攻复国'决心的认识，同时欺骗大陆的反共'革命群众'，使他们不再对我们的反攻

---

① 张其昀：《先"总统"蒋公全集》，第3册，第3406页。
② 台湾《中央日报》，1955年10月4日。
③ 张其昀：《先"总统"蒋公全集》，第3册，第3889页。
④ 张其昀：《先"总统"蒋公全集》，第3册，第3891页。
⑤ 张其昀：《先"总统"蒋公全集》，第2册，第2473页。
⑥ 张其昀：《先"总统"蒋公全集》，第2册，第2474页。
⑦ 张其昀：《先"总统"蒋公全集》，第3册，第3889页。
⑧ 张其昀：《先"总统"蒋公全集》，第3册，第3886页。
⑨ 张其昀：《先"总统"蒋公全集》，第3册，第3509页。

抱有希望"。在此认识基础上，国民党当局进一步宣称：不与中共谈判。从而再度关闭了由中共开启的和谈大门。与此同时，台湾国民党当局不断"策进反攻大陆"，宣称台湾已经奠定了"反攻复国"的基础，"随时可以相机反攻"。^①在贯彻"军事进攻"的同时，更注重"心战"与"政战"工作，将"大陆政策"调整为："以政治为主，军事为辅。"^②

国民党八大前后为什么在拒绝中共和谈倡议的同时，将"大陆政策"由"军事反攻"为主转为"以政治为主，军事为辅"呢？据笔者研究，主要原因有：

第一，国民党失掉了美国对"军事反攻"的支持。众所周知，国民党的"反攻大陆"始终是以美国在太平洋的武力为其后盾的，但在"台海危机"发生后，美台之间在防守与撤离金门、马祖两岛屿问题上发生了激烈的争论。美国为了避免与中国人民解放军直接冲突，同时为了分割台湾与大陆的联系，逼迫国民党军队撤出金门、马祖，制造"划峡而治"的分裂局面。美国的要求不为蒋介石所接受，并招致蒋的激烈反弹。进入20世纪60年代之后，随着台、美"蜜月"的结束与美国陷入越南战争不能自拔，对国民党所谓"反攻大陆"的神话已明显失去了支持的兴趣。美国对蒋的冷淡态度使蒋的"反攻"调门越来越低，后来索性将"反攻大陆"改为"光复大陆"，即"恢复大陆人民之自由"。^③

第二，蒋介石"军事反攻"大陆政策遭到破产。国民党退台以来，蒋介石不断派出的多股骚扰大陆的特务及武装偷袭均遭粉碎，"国军"自海南、舟山、大陈诸岛撤退，均表明"军事反攻"难以奏效，遂使岛内产生"反攻无望论"。连蒋介石都不得不承认岛内党内外人士"投机取巧的心理"，成为"反共革命的致命伤"。加之大陆上的反共组织，"还没有强固基础，人民亦没有接应我们反攻的条件"。因此，"军事上虽已初具'反攻'准备的力量，但并不能说'反攻'的行动，就越早越好"。^④在军事"反攻"无望的情形下，国民党当局认识到光靠军事手段无以完成"反攻"任务，因而提出"政治为主，军事为辅"的"反攻"新战略，同时执行"建设台湾"以"策进反攻"，^⑤开始将注意力放在促进台湾的经济建设、厚积反共实力上。

---

① 蒋介石在国民党七届八中全会上的讲话，载《先"总统"蒋公全集》，第2册，第2522页。
② 张其昀：《先"总统"蒋公全集》，第3册，第3991页。
③ 沈剑虹：《"使美"八年纪要》，第238页，世界知识出版社，1983年版。
④ 张其昀：《先"总统"蒋公全集》，第2册，第2525页。
⑤ 《革命文献》，第77辑，第142页。

综上所述，在台海发生危机之际，中国共产党从国家与民族利益出发，首倡和平解放台湾。这一建议较集中地反映了中共在两岸处于冷战对峙状态下解决台湾问题的基本立场和主张，符合两岸的客观实际和包括台湾同胞在内的全体中国人民的根本利益。如果台湾国民党当局也以国家民族利益为重，摒弃前嫌，求同存异，国共两党重开和谈，恐怕台湾在 20 世纪 50 年代中期就已经回到祖国的怀抱了。遗憾的是台湾国民党当局顽固坚持反共政策，拒绝和谈，致使此次回归的契机丧失了。

国民党八大调整"反攻"方案

国民党七大之后，不断加强"反攻"与反共宣传，调整"反攻"方案。1953年 5 月 7 日，中国国民党七届二中全会召开，会议通过了"建立反共救国联合战线案"。该案呼吁："一切反共集团及各界人士，加强组织，密切团结，与本党共同负起'救国复国建国'之艰巨任务；并建议政府于适当时期召开'反共救国'会议，在'宪法'昭示之精神与三民主义建国之原则下，商定'反共救国纲领'，建立'反共救国联合战线'。"①

1953 年 11 月 14 日，中国国民党七届三中全会通过了《反共抗俄时期民众运动指导方案》《加强大陆民众反共抗俄"革命运动"指导纲领决议案》《关于"建立反共救国联合战线案"之处理报告案》等。会议突出强调"反攻"与反共。

1955 年 10 月 5 日，中国国民党七届六中全会召开，会议通过了《本党第八次全国代表大会拟展期召开案》和《敬谨接受总裁交议对七届六中全会之十项指示》。蒋介石宣称："以自力更生的精神，加强本身党、政、军、经、教、社会建设之力量，以建设三民主义模范省，先巩固现有的基础，以完成反攻大陆之准备，应致力于下列各点：

一、加强本党组织与教育。

二、深入'匪区'之情报与宣传工作（鼓励党员参加此一优先重大工作之办法）。

三、整理台省社会自治之组织，加强其管、教、养、卫四大业务。

四、整理或调整经济四年计划而充实其具体内容。

五、加强各军种教育与调整现有之军力，使之彻底现代化，实现其以一当十

---

① 中国国民党中央委员会党史委员会编：《中国国民党七届至九届历次中全会重要决议案汇编》（上），第 14 页。

之效果。

六、加强中小学之民族精神教育，特别培养其体育、德育与群育之习性。

七、加强警察与卫生教育，并充实其业务与内容。

八、调整地方各级党政人员与经费之比例，充实地方基层邻里乡镇之组织与业务，加强地方自治之基本工作。

九、调整各级党政关系之组织与规章，彻底消除党政之意见，必使其协调联系，合作无间，打成一片，发挥本党反共组织战斗体之精神。

十、加强海外党务宣传与外交人员之关系与责任。"①

1957年3月6日，中国国民党七届八中全会召开，会议通过了《准备在本年内举行本党第八次全国代表大会》《大陆情势的检讨与"反共复国"团结奋斗的方向》《台湾建设计划基本方针及进行程序草案》《拟请从政同志实行分层负责制度以提高行政效率案》。在《大陆情势的检讨与"反共复国"团结奋斗的方向》中，突出强调了国民党当局认同的"反共复国"目标是：

一、打倒俄帝傀儡"共匪"卖国政权，恢复"中华民国"独立的主权与完整的领土。

二、推翻"共匪"的阶级专政，重建"中华民国"为基于三民主义的民主共和国。

三、取消"共匪"关于经济、社会、文化、宗教、家庭以及对各少数民族的一切俄帝式的奴役措施，重建自由安全的生活。

该案还提出今后努力的方向是建立"反共救国联合战线"，"扩大海外各地的反共救国组织"，"团结大陆反共革命的民众"，并号召大陆各级干部"反正起义"。②

从国民党七届八中全会通过的决议来看，国民党当局的大陆政策发生了一定变化，已经从"反攻大陆"转变为"反共复国"，从军事反攻为主逐渐转变为政治反攻为主。正是在上述背景下，国民党召开了第八次代表大会。

1957年10月10日，国民党第八次代表大会在台北阳明山"革命实践研究院"召开，出列席会议500余人，大会开幕式由蒋介石亲自主持。蒋介石以《革命形

---

① 中国国民党中央委员会党史委员会编：《中国国民党七届至九届历次中全会重要决议案汇编》（上），第162—163页。

② 中国国民党中央委员会党史委员会编：《中国国民党七届至九届历次中全会重要决议案汇编》（上），第223—225页。

势和大会使命》为题致词，在致词中，蒋介石将国民党退台以来的工作分为三个阶段：第一阶段是 1950 年至 1952 年为"党的改造时期"；第二阶段是 1952 年七大至八大为"重建本党的中兴时期"；本党今后第三阶段的任务，可以称为"反共复国时期"。提出八大的中心任务是"决定反共复国的总方略"。强调本次大会中心工作有三：一是"集思广益，策进反共复国计划"；二是"培植人才，担当复国建国使命"；三是"修改党章，适合反共革命需要"。①

大会听取了国民党"副总裁"陈诚所做的政治报告。陈诚报告分为五个部分：第一部分强调"保卫台湾、建设台湾与准备反攻"；第二部分强调"团结并发挥海外侨胞的反共力量"；第三部分强调"加强国际友好合作"；第四部分强调"策进大陆革命运动"；第五部分强调"充实反共复国的基本条件"。②陈诚报告强调国民党七大以来及今后的工作中心之点就是"达成反共复国的任务"。"在这五年之中，世界局势有很大变化，我们的革命事业在这中间也有非常显著的进步，我们由保卫台湾进而建设台湾，并由建设台湾更进而策进反攻大陆了。"

为了达成这一任务，陈诚宣称"反共复国的工作，大致可以分为四个方面：一是台湾，二是海外，三是国际，四是大陆"。③陈诚力图说明国民党从保卫台湾入手，进而建设台湾，奠定"反共复国"的基础，随时准备完成"反共复国"。

国民党中央秘书长张厉生在大会上作了《党务工作报告》，他回顾了国民党七大以来的党务工作"始终以大陆与海外为重点"，"共策大陆反共革命运动的发展"；千方百计"动员民众，共同致力于反共复国的大业"；全面开展组训工作"巩固党的组织基础，扩大党的影响"。④突出强调"反攻大陆"："自 1952 年 10 月，本党第七次全国代表大会闭幕后，五年来的党务工作，皆是遵照总裁指示与本党反共抗俄时期工作纲领的规定，以'巩固自己、结合民众、摧毁敌人'为总目标。"就具体方针而言："为达成摧毁敌人的目的，五年来的党务工作，始终以大陆与海外为重点，并以大陆、海外与自由地区'反共革命力量'之团结，共策大陆'反共革命运动'的发展。"⑤

报告要求全党"应一致集中心力于大陆反共革命运动的策进"。⑥

---

① 《"总统"蒋公思想言论总集》，卷 27，第 160—161 页。
② 中国国民党中央委员会党史委员会编：《革命文献》，第 77 辑，第 172—186 页。
③ 中国国民党中央委员会党史委员会编：《革命文献》，第 77 辑，第 172 页。
④ 中国国民党中央委员会党史委员会编：《革命文献》，第 77 辑，第 188—189 页。
⑤ 中国国民党中央委员会党史委员会编：《革命文献》，第 77 辑，第 188 页。
⑥ 中国国民党中央委员会党史委员会编：《革命文献》，第 77 辑，第 196 页。

时任"参谋总长"的王叔铭，在其军事报告中提出六项工作重点，其中心点在于将国民党军队建设成为"坚强无比之劲旅，以保证'反攻复国'之成功"。①

陈建中、俞鸿钧等也在大会上作了报告。大会通过了《中国国民党政纲》，在"基本纲领"中，强调"团结一切反共力量，摧毁'匪伪政权'，恢复'中华民国'领土主权之完整，废除'共匪'一切暴政"。在"建设台湾、策进反攻"中，强调"促进政治、经济、文化、社会建设，实现台湾为三民主义模范省，以奠定建国基础"。在"光复大陆、拯救同胞"中，强调"保障人权平等，消除阶级斗争"。②八大宣言提到，修改政纲是"为了适应时代的需要，并期于蒋总裁所指示的'六大自由和三项保证'"。③所谓"六大自由"和"三项保证"，是蒋介石在1957年元旦文告中提出的。

"六大自由"："'反攻大陆'后彻底废除'中共暴政'，实现

（一）恢复工人劳动择期的自由；

（二）恢复农民温饱康乐的自由；

（三）恢复自由思想研究的自由；

（四）恢复人民经济生活的自由；

（五）恢复人民生命安全的自由；

（六）恢复人民选择生活方式的自由"。

"三大保证"："欢迎大陆'共党共军'参加反共行动，保证：

（一）起义来归之'共军'官兵，与国军一律对待，论功行赏；

（二）中共以外之各政团及民间组织，不论其过去政治立场如何，只要参加反共工作，一律享有平等合法的权利；

（三）中共'分子'除'万恶元凶'以外，只要其愿意'反共革命'的效力，概本胁从罔治和既往不咎的宽大精神，一律赦免，并保障其生命财产的安全"。④

1959年，蒋介石又在其元旦文告中发出四大号召：

（1）"重建民有、民治、民享三民主义的'新中国'"；

（2）"恢复人民原有家庭的组织，保障男女平等和婚姻自由"；

（3）"恢复人民学术思想、宗教信仰的自由，出版、结社、居住、行动、言

---

① 《中国国民党历次全国代表大会重要决议案汇编》（下），第151页。

② 中国国民党中央委员会党史委员会编：《革命文献》，第70辑，第412—414页。

③ 中国国民党中央委员会党史委员会编：《革命文献》，第69辑，第498页。

④ 《"总统"蒋公思想言论总集》，卷33，第186—187页。

论的自由";

（4）"恢复耕种自由、工作的自由、买卖自由，并保障人民私有财产权和实行平均地权制"。①

蒋介石鼓吹"六大自由""三项保证"和"四大号召"，其目的是在为其"反共复国"寻找新的理论根据，也表明国民党大陆政策正在发生变化。

大会还通过了《国民党现阶段党务工作纲领案》和《中国国民党第八次全国代表大会宣言》。这两个文件突出强调"建设台湾，策进反攻"。如何"建设台湾，策进反攻"呢？大会在蒋介石的导引之下作了如下规定。

就"建设台湾"而言：

第一，在政治上，"以建设民主与法治为主要目的"。因"民主之基础乃在于法治；而法治之推行，重点在于司法"。"此后如何保障司法之独立，维护法律之尊严，政府应视为建立民主政治之始基"。②

第二，在经济上，大会认为今后"不应以适应目前之需要为非现有之经济能力所足以支持应为不争之事实。因之，累积资本，增加生产，改善投资环境，鼓励自由企业，改进外汇政策，发展国际贸易，提高国民所得，均为此后发展经济，充裕战时财源，应努力以赴之鹄的"。③

第三，在"外交"上，"与'友邦'固应加强合作，对所有反共及非共国家，亦应设法力图争取，纵使不能即时恢复或建立'邦交'，亦宜以'国民外交'之方式，藉谋友好合作之增进"。④

就"策进反攻"而言，蒋介石一直认为"反攻"是包括多方面的，具体讲：

第一，军事"反攻"。国民党八大深感退台八年来的单独军事"反攻"尚未奏效，因而必须借助于"外力"。认为王叔铭在《军事报告》结论中所陈"展开精神动员，结合海内外党政军民统合战力""提高行政效能发挥军事潜力""加强防空措施确保后方安全""厉行'青年革命思想教育'使能为'复国建国'而奋斗""巩固经济基础，动员工业力量""提高军人地位激励高昂士气"六项努力重点，均极重要正确，应求贯彻实施。此外，今后更应加紧进行以下工作：

（1）"继续促进'大陆革命运动'，策应军事'反攻'"；

---

① 张其昀：《先"总统"蒋公全集》，第 3 册，第 3450 页。
② 中国国民党中央委员会党史委员会编：《革命文献》，第 77 辑，第 155 页。
③ 中国国民党中央委员会党史委员会编：《革命文献》，第 77 辑，第 155 页。
④ 中国国民党中央委员会党史委员会编：《革命文献》，第 77 辑，第 156 页。

（2）"加紧战地政务准备，发挥总体战效能"；

（3）"提高军人待遇，改善军人生活，加强社会敬军风气"；

（4）"鼓励青年从军，充沛三军战力"；

（5）"扩大学术研究，发展'国防科学'"；

（6）"加强与'盟邦'军事合作，增进'反攻'力量"。①

关于军事"反攻"的具体行动情况，本书后面将详细叙述。

第二，政治"反攻"。蒋介石在50年代后期一直强调政治"反攻"。政治反攻突出"心战""政战"。在国民党八大决议中，提出实施"军事反攻"的同时，强调"心战政战的积极开展"。其心战包括广播、空投宣传品、办地下报刊、进行策反宣传等，以便"未制其人，先收其心"。据张厉生在《党务工作报告》中称：

"在心战方面基于工作之需要，经于四十三年（1954）将心战综合小组改为'中央心理作战指导汇报'，统一指导敌前、敌后、海外与台湾之心战工作，目前每日能九种语言，向大陆广播十三小时以上，配合公民营及友邦电台集中宣传，并先后向大陆空投传单十三亿份，日用品与食米二十三万袋，书信作战六万余封"及"向大陆输送传单千余万份"。②

"至于政战方面则分两个部分进行：第一为疏导、联络、消解各方不利反共团结之活动，争取、扶植各方反共人士之组织；"第二是以亚盟中国总会为中心，拓展国际民间'反共联合战线'，广泛联络亚洲反共非共国家与反共团体，及铁幕国家之流亡反共团体，以扩大其影响"。③

对于"反攻"战略的变化，还可从蒋介石1959年元旦文告中得到说明："我们'反攻复国'的战略，始终以政治为主，以军事为从，以主义为前锋，以武力为后盾，以大陆为本战场，以台湾为支战场；而军事武力的奏效，必须以'大陆革命运动'与台海军事行动相互配合，双方策应，为其一贯的指导方针。"④

大会一致推举蒋介石为国民党"总裁"，推举陈诚为国民党"副总裁"，选举陈诚、蒋经国等50人为中央委员，王升等25人为候补中央委员，于右任等76人为中央评议委员。在其后召开的八届一中全会上，陈诚、蒋经国等15人被推

① 中国国民党中央委员会党史委员会编：《革命文献》，第77辑，第151页。
② 中国国民党中央委员会党史委员会编：《革命文献》，第77辑，第194页。
③ 中国国民党中央委员会党史委员会编：《革命文献》，第77辑，第194页。
④ 张其昀：《先"总统"蒋公全集》，第3册，第3450页。

举为国民党中央常委。

10 月 23 日，蒋介石在八大闭幕式上发表了《"复兴"本党与完成"革命"的中心问题》的讲话。蒋介石在讲话中首先指出，战胜中共必须具备两个主要条件："革命主义"与"实行革命主义的根本问题，在确立党的优越制度和'革命宪章'"。[①] 蒋介石讲了"人才问题"是"反共复国、建党革命的根本问题"，要培育人才，必须搞清楚"本党干部和一般同志过去最大的缺点"是什么？蒋介石说：一是"丧失了'革命党德'：党员丧失了'党性党德'，党的组织就成了乌合之众"；二是"抛弃了'革命主义'：党员抛弃了'革命主义'，'革命党'就要成为无目的、无生命的躯壳"；三是"背弃了时代精神：时代是进步的，新的时代，必须具备新的知识、新的思想和新的精神，来造就新的人才，方能担负其新的'革命事业'"。[②] 在此基础上，蒋介石提出培育人才的途径：（一）树立新的精神，建立新的思想，造成新的"革命风气"；（二）掌握新的学术与技能，具备新的知识条件；（三）加强新的党性，发扬新的"党德"，建立新的人群关系。[③]

国民党八大是台湾社会从混乱走向稳定阶段召开的一次代表大会，它进一步确立了国民党在台统治方针，强化了"反共复国"的新方案，对于国民党未来政策走向提供了新的理论依据。

八二三炮战

尽管国民党将"大陆政策"调整为以"政治为主，军事为从"，但其极端的反共立场与美国不断插手台湾事务的现实，很难避免"台海危机"的再度发生。

1958 年 8 月 23 日，国共两党军队在台湾海峡发生了国民党退台以来规模最大的一次炮战。此次战役不仅牵动着中美关系、台美关系的神经，而且令世界瞩目。那么，这场规模空前的炮战是怎样发生的呢？

大量历史资料显示：八二三炮战的发生，首先是与万里之遥发生的"中东事件"紧密相连。

"中东事件"是指：1958 年 5 月中旬，黎巴嫩人民举行反对夏蒙政府倒向美国的斗争。7 月，伊拉克人民发动民族革命。7 月 15 日，美国政府派遣海军陆战队，

---

① 《"总统"蒋公思想言论总集》，卷 27，第 168 页。
② 《"总统"蒋公思想言论总集》，卷 27，第 174 页。
③ 《"总统"蒋公思想言论总集》，卷 27，第 175—179 页。

以"保卫黎巴嫩主权"为借口，在黎巴嫩首都贝鲁特登陆。两天后，美国军队借口帮助约旦政府稳定政局抵达安曼，其后海军陆战队又进占利比亚。美、英对黎巴嫩、约旦等国的武装干涉行径，激起了全世界爱好和平人民的强烈抗议，自然也遭到了大力支持亚非民族解放运动的中国人民的反对。

7月16日，中国政府发表声明，强烈谴责美、英的行径，并要求美国军队撤出黎巴嫩。翌日，北京天安门广场50万人集会，会后举行示威游行，要求美国撤兵。与此同时，以毛泽东为首的中共中央，决定炮击金门，转移美国视线，以实际行动支援阿拉伯人民的反侵略斗争，至于什么时候炮击，则依时机而定。上述情况说明：中东事件的发生成了八二三炮战的导火索。

八二三炮战发生，也有警告美国和摸清美国在台协防底牌的意图。第一次"台海危机"之后，尽管中美之间仍在谈判之中，但美国始终没有放弃插手台湾事务、干涉中国内政的立场。1956年，美国对台"经援"1.01亿美元，翌年又增加700万美元，同时将顾问团扩编至2500人。1957年5月，美国又派遣"斗牛士"战术导弹部队进驻台湾。当中东事件发生后，美国于1958年7月15日宣布其远东地区陆海空军进入"戒备状态"，蒋介石趁机造势，于17日召见陈诚等人探讨国际局势，并于当日致电美国总统艾森豪威尔，支持美国在中东的行动。[①]同日，在美国访问的宋美龄发表演说称：如果中东发生战争，"美国可以信得过'中华民国'的支持"，同时呼吁"对'共党'挑衅采取更加强硬的对策"。[②] 陈诚在"立法院"茶会上谈今后施政方针时强调：他再度出任"行政院长"，"'反共复国'的'基本国策'不变，一方面是'反攻'大陆，另一方面是建设台湾"。他还宣称"政府已随时准备应付万一的事变，尤其是研究配合军事行动的应有措施"。[③]同日的《"中央日报"》发表了陈建中的《中东局势与匪俄动向》一文，指出：大陆中共在中东问题上的态度，其目的"是在动员军事、经济、民众力量，面对台湾海峡以及东南亚施展阴谋。声东击西，本为匪俄的一贯战略行动"。

7月24日，台湾举行军民联合防空演习。26日，美国新任驻台协防军援司令史慕德中将抵台。8月4日，蒋介石在台北阳明山召开党政联席会议，讨论金门、马祖作战问题。同日，台湾"外交部"与"国防部"发言人指出："中共为配合俄帝全面侵略，将在远东作新冒险；中共在台湾海峡对面的军事活动已增加。"

---

① 台湾《"中央日报"》，1958年7月18日。

② 台湾《"中央日报"》，1958年7月18日。

③ 台湾《"中央日报"》，1958年7月18日。

同日，蒋介石的智囊陶希圣在国民党中央联合纪念周作《我们已在战争中间》的报告。同日，美国援助台湾的第一批 F-100D 型战斗机运抵台湾。

8 月 5 日，台湾国民党军"参谋总长"王叔铭通过广播，要求台湾军民完成防空准备。同日，"国防部长"俞大维向美国提出三项要求：就外岛之立场发表声明；美在台海进行武力示威；向台湾运交响尾蛇导弹。6 日，美国第七舰队开始进行武力示威。蒋的"参谋总长"王叔铭以美国作靠山，宣称"准备迎敌"。同日，"国防部"宣布："台彭金马地区进入紧急备战状态"。

面对美、蒋的一唱一和，毛泽东出于中国统一的需要，希冀通过有限的军事行动来摸清美国对新中国的战略意图，特别是美台"共同防御条约"的底牌如何。

八二三炮战的发生还有"惩罚国民党"的意图。第一次台海危机结束之后，蒋介石不仅没有从金门、马祖等岛屿撤兵，反而加强经营。1956 年 6 月 27 日确定金门、马祖为战地政务区，到 1958 年夏，有三分之一国民党陆军兵力都部署在这两个海岛上。

蒋介石为何不惜与美国人闹翻也要坚守金门、马祖呢？

台湾一些学者认为：从地理位置上讲，台湾是一个丘陵起伏的岛屿，防御上缺乏纵深，因此，台湾的防御必须有效地控制台湾海峡，要控制台湾海峡，就必须首先控制海峡的前哨阵地——金门、马祖。只要控制住金门、马祖，中共绝不可能在毫无预备的情形下突袭台湾本岛。

其实这种说法也不过是蒋介石讲话的翻版而已，在第一次台海危机期间，蒋多次宣称："今日东南亚的金门，可比之如今日欧洲的西柏林及第二次世界大战期间的马尔达岛，这是一座反共的堡垒"，"如果金门失守，马祖亦势必难保"，而台湾的"堤防亦将崩溃"。[1]

正是由于金门、马祖地位的极端重要性，这个仅距大陆几千米的弹丸之地，便成为国共两党争夺的焦点。毛泽东主张炮击金门，就是要惩罚一下蒋介石，给他个警告。

基于上述三个原因，历时四十余天的金厦国共两党军队炮战于 8 月 23 日全面展开。

拉开八二三炮战帷幕的是 7 月下旬至 8 月中旬的马祖空战。要教训蒋介石在

---

[1] 　王蓝等：《蒋"总统"与中国》，第 195 页。

金门、马祖地区的军队，就必须拿到福建地区上空的制空权。从 1950 年至 1956 年，福建机场已竣工，但中共中央考虑到如果逼蒋介石太紧，很可能使蒋投美，故空军一直未入闽，海上制空权一直控制在蒋介石手中。随着台湾海峡局势与国际风云的变幻，毛泽东决定空军入闽协同地面部队作战。

7 月 29 日，蒋介石派遣四架 F-84 战斗机飞入闽粤边境南澳岛地区，遭到大陆空军的拦截。此次空战揭开了福建上空争夺制空权战斗的序幕，大陆空军自 8 月 7 日至 8 月 22 日，连续四次与飞入大陆上空、马祖上空的蒋机展开空战，将蒋的海、空军力量吸引到马祖区域。大陆空军四战四捷，共击落蒋军飞机四架，击伤五架，自己被击落一架。至此，大陆空军夺取了福建地区的制空权，为八二三炮战准备了有利条件。

在人民解放军一切准备就绪之后，毛泽东亲自决定并指挥这场炮战。随着毛泽东的一声令下，人民解放军福建沿海炮兵阵地万炮齐发，约两小时即落弹 5.75 万发，火力的猛烈和密集"与攻击柏林的炮火差不多，甚至有过之而无不及，金门岛立即陷入火海之中"。据台湾"国防部新闻局"的刘毅夫追记：

"下午 6 时 30 分，我金门太武山下的翠谷湖心亭中，餐会已散，胡司令官（指胡琏）陪着俞大维在张湖公路的山下漫步回司令部，赵家骧、吉星文、章杰等三位副司令官站在翠湖与岸边的桥头上谈天"。"突然有阵嘶哮声音，掠过太武山头，驰落翠湖，紧接着是山摇地动的不断爆炸声，整个翠谷烟雾弥漫，弹片横飞……在小桥头上的三位副司令官，于第一群炮弹落地爆炸时，就都牺牲殉难了"。胡琏回到司令部，"他第一个动作，就是要用电话指示炮兵指挥官下令金门炮兵全面还击反炮战，但是他懊悔极了，电话线已经被匪炮打断，他再拿起多处电话机，叫炮兵阵地，传达命令，糟，所有电话线都炸断了"。[1]

另据台湾资料记载：

"炮弹爆炸声，震耳欲聋，弹片四处横飞，天崩地裂，俞部长立即趴在地上。……胡琏看他血流满面，扶着他走，一阵混乱中，两人很快又走散"。"闻到炮声向外冲的空军副司令官章杰，海军副司令官赵家骧，都在西边桥上中弹身亡，参谋长刘明奎也重伤倒地。副司令长官吉星文，从外面视察回来，全身暴露在炮火下，被密集弹片所重创，三天后不治身亡"。[2]

---

[1] 《金门古宁头舟山登步岛之战史料》（初辑），第 561—563 页，台湾"国史馆"史料处，1979 年编印。

[2] 李元平：《八二三炮战秘录》，第 66 页，台湾中华日报社，1974 年印行。

1958 年八二三炮战后，蒋氏父子去前线视事

从上面记载看，蒋介石与其金门防守核心成员并未料到八二三炮战的发生。关于此点还可以从台湾三军首脑的行踪中得到说明。当日，"参谋总长"王叔铭及陆海空"三军"首脑分别欢宴归台"侨生"。由于没有精神准备，炮击导致金门岛处于一片混乱之中，直到 20 分钟之后，"国军"才开始自发的反击，但很快被人民解放军炮火压了下去。当日炮战，国民党方面承认中将以下官军伤亡 600 余人。该岛的机场、弹药库、油库、炮兵阵地，均受到重创。

8 月 24 日，国共双方军队海、空、炮战不断。国防部长彭德怀奉毛泽东之命令福建前线部队全面封锁金门岛，至 9 月初，金门海、空运输线完全被人民解放军切断，陷入弹尽粮绝的极端困境之中。

八二三炮战首先震惊了整个台湾岛，蒋介石在极度的惊恐中命令俞大维向"美军协防台湾司令部"司令史慕德提出两项要求：美军尽一切力量协助增强外岛的防御，美军协助加强外岛之运补能力；并建议美方派海军顾问与台湾"海军总司令"梁序昭协商金门运输问题。

台湾"外交部长"黄少谷于炮战的第二天发表声明，指责"中共准备向自由世界公开挑战"，赞扬美国国务卿杜勒斯认识正确。同日，国民党《"中央日报"》发表题为《全面战斗的序幕》的社论，宣称"'共匪'威胁和攻击金马，绝不会误计他的军事行动限于金马"。"我们的实际措施与行动，都归结下列两句话：台澎金马战场是整个的，反共抗俄战斗是全面的。"8 月 25 日，台湾当局驻美国"大使"董显光与美国国务院官员商讨台海战事。8 月 26 日，台湾"国防部长"俞大维宣称对于大陆炮击，台湾决予以迎击。8 月 27 日，宋美龄在洛杉矶发表谈话，要求美国政府发表一项"明朗而强硬的声明，表示对外岛的任何攻击，乃是对台美《共同防御条约》的一种攻击"。[①]

8 月 27 日和 9 月 4 日，蒋介石两次致函美国总统艾森豪威尔，要求：

---

① 台湾《"中央日报"》，1958 年 8 月 29 日。

（1）美台联合显示武力以遏制中国；

（2）同意台湾轰炸中共海空基地和金门对岸的炮兵阵地；

（3）艾森豪威尔发表声明表示对金门的攻击即构成对台湾的攻击，美国将使用武力来反击这种行动。

（4）第七舰队对金门、马祖运补给提供护航。

（5）授权美军驻台司令有权不请求白宫直接采取必要的措施。[①]

9月17日，蒋介石在接见美国记者时宣称：

中共"对金门的挑衅行为，实在就是进犯台湾的序幕"。其目的，"第一，当然是占领台湾，企图以战争威胁美国退出台湾海峡，即清算美国在亚洲的威信及其势力。第二，是要闯入联合国，以夺取所谓'中华民国'的代表权。第三，是要取得五强之一的大国地位，厕入今后大国间的高层会议"。[②]

从上可见，蒋介石的判断是错误的。基于这一判断，他要求西方世界主要是美国"采取具体有效行动"；同时宣称国民党保卫台湾有绝对的信心与把握，相信美国不会妨碍国民党军队对中共采取"有效的报复行动"。

9月29日，蒋介石在招待海外记者时宣称："今日金门战争，乃是很单纯的屏障台湾海峡的保卫战"，"金门保卫战"必将取得"胜利"。[③]

与此同时，蒋介石为死守金门不遗余力。在金门炮战期间，蒋偕夫人亲临金门地下战壕巡视，令部下不惜一切代价"与阵地共存亡"，"不成功，便成仁"。蒋介石还令儿子、儿媳上金门、马祖慰劳将士，仅蒋经国在炮战期间就登金门五次，可见蒋介石防守金门的决心之大。

八二三炮战还震惊了白宫的当权者们，就在炮战发生的当日，国务卿杜勒斯起草了致副国务卿赫特和助理国务卿罗伯逊的备忘录。杜勒斯认为：

（1）"任何企图攫取金门马祖的行动，将被视为是对于该地区'和平之威胁'"，希望中共不要冒险。

（2）如果中国炮击造成局势危险，可能需要第三国，亦即美国进行干预。

（3）可能的话应把台湾局势交给安理会讨论。[④]

杜勒斯在得到八二三炮战发生的讯息后，为什么会有如此激烈的反弹呢？据

---

① 资中筠、何迪编：《美台关系40年》，第143页。

② 张其昀：《先"总统"蒋公全集》，第3册，第3940页。

③ 张其昀：《先"总统"蒋公全集》，第3册，第3941—3942页。

④ 台湾《"中央日报"》，1958年8月24日。

美国国务卿杜勒斯与蒋介石

杜勒斯自己称：

"假如金门失守，不管通过交战还是投降，那都将严重地影响台湾当局的权威和军事力量。该岛将经受颠覆与军事行动，结果可能产生一个主张与共产党中国联合的政府；假如此种情况发生，将大大地破坏'反共阵线'，包括日本、大韩民国、泰国和越南；东南亚和其他政府，诸如印度尼西亚、马来亚、柬埔寨、老挝与缅甸，都将统统置于共产主义的影响之下；有着巨大工业潜力的日本将可能陷入中苏的轨道中，澳大利亚和新西兰将在战略上被孤立起来。"①

很显然，杜勒斯对中共炮击金门的意图不甚了解，同时把金门问题同美国在远东利益结合在一起，就形成了上述看法。在杜勒斯观点的影响下，艾森豪威尔亲自主持8月25日会议，决定准备承担台湾空防，提供护航，做好对中国大陆目标实施核打击的准备。两天后，艾森豪威尔在记者招待会上宣布美国将介入"台海危机"。

8月28日，美国国务院根据艾森豪威尔的旨意发表声明，宣称美国不会把对沿海岛屿的进攻看成是有限的军事行动。

9月3日，美国国防部发表声明，宣称美军已做好准备，威胁解放军不要进攻金门、马祖。翌日，艾森豪威尔又授权杜勒斯发表声明称："我们业已体察到确保金门和马祖与保卫台海已日益相关。"宣称要直接以武力介入金门、马祖外岛，又称现在还未判定有此必要，如果总统"判断情势迫使必取此行动……将毫不犹豫做出这一决定"。②

9月7日，美国海军根据艾、杜指令开始为国民党军队向金门送补给的船队提供护航（当时集结了六艘航空母舰，后又调来一艘，三艘巡洋舰，四十艘驱逐舰，两个航空队的飞机，3800名海军陆战队员）。

面对美国的战争讹诈政策，中国共产党人表现出坚持原则的坚定性和政策的灵活性。一方面在9月4日艾、杜发表声明的同日，宣布中国领海宽度为12海里，

---

① 《麦克米伦回忆录》，第4册，第538页，商务印书馆，1982年版。
② 艾森豪威尔：《缔造和平——白宫岁月》（下册），第331页，三联书店，1977年版。

一切外国飞机和军用船舶，未经中国政府的许可，不得进入中国领海及其领空，并向美国护航舰队发出警告。另一方面在摸清台、美协防底牌的情况下，为避免与美国直接冲突，毛泽东发出"只打蒋舰，不打美舰"的命令。9月6日，周恩来代表中国政府强烈谴责美国的战争挑衅，同时宣布：

"现在美国政府又表示愿意通过和平谈判来解决中美两国在中国台湾地区的争端，为了再一次进行维护和平的努力，中国政府准备恢复两国大使级会谈。"①

9月8日，毛泽东在最高国务会议上发表关于"绞索"政策的讲话，重申了中国同美国通过谈判和平解决彼此争端的愿望，并对中美华沙大使级谈判寄以希望。②

就在周恩来、毛泽东的声明发表后，美国迅速作出了反应。9月9日，杜勒斯在记者招待会上明确表示，准备随时同中华人民共和国恢复大使级会谈。9月11日晚，艾森豪威尔向全国发表广播电视讲话，一方面表示他准备根据美台条约和台湾海峡决议案采取行动，另一方面又表示谈判的道路是"畅通的和准备好了的"。

很显然，杜、艾声明是对周恩来9月6日声明中关于恢复中美会谈的倡议的响应。9月15日，中美大使级会谈在中断了九个月之后重新开始，地点由日内瓦转移至波兰华沙。

美国之所以同意恢复中美大使级会谈，除了他们不愿为金门、马祖作出重大牺牲之外，还出于以下几个方面的考虑：

第一，防止中美之战与第三次世界大战的发生。杜勒斯在9月5日致英国首相麦克米伦信中称：

"如果国民党人不能自己对付这次封锁，那么美国将给予帮助。这可能会也可能不会导致中美直接的相互冲突"。"美国只能以袭击赤色中国的飞机场和大陆进行回击。为了取得成效，这种袭击可能使用核武器（千吨级）。这有可能导致俄国人参战，这样我们将处于第三次世界大战边缘"。

杜勒斯的担心也不是凭空产生的，因为美国在台湾海峡的行径必然招致苏联人的反弹。9月7日和19日，苏联领导人赫鲁晓夫两次致函艾森豪威尔，要求美国军队从台湾及邻近地区撤出，表示"对……中华人民共和国的侵犯，也就是对苏联的侵犯"，苏联将尽一切可能同人民中国一道来维护两国的安全。美国人不

---

① 《人民日报》，1958年9月7日。

② 《建国以来毛泽东文稿》，第7册，第406—407页。

能不考虑苏联人的警告。

第二，为了平息国内的反对之声。从八二三炮战发生后，国务院每天收到几千封来信，绝大多数是直接批评政府政策的。底特律的《自由日报》发表社论称："我们十分怀疑，100个美国人中是否有一个愿意去台湾作战。"前国务卿艾奇逊称：如果卷入和中国的战争，美国将"既没有朋友，也没有盟国"。参议院外交委员会主席格伦在致艾森豪威尔信中也提醒他说："美国军事防卫金门，将不可能获得美国人民的支持。"

第三，争取他国的同情。美国在台湾海峡的军事冒险政策，在国际上非常孤立，除了南朝鲜李承晚集团和日本岸信介政府支持美国对台政策外，没有一个国家支持和同情美国，就连英、法也不愿追随他。当时，麦克米伦向美国建议："使岛屿非军事化，也许在一段时期内大陆上的一个地区也非军事化。"麦氏的建议可以使美国从"台海危机"中摆脱出来，又有利于推行"两个中国"政策，还可以获得盟国的同情与支持，遂得到美国当权者的欢迎、采纳。

当中美华沙谈判进行之际，美国再度搬出了"停火"说。中国代表毫不客气地回敬道：中国军队教训盘踞金门、马祖的国民党军队，是中国的内政，绝不容许他人干涉，中国与美国之间没有打仗，根本不存在"停火"问题，消除台湾海峡地区危机的关键，在于美国军队撤出这个地区。美国看到不可能迫使中国放弃对金门、马祖使用武力的权利，而为蒋介石护航又要冒很大的风险，大量兵舰集结于台湾海峡，对美全球战略也很不利。因此，美国人想在台湾海峡问题上对中国人让一步，由"战争边缘"政策转为"脱身"政策，即企图用让出金门、马祖，换取中国同意不对台、澎使用武力，以实现美国搞"两个中国"的阴谋。9月30日，杜勒斯在记者招待会上公开表示：

如果在台湾海峡地区获得相当可靠的停火，国民党军队继续驻在金门、马祖等岛屿就是不明智的、不慎重的，美国将赞成国民党军队从金门、马祖撤出。①

美国政府对台政策首先引起了蒋介石的激烈反弹。蒋令黄少谷、叶公超发表谈话称美国与大陆中共谈判是十分不明智的，宣称决不接受任何与大陆的安排。"外交部"发言人奉蒋令宣称：涉及金门、马祖中立化或非军事化的任何决议，台湾均视为有损其合法权益，不准备做任何退让。② 与此同时，蒋介石也频频发表谈话，宣称不赞成华沙谈判，对它"不寄以任何希望"。反对"停火说"，认为华

① 《中美关系资料汇编》，第2辑（下册），第2816页。
② 陈志奇：《美国对华政策30年》，第162页，台湾中华日报社，1981年编印。

沙谈判不可能取得任何各方都能接受的成果，还宣称金门战争到了"生死关头"，他将不"考虑盟邦的态度如何"，"而瞻前顾后"。① 当杜勒斯 9 月 30 日谈话公之于众后，国民党中常会于 10 月 1 日举行三小时紧急磋商，研讨对策。当日，蒋介石对美联社记者发表谈话，宣称：

"假定杜勒斯先生真的说了那句话，那亦只是片面的声明，我国政府并无接受的义务。"②

很显然，美、蒋在金门、马祖问题上的分歧已达顶点，极端愤怒的蒋介石不惜公开点名道姓批评他的"好朋友"杜勒斯，重申反对削减驻沿海岛屿的武装部队，确保金门、马祖。

为了粉碎美国分裂中国的企图，毛泽东决定从 10 月 6 日起，中国人民解放军暂停炮击金门一周，以便国民党军队可以充分地、自由地输送供应品，但以没有美国护航为条件。同时再度提出国共两党通过和平谈判解决台湾问题。10 月 13 日，中国国防部命令对金门再停止炮击两星期。

美国人为尽快从"台海危机"中脱身，立即在毛泽东的声明发布后宣布："美国船只恢复协防台湾海峡的正常作业，假使事实需要再恢复护航。"蒋介石急忙宣称毛泽东的声明是"骗局"，是为了离间台、美"感情"，劝美国不要上当。"我们已经战胜了第一回合"，"宁愿冒继续炮击封锁的危险，亦决不愿意美国盟邦退出护航"。③ 同日，蒋还对美国记者重申"不放弃金门"的立场。10 月 14 日，蒋对澳大利亚记者发表谈话称：

"不撤退，不姑息，准备随时以更坚强的反击对付武力的攻击。"④

由于蒋介石不愿放弃对金门、马祖的固有立场，导致美、蒋之间分歧日甚。在此情形下，艾森豪威尔决定派杜勒斯赴台见蒋，以协调台美双边关系。就在杜勒斯踏上赴台之旅途经阿拉斯加之际，中国政府有意识地恢复了对金门、马祖的炮击，两小时内共发射 1.1 万余发炮弹。恢复炮击金门、马祖的目的，就是警告美国不要插手台湾事务。

杜勒斯在与蒋介石的三天会谈中，一再要求国民党减少外岛兵力并承诺不以武力打回大陆。杜氏还向蒋提交了供此次会谈正式发表的文件，文件要求台湾：

① 张其昀：《先"总统"蒋公全集》，第 3 册，第 3942—3944 页。
② 张其昀：《先"总统"蒋公全集》，第 3 册，第 3946 页。
③ 张其昀：《先"总统"蒋公全集》，第 3 册，第 3947—3948 页。
④ 张其昀：《先"总统"蒋公全集》，第 3 册，第 3950 页。

（1）表示出愿意停火的意愿；

（2）再次强调不以武力打回大陆；

（3）避免空袭和飞临大陆；

（4）不以外岛来封锁厦门、福州，不使外岛成为进攻大陆的踏板；

（5）接受除把外岛交给共产党之外的任何解决办法；

（6）外岛兵力装备将换成更加机动化。①

尽管蒋介石既不愿意在停火前撤退金门、马祖，更不愿放弃武力"反攻"大陆，但在美国的强大压力下，被迫作出让步，美国方面也作了一定让步，同意在草案中加上金门、马祖与台、澎在防卫上"有密切的关联"，同时删去"中华民国不发动战争在大陆重建主权及中华民国不为攻击大陆的武装基地，它的基地早已在大陆及中国人民的内心"。②

尽管蒋介石接受上述观点非常勉强，但也无可奈何。在 1959 年元旦文告中，蒋介石不得不放弃"武力反攻大陆"的口号。

与此同时，国防部长彭德怀奉毛泽东之命于 10 月 25 日再度发布《告台湾同胞书》，宣布逢单日打炮，双日不打炮。此后打打停停、停停打打便成为中国战争史上的一种奇特斗争方式。明眼人都知道，这种炮击形式已经由军事斗争演变为政治为主、军事为从的斗争。它既表明中共反对美国"停火"企图与蒋介石拒绝谈判的顽固不化的态度，又表明中共和平解决台湾问题的诚意。这种形式的炮战直到 20 世纪 70 年代末才告终止。

在八二三炮战之中，尽管蒋介石宣称据守金门、马祖，但他深知：如果没有美国的护航与协防，据守不过是一句空话。随着台、美"蜜月"的结束，台湾海峡平静了相当长一段时间。

"反共复国总体战"

金门炮战之后，国民党蒋介石出于反共的政治需要，不断炮制"反共纲领"，意图进一步推进"反共复国"的进程。

国民党八大之后，蒋介石一方面强调"建设台湾"；另一方面突出强调"反攻"与"反共"。1959 年 1 月 1 日，蒋介石发表元旦文告，宣称 1959 年是"反共复国胜利的决定年"。为此，蒋介石为国民党重新规划了"反共复国的战略"：

---

① 林正义：《1958 年台海危机期间美国对华政策》，第 135—137 页。

② 林正义：《1958 年台海危机期间美国对华政策》，第 137 页。

"始终是以政治为主，军事为从，以主义为前锋，以武力为后盾，以大陆为本战场，以台湾为支战场，而军事武力的奏效，必须以大陆革命运动与台海军事行动相互配合，双方策应，为其一贯的指导方针。"蒋介石除了重申"六大自由"与"三项保证"之外，特提出"光复大陆的指导纲领"：

"第一，指导纲要，首在彻底解散万恶的'人民公社'，根绝马列主义的'思想毒素'，重建民有、民治、民享三民主义的新中国。

第二，在民族主义的目标下，遵循'家为国之本'的伦理原则，恢复人民原有的家庭的组织，保障男女平等和婚姻自由。

第三，在民权主义的目标下，遵守'宪法''主权在民'的原则，恢复人民学术思想、宗教信仰的自由，出版、结社、居住、行动、言论的自由，以保障公民一切权利。

　　蒋介石出于反共的需要，不断推进所谓的"反共复国"进程。图为蒋介石在台北观看空军演习

第四，在民生主义的目标下，遵守'生活自由'和'民生乐利'的原则，恢复耕种自由、工作自由、买卖自由，并保障人民私有财产权和实行平均地权制。"①

从蒋介石的文告中，可以看到蒋介石的"反攻"思维更加强调对大陆的政治作战。在上述思想指导下，中国国民党八届二中全会于1959年5月17日召开，会议修正通过了《策进大陆"反共革命运动"案》。该案攻击大陆开展的各项运动，宣称大陆对台的军事行动与自身的政治运动均告失败，大陆民众对中共集权统治进行坚决反抗，但这一反抗不可能完全由大陆民众完成，应由"台湾革命基地，

---

① 《"总统"蒋公思想言论总集》，卷33，第217—220页。

予以积极的领导与必要的援助"。① 该案强调"加强大陆'反共革命运动'的工作重点"：第一，"积极展开敌后的思想斗争、群众斗争与武装斗争"；第二，"建立青年学生的'反共组织'，扩大敌后青运工作"；第三，"加强对'共匪'内部之打入渗透与联络策反"；第四，"推行'反共同心会'，并成立'反共抗俄革命联盟'以为大陆地区'反共救国'联合阵线之组织形式"；第五，"切实策动与支援边疆民族抗暴运动"。②

会议还通过了《"光复大陆"政治行动纲领案》，提出了所谓的18条行动纲领，主要内容均是老调重弹。在《对于党务工作报告之决议案》中，强调"大陆为敌我接战的主战场，党应当以最大的努力，加强敌后工作"。③ 在《对于军事报告之决议案》中，强调"反共抗俄战争，乃全面的、全民的总体性的战争"。因此"必须动员政治、经济、文化、社会各部门力量，以支援军事作战，始能获至最后胜利"。④

1960年9月28日至10月2日，中国国民党八届三中全会召开。会议继续贯彻国民党与蒋介石的反共方略，通过了《反共建国纲领草案案》和《促进反共爱国人士团结合作协议》，两案的主旨："贯彻反共抗俄国策，一切行动以消灭'共匪'，'光复大陆'为最高准绳。团结海内外及大陆地区'反共人士'及'反共党派'，密切合作，共同奋斗，加速完成'反共大业'。"⑤ 10月2日，蒋介石到会致闭幕词，宣称要"提高自信，加强互信，发扬党德，重整党纪，同生死，共患难，切实负起责任，掌握契机，完成艰巨伟大的历史使命"。同时宣称"'反攻复国'时机很快就要到来，希望大家加速完成各种准备，迎接胜利"。⑥

1960年1月1日蒋介石发表元旦文告时宣称："要以十年来时时备战、日日求新的精神，来迎接今后动员战斗，'反攻复国'最后胜利的机运。"⑦

1961年3月29日，蒋介石对台湾青年宣称："面对当前反共斗争的新形势，真是'报国救民'千载难逢的机会。"⑧

---

① 李云汉主编：《中国国民党七至九届历次中全会重要决议案汇编》（上），第275页。
② 李云汉主编：《中国国民党七至九届历次中全会重要决议案汇编》（上），第279—281页。
③ 李云汉主编：《中国国民党七至九届历次中全会重要决议案汇编》（上），第289页。
④ 李云汉主编：《中国国民党七至九届历次中全会重要决议案汇编》（上），第305页。
⑤ 李云汉主编：《中国国民党七至九届历次中全会重要决议案汇编》（上），第338页。
⑥ 台湾《"中央日报"》，1960年10月3日。
⑦ 《"总统"蒋公思想言论总集》，卷33，第274页。
⑧ 张其昀：《先"总统"蒋公全集》，第3册，第3487页。

1962年1月1日，蒋介石发表元旦文告，提出"革新、动员、战斗"的口号。何谓"革新、动员、战斗"呢？蒋介石自己解释称：

"革新"包括"心理革新、工作革新、生活革新，而着重在心理建设的上面，要从精神、思想、观念、生活，到实际行动，全面的、彻底的革新"。

"动员"乃是"精神动员和组织动员，要求发挥同志的潜力，以提振全党的活力，并加强组织，深入群众，遵循国家动员的轨道，完成一切准备，以保证全民总动员的贯彻实施"。

蒋介石巡视前线，眺望大陆

"战斗"则是在于"发挥集中统一的战斗精神，结合全党为一个战斗体的组织，并以战斗纪律，保证党的政策、命令贯彻执行，使能在敌前、敌后、政治、经济……各个战场上，展开全面的战斗"。①

蒋介石还宣称："以'革新'重启我们'革命'的契机"；"以动员集结我们反共的力量"；"以战斗争取我们'革命'的胜利"。②

1962年3月29日，蒋介石在告青年书中提出："今日反共形势，我们已由掌握了'复国之钥'，进而要打开铁幕之门的时候了"，"青年子弟们必须确切准备"，"响应'革新、动员、战斗'的号召"。③

1962年11月12—15日，国民党召开八届五中全会。蒋介石到会发表《复国建国的方向和实践》的讲话，强调本次会议有三大任务：

"一、为'反共复国'开路——党的中央必须切实担负起这'中兴复国'的领

① 张其昀：《先"总统"蒋公全集》，第3册，第2761页。
② 张其昀：《先"总统"蒋公全集》，第3册，第3522页。
③ 张其昀：《先"总统"蒋公全集》，第3册，第3507页。

导责任，五中全会，亦就是中央的决策会议。

二、为第九届全国代表大会厘定准备工作——九全大会务于明年内召开，中央并要以党员总登记作为九全大会准备工作的重点和起点。

三、集中全党的人才，进而集结全国的人才——党的领导作风和干部政策，不但要奋发全党同志的活力，尤当着重于结纳全国志士仁人的潜力，'集有志于天下国家之任者'一齐贡献其智能，来完成其'复国建国'的任务"。①

会议根据蒋介石的指示通过了《"光复大陆"指导纲领》《为解救大陆同胞，维护世界和平，本党应督促"政府"加紧支援大陆"反共革命"，并把握当前有利时机，早日摧毁"朱毛伪政权"，以慰海内外同胞之迫切期望案》《对于"政治"报告决议案》《对于党务工作报告之决议案》等案。《"光复大陆"指导"纲领"》是这次全会的主要议案，该案分为"基本纲领""实施要领""指导与执行"三部分共16条。这个纲领的基本点是："'光复大陆'应以完成国家统一、恢复人民自由、建设三民主义新中国为目标"，"综合政治、军事、经济、文化各种力量，以发挥总体战之功能"。强调"'光复大陆'应使军事'反攻'与大陆'反共革命'相互结合"，"创造里应外合之形势"，"加速'匪伪'统治之崩溃与灭亡"。② 在《对于党务工作报告之决议案》中强调"革新、战斗、动员为现阶段的'革命要求'"，为实现这一要求，作为执政党要坚持"党务革新"，培养党内人才，并在大陆战场上"展开积极的攻势，以策进群众战为主要的斗争方式"，"以整体力量，支援大陆战场"，"扩大反共团结工作"，"以形成'反攻'大团结的新局面"。③ 在《对于政治报告决议案》中，强调国民党要"同心一德，自信自强，克服危机，不计牺牲，团结奋斗，向'光复大陆'的道路前进"。该案指出"'光复大陆'要依靠中国人民自身的力量"，"要团结海内外'反共力量'和策应大陆'反共革命'为中心"开展工作，"争取反共的光荣胜利和'建国'的伟大成功"。④

11月15日，蒋介石主持全会闭幕式时对国民党八届四中全会后提出的"革新、动员、战斗"的口号进行了新的诠释："这三者的关系，是通过全面的动员，达到全面的革新来支持全面的战斗"。"如果撇开战斗的目的，而谈'革新'，没有动员的准备，而言战斗，那将何益于'反共复国'？又何益于革命成败之数？这

---

① 《"总统"蒋公思想言论总集》，卷28，第63页。

② 李云汉主编：《中国国民党七至九届历次中全会重要决议案汇编》（下），第71—72页。

③ 李云汉主编：《中国国民党七至九届历次中全会重要决议案汇编》（下），第68—69页。

④ 李云汉主编：《中国国民党七至九届历次中全会重要决议案汇编》（下），第74—78页。

三者实在就是我们党起死回生的凭借，亦即是'反共复国'胜利成功的保证。你们究竟准备怎样在战斗的要求上，在战斗体的意念上，从新动员，从头革新，这就是大家所要检讨的根本问题"。① 1963 年 2 月 25 日，蒋介石在国民党中央扩大纪念周讲述《党员总登记的意义和党革新的要务》时，要求全体党员都能做到"革新、动员、战斗"的要求，养成"守时、守分、守法、守信、守密"的习惯，以期"心理革新、精神革新"。蒋介石当场宣誓"中正尊奉总理遗教，贯彻本党'国民革命'任务，实现三民主义，完成'五权宪法'，誓愿牺牲一己之身命自由权利，实践'革命民主政党组织'，统帅全党同志，'光复大陆'失土，消灭'国贼共匪'，拯救苦难同胞，复兴'中华民国'"。②

从上述国民党"反攻"与反共政策的演进中，我们看到 50 年代末 60 年代初，国民党与蒋介石大肆叫嚣"反共复国"与"反攻大陆"，宣称"目前正是进攻中国大陆的良好时机"，"我可独立'反攻'"。"一旦我们开始'反攻'大陆，我们预期少则三年，最多五年内，完成我底定全国的任务"。③

国民党蒋介石为什么在进入 60 年代后又大肆叫嚣"反攻大陆"并认为"目前正是进攻中国大陆的良好时机"呢？

第一，是蒋介石错误估计了大陆的形势所致。蒋介石宣称大陆中共正处于"公社失败、工业倒闭，俄援不继，灾荒饥饿，空前未有的毁灭恐怖的当口；亦就是天灾人祸，交相煎破的当口"。④ 蒋介石还认为，"中共部队的效忠精神已越来越糟"；大陆民众对中共政权已到"不可忍受的程度"，"大多数中国人民，热切盼望我'反攻'大陆，推翻'匪伪'政权。加之国民党游击队分批进入内陆，"已在各地分别进行建立基地"，"应该'反攻'大陆的时候到了"。同时提出"如果我们没有利用'共党'目前的弱点"，就会造成"可怕的错误"。⑤ 应当承认，大陆发生饥荒是事实，有些人的确有些怨气，但绝没有蒋介石所说的"全民的反饥饿、反控制、反镇压的大潮大浪"⑥，也没有军队不忠现象，更没有大多数中国人民热切盼望蒋介石"反攻大陆"的事实。有的只是中国人民在中国共产党的领导下，同心同德，改正错误，战胜困难，推进国家经济建设，粉碎国民党蒋介石

① 《"总统"蒋公思想言论总集》，卷 28，第 68—69 页。
② 《"总统"蒋公思想言论总集》，卷 28，第 125 页。
③ 张其昀：《先"总统"蒋公全集》，第 3 册，第 3998 页。
④ 张其昀：《先"总统"蒋公全集》，第 3 册，第 2771 页。
⑤ 张其昀：《先"总统"蒋公全集》，第 3 册，第 4006 页。
⑥ 张其昀：《先"总统"蒋公全集》，第 3 册，第 2768 页。

集团的"反攻"与反共活动。

第二，蒋介石企图利用中苏之间的意见分歧展开对大陆的进攻。50 年代末 60 年代初，中苏两党之间的确矛盾重重，争论不断。蒋介石过去攻击中共政权是苏联卵翼下的"汉奸政府"、"御用工具"，现在他又认为中苏之间的矛盾已经成为他"反攻大陆"的有利时机。蒋介石在答记者问时宣称：如果国民党"反攻大陆"，"苏俄将不会援助中共"。"中共与苏俄之间的分裂，已为国民党光复大陆造成一适当的机会"。①

第三，企图在台海造势，拖住美国。进入 60 年代后，台美之间的蜜月关系结束。美国为了从台湾海峡脱身，重新考虑对华政策，企图松动同中国大陆的关系。特别是肯尼迪入主白宫后，虽然他仍然宣称继续坚持艾森豪威尔的对华政策三原则，即"（1）承认台湾"中华民国"为中国的"合法政府"；（2）拒绝承认中华人民共和国；（3）拒绝中华人民共和国进入联合国"，但在具体做法上表现了极大的灵活性，特别是在中国大陆沿海岛屿问题上，表现出对华政策正在悄悄发生变化。

在 1960 年 4 月，美国民主党政策委员会主席兼肯尼迪的外交顾问鲍尔斯在《外交季刊》上发表《重新考虑中国问题》的文章，宣称：应重新考虑北京与台北的关系，并主张金门、马祖等沿海岛屿中立化。肯尼迪赞同鲍尔斯的主张，并称鲍氏说出了他所要说的话。当 10 月总统大选展开之际，肯尼迪同共和党候选人尼克松展开竞选辩论时，争论的焦点问题之一，就是中国大陆的沿海问题。肯尼迪宣称美国必须保卫台湾，但应划一条清楚的防线，他从 1954 年就一直认为金门、马祖对防守台湾并非必不可缺，美国防线应仅仅划在台湾本岛周围。他甚至认为，为了防御金门、马祖，而被国民党蒋介石拖入一场可能导致世界大战的战争是不明智的。

肯尼迪的主张遭到了蒋介石与其"外交部"不点名的批评。10 月 13 日，蒋介石在同美国记者谈话时明确宣称："战至最后一人亦不放弃金门、马祖外岛"。② 翌日，蒋介石令"外交部"批驳肯尼迪的竞选演说，称"一位负责任的美国政治领袖，尽管是在激烈的竞选期间，居然不负责任地，大慷他人之慨，而将另一个国家的领土随便处置了，实在是件不可思议的事情。而且这个国家，正好是他的盟邦，我们愿意确切地阐明我们的立场如下：在任何情形下，台湾当局绝不会答应任何人的要求包括肯尼迪参议员在内，而放弃它的任何一平方英寸领土"。"如

---

① 张其昀：《先"总统"蒋公全集》，第 3 册，第 4005 页。
② 张其昀：《先"总统"蒋公全集》，第 3 册，第 3967 页。

果认为这些岛屿没有军事价值的话,那也是同样荒谬"。①

肯尼迪上台后,虽然在改变对华政策上迈出的仅仅是一小步,但也令蒋介石忧心忡忡。他之所以在两度"海峡危机"之后,再度点起海峡战火,其目的就是企图通过台海局势出现一定程度的紧张,牢牢拖住美国,同时借机试探一下美国对台"反攻大陆"的真实立场究竟如何,还可在政治上造成一定的声势,配合自身的经济发展成就,引起国际上的瞩目。

正是基于上述三个原因,蒋介石认为1962年至1963年是他"反攻"的"决定年""胜利年"。②也正是在这一大背景下国民党召开了第九次代表大会。

1963年12月12日,中国国民党第九次代表大会在台北三军联合参谋大学大礼堂举行,出、列席人员864人。蒋介石主持大会,并以《我们"复国"的精神志节和"建国"的目标方略》为题发表讲话。讲话分为十个部分:(一)"对革命任务和革命环境的认识";(二)"党务政治军事的成就";(三)"政略战略的得失";(四)"对'匪'的罪恶本质的认识";(五)"党的领导中心的检讨";(六)"发展党务的重要工作";(七)"建立'反共建国联盟'";(八)"建立三民主义新中国的目标和方略";(九)"'革命'青年的责任和抱负";(十)"全面的胜利最后的成功"。

蒋介石讲话明确指出:"九全大会的'唯一目标',乃在继续八全大会的未竟之功,督策'反共复国'使命的完成"。根据这一目标,蒋介石提出九全大会的任务"是党再造新生的一个会议,是党在'反共复国'行动之前,检查全体党员精神武装的会议,是全体党员动员誓师的会议,是策进'复国建国'方略——在'复国'进程中兼行'建国'工作的关键会议"。

蒋介石还提出九全大会的精神"在于一致团结奋起,破除一切门户畛域的私见私利,使每一党员的精神、智慧、能力,乃至于生命、自由,都能以之贡献于党,并为党所用"。③蒋介石希望"九全大会举行动员、战斗、'反攻行动'开始的前夕,固有赖于大家决大疑、靖大难,为'复国建国'开辟光明的大道。而尤赖于大家奋发精诚,一致努力,抒展才猷,准备付出足够的代价——心血脑力,以达到我们'国民革命'胜利的顶点"。④

---

① 陈志奇:《美国对华政策30年》,第199—200页。
② 张其昀:《先"总统"蒋公全集》,第3册,第4007页。
③ 《"总统"蒋公思想言论总集》,卷28,第236页。
④ 《"总统"蒋公思想言论总集》,卷28,第237页。

在蒋介石指导下，为期 11 天的会议，听取八项报告：陈诚 "副总裁" 所作的政治报告、国民党中央秘书长唐纵所作的党务工作报告、"外交部长" 沈昌焕所作的 "外交" 报告、"五院" 从政主管所作的工作报告、国民党中央第三组主任马树礼所作的海外工作综合报告、各地区代表所作的分区报告、国民党中央第六组主任陈建中所作的大陆 "匪情" 报告、国民党中央第二组主任叶翔之所作的大陆工作报告、"国防部总政治作战部" 主任高魁元所作的战地政务报告。

陈诚 "政治报告" 的主旨是强调 "现阶段革命方略与中心任务"："反共斗争是一种长期的总体战"。他认为 "总体战" 包括 "政治、经济与文化、社会各方面，以及过去现在与将来的作战，并不仅仅限于一时的军事作战"。陈诚根据蒋介石的一贯指示，宣称在 "总体战" 中，"大陆匪区是主战场，台海是支战场"，国民党的战略原则 "应以政治为前锋，军事为后卫，使 '大陆革命' 与台海战争相结合"。陈诚特别提示 "党当前的任务，就是要承担大陆 '匪区' 与海内外展开对敌人的政治作战，尤其要深入敌后，冒险犯难，走在军队的前面"。[1] 在大会通过的《政治报告决议案》中，突出强调 "今后党的工作，应以加强对 '匪' 政治作战为中心"。具体来讲："在现阶段的 '反共复国' 斗争中，尤应以政治作战为前驱，不断的深入大陆，在城市和乡村，在工厂和学校，更在 '匪党匪军' 的内部，开辟政治作战的战场，结合大陆上 '反共同胞' 与 '匪党匪军' 中的反共分子，从敌人内部瓦解敌人，加速的使 '大陆革命' 与台海战争互相呼应和结合起来。"[2] 大会通过的《关于对敌斗争与 "大陆革命" 工作之决议》中强调 "加强对敌作战，策进 '大陆革命' 运动为本党当前的首要中心任务"。[3] 由此可见，策定 "反共复国" 总体战的方略，就成为大会最重要的任务。

大会还通过了蒋介石交议的《筹组 '中华民国反共建国联盟' 并拟定 '反共建国共同行动纲领' 案》。蒋介石认为："现一切反攻准备" 已经 "接近就绪"，为了更加集中意志与才智，统一行动，必须尽快组建 "中华民国反共建国联盟"。蒋介石还为该联盟拟定了具体条款：

"一、'中华民国反共建国联盟' 以集中海内外意志与力量，提供 '反共建国' 大计，争取胜利为主旨。

---

① 张其昀主编：《革命文献》，第 77 辑，第 249—251 页。
② 张其昀主编：《革命文献》，第 77 辑，第 221 页。
③ 张其昀主编：《革命文献》，第 77 辑，第 228 页。

二、'中华民国反共建国联盟'为现行'宪政体制'下之全民性结合。

三、'中华民国反共建国联盟'以个人为主体，由各民族、各党派、各宗教、各社团、各侨团、各经济团体、各学校文化团体、各妇女青年团体——特别是敌后组织，具有声望、成就与代表性之人士参加之。

四、拟具'反共建国'共同行动纲领草案，融合各方意见，提出联盟会议，以为今后共同行动之准据。

五、'中华民国反共建国联盟'会议决议事项，其属于'政府职权者'，经由'政府'有关方面采取实行。

六、责成九届中央委员会根据上项原则，研拟具体方案，付诸实施，并望于最短期内达成此一任务"。①

筹组建立"中华民国反共建国联盟"成为国民党九全大会的一个中心任务。

国民党九大的另一重要议题是加强国民党的组织功能，使其在"反共复国总体战"中处于"核心主导作用"。对于八大以来的国民党，蒋介石在讲话中认为"有泄沓自安的现象""组织领导不健全""党的领导不力"。"今后要发挥核心领导作用"："首先是一切筹计，都必须以反共复国为前提"；"其次是在行动上，要做到服从组织的领导"；"最后是要重振党德，巩固党的领导中心"。"总之，全党的思想，必须集中于主义的信仰；全党的目标，必须集中于大陆的'光复'；全党的力量，尤其必须集中于组织的运用，和服从于党的决议；这乃是求党的健全发展，求党能够担负'反共复国革命大业领导中心'的基本任务"。②

大会通过了《中国国民党党章修正案》。党章原为 12 章 64 条，修正后为 12 章 65 条，重要修正有六处：其一，"增强党员义务与党籍检查"；其二，"明定'副总裁'为当然中央委员"；其三，"全国代表大会举行期限，由三年改为四年"；其四，"增强省、市、县、区代表大会职权"；其五，"延长基层干部任期"；其六，"加强党德、党纪"。③

会议通过了《中国国民党政纲案》，决议案称"本政纲为本党现阶段之政治纲领，换言之，亦即战斗纲领"。"本政纲乃以策进'反攻光复大陆'为目标"。该政纲分为 3 章 31 条，第一章为"总纲"；第二章为"建设复兴基地"；第三章为"毁灭'匪伪'政权"。决议案从五个方面论证了"毁灭'匪伪'政权"的具体

---

① 张其昀主编：《革命文献》，第 77 辑，第 216—217 页。
② 《"总统"蒋公思想言论总集》，卷 28，第 251—253 页。
③ 李云汉：《中国国民党史述》，第四编，第 346—347 页。

举措。

会议还通过了《中国国民党现阶段工作纲领》，该纲领分为"基本认识""任务与工作""实践要领"三部分。在"任务与工作"中又分为"充实战斗准备""加强基地建设""结合海外力量""扩展大陆工作"四项。

12月22日，九全大会通过了《中国国民党第九次全国代表大会宣言》，宣言分为"前言""三民主义战胜共产主义的明证""'毛匪'的'倒行逆施'和'末路穷途'""'反共复国'的四项基本方针""对各方的希望与对全党统治的提示"五部分。宣言再次强调"'反攻'的准备接近完成，大陆'反共革命'的机运益加成熟"，号召全党"团结意志，集中力量，向'复国建国'的道路上，携手共进"。①

会议推举蒋介石为国民党"总裁"、陈诚为"副总裁"，通过于右任等144人为国民党中央评议委员，选举蒋经国等74人为中央委员、潘振球等35人为候补中央委员。

国民党九大是国民党推展"反共复国"与"反攻大陆"战略上一次非常重要的大会。这次大会不仅进一步确定了"反共复国"总体战方略，而且为筹组"反共建国联盟"奠定了基础，同时强化了国民党各级组织。

"反攻"梦破灭

基于"反攻时机"基本成熟的错误判断，国民党在60年代初中期展开了"反攻"行动。当时国民党"反攻"的具体措施与步骤是：

第一，征收"国防临时特别捐"，筹措"反共"经费。1962年4月27日，台湾"立法院"根据蒋介石的旨意通过了《国防临时特别捐征收条例》。该条例规定，为完成"反攻圣战"，征税金额：各类货物税的30%，娱乐税的50%，筵席税的50%，地价税的40%，铁路、公路票价的30%，电报、电话价的30%。4月30日，蒋介石明令公布此一条例，5月1日起该条例生效。②

时任"财政部长"的严家淦，解释"临时国防特别捐"不增加企业负担，只从个人所得税中征收，以增筹"国防经费"，并不会引起通货膨胀。"行政院长"陈诚也就开征"临时国防特别捐"发表谈话，希望同胞支持当局政策，承受暂时负担，增进集体安全，呼吁工商界人士与当局合作。

---

① 张其昀主编：《革命文献》，第69辑，第500—511页。
② 张山克：《台湾问题大事记》，第217页。

　　尽管台湾各界人士对征收"临时国防特别捐"表示不满，并且根本不相信蒋介石的"反攻"神话，但都怕被扣上一顶红帽子吃官司，故被迫上缴。据台报统计：14 个月内共征收 6000 多万美元的"临时国防特别捐"。

　　第二，设立"反攻"机构，全力进行"反攻"准备。1962 年年初，国民党当局成立了以蒋介石、陈诚为首的"最高五人小组"（又称"反攻行动委员会"），作为"反攻大陆"的决策机构。1963 年 11 月，国民党召开第九次代表大会之际，蒋介石提议筹组"中华民国反共建国联盟"。国民党九大后，台湾"行政院"于1964 年 4 月 30 日，成立"反共建国联盟"筹备委员会，由坚决反共的谷正纲挂头牌，其他成员均为蒋介石的准嫡系与忠臣：袁守谦、陶希圣、余井塘、张其昀、黄伯度、阮毅成。当时还煞有介事地下设秘书处于台北，辖议事、联络、新闻、总务四个组，进行各项筹备具体事项。与此同时，蒋介石、唐纵公开号召海内外人士参加"反共建国联盟"。然而海内外人士相信蒋介石"反攻"神话的越来越少，参加者寥寥无几。

　　在"反共建国联盟"的组建工作迟迟未获得实质性进展的情况下，蒋介石乘大陆刚刚发动"文化大革命"之际，又提出建立"讨毛救国联合阵线"以应对"反攻"新局面。蒋介石宣称："一切'反毛'的力量，在三民主义的思想与信仰之下联合起来"。[①]

　　1967 年 3 月 29 日，蒋介石又向青年发出号召："成立'讨毛救国联合阵线'。""联合所有'反毛'的、个人的、集体的势力和组织，推翻那个口口声声造反夺权的'毛贼'残暴统治。不论工、农、兵、学、商，不论种族、党派、成分，亦不论以往一切是非恩怨，只要其能实践'不是敌人，就是同志'的信约，幡然改图，抗暴反毛的，就都是'讨毛救国联合阵线'的盟友斗士！"[②]

　　蒋介石还要求大陆"反毛"力量组成"讨毛救国联军"，扩大"讨毛救国的青年运动"，并保持与台湾国民党的"密切联系"，"齐集于国父三民主义青天白日满地红旗之下，同仇敌忾，消灭毛泽东"。[③]

　　上述宣示不过是蒋介石的梦呓而已，不仅大陆没有人响应，就连台湾的青年人也无人问津此一"反攻"机构。

　　第三，派军队、特务突袭大陆。在筹集"反攻"经费与建立"反攻"组织的

---

① 张其昀：《先"总统"蒋公全集》，第 3 册，第 2909—2910 页。
② 张其昀：《先"总统"蒋公全集》，第 3 册，第 3639 页。
③ 张其昀：《先"总统"蒋公全集》，第 3 册，第 3639 页。

同时，国民党还下达了"征兵动员令"，提前开始下年度的"现役征集"。国民党令各部门将台湾的各种轮船、渔船和车辆，纳入"船舶、车辆动员编组"。为了吸取在大陆失败的教训，国民党蒋介石在"反攻"前不断对部下进行"反攻"政治教育。北投的政工干校特别繁忙，临时开设战地政务班，为未来登上大陆培训党政干部；政工部门要求士兵要明确"为谁而战"？要有献身精神，并在每一位士兵的鞋上和皮带上都刻有"光复大陆"的字样。蒋介石还从日本购进大量血浆，准备与中共决一死战。具体步骤为陆海空"三军"集结从高雄附近基地登船出发。然而其后不久蒋介石就改变了主意，由情报机构派遣特工人员偷袭大陆。台湾"情报局长"叶翔之具体部署了代号为"海威"的派遣武装特务骚扰大陆沿海的情报作战，企图进行"游击活动"与"渗透工作"，建立组织，配合大陆的所谓"抗暴"运动，扰乱社会，颠覆人民政权。此项派遣活动在1963年达到高潮，本年度至少有35支反共游击队对大陆进行骚扰。① 台湾《联合报》对1962年与1963年国民党派特务骚扰大陆进行过比较，认为"去年均采取小组形式，每组约数人；今年则较为增加，最少也是一小组在十数人以上，而且在时间上的间隔，事实上是密接的"。② 蒋经国认为"台湾此项计划的优点，是在于我们使用相当小的武力去困扰从宁波以迄海南岛沿海的中共军队"。"我们正发动零星但却经常的突击，从而使沿整个海岸的中共军队不得不昼夜戒备。他们不知道游击式的袭击，下一次将于什么时候在什么地方发生，他们将在什么地方遭受打击。这迫使他们丧失安全感，并且使他们在心理上处于劣势。"③

据时任台湾"情报局"督察室主任的谷正文在1990年承认，从1961年至1965年四年间，台湾共派出1800余名武装特工人员，最后生还的还不到三分之一。④

在此前后，台湾国民党当局不断派遣美制蒋机飞赴大陆进行高空侦察。从北京传回的讯息是：蒋机不断被人民空军部队、地面部队击落。美国对于台湾空中侦察予以配合，不断派机飞到大陆进行侦察与破坏活动。人民空军予以有力回击，击落台湾从美国购进的V-2型高空侦察机。

一次次"反攻"的失败，并未使蒋介石与国民党甘心，蒋介石为了重新鼓起

① 陈红民等:《蒋介石的后半生》，第382页，浙江大学出版社，2010年版。
② 台湾《联合报》，1963年10月10日。
③ 台湾《联合报》，1963年9月11日。
④ 台湾《联合报》，1990年7月8日。

蒋军官兵"反攻大陆"的勇气，又于 1964 年 12 月 20 日视察金门时，上演了一幕"毋忘在莒"的闹剧，梦想"田单复齐"故事重演。

何谓"毋忘在莒"呢？蒋介石称："最近金门、马祖前线官兵，效法 2200 年前，田单在莒县和即墨，纠合军民，忍辱负重，牺牲奋斗，百折不回，卒能驱逐敌人，恢复其齐国的精神，发起了'毋忘在莒'运动。本来在 1952 年，我为了勉励前线军民，殷忧启圣，雪耻复国，曾经以'毋忘在莒'四字，题名于金门太武山上，作为将来反攻复国胜利，使我全体战友和人民，毋忘今日在台、澎、金门、马祖的军民，共患难、同生死的千古不磨的纪念。这在今天'反攻复国'前夕，由前线官兵来推动'毋忘在莒'的'民族复兴运动'，不仅最足以显示我们前线军民的'革命精神'和'革命志节'，而且也必能在军中、在学校、在乡村、在社会的每一角落、每一军民，掀起举国一致的心理革新、精神动员，人人走向战斗的新行动和新气象。其实，这亦就是我对大家所常常勉励的'团结奋斗，雪耻复国'八个字的意义。"[1]

蒋介石为了将这一运动推展至社会的每一个角落，明令公布了《毋忘在莒运动实施纲要》。台湾军事当局还归结出"毋忘在莒"的六种精神："坚忍不拔""团结奋斗""研究发展""以寡击众""防谍欺敌""军民合作"。为了进一步配合"毋忘在莒"运动，国民党召开军中文艺大会，蒋介石亲自到会致词，强调"文艺是战斗的精神武器，而我们所需要的，就是战斗的文艺"。他还给大会提出了今后军中文艺运动推行的十二项要领：

"第一，是发扬民族仁爱的精神；

第二，是'复兴革命'武德的精神；

第三，是激励慷慨奋斗的精神；

第四，是发扬合众互助的精神；

第五，是实践言行一致的精神；

第六，是鼓舞乐观无畏的精神；

第七，是激发冒险创造的精神；

第八，是奖进积极负责的精神；

第九，是提高求精求是的精神；

第十，是强固雪耻的精神；

---

[1] 张其昀：《先"总统"蒋公全集》，第 3 册，第 2871—2872 页。

第十一，是砥砺献身殉国的精神；

第十二，是培育成功成仁的精神。"①

在蒋介石十二项要领指导下，国民党军的文艺工作全方位配合"反攻"，上演了一幕幕"反攻"闹剧。与此同时，蒋介石还到处演讲、动员，表面上搞得轰轰烈烈，将"毋忘在莒"运动推向了全社会。1965年9月3日《联合报》上刊载了一篇文章宣称："'毋忘在莒'运动推行九个月来，已在军中、学校、农村及社会的每一个角落，都掀起了举国一致的心理革新和精神动员，特别对'反攻战士'之激励，工作效率之增进，以及节约风气之提倡等，已经收到了极为具体的效果。三军官兵确能认识此一运动为一中兴复国运动，在心理上奠定了良好的基础。"

上述观点实属阿谀之言。20年代60年代的台湾老百姓已经无人再相信蒋介石的"反攻"之说。"毋忘在莒"运动如同蒋介石鼓吹的"反攻大陆"一样，均以失败而告终。此后，尽管蒋介石还念念不忘"反攻大陆"，但始终再也没有实际行动。

透视20世纪60年代国民党与蒋介石鼓吹的"反攻大陆"，之所以响应者寥寥，最终以失败而告终，究其原因是蒋介石错误判断大陆形势所致。当然，也有研究者认为蒋介石非常清楚"反攻大陆"是不可能的，鼓吹"反攻大陆"是为了进一步凝聚内部力量，拉住美国。英国牛津大学圣安东尼学院院士曾锐生利用美国和台湾档案，对蒋介石"反攻大陆"政策进行了深入研究，认为蒋介石"反攻大陆"政策划分为三个时期：1950年年初尽管蒋介石不断说"反攻在即"，"事实上是心有余而力不足"；1950—1958年尽管蒋介石不断强调"反攻大陆是国策之本"并为此作了不少政治、军事准备，而实际上他的政策"是建立在保卫台湾上的"；1958年金门炮战后，蒋介石在美国压力下被迫公开宣布，台湾坚持"光复大陆"政策，但以"七分政治、三分军事"为原则，这是他第一次公开承认"不是以武力'反攻'，而是以政治方式'光复大陆'"。此虽稍有反复，但基本上排除了完全靠武力"反攻"的可能性。② 曾锐生的结论是："在20世纪50年代蒋先生深信'反攻大陆'是一项神圣使命，他亦竭尽所能去推行此一政策，同时他亦体会到要'反攻大陆'，他实在是有心无力。对蒋先生而言，不管有无力量，这一任务都不能放弃。假如放弃了'反攻'，他的生命便失去了意义，他的政权

---

① 《"总统"蒋公思想言论总集》，卷28，第403—404页。

② 转引自陈红民等：《蒋介石的后半生》，第376页。

便会失去了合法性。作为一个终生不渝的'革命家和民族主义者',蒋先生不能放弃'反攻大陆',但是,作为'中华民国'之领导人,他又不得不权衡轻重,没有不自量力的出兵进攻大陆。在外人眼中,蒋先生在这一政策上的言行可以说是自相矛盾的。在政策上他没有真正的准备'反攻大陆',但是在精神上,他时时刻刻都在做。结果是他日夜地说'反攻大陆',实则天天在把台湾建立成一个中国的模范省。"[1]

蒋介石"反攻大陆"失利当然还有美国的因素。如前所言,蒋介石希冀通过此举将美国拉下水,而美国总统肯尼迪正在调整对华政策,当然不愿被蒋介石拖入与大陆的一场战争,所以千方百计阻挠国民党蒋介石的"反攻"。1963年1月9日,就在蒋介石大肆鼓噪"反攻"之际,美国国务院发言人宣称:要求台湾在对大陆作任何军事进攻之前,应顾及中国与美国之间的一项协议,及"美台共同防御条约"。该项条约规定,一切军事行动均需双方磋商,而台湾派游击队时"并未与美方商讨"。[2] 美国此举形同当头棒喝。对此,蒋介石不断会见外国记者,一方面要求美国应当检讨"共同防御条约",若美国反对台湾"反攻",则"中国人必将责难美国"。[3] 一方面申明他的"反攻""非但不能引起世界大战,而且'大陆光复'后,还有助于阻止大战的发生",更不会引起苏联干涉。[4] 另一方面向美国保证,他的"反攻"只"希望而且需要美国的精神与道义支持","需要美国继续给予军品方式的援助",并不需要美国直接出兵介入。[5]

不管蒋介石怎样解释与保证,没有美国的"放令"与支持,加上台湾民众的不满与大陆人民的全民皆兵,国民党蒋介石的"反攻大陆"必然以失败而告终。

---

① 转引自陈红民等:《蒋介石的后半生》,第377页。
② 台湾《联合报》,1963年1月11日。
③ 台湾《联合报》,1963年2月1日。
④ 台湾《联合报》,1963年7月20日。
⑤ 台湾《联合报》,1963年2月1日。

第九章　终身"总统"

蒋介石病逝后，台湾亲蒋派在神化蒋介石之时，宣称蒋"把一个习惯了数千年帝制的中国社会，带入了世界现代民主国家之林"。蒋介石"贡献于中华民族历史的，何止是领导国人度过了这大风大浪长达半世纪的艰险路程，就他为中国数亿同胞所开拓的民主生活领域方面来说，更是永远不朽，日月同辉"。大陆舆论则把蒋介石称为一个独裁者。

笔者实在不敢认同蒋介石是中国社会实施民主政治的"楷模"的观点。依笔者之见，在中国建立民主制度，把中国改造成一个民主国家，的确是近代中国历史的潮流，也是近代中国政治的基本课题。然而综观国民党蒋介石统治中国大陆22年的历史，笔者所看到的"独裁"二字则比比皆是。

国民党独裁统治的建立

众所周知，早在1928年10月3日，中国国民党中央执行委员会第172次常委会通过了《训政纲领》。《训政纲领》明确规定："由中国国民党全国代表大会，领导国民行使政权"；"中国国民党全国代表大会闭会时，以政权付托中国国民党中央执行委员会执行之"；训政时期一切国家大计，均由国民党中央执行委员会政治会议"指导监督"，交由国民政府执行。[①]国民党三大通过的重要决议案也指出："中华民国人民须服从拥护中国国民党，誓行三民主义，接受四权（选举、罢免、创制、复决）使用之训练，努力地方自治之完成，始得享受中华民国之权力"；"中国国民党最高权力机关，为求达训练国民使用政权弼成宪政基础之目的，于必要时，得就于人民之集会结社言论出版等自由权，在法律范围内加以限制"。[②]

---

① 《"中华民国"史档案资料汇编》，第五辑，第一编，政治（二），第95页，江苏古籍出版社，1994年版。

② 《"中华民国"史档案资料汇编》，第五辑，第一编，政治（二），第95页，江苏古籍出版社，1994年版。

上述规定表明国民党实施的是"以党治国"的理念，而且民众一切活动均要受到国民党的"限制"，从而确立了国民党一党专制的基本框架，并使一党专制的地位从根本制度上固定下来。

其实早在南京政权登场不久，蒋介石就对封建专制思想津津乐道，潜心研究《四书》《五经》和王阳明哲学与曾国藩思想，崇尚日本武士道精神。1926 年 8 月 14 日蒋介石在长沙所作的《党员的责任和地位与组织纪律之重要》演讲中，宣称："我们的政府是由党产生出来的，党是政府的灵魂，政府完全要党来领导"；"现在的政府，是我们党的政府，也就是我们自己的政府，我们的党命令政府、指挥政府"。[1] 1928 年 7 月 18 日，蒋介石在北平发表题为《中国建设之途径》的演讲，宣称："我们要建设健全的一个国家，要在国际上得到平等的地位，我们必须以党治国。"[2] 1931 年 5 月 5 日，蒋介石在国民会议上公开极力鼓吹中国在训政过渡时期，可以借鉴"法西斯主义"。1935 年，蒋介石在一次讲话中明确地说："法西斯主义能不能救中国，我们回答：可以。法西斯主义是目前中国所最需要的。"[3] 正是在这种背景下，国民党政权在 20 世纪 20 年代后期 30 年代前期疯狂实行法西斯主义，建立起历史上最庞大的现代化军队用以镇压人民；成立了恐怖组织 C.C. 系，后来发展成为军统与中统两大特务机构，到处实行白色恐怖；同时实行保甲制与文化专制主义。

抗日战争爆发后，各界民众普遍要求国民党开放政权，使国家制度向民主化迈进，进而形成团结一致的政府，来打败日本侵略者。中共也一再建议组织国防政府，集中全国的抗日力量。在这种情形下，蒋介石既不想改变一党独裁统治的局面，又不能对各界呼声无动于衷。此种心态反映在 1938 年 3 月召开的国民党全国临时代表大会的决定中。会议一方面决定设立"总裁制"，以代行总理职权，并推蒋介石出任国民党总裁。对于为什么设立"总裁制"，大会解释称：

"在此非常时期欲实行民主政治固属违反国家环境之需要"，为了"不致分散政治力量"，"顺利领导抗战"，必须集中党权。

吴稚晖代表大会主席团说明推举总裁案时称："我们中国国民党，是一个负有救国建国责任的党。自总理逝世以后，党中领导，失去重心，因此力量无从发

---

① 秦孝仪主编：《"总统"蒋公思想言论总集》，卷 10，第 225 页。

② 秦孝仪主编：《"总统"蒋公思想言论总集》，卷 10，第 323 页。

③ 转引自崔之清主编：《国民党政治与社会结构（1905—1949）》（中编），第 704 页，社会科学文献出版社，2007 年版。

挥，兹幸诸同志洞识其敝，提议改设总裁制，确定领袖。""依大会议决，本党应推选总裁、副总裁，以确立本党中央指导之权责"。[1]

一方面，"总裁制"的建立，实行领袖决定一切的领导体制，是组织形式上的一种倒退。大会选举蒋介石为国民党总裁，是以立法的形式肯定了蒋介石的最高领袖地位，为蒋介石进一步推行独裁统治提供了法律依据。另一方面，针对民众开放政权的呼声，大会决定设立国民参政会，邀请各党派参加。此一机构的设立，虽在一定程度上反映了民意，但该机构性质始终未能超出咨询范围，大权仍操控于国民党蒋介石之手。国民党五届九中全会召开时，决定授予总裁以"全权处理国是"大权。国民党六大时又改总裁"代行"总理职权为"行使"总理职权。此间，国民党一再宣称"一个政党、一个主义、一个领袖"。

抗战胜利后，蒋介石故伎重演，既要独裁，还要标榜民主。他一面打出"和平建国"的旗帜，继续鼓吹"国家统一"论调；一面也挂出召开国民大会，实施宪政的招牌。此时，蒋介石口中的"民主"，是以"国民政府的法统不致紊乱"，"政府基础不容动摇"为前提的。这样的国家制度只能是假民主真独裁。蒋介石还宣称："军令政令统一为国家存亡所系的命脉"。按照蒋氏字典的解释，国民党政府以官位作诱饵，让中共交出军队。此点则进一步说明蒋介石的"实现民主政治，还政于民"，不过是给一党独裁统治披上一件民主的外衣，是把国家大权从左手交到右手。蒋企图以此搪塞中国人民的民主要求与国际民主舆论的指责。蒋介石也正是用这种独裁与内战方针来对抗国共谈判与政治协商会议的。由于中共联合民主党派同国民党蒋介石展开针锋相对的斗争，才使得国共重庆谈判与政协会议取得一些积极的成果。因这些成果与国民党要求大相径庭，蒋介石便公然撕毁政协决议，发出战争叫嚣。蒋介石这种反民主的恶劣行径，不仅遭到中共的多次抗议，同时也遭到民主党派与广大知识分子的谴责与反对。

蒋介石挑起全面内战之后，又被暂时的军事胜利冲昏头脑，不顾各方反对，擅自召开一党独大的国民大会。出席大会的1381名代表中，绝大多数是国民党员。大会通过的《中华民国宪法》，表面上维持国会制与责任内阁制，实则是总统独裁制，是1936年"五五宪草"的翻版。对此，延安《解放日报》于1947年1月31日发表评论称，这部宪法的精髓和实质，可以八个字概括尽之："人民无权，独夫集权。"

---

① 中国国民党中央委员会党史委员会编：《中国国民党临时全国代表大会史料专辑》（上），第343页，中国国民党党史会印，1991年版。

制宪国大后，蒋介石为使其独裁统治合法化，迫不及待地筹备召开行宪国大。当时国民党内许多人主张缓开，就连蒋介石的挚友、高级幕僚戴季陶也有此建议。但蒋介石一意孤行，于1948年3月在南京召开行宪国大。因蒋介石标榜民主，也曾假惺惺地给民社党、青年党一些施舍，导致国民党内外在代表人选上出现了互相攻击、指责等事。特别是副总统选举一幕，更是丑态百出。就连蒋介石也愤愤地说：在副总统选举上，有些人"竟走到不顾党的纪律，而要求自由竞选，本党就在这样自由竞选斗争攘夺之中，而招致整个的崩溃"。蒋介石这一说法的确有一定道理，这等于他承认了派系之争是国民党在大陆失败的重要原因之一。但此说意在为自己的独裁统治所造成的恶果开脱，这就大错特错了。当时谁都晓得，行宪国大的最大成果就是选出了一位被赋予至高无上权力的、破坏宪法的总统。蒋介石一面标榜要还政于民，一面加紧镇压爱国民主运动，公开宣布解散民盟，同时还加紧进攻解放区。毛泽东对此加以抨击说：

"军事镇压与政治欺骗，是蒋介石维持自己反动统治的两个主要工具"。由于蒋介石的种种倒行逆施，遭到一切要求民主、和平与自由的人们的坚决反抗，蒋介石维持反动统治的工具在"迅速破产"。①

上述事实足以说明：自南京政权建立到国民党在大陆全面崩溃，蒋介石作为中国的最高统治者，从来没有给中国人民以真正的民主，他所给予人民的只是"欲以内战的手段，削平中共和一切民主力量"，达到"维持自己独裁统治的目的"。② 既然蒋介石从未真正给人民以民主，实施宪政从何谈起呢？他又怎么能成为实施民主政治的"楷模"呢？笔者以为：正是由于国民党蒋介石始终坚持一党独裁，反对民主政治，才形成了与历史潮流和人民群众的对抗，才造成了在大陆的彻底失败。

万年"国代"

蒋介石败退台湾之后，对于逼他下野一事始终耿耿于怀，遂酝酿复职。1950年3月1日，蒋介石不顾"宪法"规定，擅自在台重登大宝。蒋虽复"总统"职，但未从根本上解决"法统"问题。

按照《中华民国宪法》第47条规定，"总统"任期六年；第26条规定，"国

① 《毛泽东选集》，第4卷，第1226页。
② 《毛泽东选集》，第4卷，第1227页。

民大会"于每届总统任满前 90 日集会。蒋介石充任"行宪"以来首届总统是在 1948 年 5 月 20 日。按照时间推算,第二届"国民大会"应于 1954 年 3 月 29 日召开,选出第二届"总统"。然而国民党当局的"政令"只能及于台、澎、金门、马祖一隅,又如何选举第二届"国大代表"呢? 若仅从台岛选出第二届"国大代表",又怎么能代表整个"中华民国"和体现"民主政治"呢? 蒋介石又怎能再当"中华民国"的"总统"呢?

早在 1950 年 12 月 7 日,国民党中央改造委员会第 59 次会议上就曾经议论过这个问题。首先面临的是"立法委员"任期,会议决议先召开一个十五人谈话会,"共同研拟具体办法,再行提会讨论"。① 12 月 16 日,国民党中央改造委员会第 62 次会议对"立法委员任期问题"作出决定:"在现状之下立法委员之改选事实上无法举办,未免立法权中断,唯有由现任立法委员继续行使职权,期限暂定一年。"② 同月 27 日,"行政院"第 165 次会议建议"总统"咨商"立法院"同意由现任"立委"继续行使"立法权"。蒋介石当日发布咨文,同意上述决定。"立法委员"求之不得,"立法院"立即讨论通过了此一决定。

当时台湾当局之所以强调一年为期,是因为陈诚考虑"在一年之内,'收复大陆',完成下届立委的选举"。③ 但一年之内并未如愿,所以就再度延期,结果是三度延期。

"立委"问题解决了,而 1948 年选出的"国大代表"与"监察委员"六年任期也将届满,全部"中央民意机关"皆未能定期改选,这些代表如何行使职权,成为当务之急。

1952 年 5 月 7 日,国民党七届二中全会讨论通过了《关于依法召开"国民大会"案》,决定:

"(一)'国民大会'应积极筹备依法召集;

(二)为使'国民大会'顺利进行,其开会之法定人数应该为三分之一,即行修改或制定有关法规。"④

1953 年 9 月 23 日,蒋介石根据《动员"戡乱"时期临时条款》和"行政院"

---

① 《中国国民党中央改造委员会会议决议案汇编》,第 80 页,中国国民党中央委员会秘书处编印,1952 年版。

② 《中国国民党中央改造委员会会议决议案汇编》,第 85—86 页。

③ 台湾《"中央日报"》,1950 年 12 月 30 日。

④ 《国会改造》(战后台湾民主运动史料汇编四),第 119 页,台湾"国史馆"印行,2011 年版。

建议，批准"行政院"第 305 次会议决议"第一届'国大代表'任期至次届'国民大会'开会之日止"。①《动员"戡乱"时期临时条款》第 1 条规定："'总统'在动员'戡乱'时期，为避免国家或人民遭遇紧急危难，或应付财政经济上重大变故，得经'行政院'会议之决议。为紧急处分，不受'宪法'第 39 条或第 43 条所规定程序之限制。"②"行政院"第 305 次会议奉蒋介石之令作出上述决议。9 月 25 日，台湾"立法院"三读通过了上述建议。"内政部长"黄季陆宣称此举"已为民主和法治奠定了一个良好基础"。③

经过上述程序，台湾当局就建立起了"中央民意代表"不必改选的制度。如此一来，跟随蒋介石到台的"国大代表""立法委员""监察委员"，从六年一任或三年一任改为终身制，开所谓"中央民意代表"延长任期前所未有的先例。台湾人对蒋介石这一措施非常不满，讥讽这些代表为"万年国代"（这些代表直到 20 世纪 90 年代初才退出台湾政治舞台），称"国民大会"为"万年国会"。蒋介石这样做的目的，就是要"终身代表"选举"终身总统"。

对于蒋介石的违"宪"行为，远在大洋彼岸的李宗仁于 1954 年 1 月 3 日致蒋介石函称：

"迩者，'总统'六年任期届满，正为吾侪还政谢罪之时，岂意私心恋栈，竟欲召集第一届'国民大会代表'违法选举第二届正、副'总统'，舆论哗然，国际侧目。中外人士均认为此种选举，违法乱纪，绝不可行。深望考虑，以免蹈袁世凯、曹锟之覆辙。"

李宗仁在信里还特别强调三点：

（1）依照"宪法"规定，每届"国民大会代表"任期六年，行使他们选举正、副"总统"的权力一次。条文俱在，粲然可徵。

（2）《动员"戡乱"时期临时条款》只能为紧急时期的紧急处分，不能引用来延长"国民大会"代表的任期。

（3）"立法委员"任期三年，本届"立法委员"应于 1951 年任满，其本身已失去法律依据。④

对于李宗仁的批评，蒋介石置若罔闻。1954 年 1 月 21 日，"行政院"致函"司法院大法官会议"就"立监委"继续行使职权申请"释宪"。"司法院大法官会议"迅速于1月29日对此作出解释称："唯值国家发生重大变故，事实上不能依法办理次届选举时，若听任'立法、监察两院'职权之行使陷于停顿，则显与'宪法'树立'五院制度'之本质相连，故在第二届委员未能依法选出集会与召集以前，自应仍由第一届'立法委员''监察委员'继续行使职权。"① 经过此举，就使"万年国会"体制得以正式确立。

"国代"任期资格问题虽然解决了，但代表不到"法定"人数又令蒋介石大伤脑筋。有人出主意，请大法官们修改"选举法"，蒋认为此计可行，遂于1953年10月1日公布《第一届"国民大会代表"出缺递补补充条例》。12月又公布了《第一届"国民大会"职业团体及妇女团体代表缺额补充办法》。据此台湾当局还发表公告，要求原"国大代表"及"代表候补人"自1953年10月10日至12月底向"内政部"亲行报到，逾期不报而行踪不明在三年以上者，依"法"取消"国大代表"及"代表候补人"资格。② 经此措施，3045名"国大代表"已有1643人报到，超过"法定"出席会议人数的半数。然而这1643名"代表"不都居住在台湾，很难保证都能出席"国大"，并投蒋介石的票。为此，终身"立法委员"们修改了《国民大会组织法》，将第8条中的"开议人数须半数"改为"三分之一"。这样一改，确保蒋介石连任万无一失。

1954年2月15日，国民党召开七届中央委员会临时全体会议，会议内容只有一项，推举正副"总统"候选人。蒋介石亲临主持会议，并发表讲话，他既想当"总统"又故作姿态，宣称："第二届'总统'候选人，如提党内同志以于右任为宜，如提党外人士以胡适为宜"，一定要"慎重决定"。③ 蒋介石此说令于右任非常不安，他说："听了'总裁'的话之后，深感惶恐。'总裁'为国家民族奋斗几十年"，"在今天这个局面之下，除了总裁，没有第二人可以担负起领导全国的重任"。于右任带头吁请蒋介石为国民党"总统"候选人。会议最后决定蒋介石为国民党"总统"候选人。④ 对于国民党的决定，民社党与青年党均表示支持，还认为国民党此次提名"充分发挥了政党政治的精神"。⑤

① 《"总统府"公报》，第467号，1954年2月2日。
② 台湾《中央日报》，1953年10月2日。
③ 台湾《中央日报》，1954年2月16日。
④ 台湾《中央日报》，1954年2月16日。
⑤ 台湾《中央日报》，1954年2月16日。

蒋介石为了学西方政党提名方式，还令政治"花瓶"民社党提名正副"总统"候选人。民社党明知提也没用，但又不敢得罪蒋介石，遂推出老同盟会会员、前司法部长、现"总统府资政"徐傅霖为"总统"候选人，前"司法院"副院长、现"总统府资政"、民社党中央监察委员石志泉为"副总统"候选人。后来又有无党派人士莫德惠参加"总统"竞选，王云五参加"副总统"竞选。

同日，远在美国的胡适对于召开一届二次"国民大会"发表谈话称："2月19日开幕的'国民大会'第二次会议改选正、副'总统'，乃是尊重并继续'中华民国'法统的唯一合理措施，完全合乎'宪法'的正常途径，绝无违宪之处。"胡适还说：

"第一，首届'国民代表'的任期，依据'宪法'的规定，将于本年3月28日届满，故在2月19日召开的'国民大会'第二次会议，即在承平之时，亦是合法，何得谓为'违宪'。

第二，首届'总统'的任期，依法将于5月20日满期，在其任期届满之前90日，则须召开国民大会，改选正、副'总统'，所以此番'总统'的'国民大会'召集令，实是根据'宪法'而发，纯是'宪政'的常轨。

第三，依据'宪法'第28条的规定，每届'国民代表'的任期，须至次届代表就任之日，始告结束，兹以环境特殊，第二届'国民代表'无由产生，则第一届'国代'的任期仍属有效，亦自可推选第二届的'总统'、'副总统'。

第四，关于'国大'开会的法定人数问题，事属选举法的规定，而非'宪法'本身的问题，选举法系由'立法院'通过，立法院当然有权修改"。①

2月16日，国民党临全会推选陈诚为国民党"副总统"候选人。

2月19日，一届"国民大会"二次会议在台北中山堂开幕，出席"代表"为1487人。会议公推胡适担任大会主席。胡适在开会词中引经据典，说明此次会议的"合法性"。其后请蒋介石致词，蒋在致词中讲了十个问题，最后宣称：

"中正受国民付托之重，兢兢业业，唯恐其不胜负荷，而最近四年来，大陆各省的失陷，亿万同胞的奴辱，我个人更不愿辞卸其应负的责任。今日中正唯一可以自慰而与代表诸君共勉的，就是自由中国的境地，从暗淡里重见了光明；反共抗俄的前途，在险恶中显示了转机"。"'反攻光复'的机运已经在握，而代表

_____

① 台湾《"中央日报"》，1954年2月16日。

诸君，正在这全世界人类视线所集的台湾举行第二次会议，不仅为国际社会观瞻所系，亦且为全国同胞希望所托，深信必能同心一德，专心致志，恪遵'宪法'，行使职权，为国家法统作纲维，为民主法治示风范。"①

蒋介石致词后，大会展开对诸项事务的议决。其实这次大会的中心内容就是两项：一是罢免李宗仁，以报蒋被逼下野的一箭之仇；二是选举蒋介石当"总统"。当罢免闹剧演罢后，会议对《动员"戡乱"时期临时条款》问题发生了激烈的争议。根据 1948 年"行宪国大"通过的《临时条款》中第 4 条规定："总统"应最迟在 1950 年 12 月 25 日以前召集"国大"临时会议，决定《临时条款》应否延长或废止。然而蒋介石一没有如期举行会议，二不想废除《临时条款》，因这一条款的存在为蒋介石实行独裁统治大开方便之门。与会者对《临时条款》存废颇有争议，大会执行主席王云五见此状，遂宣称对此案的处理不外"废止""修改加强""延长"三种方法，但这三种方法都不可能。原因是根据有关条文规定，须经代表人数三分之二通过方可，但这次会议全部出席者不及代表总数的三分之二，无法对其进行变更。由莫德惠等 87 人提出"临时动议"："临时条款的存废，在这次大会中，不能有所决定"，但他认为"为应付当前紧急状况，这次大会可另通过一项比临时条款更为有利于'反共复国'的决议案"。②最后，大会通过了莫德惠等人提出的《临时条款》在未经正式废止前"继续有效"的提案。

接下来，大会的焦距对准了正副"总统"的选举。3 月 17 日，"国民大会"公布了本届"总统"候选人名单为：蒋介石、莫德惠、徐傅霖。两天后，又公布了本届"副总统"候选人名单为：陈诚、王云五、石志泉。

3 月 20 日，"国大"举行"总统"选举。投票结果，蒋介石得 1387 票，徐傅霖得 172 票，二人均未得全体代表总额过半数票。依修正的"总统""副总统""选举罢免法"第 4 条规定：应重新投票。3 月 22 日举行第二次投票，其结果是意料中事，蒋介石以 1507 票当选为"总统"，仍有 69 人反对蒋当选。"副总统"选举又重复了"总统"选举这一幕，陈诚当选为"副总统"。

当日，国民党《"中央日报"》发表社论《安危所系，举国归心》，宣称"这是我全体国民心目中明智的抉择，也是我整个国家局势上唯一的抉择"。③

---

① 秦孝仪主编：《"总统"蒋公思想言论总集》，卷 26，第 27 页。
② 台湾《新生报》，1954 年 2 月 25—28 日。
③ 台湾《"中央日报"》，1954 年 3 月 22 日。

　　1954 年，由"国大"主席团胡适之、洪兰友等人向蒋介石赠送所谓"中华民国"第二任"总统"当选证书

　　"司法院长"王宠惠对于蒋介石当选发表谈话称："这次选举蒋'总统'继续担任行宪后第二任'总统'，不仅为我们'中华民国'四亿五千万国民的全体代表之明智选择，尤能显示人民的愿望，适合国家的需要。""这次选举'总统'，仍和第一任'总统'选举时所采用的选举程序一样，是近代各国最民主的方法。"[1]

　　国民党《"中央日报"》与王宠惠的谈话纯属信口开河。当时台湾人口不足 800 万，怎么能说是四亿五千万国民的"明智选择"？明明是程序上有问题，却说是"最民主的方法"。

　　5 月 20 日，蒋介石、陈诚宣誓就任正、副"总统"职，监督人为台湾"大法官会议"主席王宠惠。

　　蒋介石的誓词称："余谨以至诚，向全国人民宣誓。余必遵守'宪法'，尽忠职务，增进人民福利，保卫国家，无负国民托付。如违誓言，愿受国家严厉之制裁。"[2]

　　陈诚在誓词中称："余谨以至诚，向全国人民宣誓。余必遵守'宪法'，效忠国家，如违誓言，愿受国家严厉之制裁。"[3]

　　当日，蒋介石提名俞鸿钧继任"行政院长"。在咨文中，蒋介石认为俞鸿钧在上海市长、财政部长、"中央银行总裁"与台湾省主席任内"政绩卓著"，"崇法务实"。[4]

---

① 台湾《"中央日报"》，1954 年 3 月 23 日。
② 台湾《"中央日报"》，1954 年 5 月 21 日。
③ 台湾《"中央日报"》，1954 年 5 月 21 日。
④ 秦孝仪主编：《中国国民党 90 年大事年表》，第 464 页。

至此，蒋介石如愿以偿，不仅国民党的"法统"地位得以维持，而且为其当"终身总统"打下了坚实的根基。

封杀雷震

1960 年 2—3 月，每六年一次的政治季风又吹临台岛。此时，年过古稀的蒋介石又面临着再度出任"总统"还是退居幕后的抉择。一届"国大"三次会议召开之前，大会首先面临的重大问题是召开的法定人数问题。第一届"国大代表"选举时法定名额 3045 人，但经正式选出者为 2961 人。1948 年 3 月第一届"国大"开会时，实际报到"国大代表"为 1841 人。1954 年 2 月一届"国民大会"二次会议召开时出席会议者为 1578 人。到 1960 年 2 月"国民大会"一届三次会议召开前，代表人数又有所减少。为此，"国民大会"秘书处于 1960 年 2 月 1 日函请"司法院"大法官会议就代表总额问题释疑。2 月 12 日，大法官会议发表释字 85 号解释义："'宪法'所称'国民大会'代表总额，在当前情形，应以依法选出而能应招集会之'国民大会'代表人数为计算标准。"其理由是"查'宪法'及法律所称之'国民大会'代表总额，在'国民大会'第一次会议及第二次会议时，虽均以依法应选出代表人数为其总额，但自'大陆沦陷'，国家发生重大变故已十余年，一部分代表行动失去自由，不能应招出席会议。其因故出缺者，又多无可递补。因'宪法'所设立之机构，原期均能行使职权；若因上述障碍，致使'国民大会'不能发挥'宪法'所赋予之功能，实非制宪者始料所及。当前情势较之以往既鲜有重大变迁，自营尊重'宪法'设置'国民大会'之本质，以依法选出而能应招在'中央政府'所在地集会之'国民大会'之代表人数为'国民大会'代表总额。其能应招集会而未能出席会议者，亦应包括在此项总额之内"。[1]台湾"内政部"根据上述解释核查一届"国大"三次会议代表应召集人数为 1576 人，以此人数作为本次大会计算总额标准。

解决了代表人数问题，一届"国大"三次会议于 2 月 20 日在台北召开。大会面临的第二个难题就是"总统"任期问题。如前所言，按照"中华民国宪法"第 47 条规定："'总统副总统'之任期为六年，连选得连任一次。"如果蒋介石再度连任，即属"违宪"行为。国民党中常会早在 1958 年 6 月就开始收集材料，着手研究。要解决"总统"任期问题，只有两个办法：一是修改"宪法"第 47

---

[1]　李云汉：《中国国民党史述》，第四编，第 319—320 页。

条规定；二是修改《动员"戡乱"时期临时条款》，冻结第 47 条之限制。对于通过修改"宪法"解决"总统"任期问题，1958 年 12 月 23 日，蒋介石在"'光复大陆'设计研究委员会"第五次全体会议上讲话时宣称：我"代表中国国民党、代表政府"，"我们不仅是没有修改'宪法'的意思，并且反对修改'宪法'"。蒋介石"不修改'宪法'"的理由是："'宪法'则尤为'反共复国'的有力武器，所以我们必须尊重它，而且维护它，才能达到'反共复国'的目的。"① 1959 年 12 月 23 日，蒋介石在"光复大陆设计研究委员会"第六次会议致词中重申"我不赞同修改'宪法'的主张"②。1959 年 5 月国民党八届二中全会同意蒋介石的上述主张，同时决议"全会认为'总裁'的领导，不仅关系革命的进展，抑且决定国家民族的前途，只要是我海内外爱国同胞意志之所集中，'大陆反共群众'希望之所寄托，'反共复国'艰苦斗争之所要求，我'总裁'对于'复国建国'的艰巨责任，自不容推卸"。③ 1959 年 12 月 7 日，国民党中常会第 176 次会议作出决议："本党在现阶段应贯彻不赞成修改'宪法'之主张。"④ 1960 年 3 月 12 日，中国国民党召开中央委员会临时全体会议，专门讨论国民党中常会关于《第一届"国民大会"第三次会议有关问题研究及处理经过报告案》。报告宣称台湾各界要求蒋介石连任"总统"的函电达 6000 多件。国民党中常会经过研究认为："值此大陆尚未'光复'，全国国民渴望反攻之际，本党对革命'复国'实有其对历史应负之责任，而衡量当前局势，基于大陆及海内外亿万爱国同胞希望之所寄，及其信念之所系，实非总裁连任'总统'不能完成我中华民族反共抗俄之艰巨任务与本党革命'复国'之重大使命。'总裁'谦冲为怀，故不以政治名位萦心，但本党中央受全党之付托，体国民之公意，唯有以我全党同志之一致团结，竭智尽忠，要求'总裁'继续担任领导与综持国家政治之责任，俾能适应当前实际迫切之需要，加速'反攻复国'大业只完成。"⑤

会议决定"在不修改'宪法'之原则下，依照第一次会议制定临时条款之程序，修改临时条款，规定'宪法'第 47 条关于限制连选连任一次之规定，在动员'戡乱'时期尚未终止前暂停使用"。⑥

① 台湾"教育部"主编：《"中华民国"建国史》，第五篇，第 732 页。
② 《"总统"蒋公思想言论总集》，卷 27，第 362 页。
③ 李云汉主编：《中国国民党七至九届历次中全会重要决议案汇编》（上），第 322 页。
④ 李云汉主编：《中国国民党七至九届历次中全会重要决议案汇编》（上），第 321 页。
⑤ 李云汉主编：《中国国民党七至九届历次中全会重要决议案汇编》（上），第 322 页。
⑥ 李云汉主编：《中国国民党七至九届历次中全会重要决议案汇编》（上），第 323 页。

会议推举蒋介石、陈诚作为国民党"总统""副总统"候选人。

对于国民党此举，以《自由中国》杂志为阵地，以雷震和殷海光为首的一些知识分子，集中火力反对国民党的"法统"，反对蒋介石再度连任"总统"。

雷震，字儆寰，浙江长兴人，1897年生。1916年中学毕业后赴日本留学，此间由戴季陶和张继介绍加入孙中山领导的中华革命党。回国后担任国民政府法制局编审、中央大学教授等职。1931年后从学界进入政界，曾先后任国民参政会秘书长、国大副秘书长、行政院政务委员等职。国民党败退台湾之后，他先后任"总统府国策顾问"、"中央银行监事"、"大陆灾胞救济总会监事"，以及《自由中国》半月刊杂志发行人。

从雷震的经历看，他是一个忠实的国民党员，也有人称雷是"恨铁不成钢"的国民党人。国民党败退台湾前夕，雷与"自由主义大师"胡适、王世杰、杭立武等人商讨办报事宜。胡适提议刊物名称叫《自由中国》，仿当年法国戴高乐的《自由法国》之意，雷则主张办报以扰乱解放区人心。由于国民党在大陆迅速崩溃，雷震等人什么也没有来得及办就随国民党当局撤离大陆。到台湾后，雷、胡继续酝酿筹办刊物，《自由中国》于1949年11月20日在台创刊。胡适为其刊物确定四条宗旨：

"第一，我们要向全国国民宣传自由与民主的真实价值，并且要督促'政府'（各级的政府）切实改革政治经济，努力建立自由民主的社会。

第二，我们要支持并督促'政府'用种种力量抵抗共产党'铁幕'之下剥夺一切自由的极权政治，不让他扩张他的势力范围。

第三，我们要尽我们的努力，援助'沦陷区域'的同胞，帮助他们早日恢复'自由'。

第四，我们的最后目标是要使整个'中华民国'成为自由中国"。[①]

该刊名义上胡适充当发行人，实则主事的是雷震。

《自由中国》另一主要干将殷海光，本名福生，湖北黄冈人。1934年秋自武昌中华大学教育系肄业后，赴北平在哲学家金岳霖等人指导下研究逻辑，后毕业于西南联大哲学心理系。1944年参加青年军，抗战胜利后出任国民党中宣部刊物编辑。1946年秋任《"中央日报"》主笔，后主编副刊《青年周刊》。在台湾时，殷海光被台大校长傅斯年聘为哲学系讲师，讲授逻辑。1954年赴美进修，翌年春

---

① 台湾《自由中国》第1卷，第1期，载《组党运动》（战后台湾民主运动史料汇编二），第8页，台湾"国史馆"印行，2000年版。

返台后仍在大学执教。1957 年被聘为教授。在政治上，殷海光主张英美资产阶级民主和反奴役、反专制，宣传罗素的哲学学说。作为《自由中国》的主笔，殷海光与雷震二人政见相近，遂以《自由中国》为阵地，集中火力反对国民党的"法统"，反对蒋介石的独裁与再度连任"总统"。

雷震

殷海光

1959 年年初，雷震听国民党文人陶希圣讲，"国大"一届三次会议将修订《动员"戡乱"时期临时条款》，并认定增加《临时条款》内容并不等于修"宪"。雷听后气愤异常，遂在同年 1 月出版的《自由中国》第 21 卷第 1 期上刊载了一篇题为《欣幸中的疑虑》的文章，明确表示反对蒋介石再度连任"总统"。6 月 16 日，该刊又发表了《蒋"总统"不会做错了决定吧！》的文章，再度阐明了上述看法。

当"国大"一届三次会议即将召开之际，《自由中国》更连篇累牍地发表反对蒋介石再度连任"总统"的文章，如傅正的《护"宪"乎？毁"宪"乎？》、曹德宣的《拥护蒋"总统"继续领导而不赞同连任》、杨金虎的《岂容御用大法官滥用解释权！》、雷震的《敬向"国大代表"同仁说几句话》和左舜生的《我们对毁"宪"策动者的警告》等文。

对于雷震等人的反对之声，蒋介石置若罔闻，如期举行"国大"一届三次会议。然而蒋介石连任问题仍然成为大会的焦点。

争论的焦点之一是要不要修"宪"？有代表主张既然是要继续连任，就应该修改"宪法"。问题是如前所言，蒋介石反对修"宪"。3月3日，蒋介石亲自主持国民党籍"国大代表"座谈会，再度说他"不赞成修改'宪法'的主张（包括'创制、复决两权'的行使）"。蒋介石认为"此时此地，修改'宪法'，不唯无益，而且绝对有害"。他要求党籍"国大代表"必须支持党的决定，贯彻党的决定，坚决反对"阳奉阴违，口是心非"。① 4日，大会继续审议修改《临时条款》达成蒋介石连选连任案。会中莫德惠、颜泽滋、凌铁庵等分别提出修正《临时条款》和修改"宪法"等三案。张知本就修改《临时条款》发言时指出："蒋'总统'曾经说过现行的这部'宪法'，是由大陆带出来的，我们将来仍然要带回大陆去。"他说对蒋介石这两句话，非常感动。"我们'国大代表'是全国国民的代表，绝大多数的主人正在大陆受苦受难，今天我们在无法获知他们的意见前，而从事'宪法'的修改，那就是闭门造车，我们一定要等待将来回到大陆听听他们的真意后，才能修改'宪法'"。最后争论结果，多数人反对修改"宪法"，主张修改《临时条款》。

争论的焦点之二就是蒋介石连任"总统"受不受"宪法"第47条限制。经过大会激烈的争论，会议三读通过了修改的《动员"戡乱"时期临时条款》："兹依照'宪法'第174条第一款程序制定动员'戡乱'时期临时条款如下：

'总统'在动员'戡乱'时期，为避免国家或人民遭遇紧急危难，或应付财政经济上重大变故，得经'行政院'会议之决议，为紧急处分，不受'宪法'第39条或第43条所规定程序之限制。

前项紧急处分'立法院'得依'宪法'第57条第二款规定之程序变更或废止之。

动员'戡乱'时期，'总统'、'副总统'得连选连任，不受'宪法'第47条连任一次之限制。

'国民大会''创制复决'两权之行使，于'国民大会'三次会议闭幕后，设置机构，研拟办法，连同有关修改'宪法'各案，由'总统'召集'国民大会'临时会讨论之。

'国民大会'临时会，由第三任'总统'于任期内适当时期召集之。

动员'戡乱'时期终止，由'总统'宣告之。

临时条款之修订或废止，由'国民大会'决定之。"②

修正《动员"戡乱"时期临时条款》的通过，就是"宪法"上限制"总统"

---

① 台湾《"中央日报"》，1960年3月4日。
② 台湾《"中央日报"》，1960年3月12日。

连任一次的条款被冻结，蒋介石可在"动员戡乱时期"无限连任。就是在上述背景下，一届三次"国大"于 3 月 21 日、22 日分别举行正副"总统"选举。蒋介石从 1509 名代表中得到 1481 票，陈诚从 1505 名代表中得到 1381 票，均当选为"行宪"以来第三任正副"总统"。

蒋介石对他的"违宪"行为不仅不感到内疚，反而大言不惭地认为这是"民主的典范"。在大会闭幕式上，蒋在致词中宣称这次大会取得了三项"伟大成就"：

"第一就是此次国民大会一切举措，都能遵循民主规范，发扬其高度民主精神，对于任何一种主张和提议，在其讨论过程当中，多数的都能尊重其少数的意见……使其一切决议都能成为公意和真理的抉择，这是充分表现了最后趋于一致民主的范型。"

"第二是这次大会的一切程序，都是根据法理来进行处理的。自解释大会总额起，经过修订临时条款，到完成选举，都是遵循'宪法'所赋予大会的使命来达成的。"

"第三是代表诸君皆能竭忠尽智，损小全大，贯彻了不修改'宪法'的决策，这乃是此次大会最大的一个成功。"①

对于蒋介石的自我吹嘘，《自由中国》杂志又发表了《蒋"总统"如何向历史交代》的社论，对蒋的"违宪"行为穷追不舍。由于蒋介石尚未对雷震等人采取行动，雷震等人被一时胜利冲昏了头脑。他们低估了蒋介石的决心，高估了美国人对台湾的影响力，竟开始调查选举情况，揭发国民党违"法"选举的黑幕等。雷震所为触怒了蒋介石，他决心搬掉《自由中国》这块阻碍他实行愚民政策的绊脚石。

《自由中国》杂志的封面

1960 年 9 月 4 日，蒋介石宣誓就任第三任"总统"不满四个月，就下令逮捕《自由中国》发行人雷震，同时逮捕主编傅正、经理马之辅、会计刘子英三人，罪名是

---

① 台湾《"中央日报"》，1960 年 3 月 26 日。

"煽动叛乱"。当天，国民党宣传部门公布了《自由中国》"涉嫌违法言论摘要"，给《自由中国》定下六条罪状：

"（1）倡导反攻无望，（2）主张美国干涉我国内政，（3）煽动军队愤恨政府，（4）为'共匪'做统战宣传，（5）挑拨本省人与大陆来台同胞间的感情，（6）鼓励人民反抗政府流血革命。"①

9月14日，美国西海岸记者访问蒋介石时问及雷震被捕原因，蒋说：雷震发行的《自由中国》"刊登的文章，对'共匪'是有利的"。他说："已有'匪谍'在该刊幕后做活动，逮捕雷震当然是有法律依据的。"蒋介石还表示："这件事与雷震等组反对党的事无关，任何人可以自由的在台湾从事政治活动，但是绝对不可参加颠覆的活动。"②

蒋介石这种栽赃人与欲盖弥彰的说法，不仅不能为广大公正史学家所接受，就连台湾"监察院"也对此案提出不同意见。据时任"监察委员"的陶百川记载说：

雷案发生当日，"立法委员成舍我、胡秋原两先生和我旋即交换意见，一致认为依照警备总部发表的'罪状'，雷震纵使涉嫌违犯普通刑法，但究未触犯惩治叛乱条例，从而不应被认为叛乱而受军事审判"。③

"监察院"陈翰珍等六人向"院会"提案指责雷案"诸多不合"，请派员调查，后经"司法委员会"推黄宝实、金越光、陈庆华、刘永济和陶百川五人调查处理。

五人调查小组首先向主管方面提出面晤四被告，作当面查询，但此要求未被最高当局所接受。拒绝的理由非常简单："没有蒋'总统'之指示，他们不敢做主。"雷震称：拒绝"监察委员"面晤被告，显系违反了"国府"公布的《监察法》第26条"'监察院'为行使监察职权，得由监察委员持监察证或派员持调查证，赴各机关、部队、公私团体调查档案及其他有关文件，各机关部队或团体主管人员及其他关系人员不得拒绝"之规定。

由于五人调查小组坚持声称维护"五权宪法"的"监察权"，认为面晤四被告是军事法庭审判"雷案"有无违法失职的关键所在，故仍坚持面晤四被告要求。后经国民党"党政联络小组"奔走，终于允许调查刘、傅、马三人，但仍不允许调查"主犯"雷震。至此，五人小组只好屈服于上命。

---

①　台湾《联合报》，1960年9月5日。

②　《雷震回忆录》第19页，香港《七十年代》杂志社，1978年版。

③　陶百川：《困勉强狷八十年》，第217页。

五人调查结果表明："警备总部等机关处理雷案颇多不合或失当之处"，此案有"若干瑕疵"。五人小组建议把审判违法事项向"行政院"提出纠正案。① 但纠正案呈递上去就了无下文。

曾任国民党中执委员的潘公展认为，当局对"雷案"的种种做法是"很愚蠢的事"。他要求军法覆判局"能有公平正直、无枉无纵的判决"。他更希望万一覆判局仍维持原判，则蒋先生可以依"宪法"所赋予的特权，对雷震予以特赦。

在美中国著名学人、民社党主席张君劢于"雷案"发生后，即自美国接连电告蒋介石。第一封电报对雷震被捕表示抗议，第二封电报长达 2000 字，要求释放雷震，并抄给台北李万居的《公论报》发表，经《公论报》一再研究，觉其措辞严厉，不敢全文发表，只发表了部分内容。据外电报道，这第二封电报主要内容是：

（1）抨击台湾当局拘捕雷震；

（2）反对让蒋经国担任重要职务；

（3）要求蒋介石辞职，将其责任交"副总统"陈诚，"以达到民族复兴"。②

国民党对"雷案"的判决，不仅在台湾岛内引起舆论哗然，而且在国际上掀起轩然大波，引起世界正义舆论的强烈谴责。美国一些报刊纷纷发表批评文章，其中《华盛顿邮报》的评论颇有一定深度：

"在台湾当局之作为，似乎常可以差不多算做自由主义的模范，任何那样的印象，已经被《自由中国》杂志发行人雷震因叛乱而判十年的徒刑所严重戳破了。"

美国著名中国问题专家费正清、斯卡拉皮诺投书《纽约时报》，指责台湾逮捕雷震"损害了美国在整个亚洲的威望"。费正清还说：

"我们广大的援助背后"竟没有政治自由的意念吗？"我们冒了战争的危险保障台湾，只不过是为了支持一个宁愿使用不必要的警察国家方法，而不愿意健全的政治进步的独裁政权吗"？

从雷案在岛内外的强烈反响看，雷震等人绝不是写了几篇反蒋再度连任的文章而遭逮捕的，也不是雷与中共有什么关系，而是雷、蒋斗争长期发展的必然结果。

---

① 《雷震回忆录》，第 234 页。

② 《雷震回忆录》，第 50 页。

众所周知，雷、蒋斗争从 20 世纪 50 年代初就开始了。1951 年元月，雷震与洪兰友在香港时，青年党领袖左舜生与李璜曾当着他们二人的面大骂蒋氏父子"违宪"，搞"以党治国"，认为这是家天下统治的特征。雷、洪返台后，正值国民党"改造"时期，蒋氏父子让雷汇报香港之行意见，雷便如实汇报。蒋经国认为这是雷震的主张，当面指责雷说："你们为什么反对在军队中设立党部之事，这是反动分子，是共产党同路人之所为。"

1951 年 6 月 1 日，《自由中国》发表社论《政府不可诱民入罪》，指责台湾保安司令部特务蓄意制造经济犯罪，设下陷阱让老百姓上当。刊物出版后被保安司令部全数扣押，还扬言要抓雷震坐牢。后经台湾省主席吴国桢出面干预才使事态平息。由于雷继续在该刊发表反对蒋介石独裁统治的文章，致使蒋氏父子对雷怀恨在心。

1954 年 12 月 16 日，《自由中国》发表一篇读者投书《抢救教育危机》。文章主要抨击台湾教育当局与蒋经国主持"青年反共救国团"在中学推行的课外政治课程与活动太多，"假教育之名行党化之实"。蒋介石读过这篇文章后"勃然大怒"，于同年 12 月 28 日亲自下令开除雷震的国民党籍。但由于《自由中国》抨击蒋介石独裁统治的理论依据是西方自由民主思想，蒋又为争取"美援"装潢"民主"，加之《自由中国》标榜反共，故使蒋一时难以对《自由中国》下手。

1956 年 10 月 31 日是蒋介石 70 岁生日，10 月 15 日，蒋介石在"总理纪念周"讲话时要求部下"切勿有祝寿举动"，应该"坦白各抒己见，俾政府研讨采择，分别缓急，予以实施"。并提议"全国报章杂志公私刊物"在以下几点提供具体建议：

"一、建立台湾为实现三民主义模范省的各种应兴应革的要政急务。

二、增进台湾四大建设（经济、政治、社会、文化）与清除旧有官僚政客之具体意见。

三、推行战时生活，革除奢侈浪费'不良风习'，造成朝气蓬勃复兴基地之应有措施。

四、团结海内外'反共救国'意志，增强'反共复国'战力，不尚空谈，务求实效的具体办法。

五、贯彻反共抗俄之具体实施计划与行动的准则。

六、对本人所有公私行动生活以及个性等各种缺点具体的指点与矫正。"①

时任"行政院长"的俞鸿钧宣称:"'总统'的六大号召,不但显示了一个伟大领袖的谦冲与感人的谋国至意,而且其中第一至第五各点,指示了当前我们推进'复国建国'大业的努力方向,我们自当遵循实践。""我们深信'总统'这一号召,必将激励海内外全体同胞竭虑尽忠,贡献其身心于反共抗俄斗争,并掀起争取胜利的总动员运动。"②

与俞鸿钧的论调相反,《自由中国》则出版了"祝寿专号",向蒋介石提出三点建议:选拔继位人才,学习华盛顿,不做"第三任总统";确定责任内阁制;实行"军队国家化",而不要在军内设立国民党党部。"祝寿专号"还发表了胡适的《述艾森豪总统的两个故事给蒋"总统"祝寿》,劝蒋介石只管大事不管小事,实行无为而治。

1957年后,雷、蒋冲突升级,起因导于雷震的《自由中国》杂志刊载了"反攻无望"的社论,并批评国民党当局死抱住"反攻大陆"不啻是"弊害横生"。雷的主张深为蒋不满,蒋认为他处处与当局唱反调,因此,加紧了对《自由中国》的迫害。先是骚扰,用特务力量,压迫承印该刊的印刷所拒绝买卖;其后又以挖墙脚、卧底的一贯伎俩,制造雷震的困扰。其目的是警告雷震,"你再胡来,我们就不客气了"。

最使蒋氏父子感到头痛的,也是导致雷震被捕的根本原因,即他的组党活动。

早在1950年4月1日,雷震就在《自由中国》2卷7期发表了《反对党之自由及如何确保》,阐述了反对党的存在,对民主政治的重要性。1957年4月1日,《自由中国》刊登了朱伴云的《反对党! 反对党! 反对党》一文,提出组成一个以民社党、青年党为主,联合其他不同于国民党意见所组成的政党——新党,是更积极地以"取在朝党地位而代之"为目标的反对党。③

雷震在1957年时也曾考虑组建反对党的问题。雷的主张得到旅居美国的胡适的鼎力支持。当年《自由中国》以《今日问题》为总标题发表的一系列社论中,曾专论反对党问题。同年5月,郭国基、杨金虎、吴三连等台籍人士针对国民党操纵选举诸种弊政,召开选举检讨座谈会,并提出筹组"中国地方自治研究会"的结社申请,这一申请得到雷震的支持。由于"自治研究会"具有反对党倾向,

---

① 台湾《"中央日报"》,1956年10月16日。

② 台湾《"中央日报"》,1956年10月18日。

③ 《组党运动》(战后台湾民主运动史料汇编二),第53—54页。

国民党断然决定禁止成立。当时蒋介石禁止成立的理由是：戒严时期，此举有违《非常时期人民团体组织法》。对于国民党蒋介石的专断行径，雷震等人一面著文予以批评，一面加快了组党的行动步伐。

1958 年 6 月 16 日，《自由中国》刊文《积极展开新党运动！》公开提出："必须创立新党，始能解决台湾面临的任何重大问题。"按照雷震的最初设计，即将组织的新党是一个"不希望取得政权的在野党"。它所代表的是台湾自由主义知识分子和中小资产阶级的利益。其奋斗目标是：向国民党独裁挑战，扩大人民的自由，裁减军事费用，对大陆不施军事攻击，为台湾人民争取应有的政治权利等。雷希望由胡适出任党魁，他自己做秘书长负责实际工作。胡适则主张由雷震出面组党，他全力支持，并提议新党定名为"中国民主党"。

1959 年 5 月 18 日，民社党与青年党及无党派七十多人在台北民社党总部集会，除检讨此次地方选举得失外，同时决定筹组一个新的反对党，由无党派人士与民、青两党共同组织。①

1960 年 6 月 16 日，《自由中国》发表七论反对党的文章，宣称："民主政治是今天的普遍要求，但没有健全的政党政治就不会有健全的民主，没有强大的反对党也不会有健全的政党政治。"其中李万居、雷震、吴三连、郭雨新、杨金虎等 55 人发表声明，宣布立即进行筹组一个新的政党，党名暂定为"中国民主党"。此后组党运动正式进入实践阶段。

6 月 19 日，新党筹组委员会正式成立，有委员 46 人，召集人 15 人。

对雷震等人筹建新党的工作，美国人表示出极大的兴趣。美国驻台"大使"庄莱德和"参赞"奥斯本称赞筹建新党之举，认为它使"中国可以步上民主国家，可以不使美国再受到扶持国民党的一党独裁的讽刺"。②

美国人的支持进一步刺激了雷震组党的兴奋神经。6 月 25 日，选举改进座谈委员会举行第一次会议，该会负责人李万居指出："由于国民党一党专政的结果，以致造成今日政治风气的腐化和社会风气的败坏"；"如果国民党早有觉悟，不以武力控制政局"，"开放政权，还政于民，让人民得以自由组党，也许今天政治业已改观"。"这一个月来，我们所积极筹划的工作虽是'地方选举改进座谈会'，实际上是在替组织新的反对党做铺路的工作"。③ 6 月 26 日，雷震宣布李万居、

① 台湾《联合报》，1959 年 5 月 19 日。
② 《雷震回忆录》，第 331 页。
③ 台湾《自由中国》，23 卷，第 1 期，1960 年 7 月 1 日。

高玉树、雷震三人为新党发言人；雷震、李万居、夏涛声、吴三连、郭雨新、齐世英、郭国基、黄玉娇等 17 人为召集委员，由雷任新党秘书长，做实际领导工作。该党设常设委员会，由李万居任主席，并决定在 9 月底正式成立新党。

同年 7 月 29 日，国民党《"中央日报"》发表题为《政党的承认问题》一文，认为如果成立"甘心为共产党充外围，做尾巴，从事颠覆'国家'的阴谋活动"的政党，"我们决计没有予以承认，与其交往之可能"。8 月 1 日，《公论报》对《"中央日报"》的论点予以批驳。《民主潮》杂志也发表社论，对《"中央日报"》颇多指责。

8 月 28 日，雷震正式宣布，新党党名就叫"中国民主党"。9 月 1 日，"选举改进座谈会"发表紧急声明，宣称："我们郑重声明我们组织新党，系基于爱国心切，不能坐视因国民党的一党专制，过分集中政治权力而误人误国。"同时《声明》抨击国民党当局对组党活动千方百计的破坏，并强调新党的组成，是任何干扰所不能阻止的。[①]

正当雷震等人准备宣布"中国民主党"成立之际，蒋介石闻此讯息后勃然大怒，令国民党三大党报《"中央日报"》《中华日报》《新生报》对雷震等人的组党活动予以反击。同时，为了扼杀"中国民主党"，蒋介石于 9 月 4 日亲自下令将雷震等人逮捕。雷震等人被捕使组党活动陷入沉寂。此刻，反对蒋介石独裁统治和再度连任的声音总算被完全封杀了，剩下的只有喊"蒋总统万岁"的声音了。

蒋、陈失和

中国是一个有着几千年皇权统治传统的国家，虽然封建王朝早已被推翻，但皇权主义观念仍在中国有相当的市场。蒋介石是从传统的伦理思想中培养出来的，在他的思想深处，还未摆脱皇权主义观念的束缚，因此他当"总统"后的最大愿望，除了"反攻大陆"之外，就是传位于子。随着蒋介石年岁的增长，传位于子的愿望越来越迫切。亲美的吴国桢、孙立人、雷震虽然被清除了，但阻碍蒋经国接班的障碍依然存在，这一障碍便是陈诚势力。如前所述，陈诚之所以深得蒋介石信任，是因为蒋介石用人严守传统亲谊观念，所用的不是黄埔系，就是同乡。陈诚不仅具有这双重身份，对蒋介石绝对忠诚，且他不贪污、家教严谨。这

---

① 台湾《自由中国》，23 卷，第 5 期，1960 年 9 月 1 日。

两点就国民党在大陆时代以及迁台初期的官僚而言，百中不得其一。正因为如此，陈诚官运亨通，先是出任台湾省主席，后由他"组阁"，出掌"行政院"。1954年3月召开的"国大"一届二次会议上，由蒋介石保举当上了"副总统"。1957年国民党八大召开时，又由蒋介石提名，陈诚出任国民党副总裁，同时仍兼"副总统""行政院长"等要职。1960年陈诚再度当选"副总统"。陈诚在当时台湾的地位，真可谓一人之下万人之上，红透半边天。港台舆论盛传陈诚将接蒋介石的班。

　　对于上述说法，一开始就有不同看法。据蒋经国的部下孙家麒被撤职后称：这不过是表面的看法，如果透过表面就可看到：

1954年，蒋介石当选第二任"中华民国总统"，蒋经国与父亲合影，蒋介石着力培养蒋经国，使蒋经国逐渐成为蒋介石的左右手

"早自1954年5月20日，陈诚先生就任副'总统'之日起"，继承权"便已开始转移了。这话一定有很多人不同意，然而事实确是如此，因为一，副'总统'的地位，虽然是一人之下，千万人之上，但并无实际力量，纵使再兼一个'行政院长'，在我们这个事实上等于'总统'制的国家里，'行政院长'又能发挥什么作用？俞鸿钧先生虽任'行政院长'，还不是等于一名'高级传达'？第二，陈诚先生虽然飞黄腾达甚早，然而他是一位不折不扣的军人，在玩弄'政治魔术'方面，确是瞠乎人后；同时他对老先生忠心耿耿，很少培植私人势力结党营私，所以他缺乏一个有力的政治性集团，充当他的政治资本。第三，他的年龄虽比老先生年轻十几岁，但他的健康情形，反而较老先生更差，也可能衰老得更快。太子先生则和他恰恰相反，在这三方面都比他优越得多。在此之前，两人明争暗斗相当尖锐。有时他还当面故意给太子以难堪，但自登上'副总统'宝座之后，态度忽而大为改变，不特待人接物和蔼可亲，一派礼贤下士的样子，即对太子先生也委曲求全，遇事隐忍。大概他以为自己业已坐上第二把交椅，老先生百年之后，继任者舍我求谁？因而放心大胆，笃定泰山了。这位先生真是名副其实的军人头脑，对于波谲云诡的政治斗争经验，还太缺乏。他不晓得太子先生几年之间，在上下其手的搬运魔术下，所行的力量，都已无形中先后入

了'太子'掌握，早非吴下阿蒙，而已后来居上"。①

上述说法有些牵强，似乎也有一定道理，就连陈诚本人也隐隐地感到了这一点。蒋、陈双方在下述问题上的确发生了"摩擦"。

首先是建立"青年救国团"之争。国民党退台之初，陈诚与蒋经国出于维护自身利益的考虑，曾联手打击、排挤异己。当陈、蒋势力稍具规模之后，便互不相让，争权夺势。1952 年前后，蒋介石为实现传位于子的既定方针，重拾三青团的老计策，筹组"小国民党"，不仅使其子得到锻炼，而且使其不断渗入国民党各个机构，以便将来全面控制国民党。蒋介石的"救国团"计划不但遭到《自由中国》的反对，蒋夫人派的吴国桢，甚至国民党内元老派也表示反对。其中陈诚以三青团创始者反对最厉害。他的理由是：应记取在抗战胜利后国民党内分裂为党团两大势力，不顾党之将亡，恶斗不休，搞得天下大乱的教训，不要再为个人势力的成长而另外弄一个"小国民党"。双方争论许久不得要领，后来蒋介石派其爱将张其昀前来说服陈诚，但陈诚仍坚持原主张不让步，其结果蒋介石干脆硬派陈诚前去主持"救国团"成立仪式，才使这一争论暂告一段落。

其次是人事安排之争。按照"宪法"规定，行政大权应操于"行政院长"之手，"总统"是个虚衔。蒋介石当"总统"当然不准此种现象存在，因此订立《临时条款》，赋予"总统"紧急处分权。但纵使有此规定，"总统"仍对一般行政无法指挥，这就造成陈诚与蒋介石之间的紧张关系。陈诚初次"组阁"时，外界就曾盛传"内阁"人事任用问题失和。俞鸿钧遭弹劾后，国民党内再度出现只有由"政治强人"陈诚重新"组阁"，才能平息政潮的看法。与此同时，陈诚接到了蒋介石令他重新"组阁"的任命状。他的再度"组阁"本身就已显露出"功高震主"的迹象。"组阁"时在"教育部长"人选上蒋、陈再度发生"摩擦"。俞鸿钧"内阁"时的"教育部长"是蒋介石的同乡张其昀，蒋希望陈诚"组阁"时仍聘用张。但陈诚不肯，蒋甚至与张亲自去见陈诚，陈仍未作明确答复。谁都知道陈诚与台湾知识分子关系较好，他认为"教育部长"必须德高望重，而此一职务最好由曾任清华校长的梅贻琦出任。梅原本坚持不做官，后经王世杰的多次说服才答应。经此周折，蒋、陈矛盾进一步加深。

第三是再度连任之争。在蒋介石再度连任问题上，《自由中国》反对最为激烈，许多知名人士对雷震等人的观点也表示支持。而这些人多与陈诚关系密切。所以

---

① 孙家麒：《我所认识的蒋经国》，第4—5页。

拥蒋的人认为陈诚与《自由中国》串通一气，阻止蒋介石连任。此种说法未免牵强，但又不能说一点儿道理没有。陈诚极力谋得知识界的好感，其目的也在为传承服务。关于此点可从1960年陈诚过生日时的一些蛛丝马迹得到说明。这一年陈诚过生日与往年不同，他曾和胡适、蒋梦麟、梅贻琦、王世杰四人南下旅行庆祝。此事经卜少夫在香港《新闻天地》中报道，并形容为现代的"汉惠帝与商山四皓"（汉高祖本不愿立汉惠帝为太子，但汉惠帝结交四大宿儒——商山四皓，显示他得名高望重的学者的敬重，因而改变了汉高祖的决定）。这篇文章在台湾传诵一时，使陈诚动向曝光。然而当《临时条款》赋予"戡乱时期""总统"无限期连任机会之后，陈诚在接班之战上打了一个大败仗。

蒋介石再度当选"总统"后，虽再度授命陈诚"组阁"，但陈诚已心灰意冷，并于1963年因病请辞"行政院长"职。蒋介石既想传位于子，但又冠冕堂皇，故不准辞职，给假休养一月，其职由"副院长"王云五暂代。一月假期届满之后，蒋又准假两月。后因9月中旬台北发生风灾，陈诚结束休假，勉强视事，但未打消辞意。同年11月国民党九大召开之际，蒋介石在会上提出"提拔新进"，实则是在逼陈诚交权。陈诚很乖巧，他再度提出辞职问题，蒋答应了他的要求，并推严家淦继任"行政院长"。

对陈诚辞职，外界评论颇多。陈诚自己称："近半年来，本人健康不佳，时感疲乏，迭向'总统'请辞。这并非逃避责任，而是恐怕有疏职守。但屡次均蒙恳切慰留，给假休养……近两月来，健康尚未恢复，医嘱仍须休养，因又请求辞职，如蒙批准……希望在健康之后，能继续以有生之年，全力报效国家。"

陈诚虽因健康问题辞职，但其内心仍不甘心，所以仍图东山再起。香港亲台报纸也称陈辞职是因"劳瘁"；美联社电讯则称陈诚下台另有原因；江南称陈诚"上焉者，处处要请示蒋先生，下焉者，要向经国低头"，"陈军人本质，一向发号施令，且以果断闻名，处此尴尬境遇，内心苦闷，盖可想用"。[1]香港《联合评论》1964年4月22日刊载一篇题为《陈诚被迫辞职的经过补述》的文章，其中的分析颇有一定道理，现摘要如下："众所周知，陈诚是蒋介石最亲信的人，他在政治上的地位，可以说，也是蒋一手扶植的。可是，自蒋经国的势力逐渐扩张后，陈诚的地位就开始动摇了。尤其是三任'总统'，'非法'连任以后蒋介石对陈诚也颇疑忌。"

---

[1]　江南：《蒋经国传》，第398页。

　　"虽然陈诚被迫辞职的主要原因，是为了与蒋经国的利害冲突；但导致了蒋介石断然准许他辞职，也是有若干原因的。首先是，去年有一架飞机飞往大陆投向中共，美国人曾有责难。蒋介石在国民党中常会上提出此事，参谋总长彭孟缉认为是由于军队的待遇太过菲薄所致，蒋即指示应增加军人待遇。陈诚则说，一旦增加军人待遇，而文官的待遇势必随之增加，政府实无此财力。张其昀、谷正纲亦主张增加军人待遇，陈诚很不高兴，认为他们有意和他为难，反问他们从何处筹钱，并斥责他们说话'不负责任'。蒋即拂袖而退，陈也声言将辞职不干，这一次的中央常会也就不欢而散。稍后，蒋为了要任命蒋经国的人做'国防后勤部长'，准备将原任'部长'石觉调任'交通部长'，陈诚认为现任'交通部长'沈怡的政声甚佳，不宜更动表示坚拒。蒋乃将石改派为'考试院铨叙部长'，但对陈如此不服从指示，深臻不满……'行政院'酝酿局部改组，陈诚拟以张厉生为'副院长'，陈雪屏为'教育部长'，并准备将沈昌焕及'司法行政部长'郑彦棻、'经济部长'杨继增免职。蒋经国即欲以邓传楷为'教育部长'，并维护郑彦棻，蒋介石和宋美龄也维护沈昌焕，陈诚则认为沈非去不可，又在'行政院'会议席上，对沈大加指责，沈自恃能兼得蒋家父子主妇三人的宠信，竟亦反唇相讥，陈诚一怒而离席。'行政院'那次会议几乎无法结束，还是'政务委员'余井塘以和事老的姿态出来打圆场，才草草了事。"

　　"陈诚离开'行政院'后，余怒未息，即向蒋当面报告经过，并表示辞职不干。他也许以为可以迫使蒋同意将沈昌焕撤换，却不料蒋顺势说：'你太辛苦了，休息一下也好。'随即把此前陈诚因病请辞的一件旧呈文取出，在上面批了'准予辞职'四字，用'总统府'的正式公文发回'行政院'，于是陈诚不得不辞职了。"

　　为国民党效尽犬马之劳的陈诚，到头来仍被爱子胜于爱"国"的蒋介石踢出了权力场。

　　1964年9月3日起，陈诚突然连续腹泻，服药后不见效果，体重不断下降。经医生诊治，确定陈诚患了肝癌。医生奉蒋介石与宋美龄嘱托，在陈诚官邸设立了设备齐全的临时病房，对陈诚24小时进行监护。后因治疗得当，病情暂时稳定下来。进入1965年以后，陈诚健康每况愈下，至2月27日，陈诚已进入半昏迷状态。3月2日，台湾"中央社"播发了陈诚病危的公告，称：

　　"陈诚'副总统'曾因十二指肠溃疡，而于民国三十七年于上海施行手术，在手术时发现肝脏有中等度硬化现象"。后"'副总统'食量突呈异常之增加"，"发生持续性病变、疲乏以及出汗诸症状，但尚无肝病之症状"，后又发现肝脏肿大，"增殖甚速"，"经施行肝脏穿刺术，获得小片肝组织作显微镜检查，其结果仍支持肝癌之诊断"。①

在陈诚病危期间，曾延请名医诊治，但妙手也无法挽救陈诚的生命。3月3日，陈诚已经不能进食，他屏退医师、护士，召长子陈履安至身前，口授遗言三条：

（1）"希望同志们一心一德，在总裁领导之下，完成'国民革命大业'"；

（2）"不要消极，地不分东西南北，人不分男女老幼，全国军民共此患难"；

（3）"党存俱存，务求内部团结，前途大有可为"。②

推敲陈诚遗言，不知是他的疏忽，还是故意如此，这三条66个字中，竟未出现"反攻"与"反共"的字眼，不知蒋介石看后作何感想。

3月4日，陈诚病情已经相当危急，当陈诚听到夫人说蒋介石与宋美龄要来探病时，坚持下床坐在椅子上等候。蒋介石夫妇在陈诚病床前停留了30分钟，陈诚以极其微弱的声音对蒋介石说："总裁，我的病恐怕不容易好了……"3月5日下午7时零5分，陈诚病逝于台北，终年68岁。病逝时他的夫人谭祥、长子陈履安、六子陈履洁、长女陈幸、次女陈平均服侍在侧。

陈诚病逝，对蒋氏父子而言既悲且欣慰。悲的是从此蒋家又少了一位"忠臣"，故此，蒋氏父子为陈诚大办丧事，其规模是当时台湾最大的一次。就在陈诚病逝的当晚，国民党中常会举行会议，并作出决议：

"一、由'行政''立法''司法''考试''监察'五院'院长'，'总统府'秘书长、参军长、中央党部秘书长、'光复大陆设计研究委员会'代主任委员、'国民大会'秘书长、'总统府'战略顾问委员会主任委员、'国防会议'秘书长等12人为治丧委员。

二、透过从政同志，通令'全国'各机关、学校、部队、团体下半旗十天致哀，并停止娱乐及宴会。

三、通过对陈故'副总统'哀悼决议文。"

《决议文》写道："陈副总裁诚，恸于1965年3月5日下午7时零5分，以肝癌遽尔长逝。'总统'深为震悼、全党同志哀痛弥深，中央常务委员会缅怀'副总裁'生平革命之勋绩，为表达全党沉痛之哀思，特决议如下：

---

① 台湾《"中央日报"》，1965年3月3日。

② 台湾《"中央日报"》，1965年3月6日。

陈'副总裁'献身革命，对'领袖'之忠贞，对同志之亲爱，对'主义'之践履笃实，对'国家'之公忠沉毅，及其自奉之俭、自律之严，久为国人所钦佩。'副总裁'在此四十余年中，'革命圣战'，无役不从，烛照机先，深谋果断，其不辞艰危，不避劳怨之精神，尤为'总裁'所倚重、全党所推崇，当大陆阽危之际，'副总裁'镇抚东南，秉承'总裁'指示，贯彻党的政策，以土地改革安定民生，以工业建设增强国力，俾克建设台湾三民主义模范省，承担'反攻复国'之大业。当今胜利在望，方冀辅弼元首，重建中华，不期遽染沉疴，中道溘逝，凡我同志，丁兹举国哀伤之际，尤应接受'副总裁'之遗言，同心一德，精诚团结，发扬'革命精神'，在'总裁'领导之下，积极奋斗，地不分东西南北，人不分男女老幼，全体军民，同舟共济，克服患难，赢取'反共复国'之胜利，完成'国民革命'之'大业'。"[1]

是日，蒋介石发布"总统令"，特派张群、严家淦、何应钦等人组成治丧委员会。对于陈诚的一生，"总统令"写道：

"'副总统'陈诚，公忠贞固，弘毅清刚，韬略夙长，讦谟丕显，献身革命，矢志报国。自北伐、'剿共'、抗战、'戡乱'诸役，屡应重寄，迭著丰功，泊乎开府东南，以致当选两任副'总统'，期间两任'行政院长'，先后亘十余年，筹策中兴，频献大计，绸缪生聚，民不能忘，竟以积劳成疾，卒致沉疴不起。追怀勋绩旧，震悼良深，特派张群、严家淦、黄国书、谢冠生、莫德惠、李嗣聪、何应钦、顾祝同、周至柔、薛岳、谷正纲、古凤翔敬谨治丧，以示优隆，而昭崇报。"[2]

蒋介石还下令：自3月6日起，党政机关、部队、学校、团体等，一律下半旗十日致丧。"国防部"奉蒋令作出三军为陈诚服丧的决定。据统计，陈诚病逝后，治丧委员会共收到1347幅挽联，105幅挽额，471个花圈花篮。其中蒋介石的挽联是：

"光复志节已至最后奋斗关头，那堪吊此国殇，果有数耶！革命事业尚在共同完成阶段，竟忍夺我元辅，岂无天乎？"

3月10日，陈诚大殓典礼在台北市殡仪馆举行。蒋介石偕宋美龄率"总统府"官员前往致祭。大殓之时，200名礼兵，肃立灵堂内外，六名陆海空军上尉军官护灵，一位中校军官任行仪官，两位中校军官手捧党旗、"国旗"，何应钦、顾祝

----

① 台湾《"中央日报"》，1965年3月6日。

② 台湾《"中央日报"》，1965年3月6日。

同、周至柔、谷正纲覆盖党旗；严家淦、黄国书、谢冠生、莫德惠覆盖"国旗"。当棺盖盖上时，19 响礼炮每隔 15 分钟鸣响一次，整个台北市民在听到炮声时须肃立，街上所有车辆也须停驶致哀。[①] 公祭之日，蒋经国最早到达灵堂。据台报载：当陈诚病逝那天，蒋经国整日侍候在侧，茶饭不进。在陈的遗体旁，他曾对记者沉重地说："'副总统'的逝世，对党国来说，是一件无可比拟的重大损失；对我个人来说，乃是失去了一位追随近三十年的导师。"

之所以说陈诚病逝使蒋介石欣慰，是因为蒋经国接班道路上的障碍终于自然消除，今后再也不用为传子部署大伤脑筋。此刻，蒋经国已由"总政治部"主任、"国军退除役官兵就业辅导委员会"副主任，晋升为"国防部"副部长。蒋经国的顶头上司是他的儿女亲家、导弹专家俞大维。俞大维有过颈部淋巴结肿癌的病史，虽经医治消失，但必须经常检查。据港报载：俞很会做官，在蒋经国到"国防部"上任后，俞到美检查时间有意延长。"国防部"内的事，包括到"立法院"备询、内部开会、处理公务等，尽量多让蒋经国做。当然，蒋经国决定的事，俞在事后没有不认同的。这种情形并未持续多久，翌年 1 月，蒋介石将俞大维调离"国防部"，任命蒋经国当了"国防部长"。这样一来，蒋经国彻底掌握了台湾的军权。

蒋经国在"国防部长"任内，与其父亲不同之处是巡视时不让你有任何准备，这种作风使蒋经国可以看到事情的真相，也使各级首脑不敢懈怠。港报对此评论说：蒋经国做"国防部长"时期，是三军风纪最好的时期。

20 世纪 60 年代末，蒋介石不断派蒋经国出访美国、韩国、日本、泰国等国家。蒋介石此举是对其长子的栽培与磨炼。后蒋介石又让蒋经国主持行政工作，先是让他出任"行政院"副院长，兼任"财经会报"主持人、"国际经济合作发展委员会"主任。

1972 年蒋介石五度当选"总统"后，身体状况不太好，知道自己来日无多，为了完成传子部署，遂任命蒋经国出任"行政院长"。至此，蒋经国由政工而军、而党务出掌"行政院"，其在国民党内权力地位仅次于蒋介石，成为台湾实际上的第二号人物。

上述事实标志着蒋介石传子部署和实现其权力和平转移、延续蒋家香火的安排已经基本完成。

---

① 台湾《"中央日报"》，1965 年 3 月 11 日。

部署接班

陈诚病逝后，蒋经国接班的格局已定，但马上继任"副总统"，威望尚显不够。1966年2月在台北召开的一届四次"国大"，就是蒋介石选择过渡人物，为蒋经国全面接班奠定基础的会议。

2月3日，"国民大会"临时会举行首次大会，通过代表资格审查、提案审查等案。翌日，临时会讨论蒋介石提交的"国民大会创制复决两权行使办法草案初稿"等案。会议一开始，争吵现象不断。

争吵首先是从大会前选举主席团开始的。在2月5日选举大会主席团日，"国大"秘书处公布的主席团候选人名单共124名，居然有15人临时声明放弃竞选。当选举开票后，谷正纲又把人吓住了，他自己得100票。如果平均分配的话，谷的票够10人当选，张群、薛岳每人只有38票，何应钦只有25票，三位大将合起来共计101票，只比谷多一票。谷正纲的满分换来了不少喝彩，但也给自己当选"国大"秘书长带来了麻烦。谷为什么会得100票呢？在主席团选举之后，一直成为"国大"场内外的研究专题，有人认为他耿直廉洁的作风赢得了代表们的信任；有人说谷氏担任"国大"秘书长六年多，功劳苦劳兼而有之，代表感激之余，以选票酬谢。国民党中央社社长马星野写的一篇短文称：他之所以投谷的票，是因为经过他几十年的观察，谷确是一位真正的国民党员，他的反共呼声真正发自内心，廉洁负责，更是有目共睹。也有代表在会场当众指责谷氏过去以代表兼任秘书长，有自私自利营私舞弊嫌疑。要不是他的秘书长身份并掌管5000万元，以此作为拉票工具，何以会得100票呢？这一阵炮轰，把在场代表弄得瞠目结舌。谷正纲对此反唇相讥，他首先向大会说明自己的经济状况及家庭生活情形。谷说家里的任何开支从未向公家报销，他所主持各种机构的职员，也都严禁到他家里走动，如果"国大"秘书处确有营私舞弊情事，欢迎任何人检举。后来他又激动地声称，极少数代表曾对他和秘书处有所要求，所求不遂，难免对他怀恨。这几句话把反对他的代表气得暴跳如雷，整个会场也充满了火药味。另一代表章正绥称谷正纲得100票，一方面是谷的光荣，另一方面也暴露出他的野心，此种野心最低限度会影响此时此地的"反共复国"。同时章还反对谷连任"国大"秘书长一职。章说：根据《国民大会组织法》第12条规定：秘书长并不限于"国大代表"，前任秘书长洪兰友就不是"国代"，再者根据18年经验，大会秘书长人选还是以推选非"国代"为宜，否则容易造成秘书长一人独裁和舞弊事件。然而大会在谷氏操纵下，并未接受章正绶的意见，谷正纲被通过连任"国大"秘书长职。

一波未平，一波又起。主席团选举案未平之际，张知本等代表所提议案又在大会内外掀起狂涛。张知本等代表向大会提请增订《动员"戡乱"时期临时条款》，该案中心内容有二：一是无限扩大"总统"权力。张的提案称：应授权"总统"成立"动员'戡乱'委员会"，以适应反共情势，完成"反共复国"历史任务。因此要求《临时条款》增加设置"动员戡乱委员会"，决定此时期大政方针，并有处理战地政务之全权，其组织由"总统"以命令定之。

二是"动员'戡乱'委员会"，"对于'中央政府机关'之增减，调整编制与职权，及依法选举产生之'中央公职人员'，因人口增加或任期届满，而现能增选或改选之地区及'光复地区'能举行选举时，均有制定办法实施之"。该案还提出"以上两款之施行，不受'宪法'有关条文之限制"。

张知本等人提案一经提出，不仅引起整个会场骚乱，就连街头巷尾也议论纷纷。许多代表质问提出两案的理由。张知本宣称：

"国际情况，变幻莫测，当此'反攻复国'之机运益臻成熟，'中央政府'之行政与人事机构，为有效执行动员'戡乱'任务，其编制与职权，必须具适当机动性，方足以增进行政效率、起用新进人才，充实战力，随机应变，克敌制胜。为此我国民大会并应授权'总统'，对于'中央政府'之行政与人事机构，得适时调整，以应动员'戡乱'之需要。"

张知本还称：

"复查人才之新陈代谢，为不可避免之事实，目前我'中央民意机关'依法选举产生之公职人员，以限于实况，久未办理选举，于是老成时见凋谢，而新血液之补充，则缺乏适当之途径，况选举权为人民之基本权利，及'宪法'所明定，'陷区'同胞，受'匪'迫害，固无法自由表达其意志，然在自由地区或'光复'地区之国民，尤其年轻一代，其在社会各方面多所建设之优秀人士，更属今后'复国建国'之中坚力量，自当使其有选举与被选举之机会，故依选举产生之'中央公职人员'，因人口增加而应按其比额增选或补选之地区及'光复区'能进行选举时，我'国民大会'尤宜授权'总统'，适时有权订颁办法，举行是项选举，以开创政治的新机运，亦即所以巩固'复国'建立之基础。"①

---

① 香港《新闻天地》，第945期。

张知本等人提案公布后，"国代"张一梦、杨震清、黄凤池等首先发难。他们坚称：修订《临时条款》就是"毁宪"，并且更为严重的是可能引起"政潮"，"动摇国本"。如"戡乱委员会"对"国府"机关可有权增减、调整、编制，那将置"五院"于何地位？是不是会使"五院"的职权混淆不清？其所谓"不受'宪法'有关条文之限制"，这势必要毁掉数十条"宪法"，最高政权机关的权力岂不是被剥夺殆尽。[①]

此外，"国代"杨扬等人更表现了激昂的反对情绪。杨扬称：

"宪法"所列举"中央政府"机关包括"国民大会""总统府"和"五院"，以下为地方政府，各部会为"五院"附属机构，"宪法"并未列举。关于"中央政府"机关之增减、调整、编制与职权，"宪法"均有明文规定，则"动员戡乱委员会"为"宪法"列举的"中央政府机关"，实不能授权准其增长，否则，它究竟在"国民大会"之上还是在"五院"之上？

至于"依法选举产生之'中央公职人员'"，杨扬认为，当系包括"国大代表"和"立、监委员"，如授权"动员戡乱委员会"来处理"国代"与"立、监委员"，这岂不成了相当民主国家之国会太上国会吗？至于张知本所说的"两款之施行，不受'宪法'有关条文之限制"，杨扬认为此说甚为荒唐，因为：

第一，"宪法为国家根本大法"，为现行宪政体制组织所由来，任何一条都与宪政体制有关，如不受"宪法"条文限制，等于不受"宪法"限制，如将来曲解演变之结果，必致全部"宪法"落空，这不仅是修"宪"，而且是废"宪"了。

第二，《动员"戡乱"时期临时条款》修订于"国大"第一次临时会议，"总统"公布为时不及一月，现又急急予以修订，其如人言可畏何？

第三，变更"国体"是何等重大事情，怎可拿"国家"为儿戏。[②]

张知本见反对声浪甚高，乃作补充说明说：本提案拟增列条文中所称"任期届满"之"中央公职人员"（指"中央民意代表"），并不包括"国大代表"在内。对于张的补充说明，"立法委员"莫萱元认为有"本位主义"之嫌，并向张开炮说：

请问"行政院"严"院长"，"宪法"与临时条款按规定不得随便更改，张的提案不但非当前形势需要与官民一致愿望，且将紊乱"国体"，破坏历年政治上的安定局面。"行政院长"为行政最高首脑，有盱衡"国家"全局的责任，对此项增订临时条款设置"动员戡乱"机构的提议，应该向"总统"陈述意见，并呈

---

① 香港《新闻天地》，第945期。
② 香港《新闻天地》，第945期。

请"总统"善为调处，以免将来"行政院"遭遇绝大困难。如严"院长"不愿以"院长"身份向"总统"陈述此项意见，请将本人今日质询的意见转呈"总统"参考。当即严家淦表示转呈。

由于反对之声已盖过张知本等人的理由，于是，蒋介石邀宴王云五、于斌、陈启天、孙亚夫等人，经过坦白陈述，决定对张案作重大修正。所谓"中央政府机关"改为"中央政府之行政与人事机构"。很显然，这样一改使"立、监"两院及"国代"均不包括在内，大家饭碗保住了，自然失去反对借口。"中央"公职人员由"改选"变为"补选"，"立、监委"亦因而吞下一颗定心丸。对于张知本的"以上两款之施行，不受'宪法'有关条文之限制"，蒋介石下令予以删除，以此来显示他尊重"民意"的开明作风。3月16日，国民党中常会根据蒋介石指示进行讨论后，对张知本等人提案作修正如下：

为适应"戡乱"需要，选拔青年才俊，开创政治新机，爰拟提请增订《动员"戡乱"时期临时条款》，在第三项之后，增订两项如左："动员'戡乱'时期"，"总统"得设置"戡乱委员会"，决定动员"戡乱"有关问题之大政方针，并处理战地政务事宜。

"总统"为适应"动员戡乱"之需要，得调整"中央政府"行政与人事机构，并对于依"法"选举产生之公职人员，因人口增加或因放出缺，而现能增选或补选之地区及"光复"地区能选举时均得订颁办法实施之。[①]

经过此一修改，张知本提案便成为一个皆大欢喜的修正案。此一修正案于3月19日获得通过，为蒋介石在台独裁统治与传位于子又增添了一条"法律"依据。3月22日，蒋介石下令颁布实施。

大会最热闹的一幕莫过于"总统""副总统"选举。按台湾当局的惯例，每次"国大"召开之前，国民党召开中央全会内定"总统""副总统"候选人。虽然蒋介石已八十高龄，但仍死死抱住"总统"宝座不放，并且还故作姿态，在大会开幕式上，蒋介石宣称自己无法完成"反共复国"的使命，希望大会"谋猷筹划，另选贤能，共进嘉谟"。[②]在3月7日召开的国民党九届三中全会上，蒋介石又宣称："这次会议，必须提名第四届'总统'、'副总统'本党候选人，在提名之前，我曾经考虑到，今后六年期间，'反攻复国'业务，经纬万端，中正自知力绌才短，无以胜任，尤其是财政、经济方面，更非中正所长；但个人自不能置

---

① 香港《新闻天地》，第945期。
② 台湾《"中央日报"》，1966年2月20日。

身事外，推卸责任，故自愿专心致志于'反攻革命'的方针，与行动之指导。所以建议提名党内年高德劭、勋望素孚的同志为'总统'候选人，而以年事较轻，学验均优，而有专长的同志副之；使个人得以'总裁'身份，专力于'反攻复国'党务和军事的指导工作。唯是'中央评议委员'、'中央委员'诸同志，仍一致决议，并投票通过以中正为第四届'总统'候选人。中正基于党员的义务，革命的初志，以及对国家绝续，民族盛衰，与'革命'成败，历史荣辱的责任，自唯有遵从党的决定，接受征召。""中正虽已行八十，鬓发苍白，但自信精神、体力迄未稍衰，今天不唯有信心，对'反攻复国'大计，保证我们已立于不败之地；而亦更有责任，保证在'反攻'进程中，可操必胜之权；领导本党同志、全国军民，齐来赢得'反攻复国'的圣战，完成'建国复兴'的大业。"①

3月12日，蒋介石设宴招待全体"国大代表"，并即席发表演讲称：

"我本来希望国民党同志不要提名我为候选人，因为才德兼备，对国家人民有贡献的老同志很多。但是，最后大家仍然推我，我感到很惶恐。我今年已八十岁，再连一任，还不能'反攻'，怎对得起国家？此次国民大会，乃是'反攻'前的最后一次会议，我们必须把握时局发展的枢纽，俾完成历史的使命。此外，我本来希望民、青两党亦能提出'总统'、'副总统'候选人，可是他们很客气。一党提名，未始不是一种缺憾。"②

蒋介石既要提拔年轻一代，自己又赖在"总统"宝座不走。如果蒋介石真想让"贤"，80岁的老人就应毅然引退。然而在故作姿态之后，仍荣登大宝。他说此次大会是"反攻"前的最后一次会议，但到1972年一届五次"国大"开幕时，"反攻"任务仍未完成，他又以"世局多蹇"将此责任搪塞了事。那年他已86岁，他又故伎重演，让大会"另选贤能"，然而在一番虚情假意的推托之后，五度出任"总统"，直至死在任上。

"总统"择定之后，"副总统"人选至关重要，因为他关系到传位于子的战略部署问题。陈诚病逝后，"副总统"职位一直虚悬。当一届四次"国大"来临之际，台湾舆论界一直认为"副总统"人选不外是张群、孙科、何应钦三人之中必有其一。台湾舆论界何以揣测是此三人呢？其主要原因是根据"中华民国宪法"规定，"副总统"必须是一个"才德"兼备的人，而张、孙、何均具备此种条件。然而蒋介石的人事安排历来高深莫测，国民党中央召开九届三中全会时，蒋

① 张其昀：《先"总统"蒋公全集》，第3册，第2905页。
② 商岳衡：《严静波险胜辅弼之选》，载《新闻天地》，1968年4月2日。

介石在开幕词中宣称要提拔新进人才，后又说"副总统"候选人年龄宜在六七十岁之间。蒋的这一暗示表明："副总统"人选应在张、孙、何外选择，因张已79岁，何78岁，孙也已76岁。最后蒋提名时任"行政院长"的严家淦为"副总统"候选人。

严家淦是怎样的人呢？严是江苏吴县人，1905年出生在一个书香门第的家庭中，四岁即会吟诗，早年毕业于圣约翰大学，攻读理论化学。1931年任京沪、沪杭甬铁路管理局材料处长，1938年任福建省建设厅长，后调任省财政厅厅长，首创田赋征实制度，向全国推行。1945年12月，调任台湾行政长官公署交通处长、财政处长，兼台湾银行董事长等职。

严在政治上崭露头角是在到台湾之后。他担任"财政厅长"期间，曾主持币制改革，发行新台币稳定台湾的金融财政，开始受到蒋介石的赏识青睐。因当时台湾需要大量"美援"物资来维持经济稳定，严受命筹组"行政院美援运用委员会"，由于运用"美援"得当，后升任"经济部长"兼"美援运用委员会"副主任，不久任"财政部长"。1954年，严出任台湾省主席。蒋介石之所以看中严，不仅仅是由于严的才干，因为像严这样"经理型"政治人物，在台并不是都能像他那样飞黄腾达的。蒋最喜欢严的两大长处：一是严没有自己的班底，不擅拉帮结派；二是严没有权力欲，为人颇圆融通达。严本人就曾说过："凡事应该退一步想，易地而处。我们不能希望每个人的性情、思想、意见完全相同。如果人人能退一步想，易地而处，那么一切事情都会有愉快的结果。"①

对于严家淦的为人，江南评论说：

"充其量他只是个循规蹈矩的政客，无条件服从的YES MAN。""好人，不是好官；是好公民，不是好公仆。""严没有野心，没有班底，庸庸碌碌，是汉献帝型，也是林森型。天时、地利、人和，使严因缘际会，扶摇直上。"②

正是由于这两点，使严不可能形成对蒋经国接班的威胁。因此，蒋介石在严家淦助选演讲中大加赞扬。蒋说：

"来台之初，我派陈前'副总统'主持省政，实行三七五减租，成为日后平均地权的关键。保持币制信用，俞鸿钧先生贡献至大，而严家淦先生当时是俞先生最得力的帮手。严家淦担任台湾省政府主席，养成守法习惯，实行地方自治，

① 香港《新闻天地》，第946期。
② 江南：《蒋经国传》，第401—402页。

他做得很成功。过去 16 年,他所表现的经验、能力、学识、智识,充分地证明他有资格担任'副总统'而不会失职。我经过再三斟酌研究,决定提名他做我的副手。"①

蒋介石的助选演讲在后来选举中发挥了极大的作用,许多国民党元老听了蒋的这番话投了严的票。然而由于严在 3 月 10 日才获提名,拉票的时间极短,故在大会发出的 1417 张选票中,严得 782 票,得票率仅为 55.2%。在开票过程中,由于严始终未能脱颖而出,使主持开票仪式的于斌坐卧不安,他翻阅了《'总统''副总统'选举投票及开票办法》,和属下研究废票鉴定标准。于害怕不能过半数,故主张放松废票标准,以免举行第二次投票。但于的说法立即遭到翟宗涛等人的驳斥,认为如果严得票不过半数,就应该举行第二次投票。这场争论直到严以极微弱多数票当选才告结束。

严家淦当选后发表谈话称:"本人承'国民大会'选举为'副总统',非常感激,也非常惶恐。自当服从'总统',勤慎努力,尽忠职守。在今后六年之中,当以爱国的身心为国家奉献,为人民服务。"②

1972 年,蒋介石连任"总统"后,与严家淦宣誓就职

对于严家淦当选为"副总统"外界评论颇多。香港舆论界认为:严家淦是"行宪以来第一位文人出身的'副总统',与亚洲各国比较,他的当选有不平凡的意义存在,是台湾民主政治向前大迈一步的里程碑,也是蒋介石在廓清暮气、起用新人的大手笔下,拔擢的一位政坛彗星"。笔者以为这种说法未免言过其实。明

① 香港《新闻天地》,第 946 期。
② 台湾《"中央日报"》,1966 年 3 月 22 日。

眼人都看得出，蒋提拔严的真正用意不是加速台湾民主进程，而是为其传位于子进一步奠定基础。关于这一点，严家淦体会最深。他在继陈诚"组阁"后，先是任命蒋经国为"国防部"副部长，后又升任"国防部长"，让其放手抓权。严当"副总统"之后，又将"行政院"副院长一职交与蒋经国，当严1972年连任"副总统"后，索性辞掉"行政院长"一职，由蒋经国"组阁"，使蒋经国成了名副其实的党政军核心人物，成为蒋介石的准接班人。

第十章 "外交"危机

众所周知，在对外关系中，国民党与蒋介石最重视同美国的关系，在亚洲最重视同日本的关系。20 世纪 50 年代初期，处在"外交"绝境的蒋介石与国民党政权在遭受有惊无险的中国代表权案的波折之后，使蒋介石"感觉又一次创痛的失意"，莫过于 1951 年 9 月在旧金山召开的对日"和会"不许台湾当局参加。随着台美"蜜月"的结束，国民党蒋介石又经历了联大被逐、尼克松冲击波与台日断"交"，造成了台湾"外交"史上空前的大溃退。

联合国代表权问题的由来

在中国历史上，曾经发生过多次分裂的局面。分裂时期，各据一方的两派之间经常发生争斗与争论，争论的焦点问题之一，就是谁是代表中国的"正统派"。在中华人民共和国成立之前，国民党当局代表中国出席世界最大的国际组织——联合国大会。随着国民党政权退守台湾与中华人民共和国的建立，国民党当局已经沦为一个地方政府，失去了代表整个中国的资格，中华人民共和国政府成为中国唯一合法的政府。根据国际法规定，中国在联合国大会的代表权应属于中华人民共和国，而不是台湾的国民党蒋介石集团。但是，由于美国出于冷战思维与遏制中国的考量，无理阻挠中华人民共和国恢复在联大的合法席位，继续让国民党蒋介石集团的代表占据中国的席位，从而引发了联合国代表权之争。

联合国作为当今世界最大、最重要、最具代表性和权威的国际组织。这个组织是怎样建立的呢？在联合国问题上为什么会出现代表权之争呢？

众所周知，苏德战争爆发后，斯大林于 1941 年 7 月 3 日发表广播演说，宣称苏联的卫国战争，不仅是为了保卫苏联，而且要帮助那些呻吟在德国法西斯主义枷锁下的欧洲各国人民。苏联此举，促使美国与英国政府出于反对法西斯侵略和战争的目的表明自己的态度与战略考量，由美国总统罗斯福与英国首相丘吉尔于 1941 年 8 月 13 日签署了联合声明，14 日正式公布，史称《大西洋宪章》。声明宣布了对德战争的目的和战后和平的处置等八项主张。《大西洋宪章》在当时历史条件下，对于动员世界人民，加强反法西斯联盟，打败德、意、日侵略者，无疑起到了积极的作用，同时奠定了联合国宪章的基础。

1941 年 12 月 7 日，太平洋战争爆发。翌日，美国英国荷兰三国正式对日宣战。12 月 9 日，中国政府正式对日宣战，并对德、意宣战。同日，蒋介石致电罗斯福、丘吉尔、斯大林，建议在重庆召集东亚军事联席会议，协调各国作战，并说否则有被各个击破的危险。10 日、11 日，蒋介石又邀请美英等国大使、武官等商讨联合作战问题。14 日，罗斯福总统致电蒋介石，建议 17 日以前在重庆举行联合军事会议，以交换情报，并研究陆海军在东亚的行动。[①] 由于日本对美英开战，使第二次世界大战进入了一个新阶段；由于中国与美英苏等国联手作战，中国成为亚太地区抵抗日本侵略者的主战场，从而使中国的国际地位得以提升。当然，美国总统罗斯福在确立中国作为四大国之一的地位方面起了关键性的作用。罗斯福在一次谈话时宣称："假如没有中国，假如中国被打垮了，你想一想有多少师团的日本兵可以因此调到其他方面来作战？他们马上可以打下澳洲，打下印度——他们可以毫不费力地把这些地方打下来，他们并且一直可以冲向中东。"[②]

就在蒋介石与美英相关人员在重庆商讨联合作战时，太平洋战争爆发后美英第一次最高级会议正在华盛顿举行。会议确定纳粹德国是主要敌人，欧洲是主要战场。美国建议签署一个《联合国家宣言》，于 1942 年 1 月 1 日发表。宣言由领衔 26 个国家共同签署。宣言由序言和两条正文组成，主要内容是：签字国政府赞成《大西洋宪章》的宗旨与原则，"保证运用其军事与经济之全部资源，以对抗处于战争状态之'三国同盟'成员国及其附从国家"，并保证"不与敌国缔结单独之停战协定或和约"。[③] 宣言发表后，陆续有几十个国家加入签字。该宣言的发表，不仅标志着反对轴心国的同盟国战线的正式形成，也为战后联合国的建立提供了法理依据。

1943 年初，罗斯福提出为了保障战后世界安全，力主由美英苏中四国共同签署《普遍安全宣言》。对此，英国和苏联都表示反对，丘吉尔的理由是："作为一个民族，我钦佩他们，喜欢他们，也同情他们一直遭受的政治腐败。但是，绝不

---

① 陶文钊著：《中美关系史》(1911—1949)，第 201 页，上海人民出版社，2004 年版。

② 张树德著：《中国重返联合国纪实》，第 26 页，黑龙江人民出版社，1999 年版。

③ 《中国近代对外关系史资料选编》，下卷，第 2 分册，第 167 页，转引自陶文钊著：《中美关系史》(1911—1949)，第 202 页。

能指望我接受一个我认为是完全不真实的价值标准"。① 斯大林对国民党及其军队存有偏见，认为中国军队不打仗。有鉴于此，1943 年 8 月，美英两国举行第一次魁北克会议，罗斯福极力劝说丘吉尔放弃反对中国作为四大国之一的立场。丘吉尔最后同意在战后以美英苏中为中心，设立国际和平机构的建议。9 月 21 日，美国政府将四强宣言草案送交国民政府，并予以口头说明：1. 此系四强可能共同发表之宣言草案；2. 此草案同时通知中、英、苏政府；3. 现已建议英、苏政府在未来之三国会议中，考虑此项计划应列入议程之内；4. 中国政府如有意见或评论需要向美国政府表示者，当为美国政府欢迎。② 中国政府外交部当即对美国表示完全赞同该项宣言草案。上述事实表明，美英中三国已经就达成宣言进行了沟通。但当 10 月在莫斯科召开美英苏三国外长讨论战后签订《普遍安全宣言》时，遭到苏联外交部长莫洛托夫的强烈反对。罗斯福总统下定决心，如若不让中国参加签字，美国将拒绝签字，即使会议破裂也在所不惜。与此同时，赫尔不断说服莫洛托夫说：

"对于中国形势，美国政府已经做了并正在做着一切可能的努力。在我看来，把中国排除出四国宣言是不可能的。我国政府相信中国在战争中已作为四大国之一出现在世界舞台上，现在在宣言问题上由美、英、苏三国将其当面摒弃，完全有可能在太平洋地区产生极其恶劣的反应。不论在政治方面还是军事方面，从而可能需要我国政府作出种种调整，以保持在太平洋地区政治和军事形势的恰当稳定……再者，我国公众可能把从宣言中排除中国解释为我国政府与苏联一起将中国抛出战争舞台，因此，一旦获悉此讯，我国公众舆论将会失望地分裂并受到伤害。"③

10 月 26 日，三国外长决定四国宣言文稿。赫尔再次提出中国参加签署问题。莫洛托夫表示苏联不再反对中国作为原始签署国，但担心中国驻苏大使能否在大会闭幕前取得必要的签字权力。赫尔表示他愿意尽速将这一宣言全文电告中国政府，并如期使中国大使获得签字权力。④

---

① ［英］温斯顿·丘吉尔：《第二次世界大战回忆录》，第 4 卷，第 133 页，时代文艺出版社，1995 年版。

② 《抗战史料初编——战时外交》(3)，第 799 页，转引自石源华著：《"中华民国"外交史》，第 588—589 页，上海人民出版社，1994 年版。

③ 转引自陶文钊著：《中美关系史》(1911—1949)，第 227—228 页。

④ 吴相湘著：《俄帝侵略中国史》，第 483 页，转引自石源华著：《"中华民国"外交史》，第 590 页。

同日，中国驻苏大使傅秉常自莫斯科致电蒋介石，请求授予四强宣言草案签字全权。蒋介石接电后立即复电称："中、英、美、苏四国宣言可即由该大使全权代表中国政府签字。"[①]

10月30日，中国驻苏大使傅秉常与美英苏外交部长在普遍安全的《莫斯科宣言》上签字。宣言的主要内容是：四国一致决心对轴心国继续敌对行动，直至各轴心国在无条件投降基础上放下武器为止；四国承认有必要在尽速可行的日期，根据一切爱好和平国家主权平等的原则，建立一个普遍性的国际组织，这些爱好和平国家无论大小，均得加入为会员国，以维持国际和平与安全；四国约定在法律与秩序重建及普遍安全制度创立以前，各该国将彼此协商，代表国际社会采取共同行动，战事终止后，除非为实现本宣言内所预期的目的，将不在其他国家领土内使用军事力量，并对战后时期的军备的管制，获得一实际可行的普遍协议。[②]

美英苏三国外长会议后，罗斯福与蒋介石、丘吉尔、斯大林进行联络，计划举行一次四国元首会议，以策定全盘作战策略。罗斯福决定在埃及首都开罗举行，但斯大林反对在开罗举行会议，坚决主张在德黑兰召开，罗斯福遂决定四巨头会议分为开罗和德黑兰两次召开。11月18日，蒋介石携宋美龄一行自重庆启程，21日抵达开罗。代表团成员包括：王宠惠、商震、林蔚、周至柔、董显光、杨宣诚、郭斌佳、俞济时、黄仁霖、陈希曾、陈平阶、俞国华、左维明、陈纯廉等。国民政府各部门为参加开罗会议做了充分准备，提出了《关于开罗会议中我方应提出之问题草案》和《关于未来会议军事方面之建议》《战时军事合作方案》与《战后中美经济合作方案》等文件。

1943年11月23日至26日，开罗会议召开，罗斯福、丘吉尔与蒋介石出席了会议。这是中、美、英三国首脑有史以来的第一次会议，会议的中心内容是讨论联合对日作战计划及战后对日本处置问题。会议通过了《开罗宣言》，宣言全文如下：

"罗斯福总统、蒋介石主席、丘吉尔首相偕同各该国军事与外交顾问，已在北非举行会议完毕，特发表宣言如下：

三国军事方面人员，关于今后对日作战计划，已获得一致意见。三大盟国决

[①]　王正华编：《"中华民国"与联合国史料汇编》（筹设篇），第31页，台北，"国史馆" 2001年版。

[②]　《反法西斯战争文献》，第137—138页，转引自石源华著：《"中华民国"外交史》，第590页。

以不松弛之压力,从海陆空各方面加诸残暴之敌人,此项压力,已经在增长之中。我三大盟国此次进行战争之目的,在于制止及惩罚日本之侵略,三国绝不为自己图利,亦无拓展领土之意思。三国之宗旨,在剥夺日本自从1914年第一次世界大战开始后,在太平洋上所夺得或占领之一切岛屿;及使日本在中国所窃取之领土,如东北四省台湾澎湖列岛等归还"中华民国"。其他日本以武力或贪欲所攫取之土地,亦务将日本驱逐出境。我三大盟国稔知朝鲜人民所受之奴隶待遇,决定在相当时期使朝鲜自由独立。基于以上各项目的,三大盟国将坚忍进行其重大而长期之战斗,以获得日本之无条件投降。"①

1943年11月25日,出席开罗会议的中美英首脑及高级幕僚合影

开罗会议闭幕后,罗斯福、丘吉尔与斯大林在德黑兰举行会晤,斯大林对《开罗宣言》文稿表示赞同。12月1日,《开罗宣言》正式发表。该宣言的发表标志着中国国际地位的进一步提高,同时也奠定了中国成为联合国发起国的大国地位。

1944年5月,美国决定先由中、美、英、苏四国举行非正式会议,商讨国际安全机构问题。蒋介石于6月2日致电中国驻美国大使魏道明转呈罗斯福总统:"关于在华盛顿召集会议,商讨维持世界和平之国际机构一事。中国向来主张早日成立此种机构,如其可能,并望在战事结束以前成立。阁下现实采取领导行动,俾此意见得以实现,余等极为欣慰。"②

① "总统府"机要档案开罗会议卷,转引自李云汉:《中国国民党史述》,第3编,第544—545页。

② 王正华编:《"中华民国"与联合国史料汇编》(筹设篇),第129页。

7月15日，蒋介石又电令外交部长宋子文指示中美英三国会议应做好三项准备工作：

（一）我方出席代表可即特派孔副院长就近担任，应如何正式电派及通知，即系查明手续，核议办理。或先以个人名义去电通知孔副院长着手准备。

（二）关于会议有关之一切材料意见，希速即搜集检寄。

（三）此项国际善后组织方案美方当有草案，希即设法向其索取原案，早日译送备核。①

7月20日，蒋介石再电宋子文，对于拟定和平机构方案提出四点意见：

"（一）关于理事会之组织者，第一届理事会中之常任理事除美、英、中、苏外，似以五国为宜，其理事若须选举或推定，除法国、加拿大、菲律宾、巴西外，我可辅助捷克当选。如土耳其参战，则应辅助土耳其当选，以代菲律宾。

（二）关于理事会决议之效力问题，可主张以三分之二表决为原则。

（三）所拟建议以四国人口、土地、现有服役军队及军火生产能力为四强维持和平武力配备之定额标准一节，可教我出席代表参考，以便他国提及时，相机运用。

（四）所拟建议在重庆成立远东顾问委员会，目前由中、英、美相组，日后苏联如参加远东战争，亦可加入一节，若美、英不提，我国不主动提出亦可，此点可电由我代表相机酌定。"②

7月24日，国防最高委员会秘书长王宠惠根据蒋介石指令拟具了《我方基本态度与对重要问题之立场》。8月16日，又拟定了修正案。该案提出我方的基本态度是：

"（一）暂不正式提出整个对案，可就美方草案依照我国立场建议补充或修改。

（二）世界和平机构以越坚强有力为越宜。

（三）世界和平机构之全部分或一部分应主张尽早成立。例如由中、美、英、苏四国以及其他一部分或全部分联合国先行成立，然后次第扩充，以包括一切国家。

（四）凡美、英、苏在世界和平机构中所参与之事项，我国应以平等地位同参与。

（五）凡与我方立场或利害无甚关系，而美、英、苏意见不同时，我方宜相

---

　　① 王正华编：《"中华民国"与联合国史料汇编》（筹设篇），第131页。

　　② 王正华编：《"中华民国"与联合国史料汇编》（筹设篇），第157页。

当重视美方意见。"①

敦巴顿橡树会议第一阶段会议于 8 月 21 日至 9 月 28 日举行，由美、英、苏三国举行，签署了《关于建立普遍性的国际组织的建议案》，建议将新的国际组织命名为"联合国"，同时确定该组织由四部分组成。9 月 29 日至 10 月 7 日，敦巴顿橡树会议第二阶段会议由美、英、中三国举行。参加会议的中国首席代表是曾经出席巴黎和会的老牌外交官顾维钧，代表有魏道明、胡世泽和商震。在大会上，中国代表团提出三点意见：（1）调整或解决国际争端时，应规定对正义及国际法原则加以应有的注意；（2）大会应具有进行调查与作出建议的任务，以发展并修改国际法上的规范与原则；（3）经济暨社会理事会应具有在教育以及其他一些文化问题上促进合作的特殊任务。② 会中，中国代表团表现非常活跃，虽在被轻视的状态下，但仍表达了中华民国对国际和平组织的观点，颇得与会各国代表好评，也为旧金山会议奠定了良好的基础。

1945 年 4 月 25 日，旧金山会议召开。会前，3 月 5 日，以中、美、英、苏四国名义发出请柬，前后共有 50 个国家受邀出席会议。中国代表团首席代表为外交部长宋子文，成员有驻英国大使顾维钧、驻美国大使魏道明、国民党中央委员王宠惠、教育界名流胡适、吴贻芳、中共代表董必武、《大公报》社胡霖等人。③

旧金山会议的主要任务是以 1944 年敦巴顿橡树会议建议案作为基础制定联合国宪章，会议上展开了激烈的斗争。美英两国企图把联合国作为它们争霸世界的工具；苏联代表努力争取制定一个包括国际法上一些民主原则的宪章，使联合国能够成为捍卫世界和平事业的国际组织。会上中国首席代表宋子文发言称："中国之为主要之被侵略国家，并为首先被害之大国，倘我国有何语奉告大会，即为吾人为维持集体安全起见，应绝不犹豫，以吾人主权一部分，贡献于新国际机构"。④ 宋子文的大会发言两次博得掌声。会议最后终于维护了联合国五大国一致原则，并通过了《联合国宪章》和《国际法院规约》。

《联合国宪章》作为联合国组织的总章程，除序言和结语外，共分 19 章 111条。它表达了使人类不再遭受战祸的决心，并且为防止战争、维持和平建立起一

---

① 王正华编：《"中华民国"与联合国史料汇编》（筹设篇），第 159 页。

② 克里洛夫：《联合国史料》，第 1 卷，第 54 页，转引自石源华著：《"中华民国"外交史》，第 597 页。

③ 王正华编：《"中华民国"与联合国史料汇编》（筹设篇），第 8 页。

④ 王正华编：《"中华民国"与联合国史料汇编》（筹设篇），第 412—413 页。

套完整、可行的运作机制。

《宪章》规定联合国的宗旨是："维护国际和平与安全"，"制止侵略行为"，"发展国际间以尊重各国人民平等权利自决原则为基础的友好关系"和"促成国际合作"等。

《宪章》还规定联合国及其会员国应遵循所有会员国主权平等、各会员国应以和平方式解决其国际争端、各会员国在它们的国际关系中不得对其他国家进行武力威胁或使用武力，以及不得干涉各国内政等原则。

《宪章》规定联合国及其会员国应遵循下列原则：联合国组织基于所有会员国主权平等；各会员国应忠实履行它们依宪章规定所承担的义务；各会员国应该以和平方法解决它们的国际争端；各会员国不得对别国使用武力或武力威胁；联合国对任何国家采取防止或强制性行动时，各国不得对该国提供协助；在维护国际和平与安全方面，联合国应要求非会员国遵循上述原则；联合国除执行决议外不得干涉任何国家国内管辖的事项。

《宪章》规定联合国成员一律平等，相互尊重主权、领土完整和政治独立，反对使用武力或以武力相威胁解决彼此间的纠纷，提倡通过对话和谈判方式化解争端。

《宪章》规定中文是国际会议五种正式语言之一，这是国际社会对中国尊重的表示，是近代以来中国外交史上的破天荒之举。

6月26日，举行了隆重的签字仪式，这一天被定为联合国宪章日。根据会议决定，全体与会代表均有签字权，除五大国之外的其他各国代表团依照英文字母顺序签字。由于中国在世界范围内最早抗击法西斯，作为特殊安排，中国代表团第一个用中文在宪章上签字。顾维钧在签字前发表演说称："我们一生已两次遭遇了世界上侵略势力所造成的大流血、大破坏，两次战争，中国是第一个被侵略国"，"于个人深信并深望这世界安全组织一本各国始终不断的合作精神，能使我们的子孙不致重遭战争的苦痛，而得享受和平与幸福"。①

当晚，旧金山会议闭幕。8月15日日本宣布投降之时，中国国民政府立法院通过了《联合国宪章》，24日，国民政府主席蒋介石在宪章上签字。10月24日，《联合国宪章》正式生效。中国作为世界四强之一发起组建联合国，并成为安理会常任理事国之一，既是国际社会对中国长期坚持反侵略斗争的充分肯

---

① 《"中央日报"》，1945年6月27日。

定，也表明中国的国际地位大大提升。毛泽东在中共七大《论联合政府》报告中指出："中国是全世界参加反法西斯战争的五个最大的国家之一，是在亚洲大陆上反对日本侵略者的主要国家。中国人民不但在抗日战争中起了极大的作用，而且在保障战后世界和平上将起极大的作用，在保障东方和平上则将起决定的作用。"①

20世纪50年代国共两党围绕代表权的斗争

如前所言，如果没有"中华民国"在大陆的败亡与中华人民共和国的成立，当然就不会有所谓的代表权之争。然而历史没有假设，由于国民党蒋介石集团退守台湾与新中国建立，自然就发生了在联合国谁代表中国的问题。众所周知，国民党退守台湾后的"外交"政策重心是紧紧抓住美国，拉住日本，构建所谓的东南亚反共联盟，以维持国民党在台统治。为此，台湾国民党当局千方百计占据联合国的合法席位，并利用美国取得同日本媾和的权力，借以维持国民党在台的"合法"地位。

早在新中国成立的前一天，为了恢复新中国在联大的合法席位，中国人民政治协商会议就通过决议，否认蒋介石集团的代表出席第四届联大的资格。46天之后，中华人民共和国总理周恩来分别致电联合国秘书长赖依与联合国大会主席罗慕洛，声明如下：

国民党政府已经流亡溃散，"中华人民共和国中央人民政府才是代表中国人民的唯一合法政府"，中国政府正式要求联合国"立即取消'中国国民政府代表团'继续代表中国人民参加联合国的一切权利"。②

1950年1月8日，周恩来再电联大主席罗慕洛与秘书长赖依，要求联合国安理会开除非法的国民党集团的代表。③ 1月10日，苏联代表马立克在联合国安理会上发表特别声明："苏联代表团支持中华人民共和国政府的声明，并且不承认国民党代表团为合格的代表团，因为它不代表中国和中国人民。"④

同年1月19日，周恩来又照会联合国，通知中国政府已任命张闻天为出席联合国和安全理事会的首席代表。同时再次要求将国民党蒋介石集团的非法代表

---

① 《毛泽东选集》，第3卷，第1033页，人民出版社，1991年版。
② 《人民日报》，1950年1月9日。
③ 《人民日报》，1950年1月9日。
④ 《人民日报》，1949年11月14日。

立即开除出去。① 中国政府也曾致电联合国所属机构和其他国际组织，要求取消国民党集团的代表资格。参加联合国大会的苏联代表团团长维辛斯基在大会发言中也支持周恩来的声明，并"不认为国民党代表团是中国的代表"。②《"中华民国"与联合国史料汇编》一书在"导论"中称"联合国中国代表权的争议，始于中共外交部长周恩来于 1949 年 11 月 15 日致电联合国秘书长赖依及大会主席罗慕洛"的信函。③

　　面对新中国强大的外交攻势与周恩来的正义呼声，台湾国民党当局的确很害怕被从联大赶出去，因此拼力进行反扑。台湾当局的"外交"干才、台湾当局驻联大代表蒋廷黻接到蒋介石的指令后，立即向大陆展开政治、"外交"攻势。

　　蒋廷黻是湖南邵阳人，1912 年赴美留学，先后就读于派克学院、欧伯林学院和哥伦比亚大学，获文学学士和哲学博士学位。1923 年由美返国后任南开大学教授，清华大学历史系教授、系主任。1932 年曾与胡适等人主办过《独立评论》，后任行政院政务处长。1936 年出任中国驻苏联大使。1945 年出任联合国善后救济总署署长，1947 年出席联大会议，后任中国驻联大代表。蒋廷黻在 1949 年 11月 25 日向联大首先提出《控苏案》，以迂回反击中共。在《控苏案》中，蒋廷黻指责苏联违反 1945 年 8 月 14 日苏联与国民党政府签订的《中苏友好同盟条约》，并违反联合国宪章，而以军械及经济援助中共。他请求联合国判定苏联的侵略行为，并建议一切会员国停止供应中共战略物资及其他物资，又建议所有会员国不得承认中华人民共和国。

蒋廷黻

---

① 《人民日报》，1950 年 1 月 19 日。

② 《人民日报》，1949 年 11 月 27 日。

③ 王正华编：《"中华民国"与联合国史料汇编》（中国代表权），第 1 页。

对于蒋廷黻提出的《控苏案》与中国代表权问题，古巴、厄瓜多尔和秘鲁等国提出一个决议案，主张将此案移交"小型大会"作进一步调查研究。吉赛普则代表美国代表团另提出一个替代的决议案，删去"抵制中共政权"，不许中华人民共和国加入联合国及惩罚苏联等规定。经修正，吉赛普所提决议案于同日获大会通过。

美国与台湾当局的一唱一和，美、英两国联手反对马立克的提议，激怒了苏联驻联大代表马立克，他一方面在联合国安理会上，提议将台湾国民党当局代表从安理会开除出去，支持中国政府总理周恩来的合法要求；另一方面马立克立即发表声明，在蒋介石集团代表蒋廷黻未退出联大安理会之前，苏联代表团将不参加安理会工作。对于剑拔弩张的安理会内争，秘书长赖依企图打破僵局，于3月8日公布一件备忘录，建议将中国在联大的席位给予中华人民共和国政府。他还声明：联合国会员国地位问题与承认中华人民共和国政府问题应分开，凡拒绝承认中华人民共和国政府的国家，不应以此为理由阻止中华人民共和国加入联合国。①

实事求是地讲，赖依的建议并非根本解决之道，而是一个妥协的方案。但对于平息安理会内剑拔弩张的局面而言，这一建议又起了缓冲作用，但是赖依的建议遭到了蒋廷黻的抨击，认为赖依此举"超出秘书长的责任范围，并损及一般于他公正立场的信赖"。②此间，美国对华政策出现了前后矛盾的现象，美国代表虽在1950年1月10日联合国安理会上拒绝了苏联的建议，但在解释美国政府1月5日弃台政策声明时，又宣称美国将听任各国代表团自由接受中共政权加入联合国。稍后，国务卿艾奇逊进一步解释称："美国政府对中共政权加入联合国只作象征性的反对，如果安理会赞成中共政权加入，美国将不行使其否决权。"

5月间，赖依分别访问了华盛顿、伦敦、巴黎与莫斯科，带回了准许中华人民共和国加入联合国的几点办法。很显然，形势的发展对台湾国民党当局非常不利。笔者以为：如果没有朝鲜战争爆发与美国介入，美中、美台、美苏关系不会变得如此复杂，中国代表权案也有可能在50年代初就能够得到公正合理的解决。

---

① 王正华编：《"中华民国"与联合国史料汇编》（中国代表权），第3页，台北，"国史馆"2001年版。

② 台湾《"中央日报"》，1950年3月10日。

　　朝鲜战争爆发后，周恩来代表中国政府于 8 月 24 日再电联合国秘书长赖依，"控诉美国武装侵略台湾，要求安理会制裁美国政府"，并重申中华人民共和国是中国唯一合法的政府，应将国民党在联大所有机构的代表驱逐出去。[①] 就在周恩来致电赖依的次日，台湾"外交部长"叶公超蛮横地在纽约联合国大会上宣称：美国没有侵略台湾，北京中共"伪政权"缺乏代表中国政府的法律依据，同时提出台湾当局反对在联合国讨论台湾的地位问题。[②]

　　针对叶公超的声明，周恩来于 9 月 17 日再电赖依，要求联合国第五届大会驱逐国民党当局代表，同时要求出席联合国第五届大会。[③] 9 月 19 日，联合国第五届常会讨论"中国代表权"案时，印度、苏联、加拿大等国均提出议案。会议最后接受了加拿大的建议："主张由大会主席选派一个七人委员会来研究中国代表权问题。"建议案并主张在联大未对此问题作最后的决定前，仍应由台湾当局代表出席。[④] 对于联合国的决议，《人民日报》发表了题为《联合国第五届大会和它的前途》的社论，指出联合国大会在美英操纵下"变为一个公开进行帝国主义战争的工具"，在以往通过的决议中，做了两件最错误的事情："第一是对于中华人民共和国合法代表出席联合国及其各种机构的无理阻挠；第二是以联合国的名义替美帝进行侵略朝鲜的战争。"[⑤]

　　在苏联等国的支持下，周恩来所提美国侵略中国领土台湾案被列入联大会议议程，并准许中华人民共和国代表以个人资格列席讨论。11 月 24 日，中华人民共和国特派代表伍修权及顾问乔冠华等，出席联合国安理会讨论控诉美国武装侵略台湾案会议。同月 28 日，伍修权就美国武装侵略台湾问题作了重要发言，阐明了中国人民的严正立场。发言最后向大会作了三点建议：

　　第一，"联合国安全理事会公开谴责，并采取具体步骤严厉制裁美国政府武装侵略中国领土台湾和武装干涉朝鲜的罪行"；

　　第二，"联合国安全理事会立即采取有效措施，使美国自台湾完全撤出它的武装侵略力量，以保证太平洋与亚洲的和平与安全"；

　　第三，"联合国安全理事会立即采取有效措施，使美国及其他外国军队一律

① 中共中央文献研究室编：《周恩来年谱（1949—1976）》（上），第 68 页，中央文献出版社，1997 年版。

② 台湾《"中央日报"》，1950 年 8 月 27 日。

③ 《人民日报》，1950 年 9 月 18 日。

④ 台湾《"中央日报"》，1950 年 9 月 21 日。

⑤ 《人民日报》，1950 年 9 月 19 日。

撤出朝鲜，朝鲜内政由南北朝鲜人民自己解决，以和平处理朝鲜问题"。①

　　会后，加拿大外交部长在联大政治委员会中提出《朝鲜停战五项原则》，其中最后一条规定：将来召开一次远东会议，由中国与苏联参加，以解决一切远东纠纷，包括台湾及中国代表权问题。

　　此一提案被联大政治委员会接受并通过。台湾当局对此案反应特别强烈，认为该案出卖了台湾国民党集团，因此蒋介石指令蒋廷黻予以强烈抗议。

　　与此同时，蒋介石也考虑万一被联合国开除时不得不采取的态度，他后来回忆说：

　　"记得1951年的时候，我政府派驻在联合国的蒋代表问我，'万一'共匪'羼入联合国，则我们将采取何种态度？'当时我即答复他说：我们的'复国'基础有二：在国际上，法律地位的凭借，则为联合国；在内政上，则为'复兴'的基地台湾。这两个基础，皆甚重要，但其根本问题，还是在台湾。如两者不可得兼，则我宁可放弃联合国，而确保台湾。这是我'政府'到了最后不得已时之唯一政策。"②

　　显然在20世纪50年代初，蒋介石已经作了被开除出联合国的打算。正当蒋介石为国际形势"逆转"坐卧不宁、惶恐不安之际，美国参议院反对联大提出的《朝鲜停战五项原则》。蒋廷黻趁机联手反击，借联大六次会议在巴黎召开之际，再度提出《控苏案》，强调：

　　（1）"苏俄确已违反民国三十四年（1945）之《中苏友好同盟条约》"；

　　（2）"苏俄之违约行为，实际就是侵略行为"；

　　（3）"苏俄之侵略行为系其征服世界计划之一部分"。③

　　1951年11月6日，联合国第六届常会在法国巴黎召开，苏联代表再度建议将中国代表权列入议程。11月10日，泰国代表团则建议第六届会间"不考虑排除中国'国民政府'代表或容纳中华人民共和国中央人民政府在大会中代表中国之任何建议"。这是"缓议案"的由来。④

　　1951年12月7日，联大全权证书委员会在美国的操纵下，否决了苏联所提"不承认中华民国代表全权证书"案。⑤ 1952年10月25日，联合国第七届常会

---

①　《人民日报》，1950年11月30日。

②　张其昀主编：《先"总统"蒋公全集》，第2册，第2520页。

③　李守孔：《国民革命史》，第727页。

④　王正华编：《"中华民国"与联合国史料汇编》（中国代表权），第3页。

⑤　台湾《"中央日报"》，1951年12月8日。

全体会议通过美国所提"对中国代表权问题缓议"的决议案。① 由于美国的横加干涉与无理阻挠，致使中华人民共和国在联合国大会的代表权问题的解决再度被搁浅。直到20年后，中国联大代表权问题才获得解决。

对日媾和

第二次世界大战之后，美国从其全球战略出发，希冀通过重建日本以遏制亚洲共产主义。而重建日本的最好方式就是使日本尽快重返国际社会。1947年7月，美国在远东委员会13国会议中提议，从速审议对日"和约"草案。由于苏联驻联大代表团的反对，美国的提议被搁置。新中国成立后，美国人基于失去与苏联抗衡的基地考虑，主张重新武装日本，使其成为亚洲新的反共堡垒。朝鲜战争爆发后，美国加速了缔结对日和约的进程。总统杜鲁门指派国务院外交顾问杜勒斯研拟对日"和约"方案。经过多次会议与反复磋商，至1951年3月底，杜勒斯提出了对日"和约"的最初方案，该案主要包括下列七点内容：

（1）"缔约国——凡是参加对日战争之任何或全体国家，其愿依此处所建议并经获致同意之基础而媾和者，均得参加缔约国"。

（2）"联合国——日本之会员资格将予以考虑"。

（3）"领土——日本将（甲）承认韩国独立，（乙）同意以琉球群岛及小笠原群岛交联合国托管并以美国为治理国，及（丙）接受英、苏、中、美四国将来对于台湾、澎湖列岛、南库页岛及千岛群岛之地位之决定；倘于和约生效后一年内尚无决定，联合国大会将做决定。日本在中国之特权及利益将予放弃"。

（4）"安全——日本接受联合国宪章第二条所定之义务"；"盟国承认日本作为一个主权国家"。

（5）"政治及经济条款——日本放弃在中国之一切特权与利益"，"日本宣布准备立即与各盟国签订条约或协定，将它们之间的商务和贸易关系置于稳定和友好的基础之上"。

（6）"索赔及财产……（略）"。

（7）"争端之解决——盟国与日本之间关于本条约的解释或执行的任何争端，如果通过外交渠道不能解决，经争端一方请求，应提交国际法院裁决"。②

就杜勒斯提案本身而言，这是美国操纵国际政治，企图争霸世界的突出表

---

① 王正华编：《"中华民国"与联合国史料汇编》（中国代表权），第51—52页。
② 《顾维钧回忆录》（9），第679—683页，中华书局，1989年版。

现。就杜氏提案有关中国问题而言，提出台湾、澎湖列岛地位问题是非常错误的，它违反了《开罗宣言》。同时，这一提案是在实际上将中华人民共和国排斥在对日"和约"国之外，而由台湾国民党当局代表出席会议，因杜勒斯在提案酝酿过程中，曾同台湾当局驻美国"大使"顾维钧有过19次接触，美国驻台湾"大使"蓝钦与"外交部长"也有过十余次相谈。

杜勒斯提案公布之后，各国政府反响不一。英国政府就杜氏提案提出两点相反的意见：一是由中华人民共和国政府代表出席对日"和会"；二是台湾归属于中国政府。英国当时之所以没有同美国立场保持一致，主要是因为英国已经同新中国建交；苏联政府主张，对日"和约"应由美、英、苏、中四国外长会议拟订之；菲律宾政府要求日本巨额赔款；澳大利亚政府则对日本政府重整军备甚表关注；印度政府反对对日"和约"生效后美国军队仍驻日本。

对于上述反对意见，美国政府颇为重视。对于苏联提案，美国站在两个"超级大国"对立的立场，可以不考虑，但对于英国意见不能不重视，因为英国属于西方阵营的重要成员国之一，它牵涉到整个西欧能否支持美国的问题。为了获取英国等国的支持，杜勒斯于1951年6月出访英国，经过与英国工党内阁外相莫礼逊等人的磋商，双方最后商定，听任日本在"和会"后自行选定其认为可以代表中国的政府与之缔约，而签订多边条约的"和会"不邀请中国代表参加。

从上可见，杜勒斯提案与修订意见同台湾当局的意见分歧有两点：第一，台湾和澎湖地位问题；第二，由大陆还是由台湾当局代表中国出席签约。美、英两国关于不邀请中国代表参加"和会"的决定一公布，立即遭到海峡两岸中国人的强烈反对。蒋介石得知此讯后异常气愤，他在杜勒斯酝酿对日"和约"提案时，曾让顾维钧向杜氏建议：在未来对日"和约"中，可要求日本根据《波茨坦宣言》所订投降条件宣布放弃对中国有关领土的所有主权，将不进一步要求日本明确将该领土交还何国。1951年4月17日，蒋介石又制定了对日"和约"的五项方针，提出以不丧失台湾当局作为盟国一员的地位，不损害国民党在台湾的统治权，台、澎不受任何军事干涉及侵略的三原则作为进行签约活动的依据。蒋介石还指示："至于台、澎地位问题，事实上今已由我国收回实行统治则名义之争执似无必要也。"6月18日，蒋介石发表声明称：

"'中华民国'参加对日'和约'之权，绝不容置疑；'中华民国政府'仅能以平等地位参加对日'和约'，任何含有歧视性之签约条件，均不接受。任何违反'中华民国'上述严正立场而订立之对日'和约'，不但在法律上及道义上，丧失其力量，抑且在盟国共同作战之历史上永留不可洗涤之错误，其责任之重，影响之大，诚非余所忍者。因此种丧失真实性之对日'和约'，不但使第二次世界大战不能获得真正的结束，并将加深远东局势之混乱，更种下世界未来之无穷祸患也。"①

同日，"外交部长"叶公超与蓝钦谈话，反对美、英两国举措，并表示强烈的抗议。《"中央日报"》也发表社论，坚决支持蒋介石的声明。

与此同时，周恩来也发表声明，反对对日单独媾和。他在 1950 年 12 月 4 日宣称：

"中国人民经过八年英勇抗战，击败了日本帝国主义，取得了抗日战争的胜利，因此对日和约的准备、拟制与签订，我中华人民共和国必须参加，乃属当然之事。兹特郑重申明，中华人民共和国政府是代表中国人民的唯一合法政府，它必须参加对日和约的准备、拟订与签订。"

当美、英两国决定公布后，周恩来认为它们的方案："是一件破坏国际协定基本上不能接受的草案"，即将召开的旧金山会议亦是"背弃国际义务基本上不能被承认的会议"。

对于海峡两岸中国人的反对之声，美国充耳不闻，一意孤行，并于 1951 年 9 月 4 日至 8 日召开了旧金山对日"和会"，除中国被拒绝参加外，印度与缅甸拒绝出席会议，苏联、波兰、捷克斯洛伐克拒绝在"和约"上签字。至此，由美国一手导演的对日"和约"闹剧落下帷幕。

早在 7 月 12 日，美国国务院公布《对日和约草案》时，针对中国没有被列入签字国，"外交部长"叶公超奉蒋介石之命发表严正声明，严重抗议美国的举措。叶公超列举了八项条件作为签字国的依据：

一、对日共同战争系以日本于 1931 年 9 月 18 日武装侵略中国为起点。

二、"中华民国"为最先抵抗日本侵略之国家。

三、"中华民国"军队伤亡最重，中国人民所蒙受之牺牲与痛苦亦最大。

四、"中华民国"对于击败日本曾作重要之贡献。

五、"中华民国政府"为对日宣战及实际作战之政府。

六、"中华民国政府"向为在有关日本之各个国际机构（如盟国对日委员会）中，代表中国之政府，现仍为在各机构中代表中国之政府。

---

① 张其昀：《先"总统"蒋公全集》，第 3 册，第 3348 页。

七、"中华民国政府"为联合国及其各专门机构所承认之"合法"中国政府。

八、"中华民国政府"为对日作战或存有战争状态国家之大多数所承认之合法中国政府。①

7月19日，"行政院长"陈诚因中国未被列入签字国而引咎辞职，蒋介石予以慰留。9月17日，蒋介石在一次讲话中将9月9日（美国9月8日为中国9月9日）称为"双重国耻"。蒋介石说：

"六年以前的9月9日，我们是接受日本投降的日子，本来这是一个光荣日子，可是今年的9月9日，我们反要被国际这样排除遗弃了，这更是加上了我们一个空前的国耻！所以9月9日乃变成我们双重的国耻日子。"②

此间，台湾当局参照"行政院"意见决定了三项原则：

"第一，我国必须维持与对日作战各盟国平等的地位。

第二，中日双边和约应与金山和约内容大体相同。

第三，日本与我签订双边和约，必须承认我对这个全部领土的主权"。③

美国还同日本当局签订了《美日安全条约》，将矛头指向新中国。与此同时，杜勒斯还曾宣称：日本当在旧金山会议之后与"自由中国"签订"双边和约"。

尽管旧金山对日和会拒绝中国派代表参加使蒋介石余愤未消，但对杜勒斯上述提议却甚感欣慰，立即命叶公超接见美国记者，宣称愿与日本"以多边条约之原则为基础缔结双边条约"。

来自海峡对岸的讯息是，周恩来于9月18日发表声明：

"中国人民在这个战争中，英勇奋斗，整整八年，一直打到日本帝国主义失败投降。铁一般的事实证明：中国人民在击败日本帝国主义的伟大战争中，经过时间最久，遭受牺牲最大，所作贡献最多"。美国政府在旧金山会议中强制签订的没有中华人民共和国参加的对日单独和约，"是非法的、无效的，因而是绝对不能承认的"。④

其后，台湾当局与日本的双边"和约"又在美国驻台湾当局"代办"蓝钦的导演下进行。叶公超在会见蓝钦时表示：

"美国愿意尽力使日本在它签署多边和约后不久与'我国'签订双边和约，但

①　台湾《"中华民国"年鉴》（1952），第341页。
②　秦孝仪主编：《"总统"蒋公思想言论总集》，卷24，第224页。
③　陈诚在"立法院"说明台日《和平条约》缔结经过，台湾《中央日报》，1952年7月16日。
④　《外交》公报》，第2卷，第4期。

有两个前提：（a）我国政府不对多边和约作重大修改；（b）我们速与美国进行商淡，以就和平条约的适用范围问题作出适当的规定。"①

9月26日，台湾当局经过审慎考虑令顾维钧将对日"和约"的两个方案提交美国国务院供其选择：

"A. 双边和约签字时，'中华民国'全权代表将发表下列声明：本条约应适用于'中华民国'之一切领土。至于领土中国际共产主义'侵略'之结果，现仍处于共产党军队占领下之地区，'中华民国政府'一俟该地区置于其有效控制之下，即将在该地实施本条约。

B. '中华民国政府'和日本政府互换双边和平条约批准书时，在下述声明将列入双方认可的记录中：关于'中华民国'之一方，本条约应适用于目前在'中华民国政府'控制下及今后可能在其控制下之全部领土。"②

蒋介石当时政令不出台、澎、金门、马祖，偏要说大话，代表全中国，所以美国政府审议后认为：

"国务院认为我们建议的 B 方案比 A 方案较为可取"；"已指示美国大使馆要求外交部对下列另一选择方案发表意见：'双方互相谅解，本条约在任何时间均适用于缔约任何一方实际控制下的全部领土'"；"条约一经签，有关适用范围的协议即行生效；但国务院认为，此项谅解是否包括在条约之中，或以共同声明的形式发表，或记入双方认可的记录之内，并不重要"。③

台湾当局很快接受了美国的意见，期望台日双边"条约"尽早签订。但是，日本政府对于同台湾当局缔结双边"条约"态度十分消极。日本官房长官冈崎胜男在会见台湾代表董显光时漫不经心，谈话不着边际，并宣称不愿伤害大陆中国人的感情，给北京以敌视日本的口实。日本首相吉田也在国会发表声明称：

（1）"如果中共提出请日本政府在上海设立海外事务所，日本也欢迎中共在日本设立类似的机构"；

（2）"如果中共在今后三年内提议根据旧金山和约与日本讨论并缔结和约，日本政府自然愿意谈判并缔约，丝毫不会提出反对"。④

翌日，吉田在答复羽仁五郎质询时更明确指出：

---

① 《顾维钧回忆录》（9），第 234 页。
② 《顾维钧回忆录》（9），第 244—245 页。
③ 《顾维钧回忆录》（9），第 244—245 页。
④ 《顾维钧回忆录》（9），第 246 页。

"日本现有选择媾和对手之权。关于如何行使此权，应考虑客观环境，考虑中国情形，及其与日本将来之关系，不拟轻予决定。"①

很显然，就吉田首相的主张看，他试图与中华人民共和国媾和。日本的态度不仅令蒋介石震惊与愤怒，连杜勒斯与蓝钦也感到惊诧，因为吉田同杜勒斯之间有过台日之间缔结"双边和约"的谅解，吉田的主张显系与谅解相悖。

在吉田声明第二天，台湾"外交部长"叶公超奉蒋介石之命约见蓝钦，提出警告：

"吉田的言词，已构成对于自由世界的一项挑衅行为。美国使日本立于自由阵线，竭力设法使中、日间早日媾和；但如任吉田长此以往，则旧金山和约业已完全失败。"

蓝钦答称：

"余不为华府有任何人故意欺骗贵方，余将以贵方正当之愤慨忠实报告华府；余并将以余之电文之副本一份送往东京，以供彼等参考。"②

与此同时，叶公超授命董显光拜会美国远东事务助理国务卿迪安·腊斯克，向他转呈台方意见。腊斯克建议台湾要有耐心，要谅解。

美国国务院接到蓝钦报告后，于11月5日答复台湾"外交部"，其要点是：

（1）"国务院与这件事（吉田声明）没有任何关系"；

（2）"美国政府反对日本政府与中共发生更密切关系的任何计划或企图"；

（3）"美国政府将继续努力促成中日两国进行谈判，以期缔结双边和约，并力使双边和约在多边和约生效的同时或在其后不久生效"。③

对于美国国务院意见，叶公超基本认同，但对文中"其后不久"一语表示反对，他感到缔结双边和约，实属紧迫，不能再加拖延。与此同时，"总统府"秘书长王世杰也奉蒋介石令致电顾维钧等人，要其策动美国政府向日本施加压力，否则夜长梦多。当杜勒斯决定于12月上旬访日之际，蒋介石专电顾维钧，要其"特别注意与杜勒斯及其他行将访日的人员保持密切联系"。

12月10日，杜勒斯抵达日本东京与吉田首相就台、日双边"和约"问题举行会谈。在美国的压力下，吉田内阁同意与台湾当局之间缔结"和约"。当此决定公布之后，立即招致中国人民的强烈反对。中国外交部认为：这是日本政府对中

---

① 古屋奎二：《蒋"总统"秘录》，第4卷，第497页。
② 古屋奎二：《蒋"总统"秘录》，第4卷，第497页。
③ 《顾维钧回忆录》（9），第249页。

华人民共和国最严重、最露骨的挑衅行为，也是同日本爱国人民争取与中华人民共和国结束战争状态、恢复和平关系的愿望绝对不相容的。周恩来也发表声明，坚决反对台日"和约"。英国与苏联等国也对日本上述决定表示了反对意见。

但是，因有美国撑腰，台湾国民党当局对中国人民的正义呼声置若罔闻，并于1952年2月20日至4月28日间与日本代表在台举行对日"和约"谈判。蒋介石派叶公超为台方全权代表，日方派河田烈为全权代表，双方在台共举行三次正式会议、18次非正式会议，议定文件包括台日间《和平条约》一件，议定书一件，换文两件：

（1）日本放弃对于台湾、澎湖列岛及西沙群岛之一切权利；

（2）日本承认台湾及澎湖列岛之居民，系"中华民国"之人民；

（3）1941年12月9日以前中国与日本缔结之一切条约均归无效；

（4）台湾与日本相互间之关系，愿各遵守联合国宪章第二条之各项原则；

（5）台湾愿尽速商订一切关于民用航空、运输、规范或限制捕鱼，及保存暨开发公海渔业之协定。①

此一条约的缔结，总算使蒋介石扫除了心头的阴云，不再担心日本与新中国复交。对此蒋介石于5月接见日本记者时，一再告诫日本人，台、日"合作"始能"安定东亚"。"行政院长"陈诚也在"立法院"宣称："在这自由世界面临共产侵略的威胁的时候，中日和约的实现，尤有其特殊的意义。"

8月2日，蒋介石签署台日《和平条约》。同日，蒋介石私人代表张群到日本进行访问。台日"和约"于1952年8月5日正式发生效力。批准书生效后，日本外务大臣冈崎胜男与叶公超相互致函祝贺。同日，台湾"外交部"发表公报，裁撤驻日代表团，改设"大使馆"，刘增华暂代馆务，后由以从事报业数十年的蒋家亲信董显光为驻日本"大使"。日本前外相芳泽谦吉为驻台湾当局"大使"，台湾当局与日本关系开始进入了"蜜月"时期。然而这种"蜜月"时期并未维持多久，随着联大驱蒋与美国对华政策的改变，日本政府也落井下石，最终于1972年弃蒋而去。

五二四反美浪潮

随着台美"共同防御条约"的签订与大批"美援"的抵台，台美关系进入了"蜜月"时期。

---

① 李守孔：《国民革命史》，第729页。

美国是实用主义的发明国，他们协防与"援助"台湾，就是为了维护他们在远东的利益，与苏联、中国等共产党执政国家相抗衡。但是，美国此举在客观上使岌岌可危的国民党政权免遭覆灭命运。国民党蒋介石对后台老板——美国的确感恩戴德，视美国在台人员为座上宾。这些"座上宾"们也非常不客气，总摆出一副恩主姿态，其中一些人在台湾作威作福，飞车伤人，欺凌妇女与酗酒滋事。美军的横行霸道激怒了台湾人民，台湾各地普遍流露出反美情绪，这种蓄积已久的反美情绪因刘自然案的发生演变为首次反美浪潮。

刘自然是阳明山"革命实践研究院"的职员，他于1957年3月20日夜被美军顾问团上士雷诺枪杀于美军住宅区。刘遇刺后，台湾警方对此案无能为力，地方法院也奈何雷诺不得，其重要原因就是美国在台官兵及眷属享有"外交"豁免权。雷诺只能由美军的军事法庭审判。当警方将此案报知"外交部"后，叶公超令"外交部"向美国驻台"大使馆"发出照会，以表示当局对此案的态度，照会的基本要点是：

（1）在该案未解决之前，雷诺不得离境；

（2）在台湾公开审判；

（3）审判应求公平，并迅速宣判。

当时蓝钦表示"一切照办"。美军顾问团团长鲍文在给刘自然遗孀奥特华的复信中，也保证"绝对会有一个公平的审判"。如果美国人对此案确能进行公平审判，这场反美浪潮可能不会发生或延迟。但在5月20日至23日美军驻台协防司令部军事法庭审判雷诺案时，竟以"正当防卫"为由，宣判雷诺无罪。当时美军司令部还决定将雷诺及其家属送回美国。

在雷诺案审判过程中，台湾《联合报》发表《沉默的关注》一文，指出：

"我们相信每一个中国人对于此案，都在加以沉默的关注，大家在等待一个考验。中国虽是接受美国援助的国家，但中国人生命的价值与美国人生命的价值是否'同值'，美国在经援之外，能否进一步以其公正的法律，赢得盟邦的人心。"①

当雷诺被判"无罪"后，台湾的民众愤怒了。首先是舆论界纷纷以"不公平""不合理"为题对雷诺案审判大加抨击。《联合报》又发表《抗议美军蔑视人权》的社论。台湾当局在社会舆论的压力下，也觉得美国人太不给面子，"外交部"再度与美方进行交涉；台北地方法院也作出结论：雷诺杀人不具备"正当防卫"

---

① 台湾《联合报》，1957年5月21日。

的条件。台湾"司法部"发言人宣称该案审判"颇多显失公平之处",发言人要求当局关注此案。①

5月24日上午10时15分,刘自然妻子奥特华手举抗议招牌出现在美国"大使馆"前。牌子背面用中文写着:"杀人者无罪?我控诉!我抗议!"牌子背面用英文写着:"杀人犯雷诺无罪吗?抗议美国军事法庭不正当、不公平的判决!"

奥特华的抗议行动引来了众多的围观群众。美国"大使馆"出面干涉遭奥特华拒绝,台湾警方劝诱也未奏效,围观的人越来越多,并得到民众的普遍同情。当台北广播电台记者抵达现场要求奥特华为全台湾同胞讲讲心里话时,奥特华对着麦克风失声痛哭着说:

"难道一个美国士兵便可肆意杀人,而一个中国公民的生命却不值一顾?""谁无父母?谁无丈夫?谁无子女?美军当局如此不讲理,草菅人命,在台湾的美军何止数千?如果打死一个刘自然可以宣告无罪,则今后势必将有第二、第三个以至无数个的刘自然的事件出现,我国人的生命和人权可说毫无保障。""我今天在这儿,不光是为我无辜的丈夫作无言的抗议,我是为中国人抗议。除非,美国人给我们中国人一个满意的答复,我是不会离开这儿的。"

奥特华声泪俱下的控诉,触发了围观民众蓄积心中的反美情绪,6000多名围观民众齐声喊"打"。有人向美国"大使馆"投掷石子,继之数百人冲进"大使馆",乱打乱砸,汽车被掀翻烧毁,星条旗被撕碎践踏,躲进地下室的"使馆"官员也未能幸免拳脚相加。愤怒的群众高喊"美国佬滚出去"等口号。

与此同时,美国新闻处与美军协防司令部也受到愤怒至极的台湾民众的袭击。台湾警方奉当局令前往镇压,并向群众开枪扫射,致使一人当场死亡,32人负伤。同日夜,台湾当局颁布"戒严令",并出动三个师军队进入台北市协助警方镇压群众。至此,大规模的反美浪潮,在台湾当局的强力镇压下平息下去了。

5月24日捣毁美国驻台"大使馆"事件发生之后,台湾"行政院长"俞鸿钧就该案发表声明:"少数不法分子利用刘自然案之不平情绪煽动群众,转变行动目标,以致破坏秩序,扰乱治安,甚至捣毁美国'大使馆'及其新闻处,并伤及友邦人士与我维持治安人员。此种不法行为,实属危害国家利益,有损中美邦交,殊堪痛心。'政府'除采取必要措施以儆暴行外,并重申积极维持治安与保

---

① 台湾《"中央日报"》,1957年5月24日。

护外侨之责任，深盼我全体同胞力持镇静，遵守秩序，切勿为亲者所痛，仇者所快，如有越轨行为，即当依法严厉制裁。"①

台北卫戍司令黄珍吾晚间发表谈话，宣称"暴乱分子捣毁美国'大使馆'情事，此种越轨行动，无论其动机如何，均已危及社会治安，触犯戒严令"。决定自晚间 19 时起，"重申实施戒严，并实行宵禁"。②

同日上午，"外交部长"叶公超约见美国驻台"大使馆"代办皮礼智，说明台湾当局和民众"对于美国军事法庭判决雷诺上士无罪的结果不满"，要求美国军事法庭就该案件重新审判。③当天，蓝钦由香港返台，并同叶公超查看美国"大使馆"。下午，叶公超在"立法院"报告刘自然案交涉经过。

5 月 24 日反美事件给台、美的"蜜月"关系蒙上了一层阴影。当时美国方面的反应是：先惊愕，继之美国国会宣称要进行调查；蓝钦于 25 日就美国"大使馆"被捣毁向台湾当局提出抗议。艾森豪威尔也发表声明，暗示此次事件是有组织的行动。这些举动使蒋介石深感忧虑，他怕事态扩大影响台、美的"蜜月"关系，遂急令驻美"大使馆"照会美国致歉。25 日下午，美国国务院发表了台湾当局的"致歉照会"：

"台湾当局对本日在台北美'大使馆'所发生的事件，造成美'大使馆'财产的损失与若干'大使馆'职员遭受伤害，表示深切歉意。该事件是因民众对美国军事法庭判处于 3 月 20 日开枪击毙中国公民刘自然的美军顾问团雷诺上士无罪举行示威而起。

"台湾当局已采取一切适当措施，以保护在台湾的美国人生命与财产。已在现场捕获若干人，将举行彻底调查，以求进一步逮捕那些直接有关的人。台湾当局并联合台北的美'大使馆'采取步骤，从速估计这个事件所造成的损失"。④

5 月 26 日，蒋介石亲自接见蓝钦"大使"，表示该案因中国人不满审判结果而发生，并非反美运动，同时向美国方面表示道歉。⑤俞鸿钧"内阁"为此案提出总辞职，蒋介石不得不亲自出面慰留。对于军警宪特在此案中的措置，蒋介石非常气愤地说：

---

① 台湾《联合报》，1957 年 5 月 25 日。
② 台湾《联合报》，1957 年 5 月 25 日。
③ 台湾《联合报》，1957 年 5 月 25 日。
④ 台湾《"中央日报"》，1957 年 5 月 26 日。
⑤ 台湾《"中央日报"》，1957 年 5 月 27 日。

"在这次不幸事件中，负责维持治安的人员，事前既疏于防范，临事又不能当机立断，负责处置，甚至于群众示威行动变质而为暴动时，仍然犹豫不决，任致蔓延，实堪痛心。"①

蒋还令对军警宪特首脑的失职行为予以严厉追究。为此，台北"卫戍司令"黄珍吾、代"宪兵司令"吴志勋、代"警务处长"陈友钦均被撤职。5 月 27 日，叶公超在接见记者时宣称：刘自然案引起不幸事件，由于抗议判决不公，群众一时群情冲动，绝非普遍反美。6 月 1 日，蒋介石专为五二四事件发表文告，宣称此次事件给了他"很大的刺激"，是他一生中"一件莫大的遗憾"。他还宣称此次事件是"非法的暴行"，是"犯罪的行为"，使"我们整个国家的信誉和民族的尊严，蒙受了不易洗清的污点"。他还郑重声明：

"我们为贯彻反共抗俄的'国策'，唯有与世界民主集团领导者的美国站在一条战线。在我们的阵营里，绝不容许任何人反对这个'国策'。"②

蒋介石的文告充满了对美国的卑躬屈膝，并扼杀了台湾人民的正义行动。经过蒋介石的一再致歉、表白与赔偿、制裁，并表示不再要求重审雷诺。至此，蒋介石的言行终于得到了洋大人的谅解，台美之间的阴影逐渐得以消除。也有一种观点，说美国人判断此一事件是背后有组织的行动，实际上是暗指蒋经国。有些著作提出七个方面的理由说明是蒋经国策划了这一事件。江南在《蒋经国传》中也推定是蒋经国所为。以笔者对蒋经国的研究，他的确不喜欢美国，他愿意同民众在一起，加之在苏联受共产党多年教育，有可能组织这次行动。但依蒋经国的性格，他做这个重大决定不和自己父亲商量不太可能。至少缺乏足够的证据判定蒋经国是这次反美事件的组织者。

"蜜月"难再

进入 20 世纪 60 年代之后，台美间的"蜜月"关系结束了。当美国民主党人肯尼迪入主白宫后，虽然他仍宣称坚持艾森豪威尔对华政策的三条原则，即：（1）承认台湾为中国的"合法政府"；（2）拒绝承认中华人民共和国；（3）拒绝中华人民共和国进入联合国。但在具体做法上表现出极大的灵活性，特别是在中国大陆沿海岛屿与"反攻大陆"问题上，表现出明显的差异。

谈到美国对华政策的变化，不能不提到《康隆报告》。早在 1958 年年初，美

---

① 张其昀：《先"总统"蒋公全集》，第 3 册，第 3403 页。
② 张其昀：《先"总统"蒋公全集》，第 3 册，第 3428—3430 页。

国参议院外委会主席威廉·富布莱特组织了数次审议美国外交政策成败得失的听证会，后得到 30 万美元专款资助完成专题研究报告。外委会委托旧金山智囊机构"康隆有限公司"就美国对外政策提交研究报告。1959 年 9 月 1 日，报告完成，名称为《美国对亚洲的外交政策》，也就是人们熟知的《康隆报告》。

《康隆报告》以现实主义的观点分析了大陆中国的国情。报告认为：

（1）中国共产党在经济建设发展的初级阶段所取得的成绩"给人印象深刻"。

（2）中国共产党建立了一个"有实力的政体"，上层的关键决策可以有效、迅速地在基层得以贯彻。在其奉行的"民主集中制"下，其权威"绝对不可能受到挑战"。

（3）由于其经济、军事和政治等方面构成的综合国力的增长趋势，"共产党中国完全有可能在 20 世纪末成为世界主要大国之一"。[①]

《报告》在分析了大陆与台湾具体情况的基础上，指出美国的选择有三个：

（1）通过孤立的办法对华予以遏制，这就是美国现行的政策。

（2）关系正常化，此政策将包含对其的正式承认。

（3）试探和谈判。

《报告》特别就第三点进行了具体阐述，提出试探和谈判的目的有三个，这就是：第一，中国共产党是否有意愿同美国"共处"；第二，寻求一种"扩展的政策"，既保持履行一些职责，同时又寻求"更有力、灵活和积极的态势"；第三，同自由世界的其他大国协商，争取集体行动的更坚实的基础。[②]

《报告》最后提出如下对华战略调整建议：

（1）美国应承认中华人民共和国的客观存在，改变现行的简单的对华孤立与遏制政策，通过对华交往的手段达到分化中苏同盟的目的，从而实现美国的国际战略目标。

（2）美国应放弃支持台湾作为中国在联合国合法代表的努力，但美国不应该轻易让中国大陆和台湾实现统一，必要时，美国将支持台湾的"独立"，使中国分裂的状况固定下来。[③]

由于艾森豪威尔时期还没有形成美国同中国改善关系的气候，故此报告被搁

[①]　转引自苏格著：《美国对华政策与台湾问题》，第 315 页，世界知识出版社，1998 年版。

[②]　转引自苏格著：《美国对华政策与台湾问题》，第 316 页。

[③]　转引自苏格著：《美国对华政策与台湾问题》，第 318 页。

置。《康隆报告》的主持者是民主党的主要成员，因此这一报告不能不影响后来很快就入主白宫的民主党领袖肯尼迪。

1960年4月，美国民主党政策委员会主席兼肯尼迪的外交顾问鲍尔斯在《外交季刊》上发表《重新考虑中国问题》的文章，主张美国应重新考虑同北京与台北的关系，并主张鼓动金门、马祖等沿海岛屿中立化。肯尼迪赞同鲍尔斯的主张，并称鲍氏说出了他所要说的话。当10月总统大选展开之际，肯尼迪与尼克松在竞选总统辩论中，争论的焦点问题之一，就是中国沿海岛屿问题。肯尼迪宣称美国必须保卫台湾，但应划清防线，他从1954年以来就一直认为金门、马祖对于防守台湾并非必不可缺，美国的防线应仅仅划在台湾本岛周围。他甚至认为：为了防御金门、马祖，而被伺机拖入一场可能导致世界大战的战争是不明智的。

8月3日和10月13日，蒋介石两次对美国记者考普莱发表谈话，不点名地批评了肯尼迪的辩论演说，宣称"即使战至最后一人，亦不会放弃外岛或'中华民国'任何其他地区的一寸土地"。[①] 翌日，蒋介石又令"外交部"批驳肯尼迪的竞选辩论演说称：

"一位负责任的美国政治领袖，尽管是在激烈的竞选期间，居然不负责任地，大慷他人之慨，而将另一个国家的领土随便处置了，实在是件不可思议的事情。而且这个国家，正好是他的盟邦，我们愿意确切地阐明我们的立场如下：在任何情形之下，'中华民国'绝不会答应任何人的要求——包括肯尼迪参议员在内——而放弃它的任何一平方英寸领土。……如果认为这些岛屿没有军事价值的话，那也是同样荒谬。"[②]

10月底，蒋介石又一次视察金门、澎湖，并在金门题字："经营战场""培养战力"，以显示进一步固守金门的决心。

肯尼迪上台后，曾向外界暗示：中国进入联合国只是时间问题。在蒋介石叫嚣的"反攻大陆"问题上，肯尼迪一直暗示台湾当局不要轻举妄动。其后又派远东事务助理国务卿伊尔斯曼亲赴台北与蒋经国会淡。伊尔斯曼明确表示："无论共产党政权是否摇摇欲坠，美国不支持台湾当局'反攻大陆'。"[③] 与此同时，美国政府还指示卡伯特在中美大使级会谈上向中国代表王炳南传递信息：美国不支持

---

① 秦孝仪主编：《"总统"蒋公思想言论总集》，卷39，第177页。
② 陈志奇：《美国对华政策三十年》，第199—200页，台北中华日报社，1981年版。
③ 威廉布勒：《美国的中国政策和台湾问题》，第50页。

台湾对大陆进行任何进攻的尝试，同时美国也绝不会放弃台湾。

与肯尼迪相比，约翰逊1963年继任美国总统后，对华政策又有了明显的改变。约翰逊之所以有此进步，是基于国际局势与国内形势的变化所致。1964年国际上发生两件爆炸性的新闻：一是中国第一颗原子弹试爆成功，使中国国际地位大大提高；二是法国同中国建交。美国国内舆论受国际局势变化的影响，批判政府的对华政策。形势迫使美国政府不得不逐渐调整与中国大陆的关系，台、美关系逐渐变冷。

1964年1月底，美国国务卿腊斯克在日本说：美国忠于对"中华民国政府"的义务，但同时"期待着有一天"能同大陆中国恢复关系。同年5月28日美国宣布从1965年6月30日起停止对台"经援"，改为贷款。1965年1月14日，约翰逊在援外咨文中指出台湾自助有成，经济繁荣无需美援。

1966年7月，美国国务卿腊斯克抵台访问时，虽仍宣称"我们承认'中华民国'作为中国政府"，但"唯一"二字消失了。此时的种种迹象表明：约翰逊政府已欲着手改善同中国大陆的关系。同年12月27日，美国国务院成立了由10位专家组成的"中国网通顾问小组"，专门研究对中国的政策。

1967年1月10日，美国总统约翰逊在国情咨文中称：

"我们将继续希望中国大陆人民与美国社会能重新和好相处——包括各项军备管制工作方面、安全方面以及中国人民和我们其余的人的命运一样所依赖的进步方面的合作。

我们将是第一个欢迎那个决心尊重其邻邦权利的中国，我们必将是第一个对它加以赞扬的人，如果它能集中其毅力与智慧于改善其人民的福利，我们并无意剥夺其寻求安全与其邻邦谋致友好关系的合法权利"。[1]

同年5月，台湾"副总统"兼"行政院长"严家淦访问美国，并同美国总统约翰逊发表联合声明，但难以挽回"外交"颓势。

对于江河日下的台美关系，蒋介石心急如焚，他在9月25日会见美联社记者戴维斯时宣称："对'共党'放松警觉必将造成悲剧。"[2] 1965年5月2日，蒋介石在答美国记者问时称：应在大陆中共未完成核子投射系统以前，将其予以消灭。[3] 同年8月2日，蒋介石再度会见美国记者称，美国应当采取有效的步骤解

---

① 茅家琦等著：《中国国民党史》（下），第1088页，鹭江出版社，2005年版。
② 秦孝仪主编：《"总统"蒋公思想言论总集》，卷39，第288页。
③ 秦孝仪主编：《"总统"蒋公思想言论总集》，卷39，第315页。

救亚洲当前的危机，组成以美国为首的反共联盟；美国不能退出亚洲，应当注意中共的"阴谋"，主动摧毁中共的核装置，中共与苏联有重修旧好的可能。①

对于蒋介石的警告与建议，约翰逊听之任之，我行我素，蒋介石也无可奈何。

使中美关系发生重大转折的则是尼克松入主白宫之后。尼克松1969年入主白宫，1972年获得连任，1974年因水门事件下台。尼克松是共和党人，他曾经是著名的反共专家，在他上台之前的1967年10月，尼克松在美国《外交季刊》上发表的一篇文章中指出："从长远的观点看，我们负担不起永远把中国留在各国大家庭之外。"1969年大选获胜后，在就职演说中表达了上述主张。尼克松之所以一上台就主动调整对华政策，主要是基于当时他所面临的极端复杂的国际局势：

第一，苏联实力迅速增长，美国实力相对衰落，从而形成了美苏均势状态。

第二，美国的盟友西欧国家和日本独立性增强，同美国之间的摩擦日渐增强。

第三，越南战争不仅使美国在国际上陷入孤立，也招致国内民众的强烈反对。

第四，中国和第三世界国家获得不断发展，反对霸权主义的力量得到壮大。

由此可见，尼克松改变对华政策是从全球战略，特别是从对苏政策出发的。他在回忆录中认为：

（1）对抗苏联要有实力。为了对抗苏联，他主张开展"三角外交"，打开同中国大陆的关系，结束中美对抗，以便利用中苏矛盾，造成对苏施加压力和进行牵制的杠杆，诱使苏联对美国让步。

（2）出于结束越南战争的考虑。要结束越南战争，必须同中共政权取得谅解，否则很难从越南战场抽身。

（3）鉴于中国力量与影响的增长，中美对立的时间越长，美国付出的代价就越大，不利于美国稳定亚太地区的形势，更难集中力量对付主要对手苏联。

1970年2月，尼克松向国会提出的一个外交政策报告中说："从长远来说，如果没有这个拥有七亿多人民的国家出力量，要建立稳定和持久的国际秩序是不可设想的。"②

同年10月，尼克松在接见美国《时代》周刊记者时称："如果说我在死以前

---

① 秦孝仪主编：《"总统"蒋公思想言论总集》，卷39，第325—329页。

② 亨利·基辛格：《白宫岁月》，第339页，世界知识出版社，1980年版。

有什么事情想做的话，那就是到中国去。如果我去不了，我要我的孩子们去。"

　　尼克松的上述演说，表明他力图在任内结束中美隔绝二十多年的不正常状态。无论从历史现实和个人角度来审视美国的对华政策，尼克松都感到了改变中美关系的重要性。就此点而论，尼克松不失为一位具有战略眼光的政治家。

　　与此同时，为了改变同中国大陆的关系，尼克松采取了一连串的实际行动。这些行动有：

　　（1）美国国务院于 1969 年 7 月 21 日宣布：六类美国人可以观光身份访问中国大陆，同时准许美国人购买非商业目的的大陆商品。

　　（2）准许美商海外分公司经由第三国和中国进行非战略性物资的贸易。

　　（3）美国反对提供一中队 F-4D 型飞机给台湾当局。同时尼克松下令美国第七舰队停止巡逻台湾海峡。

　　（4）1970 年年初，美国与中国恢复华沙会谈。

　　（5）秘密派遣基辛格赴中国大陆访问。

　　基辛格称，当时尼克松给他两个任务：一个是商谈尼克松访华问题；一个是为尼克松进行预备性会谈。基辛格谈了七个问题，其中有五个问题涉及台湾：（1）美国政府拟在印度支那战争结束后从台湾撤走三分之二的驻台美军，并准备随着美中关系的改善减少在台湾剩余的美军人员；（2）美国不支持"两个中国"或"一中一台"，但希望台湾问题能和平解决；（3）美国承认台湾是中国一部分，不支持台湾独立；（4）美国同台湾的"共同防御条约"留待历史去解决；（5）美国不再指责和孤立中国。在联合国问题上，美国将支持中国席位，但不支持驱除台湾代表。[①]

　　从上可见，尼克松在实施新的对华政策的同时，已经考虑到中华人民共和国在联合国的席位问题及与台湾关系问题。关于此点，还可以从《尼克松回忆录》中得到说明：

　　"在很机密的基础上，我想请你让你的助理人员起草一份研究材料，对我们在联合国接纳中国问题上将采取什么方针提出建议——不要告诉任何可能会泄密的人。我认为，我们没有足够的票数去阻挡。接纳的时间比我们预料的要来得快。""我们确实需要解决的问题是，我们怎样才能逐步造成一种形势，使我们既能保持对台湾的义务，而又不致遭到赞成接纳赤色中国的人的抨击。"

---

　　① 魏史言：《基辛格秘密访华内幕》，载《新中国外交风云》，第二辑，第 40 页。

对于尼克松的举措，蒋介石非常不满意。当美国第七舰队停止巡逻台湾海峡之后，台湾当局对此提出质问，美国则以"经济困难"答之，台湾方面指责这是"遁词"。对于美中华沙会谈，台湾当局表示严重抗议。对于尼克松准备访问北京一事，蒋介石当时一无所知，直到1971年7月15日尼克松宣布其北京之行决定的前20分钟，台湾当局驻美国"大使"沈剑虹才从国务卿罗杰斯给他的电话中得知。沈剑虹回忆：

"尼克松要他通知我，20分钟内美国总统要在电视上宣布，7月9日至11日基辛格已经访问过北平，会晤了周恩来，而且美国总统已接受周恩来的邀请，准备在1972年5月之前一个适当时机前往北平访问。""这一行动的目的在增加与中共的接触，改善双边关系，希望借此促进世界和平。""此举只是为了缓和该地区紧张情势，并非针对任何第三者"。"他要我向'总统'蒋公报告说，美国绝不会背弃'友邦'，并将信守共同防御条约"。[1]

沈剑虹与台湾当局最初听到尼克松准备访问北京时的反应是：

"这件事实在令人震惊。""有几分钟时间我震惊得说不出话来。我简直不能相信方才听到的话是真的。我想打电话给台北方面，不巧的是美国这边的越洋电话接线生们那天正罢工。我正在草拟电稿时，电话又响了。这次是台北'外交部'杨西昆'次长'打来的，问我是否从美国政府人士那里，听到有关基辛格秘密访问北平的消息。台北方面的人士刚刚听到新闻快报，要我证实他们听到的消息是否正确。像我一样，台北方面对这消息最初反应也是觉得难以置信"。[2]

7月16日，台湾当局深知美台关系"绝对不会与以前一样了"。在极端愤怒的情绪之下，蒋介石指示杨西昆约见美国驻台湾"大使"马康卫，向他提出强烈抗议，并称尼克松的举动是"最不友好的行动"，必然会造成严重的后果。同时，蒋介石还指示沈剑虹向美国国务院提出抗议。[3]

沈剑虹在拜会美国主管东亚和太平洋事务的助理国务卿格林时，向他转述了台北方面是如何"愤怒、困惑和震惊"的。格林答称：尼克松的行动目的在于缓和东南亚的紧张局势。同时宣称：许多国家人民对于尼克松的行动，初步反应似

---

① 沈剑虹：《"使美"八年纪要》，第60页，世界知识出版社，1983年版。

② 沈剑虹：《"使美"八年纪要》，第60—61页。

③ 沈剑虹：《"使美"八年纪要》，第61—62页。

乎都很良好。还声称美国政府不会"牺牲任何友邦"。①

在台湾，蒋介石主持国民党中常会，专门讨论尼克松访问中国大陆问题。蒋介石认为尼克松此行是迁就现实力量的平衡，促成越南战争结束，争取明年连任"总统"，实行制苏战略，以达到分化共产主义世界的目的。蒋还提出要斗志不斗气，要坚定反共的信心与决心，不动摇、不妥协，自强自立。

当 1972 年 2 月 21 日尼克松访问北京之际，正值台湾召开"国大"一届五次会议，会议对尼克松北京之行发表声明称："台湾当局兹特郑重昭告世界，目前盘踞我国大陆之共产党是一'叛徒集团'，绝对无权代表中国大陆人民，美国与'共匪伪政权'间凡由此次访问所达成涉及中国政府暨人民权益之任何协议，台湾当局一律不予承认。"宣称台湾与大陆"断无谈判与妥协之可能"，"台湾当局'光复大陆'之'基本国策'绝不变更"。②

尼克松访华期间，中美双方会谈的焦点也集中在台湾问题上。当尼克松与毛泽东会谈时，很自然地涉及蒋介石与台湾问题。毛泽东对尼克松说：我们共同的老朋友蒋委员长可不喜欢这个（指中美会谈）。毛还说："他叫我们'共匪'，最近他有一个讲话，你看过没有？"

尼克松反问一句："蒋介石称主席为'匪'，不知道主席叫他什么？"

周恩来回答说："我们一般叫他们蒋帮"，"总之，我们互相对骂"。

对于台湾问题，美国仍存在"两个中国"的观念，仍企图将台湾从中国分裂出去。中国方面则要求在《中美公报》中明确台湾是中国的一部分。经双方多次磋商，《上海公报》是这样表达的：

"美国认识到，在台湾海峡两边所有中国人都认为只有一个中国，台湾是中国的一部分。美国政府对这一立场不提出异议。它重申对由中国人民自己和平解决台湾问题的关心。考虑到这一前景，它确认从台湾撤出全部美国武装力量和军事设施的最终目标。"③

双方争论最多的问题就是台湾问题。周恩来在《上海公报》签订后不久谈道："这是中美会谈中争论最多的一段。从北京争到杭州，从杭州争到上海，一直到27 日下午 3 时半才达成协议。"④

---

① 沈剑虹：《"使美"八年纪要》，第 62 页。

② 台湾《"外交部"公报》，1972 年，第 1 号，第 25 页。

③ 《人民日报》，1972 年 2 月 28 日。

④ 金冲及：《周恩来传》（4），第 2066 页，中央文献出版社，1998 年版。

美国此一立场否定了它多年来坚持的"台湾地位未定"说，同时《上海公报》还提出中美应实现"两国关系正常化"。此点进一步指明了台美关系的未来性质。蒋介石最害怕的事情终于要发生了，他当时指使"外交部"就《上海公报》于2月28日发表声明，称此公报协议无效，要台湾各界庄敬自强，对"反攻复国"应具有充分信心。① 蒋介石还指示台湾当局以"政府"名义发表声明，宣称："此次美国总统尼克松一反若干年来美国政府对中共的严正立场，前往访问中共，并与周恩来发表《联合公报》，迁就中共的'勒索'，在许多问题上多所让步，适与34年前英首相张伯伦在慕尼黑与纳粹签订协定之举如出一辙。"宣称战争惨剧"将在亚洲重演"。声明重申了"外交部"的观点。声明最后宣称："非推翻'中共暴力统治'，不足以建立真正的世界和平。台湾当局将以自力继续负起此一神圣使命。至于美与中共所达成的协议，很可能不久就变成一张废纸。"② 与此同时，蒋介石电令沈剑虹会晤尼克松，当面澄清《上海公报》未提台美"共同防御条约"所引起的不安。尼克松对沈剑虹保证，"美国决心遵守对台湾当局的承诺"。这正是蒋介石所需要的。翌日，沈剑虹返台向蒋介石汇报会晤尼克松情形，蒋介石听后感慨地说："今后，我们必须比从前更要依靠自己。"③

尼克松称他的北京之行，是"改变世界的一周"。它不仅造成台美关系的江河日下，而且给台湾国民党当局以致命的一击，使蒋介石集团的代表最终被逐出联合国。

联合国被逐

1971年10月25日，是国民党蒋介石兵败大陆退台后最难堪的一天。就在这一天，联合国第26届大会就中国代表权案进行表决，会议以76票赞成、35票反对、17票弃权、3票缺席通过了阿尔巴尼亚等23国提案，恢复中华人民共和国在联合国的一切合法权利，并立即将蒋介石集团的"代表"从联合国的一切机构中驱逐出去。当这一决定公之于众时，会议大厅里响起了热烈的欢呼声，有人甚至跳起舞来。连美国驻联合国代表也不得不承认："任何人都不能回避这样一个事实——刚刚投票的结果实际上确实代表大多数联合国会员国的看法。"

---

① 台湾《"中央日报"》，1972年2月29日。
② 《香港时报》，1972年3月1日。
③ 沈剑虹：《"使美"八年纪要》，第93页。

如前所述，中国代表权案始于 20 世纪 40 年代末。尽管苏联等国每年提出此案均被否决，但表决票数的差距，却是一次比一次接近。到 1961 年第 16 届联大时美国对此问题提出议案：非经三分之二多数赞成，不得改变代表权。本次大会召开之前，蒋介石已经意识到台湾当局在联合国的地位岌岌可危，他在 10 月 15 日发表谈话称：

"本人相信，目前主张联合国容纳'共匪'者，除少数明显的共党工具者外，大多均是对'共匪'及整个共产集团的本质缺乏认识，而误以为姑息政策可以导致和平。本人同时也深信，多数自由国家对此已有认识，绝不会容纳'匪共'入联合国的。我们要知道，'共匪'混入联合国，受害者绝不限于台湾当局，即联合国本身亦失其存在意义，'共匪'及整个'共产集团'之声势，必因此大张。其侵略阴谋，必因此更为积极；其最终的结果，无疑是加速世界大战的爆发。"[1]

由于中国国际地位的不断提高，也由于国际上主持正义的国家与人民的不懈努力和中国所做的工作，1970 年第 25 届联大对阿尔巴尼亚等国关于恢复中华人民共和国在联大一切合法权利的提案进行表决时，出现了 51 票对 49 票的过半数赞成的结果。

在这场马拉松式的中国代表权案中，美国的态度至关重要。尽管美国正在逐渐改善同中国大陆的关系，但从其自身利益出发，又反对驱逐台湾国民党当局出联合国，于是美国代表提出所谓"双重代表权"案，即：使中共获得联合国大会的会籍和安理会的席位，同时准许"中华民国"留在联合国。

对于美国的"双重代表权"案，台湾当局表示不能接受。蒋介石在与美国代表墨菲的谈话中表明了五点要求："一、从台湾当局的立场出发，我们希望今年继续采用'重要问题提案'；二、如果美国认为有困难，台湾当局不会阻止美国提出新方案，当然前提是新方案不会对台湾当局造成任何严重伤害；三、任何赞成联大接纳北京政权的新方案都会对台湾当局造成很大伤害，即使北京拒绝加入；四、为了维护台湾当局的国土与联合国宪章的尊严，新方案必须确保台湾当局在安理会的席位；五、如果任何其他国家试图修正新方案，改变安理会席位的归属，美国须尽最大努力阻止之。"[2]

其后，台湾方面提出了三点可公开和三点秘密的意见。可公开的意见是：放

---

① 张其昀：《先"总统"蒋公全集》，第 3 册，第 3978—3979 页。

② 张邵铎：《美国与联合国中国代表权问题》，第 68 页。

弃"重要问题提案";同意"逆重要问题提案",确保台湾不被逐出联合国;希望美国尽力击败"阿尔巴尼亚提案"。另外三点秘密意见:如果有必要采用"双重代表权案",切勿提及安理会的归属;如果其他国家提出修正提案,规定安理会席位归属北京,希望美日不要共同提案也不要投票支持;台北须发言反对任何"双重代表案"。① 蒋经国在给钱复的指示中,表示出了继续让步的意思:"一、应探明美方是否有助我诚意;二、对于苏俄动向要密切注意;三、我方的立场是,如果美方提案通过,中共因我在联合国而拒绝前来,我应坚守阵地,但倘阿尔巴尼亚提案有通过的迹象时,应先主动退会。"②

美国的"双重代表权"提案在第 26 届联大表决时,以 55 票赞成、59 票反对、15 票弃权被否决。美国只好服从联合国大会的自然发展,无力顾及蒋介石的责难。

在国际局势发展越来越不利于台湾国民党当局的情形下,蒋介石于 1971 年 6 月 15 日发表了《我们国家的立场和国民的精神》的讲话,宣称:

"古人常言:'天下之事在乎人为,决不可以一时之波澜,遂自毁其壮志'……如果今天看到某些国家短视近利,违反理性,蔑视正义,奢言和平而实在葬送和平的作为,吾人即为其所激怒,或为其所沮丧,甚至为其所胁迫,而不能'持其志勿暴其气',那就正是在'自毁其壮志'!只要大家能够庄敬自强,处变不惊,慎谋能断,'坚持国家及国民独立不挠之精神',亦就是斗志不斗气,那就没有经不起的考验,冲不破的难关。"③

台湾当局尽管做了被逐出的准备,但在被逐出之前仍做困兽之斗,派出了以"外交部长"周书楷为首的四十多人的代表团,声言"为维护代表权,准备背水一战"。10 月 8 日,周书楷在联大发表演讲,宣称:"我们必须承认,近年来,联合国已经大大损失了它的声望与影响力——正当联合国的效用面临考验的关头,我们这个组织之中竟有人提出主张,让一个明目张胆要摧毁联合国,使其不能维护和平的政权来篡夺一向维护宪章忠诚不二的'中华民国',实在是令人痛心。""全世界的人民都在仰望期待已久的和平与安全,而以此寄望于我们所代表的各国政府。因此,我们必须掬诚保证,大家共同努力于此项崇高艰巨的大业,务使宪章的理想与目标,成为具体的事实。我们更希望本届大会切不能向暴力低头,以致

① 王正华编:《"中华民国"与联合国史料汇编》(中国代表权),第 547—543 页。
② 《钱复回忆录》,第 1 卷,第 152—153 页,台湾远见出版股份有限公司,2005 年版。
③ 张其昀:《先"总统"蒋公全集》,第 3 册,第 3097 页。

自取羞辱。"①

当第 26 届联大表决阿尔巴尼亚等国的提案之前，蒋介石为避免尴尬局面出现，遂令"外交部长"周书楷率台湾当局出席联大会议代表团悄悄退出联合国大会会场。10 月 27 日，蒋介石发表了《为联合国通过非法决议告全国同胞书》，书中略云：

"本届联合国大会自毁宪章的宗旨与原则，置公理正义于不顾，可耻的向邪恶低头，卑怯的向暴力屈膝，则当年我国所参与艰辛缔造的联合国，今天业已成为罪恶的渊薮。""对于本届大会所通过此项违反宪章规定的非法决议"，"绝不承认其有任何效力"。

第 26 届联大正式恢复新中国在联合国的代表席位。国民党当局"外交部长"周书楷宣布"中华民国"退出联合国，走下讲台

"我们国家的命运不操在联合国，而操在我们自己手中"。我们"对于主权的行使，绝不受任何外来的干扰；无论国际形势发生任何变化，我们将不惜任何牺牲，从事不屈不挠的奋斗，绝对不动摇、不妥协"。②

在 1972 年的元旦文告中，蒋介石再度泄愤。1975 年 3 月，宋美龄也附和其夫言论，发表了《不要说它，但是我们要说》的文章，宣称："联合国一批会员国，乃可以听任感情驱使……采取集体行动，再度嘲弄联合国。我们不得不承认，我们极为成功地敲响了这个国际和平组织的丧钟。"

从蒋介石、宋美龄的上述宣泄中，可以看到联大驱蒋之举已使他们愤怒到了

① 台湾《联合报》，1971 年 10 月 9 日。
② 张其昀：《先"总统"蒋公全集》，第 3 册，第 3757—3758 页。

极点，因而对联合国进行攻击、指责，同时安抚因驱蒋案所造成的动荡的台湾岛内民心。然而事情并未就此结束，继联大驱蒋案之后，"不幸"事件接连发生，几乎在一夜之间，有二十多个国家与台湾当局断"交"，转而承认中华人民共和国。截止到1973年2月，仅有29个国家与地区同台湾当局保持"外交"关系。时任"外交部长"的周书楷深感有无"外"可"交"之兆。蒋介石虽一再宣称"庄敬自强""处变不惊"，此刻也不得不承认，这是国民党"迁台以来的最大挫折"。

台、日交恶

正当台湾当局处于"外交"绝境之际，蒋介石另一忠实"外交"盟友日本，又于1972年9月29日同中华人民共和国发表联合公报，宣布结束两国间的不正常状态，恢复正式外交关系。中日恢复邦交是继尼克松改变对华政策与联大驱蒋案后对蒋介石的又一沉重打击。

自台、日1952年签订"和约"以来，台日之间始终风波迭起，未见平稳。本来，按吉田原来构想是同中国大陆单独媾和，后在美国的高压政策与日本国内亲蒋势力施加重大影响下，吉田改变初衷，同台湾签订了"和约"。日本当局这种妥协行为理所当然地伤害了中国人民的感情，因而受到了中国政府与日本进步人士的严厉谴责；日本工商界出于发展对华贸易的需要，也迫切要求改变错误的对华政策。就在台日"和约"签订后不久，日本参议员高良富等三人应中国国际贸易促进会的邀请，于1952年6月赴中国大陆谈判并签订了第一个中日民间贸易协议。同年12月，"促进日中贸易议员联盟"宣告成立，此后，中日两国民间友好往来日渐增多。

蒋介石眼见大陆与日本民间交往频繁，害怕日后台、日"邦交"破裂，遂警告日本人：

"日本若干方面曾一再要求开放大陆贸易，但余不信渠尔能代表大多数日本人民或日本政府之态度。日本私人贸易商曾与'匪帮'签订若干贸易协定，但无一堪称有何成效。……日本经济未来之发展，实在于自由亚洲国家及我忠实华侨合作，扩充其与东南亚地区之贸易。"[1]

蒋介石的警告发生了一定的作用，亲蒋的岸信介于1957年2月组阁后，推行亲美、亲台政策，阻挠中日民间贸易往来。同年6月2日，岸信介抵台访问，

---

[1] 张其昀：《先"总统"蒋公全集》，第3册，第3902页。

3 日在同蒋介石谈话时，宣称日本的外交方针是"尊重台湾当局的意见"，"不承认中共政权"；并公然煽动蒋介石"反攻大陆"。[①] 同日，岸信介还同"行政院长"俞鸿钧进行了会谈。周恩来在一次讲话中说："岸信介首相暂时不来中国访问，是可以谅解的。但是他却到台湾去了。岸信介做了鸠山、石桥、吉田所没做过的事，这是中国人民极为反感的。""岸信介支持蒋介石'收复大陆'，这是岸信介不惜公开敌视六亿中国人民的表现"。岸信介的这种行为，是"故意同中国为难，挑拨亚洲国家同中国的关系，拿污蔑中国来讨好美国，以便取得美国的援助，进行重新武装，复活军国主义"。[②] 周恩来的评论揭露了岸信介访台的实质。因岸信介的外交方针违反了日本大多数国民的意愿，遂遭到社会舆论的抨击。1960 年 7月，岸信介在一片反对声中倒台。

岸信介倒台后，池田勇人出任阁揆，他恢复了中日民间贸易交往。但池田内阁在对华政策上未能超越吉田所规定的界限，中日两国间的关系没有实质性的发展。1964 年，佐藤荣作出任日本首相，他积极推行亲美反共政策，制造"两个中国"，支持"台独"。他上台后在一次记者招待会上宣称："在中国有两个国家。"更有甚者，佐藤竟异想天开地将台湾划入日本的"防卫范围"。尼克松访华后，日本朝野大为震惊，因为佐藤内阁一直跟在美国屁股后面敌视中国，第 26 届联大召开时，又追随美国阻挠恢复中国的合法席位。此刻，美国却在悄悄地同中国大陆改善关系，跟自己的盟友连个招呼都不打，这使佐藤政府受到社会舆论的冲击，在一片责难声中，佐藤内阁倒台，田中角荣出任日本首相。

田中一上台就开始打中国牌，他在就职演说中宣布把实现中日邦交正常化作为新成立内阁的首要任务，并宣称"日中邦交正常化的时机已经十分成熟"。

田中的就职演说惹怒了蒋氏父子。1972 年 5 月 20 日，初度组阁的蒋经国与他的"外交部长"沈昌焕对日本提出"不要为中共'政治阴谋'所乘"的警告。7 月 25 日，台湾当局驻日本"大使"彭孟缉约见日本外相大平正芳，告以反对日本与大陆中共"国交正常化"。8 月 2 日，国民党中央秘书长张宝树自访韩国返台途经日本时，奉蒋令劝说日本政要"变更意图"。8 月 8 日，"行政院长"蒋经国发表谈话称：

"最近日本政府首长一再声称，将与'共匪'进行所谓'国交正常化'，并表示日本与'共匪'关系正常时将与'中华民国'断绝外交关系。日本首相及外相

---

① 台湾《中央日报》，1957 年 6 月 4 日。

② 田桓主编：《战后中日关系史》，第 156—157 页，中国社会科学出版社，2002 年版。

并计划于9月间访问大陆'匪区'，此乃对于'中华民国'政府与人民最不友好之态度。""警告日本政府，停止一切损害两国邦交与危害亚太地区和平安全之行动，以免造成历史上之重大错误。"①

田中角荣并未因蒋经国的一再警告而放弃大陆之行。1972年9月25日，田中继尼克松之后，坐在周恩来、毛泽东的会客室里，坦诚地回顾与展望了日中关系。9月29日，中日两国正式签署了中日邦交正常化的《联合声明》。

由于中日两国签署了《联合声明》，自然就中断了同台湾当局的关系。但是《联合声明》并没有提及此事，而是通过日本外相大平以谈话的方式宣布从即日起"日台条约"失效。台湾当局愤愤不平，就在中日邦交正常化《联合声明》签署的当晚，"外交部"发表声明如下：

"今田中政府竟片面背弃中日和约，承认中共'匪伪政权'而与'中华民国政府'断交，不仅忘恩负义，为日本民族之耻，实亦违反日本最大多数国民之意愿，且更'严重损害'中、日两国与整个亚洲之远大利益。"②

10月10日，蒋介石发表"国庆"文告，宣称"今天日本田中政府公然不顾道义法理，不顾国际与其国内有识之士的反对"，和中共搞"'不正常'的外交关系"，这是"开门揖盗"，必为日本带来危机。他还宣称："'中华民国'乃为海内海外归心向往唯一的、真正的'合法政府'"；"'光复大陆'是我们坚持奋斗的首一目标"，台湾"绝不气浮心动"，一定完成"反共复国"目标。③

尽管蒋介石在抨击日本背弃他时气势汹汹，但终究年龄不饶人，在这一连串的沉重打击之下，他病倒了。

---

① 《蒋"总统"经国先生言论著述汇编》，第8辑，第251页。
② 台湾《中央日报》，1972年9月30日。
③ 秦孝仪主编：《"总统"蒋公思想言论总集》，卷34，第275—276页。

第十一章　坚决反对分裂与"台独"

国共两党内战导致海峡两岸天各一方，而国民党、蒋介石退守台湾后出于反共需要而鼓吹"反攻大陆"又加剧了两岸之间的隔绝；美国等西方国家插手台湾事务、分裂中国导致台湾问题始终得不到解决。国民党蒋介石的行为在客观上为外国分裂势力制造"两个中国"与"台独"分子搞"台独"提供了可乘之机，但在主观上是坚持一个中国政策，主张中国统一的。正是从这个意义上讲，国共两党虽然在相当长一段时期内相互为敌，特别是在意识形态上。但在民族大义上两党始终坚持一个中国、反对"两个中国"和"台独"的严正立场，特别是在"两蒋"时期尤为突出，致使两岸和平发展与统一的可能性得以维系。

2012 年台湾领导人大选国民党之所以能够获得连任，最根本之点就在于马英九与整个国民党抛弃了李登辉的"两国论"，重新回归"九二共识"的一个中国政策。民进党主席蔡英文在败选报告第一稿中未将两岸政策作为败选的原因之一，招致党内炮声隆隆，民众也颇多指责，最终在第二稿中不得不承认要加强同大陆的交往，调整自己的路线，但在苏贞昌当选民进党主席后的就职演说中，又回到了"台独"立场。探讨台湾没有能够走向"台独"的原因，除了中国政府和两岸人民群众的坚决反对之外，不能不承认蒋介石父子在其中所起的积极作用。

反对美国分裂中国

打开蒋介石的著作，一方面看到为了维持其在台湾的统治，不惜实行屈辱的"外交"政策，唯美国之命是从。另一方面也可以看到，每当美国插手中国事务、分裂中国并危及中国主权时，蒋介石总是毫不客气地进行批判。

针对美国分裂中国的活动特点，蒋介石一方面公开批判美国的分裂行径，同时不惜与大陆联手，反对美国的"两个中国"与"划峡而治"的图谋。关于此点可从下列事实中得到说明：

第一，朝鲜战争爆发前，蒋介石对于美国公然鼓吹"台湾地位未定论"与"联合国托管说"进行了有力的批判与抵制。

其一，针对魏德曼 1947 年鼓吹"台湾人会接受美国监护或联合国托管"的说法和美联社 10 月 14 日报道：台湾分离运动领袖们不久将正式要求出席对日和会，并将要求举行公民投票，以便决定仍属中国抑或完全脱离中国等，指示媒体批判这一谬论。11 月 27 日，上海《新民晚报》载文对"托管"阴谋予以揭露，指出美国"野心分子"正在利用中国的危机，积极争取台湾上层人士，推动"托管"。① 针对《新民晚报》的上述报道，美国驻台北总领事克伦茨举行记者会，否认美国有分离台湾的企图，声明美国无意介入台湾事务。②

其二，命令时任台湾省主席的魏道明发表讲话，严厉驳斥美国分离台湾的图谋。魏道明指出：谣传台湾人民希望脱离祖国而愿受外国的统治，这一说法不仅是对台湾人民的侮辱，更是对全体中国人的侮辱。他阐述了台湾自古以来就是中国的领土这一事实，回顾了台湾失陷和归还的历程，指出在战后可能远东有一些遗留的问题有待对日和会解决，但是台湾问题早已决定，《开罗宣言》已明确指出台湾应归还中国。最后他表示，坚决反对在对日和会上讨论台湾问题，如果发生这种情况，600 万台湾人民和四亿五千万大陆的中国人民将不惜为之流血斗争。③

其三，派员对美国的"托管"进行深入调查。蒋介石命令台湾的情报机关调查"托管运动"的来龙去脉。据情报机关给国民党中央的调查报告指出：美国新闻处长卡度是这个运动的牵线人，利用联总或美国船只，派遣情报员黄其南来往台、沪、平、港、日之间从事活动。其后，蒋介石又派孙科到台湾实地考察，并举行记者会，公开批评美国新闻处长卡度。结果，不久卡度被调离原单位。

对于 1949 年中期美国制造的种种分离中国的方案，蒋介石"有其坚决的主张与立场"。据蒋经国日记记载："英美恐我不能固守台湾，为'共军'夺取而入于俄国势力范围，使其南太平洋岛防线发生缺口，亟谋由我交还美国管理。"蒋认为："对美应有坚决表示，余必死守台湾，确保领土，尽我国民天职，绝不能交归盟国。"④

1949 年 6 月 20 日，蒋介石再度向美国政府及麦克阿瑟表明对"联合国托管"

---

① 《台湾命运机密档案》，第 88 页，台湾，海峡评论杂志社 1991 年版。

② 《台湾命运机密档案》，第 91 页。

③ 转引自冈栋俊、陈友著：《美国对华政策 50 年》，第 9 页。

④ 《蒋"总统"经国先生言论著述汇编》，第 2 辑，第 628 页。

说与各种分离台湾方案的态度与立场："台湾移归盟国或联合国暂管之拟议，实际为中国政府无法接受之办法，因为此种办法，违反中国国民心理，尤以中正本人自开罗会议争回台、澎一贯努力与立场，根本相反。"①

第二，针对美国设法阻止蒋介石来台，制造"台湾独立"，蒋介石采取了坚决果断的措施予以应对。当 1948 年秋国民党军政人员开始撤退台湾时，克伦茨就不断向美国国务院发出警告，宣称国民党退台将危及台湾"和平和安全"。美国在发出抛弃国民党与蒋介石的白皮书的同时，千方百计阻止蒋介石来台，并在台湾培植势力企图取蒋而代之。美国人培植的第一个人是时任台湾省主席的魏道明。1948 年 11 月，克伦茨与魏德曼进行秘密接触。魏道明表示：如果美国能提供 1000 万美元贷款，作为美国对台"心理支持"的表示，他就可以设法实现台湾自治，并说服蒋介石不来台湾。② 1949 年 1 月 21 日，蒋介石下野后没有来台而是回老家溪口，李宗仁认为这与美国态度有关。对于美国利用魏道明取代蒋介石，蒋介石的做法很简单，立即于 1948 年 12 月撤换魏道明，换上了绝对忠实于自己的陈诚。

美国人不甘心，遂向陈诚伸出援手。但陈诚与蒋介石关系非同一般，美国人只好作罢，又将目标对准有美国背景、马歇尔的同学孙立人。由于孙立人总认为不得志，与麦克阿瑟等人接触太多，致使一向多疑的蒋介石终于在利用完孙立人之后把他抛进了监狱。

第三，第一次"台海危机"后针对美国的"停火"说与"两个中国"政策，蒋介石发出多次警告与声明，予以抨击。例如第一次"台海危机"发生后，当美国远东事务助理国务卿罗伯逊带着美国"沿海岛屿停火"计划抵达台北交给蒋介石时，蒋警告说：如果他本人同意新西兰的"停火"建议，将无法在岛内对自己的行为作出解释；允许安理会讨论这一建议，还会导致联合国讨论中国的代表权问题。后来，蒋作了妥协，提出尽快缔结结、美"共同防御条约"，而且缔约时间应在新西兰提出议案之前，才能减轻其所造成的伤害。台、美"共同防御条约"虽然签了字，但"停火"在台湾当局看来，实等于要其放弃"反攻"，为"两个中国"的合法化铺平道路，这对于台湾当局的打击远比丢失沿海若干岛屿要严重得多。为此，台湾当局开始强烈谴责美国的行为。

1955 年 2 月 5 日，台湾当局驻联大"代表"蒋廷黻在纽约谴责"停火"和"两

---

① 《蒋"总统"经国先生言论著述汇编》，第 2 辑，第 628 页。
② 《台湾命运机密档案》，第 134—135 页。

个中国"的谬论。① 2月8日，蒋介石在台北讲述国际形势时，强烈谴责联合国安理会开始处理新西兰所提"停火"案，而且要让中共列席讨论，"这真是一件不可思议的事"。宣称大陆与台湾均是中国的领土，"绝不容许任何人割裂"。他指责在外岛"停火"是"别有阴谋"，鼓吹"两个中国""荒谬绝伦"。② 蒋还大骂英国等国是"不守正义""不讲公理""乘人之危"的"自私自利者"。

2月14日，蒋介石为大陈撤退举行答记者问时再度抨击"停火"与"两个中国"主张是"荒谬绝伦"，宣称联合国须先"对侵略者施行制裁，非与之商谈停火"，同时宣称确保金门、马祖，"中华民族不久终归于一统"。③

2月16日，蒋介石在会见合众社副社长贺伯莱时宣称："'中华民国'的领土不容分割。'中华民国'决心'光复大陆'，'两个中国'的观念是荒谬的。"④

3月3日，蒋介石在中国国民党七届五中全会的讲话中，进一步抨击"停火"说与"两个中国"的谬论，并提出恪守的三项方针：

"（1）自大陆撤退以后，其他外围岛屿绝对不再撤退一步"。"即使美国不来协防金门、马祖各岛，我们也要抱定决心，独立作战到底。

（2）'两个中国'的荒谬说法，我们要绝对予以打消；

（3）我们目前当然仍要继续支持联合国，坚决反对任何秘密形式的外交活动，并绝不与共产党同席，辩论任何国际问题。"⑤

蒋介石称今后国际间发生任何恶劣形势，都要坚持这三项方针。

3月18日，蒋介石对英国《泰晤士报》记着哈果夫称："联合国做停火之安排"，就是要牺牲台湾的外岛，"对侵略者低头"。此一建议是"荒谬的""不可想象的"。⑥ 此间，前美国总统候选人史蒂文生和《纽约时报》采访主任小沙兹伯格均发文要求蒋介石放弃金门、马祖。

3月19日，小沙兹伯格专程抵台访问蒋介石，蒋对他称："金门、马祖乃是'中华民国'的生命线，放弃金门、马祖，即等于放弃反共抗俄整个事业。""不论美国协防与否，我们自己将不顾一切牺牲予以确保"。⑦

---

① 陈志奇：《美国对华政策三十年》，第116页，台湾《中华日报》社1981年版。
② 张其昀：《先"总统"蒋公全集》，第3册，第4215页。
③ 张其昀：《先"总统"蒋公全集》，第3册，第3882页。
④ 秦孝仪主编：《"总统"蒋公思想言论总集》，卷38，第339页。
⑤ 张其昀：《先"总统"蒋公全集》，第2册，第2453页。
⑥ 张其昀：《先"总统"蒋公全集》，第3册，第3883页。
⑦ 张其昀：《先"总统"蒋公全集》，第3册，第2473页。

3月23日、25日，蒋介石在接见美国报人塞尔资伯格时，再度强调"在任何情势下，都将不从外岛撤退，我们将不对任何的压力屈服"，我们决心"保卫金门、马祖，战至最后一人"。①

由于蒋介石始终坚持抨击"停火"说与"两个中国"的谬论，中国政府也坚决反对美国的分裂主张，迫使美国不得不有所收敛。

再如在联合国代表权问题上，蒋介石也坚决反对美国的"两个中国"政策。早在1961年10月15日，蒋介石向一位美国记者说：他深信"多数自由国家绝不会容许'共匪'入联合国。因为，'共匪混入联合国，受害者绝不限于中华民国，即联合国本身亦失其存在意义'"。"所谓'两个中国'，亦违反一般国民的意向，而为其所不能接受"。并要求"美国只要能在自由世界与共产势力的斗争中坚定立场，分明敌友，则其协助巩固亚洲自由阵线的任务，自可顺利达成"。②

众所周知，在第26届联大召开前，美国政府认为抵挡中国政府进入联合国已经不可能，遂提出让台湾国民党当局也留在联合国的主张。美国的意图非常明显，就是在制造"两个中国"。

1971年3月11日，美国合众国际社总裁汤玛森谈话时警告美国称："中共'匪伪政权'如果获准进入联合国，则无异给联合国敲起了丧钟。" 蒋介石重申其"反对两个中国政策的立场"，他表示："如果联合国这一世界组织具备对中共加以谴责的正义与公正精神，这是一个不难获得解决的问题"。"只要我们立场坚定，只要我们继续争取与国及具有坚强的斗志，我相信北平伪政权定将被拒于联合国之外。"③

直到此刻，蒋介石才真正明白了美国真的要把他抛弃了。美国尚且不能阻止中华人民共和国政府进入联合国，当然，蒋介石更是心有余而力不足。

第四，针对美国的"划峡而治"，蒋介石不惜与大陆联手来打破美国的图谋。第二次台海危机爆发后，杜勒斯于1958年9月18日，再度在联合国大会的演说中攻击中国共产党企图用武力夺取中国沿海的岛屿，说什么美国"希望很快实现停火"。④第一次"台海危机"时，美国抛出"停火"说的目的是企图剥夺中国人

---

① 张其昀：《先"总统"蒋公全集》，第3册，第3883页。
② 秦孝仪主编：《"总统"蒋公思想言论总集》，卷39，第191—192页。
③ 秦孝仪主编：《"总统"蒋公思想言论总集》，卷39，第376页。
④ 《中美关系资料汇编》，第2辑下，第2767页。

民解放台湾的权利，而这次再度玩弄"停火"，阴谋意在阻挠中国人民收复金门、马祖等岛屿。两次鼓吹"停火"的共同特点都是将中美间的国际争端同中国人民解放台、澎、金门、马祖的内政混淆起来，使美国侵略中国台湾合法化，使中国永远不能实现祖国的完全统一。

面对美国再度抛出的"停火"说与新的战争挑衅，中国人民表现出了大无畏的斗争勇气。早在杜勒斯抛出"停火"说的前一天，周恩来致电在外地的毛泽东，估计在中美会谈的第二次会议上美方会在"停火"问题上与我方纠缠，故要求中国会谈代表王炳南在会上提出要求美国从台、澎和台湾海峡撤出一切武装力量，停止向中国领海领空的一切军事挑衅和干涉中国内政，以和缓和消除目前台湾海峡紧张局势的反建议。[①]

杜勒斯的论调也遭到蒋介石的强烈抨击。蒋介石于 10 月 1 日在高雄接见美联社记者谈话称：杜勒斯的讲话"与他一贯采取的立场是有出入的"。蒋介石明确表示不接受杜勒斯的建议，并称"停火""将永远不能实现"，"坚守金门、马祖的决心"绝不会改变。[②]

10 月 15 日，蒋介石在接见澳大利亚记者华纳时再度宣称："尽管华盛顿方面抱有希望地谈论军队撤退和永久停火"，但台湾的立场仍然是"不撤退，不姑息，准备随时以更坚强的反击对付武力的攻击"。[③]

海峡两岸的强烈反弹彻底击破了美国的"停火"与"撤军"说而最终导致"划峡而治"分裂中国的阴谋遭挫。

进入 20 世纪 60 年代之后，美国相继由肯尼迪与约翰逊主政，尽管"划峡而治"阴谋遭到挫败，但美国搞"两个中国"的意图并未从根本上放弃，只不过从"划峡而治"转变为在联合国内推行"两个中国"政策。当然也得承认，从肯尼迪开始，已经重新审视中国。1962 年蒋介石借中苏矛盾与中国大陆经济的极端困难时期，大肆宣称"反攻大陆"，然而最终因得不到美国的支持而作罢。

20 世纪 60 年代末 70 年代初，美国出于与苏联对抗的考虑，提出"联华抗苏"的战略构想，最终实现美国总统尼克松访华，中美关系由敌对趋向缓和。尼克松的中国之行，双方发表了《上海公报》，美国在公报中不得不承认："美国认识到，在台湾海峡两边的所有中国人都认为只有一个中国，台湾是中国的一部分，美国

---

①　《周恩来年谱》(1949—1976)，中卷，第 171 页。

②　秦孝仪：《"总统"蒋公思想言论总集》，卷 39，第 133 页。

③　秦孝仪：《"总统"蒋公思想言论总集》，卷 39，第 144 页。

政府对这一立场不提出异议。"尽管中美之间在台湾问题上的立场还有很大的差距，但毕竟比过去的政策前进了一步。也就是说美国已经正式承诺今后将不再从事制造"两个中国"的活动，也不再明目张胆地鼓励和支持"台独"。

当然应当承认美国是世界上最强大的国家，又是以实用主义著称。美国对华对台政策不能彻底放弃分裂中国的图谋，其政策改变主要是为了对抗苏联。一旦美、苏矛盾解决了，美国很可能还会犯历史的老毛病。后来中美关系的发展进一步证明了这一点。

反对日本制造分裂

在当今世界上，对台湾最关心的国家，除了美国之外，就是日本。如前所言，战后日本已经成为"台独"分子最早活动的大本营。战后日本之所以成为"台独"分子最早活动的大本营，据笔者研究，原因主要有二：

第一，日本企图通过控制台湾，使台湾成为其侵略中国大陆的跳板与掠夺原料的产地。日本同中国是近邻，在战略上，日本始终将中国作为它最大的对手，它和台湾均属海岛，在太平洋岛链中均具有战略价值。因此，日本在战后仍然梦想控制台湾，既可减轻来自中国大陆的威胁，又可使其成为侵略中国的跳板，还可以借此向东南亚扩张。

第二，日本对台湾仍贼心不死，战后唆使和支持一部分受日本侵略者笼络、异化的民族败类，从事分裂国家、分裂民族的"台独"活动。"台独"的始作俑者是日本，追根溯源，"台独"最早起源于1945年日本宣布无条件投降之后，当日本天皇宣布无条件投降诏书时，日本军方的主战派很难接受日本投降的事实，他们不甘心失败，不愿白白地把既得的台湾"拱手相让"，主张力保台湾，其手法就是策动"台湾独立"。当时驻台日军参谋长谏山及中层军官中宫悟郎、牧泽义夫少佐等少壮派狂热军人，勾结台湾少数士绅与民族败类林熊祥、许丙之流，在台北的"太和门"召开紧急会议，决定发动"台湾独立统治运动"，拒不接受天皇的投降诏书，并宣称该诏书是假的。他们妄图以台湾残存的40万日军做后盾，在中国政府接管台湾之前，宣布"台湾独立"将台湾分裂出中国，维持日本对台湾的殖民统治。他们还妄图叫嚣要把台湾变成"第二满洲国"，作为日本帝国有朝一日再次复辟的基地。然而日本台湾总督兼驻台日军司令安藤利吉害怕台湾同胞与登岛作战部队里应外合，更对台湾民众缺乏自信，故反对上述举动。而且大多数驻台日军将领服从安藤利吉的指挥，再加上通过各种渠道得来的消息证实天皇确实签发了投降诏书，因而使"台湾独立自治运动"与"第二满洲国"计划最终流产。

　　日本在台湾的这"最后一搏"虽然昙花一现，但它却开了"台独"历史之先河，标志着"台湾独立运动"登上了历史舞台。日本在赤裸裸的军事占领手段再难施展之际，便把支持"台独"作为其不选之道。由于战后日本的国际地位、国内政治经济及国际背景等诸多因素的影响，日本只能以民间的名义支持"台独"，其形式主要是培植"台独"代理人、资助"台独"组织和"台独"分子。如"台湾青年社"首领、"台独"代表作之一《台湾——苦闷的历史》的作者王育德就是日本人一手扶植起来的。更有甚者，有的日本人还亲自参加"台独"活动，成为"台独"力量中的"外籍军团"。1949 年年初，"台独"分子廖文毅将"台湾再解放同盟"从香港迁往日本东京，日本遂成为"台独"分子活动的大本营，在日本政界要人的资助下，该"台独"组织一度号称有数千名会员。

　　廖文毅抵日之初，还念念不忘他的"美国主子"，1949 年 5 月，廖向美国情报员狄克塞德呈递了一份 183 页的《台湾发言》。该发言比较系统地阐述了他的"台独"理念。廖文毅认为："台湾人不是中国人"，提出了"台湾民族主义""台湾民族论"等"台独"主张。台湾人不是中国人，那又是什么人呢？廖文毅宣称台湾人是中国、西班牙、荷兰、高山族和日本的混血杂种，台湾历史上的"明郑时期""清朝""国民党中国"时期均为外来势力"殖民"统治台湾的历史，与荷兰、西班牙、日本的统治无异，台湾人是一个不同于中国民族的台湾民族。廖氏还美化日本对台湾的侵略，他说：日本人"成功地使台湾人和中国人分离，使台湾人的民族认同得以在此一时期获得，并使台湾呼吸了现代文明，使台湾人的生活水平高于中国在台统治"。廖氏的"台独"理念成为后来史明《台湾人四百年史》主张的理论基础。1950 年 2 月，廖文毅联合在日本行医的吴振南等一些台湾出生的人，在东京成立了"台湾民主独立党"，廖自任主席。该党宣称反蒋、反共、亲日，主张台湾先在联合国托管下实行高度自治，进而建立独立、中立的"台湾国"。这是第一个"台独"政党。

　　1955 年 9 月 1 日，廖文毅纠集在日本的"台湾民主独立党""台湾自由独立党""台湾公会""台湾共和党"等"台独"团体，在东京宣告成立"台湾共和国临时国民议会"，廖文毅当选为"议会主席"。该会还草拟了"台湾共和国临时政府组织条例"。翌年 2 月 28 日，廖文毅之流借纪念"二二八"起义九周年之机，在日本右翼团体"日台协会"和财阀左贺三千雄的强力支持下，宣告成立"台湾共和国临时政府"。廖自封为"大统领"（即"总统"），吴振南任"副统领"（即"副总统"）。"临时政府"使用日本昭和纪年，"国旗"为加上月亮的日本太阳旗，集会须讲日本话，唱日本歌。此举充分表明日本是绝对不会放弃台湾的，他们是"台独"活动的坚决支持者。

与此同时，日本还帮助"台独"分子王育德用日文撰写的《苦闷的台湾》一书的出版。该书从台湾地名由来，记述了荷兰人统治台湾和郑成功收复台湾及日本人对台湾的统治。由于书中对日本统治台湾大唱赞歌，故受到日本右翼势力的大肆吹捧，在日本的发行量超过四万册。此后，廖文毅继续鼓吹"台独"理念，进一步完善其"台独"理论体系。他先后抛出《台湾民本主义》一书和《告台湾八百万同胞宣言》。在书中和宣言中，廖文毅首先提出了实现"台湾独立"的三种途径：其一是就台湾前途举行公民投票；其二是大陆出兵台湾，国民党政权接近崩溃之际美国出兵占领台湾，支持台湾人独立；其三是台湾人通过暴力或非暴力斗争，夺取台湾岛。他还宣称台湾问题"必须依照民族自决原则，以国际协会所保障的台湾民族的、自由和独立的台湾来解决"，并要求"在中立国监视下的台湾共和国国民议会的自由选举"，制定"台湾共和国宪法"，继而"实行共和四大统领的自由选举"。

日本支持"台独"的又一例证是对"台独"分子史明的支持。早在1949年，史明曾在台湾组织"台湾独立武装部队"，企图同国民党展开武装斗争，后因事情败露亡命日本。20世纪60年代初，史明在日本开始搞"台独"活动，先后策划成立了"台湾公会""台湾独立会"。1961年，史明用日文撰写了《台湾人四百年史》，该书大肆宣扬"台独"主张，成为"台独"的理论著作之一。

史明在该书序言中无中生有地将台湾人定位于一个单独的民族，在这个预设的错误前提下，史明论证说，在台湾与中国大陆相隔绝的地理条件下，经过三百年的殖民地性的社会发展与反殖民地斗争的结果，"到了日据时代，台湾社会与台湾人大体上已超越（克服、扬弃）了这些跟中国相同的血缘、文化关系，并在与中国不同范畴的社会基础上，发展为一个单独、唯一的台湾民族"。台湾民族形成之后，便开始反对中国在内的外来殖民统治的民族独立运动。至此，史明将"台独"运动的性质归结为"民族解放运动"，从而为其"台独"活动找到了理论根据。史明还创办了《"台湾独立"月刊》，宣称"台独"主张。史明的活动均得到日本右翼势力的支持。

20世纪60年代后，在日本的"台独"势力因意见分歧与权力之争而发生内讧与分歧。王育德等人另起炉灶，将"台湾青年社"更名为"台湾青年会"，与廖文毅分道扬镳。国民党蒋介石集团趁机分化"台独"势力，不少国民党特工人员打入廖文毅的"台独"组织，最终迫使廖文毅于 1965 年宣布放弃"台独"立场，解散"台独"组织，返台参加"三民主义建设"。其后又有一批"台独"分子被国民党策反成功。至 20 世纪 60 年代末，日本右翼势力扶植的"台独"势力日渐衰落，日本企图通过培植"台独"代理人来实现霸占台湾的梦想最终以破灭而告终。与此同时，日本政府不断抛出"两个中国"政策。1952 年到 1972 年间，共经历了六届内阁，其中有三届内阁即鸠山、石桥、池田内阁，不愿追随美国采取敌视和遏制中国的对华政策，主张"自主外交，促进中日民间交流，逐渐实现中日邦交正常化"。而另外三届内阁吉田茂、岸信介与佐藤荣作内阁则极力追随美国的敌视与遏制中国的政策，吉田茂开"两个中国"政策之先河，岸信介与佐藤荣作则露骨鼓吹"两个中国"，极端仇视中国，破坏中日关系，逆历史潮流而动。

岸信介于 1957 年 2 月出任日本首相。上台前岸信介就是日本侵华战争的刽子手。战后他作为甲级战犯被关押在巢鸭监狱，后被日本占领军司令麦克阿瑟释放。1952 年他再度跃上政治舞台，先后任日本民主党和自民党干事长，一贯主张修改宪法和重新武装日本，加强同美国的关系，主张封锁、敌视中国，鼎力支持台湾，号称日本台湾帮的鼻祖。一个甲级战犯竟能登上日本首相的宝座，这在战后日本史和世界史上都是罕见的。除美国支持外，就是日本右翼势力的支持。

1957 年 6 月 19 日，上台不到半年的岸信介就出访美国。岸信介在美国国会及其他场合的演讲中，在强调同美国发展关系的同时，大谈特谈共产主义的威胁来自中国。访美之前，他还到台湾"访问"，宣称"中国大陆现在处于共产主义的统治之下"，日本作为自由主义的一员，"绝不采取容共或中立的立场"。他对台湾国民党当局的处境甚表同情，强调要加强"两国"间的合作。他还表示"如果能恢复大陆的话，我认为是非常好的"。

在对华政策上，岸信介是典型的"两个中国"政策。一方面岸信介以联合国的决议以及与台湾当局有正式"外交关系"为借口，采取不承认中国政府的立场，但另一方面又要加强同中国的贸易交往，与此同时，他又希望在保持同台湾"外交关系"的同时，打开与中国大陆的关系，承认中华人民共和国。他还企图使联合国同时保持"台湾席位"和中国席位。

探究岸信介的"两个中国"政策，原因有二：第一，他要进一步完善吉田茂的"两个中国"政策，在岸信介看来，吉田茂同台湾当局签订的台、日"和约"只是解决了日本同台湾的关系问题，没有解决同中国大陆的关系问题，他要将同中国大陆的关系予以解决。第二，出于日本安全和经济利益的考虑。岸信介为显示日本的独立性，他认为对华政策上不能与美国完全雷同。他认为美国不了解亚洲实情，尤其看不到共产主义对亚洲的威胁。在对华政策上，岸信介认为要利用中国经济困难与之加强贸易往来，将中国从苏联共产主义阵营拉回自由世界来。他主张尽快造成"两个中国"局面，以确保日本安全和经济利益。

　　岸信介不仅在理论上鼓吹"两个中国"主张，而且还将其主张付诸实践。当1957年5月第三次中日民间贸易协会的延长期届满，中日之间开始进入第四次贸易协定谈判时，中国政府提出双方应设立民间贸易代表部机构，代表应享受准外交官待遇，具有悬挂国旗的权利。岸信介为了缓解财界和在野党的不满，遂策划通过签署第四次贸易协定，允许中国以准官方机构进入日本，造成既有与台湾正式的外交关系又与中国大陆交往的"两个中国"的局面。1958年3月，中日第四次民间贸易协定在北京签署。此事引起蒋介石集团的极大不满。台湾当局通过"驻日使馆"警告日本政府，如

岸信介

允许中国大陆悬挂国旗即是制造"两个中国"，后果是危险的。开始，岸信介政府不为之所动，坚持中日第四次民间贸易协定规定。台湾当局立场强硬，宣称如果日本悬挂中华人民共和国国旗，台湾当局就与之断绝"外交"关系。台湾当局的高压政策并没有使岸信介退缩，最终台湾当局请出后台老板美国政府出面调停，岸信介被迫向台湾当局让步。此事严重挫伤了中日民间贸易往来，理所当然地受到了中国政府的批判。岸信介鼓吹的"两个中国"政策随之宣告破产。"两个中国"政策之所以破产，主要是岸信介本人错误地过低估计了中国政府与台湾当局对"两个中国"政策的坚决反对态度。当然，美国态度在关键时刻起了决定性的作用。岸信介下台后，池田勇人出任首相。上台伊始，池田便宣称"对中共的政策，未必与美国采取同样的态度"。在池田执政的四年多时间里，中日双方都在外交政策上作出相应的调整，中日两国的民间交流完全恢复，并取得明显的发展与进

步。然而遗憾的是，1964年11月初，池田首相因病辞职。接替池田出任首相的是岸信介的胞弟佐藤荣作。佐藤是吉田的学生，所以一上台就鼓吹"两个中国"或"一中一台"政策。佐藤在第一次记者招待会上宣称："在中国有'两个国家'，他们一开口就说只有一个中国。在这种情况下，外国能说'两个中国'吗，那才是干涉内政呢。"显然，佐藤完全继承他的老师吉田的衣钵，沿着其胞兄岸信介的"两个中国"政策道路走下去。关于此点可以从下列事实中得到说明：

1965年11月21日，日本国会通过了《日韩基本条约》。此一条约是对准中国的，它的通过标志着佐藤政权复活军国主义的开始。1967年9月7日至9日，佐藤"访问"台湾，提出"台湾地位未定"论，这是佐藤政府追随美国，制造"两个中国"阴谋的突出表现，是实现东条英机"大东亚共荣圈"梦想的重要步骤。1969年11月，佐藤访问美国，并与美国总统尼克松发表公报，公报显示出日本对朝鲜半岛与台湾地区具有很大的野心，证明日本军国主义确实在试图复活。佐藤的立场与政策不仅遭到中国政府的抨击，而且也遭到日本在野党的攻击，随着国际局势的变化与田中角荣上台，佐藤的"两个中国"政策最终宣告破产。

坚决打压"台独"

第二次世界大战结束后，"台独"势力开始由小变大，逐渐猖獗起来。造成战后"台独"势力猖獗的原因是多方面的，从上述事实中可以看到美日两国从自身利益出发从而支持"台独"是战后"台独"势力猖獗的根本原因，当然也有国民党当局的错误政策和一小撮民族败类分子不甘心台湾、澎湖列岛归还中国所致。概括蒋介石执政期间"台独"势力活动的特点是：

第一，战后"台独"重心在海外。"台独"活动虽然产生于台湾岛内，但20世纪80年代中期以前，"台独"势力的活动中心始终在海外。台湾回到祖国怀抱后，台湾岛内要求使台湾从中国大陆分离出去的政治活动分子，被称为"台独"分子。在台湾最早从事"台独"活动的是在台的日本军人与部分民族败类林熊祥、许丙之流相结合的"怪胎"。国民党接收台湾后，破获了林、许的"台独"组织，1947年，林、许被以"共同阴谋窃据国土罪"判刑。

此间，接受过美国培训并被美国收买、利用的廖文毅返台后秉其美国主子之旨意，在台湾抛出"台湾法律地位未定""应把台湾交美国托管"等谬论。1946年9月，廖文毅与其兄廖文奎创办《台湾杂志》，通过杂志，廖氏兄弟向国际社会散布"台独"诉求，提出"联省自治成立中国联邦"等政治主张。"二二八"事件时，廖文毅趁机从事"台独"活动。当国民党军登岛镇压暴动之时，廖文毅迅即逃往上海。

1947年8月，廖文毅向准备去台湾考察的美国特使魏德迈递交了一份《处理台湾问题意见书》。书中对美国人提出八项要求：

其一，大西洋宪章亦应实施台湾；

其二，准许台湾人派遣代表出席日本和约会议，并赋予发言权；

其三，台湾的归属问题应在对日和约上重新讨论，但必须尊重台湾人的意志，举行公民投票决定；

其四，在举行公民投票前，应准许台湾人脱离中国，而暂时置于"联合国托治理事会"管理之下；

其五，"联合国托治理事会"管理台湾，最长不超过五年；

其六，托管期结束三个月前，应举行公民投票，以决定仍属脱离中国，或属他国或完全独立；

其七，倘或公民投票结果仍要属于中国的时候，必须与中国政府签约，在宪法上保障台湾为一自治领地区，台湾必须有独立建军的权利，中国军队不得去往台湾；

其八，倘或公民投票的结果，台湾要求独立的时候，"联合国托治理事会"的在台机构应立即退出台湾而使台湾成为永久中立国，以避免将来战祸。[1]

廖文毅的八项建议成为后来魏德迈向美国政府报告的"台湾人愿意接受美国的领导和联合国托管的依据"。这是廖文毅与美勾结的最好证据。

同月，廖文毅与其兄廖文奎纠集若干台湾人士，在上海成立了"台湾再解放联盟"，提出五点基本主张：

一是处理台湾应与处理朝鲜完全相同，台湾成为"独立国"一事，应获得美国的援助。

二是联合国应调查中国于第二次世界大战结束后接收台湾以来的处置不当处。

三是台湾人民是"混血种"，与其任何邻近国家并无必然联系。

四是台湾在日本人手中备受折磨，故应出席对日和会。

---

[1]　王晓波：《走出台湾历史的阴影》，第13页，台湾帕米尔书店1986年版。

五是决定台湾前途的民主方法为联合国监督举行公民投票。①

1947 年 9 月，廖文毅害怕国民党追捕，遂从上海逃往香港。在港期间，廖文毅等人于 1948 年 5 月成立了"台湾民众联盟"。该机构就其性质而言也是个"台独"组织，其章程的第一条就是"推翻蒋政权在台的反动统治，建立代表台湾各阶层人民利益的民主独立政府，待整个中国政治确已走上民主轨道之时，依人民投票以联邦之一单位加入中国民主联邦"。②

1948 年 9 月 1 日，廖文毅在香港以"台湾再解放同盟"的名义向联合国递交"第一号请愿书"，要求台湾由联合国"托管"为"独立"。此后，廖文毅还向麦克阿瑟、美国国务卿艾奇逊等人，继续阐述他的"托管"说与"台独"理论。由于廖文毅等"台独"分子进行公开的分裂活动，遭到一切有良知的香港人士的强烈反对，廖文毅之流害怕民众举报到国民党情报部门，遂挟"台湾再解放联盟"和"台湾民众联盟"总部逃往日本。从 1949 年至 20 世纪 60 年代初"台独"的大本营一直在日本。

进入 20 世纪 60 年代以后，"台独"活动重心由东京移往美国。"台独"重心由日本移往美国的原因，一方面是在日本的"台独"组织日渐被国民党情报部门瓦解，"台独"组织凋零，在日本很难再成气候；另一方面美国是战后老大，特别看重台湾的战略价值。当美国制造的"台湾地位未定论""联合国托管说"与"划峡而治"阴谋被挫败后，也企图寻求代理人来进行分裂中国的活动。当"台独"分子在日本很难开展活动之时，美国对"台独"分子的包庇与放纵政策自然使美国在 20 世纪 60 年代至 70 年代成为"台独"分子的活动中心。

早在 20 世纪 50 年代后期，美国就已经出现了"台独"组织。1956 年 1 月，在美国费城留学的中国台湾学生林荣勋、陈以德、李天福等十余人在费城成立了北美洲第一个"台独"团体——"台湾人的自由台湾"。该组织属于松散的协会性质，没有章程，没有严密的组织机构与纪律，其主要任务除了议论时政、秘密印发"台独"传单之外，就是接受"台独"分子廖文毅的委托担任在联合国游说的任务。因"台独"主张不为多数台湾留美学生赞同，故他们宣传"台独"活动是在地下进行的，其结果被美国情报部门所发现，美国政府要该"台独"组织进行登记，否则予以取缔，林荣勋等人只好解散了"台湾人的自由台湾"。

---

① 黄嘉树：《台湾能独立吗——透视"台独"》，第 16—17 页，南海出版公司 1994 年版。

② 黄嘉树：《台湾能独立吗——透视"台独"》，第 17 页。

1958年1月，林荣勋等人又以"台湾人的自由台湾"为基础成立了"台湾独立联盟"。该组织与过去组织相比，虽都属于秘密组织，但这次却有明确的"台独"目标。"台湾独立联盟"为扩大"台独"主张宣传，还创办了两个散文杂志：《美丽岛》与《台湾通讯》。该组织成立后，明定两项任务：一是向美国人特别是向美国国会和联合国诉求"台湾人民独立的愿望"；二是通过向台湾留学生宣传，以期引起尽量多的台籍青年参与运动。①"台独联盟"在美的宣传活动引起了美国舆论界的关注，与此同时，他们还在美国纽约举行公开的示威游行，以营造声势。1961年2月28日，陈以德以"台湾独立联盟"主席身份在美国纽约召开记者会，公开宣布"台独"主张。美国与台湾当局建立有所谓的"外交"关系，但美国却对"台独"在美公开活动根本不予制止，其结果不仅使美国继日本之后成为"台独"活动中心，而且由于美国的纵容政策，还导致海外特别是北美洲地区的"台独"势力最终走向了联合。

1965年3月，以周斌明、简金生为首的台湾留学生在美国威斯康星大学麦迪逊校区组成了"台湾问题研究会"。这是继"台湾独立联盟"之后的第二大"台独"组织。同年10月，"台独"分子企图整合"台独"组织，在麦迪逊召开"留美台湾同胞结盟大会"，但因时机不成熟，整合未能成功。1966年6月，"台独"分子再度召开"留美台湾同胞结盟大会"第二次大会。这次会议达成初步统一意见，宣布成立"全美台湾独立联盟"。该联盟的最高机构为执行委员会和中央委员会。执委会主席由陈以德担任。该联盟成立后，继续出版宣传"台独"的刊物《台湾通讯》，还创办了《台湾青年》，全面鼓吹"台独"理念与"自决"论调。

随着"台独"势力在美国的猖獗活动，也影响和助长了其他地区的"台独"活动的发展。加拿大及欧洲等地相继出现了"台独"组织与"台独"活动。进入20世纪70年代之后，以"台独"之父著称的彭明敏秘密逃出台湾，赴瑞典申请政治避难。此前，"全球台湾人争取独立联盟"（简称"台独联盟"）于1970年1月15日在美国成立，号称有五大"台独"组织参加，该盟第一任主席是蔡同荣。蔡同荣生于1935年6月，台湾嘉义市人。他毕业于台湾大学政治系、法律系，后留学美国，获美国田纳西大学政治学硕士，南加利福尼亚大学政治学、公共行政学博士。1967年任纽约市立大学梅德加埃弗斯学院政治学教授。同年在美国创

---

① 黄嘉树：《台湾能独立吗——剖析"台独"》，第50页。

立"全美独立建国联盟",翌年升该盟主席。1970年出任首届"台独联盟"主席。1970年因参与刺杀蒋经国事件,被国民党当局列入黑名单,并被禁止入岛。直到李登辉"执政"后,他才于1990年返台。返台后他成为民进党的重要骨干,极力鼓吹公民投票决定台湾前途,是一个典型的"台独"分子。蔡同荣之后由另一个"台独"分子张灿鍙接任该盟主席,他主持"台独联盟"长达20年之久。张灿鍙1936年3月生于台南市,大学毕业后留学美国,1965年获美国莱斯大学化工博士学位,后留美工作。在美协助蔡同荣创建"台湾独立建国联盟",1970年任该机构副主席,后接替蔡同荣任主席。1991年张氏返台被捕入狱,1992年被判刑10年,1993年又宣布其无罪释放。1997年至2001年居然当上了台南市长。他曾著有《台湾建国蓝图概略》《台湾建国白皮书》等,是一个既有理论又有实践的"台独"分子。他在市长任内推动了全台湾首例"统独公投"(因无法源依据,不具法律效力)。主政台南市期间,因贪污案被判刑,但最后未执行。由于此案发生在民进党执政期间,张灿鍙愤愤不平,宣布退出民进党。

彭明敏在美期间很快加入"台独联盟",成为在美"台独运动"的重要领导人,彻底走上了"台独"之路。彭明敏在美期间,在美国的庇护下,极力鼓吹"台湾命运共同体意识""驱除外来势力""抵制中国侵略""台湾不是中国的一部分""台湾的未来应由台湾人自由决定"等"台独新理论"。这些新的"台独"理论在某种程度上为"台独"运动注入了新的活力,特别是三个"台独"巨头齐聚美国,致使美国成为名副其实的"台独"中心。

"台独联盟"是一个"轻理论、重行动"的团体,主张用暴力实现"台湾独立",把打击台湾蒋介石政权列为首要工作。就在该盟成立三个月后,恰逢台湾"行政院"副院长蒋经国访问美国。"台独"联盟死硬分子黄文雄、黄晴美、郑自财和赖文雄于蒋经国抵美之前就制定了枪杀蒋经国计划。"台独"分子认为:没有蒋经国的台湾将面临继承人的危机,那将是"台独"分子翻身的绝好时机。4月24日中午,蒋经国在前往布拉隆酒店赴宴时,在酒店门前遭到黄文雄、郑自财枪击,幸好未打中。此一事件引起美国媒体关注,也使台湾当局虚惊了一场。由于美国对"台独"实行庇护与纵容政策,致使黄文雄与郑自财均由"台独联盟"保释。"台独联盟"通过一系列的恐怖事件,使其声势进一步壮大,成为海外最大的"台独"组织,从而进一步主导了海外的"台独"运动。

第二,"台独"活动主要在地下展开。"台独"最早在台湾岛内出现,后重心移至日本和美国。由于台湾当局实行独裁专制统治,对"台独"活动与亲共活动均实行坚决的镇压，故"台独"活动在这一时期主要特点表现为地下秘密活动。一是秘密串联，组织地下机构；二是进行"台独"宣传，并展开"台独"地下活动。上述地下组织与活动均受到台湾当局的严厉打击，关于此点下面将做详细阐述。

第三，发表"独立宣言"，制造恐怖事件。20世纪60年代在岛内影响最大的"台独"事件莫过于彭明敏的"台湾人民自救宣言"案。

彭明敏号称"台独之父"，1923年8月出生于台湾高雄县。1945年肄业于日本东京帝国大学法学部政治科，1948年毕业于台大政治系。后留学加拿大与法国，先后获硕士、博士学位。1954年回台湾任教于台湾大学，1957年被聘为教授，1961年出任政治系主任。1963年彭明敏当选台湾第一届十大杰出青年。此间他曾受到蒋介石的亲自召见，国民党也有意培养他，但他拒绝加入国民党，反而走上了与国民党为敌，主张"台独"的道路。

1964年9月，彭明敏与其学生谢聪敏、魏廷朝拟定一份2800字的《台湾人民自救宣言》。宣言提出八项主张、三个目标和八点原则。八项主张的内涵为：世界必须承认一个中国和一个台湾，因为"一个中国、一个台湾早已是铁一般的事实！……国家只是为人民谋福利的工具，任何处境相同、利害一致的人们都可以组成一个国家。十余年来，台湾实际上已成为一个'国家'"。彭明敏宣称"反攻大陆"绝不可能，"反攻大陆"是延续国民党统治的借口，台湾人既"不愿受共产党的统治"，也"不甘心蒋介石的毁灭"，台湾人要进行"自救运动"，"摧毁蒋介石的非法政权，建设民主自由、管理繁荣的社会"。彭明敏提出的三大目标是：推翻国民党政权，"建设新的国家、成立新政府"；"制定新宪法"，实现"真正的民主"；"以自由世界的一分子，重新加入联合国，与所有爱好和平的国家建立邦交"。八点原则为：遵循民主原则，由普选产生"国家元首"；集会、结社、言论自由，实行政党政治；消灭文官制度；保障司法独立；废止特务制度；通信、迁徙、旅行自由；裁减军队。宣言最后呼吁全体台湾人民"摧毁蒋介石的篡改，建设我们的自由国土"。[①]

进入20世纪70年代之后，岛内"台独"势力受着美国"台独"势力提出的"暴力革命的行动落实到岛内"口号的影响，在岛内发动了多起暴力事件，如1970年10月12日，台南市美国驻台新闻处被炸；1971年2月5日，台北市美

---

① 《彭明敏回忆录》，第129页。

国一银行被炸；1976年1月6日，高雄市变电所遭炸；1976年10月10日，台湾"省主席"谢东闵被"台独"分子所寄邮包炸伤。所有这些爆炸事件都是"台独"分子有计划、有组织、有预谋的，还有些"台独"分子到美国接受"都市游战法"训练，有的跑到日本接受军事培训，有的直接受美国"台独"分子领导，但在准备进行爆炸时被侦破。

上述恐怖事件显示了"台独"势力猖獗和穷凶极恶的一面，也显示出国民党当局对待"台独"活动的铁腕政策。美国的庇护与纵容"台独"政策鼓舞了岛内外"台独"分子，特别是一些带有极端思想的高级知识分子，成立"台独"组织，发动各阶层台籍人士，进行各种形式的"台独"活动，甚至不惜动用武力，制造各种恐怖事件。由于岛内绝大多数民众反对暴力与恐怖事件，故岛内"台独"势力在20世纪50—60年代，甚至70年代中期前，并未能成气候。

对于岛内外各种分裂势力的分裂活动，蒋介石集团均采取了坚决的打击政策与反对立场。

蒋介石败退台湾后，为了继续维持国民党在台统治，除了拿出主要精力对付人民解放军的进攻之外，同时在岛内全力坚决打压"台独"活动。他把"台独"分子的活动统称为"叛乱"活动，"台独"组织自然也被列为"叛乱"组织。1949年5月19日，奉蒋介石之令出任台湾省主席的陈诚宣布：自5月20日起在全台湾实施"戒严"。此后台湾国民党当局颁布了一系列有关法令和法规，矛头直指中共和"台独"分子。其中在严惩"内乱"罪条款中规定："意图破坏团体、窃据国土，或以非法之方法变更'国宪'、颠覆'政府'，而着手实行者，处七年以上有期徒刑。首谋者处无期徒刑。"在1949年6月21日颁布的《惩治叛乱条例》中规定：预备或阴谋犯叛乱罪者处十年有期徒刑。也就是说，即使没有付诸行动，也可以以"预备犯"或"阴谋犯"的罪名予以打击。

国民党退台之初，蒋介石政权对"台独"分子的活动均援引上述条款，以"叛乱罪"或"涉嫌台独"等罪名予以严厉打击，毫不手软。林熊祥、许丙之流追随日本侵略分子从事"台独"活动被破获并被判刑。此后，岛内"台独"分子的活动主要表现为借"台独"反抗国民党。国民党则给予坚决的打压，至20世纪60年代末，在岛内破获多起"台独"案件，其要者为：

其一，"台湾再解放联盟台湾支部案"。台湾"农复会"英语翻译黄纪南接受廖文毅的"台独"理念，于1949年3月与廖文毅侄子廖史豪秘密成立了"台湾再解放联盟台湾支部"。之所以叫"再解放联盟"，是说"国民党从日本人手中解放了台湾，但因其贪污腐败专制，台湾人应自我再解放一次"。[①] 该组织的政治主张由"托管论"发展到以"台湾独立"为其宗旨。因其"台独"活动被警方注意，翌年 5 月下旬该支部七名成员先后被捕，均以"参加叛乱组织或集会"被军法处起诉并判刑。

其二，高雄"台湾共和党"案。高雄黄阳辉受廖文毅指令，于 1958—1959 年秘密组建"台湾共和党"。该党计划短期内在台湾制造小规模骚乱，为兵变做准备，十年内发动兵变，夺取政权。至 1959 年年底，黄阳辉等三十多人被捕，均被处以重刑。

其三，廖启川事件。1961 年 9 月 17 日，廖启川、孙秋源因涉嫌反国民党和主张"台独"，分别在台北家中被台湾"警备总部"逮捕。

廖启川生于 1911 年，毕业于日本东京帝国大学法学系，早年从事教育，后因竞选南投县长失利而辞教经商。1960 年年初至 1961 年春，廖启川先后结识经商的蔡金铿、青年党人李万居的秘书及《自治杂志》经营人孙秋源等人，在主张"台湾独立"与"以暴力推翻国民党统治"问题上取得共识。1961 年 7 月上旬。廖启川召集孙秋源、蔡金铿等人召开秘密会议，商讨决定由孙秋源负责文宣，蔡金铿负责筹募经费，陈东川负责敢死队，并负责在军队中发展力量。7 月下旬，云林县议员苏启东到台北，孙秋源前往拜访，谈到"台湾独立"问题二人不谋而合。8 月上旬，苏、孙、廖三人就"台独"问题取得一致意见后，商定苏启东在南部举事，廖启川在北部呼应，孙秋源居中联络，具体日期为联合国大会召开之时。就在举事之前，台湾情报部门侦知此事，1961 年 9 月 15 日至 17 日，廖启川、苏启东等人相继被捕。1962 年 6 月，廖启川等人被台湾"军法处"检察官依《惩治叛乱条例》第 2 条第 32 款"阴谋以非法之方式颠覆政府"罪提起公诉，廖启川、孙秋源均被判刑 12 年，蔡金铿被判刑 8 年。苏启东本属此案，但因具体在南部发动兵变被另案处理。

其四，苏启东事件。1961 年 9 月 19 日，云林县"议员"苏启东夫妇以"涉嫌叛乱"罪被逮捕。苏启东为云林县"议员"，曾参加云林"县长"选举，落选后，与省"议员"李万居一起参加"中国民主党"筹组工作。因当时云林县人詹益仁、林东铿密议组织反对国民党的组织，图谋"台湾独立"，故拉有声望的苏启东加入，并担任领导，以扩大影响力。1961 年 1 月，张茂钟在云林县詹益仁处成立武

---

① 杨立宪：《"台独"组织与人物》，第 15 页，九州出版社，2008 年版。

装行动队，并草拟了行动计划。3月9日，武装行动队欲趁国民党部队换防之机，袭击兵营，夺取武器。但因消息泄露，台湾"警务司令部"以"涉嫌叛乱"罪，于19日凌晨逮捕了苏启东夫妇，并沿线追踪，陆续逮捕300余人。1962年5月17日，台湾"警务司令部"以"阴谋叛乱、推翻政府罪"，将苏启东、张茂钟等人判处死刑；判处詹益仁等47人15年、12年不等有期徒刑。后因云林县各方人士关注，云林县"议员"全体联名提出抗议，台湾军事当局不得不在1962年7月23日发表声明，承认"原判事实欠明""量刑失当"，决定重审。1963年9月25日，台湾"警务司令部"公布复审结果，苏启东等四人改判无期徒刑。苏启东于1976年9月18日获释出狱。

其五，"台湾独立联盟"事件。1962年7月，施明德等三十余名青年学生被台湾"警务司令部"以"叛乱"罪逮捕。

施明德，1941年出生在台湾高雄。1962年他是国民党炮兵学校候补军官班13期学生，他与其他学生互相串联，探讨台湾前途，主张走"台湾独立"道路，并成立"台湾独立联盟"，其宗旨是"推翻国民党，建立台湾民主共和国"。约定在台中、高雄等地发展力量。事情败露后，均被国民党逮捕入狱。该案牵连200余人。施明德被判无期徒刑，1977年获赦出狱，1978年11月担任台湾党外人士助选团总联络处执行秘书兼发言人，负责助选团的全部事务。1979年8月出任党外刊物《美丽岛》杂志社总经理，因同年底高雄事件被台湾当局通缉，逃亡26天后被捕。1980年1月被判无期徒刑。1990年5月由李登辉特赦出狱，随即加入民进党并任顾问，还当选为新成立的"台湾人权促进会"会长。1990年10月与许信良争夺民进党第五届党主席失利后，创建"新台湾重建委员会"。1993年2月任"立法院"民进党党团召集人，11月代理党主席。1994年5月，当选为民进党第六届党主席。1992年、1995年、1998年连续当选台湾"立法委员"，1995年11月任亚洲自由政党联盟主席。1996年3月因"总统"选举失利辞去民进党第六届党主席职务，转任顾问。2000年11月，因感觉民进党现行路线与理念渐行渐远宣布退出民进党。后来坚决反对陈水扁的贪腐，并组织了红山军围攻"总统府"。

其六，"同心社"事件。1962年年底，侨居印尼经商的台湾屏东人陈智雄因策划组织反国民党的"同心社"而被国民党当局逮捕。

陈智雄是台湾屏东人，1927年出生。他走上"台独"之路是从其在1959年3月于日本结识廖文毅开始的。他加入了"台湾民主独立党"，被任命为该组织东南亚巡回特使。1962年6月,陈智雄赴日与廖文毅联络,至东京后第二天即遭日本警方逮捕,后交给台湾警方,因证据不足获释。1962年年底,陈智雄从宜兰写信给屏东戴村德、萧坤旺宣称美国将更换驻台"大使","台独"有望,请他们联络人,组织"同心社",以开展推翻国民党统治的斗争。因此信被台湾情报部门截获,陈智雄等人相继被捕。1963年10月,台湾军法处以"意图以非法之方法颠覆政府而着手实行"和"阴谋以非法之方法颠覆政府"罪判处陈智雄死刑,戴村德、萧坤旺均被判处有期徒刑6年。1964年6月30日,陈智雄被枪决。

其七,彭明敏事件。1964年9月20日,台湾"警务司令部"以鼓吹"台湾独立""涉嫌叛乱"将彭明敏与其学生谢聪敏、魏廷朝逮捕。

如前所述,彭明敏的"独立宣言"写好后尚未发出即被国民党情报部门侦知,彭明敏、谢聪敏、魏廷朝相继被捕。彭明敏等人于1964年10月被台湾军事法庭以"叛乱罪嫌起诉",1965年4月2日分别被判刑。由于彭明敏在岛内外有一定影响,被捕后引起海内外留学生的抗议活动,美国也对台湾当局施压。考虑各方反应,台湾当局企图让彭明敏三人"回心转意",然彭氏三人既不认罪,也不接受引诱,故台湾军法处判处彭明敏八年有期徒刑。服刑期间,因美国施压,国民党当局被迫于1965年11月3日就特赦了彭明敏。彭被特赦后,受到24小时监控,国民党再度企图拉拢他,蒋经国还亲自召见他,但所有这些都不能改变彭明敏的"台独"理念。1970年1月3日,彭在美国人帮助下逃离台湾,抵瑞典,9月27日到美国,被聘为密西根大学中国研究中心研究员。在美期间,彭明敏变本加厉地宣传"台独"主张,很快成为美国"独派领袖",趋于沉寂的"台独"活动因彭明敏的加盟再度猖獗起来。1992年11月彭自美返台,先后任民进党顾问,创办台湾国际论坛基金会和"彭明敏文教基金会",任会长。1995年2月加入民进党,3月被民进党推举为"总统"候选人。1996年参选"总统"落败,4月成立"建国会",任会长。1998年9月宣布退出民进党。2000年5月获聘"总统府资政"。

其八,林水泉、颜尹谟事件。1967年8月28日,留学日本东京大学法政研究所的颜尹谟被台湾"警务司令部"以涉嫌"台独"罪逮捕。其后,多人遭到逮捕。

颜尹谟等人都是台湾大学、中兴大学1963年的在校学生,他们多次讨论,欲在选举中建立与国民党抗衡而最终谋求"台湾独立"的组织,并与在日本的"台独"组织取得联系。1966 年，林水泉介绍黄华加入讨论，并指示颜尹谟等人散发有关"台湾独立"的传单。1966 年 11 月 12 日，黄华、颜尹谟等人集会，决定将组织定名为"全国青年团结促进会"，推荐张明彰为总干事。1967 年 1 月 2 日，该组织第三次集会时，通过了组织大纲与誓词，其宗旨为建立"新国家"，成立"新政府"，重新制定"宪法"、成立"国会"。事情败露后被逮捕人数多达 247 人。1969 年 11 月 28 日台湾当局以"意图以非法之方法颠覆政府"等罪名起诉 15 人。林水泉、颜尹谟被判 15 年有期徒刑。其他人均被判 12 年以下有期徒刑。

其九，"台湾独立革命军"与"台湾独立党"事件。1972 年和 1973 年，台湾当局相继破获"台湾独立革命军"与"台湾独立党"两个"台独"组织。

1971 年 8 月，移居巴西的台湾云林人温连章抵美国加州接受"都市游击战法"训练。9 月，温连章又赴日本受训，并被任命为"台湾独立革命军"第二组负责人。同年 10 月，温连章返回台湾，发展组织并准备开展推翻国民党政府的暴力行动。1972 年 1 月 28 日，温连章等人到野外进行爆破实验，取得成功。4 月因事情败露温连章等人被捕。1972 年 12 月 29 日，温连章被台湾当局以"意图以非法之方法颠覆政府"等罪名判 15 年有期徒刑。其他人均被判 12 年以下有期徒刑。

另一起事件的主角是台籍人郑评，他在 1971 年 9 月下旬到日本参加"基督教反共联合会"大会时，认识了"台湾独立党"主席施朝晖。经施朝晖介绍，郑评加入了"台湾独立党"，施朝晖委派郑评回台湾发展组织，展开活动。郑评从日本返台后，从 1972 年 2 月到 1973 年 9 月，先后召集六次会议，计划用武力推翻"国民党政府"，包括暗杀政府高级官员，夺取军械库、攻克各军事要塞。1973 年 10 月，郑评等人遭到逮捕。1974 年 4 月 11 日，郑评被以"颠覆政府"罪判处死刑。其他人均被判处无期徒刑和有期徒刑。

与坚决打压"台独"活动的同时，台湾国民党当局还采取了打、拉相结合的手法，典型事件就是处理"台独"分子廖文毅。60 年代中期，蒋介石建议成立由海内外各反共政治团体、人士等共同组成的"反共建国联盟"，宣称："在'反共建国'过程中，非举国意志，更加集中，才智更加发挥，行动更加一致不足以迅赴事功，加速胜利。"1964 年 1 月 1 日，蒋介石在元旦文告中，再次向"台独"分子发表招降声明："不是敌人，都是同志。"① 蒋介石特派人游说"台独"分子廖

---

① 秦孝仪主编：《"总统"蒋公思想言论总集》，卷 34，第 31 页。

文毅，以分化"台独"势力。经过台湾当局的多方努力，1965 年 3 月 6 日，"台独"分子廖文毅首先向国民党当局自首。廖文毅还发表声明，宣布解散"台独"组织，放弃"台独"活动。台湾当局此举和廖文毅现身说法很快收到了效果。1966 年 4 月，郑万福宣布解散"台湾民政党"；10 月，吴振南宣布解散"民主独立党"；1971 年，廖文耀、简文介等宣布解散"台湾自由独立党"；1972 年，辜宽敏、廖春荣宣布放弃"台独"，回到台湾。

蒋介石病逝后，蒋经国在反对"台独"问题上与其父保持了一致的立场，故而从 1949 年陈诚奉蒋介石之命颁布"戒严令"至 1987 年 7 月宣布解除"戒严令"，期间，"台独"势力始终没有成为气候，是与蒋介石、蒋经国的反对"台独"政策紧密相关的。

除了坚决打压之外，国民党当局还通过宣传中国传统文化与坚持"一个中国"的大陆政策来遏制"台独。"

任何一种社会形态都是社会结构与文化价值体系的有机综合体，前者是外在的、有形的，后者是内在的、无形的。社会结构包括经济制度、政治体制和社会组织三大构件，它们之间的交互作用是社会变迁的主要原因。文化价值体系附着于社会结构，以观念的形式渗透于社会结构的各个层面，对其变迁起着潜移默化的作用。国民党、蒋介石退守台湾后，出于反共和反对"台独"的考虑，在其执政时期，始终宣扬政治化了的中国传统文化——儒家文化的价值观。为了消除共产主义和"台独"文化给台湾社会所带来的影响，国民党、蒋介石采取的主要措施是：

发起"中华文化复兴运动"，倡导传统文化，增强大一统意识。蒋介石亲自出任"中华文化复兴运动"推行委员会会长，国民党在全岛普遍设立推行"中华文化复兴运动"的机构，还在总会之下设立专门委员，如国民生活辅导委员会、文艺研究促进委员会、中国科学与文明编译委员会、中国科学技术与发明奖助委员会、国剧推行委员会等。与此同时，台湾媒体也大力倡导忠君爱国、国家至上、社会为先的价值观念，激发民族精神，提高民族自信心、自尊心。国民党当局还通过中华民族的传统节日弘扬民族文化，进行民族精神教育。"教育部"规定各个中小学和大学都必须开设《生活与伦理》《中国文化基本教材》《国民思想》等，进一步阐发中华文化思想与道德观念。

众所周知，欲灭一国家，先灭其文化。将民进党当局为了配合在政治上的分裂路线在文化领域极力推行"去中国化"的"文化台独"做法作一比较，更能显现出蒋介石坚持一个中国原则的可贵。

民进党在文化领域的"台独"主张，具有代表性的是其中央党部1994年印发的《台湾文化年历》将党纲中"基本纲领"条目列入，并作简短的阐释，在第五条"创新进步的教育文化"之下写道："为了扭转国民党40年在台湾施行的党化教育与大中国洗脑，民进党主张一个创新进步的教育文化，让台湾人寻回自己的母语，找回自己的历史与文化，建立一个以台湾为中心，以台湾为骄傲的文化。"①民进党执政后，为了彻底割裂台湾与中国的历史文化联系，真正达到在历史、文化领域实现"去中国化"，其举措卑劣之极。

其一，在语言方面，强力推行"乡土教育"，以"通用拼音"代替"汉语拼音"。

鼓吹"本土教育"的始作俑者是李登辉。李在1994年与日本右翼作家司马辽太郎谈话时强调台湾乡土教育与方言普及，把中国文化与台湾文化对立起来，恶意贬低中国文化。民进党"执政"后，推行"文化台独"的首要举措就是推行所谓"乡土教育"。2002年6月台湾"教育部长"黄荣村以《台湾本土化教育的实务与展望》为题发表演讲，强调"乡土教育本来就是教育的一环"。台湾过去教育过度放大中国，"数十年教育政策充斥大中国意识，让我们尝到认同分歧、价值观混淆的苦果，本土化教育的工作不但重要，而且迫切"。"我们的教育绝对必须以台湾为主体，从了解家乡台湾到世界寰宇，培养下一代对土地的认同"。②李登辉非常推崇黄荣村的主张，要他继续推动这项改革，扬弃过去史地教材的"大中国观点"。黄荣村讲话不久，台湾"教育部"明确规定小学一至六年级专设"乡土语言"课，规定中学生与小学生一起，必须在闽南话、客家话、原住民语中选修一种，以此弱化普通话在台湾的地位。与此相配合，台湾中小学经常举行"台语演讲比赛""台语辩论""台语电影欣赏"等。

2000年9月，台湾"教育部"国语推动委员会公布了"中文译音统一规定"案，草案改国际通用的"汉语拼音"为符合"台语"习惯和与乡土语言具有更高相容性的"通用拼音"，作为台湾岛内人名、地名、街名的英译统一规范。众所周知，《汉语拼音方案》是1952年由祖国大陆研发的。1958年2月由全国人大一届五次会议批准通过。1997年9月，联合国第三届地名标准化会议通过决议，采用《汉语拼音方案》作为罗马字母拼写中国地名的国际标准。1999年，台湾

---

① 范希周主编：《台湾政局与两岸关系》，第88页，九州出版社2004年版。
② 台湾《台湾日报》，2002年9月18日。

国民党当局宣称：要"整合汉语拼音为基础，外加学习闽南语、客家语所需要的语音符号"。台湾教育部门决定采用三种方案：台湾民众学习中文仍用注音符号；中文译音采用汉语拼音；继续研拟闽南话、客家话拼音。民进党当局否决了中文译音采用汉语拼音的决定，改为采用"通用拼音"，此举曾招致14个县市长联署反对，此事被迫搁浅。2002年7月10日，台湾"教育部"国语推行委员会重提旧案，并予以通过。采用"通用拼音"后，必然造成台湾地区的拼音混乱。按规定：民众持有的有关身份、旅行证件等可保持原有的拼音，但新申办的证件必须采用"通用拼音"，这就会出现一姓两拼的问题，同姓父子姓氏拼音不同。这种做法本身必然造成学习与交流的困难。台湾《中国时报》在题为《台湾还要经历多少噩梦才能醒来》的社论中指出，"通用拼音"与"汉语拼音"效果只差15%，但台湾当局基于"去中国化"的原则，却宁可"独立出一个通用拼音系统"，这实在是荒谬之至。《中华时报》撰文指出：汉语拼音已在国际上通行数十年，且经联合国认可，台湾若要与国际接轨，"采用汉语拼音是不二捷径"，当局执意采用"通用拼音"，无异与国际化背道相驰，"自绝于国际"。对于台湾当局的这种做法，大陆国务院台办召开记者会称：台湾当局如果舍中文拼音而推行"通用拼音"，就是企图与大陆割裂文化纽带，企图在文化和教育领域搞"台独"。[①]

其二，在历史教育方面，割裂大陆和台湾的关系，要求学生认同台湾。

从李登辉开始，台湾的教育文化就不断往"台独"的道路上推进。早在1995年，台湾"教育部"就决定把"政府立足台湾的政策充分反映在课程设计上"。"教育部"规定：小学阶段开设《认识台湾》课程。为什么小学要开设《认识台湾》课呢？李登辉解释说："我要国民小学教育里多加些台湾历史、台湾地理，以及自己的根等课程。"[②]在李登辉影响下，"台湾意识""台湾精神""台湾生命共同体"等"脱中国化意识"，不是"中国的台湾"之类的思想，在教材编写过程中起着主导作用。主持《认识台湾》一书编写的杜正胜提出所谓"同心圆概念"，主张以台湾为主轴，结果教材中极力鼓吹"我们都是台湾人"，宣扬"台湾魂"，把"中国人""中华民族""中华文化"等名词统统删去。《认识台湾》内容包括台湾历史、台湾地理、台湾社会三部分。中学阶段侧重台湾历史文化教育，将《认识台湾》作为中学本土化教育的教学范本。2002年12月底，台湾初中小学课程修订审议委员会决定，在九年制教育阶段，"社会领域"加入台湾史地教学，并把初中小

---

① 《台湾2002》，第275页，九州出版社2001年。

② 范希周主编：《台湾政局与两岸关系》，第102页，九州出版社2004年版。

学语文纲要中的"乡土文学"更名为"台湾文学"，在"社会领域"能力指标"认识中国历史发展……"后面加上了"及其与台湾关系的流变"的文字，以凸显"本土意识"。审议委员会还决定，将"台湾史地"在初中阶段的重要性，由 B 级提升至 A 级，并加强"台湾史地"在九年制教育中的比重。在高等院校，各大学研究所设立"台湾文学系"，而把中国文学的内容判归到"外国文学系"中去。从 2002 年秋季开始，台湾初中取消历史课，取而代之的是由民间编写、版本繁多的"社会科"，其中几乎没有任何中国历史的知识。2004 年 11 月 9 日，台湾"教育部"在网上发布公告了全新的高中历史课程纲要草案。将"中华民国"史割裂，以 1945 年国民党政府接收台湾为界，1945 年之前列入中国史，之后列入台湾史，各自独立成册。现行的高中历史课程中，台湾史仅占 21%，预计在 2006 学年实施的新历史纲要中，台湾史的分量增加，与中国史、世界史各占 1/3。[①] 此间，台湾"考试委员"林玉体宣称 2005 年由他主考的台湾公务员考试，史地科目"只考台湾，不考中国大陆"。[②]

　　共同的历史认同是国家统一的基础。被赋予政治意义的教育本土化的举措正是从"改造历史"着手，从青少年做起，试图从根本上改变台湾新一代的历史认同与国家认同，这与过去日本统治台湾时"亡国去史"的手法如出一辙。台湾教育本土化的许多诉求都打着"爱台湾""培养乡土情怀"的幌子，实则他们的目的就是要以"台湾意识""台湾主体"取代"中国意识"与"中华民族"，达到"去中国化"的目的。

　　其三，在文化上主张多元化，贬低中华文化对台湾的影响，大搞"去中国化"。

　　台湾民进党当局认为"应寻求具有健康内涵之现代国民意识，建立一个多元融合与平等的社会，以建立一新的现代化国家，这是民主进步党之族群与文化政策主张的基本原则"。[③] 具体来说，民进党当局的文化理念：一是认为台湾文化是多元的，即台湾文化包括荷兰文化、日本文化、原住民文化、汉文化、西洋文化，中国文化不过是台湾文化中的一部分。这种说法貌似公正，其目的是有意不分主次，企图削弱中国文化的主体地位。二是主张台湾文化与中国文化是不同的，台湾是海洋文化，中国是大陆文化。台湾前民进党主席、现住"行政院长"

---

① 台湾《联合报》，2004 年 11 月 10 日。
② 台湾《联合报》，2004 年 10 月 15 日。
③ 范希周主编：《台湾政局与两岸关系》，第 93 页。

的谢长廷曾提出"台湾这 50 年来的统治者是大陆文化，而被统者是海洋文化，大陆文化是保守、僵化的，比较不会变动，但台湾民间的海洋文化是冒险的、模仿的、比较求新求变"。谢由此喊出了"海洋文化的新兴'国家'"的口号。三是认为中国文化是劣质文化，不主张认同中国文化，而是淘汰中国文化，认同台湾文化。台湾民进党何以非要极力主张"文化台独"呢？"台独"作家李乔指出："简言之因为这才是'台独论'的根本，这样的'台独论'才有效，这样的'台独论'才能使'台湾真正独立'，亦即'台独有意义'。"

　　蒋介石不仅宣传大一统意识，而且还鼓吹"反攻大陆"的武力统一政策。这一政策从表面上看，完全是对准中国共产党的，实则也有对付"台独"的内涵。当然应当承认"反攻大陆"政策在客观上加剧了海峡两岸之间的对立，为"台独"和海外分裂势力的分裂活动提供了条件，同时也要看到蒋介石始终不承认中国共产党建立的中华人民共和国，这就在事实上坚持了"一个中国"的原则。蒋介石病逝后，蒋经国坚持了其父的立场。由于蒋氏父子在"一个中国"的原则问题上与大陆有共同的立场，故在 1979 年 1 月 1 日全国人大常委会发表的《告台湾同胞书》中，提出和平统一的主张。1992 年，海峡两岸之间就"一个中国"的原则问题达成了一致的立场。有了共识，才有 1993 年和 1998 年两次"汪辜会谈"。

　　综观蒋介石反对"台独"的斗争，一方面表现了他维护祖国统一、反对分裂的民族主义立场，在客观上强化了台湾民众对中国意识的认同，也使得外国分裂势力的图谋不能得逞。另一方面他企图依靠美国武力实现"反攻大陆"的主张，使得海峡两岸之间对立进一步加剧，在客观上又推迟了祖国统一的时间表。再一方面国民党、蒋介石对"台独"严厉打击的同时，对岛内民众维护正当权益的斗争也采取了高压政策，致使岛内一部分反对势力与"台独"势力相结合，为"台独"势力坐大提供了活动空间。当然，蒋介石反对"台独"的斗争，其正面作用是显而易见的，是应当充分予以肯定的。

第十二章　晚年情趣、轶事

蒋介石在大陆时期位居"总裁"、"总统"，属于天字第一号，我行我素。到了台湾之后，他仍是至高无上的"君主"，天马行空，与常人有着不同的生活经历。但作为人来说，他又同常人一样，也有七情六欲，喜怒哀乐。

有规律的日常生活

据台湾吴一舟在《蒋"总统"行谊》一书中所述：蒋介石在大陆时期工作、生活非常有规律。下面是一张蒋介石工作、日常生活的进程表：

每天 6 时起床（冬日在 7 时左右），绝不晚起，起床后静坐片刻，做健身运动约数分钟，即开始工作。他首先检查昨日所做的工作是否完毕，一面计划今天要做的事。待计划择定后，在平时就先记日记（有的书讲每晚写日记，如果晚间来不及写，第二天早晨补写），写毕就读书。要是在战时，即与前方将领通电话，听取情况，并指示机宜。读完书即开始办事，此时所办之事大都是重要的计划方案或紧急重要文稿、手令等。

蒋介石站在办公室里，身后是他的座右铭："生活的目的在增进人类全体之生活，生命的意义在创造宇宙继起之生命。"

8 时左右开始进早餐，饭后入书室阅览当天报纸所载重要消息，接着续办紧急公文或紧要公事。9 时离官邸赴办公室处理政要。平时都在此时接见重要宾客或有紧要事情请示的各级首脑。10 时左右会客，会客后或出席会议或向部下训话，批阅公文，到 12 时左右才回官邸。有时在回官邸车中翻阅公文或考虑政务、翻阅报纸等。

　　12时半进午餐，此时多边吃边看电文。如果发给前线将领电，都是他亲拟稿交发，以免经过参谋秘书拟签呈核判行校对等手续，耽误时间。饭后小睡约半小时或静坐休息。下午3时起又开始看公文，研究各方面送来的电报，闲时则看书报。4时起又开始会客，此时所见多为普通客人，少则一二十人，多则三四十人，每人谈话时间，以三五分钟为限，故会谈内容极简单扼要，如客人少公文不多，便在五六时许，偕夫人到郊外散步，借以考察民情与市政建设、军风纪等。

　　下午7时半左右进晚餐，饭后大多在8时以后与中央各部会首脑会商军政大计，或请专家研究问题。谈毕又批阅公文或看书阅报，补写日记。睡觉时间大抵10时到11时左右，睡觉前考虑次日应做的工作，兼做健身运动。如遇战事紧张，即使在深夜亦常用电话或电报指示前方军机，翌日仍准时起床。

蒋介石在剪贴资料

　　吴一舟还说：除非遇有特殊事故，蒋介石绝不轻易变更他的生活规律。

　　不管吴一舟说的是否全是事实，仅以此时间表而论，蒋介石简直成了一架机器。到了台湾之后，蒋介石晚年生活有了很大变化。

　　退台之初，蒋介石因在大陆战败，整日闷坐日月潭的涵碧楼中，反省大陆失败，并制定整体"反攻"计划。待重登大宝后，便全力投入稳定台湾、准备"反攻"的行动之中。此时蒋虽然已六十多岁，但出于完成"反共使命"需要，到处奔走、演说、打气、安抚，精力十分旺盛，超过了一般成年人。在他的"总统府"，除了处理公务之外，便是接待来访者，整日客人不断。他在"总统府"见客时，一般由侍卫长和秘书陪同，此种做法是以防不测。在士林官邸见客时，大多由秘书陪同。在会见客人时，蒋有时亲自记录一些要点，但主要由秘书记录大纲、建议事项，或蒋交代的事项。蒋在会见政界高层负责人时，秘书则回避。在蒋的官邸，设有新闻、言论秘书二人，协助蒋的日常工作。蒋对秘书工作的具体要求是：整理搜集若干资料，供他写作时参考，或者笔录他的口述文件、讲稿，或交大纲与秘书，令其起稿；陪见客人，笔录谈话要点；处理一般新闻，划出每日新闻要点；联系传播媒介，即报纸、广播电台、通讯社、电视台等；旁听各项会议，了解全貌。除了新闻、言论秘书之外，蒋还设有英文秘书。这些秘书在同蒋的多年接触中，深知蒋的心态，所以后来都有好的去处。

　　与大陆时期相比较，蒋在台湾时期的工作、生活也算是比较有规律的。一般每日6时起床，7时盥洗完毕，其后做早操。操后入房与夫人宋美龄共同祈祷，祷告毕开始用早餐。早餐时一般听口齿清楚的武官为他读报纸。早饭后自己翻阅报纸与批阅要文，或接见高级官员与主持会谈等。下午1时半用午餐。午饭后睡半小时左右。起床后再看重点新闻、批阅公文或接见重要官员、来访者。3时左右开始阅读香港报纸，至4时半，带一随从出去散步。散步到兴奋时，边走边唱旧时军歌以及《"反共复国"歌》等，有时也养花、种草、逗狗、投食喂养等。散步半小时后返回办公室喝茶，茶毕再继续办公。7时开晚饭，晚饭后看电影，一般情况下都有专人在旁边为他解说，他最喜欢看的是台湾自己拍的电影，因为当时台湾的影片有相当部分是对蒋介石歌"功"颂"德"和攻击中国共产党的。晚10时另室祈祷和沉思，然后洗硫磺泉水。洗毕后写日记，晚间写日记已经成了习惯，数十年间毫无间断。蒋介石自己称："几十年来，我每日必有日课，每日必有日记，虽在造穴颠沛之中，也没有一日间断。我在阅读某一种书籍时，没有终卷以前，绝不旁骛其他书籍。"[1]日记写毕后熄灯就寝。

独敬耶稣

　　谁都知晓，蒋介石信奉基督教是受其夫人宋美龄影响的。宋美龄的父母都是

---

① 《"总统府"内幕》，第148页，台湾"风云书系"印行。

虔诚的基督教徒，其父宋嘉树原是美国美以美会派驻中国的牧师，对神学有着相当深的研究。其母倪桂珍出身于中国最古老的基督教家庭，而且是明朝徐光启的后裔。在父母亲的熏陶下，宋美龄对基督教极感兴趣。在宋嘉树的苦心安排下，宋美龄10岁那年赴美国教会学校求学，成了佐治亚州卫理斯女子学院的一名高材生。毕业返国后，她因家庭的显赫担任了电影检查局和基督教青年会的职务，并成为上海社交界的一颗明星。

蒋介石青年时代与母亲王采玉的合影

宋美龄与蒋介石初识是在1922年年底孙中山家中，蒋一见宋便倾心于她。蒋托孙中山请将宋美龄许配给他，孙大吃一惊，但表示愿同宋美龄商量。宋美龄当时对蒋介石并没有好感，主要原因是蒋已结婚，已有两个孩子，在上海滩还有两个没有名分的女人。宋庆龄表示她宁愿看到小妹死去，也不愿看到她嫁给蒋介石。然而蒋对宋锲而不舍，后得到宋蔼龄与宋子文的帮忙，才使事情发展有了转机。但宋母一直反对这门婚事，不仅因为蒋结过几次婚，还因为蒋不是基督徒。

蒋介石自幼受其母王采玉教诲，信奉佛教。为了与宋氏家族攀上姻亲，顾不得母亲的教诲，答应甘愿当一名基督徒。1927年8月蒋介石下野后，便东渡日本正式向在日本疗养的宋老夫人提婚，并请求允诺。有关求婚的经过，上海《晨报》曾有如下的报道：

"蒋介石于10月3日来晤太夫人，事前蒋系先致电，得太夫人的允可，相晤时，太夫人正在室中研究新约圣经，盖太夫人系一极诚笃之基督徒也。既见蒋，勉蒋为使徒保罗；蒋告太夫人，谓对基督之道，近日亦有信仰，并乞婚焉。时太夫人对蒋对于联姻之手续，即一一办妥，毫无其他问题杂处其间，遂允其请，许以美龄妻之。"

1927年12月1日，蒋介石与宋美龄便按基督教礼仪举行了婚礼。蒋宋结婚后，蒋介石遵守诺言，每天起床后与宋美龄共同研读《圣经》、祷告，并讨论读经心得。自然，蒋到前方视察，宋美龄不在身边时又另当别论。西安事变发生后，宋氏兄妹得到张学良、杨虎城两将军的允许，遂由南京抵西安救蒋。蒋介石后来在《西安半月记》中回忆说：

"今日清晨偶翻旧约，得某章有'耶和华今要做一件新事，即以女子护卫男子'云云。午后余妻果至，事若巧合，然余妻冒险相从，非受宗教素养甚深者不可能也。"①

蒋介石此说实在牵强，其目的不过是表明对救他出"苦难"的宋美龄的感激之情。西安事变和平解决之后，蒋介石进一步表现出对基督教的笃信不渝。据宋美龄称：

"不论在什么地方，'总统'的卧室中，都一定要挂一张耶稣像，以表明蒋'总统'对耶稣的敬仰与虔诚。"

台湾舆论宣称：蒋介石晚年信仰基督日益虔敬，他在凯歌堂（凯歌堂是蒋介石做礼拜的教堂，此名源自抗日战争胜利还都南京时，为纪念凯旋归南京，才有此命名。凯歌堂在台北士林官邸，恢复礼拜，寓意将来打败中共凯旋的一天已不远）做礼拜可谓是风雨无阻。凯歌堂的牧师周联华是蒋介石的同乡，有好事者问周联华，你在凯歌堂讲道，怕不怕"总统"，周联华答称：

"我对'总统'的第一印象，是他老人家的鼻子以上，其眼睛部分是有父亲的威严，但他老人家鼻子以下，却如母亲一般的慈祥。我在凯歌堂讲道好多年，从没有害怕过。与其说是我没有害怕，倒不如说'总统'没有使我害怕，我是像其他教会一样的讲道。"

蒋介石对基督教的灵修生活，从受教之后从未间断。他日常起床后，一起身便和宋美龄一起祈祷默念，洗漱后再读《圣经》，念几首赞美诗，每当念到耶稣时，蒋介石就脱下帽子，向东方深鞠一躬。晚上 10 时祷告后，沐浴就寝。

蒋介石不仅坚持灵修生活，而且还喜读灵修方面的书籍，特别喜欢读《荒漠甘泉》。自 1944 年 7 月起直到病逝前，他每天坚持诵读此书。蒋介石还嫌原译本不够通顺达意，就命王家棫先生重译，经他审查为"革命精神"的修养读物。蒋介石曾说：

"我总以为人生在世，特别是在反共抗俄与唯物主义战争期间，无论你有否宗教信仰，也无论你对宗教的观念如何，但是我们必须承认宇宙之中，是一位神

---

① 秦孝仪主编：《"总统"蒋公思想言论总集》，卷 35，第 188 页。

在冥冥中为之主宰的。"

由此说可见，蒋介石是国民党内信仰唯心主义的典型。当然，由于蒋介石信仰基督，国民党内信仰基督的人士大有人在。

蒋介石为什么独爱《荒漠甘泉》一书呢？《荒漠甘泉》（Streamsin the Desert）是基督教的著名灵修书籍，它的作者是美国传道人考门夫人，她与她丈夫除了于美国服过神职外，也曾一起在东亚传

蒋介石和宋美龄在士林官邸共阅《圣经》

教达20年之久。这本书是她在其丈夫重病时开始提笔写作，记录了她的灵修生活，以及如何在苦难中借由基督教的祷告来获得"盼望、忍耐与喜乐"。该书以日记形式书写，其内文引言主要以《圣经》为依据，也引入了其他神学著作中的段句，并结合夫妻二人的见证和灵修生活，对《圣经》中某些经文展开了非常深入的阐释，教导人们如何通过阅读《圣经》聆听"神"的话语并明白神的旨意。该书于1920年首次出版。该书不但是20世纪颇负盛名的重要宗教著作，另外也因里面提及的故事颇为动人，因此有不少非基督徒也阅读过此书。它帮助了无数人在困境中获得精神力量。原作者本意是阐明人的境况就像荒漠那样的枯干，上帝的道如甘泉使人获得滋润。介石大陆兵败，退至孤岛偏安，加之国际形势"逆转"，国民党当局处境艰难。唯其如此，他对《荒漠甘泉》有了偏爱，他需要的就是这样的甘泉，借此聊以自慰。王家械所译《荒漠甘泉》一书，每篇之首的标题，都是蒋介石亲笔所撰，可见蒋对此书重视程度之高。

台湾舆论说：孔祥熙在台湾的梨山修建了一所教堂，破土动工那一天，蒋介石、宋美龄与孔祥熙夫人宋蔼龄全到了，由牧师周联华负责在梨山筹备破土动工典礼。当时梨山还很荒僻，找不到人来帮忙，在无可奈何的情形之下，只好找当地的山胞。山胞对唱歌是充满天才的，周就请梨山教会的牧师临时帮忙组织一个唱诗班。唱诗班组成后却提出一个条件说："我们可以为你们唱诗，你可不可以请'总统'证道。"这下子可难倒了周联华，他说："你们来唱歌已经很光荣了，我实在没有办法请他老人家为你们讲道。"没有想到在典礼快要结束、祝福开始

之前，蒋介石竟走到山胞面前开始证道、训话和鼓励。康振楚先生也说："基督徒生活的四柱，即读经、祷告、聚会、见证，蒋'总统'对四件事经常不断地做，从来没有间断过。"

逗狗、养花

蒋介石晚年不仅对做礼拜有极浓厚的兴趣，而且非常喜欢逗狗、养鱼、摆弄花草。

蒋介石每天快用完午餐时，一条中型的白狗就被放进蒋介石的餐厅里，接着一个侍卫人员拿着盘子，等待着蒋介石调拌白狗的饭食。据台湾资料称：蒋介石非常喜欢这条白狗，自然这条狗对蒋介石也非常亲热。常与蒋相处的牧师周联华，猜想蒋之所以喜欢这条狗，一定因为这狗是条名犬。好奇心驱使周联华问蒋的爱犬是什么种。蒋介石听后笑而不答。宋美龄一听便知周联华外行，于是问他道："你猜猜看是什么种呢？"这一问把周联华难倒了。周在这方面的确是外行，平时只会读《圣经》、布道。搜寻记忆，他想起在蒋介石官邸的庭院里，看到侍卫官训练警犬，他们受命寻找失物，不消片刻就把一方手帕找到了。周认为蒋的这条白狗一定是千中选一、万中选一的名犬了。周联华还记得宋美龄也有一条爱犬，它能担任警戒工作，有一次宋美龄和蒋介石开玩笑说："你假装着打我，看

蒋介石晚年的爱犬

看它帮助谁？"结果周联华看到的场面是：那条狗总是挡在蒋介石面前，不让蒋介石打宋美龄。周联华想：既然宋的那条狗如此乖巧，那么蒋的这条狗一定比宋的那条狗还要灵通。可是他搜尽枯肠，也想不出一个适当的、有名的品种来说出那条狗的出身。蒋介石见周联华回答不出，越发高兴。最后，还是宋美龄揭穿这个谜底，她对周说："我告诉你罢，你就是对狗很内行，也说不出它的品种，它是土生土长、台湾生的土狗。"

蒋介石逗完狗后，有时去庭院散步，有时4时半去散步。在庭院散步时，他总是走到水池边，在一张石凳上坐下来。然

后将饼屑均匀地抛撒到水中，不一会儿，成群的金鱼蜂拥到池边抢食。此刻，蒋介石异常兴奋，边喂金鱼边像检阅部队点名一样，每条鱼都取有一个名字，有一次他对左右说：怎么今天 XX 还没有来吃？

蒋介石不仅喜爱逗狗、养鱼，而且还特别喜欢花卉，这一爱好鲜为人知。蒋常常将他喜爱而罕见的花卉，陈列在他常去憩息的"兰亭"里。他每次做完礼拜回来，几乎都到种满花木的园艺所里转一圈。据台湾资料称：蒋对花木的生长观察很仔细，往往比花匠还要细心。不仅如此，蒋还有时亲自摆弄花草。花匠们为蒋介石在官邸里建造一座玫瑰园，他兴致好时，就与花匠们改良花的品种，做插枝的工作。

最让蒋介石喜欢的是那些台湾产的蝴蝶兰。蒋曾对花匠说："西洋兰太过艳丽，倒不如我们土产的蝴蝶兰，清艳芬芳。"1973 年，蒋介石曾要林务局在海拔2600 米的高山区，试种在寒带才能生长的牡丹。这些牡丹是日本农校河本教师精心培养改良的，过去每年献给蒋介石一些上品，前后有 100 多株。由于这些花木不适应台湾的气候，在官邸试种以失败告终。后来这种花木在高山地区试种成功，但蒋介石此时已不在人世了。

蒋介石与宋美龄在官邸侍弄花卉

衣食住行

对于蒋介石的衣、食、住、行，台湾出版的有关蒋介石的传记资料，众口一词，都称蒋介石的生活水准还不如台湾一个中等市民。下面是台湾出版的有关蒋介石传记资料的记载：

吴一舟在《蒋"总统"行谊》一书中写道：蒋"总统"在食的方面，"早晨喜爱吃稀饭，有时吃一碗汤，用点咸菜。中晚两餐只有两三样小菜，平时在家宴客，总是很普通的四菜一汤，并不备酒。他每餐一小碗饭。招待外宾、记者或侨胞，通常都用简单的茶点，很少举行盛大的宴会。"吴称蒋吃一小碗饭是在日本军训时养成的。"不饮茶，不吸烟，不喝酒和咖啡等刺激物品，数十年来如一日"。他称蒋数十年来从未饮过一杯咖啡、喝过一杯酒或吸过一支烟。

《"伟大的总统"——蒋公》一书的作者也说："蒋'总统'每日用餐以青菜、豆腐等植物性食物为主，只求摄取营养，不求奢侈，不但烟酒无缘，连茶也不喝，经常饮白水。"他还引证国民党元老吴铁城的话说："蒋公平素生活上的享受，和苦行僧、清教徒无异。"

很显然，上述两种说法在立场上是基本一致的，是在进一步神化其领袖。

对于衣着方面，台湾舆论说蒋介石不太讲究，但特别注意整洁。他在接见外宾或遇有重大活动时总爱穿军服或礼服，平时在家总喜欢穿中山服或长袍大褂。

也有舆论说，蒋穿的衣服多为细软旧衣。一件衣服，总要穿六七年以上。他在重庆的一件旧黑披风，虽领口已破，也一直未制新的，照旧穿用。平时军服三套，内衣和毛衣各两套，多是补了再穿，不忍扔掉。

上述说法确有其事，因为在慈湖灵枢暂厝处与"中正纪念馆"，蒋的遗物都有展览。但蒋介石在世时的挥霍无度又怎么解释呢？

对于住的方面，台湾舆论说蒋介石的住房很简单，不追求豪华，除了必要的设备外，从没特殊要求。在蒋介石的住室内，往往挂两幅肖像，一幅是孙中山像，一幅是耶稣像，室外客厅往往挂一幅宋美龄亲自画的画。宋美龄晚年对中国画兴趣极浓，一直从事绘画。她用均匀的笔触描绘优雅的花卉，有人说她画的淡墨山水，细致得像布鲁塞尔的花边。宋曾说："我晚上未能入眠时，就画画。"经常是宋画画，蒋题诗。一次，蒋为宋画的题诗是："1953年，夫人为余写一钜帧即代称觞为乐云，笔意虽近仲珪，而才气过之，丘壑纵横，自成别趣，殊足珍也。"另一幅为："风雨重阳后，同舟共济时。青松开雾色，龙马动云旗。""云写松态，风写松涛。春瞻松色，山羡松高。青松自若，天意为劳。"1971年3月8日，蒋介石题："辛亥春，夫人写兰都二十有四页，辑刊成册，皆为其得心应手之作，诚大涤子有所未及。盖写兰之难，在乎气韵温穆，笔墨浑厚，前贤能兼擅此长者，未易多得，余乃以此而怡悦其清芬，并以此为夫人寿。"1973年3月16日，蒋介石又题："癸丑春，夫人继兰竹二册之后，辑刊其所写山水二十有四页，虽清逸处落笔草草，而灵气浮动，沉厚处则笔墨苍浑，气象宏阔，是乃取径山水，发其内蕴，故机抒独运，走造化于毫端也。"①

宋美龄到午后，喜爱绘画，每次画完，蒋介石都会在作品上题字

也有舆论说，蒋介石到台湾后，到处建行宫，劳民伤财。除了在草山即阳明山修建的士林官邸之外，还有以下一些官邸：

慈湖官邸：位于台北桃园县大溪镇东北角。因此地有一个较大的水面，经人工改造后，蒋介石为纪念母亲王太夫人，就改称为"慈湖"。对其母亲王采玉而言，蒋介石绝对是个孝子。当其母病重时，蒋介石服侍在侧，亲侍汤药。王采玉弥留之际，再三嘱咐其子做好三事：一是要为她择地另葬，不与其父同穴（蒋介石的父亲蒋肇聪曾有三次婚姻，王采玉是第二次续弦。1895年蒋肇聪病逝，1913年蒋介石与其兄蒋介卿正式安葬其父，墓穴较大，设置四穴，蒋肇聪与其发妻徐氏、续弦孙氏，空一穴留给第二位续弦王采玉。王采玉之所以不愿意与丈夫蒋肇聪合葬，一是她不愿屈居于下位，二是从蒋介石的前程着想，不愿意日后被人议论自己的儿子为蒋肇聪的第二个填房所生）；二是要办一所学校，培养乡里子弟；三是要报答几家至亲好友的恩情。1921年6月14日，王采玉病逝，蒋介石痛哭不已，次日亲撰《哭母文》：

"悲莫悲于死别，痛莫痛于家难，哀莫哀于亲丧，苦莫苦于孤子。呜呼！天

① 秦孝仪主编：《"总统"蒋公思想言论总集》，卷35，第303—305页。

胡不吊，夺我贤慈，竟使儿辈悲痛哀苦，至于此极哉！回溯吾母来归，已三十有六载，当吾父健在之十年间，家中鞠育之苦，嫁娶之劳，饬家接物，皆吾母一人之内助，其苦心孤诣，已可感于无穷者矣。洎乎先考中殂，家难频作，于此二十六寒暑间，内弭阋墙之祸，外御横逆之侮，爱护弱子，督责不肖，维持祖业，丕振家声，何莫非吾母诚挚精神，及无量苦心，有以致然也。呜呼！吾母艰苦卓绝之志，既如此其甚，而不孝冥顽不灵，则又如彼。回忆当时忧危之情，愧惶几若无地。痛念至此，百身莫赎。人子若斯，尚有何颜立于天地之间乎！呜呼！自今以往，内主家庭，安能得吾母复生，再为我独承劳怨也。且复谁能容我狂愚，恕我暴戾，抚慰我激愤，曲谅我苦衷，为我代苦代忧，至死不怨，如吾母者乎？呜呼！凡昔之足以裨益于儿，不惜茹苦饮痛，自甘枉曲，明祝默祷，吁求安全，如吾母之慈圣者，今竟欲一再见其声音笑貌，而不可复得矣。呜呼！吾母一生，为乡里服劳，为国家酬德，嘉言懿行，至多极美，吾不能于伤悲之际，毕忆无遗。吾不惟痛吾母以爱护儿辈而凋瘵，以教养儿辈而病困，而又独为不肖一人以牺牲其身。虽上升兜率，无所遗恨；惟生者之罪恶之苦痛，自此益难为怀矣。吾更痛心于指胸难过之语，吾尤痛于易箦之顷，强为药好酒好以慰儿之言。自此儿虽连声直呼，不复更闻吾母之咳唾。犹忆当时吾母呼吸迫促，儿乃趋抚母背，以冀挽危亡于顷刻，然竟因是不获睹最后慈容之悲戚！呜呼恫矣！从此抱恨终身，不知生存于人世，复更有何意趣耶？其惟勉图报亲，藉慰地下之灵，未减儿辈罪孽于万一，以聊舒终天之痛恨乎。呜呼！其可得耶！其不可得耶！母而有灵，鉴斯哀忱。"[①]

应当说《哭母文》是蒋介石感情的真挚流露。同时蒋介石找来奉化有名的风水先生为其母踏勘坟地，选中了离溪口镇1.5公里的白岩山鱼鳞岙。1921年11月23日，蒋母王采玉正式下葬。因蒋介石已经在中国政坛上崭露头角，母以子贵是中国的传统，故上自孙中山、谭延闿、林森，下至党国要员，纷纷发来唁电。蒋母出殡时，孙中山特派陈果夫为代表参祭，国民党内的许多要人如戴季陶、居正等均赶来参加葬礼。孙中山写了祭文，还为蒋母墓题写了墓碑："民国十年，蒋母之墓，孙文题"，刻在墓碑正面。在碑的上面，刻有"壸范足式"四字，意为女中模范。在碑的两侧刻有蒋介石自题楹联一副："祸及贤慈当日梗顽悔已晚；愧为逆子终身沉痛恨靡涯"，该联为张静江书，胡汉民做墓志，汪精卫

① 秦孝仪主编：《"总统"蒋公思想言论总集》，卷35，第61—62页。

做铭。

1923 年 5 月，蒋介石在离墓址约 250 米的山间建新式洋楼三间，称为慈庵。12 月 16 日，蒋介石为纪念其母王采玉六十冥寿，回溪口前往慈庵拜祭，并夜宿庵中。庵的门额由谭延闿书题，中堂高悬中山先生所赠"为国劬劳""慈云普照"两个匾额。17 日，蒋介石亲自撰写了《慈庵记》：

"岁次癸丑，吾兄锡侯与中正既安葬先考肃庵公于县北之桃坑，时先慈王太夫人健在，谆嘱吾兄与中正曰：余百年后，不必因袭俗礼同穴，以余墓之工事，重惊尔父之灵，当为余营别圹。每中正归省，无不以此见责，且自置墓碑，以示其意志之坚决。易箦时，又以是为遗嘱于吾兄弟二人者。中正既未能尽色养于生前，复何敢违先人治命，滋厥咎戾！因于辛酉岁，卜吉鱼鳞岙中垄，为先慈安窀穸。呜呼！四明屏列，望之巍然，而母仪壶范，已可仰而不可接矣！淅沥潇飒，泫然泣然，令人入于耳而不忍闻者，其惟墓前潺潺之漪流；而堂上之梵声，庭前之徽音，则邈然不可复闻。永怀鞠育，昊天罔极，触景伤心，徒令孤哀增陟屺之感已。循兆域而东，有蹊介然，可达白崖西祠庙，蜿蜒陂陀，曲折如羊肠，蹑足下行，可百余步，势忽坦夷，仰瞻茔墓，翠如也。用复辟地二亩，鸠工筑墓庐三椽，吾兄锡侯董其事，姊婿式仓宋先生襄成之。癸亥冬月工竣，值先慈六秩诞辰，中正适于是日自西欧倦游归，展墓毕，因得升堂尽礼，以告服阕。翌日，乃奉曾祖祈增公以下至季弟周传之神主于堂之中，标额曰慈庵，以成先慈建庵供佛未竟之志，而又配祀先考肃庵公，权合古人祔庙之义也。中正幼秉懿训，长劳倚闾，曾几何时，星沉露冷，从此白云孤庵，但有凄望心恻而已。呜呼！不其恫夫！中华民国十二年冬日，蒋中正谨记。"[1]

1930 年春，蒋介石又将慈庵旧宅拆除，在离墓地稍远的山岳平地上坟庄，入口处是一座石牌坊，高 6.5 米，宽 7.9 米，有三个门，中门宽 3.7 米，左右边门各宽 2.1 米。中门上刻"蒋母墓道"四个大字。墓道长 668 米，依坡而上，途中有下轿亭、墓庐（称"慈庵"）、八角亭。主屋五间，进入大门，中间过道陈列碑刻四方，正中为孙中山《祭蒋母文》，背面是蒋介石自撰《先妣王太夫人事略》，左右两壁分别嵌蒋介石《哭母文》，国民党中央执行委员会《慰劳蒋总司令文》。蒋介石每一次下野总是到慈庵来住上几天，以缓解因下野而导致的不快。由此也可以看到蒋介石对其母王采玉有着极其深厚的感情。

① 秦孝仪主编：《"总统"蒋公思想言论总集》，卷 35，第 99 页。

1964 年 11 月 9 日，蒋介石又亲撰《先妣王太夫人百岁诞辰纪念文》："缅怀童时，诵读孝经，先妣辄为解忠孝之义曰：孝者非晨昏定省，奉养无亏之节义而已；乃顺意承志，委曲无违之笃行是也。又曰：以忠莅事则孝，以敬事长则顺，为国献身，移孝作忠，乃谓之大孝。故顺为孝之始，而忠为孝之终，甚望尔能身体而力行之，则吾意得矣。中正一生即以先妣此教，自惕自勉。"

"尝忆九岁丧父之时，一门茕茕孤寡，觊觎既多，迫辱备至。先妣乃奋其坚贞自信之一念，当家难之迭遭，独以一身任之。抚孤成立，再造吾家，当时吞声饮泣，枕上泪痕，荼茹苦，灶间晕厥之惨状，仿佛目前，拊心追慕，益增怛恻。而今日大陆之孤儿寡妇，饥溺呻吟，惨绝人寰，转死于暴力虐政之下者，又倍蓰于吾母子当时悲惨情景千万而不止。是则中正之身世，实不啻回复于第一之二十五岁年代乎！然自二十五岁以后，亦即进入第二之二十五岁时期，是正吾母苦撑坚忍，而使吾家由剥而复之开端。"

"唯是中正一生，载驰载驱，以至于今日之戡乱复国，固皆一秉总理之遗教，革命之纯诚，操危虑患，生死以之。而其初志，则无非出于母教慈训，良知血忱之所驱策。今大陆未复，民族之耻痛，莫此为甚。民生流离，伦理之危机，日深一日。而先妣百岁诞辰，忽焉已至。尝念先妣毕生，闵斯鞠子，为国劬劳之勤，勉子以不辱其亲，雪耻自强之道。四十三年来，辄未敢怠忽自弃。良以哀痛未尽，思慕不已，知惟笃此奉身许国，毋忝所生之一义，始足以上报鞠育之恩于万一耳"。[①]

在慈湖湖畔的四周栽种了许多花草树木，并仿浙江奉化溪口房屋的式样，兴建了一排排平房。蒋介石与宋美龄每月都要来此小住几日。蒋介石病逝后灵柩暂厝此地。

角板山官邸：位于台北桃园县境内，距慈湖约十公里处。该地风景秀丽，古木参天，景色宜人。官邸就在角板山公园旁边。

涵碧楼官邸：位于台中著名的日月潭风景区。早在日本统治时代，因多人至此游览，日本人在那里修建了许多招待所，涵碧楼就是其中之一。蒋介石夫妇来这里小住时，往往是有重大事情需要考虑决策。每逢国民党中央召开全会、代表大会及"行政院"和台湾省政府改组，各"部、会"人事更动等，蒋介石总是来此住上几天。国际上发生与台湾关联的重大变故，有时也到此来考虑应对之策。

---

① 秦孝仪主编：《"总统"蒋公思想言论总集》，卷 35，第 259—261 页。

西子湖官邸：位于高雄市内，以为蒋介石夫妇到台南视察时休息住宿。高雄市政府为了讨得蒋介石欢心，特在西子湾地区，种植花木，修整道路，改善卫生。

对于行的方面，有舆论称：蒋介石每次外出时，经常有同一类型的小汽车四五辆组成的车队同行，以防不测。从士林官邸到"总统府"，沿途要经过圆山、中山桥、中山北路一二段、中山南路、介寿路等地段，全程约四公里。为了保证蒋介石的安全和在路上畅行无阻，在车队未出发前，沿线布置便衣岗哨，车队经过的各道路口所有红绿灯装置，一律开放绿灯。但在中山路北段，有一处通往基隆、宜兰、苏澳的铁路平交道，每天火车来往频繁，在经过平交道时，都要将栅栏放下，以保证公路车辆安全。当蒋介石车队抵达时，就要停车等候，不仅对蒋安全构成威胁，而且影响办公时间。当时有人向时任台湾省政府主席的严家淦建议，希望能由台湾省铁路局会同台北市政府，在该处平交道上，兴建一座公路天桥。严家淦深悟官运之道，遂下令建桥。桥建好后命名为"复兴桥"。很多人认为桥下可设摊营业，但也有人认为设摊营业会影响蒋介石的安全。后来有人将此问题提交省府委员会讨论，经争论之后，严家淦作出结论，认为兴建"复兴桥"的目的，原就是顾虑"总统"安全问题，乃不准桥下安置部分摊贩。蒋介石也忧心忡忡地说："不怕一万，只怕万一。"

蒋在台湾时期，有一些事情颇为舆论所关注：

特赦黄孝先案。黄孝先是原国民党军第七兵团中将司令黄百韬之子。黄百韬在淮海战役中被人民解放军击毙后，其家眷撤退到台。黄孝先在20岁左右时，曾和一位同学发生同性恋。黄氏后来认为他受了奇耻大辱，不堪被玩弄，遂将这位同学骗至台中苗栗县山上，趁其不备将其打死，然后企图焚尸灭迹。后被人发现告当地警察机构。警方将黄予以逮捕交地方法院审理。因此案是台湾刑法上规定的唯一死罪，所以很快被判处死刑。此案发生后，台湾舆论大肆报道，致使台岛对此案讨论颇为热烈。在台湾高等法院报请"最高法院"核复期间，有人认为黄父是黄百韬，是为"国"捐躯的"烈士"，要求蒋介石下令予以特赦。蒋介石得知此事后，遂下令特赦，将黄孝先由死刑判决改处无期徒刑。蒋此举破坏了自己制定的"法律"，为世人所不敬。

淘汰人力车。国民党退台之初，台湾的交通工具除了少量汽车外，主要靠脚踏三轮车。因三轮车充斥台北市和各都市，严重地影响了交通。蒋介石坐在汽车里，看到上述情况，指示有关单位限制三轮车发展。后来蒋得到报告，说香港、日本计程车颇为适宜于台北，又下令淘汰三轮车，发展计程车。因此事事体太大，需要从长筹划，蒋介石看到淘汰三轮车方案迟迟未能通过，就在汇报会上大发脾气，指令部下限期提出方案，并对收购三轮车价格与安置三轮车工人转业问题作了明确规定。待有关部门淘汰三轮车案拟定送蒋介石"御览"后，蒋朱笔一挥，批准了此一提案。至此，三轮车基本在台湾各大中城市被淘汰。蒋介石这种"事必躬亲"的性格，可使工作效率大大提高，但也干涉了下级部门正常的工作，使下级部门处于被动地位，并引起诸多不便。

参加党小组会。国民党最基层组织为小组。在国民党改造运动中，为加强对党员的控制，规定党员必须参加小组，其党籍方为有效。小组会议每月举行一次。蒋介石作的规定，他自己不能不遵守。他参加的那个小组，是由"总统府资政"或顾问等党员组成，属政要阶层。在每次召开小组会时，组员之间都互称同志，唯独对蒋介石称"总统"。小组成员中湖南常德籍的张炯曾提一建议："我们在小组会议上都互称同志，更亲切些，我建议以后称呼'总统'为蒋同志或蒋中正同志。"蒋当时含笑点头说："好！好！"实则心中不悦。也有人问张炯，"蒋介石是喜欢别人恭维的，你这个建议，恐怕引起他的不高兴"。张炯为人比较正直，答道："这是合理的建议，我可没有想到这些。"

排挤毛泽东的同乡。国民党退台后，对于重要人选都须蒋介石亲自核定。当他深思熟虑之后，并不事先告知当事人，就在报纸上发表，使有些调动工作者颇为被动。有一次，一个宪兵团长出缺，"宪兵司令部"推选该部第二处上校处长盛先熙出任。蒋亲自召见盛，当他走进"总统"办公室时，蒋看到他的仪表不错颇有好感。当即和颜悦色，按所写资料询问各项情况，仍觉满意。最后问到盛的家眷在何处，盛答在大陆湖南湘潭故乡。蒋听后告盛先回去，最后任命迟迟未能发表。蒋之所以不同意盛调任宪兵团长，最大的原因就是因为盛是湖南湘潭人，与毛泽东是同乡，同时家眷又留在故乡引起蒋的疑虑。由此说明蒋介石与毛泽东势不两立。

偏爱粤剧。到了晚年，蒋介石也特别喜欢和孙子、曾孙一起戏耍，宜享天伦之乐。同时，他对戏剧也颇有兴致。1956年蒋介石70岁寿诞时，适有香港粤剧界艺人白玉堂组团来台"祝寿"。蒋早年在广州多日，对粤语比较了解。当白玉堂等上演剧目时，白玉堂饰演薛仁贵，演得非常卖力。但白玉堂怕蒋听不懂粤语，改用普通话，但稍不留意又走了腔。有人到后台传话说："蒋公对粤语能听懂百分之百，不必用普通话，以免弄巧成拙。"白玉堂听后如释重负，拿出平生所学为蒋表演，深受蒋介石的赞许。

蒋介石不仅喜爱粤剧，更喜欢听评剧，但据蒋介石的部下说，蒋到台湾后从来没有听过评剧，蒋介石曾说："不回大陆，不看评剧。"

王阳明的信徒

蒋介石一生著述颇丰，台湾官方出版的就有《蒋介石集》（上下册）、《先"总统"蒋公全集》（共计三册）、《先"总统"蒋公思想言论总集》（40册）。他到台湾之后，除了每年发布各种文告与讲演之外，著述明显分为两大类，一类是反共专著，一类是对王阳明哲学研究进一步订正的著作。

其实，早在20世纪30年代，他就非常推崇王阳明。他所宣称的"力行"哲学，就是对王阳明的"知行合一"与孙中山的"知难行易"思想的演绎和曲解。他到台湾之后，又将所居草山改为阳明山，以示对王阳明的尊崇。与此同时，他又在草山创立了"革命实践研究院"，提倡"实践"运动。就此点而言，是当年"力行"哲学的翻版。

蒋介石不仅自己研究，还让蒋经国多从事对王阳明哲学的研究。1968年4月15日是蒋经国59岁生日。14日，蒋介石从日月潭给他寄来的一封信称：

"经儿：

明日为你五十晋九诞辰，明年即为花甲之年，因你公忙，未能同在一处相祝，时用怀念。近日在潭上研究陆象山（九渊）与朱晦庵（熹）二先生学术同异之点，尤其对'无极而太极'之说不同之意见，尚未能获得结论，故不敢下断语，然以现在太空探测所得之经验解之，则太空乃无极之说近似也。……今观正中书局印行之本首，有重编宋元学案导言，共为15则，约25页，如能先将此阅读研考，则宋代以来之儒学系统，可得其大概。此乃为研究中国文化来源之不可缺者也。……余所重者，王阳明知行合一之说，即出于陆象山简易之法，教人以发明基本心为始事，此心有立，然后可以应天地万物之变也。所谓'先立乎其大者'也"。"吾国王道之行，自不致有今日人类之悲运，而大陆同胞，更无此'空前浩劫之遭遇'矣。吾人自当急起直追，以补先哲之缺憾，则几矣。特书此以为尔寿也"。[1]

蒋介石写这封信的目的，就是要教会蒋经国用什么哲学思想去"齐家治国平

---

[1]《蒋"总统"经国先生言论著述汇编》，第10辑，第603—604页。

天下"，完成他"反共复国"的使命。蒋经国对父亲的良苦用心心领神会，他说：
"父亲对王学的研究，进而发为事功，重要的是贯彻了行的道理。特别是将阳明
的致良知学说和国父知难行易学说发明贯通，说明'知行合一'的良知学说，是
与国父知难行易的学说不唯不相反，而且是相辅而行的，亦唯有致'知难行易'
的良知，才能实现知难行易的学说。"①

与他父亲不同的是，他不是将"反共复国"放在第一位，而是吸取国民党在
大陆失败的教训，强调"实践"，"向下扎根"，因而被称为"民粹派"的"领袖"，
获得台湾民众的赞誉。

蒋经国眼中的父亲

在蒋经国眼中，他的父亲是个"领袖""严师""慈父"，没有人比他更"伟大"。
在蒋介石病逝前，他曾发表过《风雨中的宁静》《我的父亲》等文。蒋介石病逝后，
他又发表了《守父灵一月记》《难忘的一年》《梅台思亲》《领袖慈父严师》《其介
如石》《风木孝思》《思亲励志报国》《10月有感》《沉思于慈湖之畔》《回顾苦难
而充满希望的五年》《七年的思慕和信念》等文，以示纪念。在蒋经国的笔下，蒋
介石超过了历代有作为的"君主"。

1975年4月21日，蒋介石病逝半月后，蒋经国在日记中写道：

"深夜坐于灵堂，想起父亲待儿慈而亦严，爱之教之无微不至。尤其25年前
撤离大陆之时，日夜相处，共冒危险，出生入死，同受毁谤，遭受侮辱攻击，父
亲为贯彻'反共救国'之职志，一心一意为挽回危局而东奔西走，对种种污蔑视
若无睹。"②

"父亲一生之中，受过多少怨恨，遭遇多少误解，经过多少凶险，所以父亲
尝谓：'自顾一生，实无时不在患难、耻辱、艰危、诬陷、渗透颠覆、出生入死
之中。'但是从未为自己出而辩护，对于美国政府于三十八年所发表之白皮书亦
是如此。父亲常曰：'天下事总可水落石出。'今日一切是非皆已大白于天下，此
正父亲所言'余既为革命而生，自当为革命而死，必以清白之体还我天地父母
也'之愿得偿。今日世人皆知，无私无我，爱民爱物，乃我父亲为人处世之基本
精神也。"③

---

① 《蒋"总统"经国先生言论著述汇编》，第10辑，第601页。
② 《蒋"总统"经国先生言论著述汇编》，第9辑，第629页。
③ 《蒋"总统"经国先生言论著述汇编》，第9辑，第645页。

蒋介石在反省大陆失败原因时，始终为其错误进行辩护。他为了维持国民党在台统治，不惜打击为他立下汗马功劳的重臣、爱将，以传位于子，说"无私无我"，未免言之太过。

蒋经国在日记中还记述了他父亲与蒋方良之间的关系：

"父亲逝世，吾妻悲痛异常，日夜痛哭，几已成疾，颇为之忧。父亲逝世之夜，吾妻曾吻父亲之额以哀永别。犹忆当妻归国拜见父母之后，曾对余言：'余幼年即丧父母，而由胞姊养大成人，今来归蒋氏，必视君之父母为我之父

蒋介石、宋美龄与蒋经国，据说，蒋介石的夹克为蒋经国所送

母。此言相隔已有 38 年，吾妻如此言之，即如此行之，可谓尽孝矣。妻 50 岁生日，父亲曾亲书'贤良慈孝'赠之以作纪念，妻视为至宝，除保留原件外，并托人将此四字刻之于石，置于室中。去年春节，父母双亲曾与妻摄影留念。此一照片亦置于房中。父亲逝世之次日，余见妻曾对石刻哭不成声。余独自守灵于慈湖，时与家中病妻为念。吾父慈祥为怀，最重人情，但一生辛苦，唯为儿者知之最深。"①

1976 年 3 月 8 日，蒋经国在《梅台思亲》一文中，将孙中山与蒋介石并称为"两位时代革命伟人"。他说：

"从历史看，国父和领袖实在是为中华民族这一民族这一时代而生的承先启后的'革命伟人'"。他们"都是来自农村，都是以毕生之力，谋求国民生活的安足而且也都是以伟大的革命人格，引领着照耀着我们来创造理想的人生"。"国父思想可说突破时代的，而'领袖革命'的'反共的远见睿智和坚毅'，尤为同时代的人所不能及"。②

蒋经国这种说法，与事实不符。孙中山先生是中国革命的先行者，他组织革命团体，宣传革命思想，创建政党，并发动数百次反清的武装起义，推翻了清王朝，创建了中华民国。在晚年，孙中山接受了中国共产党人反帝反封建的政治主

① 《蒋"总统"经国先生言论著述汇编》，第 9 辑，第 633 页。
② 《蒋"总统"经国先生言论著述汇编》，第 10 辑，第 563—564 页。

张，并将三民主义重新作了解释，确定了联俄、联共、扶助农工的政治主张，实现了第一次国共合作，成就了北伐大进军的国民革命。孙中山的一生是伟大的一生，他对中国革命的功绩正如毛泽东所说"鞠躬尽瘁"。而蒋介石在中国人民的心中，则是苦难、灾荒，是血与火。正因为如此，中国的老百姓在战后就喊出了："想中央，盼中央，中央来了更遭殃"，"天上来，地上来，就是老百姓活不来"。就连拥护过国民党的人士也宣称：国民党在中国当政22年间，孙中山倡导的三民主义并没有真正实现，而实现的却是与之大相径庭的另一种"三民主义"，即"民生凋敝，民怨沸腾，民变蠢起"。如果将蒋介石同孙中山相提并论，显然抬高了蒋介石在中国近现代历史上的地位。唯一能够使人理解的是，这番话出自蒋经国之口。

1977年4月4日，蒋经国在《其介如石》纪念文中称："今年春初，我访问马祖，又到了东引海滨——仰视巨石上镌刻着父亲所说'其介如石'的手墨，强劲的腕力，坚挺的笔锋，这一切岂不正都象征父亲革命一生的伟大人格和精神？这就是我每次来到东引前哨，都要在这块巨石之前肃然默立、徘徊流连、不忍遽去的原因。"

"昨天，我到中部访问，夜宿日月潭。不禁回想当年在此，随侍父亲到慈恩塔祖母王太夫人像前行礼；日间父子泛舟湖上，夜间静数钟声，父亲总要指示治学修身之道。记得六年前，父亲在此为我讲解大学和中庸，认为大学一书不仅是'初学入德之门'，是一种方法论，而且是一种做人做事成功立业的大道理大学问，所以'教人治人的人，无论就知识范围的教育方法，或就道德范围的政治哲学来说，都不可不懂这大学之道'。而中庸阐发的道理，可说是一种本体论，大学与中庸两者要融会贯通，因为这两本书'乃是一部哲学与科学的相互参证，不仅是心物并重，内外一贯，而且是知行一致的最完备的教本'，所以要称为'科学的学庸'。

父亲要我领悟这些'做人做事成功立业的大道理大学问'，还一再的指示我：为人处世，首先要立心，而立心要着重心意初动之时，也就是动机，一要求其纯正，一要求其善良，这'正'与'善'就是做事做人的根本；凡做一事下决心，先当静心澄虑。心境要宁静、要安定、要周详、要无所畏惧。下定决心之后，即毅然决然行之。贯彻决心，执行任务，要主动，要积极，勇往直前，不成不止。父亲这许多慈祥恺悌的训示，一言一语都深深锲入我的脑海，历历如画，此时触景生情，不觉潸潸泪下，不觉夜之已深。

父亲大去之后，虽然没有留下物质的遗产，却有着其影响无可估量、其价值无可比拟的精神遗产，这些精神遗产见之于几十年来的演讲、著述、接谈、会议、教育训练之中，特别是永远留存于许许多多人们的印象记忆之中。这些精神遗产都是父亲为'国家复兴'、为'世界和平奋斗一生的血汗'所凝成，也都是父亲的思想、精神、睿智所累积。"

蒋经国还引证一位学者的话来证明父亲的伟大。学者说蒋公"最伟大之处，在于以国家兴亡为己任，置个人生死于度外，于举世认为绝望之时，发挥至大至刚的'革命精神'，扭转了乾坤，创造了奇迹中的奇迹，使得奄奄一息的中华民族有了新的生机，自由世界的前途顿现光明"。

"父亲的一生，事亲以孝，报国以忠，待人以诚，处事以公，律己以严，而在我的有知之年，都承受父亲的训诲，庭前责教，手谕督勉以及思想、精神、行事的潜移默化，时时刻刻，我都在慈晖教泽之中。"①

1978年10月31日蒋介石92岁诞辰纪念日，蒋经国又发表了《思亲励志报国》一文，蒋经国认为："父亲一生，言行云为，受孔孟圣贤和国父影响很深，认为我们对于孔孟学说，'重在实践笃行，贵能学以致用'。所以，父亲一生实践孔孟之道，处处表现在行为生活上、道德生活上、政治生活上、精神生活上，可以说是一位'仁民爱物的粹然儒者'；而自父亲追随国父参加国民革命之时起，即尊为父师，所以'终身秉持遗训，自矢不达国父之遗志不止'，可以说'只见主义，不见生死'，一生都是'为三民主义国民革命而奋斗不懈'。"②

1979年12月12日，蒋经国在《沉思于慈湖之畔》一文中，对1956年蒋介石出版的《苏俄在中国》一书给予了高度评价，宣称：

"记得在父亲手著《苏俄在中国》一书出版之后，国际间许多有识之士，就都说'是一部很重要的文献'（《美国外交季刊》），'是举世无匹的历史文献'（法国摩根出版公司），认为：这本书每页所表现的就是一个爱国者，一个把国家自由愿望置于个人利害之上的人，来叙述一部惨痛的史实（美国前驻华大使赫尔利）。"

"一般人认为这本书是一部'反共十字军的经典'，国际间这种评论和赞誉非常多。事实上，正是由于我的父亲坚决反共，以致常常为'共党'所'污蔑打击'，更常常在艰难危险的境遇之中，而这本书就是父亲'患难、耻辱、艰危、诬陷、

---

① 《蒋"总统"经国先生言论著述汇编》，第11辑，第581—583页。
② 《蒋"总统"经国先生言论著述汇编》，第12辑，第486页。

渗透颠覆'的一部痛苦经验的结晶。"

"除了这本书之外，世人更敬佩他'反共革命'的奋斗精神。"[①]

1972年4月4日，蒋经国在《七年的思慕和信念》一文中写道："父亲逝世，已经七周年了。风雨凄厉的情景和全民震撼的悲恸，毕生难忘。追思父亲一生，为国献身；移孝作忠，真可以说做到了'为国家尽全忠、为民族尽大孝'。父亲的所言所行，确实为我全体同胞立下了'教忠教孝'的范型。在经国心中，更是时时刻刻，弥怀不已，思慕不已。"

"父亲在家恪尽孝道，在国矢志忠贞，始终不懈，实非偶然。而使我感受最深的，是父亲50岁时曾写的一篇《报国与思亲》的文章，内中有两句话'男儿惟以身许国，乃为无忝于所生'，充分表达了要把孝顺的心，扩大为民族感情，去敬爱民族奉献于国家。父亲60岁诞辰那一天，又再写了一段非常感人的话：'虚度六十，马齿徒长，对母亲未报养育之恩，对国家未尽忠孝之职'。其实那时正是抗战胜利，大功告成，举国欢腾的时候，而父亲且那样谦卑，以亲恩未酬、德业未竟为憾，真是做到了孟子所说'大孝终身慕父母'了。"

"七年以来，复兴基地同胞，虽然在逆境之中奋斗，但是大家始终确认父亲的精神与我们常相左右，因此乃能同心一德，同甘共苦，各自于其伦理、民主、科学各个建设岗位上，都竭诚的尽己之力，在我国家危急存亡之秋，发挥忧患意识，贡献智能，使我们不但无所迷失，而且更加奋励向前，把'复兴基地'上'三民主义'建设的楷模，由海内海外和大陆上全体中国人，一致肯定的推展到'以三民主义统一中国'的历史里程之中。"[②]

[①]《蒋"总统"经国先生言论著述汇编》，第12辑，第517—519页。

[②]《蒋"总统"经国先生言论著述汇编》，第14辑，第311—313页。

第十三章　遗恨台岛

　　进入20世纪70年代之后，台湾孤岛更给人一种凄凉之感。1971年10月，第26届联大通过驱蒋案。1972年2月，国民党当局最主要的"外交"盟友美国总统尼克松访问中国大陆，这股冲击波使整个台岛处在动荡与不安之中，蒋氏父子更是心急如焚。同年9月，台湾国民党当局另一"外交"盟友日本首相田中角荣，不惜与他的老朋友彻底决裂，紧步尼克松后尘，踏上中国大陆进行友好访问。在此前后，许多国家相继与台湾当局绝"交"。在上述一连串影响台湾前途事件的打击之下，年届86岁高龄的蒋介石，终于被打倒了。

晚年病魔缠身

　　蒋介石长期从事军旅生涯，体质较好，很少生病。但到了晚年，却病魔缠身。据蒋介石医疗小组报告：自1962年春起，蒋介石小便不畅，经医诊查后，断为摄护腺肥大症，这是一般老人的常见病。据台报载：宋美龄曾提出要蒋介石到美国去做手术，宋认为美国医生的医术高明。蒋介石也认为美国医生医术的确比台北医生医术高明，但又认为美国有人要把他赶下台，这些人必要时可能对他实施暗杀计划，因此他表示不愿去美国求医。蒋经国从来唯乃父的决定为决定，加之他与继母宋美龄的"恩怨"，也不同意宋的提议，认为宁可花钱延聘美国名医，也不能前往美国。最后，蒋介石于当年3月在台北"荣民总院"接受了外籍泌尿外科专家手术。不料，手术后发生尿道炎、便血、尿道狭窄等并发症，此后经医生悉心

老年蒋介石

治疗，各并发症渐次痊愈。以后数年间，因慢性摄护腺炎经常发作，岁经医治，但无法根除。①

1972 年 6 月，蒋介石刚刚就任第五届"总统"后一个月，因慢性摄护腺炎复发，深感体力不支，医生建议多休息，蒋介石只好移住阳明山官邸。因山中气候变化无常，蒋介石于 7 月中旬得了感冒。7 月 22 日蒋介石突发高烧，因感冒转成肺炎，左右肺下端全被浸润，右胸膜腔有积水。经医疗当局决定，成立一个医疗小组，其中包括肺科、心脏科、肾脏科、传染病科、神经科及营养科各专门医师，随时讨论病情及制定医疗方针。肺炎虽经医治好转，当尚未痊愈，医疗小组建议蒋介石到荣民总院接受治疗。蒋介石接受了医生建议，于 8 月 6 日住进荣民总院。

1972 年 8 月 6 日至 1973 年 12 月 22 日，蒋介石一直住在荣民总院接受治疗，病情虽有好转，但体温尚未恢复正常，时有低烧，经诊治仍是肺炎作祟。9 月 15 日，经检查仍是摄护腺炎复发，经医疗小组实施新的治疗方案，蒋介石病状全部消失，体温也恢复正常。此后一年间，因年事已高小病时有发生，但无大碍。经医疗小组研商，蒋介石出院回士林官邸修养。此间蒋介石宣布避不见客，实则基本处于退休状态。尽管他仍挂着"总统"的招牌，但工作基本由"副总统"严家淦与长子蒋经国处理，遇到重大问题与棘手之事，严、蒋二人总是至蒋介石病榻前请示、汇报。1973 年 7 月，台湾报刊登载了一张蒋介石与其孙子蒋孝勇夫妇新婚合影的照片。在蒋病中刊载此照片是有其深刻用意的：其一是说蒋介石健康如昔；其二是辟蒋介石已秘密引退、宋美龄卷款前往美国的"谣言"。此后，据台报舆论称：蒋介石每天到花园散步，并与其长子蒋经国讨论政情。

1973 年 2 月 22 日蒋介石回到士林官邸后因心情愉快，身体恢复较快，但困扰医生的仍是摄护腺炎。1974 年 2 月 1 日，蒋介石因感冒再度发高烧转成肺炎，后经医治病情减轻但未根治。11 月 27 日，蒋介石的慢性摄护腺炎复发，同时发现膀胱内出血，脉搏增快。虽经医治稍有好转但身体大受打击。1975 年 1 月 9 日，蒋介石突发心脏病，经抢救恢复正常。此后蒋介石身体一日不如一日。②

① 《"总统"蒋公哀思录》，第 131 页，转引自《"中华民国"史实纪要》，1975 年 1—4 月，第 842—843 页。

② 《"总统"蒋公哀思录》，第 132—137 页，转引自《"中华民国"史实纪要》，1975 年 1—4 月，第 843—846 页。

反共到死

从 1927 年以来，蒋介石念念不忘的就是反共和"反攻"。就在蒋介石生病期间，蒋介石于 1972 年 9 月 26 日对"全世界蒙胞反共爱国会议"发表书面致词，宣称："今日国际姑息气氛弥漫，暴力气焰随之嚣张。然而我们'革命'的信心，绝不会为任何困辱所沮丧，民族的定力，更绝不会为任何变局所摇撼。我们都能认清今日'共产党'之所以对外加紧肆行蛊惑，施展笑脸攻势，乃正由于其内部倾轧斗争，愈演愈烈，已濒临崩溃的边缘。""我们为了达成'光复大陆'、拯救同胞的目标，自当在艰弥厉，庄敬自强，协力同心，乘时奋起，无分种族与职业，均以同一意志，同一行动，同一责任，来参加吊民伐罪的圣战，迎接'全民反共胜利'的来临。"①

1972 年 10 月 4 日，蒋介石对"世界基督教护教反共联合会"发表书面贺词，指出："鉴于国际共产党徒为无神论者，剥夺人民的信仰自由，不容许任何宗教存在，其迫害教士，摧毁教堂的暴行，不一而足。""基督徒以及一切坚持正义的人们，有维护真理、保障自由的义务，我们不能丧失信仰与行动合一的信念，我们为了确保人权、尊重人格，应当效法耶稣背负十字架的精神，接受恶魔的挑战，团结一致，不屈不挠，排万难、冒万险，以担当此'反侵略、反残暴、反奴役'的艰苦斗争，建立'人类自由'的坚强堡垒。"②

同年 12 月 23 日，蒋介石对"光复大陆设计研究委员会"第十九次全体会议发表书面致词，宣称："今日如何造破敌之势，策无缺之谋，团结民心，厚培国力，举凡政治革新之再创进，经济建设之再加强，文教发展之再进步，军事战备之再壮大，社会安全之再增强，以及'讨毛'行动之再扩展，均亟宜共抒智虑，规划周详。诸君担任设计研究工作，尚望持志不懈，盱衡世局，针对'匪情'，提供切实可行之方案，协助'政府'，开拓'反攻复国'之契机，完成'光复大陆'之使命，愿互勉之。"③

1973 年 11 月 11 日，蒋介石拖着病体主持中国国民党十届四中全会，并讲述《针对世变"匪乱"贯彻我们革命"复国"的决心和行动》，宣称："自十届三中全会以来，国际关系急剧变化。这期间，国家承受了一连串姑息逆流的冲击，

① 秦孝仪主编：《"总统"蒋公思想言论总集》，卷 40，第 375—376 页。
② 秦孝仪主编：《"总统"蒋公思想言论总集》，卷 40，第 378—379 页。
③ 秦孝仪主编：《"总统"蒋公思想言论总集》，卷 40，第 386 页。

非但无畏无惧,亦且越挫越奋。"① 针对国际社会希望两岸和解的说法,蒋介石认为这是中共的"统战阴谋",宣称"'统战'之实质,乃'匪党'根据斗争需要,精密构建的一项'政治谋杀工程'。其目的在利用不同层次的敌人,来击倒其主要的敌人,再进而消灭其所联合的敌人"。至于"'谈判'为敲开对'敌'接触之门的一种手段,亦'匪党'遂行'统战'策略之桥梁"。②

蒋介石指出:"'反攻复国'是一长期性的战斗,每一阶段的战略部署与作战计划,均应针对敌我形势的特质和变化,产生敏锐的反应,不仅要能从当前瞬息万变的敌我态势之中,敏捷擘划驭变制敌的方策,亦且要能超越现状,慎谋果断,'预见'未来之变化,进而'创造'未来之变化。"③

蒋介石在最后讲话中强调:"今天的四中全会,就是要我们全党同志,全国同胞,'凝结为一',把灾难转化成为'黄金般的机会',使我们的革命定力——信心与慧力,成为'反攻复国'如墙而进的坚强的剑与盾。"④

1974年6月16日,在凤山"陆军军官学校"建校50周年纪念会上,"行政院长"蒋经国代其父宣读《黄埔精神与革命大业的再推进》的讲词,号召"黄埔师生子弟:今天大家又在共同开启着黄埔新的六十年代的序幕,也就是大家都有责任来创造这黄埔新的六十年代的光耀! 大家要一贯的,以黄埔五百颗心,承担中华五千年历史文化'负责的精神',来完成国民革命未竟之志,未竟之业!我们也要以'十万青年十万军'的'团结的精神',来感动这个姑息的、怯懦的、以黑为白、积非成是的时代!"⑤

1975年元旦时,蒋介石已卧床不起,他还发表了《告全国军民同胞书》,宣称:"现在就是大家站在一个新时代的开端——以我们自己基地建设、战备的能力,来讨伐'奸匪毛贼'邪恶罪孽,重建三民主义新中国胜利成功的开端"。要"捍卫民国,再造民国","迎接一切挑战"。最后高呼"反攻复国胜利成功万岁"。⑥

直到他逝世前一周,还发表《告青年书》,要求青年人"都必须经得起考验和试炼的时代。让大家一齐奋起,以伦理、民主、科学的大道,师法先烈们开国、北伐、抗战的精诚大义,出全力以护卫民族的历史、文化、道德、智能,贯

---

① 秦孝仪主编:《"总统"蒋公思想言论总集》,卷29,第560—561页。
② 秦孝仪主编:《"总统"蒋公思想言论总集》,卷29,第564页。
③ 秦孝仪主编:《"总统"蒋公思想言论总集》,卷29,第568页。
④ 秦孝仪主编:《"总统"蒋公思想言论总集》,卷29,第569页。
⑤ 秦孝仪主编:《"总统"蒋公思想言论总集》,卷29,第575页。
⑥ 秦孝仪主编:《"总统"蒋公思想言论总集》,卷34,第335—336页。

彻'反攻复国'的大担当、大使命，以上慰'国父'与诸先烈在天之灵"。[1]

　　尽管蒋介石一再喧嚣"反攻复国"，但响应者越来越少，加之病入膏肓，声音越来越弱。1974年8月，台湾当局被迫宣称：因蒋介石健康状况不佳，减少政治活动。同年10月31日蒋介石的寿辰时，台湾当局制作"蒋'总统'万岁"徽章供公众佩戴。当天又用巨型气球向大陆空投一千万张蒋介石照片。据统计：1974年共向大陆空投蒋介石照片1.8亿张之多。台湾当局这种做法无非是换得蒋介石的欢心而已。经各方努力，蒋介石在这段时间病情稍有好转。然而好景不长，就在这一年12月，蒋介石再度因患感冒而转肺炎。因蒋长期服用抗生素，以致细菌的抗药性增加，治疗颇为费事。

　　从1972年到1975年蒋介石养病期间，蒋介石还留下了一些随笔。蒋介石病逝后，蒋经国于当年11月20日夜宿慈湖，遂着手整理蒋介石的随笔，共计15条：

　　"一、从战斗中获得试炼，从战斗中获得信心和力量，使我们不仅足以战败敌人，且得胜而有余。

　　二、今日战争精神力量胜过物质力量，只要精神力量强大，任何武器皆不足畏。

　　三、精神力量系于观念与信心。人人当一无虑念，靠正义和真理而获得喜乐。

　　四、经国告美议员，我与'匪'绝无和谈之可能，否则等于自杀等语，其意与我完全相同也。

　　五、'共匪'之惯技乃是欺诈虚伪、言而无信，是以虚声恫吓、威胁利诱、买空卖空、巧言令色，无所不用其极。

　　六、经儿在日记中说'成败之分，在于丝毫之间'。此言亦我平时经验，实获我心也。我又告之曰'存亡之分，由于一念之间也'。

　　七、切勿存有依赖心理和失败主义，不顾本身之力量而专看外人之颜色，以免重蹈大陆'沦陷'之覆辙。

　　八、昔在大陆以依赖外援而'沦陷'，今日在台以不需经援而图强，于是经济反得自立自足。今日基地已有自保自强之道，而乐观奋斗之心理，亦由是建立。

---

　　[1]　秦孝仪主编：《"总统"蒋公思想言论总集》，卷34，第340页。

九、吾人能以同心一德、团结一致为志，生死相从，成败誓共，则今日处境虽险，然有此基地，'复国大业'必可完成。

十、只要吾人保有今日基地，实行三民主义，则天时地利人和皆在于吾人之一方。如此'共匪'虽猖狂，其败亡可立而待，而我之忍辱负重决不枉费。

十一、无论国家前途安危成败如何，只要依照主义与公理，不屈不挠、独立自主做去，最后未有不成者也。

十二、国际间变化不测，万事未可逆料，但吾人已作最恶劣之打算与充分之准备，必能独立生存于世界。

十三、久病不痊，只有持志养气，不急不躁，休养医疗。近因病痛，已无消遣之物（观电影），但以心理不惑而自有乐趣。

十四、我之所以至今尚生存于世者，乃欲雪耻报国仇也。人定胜天之理，只要人能依照真理，自强不息，必能有成也。

十五、凡事求安于心而无愧怍则得矣。"①

1975年1月初，蒋病情仍无好转，高烧不退。蒋经国每日至少三次前往探病，蒋介石抓住蒋经国的手良久，语音甚低。蒋经国见父病状无起色，深感不安，"夜不成眠"。1月9日夜间，蒋介石在睡眠中发生缺氧症，经急救转危为安。此后，蒋介石病情稳定，日渐好转，实际是回光返照。旧历新年之际，蒋经国见父病好转，又东奔西走，视察各项工作。②

2月下旬，蒋介石病情渐危，说话声音微弱，蒋经国见状极想辞职回家侍父。3月26日晚，蒋介石病情又呈变化，经三个多小时急救才见好转。蒋介石醒来后深感来日无多，令蒋经国召"五院"院长来士林官邸听蒋介石口授遗嘱。蒋授完遗嘱后，病情忽好忽坏，蒋府上下一片愁云。③

"崩殂"

1975年4月5日，蒋介石病情再度恶化。据蒋经国当晚日记记载："忆晨向父亲请安之时，父亲已起身坐于轮椅，见儿至，父亲面带笑容，儿心甚安。因儿已久未见父亲笑容矣。父亲并问及清明节以及张伯苓先生百岁诞辰之事。当儿辞退时，父嘱曰：'你应好好多休息。'儿聆此言心中忽然有说不出的感触。谁知这

---

① 秦孝仪主编：《"总统"蒋公思想言论总集》，卷35，第289—290页。

② 《蒋"总统"经国先生言论著述汇编》，第9辑，第655—656页。

③ 《蒋"总统"经国先生言论著述汇编》，第9辑，第670页。

就是对儿之最后叮咛。余竟日有不安之感。傍晚再探父病情形，似无变化，唯觉得烦躁。6时许，稍事休息，8时半三探父病，时已开始恶化，在睡眠中心脏微弱，开始停止呼吸，经数小时之急救无效。"①

另据荣民总院蒋介石病情医疗小组报告说：

4月5日，蒋介石突感腹部不适，泌尿系统失灵。医生认为蒋介石的心脏功能欠佳。傍晚8时15分，蒋介石的病情极度恶化。医生发现蒋的脉搏突然转慢，于是急用电话通知蒋经国。当蒋经国赶到时，蒋的心跳已不规则，血压下降，情形甚危。当即医生施行人工呼吸，乃至运

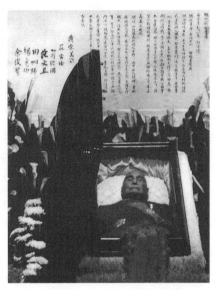

1975年4月5日，统治中国大陆22年、偏安台湾26年的蒋介石撒手西归，享年89岁

用药物和电极直接刺入心肌，刺激心脏跳动，心脏与呼吸恢复正常。但4—5分钟后，心脏再度停止跳动。11时50分，蒋介石双目瞳孔放大，经抢救无效，这位统治中国大陆22年之久、又在台湾偏安26年的蒋介石终于撒手西归，享年89岁。在蒋介石弥留之际，宋美龄与长子蒋经国和孙子蒋孝武、蒋孝勇均服侍在侧。

蒋介石去世之时，台湾当局党政军要员在接到蒋病危通知后，于当夜赶到士林官邸，并在此举行了在蒋介石遗嘱上签字的仪式。首先是由蒋夫人宋美龄签，继之由"副总统"严家淦签。当"行政院长"蒋经国在其父遗嘱上签字时，"双手发抖，已不成书"。其后，"立法院长"倪文亚、"司法院长"田炯锦、"考试院长"杨亮功、"监察院长"余俊贤诸人都颤抖着提起笔在遗嘱上签了字。

对于蒋介石遗体存放地，国民党中央在蒋介石病逝后作出决定："总裁灵体，奉厝慈湖，将来随'国军'凯旋，奉安大陆，这是表明本党同志及'全国军民'同胞，决心遵奉总裁'光复大陆国土'之遗嘱，具有'反攻必胜'的信心"。"我们……自应加倍努力，准备反攻，预期'匪酋'授首，'河山重光'，奉安总裁于

---

① 《蒋"总统"经国先生言论著述汇编》，第9辑，第671页。

南京中山陵畔，以上慰总裁在天之灵"。[1] 蒋经国以长子身份同宋美龄商量治丧有关事宜，决定按照国民党中央决议办理：暂厝蒋介石灵柩于台北市南 60 公里处的慈湖湖畔（慈湖背依草苓山，湖水终年碧绿清澈，风景秀美，宛如江南蒋介石的故乡浙江奉化县的溪口镇。20 世纪 60 年代初，蒋介石途经此地时，便看中了这块风水宝地，他在这里修建了一座中国四合院式的"行宫"，起名"慈湖"。蒋介石生前常来此小住，并嘱咐在他死后灵柩暂厝此地），"以待来日'光复大陆'，再奉安于南京紫金山"，以达成蒋介石"心愿"[2]。

蒋介石病逝后 2 小时零 10 分，"行政院"于 4 月 6 日晨 2 时发布经主治医师签字的医疗报告及蒋介石遗嘱。对于蒋的遗嘱，各方褒贬不一，为供读者评判，笔者全文抄录如下：

"自余束发以来，即追随总理革命，无时不以耶稣基督与总理信徒自居，无日不为扫除三民主义之障碍，建设'民主宪政之国家'，艰苦奋斗。近二十余年来，自由基地，日益精实壮大，并不断对大陆'共产邪恶'，展开政治作战，'反共复国'大业，方期日新月盛，全国军民，全党同志，绝不可因余之不起，而怀忧丧志！务望一致精诚团结，服膺本党与政府领导，奉主义为无形之总理，以'复国'为共同之目标。而中正之精神，自必与我同志同胞，长相左右。实践三民主义，'光复大陆'国土，'复兴'民族文化，坚守民主阵容，为余毕生之志事，实亦即海内外军民同胞一致的'革命'职志与战斗决心。唯愿愈益坚此百忍，奋励自强，非达成'国民革命'之责任，绝不中止！矢勤矢勇，毋怠毋忽。"[3]

对于蒋介石的遗嘱，留美知识分子刊物《新泽西通讯》与《石溪通讯》合刊载文称：

"以'总统'身份向国民党发表遗嘱，竟然把耶稣基督放在第一位，不明了台湾情况的人，还以为基督教是国民党的'国教'呢。"

该刊还称：蒋介石与宋美龄结婚时 40 多岁，直至那时蒋才成为耶稣"信徒"的。蒋、宋结合是"为了金钱而结婚，为结婚而信教"的典型例子。各种蒋介石的传记中都找不到蒋介石早年和基督教发生任何关系的记载。难道蒋介石是 40 多岁才束发的吗？

---

① 张宝树在 4 月 28 日召开的国民党中央临时全体会议上报告蒋介石逝世经过，载台湾《中央日报》，1975 年 4 月 29 日。

② 《蒋"总统"经国先生言论著述汇编》，第 9 辑，第 621 页。

③ 秦孝仪主编：《"总统"蒋公思想言论总集》，卷 35，第 292 页。

至于"总理信徒"，如果我们把蒋介石所领导的国民党的所作所为，拿来和孙中山先生所讲的三民主义对照一下，就会发现蒋介石不但不是三民主义的信徒，而是一个三民主义的叛徒。

所谓"实践三民主义"，无非是说非有一个以三民主义为理想的政党当权不可，其他思想体系和政治系统的人士若想要和国民党"轮流坐庄"，对不起，办不到。

"光复大陆国土"这句话是宣称在台北的"中华民国政府"仍是中国"唯一合法"的政府。代表大陆各省的"立法委员""国大代表"绝不能取消。所谓"政治革新"，谈谈可以，真正实行嘛，不可造次。

"复兴民族文化"，这句话的中心是要说"父业子承"。"坚守民主阵容"的另一说法是紧抱美国人的大腿、大蹄不放。

显然上述评论较为尖刻，但仁者见仁。

也有舆论称：

所谓"束发"，那是古时对发式的称谓，一般指青年时期。"蒋在清末已是'文明头'，在上海租界做捞家，到日本走江湖时更非什么'束发'，入军校剃光头，更无发可'束'，死亡前后更无发可言，遑论发式？""束发以后既要'追随总理革命'，同时又怎么可能'追随耶稣'？""或者革命，或则传教。尽管能言善辩者，也无法对这'两者得兼'能自圆其说"。"更有甚者，'无时不以耶稣与总理信徒自居'一语，只能说明蒋介石既非耶稣信徒，也非中山信徒，如若有之，他只是'自居'而已，耶稣或中山，中山或耶稣都不承认的"。"短短两百字的老蒋遗嘱，掀起了国民党人对绝望挣扎的'小朝廷'无可替代的绝望感觉"。①

台湾当局则对蒋介石遗嘱采取了同上述看法截然不同的立场。就在蒋介石病逝第二天凌晨7时，国民党中常会召开临时会议，会议对蒋介石的遗嘱决议如下：

"全党同志，敬谨接受'总裁'遗嘱，且愿'全国军民'，共同以'反攻复国'之决心，团结奋斗，完成'总裁'遗志，亦即实行三民主义，'光复大陆'国土，复兴民族文化，坚守民主阵容，誓达目的，毋怠毋忽，谨此决议。"②

1976年11月中国国民党十一大召开时，又通过了《全党奉行总裁遗嘱决议文》，宣称：

"我们誓言，坚决奉行总裁遗嘱——实践三民主义，'光复大陆'国土，复兴

---

① 唐人：《草山残梦》，第12集，第298页，华文出版社，1992年版。
② 台湾《青年战士报》，1975年4月7日。

民族文化，坚守民主阵容，以此为全党党员革命的职志与战斗的决心。承担并完成艰苦的革命任务，以上慰总裁在天之灵。"①

在十一大重新修订的《中国国民党党章》中，蒋介石遗命被纳入党章，以使国民党员"遵行"。修订党章云：

"总裁遗嘱所示：'实践三民主义，光复大陆国土，复兴民族文化，坚守民主阵容'四大革命任务，为总裁毕生的志事，全党同志自应奉为共同的革命职志与战斗决心，努力贯彻实现，故本草案拟予纳入总纲第二条，期以相互勉行，并使革命民主政党之含义更为具体而明显。"②

4月6日的国民党中常会除了对蒋介石遗嘱作出决议外，还作出两项决定：

第一项决定："副总统"严家淦根据"中华民国宪法"第49条规定："总统"缺位时由"副总统"继位，宣誓就任"总统"职。严家淦在就职后发表谈话称："家淦唯有与全国军民同胞，奋力自强，力行伟大的遗训，继承未竟的志业，竟智尽忠，驰驱效命。"③

第二项规定：对蒋经国辞职决议"恳予慰留"。蒋经国于其父病逝第二天便以从政主管官员身份向国民党中央提出辞呈：

"经国不孝，侍奉无状，遂致'总裁'心疾猝发，遽尔崩殂，五内摧裂，已不复能治理政事，伏恳中央委员会矜念此孤臣孽子之微忠，准予解除'行政院'一切职务，是所至祷。"④

国民党中常会对蒋经国的辞呈决议如下：

"'行政院'院长蒋经国同志，以总裁崩殂，恳辞'行政院'院长职务一节，中央常会咸以'国家内遭大变'，外毁横逆……革命之事功未竟……至望蒋经国同志深维占人墨绖之义，勉承艰大，共竭其效死勿去之忠尽，即所以笃其锡类不匮之孝思。"⑤

蒋经国对国民党中常会"效死勿去"之议，发表谈话称："敢不衔哀受命，墨绖从事，期毋负于全党同志与全国军民之督望。"⑥

对于国民党中常会两项决议，作家江南发表评论称：

---

① 《革命文献》，第77辑，第322页。

② 《革命文献》，第77辑，第325页。

③ 《"总统府"公报》，第2869号，1975年4月7日。

④ 《蒋"总统"经国先生言论著述汇编》，第9辑，第257页。

⑤ 《蒋"总统"经国先生言论著述汇编》，第9辑，第258页。

⑥ 《蒋"总统"经国先生言论著述汇编》，第9辑，第257页。

"两项决议十分荒唐，严家淦宣誓就任，法有明文，无需常会多此一举"，"经国因父丧辞职应向新任'总统'提出，因'行政院'长非党内职务，如辞国民党中常委，那又当别论"。①

阮大仁先生就国民党中央上述决议也提出疑问：

"即使党决定予以慰留，其仍须向新任'总统'提出辞职。党的慰留只是表示党支持其留任，并不表示新任'总统'亦予慰留。虽然严家淦'总统'身为中常委，在常会中亦表示希望蒋经国留任，但是严家淦'总统'与严家淦中常委的身份不同，虽然同是一人，两种身份的法定地位不同，严家淦中常委在党内的意见不能取代严家淦'总统'在'宪法'上应有权力。"②

江南与阮大仁均从法理上指责国民党中常会两项决议不妥，确切中要害。但殊不知国民党的领导体制是"以党领政""以党代政""党政不分"。如果从这个意义上去认识国民党中常会的两项决议，也就不难理解了。

各方反响

蒋介石病逝后，台湾当局开动一切宣传机器以表示对蒋介石死亡的"隆重哀悼"。从4月6日至17日蒋介石大殓的次日，台湾的报纸将平日红色套版改为一律黑色的版面，几乎全部篇幅都用在有关蒋介石这个主题上。字典上一切美好的字眼几乎都用尽了，台湾新闻界使出浑身的解数，尽最大努力对蒋介石的公共形象加以最后的神化、圣化、完美化。蒋介石的死亡被称作"崩殂"，他的坟墓被称为"陵寝"。吴一舟《蒋"总统"的一生》宣称：在蒋介石病逝时"淡水海外东北角上突然出现一个金红色的巨球，四周围绕着五彩祥云，迤逦划过天空，不旋踵的电光闪闪，巨雷惊蛰，紧接着大雨倾盆而下"。蒋经国在日记中也称蒋介石病逝时"天发雷电，继之以倾盆大雨，正是所谓风云异色，天地同哀"。③这在实际上是不折不扣地把蒋介石当做封建帝王。

台湾新闻界除了再次神化蒋介石之外，同时也透露出台湾统治阶层的一种彷徨无主、失望沮丧，甚至歇斯底里的情绪，借一位退伍老兵的口，《"中央日报"》报道说："我一直期望着'总统'蒋公能带我们回去，现在他老人家竟然先走了。"借钱穆之口，《"中央日报"》告台湾民众"不要有惊慌之心"，"必须镇

①　江南：《蒋经国传》，第447页。

②　阮大仁：《台湾内部的几件大事及台局动向》，香港《明报月刊》，第115期。

③　《蒋"总统"经国先生言论著述汇编》，第9辑，第620页。

定和团结"，并多次重复被人引为笑柄的所谓蒋介石的格言："处变不惊，庄敬自强。"

借何应钦之口，《"中央日报"》要台湾民众："遵奉蒋公的遗志，拥护政府暨严'总统'、蒋'院长'，与我们全国同胞团结一致。相信蒋公的精神一定是永远与我们常相左右，我们也将必能在蒋公的精神与我们'政府'的领导下，实现蒋公的遗志，达成'反共复国建国'的最后成功。"

蒋介石病逝在岛外也引起了不同的反响。

首先，来自大陆新华社的消息是：中国共产党仍视他的老对手蒋介石为"帝国主义、封建主义和官僚资本主义在中国的代表"，"双手沾满了中国革命人民的鲜血"，他是"国民党反动派的头子、中国人民的公敌"，是死有余辜。

此一讯息说明中国共产党对蒋介石死后有如生前一样的鄙视。当然如果蒋介石活到现在，也许蒋介石的态度会发生某些变化，也许中国共产党还会给蒋家发一个唁电。

其次，来自外国的消息是：有些国家把蒋介石贬得一文不值，有些国家又把他说成是20世纪的英雄。蒋介石一生中最"忠实"的外交盟友美国，对蒋介石之死表示十分冷淡，福特总统只拟派农业部长前来吊丧。后经台湾当局要求，才改派副总统洛克菲勒前来。福特对蒋介石病逝只作了礼节性的声明，称：蒋介石"是一个具有坚定正直的品质、巨大的勇气和深切的政治信念的人"，是"最后一位在世的第二次世界大战时期的重要盟国领导人"。他的病逝"标志着中国历史上一个时代的结束"[1]。

美国人之所以对蒋介石的死反应冷淡，是因为蒋介石并不是他们在台湾的理想统治工具。国民党退台前后，美国人的做法激怒了蒋介石，致使吴国桢、孙立人一一被清除。美、蒋失和后，中国积极发展中美两国的关系。蒋介石病逝之时，正值中美两国建交前夕，从其全球战略考虑，美国人不能不对蒋介石表示遗憾了。

蒋介石另一"外交"伙伴日本，对蒋介石病逝表现出出奇的狂热。4月7日，各大报均以头版头条新闻报道了蒋介石病逝的消息。多数日本报纸称蒋介石是"近代中国所产生的英雄"。

日本人之所以产生这种看法，是因为日本人自古就同情有如凋落的樱花似的

---

① 朱养民等：《论蒋介石的生前与死后》，香港《七十年代》杂志社，1978年版。

"失败英雄"；也因在相当一部分日本人的观念里，蒋介石之所以成为中国的"英雄"，其根源就在于蒋介石到日本留学的缘故；抗战胜利后蒋介石对日本发动战争罪责的"既往不咎"和"以德报怨"，也使一些日本人认为这是"东洋人的信条"。正是在上述观念的支配下，使日本对病逝的蒋介石产生了好感。日本的井出官房长官代表日本政府发表了一个"非官方式"的谈话，称赞蒋介石，并以示哀悼。其后，日本首相三木武夫以自民党总裁的名义，给蒋经国发了一个唁电。同时，自民党决定派前首相佐滕荣作以"自民党总裁代理"的名义前往台北吊丧。由于中国大陆方面的抗议，日方连自民党代表的名义也不用，佐滕荣作与另一位前首相岸信介以"友人代表"身份出席了蒋介石的葬礼。

来自台湾近邻菲律宾一家报纸的消息是：蒋介石"梦想返回大陆仍旧是一个无法实现的梦"。来自欧洲地区的讯息是，瑞典《今日新闻》报编辑奥洛夫山德逊发表文章，称蒋介石的死是"一个鬼魅死去了"，"逝去的只是一个老顽固，这老顽固在一段长的荒谬的时间里，曾经赢取过他完全不配得到的同情"。

外国舆论对于蒋介石病逝后台湾政局及前途给予相当重视，外电评论称："蒋介石的死，意味着统治过战后冷战时代的'国民政府是中国的正统政府'这种虚构，已名副其实地崩溃了。""蒋介石之死，已使台湾进入了蒋经国的领导体制。今后的台湾是孕育着风波的。"

今后台湾孕育着什么风波呢？外电分析称：

"第一，蒋介石在各界都拥有绝对优势的力量，但是，对蒋经国无论在政界或军界内都有不少反对势力。蒋经国近三年半以来事实上能够代行'总统'的权力，也是由于蒋介石发挥了保护人的作用。这些反对势力许多是在日本战争、国共内战中与蒋介石同生死共命运的所谓嫡系。他们认为蒋经国是战后派……因此，当主张蒋经国应成为蒋介石的接班人的意见抬头时，他们说：天下为公，不应靠父子之情而让之'，一直表示反对。蒋经国要在短期内清除反对势力，其力量在目前尚不足。"

"第二，占居民 85％的台湾人认为蒋经国体制归根结底还是外省人的强权统治。"蒋介石病逝后，"台独"之声甚嚣尘上。

外电上述评论确有一定道理，但也不尽然。按照历史定律，任何一位主要当政者病逝后，围绕着权力继承问题，必然有一番争论与争斗。这种状况在蒋介石病逝后也依然存在。老的一代因蒋介石在世不好发作，蒋介石一死，已无人再能约束他们，他们不会买蒋经国的账。对于老一代此时此刻的心境，蒋经国最明白不过了。经过蒋介石几十年的培养，蒋经国长进甚大，羽毛日渐丰满。他出任"阁揆"后的种种动作日益显示出"青出于蓝而胜于蓝"。蒋介石病逝时，尽管严家淦依"宪法"就任"总统"职，但国民党统治体制是"以党统政"，党权高于一切。严家淦继"统"，并未解决权力继承问题。蒋经国为顺利继承父位，接连抛出了几个杀手锏。

首先采取以退为进策略。此一策略就是蒋经国在其父病逝后第二天凌晨向国民党中常会提出的"辞呈"。江南称蒋经国此举纯属"荒唐"，并藐视新"总统"。

其次借父丧压先朝老臣。在蒋介石病逝后，蒋经国利用其父的偶像地位，一方面"悲哀跪哭，昏迷不醒"；一方面抱病夜宿灵堂。报刊登出他"长跪致哀"的照片，又登出"求忠臣于孝子之门"的阿谀之言，并推论说："由于蒋'院长'的恪尽孝道，我们更感到国家信托得人，他所领导的'政府'，必然是一个大有为的'政府'。"

蒋经国深感自己地位还不够固若金汤，故要报纸刊登他的旧作《我的父亲》，还拿出蒋介石给他写的一些字幅交给报纸发表。凡此种种，无非是想借他父亲的声威压服先朝的"元老"。同时，他又为争取民心，每天早晨去中山纪念馆向瞻吊其父的老百姓致谢。当然我们绝不否认蒋经国所做的一切都是出自内心对父亲的爱。

再次，策动军界对他宣誓效忠。"国防部长"高魁元、"参谋总长"宋长志均是蒋经国的亲信，在蒋介石病逝后，高、宋二人明确对蒋经国效忠。同时与情治机构协同，严密注视社会动态，使蒋介石病逝后台湾初呈的混乱局面与不安定情绪得以稳定下来。蒋经国对军事将领互调，更显现出他统御的艺术。其中政工系的首领王升，追随蒋经国多年，此际将他升为"总政治部"主任，原主任罗友伦也属蒋经国的嫡系，调任为"联勤总司令"。擅离职守的台湾"警备总司令"尹俊被撤职，换上了蒋系人马汪敬煦。尹俊被撤职纯系他个人所为。1975年年初，蒋经国曾亲自召见他，让他在蒋介石卧病期间忠于职守，以防发生不测事件。然他辜负蒋经国厚望，当蒋介石病逝之际，士林官邸与"行政院长"办公室有关人士遍找不到尹氏的踪影，连尹的夫人也不知道他去向何方，以致被蒋经国赶下台。

经过蒋经国多方努力，终于如愿以偿。关于蒋经国继承父位情况，后面将作详述。

空前"国葬"

4月6日上午11时，严家淦在蒋介石病逝11个多小时后便宣誓继任"总统"，时间之快为历史罕见。

严继任"总统"后的第一道命令就是：特派倪文亚、田炯锦、杨亮功、余俊贤、张群、何应钦、陈立夫、王云五、于斌、徐庆钟、郑彦棻、黄少谷、谷正纲、薛岳、张宝树、陈启天、孙亚夫、林金生、沈昌焕、高魁元、赖名汤等21名大员组成治丧委员会。①

严家淦颁布的第二道命令是：

"（1）全国军、公、教人员应缀配丧章一个月。

（2）全国各部队、机关、学校、军舰均应自即日起下半旗时致哀30日。

（3）各要塞、部队及军舰均应自升旗时起至降旗时止，每隔半小时鸣放礼炮。

（4）全国各娱乐场所，应停止娱乐一个月。"②

4月6日下午，国民党中常会再度集会，决定：

"（1）自7日起在国父纪念馆大厅设置灵堂，供台北市民追悼蒋'总统'英灵。

（2）台湾全省各县市、乡镇普设灵堂，悬挂蒋'总统'遗像，供各地民众追悼，各机关部队及驻外机构亦比照办理。

（3）'总统'蒋先生灵前，由中央常委轮流担任护理。"③

4月6日凌晨2时，蒋介石遗体由士林官邸移至"荣民总院"。翌日，允许民众瞻仰蒋介石遗容。在蒋介石灵堂四周插了88根白蜡烛，正中供奉着蒋介石的巨幅遗像及遗嘱。灵前有五个用素菊缀成的十字架，正中一个为宋美龄的，上款书："介兄夫君"，下款书："美龄敬挽"。

4月9日，蒋介石灵柩移至国父纪念馆。移灵前，蒋经国亲自为其父穿衣服，按照乡例，给其父穿了七条裤子、七件内衣，包括长袍马褂。遗体贴身包着丝绵、黑裤、黑皮鞋。胸佩大红采玉勋章，左右两旁佩戴国光勋章、青天白日勋章。蒋介石最喜读的《三民主义》《圣经》《荒漠甘泉》和《唐诗》四部书也被宋美龄放在灵柩之中。另有毡帽、小帽各一顶，手套一副，手帕一块，手杖一支。

---

① 《"总统府"公报》，第2869号，1975年4月7日。

② 《"总统府"公报》，第2869号，1975年4月7日。

③ 台湾《青年战士报》，1975年4月7日。

这些都是蒋介石晚年平日常用之物。一切料理就绪之后，才由荣民总院移灵至国父纪念馆。

蒋介石出殡之日，全台湾举行所谓"国葬"

移灵时，由于蒋经国在蒋介石遗体前一次又一次地"长跪致哀"，并把照片登在报纸上，于是，他手下的一批人也就纷纷上行下效，率领他们自己的手下人在灵堂或路边跪祭蒋介石。为了证明蒋介石得到台籍民众的拥护，《"中央日报"》刊登了省政府主席谢东闵率各县市长长跪蒋介石灵前泣悼的照片。在20世纪70年代号称民主社会的台湾，竟然出现了穿西服官员匍匐跪地"吊祭先王"的场面，实在是令人感叹。

从4月9日起，严家淦和全体治丧大员轮流在国父纪念馆为蒋介石守灵。

4月11日，严家淦颁布《奉行故"总统"蒋公遗嘱令》，号召："我全国海内外同胞，敬谨接受，实践笃行，协力同心，竭忠尽分，势必戡平'匪乱'，完成'国民革命大业'。"①

4月12日，国民党中央发表了《告大陆同胞书》，宣称："愿在此重申我们的坚决誓言：绝对履行蒋'总统'对大陆所有曾经宣誓的一切号召和承诺，尤其是在今年元旦书告中昭示的三民主义是必须贯彻的，民族文化是不容毁灭的，七亿同胞是一定要援出于'共匪'血腥火热之外的"；"一切'反毛反共'力量联合起来，为'讨毛'救国而奋斗"；"以及历史昭示对大陆军民与'共军'共干起义来归的'三项保证''六大自由''四大原则''十条规约'和对'中共'陆、海、空军官兵起义来归的优待办法；这些我们都保证，继续奉行，贯彻实践"。② 不知台湾当局出于何种心态，要发表这一《告大陆同胞书》。《中国时报》4月14日发表了一篇《把安慰和希望带给大陆同胞》的文章居然宣称："自从我伟大'民族救星'蒋公逝世以来"，"全国民众以及海外侨胞的哀伤悲恸，真足以动天地而泣

---

① 《"总统府"公报》，第2871号，1975年4月11日。

② 台北"中央社"，1975年4月12日电。

鬼神，非笔墨所能形容"，"我们特别赞佩中国国民党中央委员会适时发表告大陆同胞书，把我们的行动和决心，坦白亲切地表达出来"。看来这位作者真的不了解中国大陆民众对蒋介石之死的态度，从而把他的态度强加给了中国大陆民众，自然也就赞佩国民党中央此举。

蒋介石灵堂

据台湾当局公布：蒋介石灵堂开放的五天之中，前往瞻仰的人数超过 250 万人。[①]

4 月 16 日是蒋介石的大殓日，8 时 5 分仪式开始。8 时 8 分 45 秒，蒋介石灵柩的棺盖放在七尺铜棺之上。之后，由张群、何应钦、陈立夫、薛岳、谷正纲、黄少谷、黄杰、谢东闵八位中国国民党中央评议委员、中央常务委员将一面青天白日旗覆盖在灵柩之上。接着，严家淦与"五院"院长、"行政院"副院长徐庆钟、"总统府资政"王云五、"光复大陆设计委员会"副主任于斌等在灵柩上覆盖了青天白日满地红"国旗"。然后，严家淦恭读祭文。

礼毕，台湾当局还怕蒋介石不能升"天堂"，又在蒋介石的大殓日，以基督教仪式行之。牧师周联华为蒋介石主持了追思礼拜与安灵礼。周在证道中引述了蒋介石的所谓"嘉言"：

"忍受试练越深，赞美的歌声越高，属灵的奥秘祝福即在试练之中。丰盛的

---

① 台湾《"中央日报"》，1975 年 4 月 15 日。

生命必须经过在狂风暴雨之中生长的。以信为本的人必定有 1000 次顶大的试练等在前面。"①

其后，周联华领导读经文、诗篇第 23 篇，读启应文。追思礼拜结束，响起圣乐，纪念馆外鸣礼炮 21 响。接着，蒋介石的灵柩在执绋人员的护送下，停放在灵车之上。

灵车前身用 20 万朵深黄色的菊花装饰，两边各有几条白绋，车前挂一青天白日"国徽"及鲜花十字架。灵车队由 99 辆宪兵队开道车领前，包括"国旗"车、党旗车、统帅旗军、奉行蒋介石遗嘱令车、捧勋车、遗像车。车队后面是宋美龄挽蒋介石的大型黄菊十字架，家属随其后。2000 多执绋人员乘车缓缓驶向蒋介石灵柩的暂厝地——慈湖。

蒋介石的遗照

据台湾报载：在蒋介石灵柩车驶往慈湖的路上，当局发动了成千上万的学生在灵车所经途中跪地"迎灵"。绝大多数行业停止营业，鲜艳的建筑上一律奉命改漆素色，不合丧悼气氛的广告，也一律从改。交通路口则搭牌楼，各家要挂挽额，平常失修的马路和未铺柏油的路面一律要整修，导致沿路各商家和修路工人日夜赶工，满肚子的怨言无处申诉。当日，治丧委员会的大员们还想出了"路祭"这个名堂，沿路分配各机构行号另设供桌，同时规定灵车经过时不许迎灵的人们抬头正视。此外还要求民众在大典鸣炮之时，在原地悼念三分钟。

下午 1 时 10 分，安灵礼在慈湖宾馆完成。蒋介石的灵柩停放在正厅中央的灵堂上。灵堂是以漆黑光亮的花岗石建造的，长 3.2 米，宽 1.8 米，高 1.43 米。灵堂上镶着青天白日徽，灵台基层四周缀满白色雏菊。正厅东侧是蒋介石原卧室，房内一切布置保持原状。靠窗子的地方有一张深咖啡色的书桌，桌上有一架蒋介石生前使用的电话、一个大理石笔筒和一个白色的碗。

① 台湾《"中央日报"》社编：《领袖精神万古常新》。

书桌南侧有一台黑白电视机，还有蒋介石的鸭舌帽与眼镜，并排放在电视机上。北面靠墙地方有一个书架，放着蒋介石生前读过的各种书籍，墙上挂着一幅宋美龄画作。在卧室的茶几上，放着一张蒋介石生前用红铅笔写的便条："能屈能伸"。台湾当局设计这一情节想要告诉人们什么呢？《蒋"总统"秘录》作者古屋奎二对此解释说："顺应环境，当忍则忍，应屈则屈，以待未来伸展之意。"①

蒋介石死在海外孤岛，灵柩暂厝慈湖，可谓"屈尊"。蒋介石还能伸吗？还有"反攻大陆"的未来吗？没有了。

安灵礼完成后，蒋经国对参加大殓的人员表示答谢说：

"先君崩逝，野祭巷哭，敬礼致哀，悲恸之深情与虔诚之厚意，令人万分感动。经国遽遭大故，哀恸逾恒，无法踵谢，唯有奉行遗命，鞠躬尽瘁，以报答我全国同胞之至诚与厚意。"②

至此，蒋介石的丧礼才算完结。此次蒋介石丧事排场之大，实为古今中外所少有。

丧事处理已毕，国民党中央于1975年4月28日举行会议，商讨党权归属问题。会议作出三项规定：

（1）接受蒋介石遗嘱，并即具体规划，坚决执行；

（2）保留党章"总裁"一章，以表示对蒋介石"哀敬"与"永恒之纪念"。

（3）中央委员会设主席一人，推选蒋经国担任。

当讨论第三项决定时，作为元老派首领的何应钦发言称：

"国家与本党不幸，总裁逝世，中枢与本党中央顿失领导，在当前国际形势瞬息万变，亚洲'赤祸'弥漫的时期，必须有迅速妥善的决定，以巩固国家与党的领导中心。现在'总统'职位，已经由严'总统'依法继任，本党最高的领导人，也自应依照事实的需要，迅速推定，以巩固本党的领导中心，此一领导人的职称，本会赞同严常务委员等，以及中央委员刘季洪等的意见，应该定为本党中央委员会主席，总裁职称保留于党章之内，作为对总裁的永久崇敬与纪念。"

"关于本党领导人的人选问题……必须本党有全党倾服、内外归心的强有力的领导者"。"本席拥护……推举蒋经国同志担任党中央委员会主席"。"因为蒋同志具备了坚忍强毅的领导能力，和充沛的'革命精神'，尤其是他这两年担任'行

---

① 古屋奎二：《蒋"总统"秘录》，第14辑。

② 《蒋"总统"经国先生言论著述汇编》，第9辑，第626页。

政院长'卓越的政绩，获得海内外全国同胞，以及国际友人的一致支持和赞佩，由蒋经国同志领导本党，必能使党的力量坚实强大，'反共复国'的使命得以早日完成"。①

何应钦的说法与严家淦、刘季洪的提案相符，故为会议所接受。会议作出决定：

"今'总裁'不幸逝世，全党中央之领导，亟须力谋强固，以适应瞬息万变之国际局势与'共产匪党之奸谋诡计'，爰特根据党章之精神与本党中央之往例，决议中央委员会设主席一人，并为常务委员会之主席，综揽全般党务，以适应现阶段革命形势之要求，应属迫切之需要。"②

会议对蒋经国出任国民党中央主席的决议是：

"蒋经国同志有恢弘之革命志节，卓越之领导才能，自就任'行政院长'以来，肆应国际危机，则处变不惊；推进国家建设，则规模宏达；其坚决反共之决心，为常会所全力支持；其亲民爱民之作风，更为民众所拥戴；当前国际局势，瞬息万变，反共阵容，摇撼不安，本党为奉行总裁遗嘱，掌握革命机势，亟须坚强领导，精诚团结，方能发挥革命民主政党之最大功能，中央委员会主席即为常务委员会主席，蒋经国同志实为最适当之人选，亦为全党同志一致之公意，决议一致通过，并希望蒋经国同志勉承艰大，意坚百忍，领导全党，早日完成'总裁''达成国民革命之责任'的遗命。"③

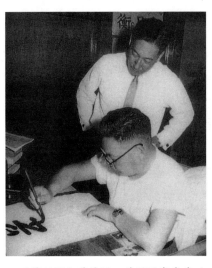

蒋经国与蒋纬国，蒋经国常常喜欢模仿蒋介石写毛笔字

1976年11月中国国民党十一大召开时，蒋经国正式当选为中国国民党中央主席。至此，国民党最高领导人职称三易其名，由"总理""总裁"演变为"主席"，由个人集权体制开始过渡到委员制，为日后台湾政治民主化奠定了基础。蒋经国当选"中央主席"是意料中事，除了其父的精心栽培之外，也有蒋经国本人的努力，

① 《何应钦将军九五纪事长编》，第1410页。
② 《革命文献》，第77辑，第346页。
③ 《革命文献》，第77辑，第347页。

更有国民党要员和党员的支持。1978 年 5 月，蒋经国当选为"行宪"以来第六任"总统"。

由于蒋经国当了"总统"，在称呼上与其父发生矛盾，无论称"'总统'蒋公"，还是称蒋"总统"都会发生对上下两代"总统"不明确的问题。后来国民党当局通知所有机关、团体、学校、部队，规定在公文和公开场合的称谓：称蒋介石为"先'总统'蒋公"，形成文字时，在蒋字前面空一格，以示对蒋介石的"崇敬"之意。称蒋经国为"蒋'总统'经国先生"，形成文字时，蒋字前面不空格，以体现蒋经国崇尚民主之意。再后来，由于大家为求简化和方便，称蒋经国为"蒋'总统'"或"经国先生"，对蒋介石也渐以"蒋公"二字代表了。

蒋介石病逝后，遗体作了防腐处理，他的灵柩一直停放慈湖"行宫"，不断有人前去参观。台湾当局为了永久纪念蒋介石，并把他奉为反共的"精神领袖"，决定筹建"中正纪念堂"。在蒋介石病逝两个月后成立了"中正纪念堂"筹建小组，成员有俞国华、林金生、蒋彦士、高魁元、赵聚钰、费骅、赖名汤、谢东闵、蔡鸿文、周宏涛、秦孝仪、张丰绪、林挺生、辜振甫、徐有庠、王永庆等 16 人。翌年 10 月又成立了"中正纪念堂"筹建指导委员会，成员主要有何应钦、张群、陈立夫等 25 人。经筹建小组广泛与慎重的考虑，择定在台北市杭州南路以西、中山南路以东、爱国东路以北、信义路以南之间地段为建堂基地。其后，筹建小组又公开征求海内外建筑师提供建筑设计构想，前后收到 43 件，后采用杨卓成建筑师的设计方案。1976 年 10 月 31 日蒋介石九秩诞辰之际，"中正纪念堂"举行破土典礼，蒋经国、蒋纬国、何应钦、谷正纲等人出席典礼仪式。经过日夜赶工，终于在 1980 年 4 月 5 日蒋介石病逝五周年之际完工。台湾当局举行了"中正纪念堂"落成典礼，蒋经国主持典礼仪式，出席典礼仪式的有 4000 余人，蔡培火等 32 名亲国民党人士向蒋经国呈献"中正纪念堂"模型。蒋经国发表了《回顾苦难而又充满希望的五年》的讲话，宣称：

"在此 1800 多个日子里，我们'国家'遭受的冲击，所面临的'苦难'，自然远比任何国家沉痛严重！可是在先'总统'蒋公'庄敬自强'、'慎谋能断'的遗训启导之下，尽管世人纷纭自扰，我们仍能'处变不惊'；也不管世人如何混乱迷失，我们一样'慎固安重'，所以当中南半岛土崩渔烂的时候，'中华民国'不但砥柱中流，而且还消除了邻近国家的惶惑不安；当世界经济接连爆发危机的时候，由于我们一齐致力于'国家'基本建设，不但阻止了不景气的趋势，还保持着经济的继续成长；当美国背信毁约……的时候，大家固然耻痛切心，但一样无畏无惧，团结奋起。"

蒋经国宣称这五年是"苦难而又充满着希望的五年"。[①]

新修建的"中正纪念堂"，坐东朝西，遥望大陆；平面用方形，以寓"中正"之意；堂顶八角，造成多数之"人"字形，聚于宝顶，上与天接，以寓"天人合一"之思想；屋顶用天坛宝蓝玻璃瓦顶，蓝中带紫；顶上有青天白日"国徽"。"纪念堂"高 70 米（三层台阶高 14.5 米，主体墙高 24 米，斗拱至宝顶尖 31.5 米）。内部隔为上、下两层，上层为正堂，平面为 40 米见方，四角各突出 7.5 米。后方居中矗立蒋介石坐姿铜像，铜像高 6.3 米，厚 6—12 厘米，全重约 21.25 吨，由陈一帆承铸，台座高 3.5 米。铜像基座正面刻了蒋介石遗嘱，大理石壁上，正中刻有蒋的遗墨"民主"二字。蒋一生独裁，却以"民主"相标榜，真不知参观者作何感想。左右两边分刻了"伦理"和"科学"。在正厅两侧的大理石壁上，刻着两句蒋介石的所谓"嘉言"："生活的目的在增进人类全体之生活"，"生命的意义在创造宇宙继起之生命"。"纪念堂"下层为展示室，陈列着蒋介石的遗物、文献及喜读书目；放映室放映蒋介石的所谓"功绩""生活电影与录音"。

距"纪念堂"中心线 470 米处竖立一高 30 米、横宽长 67 米的正牌楼，一列大小五个拱门，象征"五权宪法"。牌楼正中匾题嵌置四个大字"大中至正"。这四个字包含了蒋介石的名讳，它源自王阳明弟子所撰记师生论学答问的《传习录》一书。该书有这样的句子：

"不知先生居夷三载，处困养静、精一之功，固已超人圣域，猝然'大中至正'之归矣。"

蒋介石在讲述中庸要旨时，也曾提到：

"……'中也者天下之正道'，因之更可了解这中庸之'中'，乃是'大中至正'、'中立不倚'、'屹立不摇'之谓，亦即'主敬所谓立极'，所谓'择善固执'，所谓'允执厥中'之意。"

在"纪念堂"南北两侧，竖立两座格式相同的高 13.8 米、长 19.7 米的牌楼，一为"大忠门"，一为"大孝门"，寓意"大中至正"的蒋介石还是一个"忠""孝"两全的人。

台湾当局还在其他地区建造了一些纪念馆或铸刻了一些铜像、石像之类。此举说明台湾当局在蒋介石病逝后在寻求精神寄托，如果蒋介石地下感知，一定会

---

① 《蒋"总统"经国先生言论著述汇编》，第 13 辑，第 519—520 页。

对他的传人的"杰作"大加赞赏。然而，无论台湾当局建造多少座纪念堂与纪念馆，铸造多少个铜像、石像，也无法改变全体中国人民对蒋介石公正的评价。

移灵风波

两蒋去世后，蒋家经常议论的事情就是将两蒋的灵柩移至大陆安葬的问题。1995年底，蒋孝勇到纽约探视宋美龄时，宋美龄感到年事已高，对此事也有交代。宋美龄的意思是按照蒋介石当年为自己选了两个死后的安葬之处南京紫金山，或是溪口附近的四明山顶。如果蒋介石葬在紫金山，她将葬在上海公墓她母亲的墓旁，她认为紫金山先后葬了国民党的总理和"总裁"，不是她可以随着安葬的；如果蒋介石葬于溪口四明山顶，她愿意与蒋介石葬在一起。不久蒋孝勇隐患癌症返台住进荣民总院治疗，住院期间与二叔蒋纬国谈起宋美龄的心愿。同时蒋孝勇也提起自己父亲蒋经国生前对身后的愿望："中国只有'两位领袖'，一位是'国父'，一位是'总裁'。所以我的身后不要当成大事请，我愿意葬在你祖母的墓旁边，简单就行了。"①

蒋孝勇之所以主动提出，主要是因为自己得了癌症，想在有生之年完成父亲和祖父的愿望，为蒋家做一件大事。当时蒋纬国考虑父亲和哥哥的移灵不是蒋家完全能够做得了主的，加之第九届"总统"大选的竞选活动正在进行之中，此时提出不太适宜。

1996年7月8日，蒋纬国在国民党中央直属第六组会议上，把事先写就的蒋介石、蒋经国灵柩迁移中国大陆临时动议案提交会议讨论。蒋纬国提出的移灵理由有三：

一、台湾在"国际压迫，国内不安状况之下，不意之暴动仍有发生之可能"。

二、蒋介石在各地的铜像，被破坏和污损已有数起；台北"总统府"前的介寿路被改名；蒋介石生前的官邸，被挪作他用。

三、"对慈湖与大溪灵榇厝基，已有随时被突袭之可能，此时绝不许作'万一'之苟且！必须作'万全'之策划与准备。尤其中正先生之遗灵如遭不意，本党将难辞其咎。"②

蒋纬国提议成立"移灵奉安委员会"，先作一些原则性及行动研讨，与中国

---

① 汪士淳：《千山独行——蒋纬国的人生之旅》，第341—342页，台湾天下文化出版股份有限公司，1996年版。

② 台湾《"中央日报"》，1996年7月14日。

大陆方面沟通，待时机成熟随时行动实践。

对于蒋纬国提案，社会各界反响强烈。国民党"立法院"党团书记长施台生称：叶落归根是现阶段中国人传统的风俗习惯，大家应该尊重蒋家后人的决定。新党"立院"党团召集人朱高正指出，"这件事纯从法律上来看，蒋家应有权来处理两位故'总统'灵柩的事情，因为我们是法治国家，蒋家的后代有权这样做"。连民进党"立院"党团干事长沈富雄都表示："两位故'总统'的灵柩要返回中国大陆，就应该让他们移回去，民进党乐观其成。"也有舆论把蒋纬国的提议与岛内政治斗争表面化联系起来，认为蒋纬国利用此事为李登辉出难题。还有人指责蒋氏后代以先人遗骸玩政治游戏。

国民党高层人士表示：对于蒋纬国主张将蒋介石、蒋经国灵柩奉安中国大陆之事，牵涉的问题相当多，必须考虑到各方面的影响，并且尊重宋美龄与蒋方良两位遗孀的意见，因此还需要进一步审慎研究。国民党高层原则决定由三位前中央委员会秘书长张宝树、马树礼、蒋彦士组成筹划委员会，就蒋纬国提议进行研究。蒋彦士明确表示："两位蒋'总统'奉安不是简单的事，站在国家和国民党的立场，奉安是'国葬'，不是一般民众归葬家乡，应好好研究。"又说，"国家统一之后再来谈移灵比较适当"。[1] 作为蒋经国的厝墓"已有随时被突袭的可能"，"实在不能反映台湾社会现况"，"两位蒋'总统'分别在台湾居住 26 年与 39 年，已与台湾同胞结为一体，上述忧虑不应存在"。蒋经国的另一个儿子章孝严在国民党中常会上也认为："目前时机不宜处理两位蒋'总统'的奉安事宜，应等两岸统一后处理。"[2]

就在国民党当局对蒋纬国所提移灵案采取低调处理时，蒋纬国于 8 月 24 日十四届四次中评委会上重提移灵案，并且有国民党元老陈立夫与夏功权的联署。在提案中，蒋纬国提出五项说明，并建议三点处理意见：

第一，目前移灵时机因未成熟，但开始策划、筹备奉安，以及和各方沟通的时机已见迫切，建议将中央成立之奉安研究小组，尽速改组为移灵筹备委员会，认真研究相关事项，逐步采取行动，以催化移灵时机早日到来。

第二，在行动之前，慈湖和头寮之安全必须绝对保证，移灵之时起，至奉安之地间，沿途安全细则亦应有专组筹划以便洽定。

第三，两岸恢复会谈时，或密派专使，做有力之诚恳要求。[3]

---

① 台湾《联合报》，1996 年 7 月 18 日。
② 台湾《联合报》，1996 年 7 月 18 日。
③ 台湾《中国时报》，1996 年 8 月 25 日。

陈立夫对蒋纬国的建议深表赞同，他称：国民党中央对各地"总统"像遭破坏都不置一词，是令蒋家要求移灵的主要原因。①

就在蒋纬国重提移灵案的同日，蒋孝勇也强烈质疑国民党对蒋家父子俩移灵事宜的做法。他是以国民党中央委员身份在出席四中全会开会典礼后的记者会上发表的不满意见。蒋孝勇指出：移灵应是很单纯的事，但现在似乎把它太政治化了。各地有各地的习俗，中国人讲入土为安，他不希望变得如此政治化。至于国民党中央奉安小组成员，他认为蒋彦士不够资格处理奉安事宜；至于章孝严，也不够资格，因为"入门都没有入，而且这件事是蒋家的事，不是章家的事"。蒋孝勇之所以对章孝严有如此看法，不仅是因为章孝严在国民党中常会上的发言，蒋孝武去世后，章孝严同蒋家已经很少往来，当记者采访他时，他说："对我而言，弟弟都过去了，这些事已没有太大意义，我们姓不姓蒋都已不重要了。"他在高票当选"国代"后，宣称"已走出蒋家的阴影"。②

移灵案最终以时机不成熟暂告搁浅，但其结局表明蒋家已是风光不再。

反蒋与保蒋的较量

20世纪80年代，台湾民主运动风起云涌，少数反对戒严时代独裁统治的民众，将中正纪念堂挪揄为"中正庙"。2000年民进党执政后，利用"执政"之机，出于操作选举的考量，称"中正纪念堂""中正路"、蒋氏铜像、"中正国际机场"等，皆为"威权统治的象征"，因此主张拆除或改名。李登辉"执政"12年，全面背叛了蒋氏父子，但对蒋介石"纪念堂"和蒋氏父子陵寝还不敢有所动作，有时，李登辉还宣称蒋经国对他的恩惠。陈水扁与蒋氏父子没有渊源，出于搞"台独"的需要，在大搞"去中国化"的同时，大搞"去蒋化"。

众所周知，"去中国化"就是"台独"，甚至比讲"台湾独立"还要严重。台湾当局大力推动"去中国化"的目的是在替"法理台独"打基础，它最后的一步当然是"中华民国""国号"和"主权"与"领土"的问题。

民进党当局的"去中国化"有三个主轴：一是主张台湾的历史跟中国的历史没有关系，中国史是"外国史"，台湾史是"本国史"。二是提出台湾人不是中国人，台湾是另外一个民族，台湾不是中华民族的一部分的论调。三是在国际社会上，用"台湾"的概念去追求跟大陆彻底的切割。

---

① 台湾《中国时报》，1996年8月25日。

② 汪士淳：《千山独行——蒋纬国的人生之旅》，第343—344页。

台湾当局"行政院会"于2006年10月25日通过台湾第一个"去中国化"的"法律修正案",将现行台湾"民法总则"及"施行法"中"服从中国法律义务"等字眼删除。前"行政院长"苏贞昌推动"去中国化"的正名政策,已完成七八十种"行政命令"修改,如"中国标准"已改为"国际标准"。但"法律"的修改牵涉到"立法院",台当局"法务部"已选择较可行的"法律"先修,因此,"行政院会"通过了"民法"第一编总则第22条修正案,及"民法总则施行法"第12、第13条修正草案,将其中的"中国"用词修掉。

"去中国化"的突出表现就是"去蒋化",概括起来,"去蒋化"表现为以下几点:

第一,将"介寿路"改名为"凯达格兰大道"。"总统府"官邸前的"介寿"路的"介寿"名称,是为了纪念蒋介石的寿辰而命名的。1996年,陈水扁在台北市长任内,将"介寿路"改名为"凯达格兰大道"。"凯达格兰"是最初居住在台北地区的原住民的名称,陈水扁此举表面上象征对台湾原住民的尊重,实则是"去中国化"和"去蒋化"。此后"凯达格兰大道"就一直被赋予另一层政治意义,更成为反对党抗议的"圣地"。

2007年5月22日,台北市长郝龙斌针对陈水扁当局大搞"去蒋化"作出强烈反弹,召开记者会宣布,市政会议已通过决定将陈水扁官邸前的"凯达格兰大道"路牌加注"反贪腐大道",并将府前广场改为"反贪腐民主广场"。

郝龙斌在市议会答询时曾表示,接获许多民众反映,认为反贪腐是普世价值,建议将凯达格兰大道改成反贪腐大道,他认为可行;台湾人要求反贪腐,希望领导人清廉,这点值得纪念。

对此,中国国民党秘书长吴敦义也表示,台北市政府将凯达格兰大道加注"反贪腐大道",并将广场改名为"反贪腐广场",不仅非常有创意,也表达出民众对陈水扁团队的失望与厌恶。把"总统府"变成了"总统腐",可见民怨之深。郝龙斌是表达出许多民众的心声而已。

第二,中正机场更名为台湾桃园机场。2006年8月12日,陈水扁在凯达格兰学校演讲时,首度提到有人建议中正"国际"机场应该改为台北"国际"机场。明明是陈水扁要改,偏偏却说是别人建议。关于此点苏贞昌也予以配合。9月1日苏贞昌指出:桃园机场一直是十大建设时的机场名字,只是在通航前,突然改名为中正机场,他接到不少反映,希望能让机场正名,目前"交通部"已提报相关资料,将更名为"台湾桃园'国际'机场"。时任国民党主席的马英九立即表示反对，但桃园县长朱立伦则要求应该改为桃园"国际"机场，因此上述正名算是获得桃园县的正面回应。

台湾当局高层表示，"交通部"已经把相关公文呈送"行政院"，"府院"预定9月1日完成审批公文流程，交由"交通部"与"国际"方面联系通知，并落实实施。

此次更名事件，更暴露陈水扁在剩下的任期内，加紧"去中国化"活动，加上"台湾"二字则进一步凸显了主体意识，跨出了不小的一步。

台当局有意将"桃园中正国际机场"更名为"台湾桃园国际机场"，此说法也受到了国民党籍"立委"的指责，中国国民党籍"立委"赖士葆认为，正名"中正国际机场"是否意味着未来所有"中正""中国"等名称都要改掉，这对台湾经济不但没有助益，还可能因为商标更改减损竞争力，伤及经济表现。"陈水扁只想拼自己的位置，根本不想拼经济"。亲民党团干事长李鸿钧表示，台湾不缺空虚的口号，而是实质的政策，"陈水扁如果真的想'正名'，就把'中华民国'直接改成台湾；但他又不敢"，可见陈水扁只是制造议题、转移弊案焦点。李敖对此语出惊人，他说：要改的话不能只改机场名字，应该赶快宣布"台独"，这样才是把外来政权完全打碎。李敖说，要改的话，应该连"国名"一起改，赶快宣布"台独"，这才叫有本领。

第三，焚烧"草山行馆"。"草山行馆"位于台北市阳明山地区，一度曾经是蒋介石的住所及办公地点。"草山行馆"历史悠久，在蒋介石入住之前，是台糖株式会社的招待所，是一所重要的古建筑物。

2007年2月27日，陈水扁出席台湾"二二八事件纪念基金会"主办的学术研讨会时说蒋介石是"二二八事件"的"元凶"。民进党主席游锡堃也持此说。在陈水扁和游锡堃的鼓动下，极端的"台独"分子于4月7日将"草山行馆"焚毁。这场火灾将"草山行馆"烧得相当彻底，主要的木制结构建筑均付之一炬。之所以说是极端的"台独"分子所为，有两个证据能够予以说明。一是警方的侦调发现有不止一处纵火点，全案朝着"人为纵火"的方向进行。传出的信息是在火警之前，行馆的保全线路曾数度发生异常讯号，传回保全公司主机，这是警方和消防当局侦查的一个主要线索。二是火灾后陈水扁和吕秀莲都为此事发表过谈话。陈水扁宣称"惋惜"，因为"草山行馆"是他在台北市长任内下令恢复修建的，当时的行馆因无人修护，凋破不堪，经过他的决定将之恢复原状，多年来成为一个颇受欢迎的旅游观光点。陈水扁呼吁民众，参与"去蒋化"运动不要涉及珍贵的历史遗迹。吕秀莲也发表了类似的谈话。

无独有偶，同日清晨，桃园县大溪镇的"蒋介石行馆"也发现被人用红漆喷上"二二八元凶"字样。此举与陈水扁和游锡堃的说法完全一致，足以说明焚毁"草山行馆"是极端的"台独"分子在陈水扁和游锡堃的鼓动下干的一件非常愚蠢的事情。

"草山行馆"的这场大火引起蓝绿阵营之间的口水战。蒋家后代蒋孝严除了表示愤怒痛心之外，也把矛头指向这是"去蒋化"所引发的结果；绿营则表示很难接受这种说法，直说国民党的想象力太丰富。

第四，废除蒋介石纪念日。在民进党"去蒋化"的过程中，时任民进党主席的游锡堃，充当了急先锋。2007年2月初，游锡堃在民进党中常会上，提出推动一系列"去蒋介石化"活动的提案，其中包括建议取消蒋介石纪念日。针对国民党3月31日举行的"挺蒋"大游行，民进党主席游锡堃再度推动"去蒋化"，在4月4日的民进党中常会上提案建议台湾当局"行政院"研究"法定"假日，废除蒋介石诞辰与逝世纪念日，强调不应以公共资源宣扬"独裁价值"，另外也提议将《自由时代周刊》创办人郑南榕自焚日4月7日，定为"言论自由日"（1988年12月10日，郑南榕的《自由时代周刊》刊登"台湾共和国新宪法草案"，1989年1月21日郑南榕收到"涉嫌叛乱"罪传票，郑南榕于1月26日开始自囚于杂志社内，并于4月7日自焚于杂志社内）。民进党中常会通过了"去除独裁统治遗绪"等决议。

台湾当局"内政部"于2007年8月29日以"权威时代产物"为由，宣布蒋介石生日及逝日不再为纪念日。台湾当局"内政部长"李逸洋宣布，"行政院"核定"内政部"所提"纪念日及节日实施办法"修正草案，删除蒋介石生日及逝日为纪念日的规定，并在当天发布施行。

对于游锡堃和民进党的做法，国民党批游锡堃是没有胸襟、没有气度，并且不了解历史。国亲党团也召开记者会，质疑游锡堃想做"深绿教主"，强攻2008年大选，将台湾社会弄得更混乱。

第五，关闭两蒋"陵寝"。蒋氏父子是浙江奉化人。按照江浙一带的习俗，人死在异乡而又暂时未能归葬老家的话，就先予浮厝方式处理。所谓浮厝方式，是指灵柩离地三寸，把四个角垫高。采用这样的殡葬方式，是为了让子孙能在不破土刨坟的情况下，轻易地迁葬先人。1973年3月29日，蒋介石病重，自知不起，嘱咐身边的亲属和高级官员说："我死后，将灵柩暂厝慈湖，那儿风景好，很像我们奉化老家。"慈湖"陵寝"原名"洞口宾馆",由台当局"行政院退除役官兵辅导委员会"所属的"荣民工程处"所兴建,落成于1959年6月13日。1962年由蒋介石手书"慈湖"并更名为"慈湖宾馆"。在蒋介石去世前是作为行馆之用。蒋经国去世前,已经预先交代好,由于生前未能在母亲毛福梅膝前尽孝,希望死后有机会迁葬在母亲墓前,能生生世世陪伴母亲。蒋经国于1988年1月13日去世后,暂厝于距离慈湖陵寝约两公里外的"头寮宾馆"。现称大溪"陵寝"。

早在2004年,陈水扁相信蒋介石"入土"能给自己带来好运,便鼓动将"两蒋陵寝"移至五指山"国军公墓"。当时,蒋家的遗孀们也希望两蒋"入土为安",于是表示了同意。陈水扁便下令成立"移灵奉安筹备委员会",并亲自指派"奉安大员",要求"隆重办理"。后因蒋家内部意见不合,国民党对于移灵也有不同声音,才使得移灵活动终止。

2007年年初,为了配合台湾当局的"去中国化",陈水扁的心腹、民进党主席游锡堃,不断鼓噪"去蒋化",提出取消两蒋"陵寝"的预算、撤走驻守的"宪兵"。民进党"立委"蔡同荣等人也向"行政院"提案,要求在2月28日之前宣布废除慈湖、头寮两蒋陵寝管理处的设置与预算,并要求蒋家移灵。陈水扁随即声称"可以考虑",后因各界强烈质疑而搁置下来。同年12月8日,陈水扁在南投县助选时声称,当局花了3000万元新台币让两蒋迁葬,但是家属中有人反对,"军人保护活人都来不及,更何况死人,从2008年1月1日起,卫兵将不再驻守两蒋'陵寝'"。其后,民进党多名"立委"提案"废五正"运动,所谓"废五正"是要求凡是以"中正"命名的街道、学校、军备、公共建筑与区域以及公家单位等统统要改名。

12月17日,陈水扁表示:如果今年不移灵,原来编列的近4000万元新台币费用将缴库,明年起两蒋"陵寝"也不再派宪兵守卫,蒋家人"自己要想办法"。12月23日,据台湾"中央社"报道,台湾当局决定自慈湖撤走"国军"部队和相关卫哨勤务,并决定在当天下午5时关闭慈湖和头寮两蒋"陵寝",当天一早就吸引许多人陆续前来参观,特别是每整点的空军仪队交接人潮挤爆陵寝区,下午4时和5时的交接更是将交接区域挤得水泄不通,许多老人家感到不舍,也有年轻朋友特别前来看个仔细,因而造成大溪往慈湖地区的道路从上午就一直拥塞至下午4时左右。

原定2008年1月1日关闭两蒋"陵寝",台军方决定提前在台"立法院"停会后的12月24日关闭。台湾当局"国防部"军事发言人虞思祖说,提早关闭两蒋"陵寝"是为了清点其中的文物与不动产，制作移交清册交给桃园县政府，将来两蒋"陵寝"会在安全与顺利的条件下放给桃园县政府。桃园县政府则表示，反对台军方片面关闭两蒋"陵寝"的举动。另据台湾《联合晚报》报道，桃园县政府表示，台湾当局"国防部"至今没有对两蒋"陵寝"交接问题正式行文县府，双方连面对面讨论的会议都没有举行过，县府希望台当局"国防部"正式行文县府，按照正常的"法律"程序完成移交，让县府有凭据可以进行相关规划。

慈湖大溪"陵寝"管理处下午5时10分关闭慈湖灵柩大门，还排在外面等待谒陵的民众群起激动，"为何不让我们进入谒陵？"一度造成推挤，陵寝人员挡在门口。警方到场沟通，众人改在灵柩门外行礼。晚间6时，两处陵寝的大门关闭。曾经在大溪驻守，负责两蒋"陵寝"安全的退役中将罗文山，22日带领黄埔四海同心会成员到慈湖宣称："政府编列预算困难，我们黄埔子弟自愿组成自愿军，甚至在这里搭帐篷，我们愿意站岗排班，日夜守候陵寝。"

两蒋"陵寝"关闭，两蒋遗体将安葬何处成为岛内外热议的话题。23日关闭当天，蒋方智怡代表蒋家首次明确表示，不会遵照陈水扁的安排迁往"五指山国军公墓"，将遵循蒋经国在日记中写下的遗愿，把两蒋遗体移回故乡浙江奉化安葬。陈水扁对此痛批，"当年蒋介石说要反共，现在他的后代却只会投共"。马英九则表示，对于两蒋"陵寝"，他的一贯态度是尊重家属意见。至今，两蒋魂归何处，仍为四方所关注。依笔者愚见，第一，尊重蒋家家属意见；第二，尊重蒋氏父子遗嘱。基于以上两点，两蒋遗体最好移回故乡浙江奉化安葬。

第六，拆除蒋介石铜像。拆除蒋介石铜像也是台湾陈水扁当局"去中国化"的重要组成部分。首先贯彻陈水扁拆除蒋介石铜像指示的是忠于陈水扁的台湾军队。早在2000年陈水扁上台后，他带着某位幕僚巡视陆军五四二旅新竹湖口营区时，在营区内看到蒋介石铜像，这位幕僚曾告诫军方，"这铜像看起来很刺眼！"2005年8月，陈水扁亲自指示军方拆除两蒋铜像，去除军中个人崇拜风气，落实军队"国家化"。2006年3月20日，陈水扁下令让台军方逐步拆除全台营区内多座蒋介石铜像。尽管台湾"国防部长"李杰不满意陈水扁的做法，但他认为谁当政就应听谁的。据台湾《联合报》报道，台湾军方的解释称"为免蒋公铜像日晒雨淋，以致污损锈蚀，所以基于崇敬与各单位典藏存管需求，才将铜像移至适当地点，外界无需过度联想"。台湾"海军司令部"在大直营区的蒋介石铜像，也已被移到"政战部"大楼里楼层之间的楼梯处。北投复兴岗原"政战"学校的蒋介石铜像也被移到室内，称作"蒋公纪念馆"，台北仁爱路的"空军司令部"状况也差不多。"陆军司令部"的做法较特别，是在营区后方规划一处公园，择期将司令部大门内的铜像移到这里，称作纪念公园。台军方称，去年底召开营区整体规划研讨会，裁定各单位依状况选择适当地点，妥善典藏存管蒋公铜像，并未移除弃置。军方前后共拆除228座蒋介石铜像。

2007年3月13日上午，"台独"分子执掌"政权"的高雄市完成"中正文化中心"的"中正"除名工作后，当晚就开始拆除"中正文化中心"八米多高号称"全台最大的蒋介石铜像"。因为此举受到泛蓝阵营的反对，市府在大批警力戒护下在文化中心四周架起拒马，并将蒋介石铜像围篱。晚间7时，市议员童燕珍、王龄娇、吴益政爬上起重机车顶，企图阻挡拆除，400多名警员进行第一波驱离，将王龄娇等人架离。"这分明是鞭尸"，童燕珍哭着说，吴益政当场下跪，直喊"为了族群和谐，不要拆了，不要造成族群对立"。

对于台湾陈水扁当局拆除蒋介石铜像的举动，蒋家后人、国民党"立委"蒋孝严直斥，军方搞这种事是矫枉过正，蒋介石是第一任陆军官校校长，立他的铜像有什么错呢？前国民党主席马英九3月16日表示，高雄市当局拆卸蒋介石铜像态度轻率、手法粗糙，造成铜像支离破碎，现场没有录像，未来复原有重大困难。他说，民进党"执政"在各方面都交白卷，只会用清算历史人物的手法转移焦点，令人非常遗憾，这样的态度非常不当。蒋介石是历史人物，虽然他是"威权时代"领导人，但是这个时代已经过去，铜像的存在不会给台湾人民现实上任何"威权"印象，民进党在处理铜像上当然可以"更细腻与厚道"。针对台当局最近一连串"去蒋化"的动作，连李登辉私下里都认为这是个无聊的行为。

3月15日，英国《经济学家》杂志报道了台湾的民进党当局大举拆除蒋介石铜像、疯狂推动"去蒋化"的一连串行动，并把它比喻为"文化大革命"。台湾"官方"机构则专门投书给《经济学家》杂志，称该杂志的比喻是"极大错误而且完全不恰当"。然而，岛内舆论普遍认为，陈水扁最近的"瞎折腾"，损害了台湾的形象，成为国际笑柄。

第七，中正纪念堂与"大中至正"牌楼被更名。2007年3月2日，台湾当局在"极独"分子"教育部长"杜正胜的鼓噪下，在"中正纪念堂"园区强制成立一新单位"'国立'台湾民主纪念馆"，并违反"法制"以行政命令废止现有的中正纪念堂管理处，将中正纪念堂园区改名为"台湾民主公园"。但《"国立"中正纪念堂管理处组织条例》仍然存在，未经"立法院"废止，因此造成合法性的争议。作为国民党"执政"的台北市，对此予以反击，台北市文化局将"中正纪念堂"列为暂定古迹，不过此举动遭亲绿媒体质疑为是"为国民党服务"，"反台湾本土意识"。台北市政府与"教育部"展开了多番的角力抗争。2007年5月9日，台湾"行政院"院会通过废除《国立中正纪念堂管理处组织条例》，将送"立法院"审议，并于5月19日进行台湾"民主纪念馆"揭牌仪式。陈水扁在仪式致词时表示："要把纪念堂的牌坊上的'大中至正'四字改为'自由广场'。"2007年6月7日，台湾"立法院"在中国国民党"立院"党团的主导下，正式废止"教育部"违法提出之《"国立"台湾民主纪念馆组织规程》及《"国立"台湾民主纪念馆办事细则》，同时针对"教育部"的违法越权行为提出弹劾。

11月6日"中正纪念堂"获"文建会"通过列为"国定古迹"，其范围包括"正面牌楼""民主广场""民主大道""台湾民主纪念馆"。11月17日，"教育部长"杜正胜宣布，将于11月23日拆除大中至正门上的"大中至正"四字，正式改名为"自由广场"。

11月23日，台北市政府以此举会破坏建筑本体、违反古迹保存为由，向台北"高等行政法院"申请处分。11月30日　台北高等行政法院审理认为，"行政院文建会"与台北市文化局各有指定古迹的权限，且依法不得对行政处分提出假处分，裁定台北市府败诉。12月3日台当局"教育部"官员称等"文建会""古迹指定及废止审查办法"修法完成后，将立刻动工拆除中正纪念堂的"大中至正"牌匾，"最快在周三（5日），最慢周五（7日）"。12月4日台北市政府对于"中央"是否有权接管古迹，申请"大法官释宪"。12月6日下午4点，主建筑物上的"中正纪念堂"牌匾外围起了布幔，工人开始拆卸牌匾。12月7日，历经四个多小时，工程人员在7日下午3时8分将牌楼内侧的"大中至正"四个字拆除完毕，接着将拆除外侧四字。在拆除过程中，发生多起冲撞事件。一位情绪激动的市民彭盛露开着小货车冲撞现场，撞伤多名记者及民众，其中东森电视台摄影记者王瑞璋闪避不及，衣服被车卷入压在车下，伤势严重。众人合力将王瑞璋从车底下拉出后，紧急送至台大医院急救，其手、腿都有骨折，亦有气胸状况，无生命危险，肇事司机彭盛露则遭警方逮捕。肇事者彭盛露被带走时一路喊着："我不是故意的，我不是任何一方的人马，只是路过，不小心。"

拆匾与"中正纪念堂"更名，进一步激化了蓝绿对抗，使族群对立呈白热化状态，也使民进党丧失了民心，最终丢掉了政权。国民党执政后立即恢复了"中正纪念堂"的名称。

众所周知，蒋介石在台湾已经成为一个符号。民进党疯狂地推行"去蒋化"，其背后实际是"去中国化"和使国民党"原罪化"。对于民进党"去蒋化"动机，中国国民党是洞悉的，他们不断予以反击，展开挺蒋活动。

第一，组织挺蒋大游行。为抗议台湾当局拟对"中正纪念堂"改名拆墙，原由国民党"立委"蒋孝严发起的"反撕裂反仇恨"游行，国民党决定拉高层次，扩大于2007年3月31日举行。届时拟安排前国民党主席连战、马英九，代理主席江丙坤，"立法院长"王金平以及参与党主席补选的两名候选人吴伯雄、洪秀柱六人同台。

4月5日，趁着清明节扫墓之际，国民党中常委、蒋经国儿媳方智怡发动四五百名民众游行，到"中正纪念堂"向蒋介石致意，上午10点多钟前往致意的，还有前台当局"行政院长"郝柏村、马英九大姐马以南等人。

第二，扩大对两蒋的谒灵纪念活动。2007年4月5日清明节，恰逢蒋介石去世32周年纪念日，国民党扩大举行慈湖谒灵纪念活动，盛重其事，"以行动抗议民进党粗暴拆毁蒋中正铜像"、反制民进党当局大动作"去蒋化"。当天，国民党荣誉党主席连战与前主席马英九、前代理主席吴伯雄、代理主席江丙坤都出席活动。

2008年4月5日，封园百余日的慈湖、头寮两蒋"陵寝"对外开放，一天涌入五万台湾民众及游客。上午10时30分，当选台湾地区领导人的马英九一早就前往两蒋"陵寝"谒陵，马英九所到之处都有大批民众夹道欢迎。在头寮祭拜昔日老长官蒋经国时，马英九则是眼眶泛红，离去前还拿出手帕频频拭泪。

马英九在谒陵完毕后，来到慈湖纪念雕塑公园。在上千人的注目下，马英九、桃园县长朱立伦等人为全台最大的蒋介石铜像揭幕。这尊坐姿铜像以前摆放于高雄市文化中心，在"去蒋风波"中被大卸二百多块，如今大致修复，然残缺部位依然清晰可见。

第三，撤销台湾"国防部长"李杰中国国民党党籍。中国国民党中央考纪会认为李杰身为台军最高领导干部及国民党党员，言行对蒋中正不敬，趋炎附势、投机逢迎，屈从于政治意识形态之谈话"哪一个党上、就听哪一个党的"，严重影响"军队国家化"和台军军风，破坏军中伦理，更引发社会舆论挞伐，损害国民党声誉至巨，决议予以撤销党籍处分。

第四，批高雄擅拆蒋介石铜像要追究法律责任。高雄市政府拆除文化中心的蒋介石铜像及"永怀'领袖'"横匾，引起市"议会"泛蓝"议员"不满，2008

年 4 月 26 日召开项目会议究责，要求市长陈菊及相关"首长"列席说明。国民党高雄市"议会"党团书记长黄柏霖表示，厘清疑义后会成立调查小组，并采取法律行动提告。

2007 年 3 月 1 日，蒋孝严就陈水扁与游锡堃日前指蒋介石是"二二八"事件元凶一事，对两人分别提出民事和刑事诉讼，并要求与陈水扁公开辩论。蒋孝严指出，一个领导人面对历史，不能有成见与偏视，更不可以将"二二八"事件当成政治筹码操弄。他说，陈水扁元凶说法不仅是不道德、邪恶，更是"违法"的。

第五，台北市政府强力对抗中正纪念堂与"大中至正"牌楼更名。2007 年 3 月 4 日，台"行政院"拟修法将"中正纪念堂"更名为"台湾民主纪念馆"，并拆除围墙。对此，台北市长郝龙斌于 4 日表示，这是"政治事件"，不是"修法"问题，市政府在维护民众权益上不会放手。5 月 20 日，台北市政府对"中正纪念堂管理处"开出一张 10 万元罚单；21 日，蓝色布幔依然悬挂，台北市府当天上午继续开出第二张罚单，再罚 20 万元，累计罚金 30 万元，并要求"立刻拆卸回复原状"。台北市文化局长李永萍表示，如果不拆，除了继续开罚，任何时间市府都可能动手拆除。

中国国民党的上述举措对于民进党的"去中国化"和"去蒋化"起到了一定的遏制作用，但同时也利用了相当多的台湾老百姓同情和感念两蒋的心理，借机夺取了台湾最高领导权，为维护两蒋起到了积极的作用。

第十四章 身后家事

蒋介石病逝后，其家庭成员何去何从？仍然动观四方，备受瞩目。在台湾当局的转折关头，国民党原有的权力谱系，料将产生空前的变化而重新排列组合。在新的权力组合中，蒋家成员居何地位已成为人们茶余饭后兴趣盎然的焦点话题。笔者为了满足读者对蒋氏病逝后其家族动向的兴趣，对蒋家主要成员的活动与结局进行了追踪。

蒋经国步步登高

如前所述，蒋经国在其父丧事中，连连出击，并频频得手。继 1975 年 4 月 28 日当选为国民党中央主席之后，又于 1978 年 3 月当选为"行宪"以来第六届"总统"。蒋经国继"统"之后，其做法确比其父统治时期较为开明。在其就职"总统"当日，他就召集主管宣传的负责人指示说：今后不希望再有"蒋经国时代"这一类名词见诸报端。他认为今天是一个民主的时代，不应再有个人英雄主义的色彩，如果真有时代的话，只有群众的时代，而没有个人的时代。同时，蒋经国也不希望称他为"领袖"。他认为国民党只有"两个领袖"，一个是孙中山先生，一个就是国民党"总裁"蒋介石。除他们二人之外，没有人可以再被称为"领袖"，他个人只是一个普通的党员与公民，只愿以国民和党员的身份进行奋斗。他还宣称：今后不希望有"万岁"口号出现。他说只有国家、民族的万岁，只有三民主义与国民

蒋经国身穿空降服的留影

党的万岁，而没有个人的万岁。^①尽管蒋经国这三点指示冠冕堂皇，但的确比蒋介石的统治方式更高明。

在用人路线上，蒋经国继续贯彻他的"台人治台"政策，不仅起用台籍的谢东闵为其"总统"搭档，同时还大力选拔省籍青年"才俊"。此一做法增大了台籍人士开放参政的途径，减缓了省籍问题引起的激烈冲突。当然，蒋经国在省籍问题上的让步还是有限度的。台籍参政人士往往处于位高权轻的地位，即"只有执行权，没有决策权"。

在对岛内的控制上，逐渐以"放逐制"代替"监禁制"，即对一些持反对国民党意见的人，不再是一味关进监狱，而是把他们放逐到岛外去。这种做法对民主势力的发展起了一种催化剂的作用。

正当蒋经国的声望在岛内日渐升高之际，海峡对岸传来了和谈之声。1979年元旦，全国人大常委会发表《告台湾同胞书》，提出两党经谈判结束海峡两岸对峙状态的和平统一方针。其后邓小平又提出了用"一国两制"的模式实现国家统一。

中共和平统一中国的方针提出之后，立即在台、港、澳和海外华侨社会引起了强烈的反响。但台湾当局对此问题的答复却令海内外失望。蒋经国指令孙运璇对《告台湾同胞书》发表声明称：中共停止炮击及"三通"（通邮、通商、通航）是迷惑世人，为军事进攻创造条件，是1949年和谈的故伎重演。并说要按国民党"自由富足生活方式""统一中国"。2月，蒋经国令"反统战"组织写剧本，由台湾"中影"公司拍摄《我们为何不与"共匪"和平谈判》七集系列纪录影片。同年12月召开的国民党十一届四中全会上，蒋经国首次提出了"三民主义统一中国"的口号。1981年3月国民党十二大上，根据蒋经国讲话基调通过了《贯彻以三民主义"统一中国"案》。会上，蒋经国多次讲话声称，绝不与中共谈判与接触，不与大陆实行三通。他还固执地说："不论人家如何批评，这一基本立场不能改变。"

蒋经国的"三民主义统一中国"论与"三不"政策一抛出，立即受到岛内外舆论的抨击，纷纷要求蒋经国改弦更张。蒋经国的老部下蔡省三先生说蒋经国是"夸口大，能量小"，"三民主义统一中国"是脱离实际的虚夸。他奉劝蒋经国切莫错过了与中共谈判的最好时机。学术界也呼吁当局在中国大陆问题上采取"突

---

① 香港：《星岛日报》，1978年5月31日。

破性"的做法，开创新机。工商界不少人要求当局允许与中国大陆通商，向中国大陆寻求出路。台湾的侯立朝先生两次写信给国民党中央秘书长，请其转达蒋经国，希望他仿效孙中山当年空手北上精神，主动到中国大陆协商国民会议的召开，加速推动中国大陆政治的民主化。

正当蒋经国烦闷之际，六年一次的大选将至。蒋经国又精神振奋，投入大选之中。国民党中央全会仍通过了严家淦领衔提名蒋经国连任本党"总统"候选人的建议。蒋经国在一番"谦让"之后说：我"以一个战斗兵接受号令的心情，再赴艰巨，再……担负起本党对国家对同胞神圣庄严的责任"。

蒋经国全家福

全会还通过蒋经国提名台籍的李登辉为"副总统"候选人。对此次"总统"选举人选，社会均不做第二人之想，但对"副总统"人选，猜测颇多。当时"行政院长"孙运璇，任职形象颇佳，声望鼎盛，不少人猜测他是接任谢东闵的最佳人选。但更多的人则认为"副总统"一职仍由本省籍政治领袖继任，因这样做符合蒋经国的用人路线。在诸多台籍"领袖"中，林洋港、邱创焕、李登辉是一般认为最可能获选的三个主要人物。就行政经验论，以林、邱二人为强。李登辉在三强中脱颖而出，使众人颇感意外。据台港报载：李登辉最让蒋经国放心的是：他没有太大的政治野心。李本人曾说过，他一生最大的愿望是当个牧师，政治并非他所好。其实并不尽然。同时李登辉不像谢东闵那样拉帮结派。正因为这一点，他在政治上没有太明显的敌人。加之李毕业于美国大学，容易取得美国人的好感。

蒋经国连任"总统"后，贺电纷至，他也有些飘飘然。兴奋之余，冷静分析人事，在重组班底时，大刀阔斧，更使人有惊心动魄之感。"行政院长"人选至关重要，蒋经国委以与蒋家渊源甚深的俞国华出任。据台报载经过蒋经国的精心安排，他将自己班底平均配置在五个运作性的系统之中：

（1）政务系统：以俞国华为主，以李焕、马纪壮为辅，以林洋港为搭档，新生代的陈履安、钱复、魏镛、施启扬、吴伯雄、章孝严等为选拔对象。

（2）党务系统：以马树礼为主，以宋时选、白万祥为辅，以赵自齐、郭哲、肖昌乐为搭配，以新生代的马英九、宋楚瑜等人为选拔对象。

（3）军事系统：以郝柏村为主，以蒋纬国、邹坚、张国英、蒋仲苓为辅，以黄埔系元老何应钦、黄杰、袁守谦等为重镇，以"国防部长"宋长志为搭配，并以陈守山、许历农等为选拔对象。

（4）情治系统：以汪敬煦为主，以翁文维为辅，以陈守山为搭配，而以汪道渊、沈昌焕为权力核心中代表发言的重镇。

（5）财经方面：以俞国华为主，以李国鼎、张继正、赵耀东、周宏涛为辅，以新生代的钱钝、王章清等为选拔对象。

在蒋经国这次重组班底的过程中，有不少盛极一时的政坛风云人物，或倏然出局，或处境尴尬，也有的受到异常的倚重。蒋经国这种天威难测的用人路线使许多人感到迷惑。其实，他正在紧步其父的后尘，为其传子部署铺平道路。

港报一直认为：蒋经国传位于子是"既定方针"。但台湾官方一直矢口否认。其实港报所言并非无稽之谈，从蒋经国的一些做法中可以发现他传子的蛛丝马迹。

"蒋经国时代"来临后，他便让蒋家第三代放手抓权。在蒋家第三代中，蒋经国与蒋方良女士膝下共有三子一女，即长子蒋孝文、长女蒋孝章、次子蒋孝武、三子蒋孝勇。三男一女的文、章、武、勇均为蒋介石所赐。此外还有庶出的章孝严、章孝慈两兄弟。长子蒋孝文因身残已远离政治。蒋孝章下嫁俞大维之子俞扬和为妻，远居美国。在三兄弟中，数次子蒋孝武最有行情。在他26岁那年，就担任辅导会顾问。除此职外，蒋经国还让他熟悉党务工作，不久他又当上"中央政策委员会"和"组织工作委员会"委员与"中央党部"秘书。与此同时，还兼任了台湾"中央广播电台"主任、华欣文化出版中心主任、"广播事业协会"理事长及"报业协会"理事等职。从1976年始，又让他涉足情报工作。以上各种职务均属于握有实权的工作，虽与台湾文官制度无涉，但却涵盖党务、军特、文宣等重要控制系统。众所周知，台湾最有权的机构是国民党情治系统。蒋经国让蒋孝武出任"国安会"的执行秘书，与当年蒋介石让蒋经国主管"总统府"资料组异曲同工。对于蒋孝勇，蒋经国让他向国民党党营和公营的生产事业方面发展。同时还让章孝严、章孝慈两兄弟进军权力机构。在蒋经国几个儿子中，章慈严是最能干的一个，官职升到"外交部"次长，其前途不可限量。

蒋经国不仅放手蒋家第三代争权，而且还将对第三代升迁不利的人士清除。例如长期受宠、红得发紫的王升突然被贬，由"接班人"地位一下子降至驻巴拉圭"大使"。同时将不善体"总统"深意的中央党部秘书长蒋彦士免职。清除王、蒋二人之后，蒋经国对人事大幅度调整，重新任命俞国华、汪道渊、马树礼以至蒋纬国等人。这些人都是古稀之年的国民党元老，在人事安排上反映不出交班的意向。蒋经国这种做法，显系在托孤。蒋介石为托孤而选中严家淦，今日蒋经国也在选严家淦式的人物。与此同时，蒋经国还起用第三代，以便为蒋孝武接班护航保驾。

上述步骤足以证明蒋经国在接班人问题上有传子意向。尽管台湾当局矢口否认，但事实胜于雄辩。随着形势的发展，蒋经国的传子部署被打乱了，迫使他改变初衷。是什么因素迫使蒋经国改变既定方针呢？最主要的因素便是江南命案的冲击。

江南是蒋经国的老部下，因写《蒋经国传》揭蒋家隐私被台湾情治部门暗杀于美国住所。此案涉及蒋孝武，引起社会舆论关注。在江南命案冲击下，蒋经国明确表态说：台湾下届"'总统'经由'宪法'选举产生"，他的家人"不能也不会竞选下任'总统'"。[①] 在传子部署受阻后，蒋经国开始安排集体接班。他将追随多年的爱将李焕纳入中常会，后接管中央党部。同时任命其弟蒋纬国为"国安会"秘书长，掌握了军特实权。至此，一个"一蒋二李"（蒋纬国、李焕、李登辉）为首的集体接班的班底已基本形成。

当江南命案的余波尚未消失，整个台岛又遭到十信弊案引发的金融风暴的冲击，广大民众怨声载道。蒋经国为了维护国民党利益及统治，深刻反省在政治上的做法，认为必须进行大刀阔斧的"革新"。

1986年3月底，蒋经国主持召开国民党十二届三中全会。会议根据蒋经国在开幕式上的讲话基调通过了《承先启后　开拓"国家"光明前途》案。该案提出"要以党的革新结合行政的革新，带动全面的革新"。[②] 三中全会后，蒋经国在多种场合大谈"政治革新"，他说："时代在变，环境在变，潮流也在变"，国民党必须革新才能与时代潮流结合。同时，他还把调整和改善同党外势力的关系作为改革的重点，说国民党应多交朋友，多听取各方意见，尊重法治，共同为启导社

---

① 台湾《"中央日报"》，1985年12月26日。

② 台湾《"中央日报"》，1986年3月30日。

会祥和、开拓"国家"光明前途而努力。①

　　为了推动政治革新的开展，蒋经国首先从组织上做了安排。他提拔李焕、吴伯雄、施启扬、陈履安四人进入国民党中常会，使决策机构年轻化。蒋经国还从31名中常委中选出12人，以严家淦为召集人，专门研究政治革新问题。他反复叮咛："全会交下来的案子很多，但要先选择最重要的事做，而且要快做，不要拖。"在他的不断督促下，12名常委研究确定政治革新要项为：解除戒严、开放党禁、充实"中央""民意机构"，地方自治法治化，党务革新与调整大陆政策，开放台湾民众赴大陆探亲。

　　蒋经国上述举动被称为"向历史交代"。蒋何以在其晚年大刀阔斧地进行政治革新呢？探究蒋经国晚年的心路历程，笔者认为是以下几个因素导致他必如此做而别无选择。台湾社会经济结构的变化，民众参政意识的普遍增强，是他晚年"向历史交代"的社会经济原因；国民党统治的种种弊端与恶性事件的接连发生，是他晚年革新的内在因素；党外势力的迅速崛起给国民党在台统治以极大的威胁，是他晚年举措的外部因素；祖国大陆对台政策的调整与改革、开放路线的实施给国民党当局以巨大压力，是他变被动为主动的另一外部原因；周边国家与地区的不断维新与美国对华政策的改变，是蒋经国在台倡导维新的国际原因；谋求身后政权稳定，改善蒋氏父子在台湾公众中的形象，是蒋经国"向历史交代"的主观原因。

　　如何评价蒋经国晚年"向历史交代"举措的作用，是一个值得深入探讨的问题。一种观点认为：蒋经国的维新路线使国民从此"迈向一个新时代"；另一种观点则认为是"换汤不换药"。

　　平心而论，两种观点均有偏激之处，依笔者愚见，蒋经国的举措既有积极作用，亦有消极影响。具体来说，改变接班部署在一定程度上缓和了因江南命案给国民党当局带来的巨大压力；解除戒严、开放党禁有利于加速台湾社会的民主化进程，开放大陆探亲有助于缓和两岸关系，增进两岸人民与两党的相互了解；革新党务有利于改善国民党自身形象；充实中央"民意机构"、"地方自治法制化"也将有助于使台湾向"议会政治"方向发展；进一步实施本土化政策在一定程度上缓解了大陆籍与台籍之间的矛盾。当然也应看到，蒋经国晚年的举措占有很大比重的被动因素，加之他的阶级立场与指导思想所局限，因而有许多消极因素。

---

　　① 《蒋"总统"经国先生言论著述汇编》，第15辑，第323页。

这种消极因素又被国民党当权者不断扩充，造成很大的负面影响。将积极因素与消极因素作一比较，不能不承认积极的因素远远大于消极因素。如果蒋经国不是突然去世，也许两岸之间会有大的突破，台湾岛内也不会有这么多民众支持民进党。

正当蒋经国雄心勃勃全力大展宏图之际，疾病把他打倒了。在他生命最后的日子里，他乘坐轮椅出席并主持了国民党中常会。1988 年 1 月 13 日，蒋经国突感身体不适，大量吐血，迅速引发休克及心脏衰竭，医疗小组立即以人工心脏复苏术挽救，无效而告病逝，终年 79 岁。"副总统"李登辉依"宪法"就任"总统"职，其后又当选国民党中央主席。蒋经国的突逝，在海内外引起了极大的反响，许多国家与地区领导人纷纷发出唁电。美国总统里根对蒋经国"备极崇敬"，推崇他的睿智与高瞻远瞩之领导。也有人说，蒋经国病逝标志着"蒋家王朝的终结"。中国共产党一反蒋介石死时的态度，在蒋经国病逝的第二天，向国民党中央发唁电称："惊悉中国国民党主席蒋经国不幸逝世，深表哀悼。"随着蒋经国长眠大溪，台湾社会跨入了"李登辉时代"。

宋美龄节节败北

蒋介石病逝后，蒋老夫人宋美龄的行踪颇令人关注。开始她住在士林官邸，后因无法排遣对蒋的情感与蒋经国之间的"恩怨"，遂于 1975 年 9 月 17 日启程赴美，行前发表书面谈话称：

"近数年来，余迭遭家人丧故，先是姊夫庸之兄去世，子安弟、子文兄相继溘逝，前年蔼龄大姊在美病笃，其时，'总统'方感不适，致迟迟未行，迨赶往则姊已弥留，无从诀别，手足之情，无可补赎，遗憾良深，国难家忧，接踵而至。两年前，余亦积渐染疾，但不遑自顾，盖因'总统'身体违和，医护唯恐稍有怠忽，衷心时刻不宁，'总统'一身系国家安危，三民主义之赓替，'中华民国'之前途，全担在其一人肩上，余日夜侍疾，祷望'总统'恢复健康，掌理大事，能多一年领导国家，国家即能多一年扎实根基，如是几近三年，不意终于舍我而去，而余时身在长期强撑坚忍，勉抑悲痛之余，及今顿感身心俱乏，憬觉确已罹疾，急需医理。"[①]

宋美龄赴美时，蒋经国及"党国"要员前往机场送行。在美期间，宋美龄住

---

① 辛慕轩等：《宋美龄写真》，第 126 页，档案出版社，1988 年版。

在纽约长岛孔令侃的别墅中。1976 年 4 月 2 日，宋为了追念蒋介石逝世一周年，特别搭乘"中美号"专机返回台北。待追思礼一过，宋美龄再度返回美国，一住就是 10 年。

当蒋经国健康日趋恶化，蒋纬国出任"国安会"秘书长，蒋孝武外放新加坡和章孝严出掌"外交部"次长之际宋美龄返回台湾。由于传闻宋美龄的影响力在蒋介石死后依然非比寻常，台北政治圈长久以来即对所谓的"夫人派"究竟是否存在，势力如何，对政局影响程度如何，一直抱着相当大的兴趣与关注。据台港报载："夫人派"有如一股无形的力量在影响台北政局，多位国民党元老，如黄少谷、倪文亚、谷正纲、袁守谦、沈昌焕等人都和宋美龄有不寻常的渊源。参谋总长郝柏村、"国安局"局长宋心濂、国民党党史会主任秦孝仪均是宋美龄的心腹。《雷声》周刊认为"蒋夫人才是台湾未来政局稳定与否的关键所在"。宋美龄回台之初，由于行走困难，很少离开士林官邸。但刚回台湾时曾有几次前往"妇联总会"，以重温昔年旧梦，当时曾造成"妇联会"门前警卫森严，后来便很少前往，因而"妇联会"总干事王亚全每隔一两天就来士林官邸向宋美龄汇报一次。由于外界重视宋美龄在岛内政坛可能发生的影响力，外国传播机构在宋美龄返台之初，曾特别训令其驻台记者密切注意宋美龄的新闻。蒋经国病逝前，宋美龄频频约见党政军高级首脑，造成台北政界相当大的震撼。宋美龄此举既未得到蒋经国的认同，也不合台湾政治体制。《雷声》周刊对此评论称：

宋美龄这种"不知自我节制的行为，实在有失进退之道，而且假若蒋夫人的动机是出之企图展示政治实力，则又令人对政局发展感到忧心"。

蒋经国病逝后，以宋美龄为首的"夫人派"及"官邸派"集会研商。宋美龄力主由李焕取代李登辉，担任代理主席，以免出现台湾人"总统"兼台湾人党主席的局面。宋的本意是拥立俞国华出任党主席，但俞国华自身形象太差，不是李登辉的对手，在民意及舆论的压力下，节节败退，形成李登辉的优势。"夫人派"一度打算由宋美龄披挂上阵，但宋已年过九旬，如果出马，恐怕阻力太大，而且也不易获得党内一致支持，于是退而求其次，改支持形象、声望俱佳的李焕出任代主席，但被李婉拒。后以李登辉当选代主席使权力之争暂告落幕。

1988 年 7 月 7 日召开的中国国民党十三大，可谓是宋美龄发挥政治影响力的最后冲刺阶段。7 月 8 日，宋美龄亲自到十三大会场，因身体健康原因，她请李焕代为宣读谈话讲词，讲词称：

"眼前正值紧要关头，老成引退，新血继之，譬比大树虽新叶丛生，而卓然置基于地者，则赖老根老干。于今党内白发苍苍，步履蹒跚者，不乏当年驰骋疆场之斗士或为劳苦功高之重臣，其对党国之贡献，丝毫不容抹杀，当思前人种树，后人乘凉。夫国之强，党之壮，赖有一定之原则，连续生存之轨迹，创新而不忘旧，前进而不忘本，当年'国父'如不建党立国则无今日之中华，台澎依旧日本殖民地，饮水思源发人深省。"①

会前，宋美龄还主持召开国民党中央妇女工作干事会议，要他们做好"妇工会"的工作，统化"妇工会"的"功能"。有舆论称：宋美龄目的是想让她属下的"妇工会"人员在新的权力机关中拥有席位，但年近八旬被提名为中委候选人的国民党"妇工会"主任钱剑秋，在选举中落选。这不但令宋美龄难堪，也使钱剑秋感到震惊，并面临必须"交棒"之苦。港报说：这次选举的结果，使宋美龄把持了三十多年的国民党"妇工会""全军覆没"，是宋美龄的"彻底垮台"。

自从宋美龄在国民党十三大上发表震惊一时的"老干新枝"的演说之后，将近一年的时间没有公开露面。社会上对她的状况传闻颇多，一说病得不轻，一说她将赴美定居，以跟岛内政治环境隔离。据台湾《新新闻》周刊 1989 年 2 月 19 日刊文说：就在 1989 年 1 月 31 日，宋美龄接受卵巢瘤切除手术。此次手术极端秘密，"荣总"罗光瑞院长曾和"行政院"首脑研究是否可以公布蒋老夫人住院情况，但最后仍未透露。据"荣总"医师讲，蒋老夫人生命力十分坚韧，求生意志也很高，虽然肿瘤切片可能是恶性，而且也有其他最坏的可能性，然而 92 岁高龄的宋美龄已知道并接受一切。经过手术之后，宋美龄健康状况良好。

宋美龄在国民党十三大上发表震惊一时的"老干新枝"演说

---

① 台湾《"中央日报"》，1988 年 7 月 9 日。

另据台报载：1989 年 4 月间，为蒋介石病逝 14 周年忌辰而专程返台的孔令仪兄妹，曾向蒋老夫人进言，让她回纽约去住，以避免岛内对蒋氏家族批评性的翻旧账的指责与攻讦。据了解，孔令侃、孔令仪兄妹的建言未发生效力，宋美龄依旧留在士林官邸，丝毫不为之所动，而且根本没有在适当时间赴美的计划。

宋美龄为什么不愿意赴美定居呢？据接近她的人称，主要有两方面的原因：一是她身体的原因，实在不利远行，坐在轮椅上远走异国，总是一件极其麻烦的事；二是事务上的原因。所谓事务上的原因是指飞往美国去的专机及侍从人员的跟进，以及其在官邸内费用的拨付等。如果有一天要回来的话，松山机场（宋美龄此前回台时均在松山机场降落）更不可能冠盖云集，甚至可能会发生"归不得"的情况。因此，"官邸派"的智囊考虑的结果，仍以不走为宜。而且宋美龄本人也不想走，在她嘴边常说两句话："这是我的国家，我为什么不能长住。"就此分析，宋美龄短时间内不可能远赴美国。

1989 年 6 月国民党十三届二中全会召开时，有舆论预测宋美龄在近一年未露面的情形下，有可能以国民党中央评议委员会主席团主席的身份露个面，给李登辉一点面子。但结果未如舆论所愿。二中全会闭幕日，反向宋美龄发了致敬电文，令人意想不到。

宋美龄虽未出席十三届二中全会，但却在二中全会后的半个月时间内，先后两次公开露面，虽因不利于行而必须坐在轮椅上出现，但健康尚称良好。宋美龄为什么对国民党二中全会这么重要的集会不参加，而坚持要参加两个完全属于私人事项的集会呢？据了解宋美龄心情的人士指出，这完全是私人心态的调适问题。

1989 年 6 月 12 日，美国东海岸的波士顿大学决定授予宋美龄荣誉博士学位，考虑到宋美龄的健康问题，又决定在台北举行荣誉博士颁赠典礼。是日，"妇联会"贵宾云集，党政界高层人士 300 余人到场。值得注意的是李登辉夫人曾文惠女士只身前往，李登辉与宋楚瑜二人均未到场。据台报称：李、宋二人没到场的原因不是因为公务繁忙，而是他们根本没有受到邀请。

台湾舆论界有一种说法：宋美龄仍对蒋经国病逝后推举李登辉当主席一事耿耿于怀。宋美龄认为她当时并不反对推李登辉当主席，只是蒋经国刚去世就立刻改选别人，未免太不适宜，因此主张暂缓，没有想到宋楚瑜在中常会上愤而退席，使情势逆转，也使宋美龄背上干政的黑锅。因此，宋美龄对李登辉和宋楚瑜心存芥蒂，也不愿邀请他们参加这个典礼。再者，她不愿参加十三届二中全会是因为蒋介石在世时她在会中所拥有的地位，与现在她所能具有的地位，无法同日而语，故此心态无法调适，所以不愿再露面。

6月12日，宋美龄在接受荣誉博士学位的演讲中，没有再说"我将再起"。

1991年9月21日，宋美龄再度离开台湾到达美国纽约。本来宋不愿赴美，为什么又再度赴美呢？据台报分析，有以下几个原因：

第一，宋美龄在台湾的亲族凋零，生活寂寞。在宋美龄返台的五年时间里，蒋家遭逢三次大的变故，第一次是蒋经国去世，第二次是长孙蒋孝文去世，第三次是她非常能干的孙子蒋孝武突然去世。"老干"犹存，"新枝"却已一个个凋零。尤其是蒋孝武的去世，间接向人们宣告："掌控台湾政局长达40年的蒋氏家族，正式退出政治舞台了。"虽然宋美龄在蒋孝武病逝后表现得"相当坚强"，但蒋家第三代人物的死，她总是难受的。

第二，与"台独"的嚣张有密切关系。台湾解除戒严以来，要求民主的呼声日见强烈，同时"台独"势力也日益嚣张。台湾报刊认为：宋美龄"看尽这个国家的兴衰分合"，她"不愿意将来埋骨在一个不叫'中华民国'的土地之上"。许多接近宋美龄的人士认为，宋这次赴美，是一次"痛苦心情的抉择"，此时已到了"不能再留在台湾的时候了"。在蒋经国去世后的三年时间里，几乎看不出台湾未来的发展有多大的"光明前景"，反之，"一个独立台湾"的形象却似乎越来越近。因此，对宋美龄而言，"眼不见为净"，"未来就算去美不归而埋骨他乡也算不了什么了"。

第三，与宋的身体健康状况有关。据悉，宋美龄自1978年以来，视力、听力、记忆力等均严重衰退，"数次住进荣总治疗"。医师认为宋长期患有皮肤过敏病，不仅对气候、食物过敏，甚至连"抗过敏的药物都引起过敏"。医生认为"纽约天气对她较适合"。

宋美龄曾被视为"蒋家最后一位精神象征"，她去美国，等于为蒋氏家族在台湾政坛的影响力划下了句号。随着宋氏赴美，"永远的第一夫人"也将消失在人们的记忆中。

1993年9月，与宋美龄相依为命的孔二小姐孔令伟复发直肠癌返台湾治疗。翌年9月10日，97岁高龄的宋美龄飞赴台北探视生命垂危的75岁的外甥女。《中国时报》刊文称："以宋美龄九七高龄的风烛残年，冒着搭乘长途飞机的辛苦和危险，不辞万里跋涉来到台湾探视孔令伟，她们之间的感情，绝对不是一般的甥

宋美龄晚年留影。《时代》周刊称宋美龄为"钢铁塑成的花朵"

姨之情可能轻易诠释的。"9月19日，宋美龄再度返美。同年11月18日孔令伟病逝，这使本来生活单调、孤寂的宋美龄，又平添了一份凄凉。

1996年3月22日，美国纽约从台北运来450件中华奇珍异宝进行展示，宋美龄亲到现场，这是她近十年来第一次在美公开场合露面。

1997年3月22日是宋美龄的百年华诞。当此日期临近之际，国民党就开始为她筹办祝寿活动。

2月27日，中国国民党中央党史委员会在台北阳明山举办"庆祝蒋夫人期颐嵩寿座谈会"。会议由国民党中央副主席俞国华主持，特邀国民党元老及追随蒋介石夫妇的侍从人员、亲友、旧属及对宋美龄个人经历颇有研究的专家、学者32人出席。

李登辉也参加了台湾"妇联会"在台北举行的庆祝宋美龄百龄华诞茶会，并作了题为《蒋夫人无私奉献　爱心无远弗届》的致辞。李称，宋美龄来台后创立"中华妇女反共联合会"，开始有组织、有系统地关怀三军、服务妇女与济助老弱，使该机构成为建设社会的一股重要力量。他还称："蒋夫人不但是先'总统'蒋公的得力助手，并以全部的智慧和力量，投入国家各阶段建设。蒋夫人成功的因素很多，但最重要的有两点：一是在美国所接受的教育，二是虔诚的基督教信仰。"

3月18日，中国国民党祝寿代表团团长俞国华率团前往宋美龄寓所拜寿。俞国华等代表李登辉与全体国民党员向宋行礼祝寿。晚间由国民党及纽约侨界共同举办祝寿餐会。3月20日，祝寿活动达到高潮。这几天宋美龄非常兴奋。

据从美传来的信息，1998年初秋宋已将纽约长岛豪宅以280万美元出售，在曼哈顿公寓颐养天年。

2000年3月14日，据台北"中央社"报道，旅居美国的宋美龄传回台湾一封亲笔签名信，呼吁台湾选民支持、信赖候选人连战，并期许连战把以往从国民党出走的人号召回来，一起重新为"'中华民国'、为中国国民党团结奋斗"。宋在信中强调，"国家的领航人必须具备坚忍刚毅的性格、前瞻远见的眼光、久经历练的政治经验，才能把国家领向安全繁荣、领向自由民主，今天只有'总统'候选人连战符合这些条件"。然而，宋美龄的希望落空了，尽管有宋美龄等国民党大佬们的支持，连战仍以惨败而告终。宋美龄在岛内的影响越来越小。

2003年3月20日是宋美龄106岁华诞。正当台湾"妇联会"准备赴美国为她庆祝生日之际，传来了宋美龄病重的消息。"妇联会"打消了赴美计划。宋美龄106岁生日是在其寓所度过的。

2003年10月23日23时17分，美国东部时间2003年10月23日晚11点，宋美龄在美国纽约寓所于睡梦中平静去世，享年106岁。宋美龄逝世后，海内外，不管是官方还是民间，不管是学术界还是政界，都对她进行了多方面的评价。

在美国，各主流媒体都以显著位置报道宋美龄逝世的消息。《纽约时报》、美联社、CNN等主流媒体都及时发布了相关消息。《时代》周刊称宋美龄为"钢铁塑成的花朵"，并以此为主题发表悼念文章。欧洲和日本等国的报纸刊物，把宋美龄逝世当做新闻事件一样，都将有关文字和图片放在了突出的重要版面。

正在美国洛杉矶访问的国民党主席连战听到宋美龄逝世的消息后，立即改变行程，赶赴纽约。24日上午，国民党中央紧急召开治丧委员会会议，决定连续三天降半旗以表哀悼。

台湾当局通过"行政院"会议决议，"总统"陈水扁颁布褒扬令给予褒扬，并致送"国旗"覆棺。由于家属认为宋美龄已经入殓，陈水扁致送"国旗"与连战致送党旗到纽约后并未举行覆棺仪式。

全国政协主席贾庆林于2003年10月24日发出唁电，高度评价宋美龄女士曾致力于中国人民抗日战争，反对国家分裂，期盼海峡两岸和平统一、中华民族兴盛的历史功绩。

蒋纬国权力之路受阻

在蒋氏家族中，另一位扮演举足轻重角色的则属蒋纬国。他是蒋家成员中，对社会各阶层最具亲和力的人。他幽默爽朗，交际圈较广，因而结交了不少各界朋友。他对政治的看法是透过笑话和幽默的方式从侧面来表达的。

蒋介石病逝后，蒋纬国同僚纷纷升迁，唯他备受冷落，直到宋美龄离台赴美前夕，经过宋美龄的干预与前"三军大学"校长余伯泉大力举荐、让"贤"，才使时任"副校长"兼"战争学院"院长的蒋纬国晋升上将并出任"三军大学"校长。

从蒋经国继"统"到1986年蒋纬国出任"国安会秘书长"的10年里，弟兄俩常发生一些小的摩擦。如蒋纬国在讲话时不是推崇其父，就是宣扬自己的作战阅历与战略思想，极少称赞他的兄长。有一次他答复一个外国记者访问时称："我们从来没有要'反攻大陆'，至少我从来没有这样说过。"蒋经国闻之后很生气，令人转告其弟，说他身为"三军大学"校长，竟然散播"'反攻'无望论"，会涣散军心士气。再如他对蒋经国的亲信王升升迁太快不满。当王升在一次讲话中一再以"蒋公"唬人时，蒋纬国驳斥王升的说法，说王曲解"领袖"原意，只不过是拿"蒋公"的话作为他自己理论的合理化依据。王升作为蒋介石的信徒、蒋经国的准嫡系，所说并无错，蒋纬国借机"挑刺"批王升无非是做给蒋经国看的。因蒋纬国不断触怒其兄，使蒋经国被迫制裁其弟，他下令免去其弟"三军大学"校长职务。后经宋长志进言，才决定将其和王升对调，出任"联勤总司令"。蒋经国并令宋长志转告他要守本分干"三军"后勤，不要随便发议论。港报对此评论称：

"这不是给蒋纬国好看吗？这样降职，蒋纬国愿意吗？况且，联勤总司令，不过是'三军'的副官长；蒋纬国在台湾号称是精通战略的将才，现在却落得'三军办'后勤打杂，听人使唤。蒋经国对他这位'问题老弟'未免太……"

从上述文字可以看到，蒋家第二代兄弟之间存有芥蒂。直到蒋经国的交班部署被打乱，蒋纬国被冷遇的状况才得以改变。1986年6月蒋纬国被其兄任命为"国安会"秘书长要职。日本《选择》月刊1986年8月号对蒋纬国突然高升评论道：

"蒋经国的长期计划是：

（1）慢慢缓和国民党一党统治体制；

（2）逐渐让国民党元老退位，让技术人员和科学家出身的官员执掌国政；

（3）把军队'首脑'对权力的影响限制在最小限度；

（4）逐渐让台湾人走上第一线；

（5）'总统'职务的继承问题根据'宪法'规定处理。"

"但是如果急于推进上述计划，就会遭到国民党元老和军队'首脑'的强烈反对。因此要花时间慢慢来。同时蒋经国打算通过让蒋纬国登场，缓和他们的不满。蒋纬国就是为了起到控制军队'首脑'，缓和他们的不满情绪，起到圆满地向知识分子官僚及台湾省人移交权力的重要作用而登场的。蒋纬国将在李登辉'总统'体制下掌握实权。或有可能在蒋经国之后实现蒋纬国'总统体制'。虽然形式上是蒋介石、蒋经国、蒋纬国，蒋家连续三代执政，但实质大不相同。这一切都是为了对付国民党元老和军队'首脑'的策略，蒋经国'总统'的长期计划没有改变。"

上述评论确有一定道理，但也不尽然。

当蒋经国病逝之后，因身份特殊与身居要职，蒋纬国在台湾政坛上有举足轻重的影响。《雷声》周刊发文称：蒋经国病逝后，蒋纬国是蒋家成员中唯一可"栽培"与"拥戴"的人。何以这样说呢？因近年来台湾岛内外不少传播媒体大作翻案文章，许多矛头直指宋美龄，使宋的形象不佳。蒋经国长子蒋孝文，卧病已久，形同废人，在政治上早已被宣告为"死刑"，且又于蒋经国病逝第二年追其父而去。次子蒋孝武因江南事件形象太坏被外放新加坡，出任商务副代表，因职务太低，即使国民党十三大奉调返台，也不可能挤入权力核心。三子蒋孝勇因涉及特权承包工程，被民进党立委吴淑珍抨击得体无完肤。至于章孝严、章孝慈两兄弟，尚未认祖归宗。所以在蒋家现有成员中，也只有蒋纬国可以"栽培""拥戴"。文章还认为：如果蒋纬国在国民党十三大之后能成为台湾政坛上一个新的"权力山头"，则蒋家第三代尚有可为，否则蒋家将在台湾政坛乐章中谱上"休止符"。据一位接近蒋家的人士说：宋美龄为协助蒋纬国成为台湾一个新的权力重镇，将原打算 4 月赴美的计划改为国民党十三大后成行。

从蒋经国生前安排蒋纬国出任"国安会"秘书长一职，即可看出蒋纬国在台湾现实政治中的实际作用。蒋经国的用意在于预见政局变化的不可测，事先筹谋其身后的政局稳定力量。蒋经国病逝后，军方决定效忠李登辉，这一稳定台湾政局的举措与蒋纬国的作用分不开。

国民党十三大前夕，党内权力角逐相当激烈。在这场新的权力角逐中，蒋家是否会再起，又成为社会舆论的焦点之一。《自立晚报》记者徐璐采访了蒋纬国，下面抄录一段采访记，可见蒋氏家族动向。

问："在这次激烈的人事竞争中，尤其是'中央委员'的选举，蒋家均有多位人士参与角逐，而有人也有意推举您为副主席，因此，政坛上有'蒋家再起'

的传言，您对这个传言的心情是什么？”

蒋答：“我不主张大家的注意力摆在蒋家不蒋家的问题。因为如果拿这个做文章，会造成蒋家人非常重的负担。好像只要有一个人做了一次‘总统’，世世代代都想做‘总统’的样子，如果不做‘总统’，就是蒋家的不争气。”“这种讲法是把蒋家当做‘蒋氏王朝’”，“是封建帝王思想很重的观念”。当然，“身为蒋家的人，可能心理上特别会希望自己的作为不能让上一代失望，不能带给他们污点，但仍然不是外界所说的‘非接棒不可’的心理”。

问：“这次十三全的中委选举，孝武、孝勇、孝严、孝慈先生都可能参与角逐，您对他们是采取什么样的态度？”

蒋答：“我并不鼓励他们，但也不阻碍他们。这是一个民主的世纪，每一个人都有自己该负责的一面。”

问：“那么对于有人有意推举您为副主席，您在某次访问中曾主动提起，您也说要他们不要管。在这个过程中，您究竟有没有积极阻止他们？您对选举副主席的立场如何？”

蒋答：“对于选举副主席这个问题，我不只是在报刊上看到，我也亲身与不止一位、两位接触过，他们来劝我，告诉我。但我个人倒不想有这类的工作”。对于他们的做法，“我当然积极阻止，但是，我只能尽自己的一份力”。

问：“您觉得您最有能力做的事是什么？”

蒋答：“我能做什么，你们都应该知道。我是什么训练出来的，像‘国安会’秘书长这行，我是学过的。战略问题，尤其是大战略，大至全球战略乃至太空战略，我也是学过的。没有人是全面性的专家，如何产生各种专家，而能把他们组合起来，是一极重要的工作”。“我也一再要求自己，不追求任何名利职位。当然，任何人应该准备更高层或更大范围的责任和挑战”。①

从蒋纬国的答记者问中可以看到：在国民党内新的权力角逐中，蒋氏家族的确想在国民党十三大之后成为台湾政坛上的一个“权力山头”。也可以看到蒋纬国有些话言不由衷。例如：关于竞选国民党中央副主席一职，国民党中常会在十三大召开之前已决定不增设副主席，但据台报称，以滕杰为主的部分资深“国大代表”则还要推动联署，要求国民党修改党章，增设副主席，并要求提名蒋纬国为国民党副主席。在开会前，蒋纬国在各种场合也搞变相拉票活动，表明他问鼎中

---

① 台湾《自立晚报》，1988 年 7 月 3 日。

委的企图十分明显。这引起台湾一些人士的不快,部分开明派人士更产生蒋纬国有野心的疑虑。正因为如此,蒋纬国未被提名进入中委会,被排除在权力核心之外。同时,由于蒋纬国是"国安会"秘书长,不获提名中委,被聘为国民党中央评议委员会主席团主席,而"国安会"三名副秘书长也由原"中央委员"改聘为"中央评议委员"。

港报对此评论称:上述举动显示了李登辉与其他决策人士将"国安会"降格。台报认为:从蒋纬国有意由中评委转任中常委受阻一事看来,蒋纬国意图通过中央委员会的选举,进而跻身掌握国民党最高决策权力的中常会之机会被断绝。还可以看到:"现下握住党内实权的人士已然不再眷念蒋家昔日的恩泽,凡事以'党国'为先,对蒋家后代的照顾大约也仅止于任其在台湾商场上大展宏图与驰骋称雄而已,过分的政、经特权已不可能。"

不料事隔一年之后,蒋纬国政治声势又告高涨,甚至一度被视为下届"总统"的热门人选,这种局面连蒋纬国本人也都觉得相当意外。在蒋介石、蒋经国生前的"执政"时期,蒋纬国出生在这个"哥哥爸爸真伟大"的家庭,虽然得天独厚,可是他父兄从未在政治领域中刻意培植过他。因此,蒋纬国在政坛中始终未曾崭露过头角,即使他的军旅生涯也不是很畅顺。

但是命运之神显然特别喜欢捉弄蒋纬国,每当他一马当先之时,往往中箭落马,大爆冷门。反之,当大家认为他黯淡的时候,他往往奇迹式的"咸鱼翻身",让不少政治观察家跌破眼镜。十三届二中全会之前,李登辉派他为特使,前往萨尔瓦多祝贺新任总统就职。任何明眼人都看得出,这是一种调虎离山之计,以防拥蒋势力在二中全会上兴风作浪。拥蒋派为蒋纬国抱打不平,认为李登辉欺人太甚,这种情绪在"国民大会"前尤为强烈。有人向蒋纬国建议,干脆一不做,二不休,报名参加台北市党内初选,出马角逐下届"增额立委",以向李登辉表明心迹,他绝无取而代之的意思。蒋纬国一度动心,但又怕刺激李登辉,故未参与党内初选。

但是,由于蒋纬国一直是反对李登辉势力竞相拉拢的对象,所以"司法院长"林洋港公开发表谈话,指出大陆籍人士中不论李焕还是蒋纬国都具有竞选"总统"的声望与才识,如果他们出任"总统",他"当副总统可以接纳"。资深"国大代表"颜泽滋得知后曾提出蒋纬国是大陆籍,又具军事长才,表示支持蒋纬国竞选第八任"总统"。一时间,蒋、林搭档竞选正、副"总统"之说甚嚣尘上。

当社会出现拥立蒋纬国竞选下任"总统"的声浪后,蒋纬国急得像热锅上的蚂蚁，他怕引起李登辉误会，说他在中间捣鬼。

1989 年 12 月底，他借《"中央日报"》访问之机，急于向李登辉表明心迹。他说：

"我是一个中国国民党的党员，一定遵守党的制度与规定，绝不会违反党纪，自行参选。""对于'总统'、'副总统'候选人，党有一定的提名程序与规定，任何党员自行参选，就是违反党纪，就要开除党籍。我是一个忠贞党员，如果有一天'蒋纬国被开除党籍'！我何以见人？如果有那么一天，我要到慈湖先'总统''陵寝'前切腹自杀"。

他还说：

"有些人则别有目的，有意'逼宫'，要我表态，要我承认接受他们的意见"，这种做法"难免对我造成某些困扰与伤害"。①

另据报道：蒋纬国还通过有关渠道向李登辉表示，他支持李竞选下任"总统"的初衷与立场始终未曾改变过，而且，根据国民党的传统，党主席理所当然是"总统"候选人，他绝对没有出马竞选的意思，请李登辉释怀。蒋纬国还曾怀着极其矛盾的心理去见宋美龄，宋美龄告诫他说：

"你的个性最容易遭受误会，因此，过去你受了很多的委屈，这一点我最了解了。我们蒋家从你父亲到你哥哥对于党和'国家'已经尽了责任，对于历史也有交代，一切自有公论，你不必考虑为了蒋家而刻意去做或者不做一些事情，只要'国家'需要你，大家需要你，你就去做。"②

蒋纬国听后心情平静多了。为了"避免卷入选举是非"，蒋纬国与拥蒋派大将滕杰协商，声明放弃竞选。其后又于 3 月 16 日向李登辉提出辞去"国安会"秘书长职务的辞呈。李登辉当即令"总统府"秘书长李元簇予以慰留。据《联合报》载：蒋纬国在辞呈上说，他两年前在经国先生逝世时曾经请辞，这次仍望在"总统"选举前后至"总统"就职前卸去"国安会"秘书长的职务。当日下午，蒋纬国偕夫人邱如雪赴美度假。据《联合报》称：蒋纬国赴美度假，是李登辉的意思。3 月 10 日，蒋纬国宣布辞选后曾受到李登辉的召见。李登辉曾说："最近蒋秘书长很辛苦，受了很多折磨，不妨到国外去度个假。"过了几天，李元簇又打电话给蒋纬国，询问"请假出国"之事，蒋纬国当时答复正拟向"总统"请假，于是递出请假单，李登辉当日即指示准假。在去美机场，记者问他为什么选在

---

① 台湾《"中央日报"》，1989 年 12 月 31 日。

② 林伟安：《蒋纬国向李登辉表明心迹》，载台湾《新新闻》周刊 1989 年 11 月 5 日。

此敏感时刻赴美，有什么特别政治意义？蒋答："这段时间大家能够平平稳稳的，不要卷入选举是非，所以我就出国旅游。"

当然，蒋纬国对于李登辉提名李元簇为"副总统"候选人的做法颇不满意。他对记者称："为什么先放很多其他的风声，最后由李元簇出来"。"事前他在放风声的时候是否已经属意李元簇，大家就不得而知了……我相信连他最身边的人也未必知道"。另外，从他所讲的蒋经国从未说过"蒋家人不再竞选总统"的话和在第八任"总统"选举前后的言行看，蒋纬国对政治的兴趣毫不减弱，他能否再起将取决于拥蒋派增长速度的快慢。

正当蒋纬国在政争中处于失势之际，他在1991年7月又成为台湾舆论的焦点。

7月初，民进党"立法委员"叶菊兰将"国安会"秘书长蒋纬国私藏枪械事，在"立法院"曝光，顿时引起台湾社会的关注。11日下午台中市调查站将该案函台中地检署，全案进入"司法程序"。

蒋纬国私藏枪械事原发于6月底。蒋纬国说：有人告发他持有枪械，其女佣人李洪美知道后于6月29日报告了宜宁中学董事长蒋信丞，蒋打电话给蒋纬国，问他到底是什么枪，蒋纬国这才想起60支放在阁楼内的枪，于是30日托蒋信丞将60支0.22口径练习靶枪报缴台中市检查站。但另据蒋纬国的幕僚说，是李洪美因阁楼地板塌陷，找人清理阁楼时发现这批枪，报告蒋信丞的。因前后说法不一，引起了台湾社会大众的种种猜疑。

在蒋宅中发现的这批枪械，是20多年前蒋纬国托美军购买的。蒋本想用这些枪在"三军大学"或"联勤总部"附设休闲靶场，提供军官娱乐之用。因当时没有地方存放，也就暂放在台中的家里。这些枪是旧枪，蒋纬国请联勤单位查验、鉴定并上了凡士林，贴有"联勤总部"检验的封条。蒋说：在工作繁忙又事隔多年的情况下，他"也就真的忘了此事"。他认为"整个事件是一个不友善的行动"，他怀疑是个"阴谋"。

蒋纬国将这批枪支上缴后，台中市调查站把该批枪支送鉴定单位实施鉴定。经鉴定具有杀伤力，但由于年代久远，威力不大，精度也很差，有效的瞄准距离只有25米。可是这批枪械是在《枪炮弹药刀械管制条例》管制的范围之内。蒋纬国则表示："只要是枪，当然有杀伤力，但是枪锈了、坏了，没有子弹有没有杀伤力呢？……问题是有没有杀伤的意图？"他还表示如果法庭审判，他会遵守"司法程序"。但是民进党籍"立法委员"对蒋纬国一再深究，要求蒋纬国负起责任，"辞去秘书长职务"。蒋纬国坚定地表示，"除非'总统'要他走，他才会走"，他不会因此而改变"反对'台独'运动的决心"。在持枪案曝光后，蒋纬国的女佣人李洪美自杀，蒋纬国认为李的死与枪械问题有关，他一定要追究死因。

蒋纬国私藏枪械案发生后，此案件的审理也成为人们议论的话题。负责承办该案的检察官说，蒋纬国的身份并不会影响有关案件资料的函送，而且会"公开办案"。此案也说明蒋纬国的势力江河日下，蒋家风光再不比从前了。

蒋纬国不仅对参政仍有浓厚的兴趣，而且特别关注大陆情况。当云南地震发生后，他曾参与组织"台海爱心会云南救灾小组"，派人携款前往灾区援助。同时他还宣称：在卸下公职以后，"绝对的，当然要回大陆"。他说他是第一个发起纪念郑成功，并铸造了一座郑成功铜像，面对大陆，就是表示自己一心想回中国大陆。

1992年年底，在"立委"选举中，作为"超级选民"的蒋纬国公开支持因对李登辉不满愤然辞去"财政部长"的王建煊竞选"立委"。蒋纬国此举已经公开宣示反对李登辉。李登辉对此非常恼火，于1993年3月1日将蒋纬国赶出"国安会"，做了"总统府资政"。

这一年，国民党内政争日趋激烈，"非主流派"成立"新同盟会"，蒋纬国出钱出力。新同盟会汇集了郝柏村、李焕、许历农、梁肃戎等大老，以"国民党正统、救党图存"相号召。同年8月，国民党"十四大"前夕，以王建煊、赵少康等具有民意基础的"立法委员"所组成的新国民党连线另组新党，蒋纬国予以支持。

1994年，当李登辉与日本作家司马辽太郎发表《生为台湾人的悲哀》后，蒋纬国坚决反对李登辉的理念及"重返联合国"的举措。1995年4月5日蒋介石病逝纪念日前夕，蒋纬国发表《正统国民党员何去何从》长文。该文把李登辉所领导的台湾当局指为"两岁党"非"正统国民党"，已有别于中国国民党。他指控"两岁党"与民进党堪称"一体之两面"，"百年老店已被清仓"，今之当局已将百年老店剪成两岁，并且盗名自居，因而国民党已空剩老招牌而已。蒋纬国号召老国民党员与新党合作，"共图遏制'台独'与独裁"，"才能解脱……沦为日本次殖民地的悲哀"。①

---

①　台湾《联合报》，1995年4月4日。

4月5日，蒋纬国在蒋介石忌日继续抨击目前国民党内的领导是"一天比一天弱、一天比一天乱"。当林洋港、郝柏村站出来竞选正、副"总统"之际，蒋纬国倾全力支持林、郝。蒋纬国不仅反"台独"、"独台"与独裁，且一直坦言统一。他说："我是这样子的，只要是对中国人有利、对中国统一有帮助，我是毫无顾忌地做。"

1993年蒋纬国赴加拿大出席一个国际会议时，他以《如何统一中国》为题发表演讲。他说台湾当局奉行的"三不政策"已形成两岸的僵局；其中最关键的政策是"不妥协"，因为"不妥协"所以"不谈判"，因为"不谈判"所以"不接触"。他提出只有变更"三不政策"两岸关系才能得到发展，统一才有可能。他认为：要打破两岸僵局，应首先找出两岸的共识。蒋纬国认为双方共识应是：

"两岸人民都认为自己是中国人，所以只要'一个中国'"；"两岸要追求中国人能够'过好日子'及机会，任何不能使中国人过好日子的障碍，两岸应联手排除"；"两岸要追求一个'受国际尊敬的理想新中国'，此一共识，要有两个前提：一是自己要能富强，二是要能尽国际义务"。蒋纬国还声称：这三个共识之下，谁要不承认自己是中国人要闹分家，谁就是两岸的公敌。对于邓小平倡导的"一国两制"，蒋纬国基本同意。① 他多次宣称要回祖国大陆看看。

就在这一年，蒋纬国连"总统府资政"的聘书都没有得到。同年底，81岁高龄的蒋纬国因长期洗肾加上糖尿病引起胃肠功能病变，食欲不振，体重下降到50公斤，须靠静脉注射补充营养。蒋纬国过去有高血压、慢性肾炎、糖尿病肾病变、急性胸腹部主动脉剥离造成肾缺血等病史。1996年11月7日，因尿毒症开始接受长期血液透析治疗。

1997年9月23日，蒋纬国的病情因呼吸问题和内出血而恶化，终于不治身亡，享年82岁。蒋纬国病逝当天，中国大陆海协会会长汪道涵致电台湾海基会称："惊悉纬国先生不幸病逝，甚感哀痛。纬国先生坚持一个中国，反对'台独'。值此谨致哀悼！"10月19日，台湾各界人士为蒋纬国举行公祭仪式。其后，蒋纬国的遗体被安葬在台北县五指山示范公墓二区。

第三代凋零

在蒋氏家族中，第三代在台湾社会曾经颇引人注目。在蒋家第三代中，本

---

① 纽约《世界日报》，1995年4月5日。

来蒋孝武最有政治行情。由于江南命案的影响，蒋孝武被外放新加坡任商务副代表。台报认为：蒋孝武"是否即永远真的与权力核心疏离呢？恐怕并不见得"。从蒋氏家族长期以来的影响力及中国传统的政治习惯而言，蒋孝武对于国民党内部的党政军"首脑"，相信仍有一定影响力，蒋孝武的动向依然不可轻视。

国民党十三大召开之际，台报认为这是蒋孝武问鼎中委的最好契机。有台刊推测，蒋家第三代成员中（主要指蒋孝武、蒋孝勇，章孝严、章孝慈）可能只有两人当选"中央委员"，两人当选候补"中央委员"。蒋孝武一向偏重政治方面的发展，同时他又与李焕关系良好，挤入"中央委员会"行列，自属"顺理成章"。然而在国民党十三大召开前，台湾岛内"翻案风"大行其道，许多翻案事件都涉及蒋介石与蒋经国。蒋孝武非常激愤地说：

"我的祖父与父亲对国家的贡献，有目共睹，不容抹杀。我可以容忍对我的诽谤与诬蔑，绝不能容忍对我祖父与父亲的诽谤与诬蔑。"对于所谓翻案事件，"是经过法律程序而定案的，现在纵使要'翻案'，要'澄清'，要还'历史真相'，也要遵循法律程序"。[①]

由于蒋氏家族声誉、地位急剧坠落，蒋孝武愤激之下公开声明不参加"中央委员会"的竞选，然后赴新加坡上任去了。

1990年"总统"大选前夕，李登辉任命蒋孝武出任"驻日代表"。李登辉此举明显地具有向老"国大代表"拉票的意向，同时也想堵住那些"拥蒋派"的口。在日任职期间，蒋孝武密切注视岛内政治动向。因"总统""副总统"选举发生党内政争后，于3月8日回到岛内，并发表了致中国国民党诸领导的一封信。信中主要批驳"非主流派"的做法。具体内容为：

"孝武长年奉派驻外，虽常有思亲念乡之苦，总能以工作回报获致慰藉。唯近来眼见……台湾内部衍生出一股逆流，破坏一切规范，从'中央'到地方政争不断，法律规章传统伦理的丧失，社会秩序失控，乱象到处可见，……本党的领导群在争谋权位，互不相让，置本党理想于不顾，置民族大义于不顾，置'国家前途'于不顾，岂不令人痛心？而现今党内夺权斗争，也许可藉妥协暂时平息，但妥协并非和谐，只是下一波斗争的伏笔；如此派系与派系之间，人与人之间，周而复始的倾轧，不但使伦理与纪律荡然无存，40年来奋斗成果也将毁于一旦"。

---

① 林幸篇：《与蒋孝武谈家事、军事、天下事》，载《自立晚报》，1989年6月8日。

十三大以来，"名位之争愈演愈烈，而其层面越来越广，……假民主程序之名，图夺权之谋，藉法规漏洞从事政治投机，明明想当却扬言不竞选，透过所谓咨商形式，从事权位分赃。这样的党内民主，难怪造成这种党不党，政不政，有选票，却无民意的乱象"。"我将终生是三民主义的忠实信徒，个人已再无所求，面对眼前情景，今天以一个中国人的身份，衷心呼吁中国国民党领导同志们捐弃一己之私，尽速推动党的第二次改造，为创建统一的新中国共同奋斗"。①

蒋孝武发表该信后曾受到李登辉的接见，同时举行了记者招待会，再一次申明信中所谈的对台湾政局的基本看法。正在美国访问的同父异母兄弟、"海工会"主任章孝严认为蒋孝武的勇气与态度"是值得赞赏的"。

蒋纬国对《中国时报》记者称：孝武发声明"我一点儿也不奇怪，也不责怪他。因为孝武是个病人，他的身体一直不好。病了很久，利用一个人的心理和身体的弱点做政治工具，这种人太残忍……这件事造成孝武失去他正常的形象，对孝武本人是非常残忍的，对蒋家也是。但我对孝武一点责怪的意思也没有……因为他做出那件事，是非常反常失态的……那是真正懂得利用人心弱点的人出的一招，这样的人心，真是令人不齿"。②

1991 年 5 月，蒋孝武请辞"驻日代表"返抵岛内。7 月 1 日，因急性心脏衰竭逝世于台北"荣民"总医院，终年 46 岁。当天，台湾"中央社"发布如下讣告：

"台湾荣民总医院今天上午发表医疗公告指出，前'驻日代表'蒋孝武于今天上午 5 时 45 分，病逝在荣总医院。"

公告指出：蒋孝武自 1982 年起患有糖尿病及高脂血症，以胰岛素控制尚称稳定。蒋孝武另患有慢性胰腺炎，时有急性发作，皆在"荣总"治疗。

蒋孝武于 6 月 30 日晚间 9 时住院，诊断为慢性胰腺炎。经药物治疗后，略有好转。至 7 月 1 日清晨 3 时及 4 时 30 分访视时，尚无异状。但至 5 时 30 分访视时，呼吸及心脏均已停止，经抢救无效，于 5 时 45 分宣布死亡。

因蒋孝武有糖尿病及高脂血症，其突然病故，经医生诊断为急性心脏衰竭所致。③

李登辉、郝柏村等党政要员前往医院探视蒋孝武遗容。7 月 31 日安葬，李

---

① 台湾《"中央日报"》，1990 年 3 月 9 日。
② 台湾《中国时报》，1991 年 7 月 4 日。
③ 台湾《"中央日报"》，1991 年 7 月 2 日。

登辉特颁"轸念英才"挽额，并亲临致祭；郝柏村、李元簇等党政人士、亲属约千人前往吊祭；国民党元老倪文亚夫妇，"总统府资政"陈立夫、黄少谷、李焕、俞国华夫妇等先后前往介寿堂行礼致意。

在蒋氏家族中，以蒋孝勇为首有着巨大的经济实力。据港报称：蒋孝勇已成为整个国民党工商实力的代表，在台湾工商界具有相当大的影响力，他的直接企业与间接企业，总数在数百亿元左右，他能影响并支配的资产，即在新台币300亿元以上。舆论认为：蒋孝勇在台湾"工业总会"理监事改选中以第二高票当选，意味着蒋孝勇将是未来台湾工商企业界的领导人。此次国民党十三大召开前夕，蒋孝勇跃跃欲试。选举结果，蒋孝勇以高票当选为中央委员，按票排位第15位。如果蒋孝勇还想更上一层楼，除了蒋家影响之外，需他本人加倍的努力，才能维持持续发展的势头。

1989年3月，蒋孝勇向公司请了一年的长假，举家迁往美国，行前曾在公司动员月会上公开向所有干部与员工表示，此行是前往美国"进修""充电"，他随时都会回来。对于蒋孝勇的美国之行，外界议论纷纷。《远见》杂志就他举家迁美的问题进行采访。蒋孝勇在答记者问时透露了他举家离台的种种想法。他说：

"我总觉得我们家庭和中国近代史，过往似乎是连在一起的，但总是要打个休止符的。""对我而言，父亲辞世以前，没有办法打一个完全的休止符，不是别的原因，是因为大家总戴着有色眼镜看我。但是我不愿意我的小孩子跟我有同样的遭遇"。

"以做子女而言，当然没有人愿意祖上被人家做一些不当的羞辱。我觉得今天我们整个社会上，对于敬老尊贤这个立场，似乎是脱离常轨太远了一点。当然今天也可以了解到有些人是为反对而反对……有一点我不能够接受，就是对人的不尊重"。

谈到今后从政问题，蒋孝勇说：

"先父在世时，我就立定了宗旨：第一，不干公务员，第二，不做专职党务工作，到今天还没有作任何修正。"

对于他1983年国民党十三大时高票当选为中央委员的原因，他说：

"先祖的庇荫是个事实。但是我对于所谓中央委员的争取，当时是抱这样的心情，现在还是如此，就是：传承的意义重于实质的意义。我之所以争取，主要原因是先父才过世，就像线断了一般，也不一定是一件对的事情。但是我并不认为我以后在党里面所谓中央委员会这个途径上会有什么发展。我只是尽我自己本分，做我自己该做的事情。"①

蒋孝勇在美一待就是五年多，他虽身在美，但一直关注岛内政局。蒋孝勇强调国家认同，因而对李登辉把台湾与国民党引向"独台"之路深表忧虑。

1996 年台湾第九届"总统"大选前，蒋孝勇专程返台对党内初选投下空白票，反对李登辉连任"总统"，宣称台湾现在是"'台独'、黑道和金权猖獗，导致内外危殆"。同时公开声明支持林洋港竞选。不久，蒋孝勇因食道癌住进"荣总"。此间，他曾接受《远见》杂志总编王力行采访，说出一些外界未闻的史实。他说他二哥蒋孝武与二叔蒋纬国绝对没有涉入江南命案，他认为 80% 是别人造谣，20% 是自己给人家这种印象。他说蒋经国对接班人另有安排，至于是谁，蒋孝勇没说。他还对返乡探亲、移灵、章氏兄弟认祖归宗诸事谈了自己的看法。

由于蒋孝勇病情严重，医生束手无策，蒋孝勇萌生回中国大陆看病的想法。据蒋孝勇自己谈，赴中国大陆看病有两个目的："一个是看病，一个是想回乡看看。""当初，我本来要去几个地方的，北京、溪口、上海、南京、黄山。没想到脑子长瘤（癌细胞转移到脑部）所以就赶回来治疗。去黄山的原因，是因为我父亲整个中国都去过，就是黄山没去过，我是想代父亲去了个心愿。"

然而，由于蒋孝勇体内的癌细胞已经全面扩散，医生已无回天之力，1996 年12 月 22 日晚蒋孝勇病逝于台北，终年 48 岁。对于蒋孝勇之死，岛内各报除了具有外省籍背景的《中国时报》《联合报》等用头版头条处理，并做了特辑外，其余台籍人办的报只发了简短的消息。由此可窥见世态炎凉、人情冷暖。蒋孝勇之死，标志着蒋氏家族已经真正地走向没落。

蒋经国的另外两位庶出的公子章孝严、章孝慈，是蒋经国与章亚若的一对私生双胞胎。1949 年他们随外祖母和舅舅到台湾后，生活非常清苦，当然也曾经得到蒋经国的挚友王升的呵护。高中时期知道了自己的身世，几次认祖归宗未成。章孝严后来回忆说，我在"'外交部'工作时，远远地跟父亲见过一次面，那是 1972 年的一个酒会上，他当时担任'行政院'的'院长'，应邀出席这个由教廷'大使馆'举行的酒会，远远地看到他。我很想上前叫他一声，但又

---

① 台湾《联合报》，1989 年 3 月 28 日。

不敢确定他认不认识我，我触及他的目光感觉到他和我点头笑笑，但我还是决定闪开，在一个很有感触的情况下离开了。这是父亲生前唯一同我见过一次面的情况"。①

蒋经国病逝后，章氏兄弟虽未明确认祖归宗，但与蒋孝武、蒋孝勇的"兄弟"关系与情分日渐明朗、公开。蒋孝武生前曾因章氏兄弟的心境，主动找他们讨论这个问题，但又担心对母亲蒋方良造成感情冲击。章孝严曾说：一切就让它顺其自然，不能让任何人受到伤害，无论生者或死者。在蒋孝文与蒋孝武的葬礼上，章氏兄弟均以"家属"身份出席。一位与蒋家关系深厚的政界大老怅然地说，如果孝武的丧礼上，没有孝严、孝慈，只有孝勇，显得多孤单、寂寞啊！

章氏兄弟给外界的印象颇佳。曾任"外交部"次长的章孝严，面对未来充满信心。国民党十三大前夕，章氏迫不及待地争取竞选资格。他对记者称：如果上面肯定他的做法和工作表现，也有可能给他机会，提名他竞选中央委员。他说如果真提名到他，他将"全力以赴"，包括请几天假去拉票，到会场去争取代表们的支持。他认为这样做是他受教育所学的民主政治的做法，是"向同志们推销自己，有一天也向国民推销自己。反过来说，也就是要接受党中央、同志和社会大众的审核"。对于蒋氏家族，他称赞他的三个兄弟都有很好的开始，他说"孝武、孝勇和孝慈都以高票当选代表，如果家中四位都被提名竞选中委，自然有其意义，但能够当选几位，意义将更为凸显"。②

对于章孝慈，外界知之甚少。他在新竹义民高中毕业后，考入东吴大学中文系，得到文学士学位后，再转系进入法律系。光在大学章孝慈就读了八年，获两个学位。后又到美国得克萨斯州教会所办的南美以美大学，获政治学硕士学位，其后又拿到杜兰大学法学硕士学位，再继续留校攻读法学博士学位，直到34岁，他才完成旷日费时的求学历程。在美留学期间，他有六年是靠暑假打工维持生活。1978年章孝慈自美返台，任教于东吴大学法律系，两年后接任法学院院长职务；1986年接任教务长职务，并兼任法学院院长职。东吴大学校长杨其铣说：章孝慈"头脑细密，办事有步骤，讲话有条理，思路清晰，平日虽然不大爱讲话，但教学、演讲口碑都不错"。③

---

① 傅纲：《独家专访蒋孝严：从"认祖归宗"到"两岸交流"》，新华网，2009年7月24日。
② 高金郎：《章孝严谈蒋家与十三大》，载台湾《民众日报》，1988年6月11日。
③ 《章孝慈走出"心结"迎向新的挑战领域》，载《中国时报》，1988年5月12日。

国民党十三大前夕，章孝慈宣称要竞选十三大代表。初听这一消息，许多熟悉他的朋友不仅吃惊，更充满疑问。因为章孝严常提醒别人，"别把我弟弟扯进政治里"。加之章孝慈本人，除了念书就是教书，一直都待在学校里，再加上外人谈论兄弟俩时，似乎总在结尾时才附带提到他，因此在一般人印象中，他始终不带什么政治色彩，外界也极少会把他定型于"政治人"。

从未曾与政治沾上边的章孝慈，为什么要主动竞选国民党十三大代表呢？章氏宣称："政党政治是时代必然的趋势，国民党在观念上必须有所调整。"他说他参加竞选的动机有三：

（1）"对国民党党员动向的认识与掌握"；

（2）"深入了解国民党的组织结构"；

（3）"体验新的生活方式"。

对于章孝慈出来竞选十三大代表，其兄章孝严与二叔蒋纬国均表示支持，东吴大学校长杨其铣也声明支持，并称党需要章孝慈。通过章孝慈多方努力，他首先以高票当选居住北区知青党部十三大代表。与此同时，章孝慈还通告不排除竞选新竹县长的可能性。在短短的几天内，章氏创造了极高的知名度，以这种气势进军十三大中委的选举，似已形成一股锐不可当的力量，即使未获提名，也将获得代表们的联署推荐，进而高票当选为中央委员。特别是章孝慈以学者身份出现，形象清新，必能获得许多代表的赞赏与支持。事情正如所料，章氏兄弟在十三大双双以高票当选为中央委员（按票数多少排位，章孝严列居第6位，章孝慈列居第11位），为今后问鼎更高的权力奠定了坚实的基础。

1989年，章氏兄弟请好友赵桂林来大陆，帮其修复章亚若的墓地。年底章氏兄弟又请在大陆的《联合报》记者周玉寇到墓地代献了一个大花圈，上书"母仪可则"四个大字，表示他们对亡母的崇高敬意和哀悼。

1993—1994年，章孝慈两度到大陆参加学术会议，并到章亚若墓前祭奠。然而天有不测风云，正当章孝慈准备向更高一层权力迈进之际，竟于1994年在北京参加学术会议时突患脑溢血，并于1996年4月病逝于台北，终年55岁。

章孝严是蒋家第三代中政治地位最高的一位，也是最能干的一位。1993年3月章孝严当选为"侨务委员会委员长"。1994年11月14日章孝慈突发脑溢血后章孝严赶赴大陆予以处理，18日赴广西章亚若墓前祭拜。2000年国民党丢失了政权，章孝严也丢了官，但获得了赴大陆的自由。同年8月到浙江奉化溪口老家祭祖归宗。2003年7月29日，章孝严偕夫人到大陆将自己母亲的墓碑改为"蒋母章太夫人之墓"。再到溪口，在报本堂前行三跪九拜大礼，正式认祖归宗。其后章孝严穿梭于海峡两岸之间，为两岸关系和平发展贡献心力，特别是在2002年提出2003年春节包机为两岸直航创造了先机。做过台湾当局"部长"级的再去竞选"立法委员"，在台湾只有章孝严一个，同时他还做了国民党中央副主席。如今已经七十多岁高龄的章孝严还在为开创两岸关系和平发展新局面奔走，祝愿他为两岸和平再创佳绩。

以上是蒋经国病逝后蒋氏家族主要成员的基本动向。